〔清〕黃宗羲著　沈芝盈點校

明儒學案

下册

中華書局

明儒學案卷三十二　泰州學案一

陽明先生之學，有泰州、龍溪而風行天下，亦因泰州、龍溪而漸失其傳。泰州、龍溪時時不滿其師説，益啓瞿曇之秘而歸之師，蓋躋陽明而爲禪矣。然龍溪之後，力量無過於龍溪者，又得江右爲之救正，故不至十分決裂。泰州之後，其人多能以赤手搏龍蛇，傳至顏山農、何心隱一派，遂復非名教之所能羈絡矣。顧端文曰：「心隱輩坐在利欲膠漆盆中，所以能鼓動得人，只緣他一種聰明，亦自有不可到處。」羲以爲非其聰明，正其學術也。所謂祖師禪者，以作用見性。諸公掀翻天地，前不見有古人，後不見有來者。釋氏一棒一喝，當機橫行，放下拄杖，便如愚人一般。諸公赤身擔當，無有放下時節，故其害如是。今之言諸公者，大概本弇州之國朝叢記，弇州蓋因當時爰書節略之，豈可爲信？羲攷其派下之著者，列於下方。

顏鈞，字山農，吉安人也。嘗師事劉師泉，無所得，乃從徐波石學，得泰州之傳。其學以人心妙萬物而不測者也。性如明珠，原無塵染，有何覩聞？著何戒懼？平時只是率性所行，純任自然，便謂之道。及時有放逸，然後戒慎恐懼以修之。凡儒先見聞，道理格式，皆足以障道。此大旨也。嘗曰：「吾門人中，與羅汝芳言從性，與陳一泉言從心，餘子所言，只從情耳。」山農游俠，好急人之難。趙大洲赴貶所，山農偕之行，大洲感之次骨。波石戰没沅江府，山農尋其骸骨歸葬。頗欲有爲於世，以寄民胞物與之志。嘗寄周恭節詩云：「蒙蒙烟雨鎖江垓，江上漁人争釣臺。夜静得魚呼酒肆，湍流和月掇將來。」「若得春風遍九垓，世間那有三歸臺。君仁臣義民安堵，雉兔芻蕘去復來。」然世人見其張皇，無賢不肖皆惡之，以他事下南京獄，必欲殺之。近溪爲之營救，不赴廷對者六年。近溪謂周恭節曰：「山農與相處，餘三十年。㊀其心髓精微，決難詐飾。不肖敢謂其學直接孔、孟，俟諸後聖，斷斷不惑。不肖菲劣，已蒙門下知遇，又敢竊謂門下，雖知百近溪，不如今日一察山農子也。」山農以戍出，年八十餘。

梁汝元字夫山，其後改姓名爲何心隱，吉州永豐人。少補諸生，從學於山農，與聞心齋立本之旨。時吉州三四大老，方以學顯，心隱恃其知見，輒狎侮之。謂大學先齊家，乃搆萃和堂以合族，身理一族之政，冠婚喪祭賦役，一切通其有無，行之有成。會邑令有賦外之征，心隱貽書以誚之，令怒，誣之當道，下獄中。孝感程後臺在胡總制幕府，檄江撫出之。總制得心隱，語人曰：「斯人無所用，在左右能令人神王耳。」已同後臺入京師，與羅近溪、耿天臺游。一日遇江陵於僧舍，江陵時爲司業，心隱率爾曰：「公居太學，知太學道乎？」江陵爲勿聞也者，目攝之曰：「爾意時時欲飛，卻飛不起也。」江陵去，心隱舍然若喪，曰：「夫夫也，異日必當國，當國必殺我。」心隱在京師，闢各門會館，招來四方之士，方技雜流，無不從之。是時政由嚴氏，忠臣坐死者相望，卒莫能動。有藍道行者，以乩術幸上，心隱授以密計，偵知嵩有揭帖，乩神降語，今日當有一奸臣言事，上方遲之，而嵩揭至，上由此疑嵩。御史鄒應龍因論嵩敗之。然上猶不忘嵩，尋死道行於獄。心隱踉蹌，南過金陵，謁何司寇。司寇者，故爲江撫，脱心

㊀「近溪謂」至「三十年」十六字，據賈本補。

隱於獄者也。然而嚴黨遂爲嚴氏仇心隱，心隱逸去，從此踪跡不常，所游半天下。江陵當國，御史傅應禎、劉臺連疏攻之，皆吉安人也，江陵因仇吉安人。而心隱故嘗以術去宰相，江陵不能無心動。心隱方在孝感聚徒講學，遂令楚撫陳瑞捕之，未獲而瑞去。王之垣代之，卒致之。心隱曰：「公安敢殺我？亦安能殺我？殺我者張居正也。」遂死獄中。心隱之學，不墮影響，有是理則實有是事，無聲無臭，事藏於理，有象有形，理顯於事，故曰：「無極者，流之無君父者也，必皇建其有極，乃有君而有父也。必會極，必歸極，乃有敬敬以君君也，乃有親親以父父也。又必易有太極，乃不墮於弑君弑父，乃不流於無君無父，乃乾坤其君臣也，乃乾坤其父子也。」又曰：「孔、孟之言無欲，非濂溪之言無欲也。欲惟寡則心存，而心不能以無欲也。欲魚、欲熊掌，欲也，舍魚而取熊掌，欲之寡也。欲生、欲義，欲也，舍生而取義，欲之寡也。欲仁非欲乎？得仁而不貪，非寡欲乎？從心所欲，非欲乎？欲不踰矩，非寡欲乎？」此卽釋氏所謂妙有乎？蓋一變而爲儀、秦之學矣。

鄧豁渠初名鶴，號太湖，蜀之内江㈠人。爲諸生時，不説學。趙大洲爲諸生談聖學於東壁，渠爲諸生講舉業於西序，朝夕聲相聞，未嘗過而問焉。已漸有入，卒摳衣爲弟子。一旦棄家出遊，遍訪知學者，以爲性命甚重，非拖泥帶水可以成就，遂落髪爲僧。訪李中溪元陽於大理，訪鄒東廓、劉師泉於江右，訪王東涯於泰州，訪蔣道林於武陵，訪耿楚倥於黄安。與大洲不相聞者數十年，大洲起官過衞輝，渠適在焉，出迎郊外。大洲望見，驚異下車，執手徒行十數里，彼此潸然流涕。大洲曰：「誤子者，余

㈠「内江」原作「江内」，據賈本乙正。

也。往余言學過高，致子於此，吾罪業重矣。向以子爲死，罪惡莫贖，今尚在，亟歸廬而父墓側終身可也。吾割田租百石贍子。」因書券給之。時有來大洲問學者，大洲令渠答之。大洲聽其議論，大恚曰：「吾藉是以試子近詣，乃荒謬至此。」大洲入京，渠復遊齊、魯間，初無歸志。大洲入相，乃來京候謁，大洲拒不見。屬宦蜀者攜之歸，至涿州，死野寺中。渠自序爲學云：「己亥，禮師，聞良知之學，不解。入青城山參禪十年。至戊申，入鷄足山，悟人情事變外，有個擬議不得妙理。當時不遇明師指點，不能豁然通曉。癸丑，抵天池，禮月泉，陳鷄足所悟，泉曰：『第二機即第一機。』渠遂認現前昭昭靈靈的，百姓日用不知，渠知之也。甲寅，廬山禮性空，聞無師智聞説『没有甚麽，甚麽便是』，始達良知之學，同是一機軸，均是認天機爲向上事，認神明爲本來人。延之㊀戊午，居澧州八年，每覺無日新之益，及聞三公俱不免輪廻生死，益加疑惑。因㊁入黄安，居楚倥茅屋，始達父母未生前的、先天地生的、水窮山盡的、百尺竿頭外的，所謂不屬有無，不屬真妄，不屬生滅，不屬言語，常住真心，與後天事不相聯屬。向日鷄足所參人情事變的，豁然通曉，被月泉所誤二十餘年。丙寅以後，渠之學日漸幽深玄遠。如今，也没有我，也没有道，終日在人情事變中，若不自與，泛泛然如虚舟飄瓦而無着落，脱胎換骨實在於此。」渠學之誤，只主見性，不拘戒律，先天是先天，後天是後天，第一義是第一義，第二義是第二義，身之與性，截然分爲二事，言在世界外，行在世界内，人但議其縱情，不知其所謂先天第一義者，亦只得完一個無字

㊀ 賈本、備要本無「聞無師」至「延之」四十三字。

㊁ 賈本、備要本無「及聞三公」至「益加疑惑因」十六字。

而已。嗟乎！是豈渠一人之誤哉？

方與時字湛一，黄陂人也。弱冠爲諸生，一旦棄而之太和山習攝心術，静久生明。又得黄白術於方外，乃去而從荆山遊，因得遇龍溪、念菴，皆目之爲奇士。車轍所至，縉紳倒屣，老師上卿，皆拜下風。然尚玄虚，侈談論。耿楚倥初出其門，久而知其僞，去之。一日謂念菴曰：「吾儕方外學，亦有秘訣，待人而傳，談聖學何容易耶？」念菴然之。湛一即迎至其里道明山中，短榻夜坐，久之無所得而返。後臺、心隱大會礦山，車騎雍容，湛一以兩僮舁一籃輿往，甫揖，心隱把臂謂曰：「假我百金。」湛一唯唯，即千金惟命。已入京師，欲挾㊀術以干九重，江陵聞之曰：「方生此鼓，從此撾破矣。」無何，嚴世蕃聞其爐火而艷之。湛一避歸。胡廬山督楚學，以其昔嘗詆念菴也，檄有司捕治，湛一乃逃㊁而入新鄭之幕。新鄭敗走，匿太和山，病瘵死。

程學顔字二蒲，號後臺，孝感人也。官至太僕寺丞。自以此學不進，背地號泣，其篤志如此。心隱死，其弟學博曰：「梁先生以友爲命，友中透於學者，錢同文外，獨吾兄耳。先生魂魄應不去吾兄左右。」乃開後臺墓合葬焉。

錢同文字懷蘇，福之興化人。知祁門縣，入爲刑部主事，累轉至郡守。與心隱友善。懷蘇嘗言：「學道人堆堆，只在兄弟欸中，未見有掙上父母欸者。」

㊀「挾」原作「俠」，據賈本改。

㊁「逃」原作「跳」，據賈本改。

管志道字登之，號東溟，蘇之太倉人。隆慶辛未進士。除南京兵部主事，改刑部。江陵秉政，東溟上疏條九事，以譏切時政，無非欲奪其威福，歸之人主。其中有憲綱一條，則言兩司與巡方抗禮，國初制也，今之所行，非是。江陵即出之爲廣東僉事以難之，使之爲法自斃也。果未幾，御史龔懋賢劾之，謫鹽課司提舉。明年，外計，以老疾致仕。萬曆戊申卒，年七十三。東溟受業於耿天臺，著書數十萬言，大抵鳩合儒釋，浩汗而不可方物。謂「乾元無首之旨，與華嚴性海渾無差別，易道與天地準，故不期與佛老之祖合而自合，孔教與二教峙，故不期佛老之徒爭而自爭。教理不得不圓，教體不得不方，以仲尼之圓，圓宋儒之方，而使儒不礙釋，釋不礙儒。以仲尼之方，方近儒之圓，而使儒不濫釋，釋不濫儒。唐、宋以來，儒者不主孔奴釋，則崇釋卑孔，皆於乾元性海中自起藩籬，故以乾元統天，一案兩破之也。」其爲孔子闡幽十事，言「孔子任文統，不任道統，一也。居臣道，不居師道，二也。刪述六經，從游七十二子，非孔子定局，三也。與夷、惠易地，則爲夷、惠，四也。孔子知天命，不專以理，兼通氣運，五也。一貫尚屬悟門，實之必以行門，六也。敦化通於性海，川流通於行海，七也。孔子曾師老聃，八也。孔子從先進，是黃帝以上，九也。孔子得位，必用桓、文做法，十也。」按東溟所言，亦只是三教膚廓之論。平生尤喜談鬼神夢寐，其學不見道可知。泰州張皇見龍，東溟闢之，然決儒釋之波瀾，終是其派下人也。

處士王心齋先生艮

王艮字汝止，號心齋，泰州之安豐場人。七歲受書鄉塾，貧不能竟學。從父商於山東，常銜孝經、論語、大學袖中，逢人質難，久而信口談解，如或啓之。其父受役，天寒起盥冷水，先生見之，痛哭曰：「爲人子而令親如此，尚得爲人乎？」於是有事則身代之。先生雖不得專功於學㊀，然默默參究，以經證悟，以悟釋經，歷有年所，人莫能窺其際也。一夕夢天墮壓身，萬人奔號求救，先生舉臂起之，視其日月星辰失次，復手整之。覺而汗溢如雨，心體洞徹。記曰：「正德六年間，居仁三月半。」自此行住語默，皆在覺中。乃按禮經製五常冠、深衣、大帶、笏板，服之。曰：「言堯之言，行堯之行，而不服堯之服，可乎？」時陽明巡撫江西，講良知之學，大江之南，學者翕然信從。顧先生僻處，未之聞也。有黄文剛者，吉安人，而寓泰州，聞先生論，詫曰：「此絶類王巡撫之談學也。」先生喜曰：「有是哉！雖然，王公論良知，艮談格物，如其同也，是天以王公與天下後世也；如其異也，是天以艮與王公也。」卽日啓行，以古服進見，至中門舉笏而立，陽明出迎於門外。始入，先生據上坐。辯難久之，稍心折，移其坐於側。論畢，乃嘆曰：「簡易直截，艮不及也。」下拜自稱弟子。退而繹所聞，間有不合，悔曰：「吾輕易矣！」明日入見，且告之悔。陽明曰：「善哉！子之不輕信從也。」先生復上坐，辯難久之，始大服，遂爲弟子如初。陽明謂門人曰：「向者吾擒宸濠，一無所動，今卻爲斯人動矣。」陽明歸越，先生從之。來學者多從

㊀「學」下原衍「乎」字，據賈本删。

先生指授，已而嘆曰：「千載絶學，天啓吾師，可使天下有不及聞者乎？」因問陽明以孔子轍環車制，陽明笑而不答。歸家遂自創蒲輪，招摇道路，將至都下。有老叟夢黄龍無首，行雨至崇文門，變爲人立。晨起往候，而先生適至。當是時，陽明之學，謗議蠭起，而先生冠服言動，不與人同，都人以怪魁目之。同門之在京者勸之歸，陽明亦移書責之，先生始還會稽。陽明以先生意氣太高，行事太奇，痛加裁抑，及門三日不得見。陽明送客出門，先生長跪道旁，曰：「艮知過矣。」陽明不顧而入，先生隨至庭下，厲聲曰：「仲尼不爲已甚。」陽明方揖之起。陽明卒於師，先生迎哭至桐廬，經紀其家而後返。開門授徒，遠近皆至。同門會講者，必請先生主席。陽明而下，以辯才推龍溪，然有信有不信，惟先生於眉睫之間，省覺人最多。謂「百姓日用卽道」，雖僮僕往來動作處，指其不假安排者以示之，聞者爽然。御史吴疏山悌上疏薦舉，不報。嘉靖十九年十二月八日卒，年五十八。

先生以「格物，卽物有本末之物。身與天下國家一物也，格知身之爲本，而家國天下之爲末，行有不得者，皆反求諸己。反己，是格物底工夫，故欲齊治平，在於安身。易曰：『身安而天下國家可保也。』身未安，本不立也，知身安者，則必愛身、敬身。愛身、敬身者，必不敢不愛人、不敬人。能愛人、敬人，則人必愛我、敬我，而我身安矣。一家愛我敬我，則家齊，一國愛我敬我，則國治，天下愛我敬我，則天下平。故人不愛我，非特人之不仁，己之不仁可知矣。人不敬我，非特人之不敬，己之不敬可知矣」。此所謂淮南格物也。子劉子曰：「後儒格物之説，當以淮南爲正。第少一註脚，格知誠意之爲本，而正修治平之爲末，則備矣。」然所謂安身者，亦是安其心耳，非區區保此形骸之爲安也。彼居危邦，入亂邦，見幾不作者，身不安而心固不安也。不得已而殺身以成仁，文王之羑里，夷、齊之餓，心安則身亦未嘗不安也。乃先生又曰：「安其身而安其心者上也，不安其身而安其心者次之，不安其身又不安其心，斯爲下矣。」而以緡蠻爲安身之法，無乃開一臨難苟免之隙乎？先生以九二見龍爲正位，孔子修身講學以見於世，未嘗一日隱也。故有以伊、傅稱先生者，先生曰：「伊、傅之事我不能，伊、傅之學我不由，伊、傅得君，可謂奇遇，如其不遇，終身獨善而已。孔子則不然也。」此終蒲輪轍環意見，陽明之所欲裁抑者，熟處難忘也。於遯世不見知而不悔之學，終隔一塵。先生曰：「聖人以道濟天下，是至重者道也；人能弘道，是至重者身也。道重則身重，身重則道重，故學也者，所以學爲師也，學爲長也，學爲君也。以天地萬物依於身，不以身依於天地萬物，舍此皆妾婦之道。」聖人復起，不易斯言。

心齋語録

問「止至善」之旨。曰：「明明德以立體，親民以達用，體用一致，先生辨之悉矣。但謂至善爲心之本體，卻與明德無別，恐非本旨。堯、舜執中之傳，以至孔子，無非明明德親民之學，獨未知安身一義，乃未有能止至善者。故孔子透悟此理，却於明明德親民中，立起一個極來，又説個在止於至善。止至善者，安身也，安身者，立天下之大本也。本治而末治，正己而物正也，大人之學也。是故身也者，天地萬物之本也，天地萬物末也。知身之爲本，是以明明德而親民也。身未安，本不立也。本亂而末治者，否矣。本既不治，末愈亂也。故易曰：『身安而天下國家可保也。』不知安身，則明明德親民却不曾立得天下國家的本，是故不能主宰天地，斡旋造化。立教如此，故自生民以來，未有盛於孔子者也。」

問：「止至善爲安身，亦何所據乎？」曰：「以經而知安身之爲止至善也。大學説個止至善，便只在止至善上發揮。知止，知安身也。定靜安慮，得安身而止至善也。物有本末，故物格而後知本也。知本，知之至也。知至，知止也。自天子至此，謂知之至也，乃是釋格物致知之義。身與天下國家一物也，惟一物而有本末之謂。格，絜度也，絜度於本末之間，而知本亂而末治者否矣。此格物也。物格，知本也，知本，知之至也，故曰：『自天子以至於庶人，壹是皆以修身爲本也。』修身立本也，立本安身也。引詩釋止至善，曰：『緡蠻黄鳥，止於丘隅』，知所以安身也。孔子曰：『於止，知其所止，可以人而不如鳥乎？』要在知安身也。易曰：『君子安其身而後動。』又曰：『利用安身。』又曰：『身安而天下國家可保也。』孟子曰：『守孰爲大？守身爲大，失其身而能事其親者，吾未之聞。』同一旨也。」

問「格」字之義。曰：「格如格式之格，卽絜矩之謂。吾身是個矩，天下國家是個方，絜矩則知方之不正，由矩之不正也。是以只去正矩，却不在方上求，矩正則方正矣，方正則成格矣，故曰物格。吾身對上下前後左右是物，絜矩是格也。其本亂而末治者否矣，便見絜度格字之義。格物，知本也，立本，安身也，安身以安家而家齊，安身以安國而國治，安身以安天下而天下平也。故曰修己以安人，修己以安百姓，修其身而天下平。不知安身，便去幹天下國家事，是之爲失本。就此失脚，將烹身割股，餓死結纓，且執以爲是矣。不知身不能保，又何以保天下國家哉！」

知本，知止也，如是而不求於末定也；如是而天地萬物不能撓己靜也；如是而首出庶物，至尊至貴安也；如是而知幾先見，精義入神，仕止久速，變通趨時處也；如是而身安如黄鳥，色斯舉矣，翔而後集，無不得所止矣，止至善也。

問：「反己是格物否？」曰：「物格知至，知本也；誠意正心，修身立本也，本末一貫。是故愛人、治人、禮人，格物也。不親、不治、不答，是謂行有不得於心，然後反己也。格物然後知反己，反己是格物的工夫。反之如何，正己而已矣。反其仁治敬，正己也。其身正而天下歸之，此正己而物正也，然後身安也。」

有疑安身之説者，曰：「夷、齊雖不安其身，然而安其心矣。」曰：「安其身而安其心者，上也；不安其身而安其心者次之；不安其身又不安其心，斯爲下矣。危其身於天地萬物者，謂之失本；潔其身於天地萬物者，爲之遺末。」

知得身是天下國家之本，則以天地萬物依於己，不以己依於天地萬物。

見龍，可得而見之謂也；潛龍，則不可得而見矣。惟人，皆可得而見，故利見大人。聖人，雖時乘六龍，然必當以見龍爲家舍。

顔子有不善，未嘗不知，常知故也。知之未嘗復行，常行故也。

孔子謂：「二三子以我爲隱乎？」此隱字，對見字説。孔子在當時，雖不仕，而無行不與二三子，是修身講學以見於世，未嘗一日隱也。

體用不一，只是功夫生。

人之天分有不同，論學則不必論天分。

聖人之道，無異於百姓日用，凡有異㊀者，皆謂之異端。

天性之體，本自活潑，鳶飛魚躍，便是此體。

愛人直到人亦愛，敬人直到人亦敬，信人直到人亦信，方是學無止法。

有以伊、傅稱先生者，先生曰：「伊、傅之事我不能，伊、傅之學我不由。」曰：「何謂也？」曰：「伊、傅得君，設其不遇，則終身獨善而已。孔子則不然也。」

天下之學，惟有聖人之學好學，不費些子氣力，有無邊快樂。若費些子氣力，便不是聖人之學，便不樂。

「不亦説乎？」説是心之本體。

孔子雖天生聖人，亦必學詩、學禮、學易，逐段研磨，乃得明徹之至。

舜於瞽瞍，命也，舜盡性而瞽瞍底豫，是故君子不謂命也。孔子不遇，命也，而明道以淑斯人，不謂命也。若天民則聽命矣，大人造命。

一友持功太嚴，先生覺之曰：「是學爲子累矣。」因指斲木者示之曰：「彼却不曾用功，然亦何嘗廢學。」

戒慎恐懼，莫離却不覩不聞，不然便入於有所戒慎、有所恐懼矣。故曰：「人性上不可添一物！」

㊀「異」原作「用」，據賈本改。

天理者，天然自有之理也；纔欲安排如何，便是人欲。

百姓日用條理處，卽是聖人之條理處，聖人知便不失，百姓不知便爲失。

有心於輕功名富貴者，其流弊至於無父無君；有心於重功名富貴者，其流弊至於弑父與君。

卽事是學，卽事是道，人有困於貧而凍餒其身者，則亦失其本而非學也。

學者問「放心難求」，先生呼之卽應。先生曰：「爾心見在，更何求乎？」學者初見，先生常指之曰：「卽爾此時就是。」未達。曰：「爾此時何等戒懼，私欲從何處入。常常如此，便是允執厥中。」

有疑「出必爲帝者師，處必爲天下萬世師」者，曰：「禮不云乎，學也者，學爲人師也。學不足以爲人師，皆苟道也。故必以修身爲本，然後師道立。身在一家，必修身立本，以爲一家之法，是爲一家之師矣；身在一國，必修身立本，以爲一國之法，是爲一國之師矣；身在天下，必修身立本，以爲天下之法，是爲天下之師矣。是故出不爲帝者師，是漫然苟出，反累其身，則失其本矣；處不爲天下萬世師，是獨善其身，而不講明此學於天下，則遺其本矣。皆非也，皆小成也。

明哲者，良知也。明哲保身者，良知良能也。知保身者，則必愛身；能愛身，則不敢不愛人；能愛人，則人必愛我；人愛我，則吾身保矣。能愛身者，則必敬身；能敬身，則不敢不敬人；能敬人，則人必敬我；人敬我，則吾身保矣。故一家愛我，則吾身保，吾身保，然後能保一家；一國愛我，則吾身保，吾身保，然後能保一國；天下愛我，則吾身保，吾身保，然後能保天下。知保身而不知愛人，必至於適己自便，利己害人，人將報我，則吾身不能保矣。吾身不保，又何以保天下國家哉！能知愛人，而不知愛身，必至於烹身割股，舍生殺身，則吾身不能保矣。吾身不能保，又何以保君父哉！明哲保身論。

夫仁者愛人，信者信人，此合外内之道也。於此觀之，不愛人，己不仁可知矣；不信人，己不信可知矣。夫愛人者人恒愛之，信人者人恒信之，此感應之道也。於此觀之，人不愛我，非特人之不仁，己之不仁可知矣；人不信我，非特人之不信，己之不信可知矣。勉仁方。

徐子直問曰：「何哉夫子之所謂尊身也？」曰：「身與道原是一件，至尊者此道，至尊者此身。尊身不尊道，不謂之尊身，尊道不尊身，不謂之尊道。須道尊身尊，纔是至善。故曰：『天下有道，以道狥身；天下無道，以身狥道。』必不以道狥乎人。有王者必來取法，學焉而後臣之，然後不勞而王。如或不可則去。仕止久速，精義入神，見機而作，避世避地，避言避色，如神龍變化，莫之能測。若以道從人，妾婦之道也。己不能尊信，又豈能使人尊信哉！」

問「莊敬持養工夫」。曰：「道一而已矣。中也，良知也，性也，一也。識得此理，則現現成成，自自在在。卽此不失，便是莊敬；卽此常存，便是持養，真不須防檢。不識此理，莊敬未免着意，纔着意，便是私心。」

問：「常恐失却本體，卽是戒慎恐懼否？」曰：「且道失到那裏去？」子謂王子敬：「近日工夫如何？」對曰：「善念動則充之，妄念動則去之。」問：「善念不動，惡念不動，又如何？」不能㊀對。曰：「此却是中，却是性。戒慎恐懼，此而已矣。常是此中，則善念動自知，妄念動自知，善念自充，妄念自去，如此慎獨，

㊀「不能」二字據賈本補。

便是知立大本。」

程子曰：「善固性也，惡亦不可不謂之性。清固水也，濁亦不可不謂之水。」此語恐誤後學。孟子則説「性善」。善固性也，惡非性也，氣質也，變其氣質則性善矣。清固水也，濁非水也，泥沙也，去其泥沙則水清矣。故言學不言氣質，以學能變化氣質也。明得盡渣滓，便渾化。張子云：「形而後有氣質之性，善反之，則天地之性存焉。氣質之性，君子有弗性者焉。」此語亦要善看，謂氣質雜性，故曰「氣質之性」。

只心有所向，便是欲。有所見，便是妄。既無所向，又無所見，便是無極而太極。良知一點，分分明明，停停當當，不用安排思索。聖神之所以經綸變化，而位育參贊者，皆本諸此也。與俞純夫。

只當在簡易慎獨上用功，當行而行，當止而止，此是集義。又何遇境動搖、閒思妄念之有哉？若只要遇境不動搖，無閒思妄念，此便是告子先我不動心，不知集義者也。毫釐之差，不可不辨。答劉子中。

來書卽事是心，更無心矣。卽知是事，更無事矣。卽見用功精密。答〔一〕子直

良知原自無不真實，而真實者未必合良知之妙也，故程子謂：「人性上不容添一物。」答林子仁。

先生問在坐曰：「天下之學無窮，惟何學可以時習之？」江西涂從國對曰：「惟天命之性，可以時習也。」童子周涖對曰：「天下之學，雖無窮，皆可以時習也。」先生曰：「如以讀書爲學，有時作文，有時學武；如以事親爲學，有時又事君；如以有事爲學，有時又無事；烏在可以時習乎？」童子曰：「天命之性，

〔一〕「答」字據賈本補。

卽天德良知也。如讀書時也依此良知，學作文時也依此良知，學事親、事君、有事、無事無不依此良知，學乃所謂皆可時習也。」先生喟然嘆曰：「信予者從國也，始可與言專一矣。啓予者童子也，始可與言一貫矣。」

人心本自樂，自將私欲縛。私欲一萌時，良知還自覺。一覺便消除，人心依舊樂。樂是樂此學，學是學此樂。不樂不是學，不學不是樂。樂便然後學，學便然後樂。樂是學，學是樂。嗚呼！天下之樂，何如此學？天下之學，何如此樂？樂學歌。

人心本無事，有事心不樂。有事行無事，多事亦不錯。示學者。

知得良知却是誰？良知原有不須知。而今只有良知在，没有良知之外知。次先師。

先生擬上世廟書，數千言僉言孝弟也。江陵閲其遺稿，謂人曰：「世多稱王心齋，此書數千言，單言孝弟，何迂闊也。」羅近溪曰：「嘻！孝弟可謂迂闊乎？」

處士王東厓先生襞附樵夫朱恕、陶匠韓樂吾、田夫夏叟。

王襞字宗順㊀，號東厓，心齋仲子也。九歲隨父至會稽，每遇講會，先生以童子歌詩，聲中金石。陽明問之，知爲心齋子，曰：「吾固疑其非越中兒也。」令其師事龍溪、緒山。先後留越中幾二十年。心齋開講淮南，先生又相之。心齋没，遂繼父講席，往來各郡，主其教事。歸則扁舟於村落之間，歌聲振

㊀「宗順」原作「順宗」，據賈本乙正。

乎林木，恍然有舞雩氣象。萬曆十五年十月十一日卒，年七十七。

先生之學，以「不犯手爲妙。鳥啼花落，山峙川流，飢食渴飲，夏葛冬裘，至道無餘藴矣。充拓得開，則天地變化，草木蕃；充拓不去，則天地閉，賢人隱。今人纔提學字，便起幾層意思，將議論講説之間，規矩戒嚴之際，工焉而心日勞，勤焉而動日拙，忍欲希名而誇好善，持念藏機而謂改過，心神震動，血氣靡寧，不知原無一物，原自見成。但不礙其流行之體，真樂自見，學者所以全其樂也，不樂則非學矣」。此雖本於心齋樂學之歌，而龍溪之授受，亦不可誣也。白沙云：「色色信他本來，何用爾脚勞手攘？舞雩三三兩兩，正在勿妄勿助之間。曾點些兒活計，被孟子打併出來，便都是鳶飛魚躍。若無孟子工夫，驟而語之以曾點見趨，一似説夢。」蓋自夫子川上一嘆，已將天理流行之體，一日迸出。曾點見之而爲暮春，康節見之而爲元會運世。故言學不至於樂，不可謂之樂。至明而爲白沙之藤蓑，心齋父子之提唱，是皆有味乎其言之。然而此處最難理會，稍差便入狂㊀蕩一路。所以朱子言曾點不可學，明道説康節豪傑之士，根本不㊁貼地，白沙亦有説夢之戒。細詳先生之學，未免猶在光景作活計也。

朱恕字光信，泰州草偃場人。樵薪養母。一日過心齋講堂，歌曰：「離山十里，薪在家裏，離山一里，薪在山裏。」心齋聞之，謂門弟子曰：「小子聽之，道病不求耳，求則不難，不求無易。」樵聽心齋語，浸浸有味。於是每樵必造堦下聽之。飢則向都養乞漿，解裹飯以食。聽畢則浩歌負薪而去。門弟子

㊀「狂」下原衍「也」字，據賈本删。
㊁「不」下原有二「貼」字，衍一，據賈本删。

覸其然，轉相驚異。有宗姓者，招而謂之曰：「吾以數十金貸汝，別尋活計，庶免作苦，且可日夕與吾輩遊也。」樵得金，俯而思，繼而大恚曰：「子非愛我。我自憧憧然，經營念起，斷送一生矣。」遂擲還之。胡廬山爲學使，召之不往。以事役之，短衣徒跣入見，廬山與之成禮而退。

韓貞字以中，號樂吾，興化人。以陶瓦爲業。慕朱樵而從之學，後乃卒業於東崖。粗識文字。有茅屋三間，以之償債，遂處窰中，自咏曰：「三間茅屋歸新主，一片烟霞是故人。」年逾三紀未娶，東崖弟子醵金爲之完姻。久之，覺有所得，遂以化俗爲任，隨機指點農工商賈，從之遊者千餘。秋成農隙，則聚徒談學，一村既畢，又之一村，前歌後答，絃誦之聲，洋洋然也。縣令聞而嘉之，遺米二石，金一鍰。樂吾受米返金。令問政，對曰：「儂窶人，無能補於左右。第凡與儂居者，幸無訟牒煩公府，此儂之所以報明府也。」耿天臺行部泰州，大會心齋祠，偶及故相，喜怒失常。樂吾拊牀叫曰：「安能如儂識此些子意耶？」天臺笑曰：「窮居而意氣有加，亦損也。」東崖曰：「韓生識之，大行窮居，一視焉可也。」樂吾每遇會講，有談世事者，輒大噪曰：「光陰有幾，乃作此閒談耶！」或尋章摘句，則大恚曰：「舍却當下不理會，搬弄陳言，此豈學究講肆耶？」在坐爲之警省。

夏廷美，繁昌田夫也。一日聽張甑山講學，謂：「爲學，學爲人也。爲人須求爲真人，毋爲假人。」叟憮然曰：「吾平日爲人，得毋未真耶？」乃之楚，訪天臺。天臺謂：「汝鄉焦弱侯可師也。」歸從弱侯遊，得自然旨趣。弱侯曰：「要自然便不自然，可將汝自然拋去。」叟聞而有省。叟故未嘗讀書，弱侯命之讀四書，樂誦久之，喟然曰：「吾閱集註，不能了了。以本文反身體貼，如思知人，不可以不知天。竊謂仁者人也，人原是天，人不知天，便不是人。如何能事親稱孝子？論語所謂異端者，謂其端異也。吾人須研究自己爲學初念，其發端果是爲何，乃爲正學。今人讀孔、孟書，祇爲榮肥計，便是異端，如何又闢異端？」又曰：「吾人須是自心作得主宰，凡事只依本心而行，便是大丈夫。若爲世味牽引，依違從物，皆妾婦道也。」又曰：「天理人欲，誰氏作此分別？儂反身細求，只在迷悟間。悟則人欲卽天理，迷則天理亦人欲也。」李士龍爲講經社，供奉一僧。叟至會，拂衣而出，謂士龍子曰：「汝父以學術殺人，奈何不諍？」又謂人曰：「都會講學，乃擁一死和尚講佛經乎？作此勾當，成何世界？」會中有言「良知非究竟宗旨，更有向上一著，無聲無臭是也」，叟矍然起立，抗聲曰：「良知曾有聲有臭耶？」

東崖語録

學者自學而已，吾性分之外，無容學者也。萬物皆備於我，而仁義禮智之性，果有外乎？率性而自知自能，天下之能事畢矣。

性之靈明曰良知，良知自能應感，自能約心思而酬酢萬變。知之爲知之，不知爲不知，一毫不勞勉强扭捏，而用智者自多事也。

纔提起一個學字，却似便要起幾層意思，不知原無一物，原自現成，順明覺自然之應而已。自朝至暮，動作施爲，何者非道？更要如何，便是與蛇畫足。

意思悠遠，襟懷灑落，興趣深長，非有得於養心之學，未或能然。道本無言，因言而生解，執解以爲道，轉轉分明，翻成迷念。

良知之靈，本然之體也。純粹至精，雜纖毫意見不得。若立意要在天地間出頭，做件好事，亦是爲此心之障。王介甫豈不是要做好事，只立意堅持，愈執愈壞了。

鳥啼花落，山峙川流，飢食渴飲，夏葛冬裘，至道無餘蘊矣。充拓得開，則天地變化，草木蕃，充拓不去，則天地閉，賢人隱。

人之性，天命是已。視聽言動，初無一毫計度，而自無不知不能者，是曰天聰明。於茲不能自得，自昧其日用流行之真，是謂不智而不巧，則其學不過出於念慮億度，展轉相尋之私而已矣，豈天命之謂乎！將議論講説之間，規矩戒嚴之際，工焉而心日勞，勤焉而動日拙，忍欲希名而誇好善，持念藏穢而謂改過，據此爲學，百慮交錮，血氣靡寧。

孟子曰：「我固有之也，非由外鑠我也。」今皆以鑠我者目㊀學，固有者爲不足，何其背哉！

天地以大其量，山岳以聳其志，冰霜以嚴其操，春陽以和其氣。

大凡學者用處皆是，而見處又有未融，及至見處似是，而用處又若不及，何也？皆坐見之爲病也。定與勘破，竊以舜之事親，孔之曲當，一皆出於自心之妙用耳。與飢來喫飯，倦來眠，同一妙用也。人無二心，故無二妙用，其不及舜、孔之妙用者，特心不空而存見以障之耳。不務徹其心之障，而徒以聖人圓神之效，畢竭精神，恐其不似也。是有影響之似之説。

㊀「目」原本作「自」，據備要本改。

問：「學何以乎？」曰：「樂。」再問之，則曰：「樂者，心之本體也。有不樂焉，非心之初也。吾求以復其初而已矣。」「然則必如何而後樂乎？」曰：「本體未嘗不樂。今曰必如何而後能，是欲有加於本體之外也。」「然則遂無事於學乎？」曰：「何爲其然也？莫非學也，而皆所以求此樂也。樂者，樂此學；學者，學此樂。吾先子蓋常言之也。」「如是則樂亦有辨乎？」曰：「有有所倚而後樂者，樂以人者也。一失其所倚，則慊然若不足也。無所倚而自樂者，樂以天者也。舒慘欣戚，榮悴得喪，無適而不可也。」「既無所倚，則樂者果何物乎？道乎？心乎？」曰：「無物故樂，有物則否矣。且樂卽道，樂卽心也。而曰所樂者道，所樂者心，是牀上之牀也。」「學止於是而已乎？」曰：「昔孔子之稱顔回，但曰『不改其樂』，而其自名也，亦曰『樂在其中』。其所以喟然而與點者，亦以此也。二程夫子之聞學於茂叔也於此。蓋終身焉，而豈復有所加也。」曰：「孔、顔之樂，未易識也，吾欲始之以憂，而終之以樂，可乎？」曰：「孔、顔之樂，愚夫愚婦之所同然也，何以曰未易識也？且樂者，心之體也，憂者，心之障也，欲識其樂，而先之以憂，是欲全其體而故障之也。」「然則何以曰『憂道』？何以曰『君子有終身之憂』乎？」曰：「所謂憂者，非如是之膠膠役役然，以外物爲戚戚者也。所憂者道也，其憂道者，憂其不得乎學也。舜自耕稼陶漁，以至爲帝，無往不樂。而吾獨否也。是故君子終身憂之也，是其憂也，乃所以爲樂，其樂也，則自無庸於憂耳。」

人人本有，不假外求，故曰「易簡」。非言語之能述，非思慮之能及，故曰「默識」。本自見成，何須擔荷？本無遠不至，何須充拓？會此，言下便了了。

斯道流布，何物非真？眼前卽是，何必等待？略着些意，便是障礙。諸公今日之學，不在世界一切上，不在書册道理上，不在言語思量上，直從這裏轉機。向自己没緣没故，如何能施爲作用，穿衣喫飯，接人待物，分青理白，項項不昧的，參來參去，自有個入處。此非異學語，蓋是爾本有具足的良知也。

先生在憑虚閣會講，論一貫，人各出所見，先生不應。隨因某語觸發，鬨堂一笑，先生曰：「此卻是一貫。」

布政徐波石先生樾

徐樾字子直，號波石，貴溪人。嘉靖十一年進士。歷官部郎，出任臬藩。三十一年，陞雲南左布政使。元江府土舍那鑑，弒其知府那憲，攻刼州縣，朝議討之。總兵沐朝弼、巡撫石簡會師，分五哨進勦。那鑑遣經歷張惟至監軍僉事王養浩所僞降，養浩疑不敢往。先生以督餉至軍，慨然請行。至元江府南門外，鑑不出迎。先生呵問，伏兵起而害之。姚安土官高鵠力救，亦戰歿。我兵連歲攻之不克。會鑑死，諸酋願納象贖罪，世宗厭兵，遂允之。時人爲之語曰：「可憐二品承宣使，只值元江象八條。」傷罪人之不得也。

先生少與夏相才名相亞，得事陽明，繼而卒業心齋之門。先生操存過苦，常與心齋步月下，刻刻簡默，心齋厲聲曰：「天地不交否？」又一夕至小渠，心齋躍過，顧謂先生曰：「何多擬議也？」先生過渠，頓然若失，既而嘆曰：「從前孤負此翁，爲某費卻許多氣力。」先生謂：「六合也者，心之郛廓；四海也者，心之邊際；萬物也者，心之形色。往古來今，惟有此心，浩浩淵淵，不可得而測而窮也。此心自朝至暮，能聞能見，能孝能弟，無間晝夜，不須計度，自然明覺，與天同流。一入聲臭，卽是意念，是己私也。人之日用起居食息，誰非天者？卽此是真知真識，又從而知識之，是二知識也。人身之痛癢視聽，無不覺者，此覺之外，更有覺乎？愚不肖者，未嘗離此爲體，奚謂不知？不自知其用處是性，故曰『蠢動』。是以動處是覺，覺處亦昏昧也。」此卽現成良知之言，以不犯做手爲妙訣者也。心齋常謂先生曰：「何謂至善？」曰：「至善卽性善。」曰：「性卽道乎？」曰：「然。」曰：「道與身孰尊？身與道何異？」曰：「一也。」曰：「今子之身能尊乎？否歟？」先生避席請問曰：「何哉，夫子之所謂尊身也？」心齋曰：「身與道原是一件，至尊者此道，至尊者此身。尊身不尊道，不謂之尊身，尊道不尊身，不謂之尊道。道尊身尊，纔是至善。故曰『天下有道，以道狥身；天下無道，以身狥道。』若以道狥人，妾婦之道也。己不能尊信，又豈能使彼尊信哉！」先生拜而謝曰：「某甚慚於夫子之教。」卽以受降一事論之，先生職主督餉，受降非其分内，冒昧一往，卽不敢以喜功議先生，其於尊身之道，則有間矣。

語録

天命一也，自道體之大而無外曰夫；自道體之運而無息曰命。憲天者不違帝則，知命者自率性真，一盡其道者也。不能自盡其道，則是人也，具形體而已矣。是以有天人之分也。天也，命也，豈別爲一體？吾可得追慕而企及之耶？不過自求自得而已矣。既自求自得，而天也命也，又果何所指耶？

神之無方可擬，不曰天乎？誠之無間可息，不曰命乎？是曰「天命之謂性」。

知者心之靈也，自知之主宰言心，自知之無息言誠，自知之定理言性，自知之不二言敬，自知之莫測言神，自知之渾然言天，自知之寂然言隱，自知之徧覆言費，自知之不昧言學。是故紀綱宇宙者知也，知知者學也，故曰「致知焉」。

夫道也者性也，性也者心也，心也者身也，身也者人也，人也者萬物也，萬物也者道也。夫道一而已矣，人之得一也而靈。是靈也，則性也。以生理名則天也，以溥博名則心也，以主宰名則人也，以色象名則萬物也。以變見之迹名，會之曰道，宗之曰一。世之知萬物皆我也，而不知曰我者二也；世之知心性謂道也，而不知靈外無我，我外無性。心也，惟得其一，而宇宙之道備矣。故夫子曰：「吾道一以貫之。」陸氏曰：「心爲宇宙。」其心旨者也。往古來今，上天下地，統名曰道。是道在人，統名曰心，故曰：「人者，天地之心。」既曰「天地之心」，以言乎天地之間則備矣，而何我何萬物乎哉！二之則有外，有外則非一，不一則私矣，非道也。不得一則非人矣，不知一則非道矣，不志一則非學矣。夫君子立志則自得，自得者，自覺而已。覺幽見真，故名爲得，得實何有，斯可與適道矣。適道者，志卽道也，道卽適也，知一焉已矣。孟子曰：「不慮而知。」夫曰「不慮而知」，若固物然，匪一也，而能若是乎神哉！陽明先生曰：「致良知者，此知卽一，此知本神，知之不昧，是曰致矣。」噫！先生之言至矣哉。

道也者，性也，非率性，則道其所道者也。先儒輩出，皆知宗性學矣，而知性者，或寡矣。則其用工，不能自得其天命之真，亦性其所性者也。若夫豪傑，則立志直希孔、孟，何暇竊似弄影於依稀假借之地？以聞見推測爲知，念慮追責爲學，規矩模倣爲習，是皆外襲者，非性也。孟軻氏没而知學者鮮矣。聖賢教來學，率性而已。人之動静食息，仁義禮智，靈明之德感通，皆以時出而名立焉，無有不感通，無有不停當，自晝而暮，自少而老者也。此天命之性如此。是智之事，智譬則巧，而不能使人者，須自得也。自得之學，於良知之自朝而暮，能聞能見，能孝能弟，無間晝夜，不須計度，自然明覺，是與天同流者，非天命而何？一入聲臭，即是意念，是己私也，人爲也。轉展苦而益勞，是作拙也。人之日用、起居、食息，誰非天者？謂其不自悟，故曰「蠢」。能率之者，動静食息，已是真知真識，又從而知識之，是二知識也。能自信天命之真，而自安其日用之常，是則渾然與天地合德矣。是謂「喜怒哀樂，未發之中，而允執之矣」。顔子之學，盡是矣。周子所謂「一爲要」，程明道所謂「廓然大公，物來順應，不須防檢，不須思索」，孟子曰「性善」者，皆是也。如此則曰「知止而后有定」。

夫六合也者，心之郛廓；四海也者，心之邊際；萬物也者，心之形色。往古來今，惟有此心，浩浩淵淵，不可得而窮測也。而曰誠、神、幾，曰性、道、教。如此曰知止，失此曰自暴。此者惟幾惟微，巧在自覺而已。此知之體，冲虚無朕曰中，感應中節曰和，舉此而詔之於人曰傳，人了而自契曰悟，不差毫釐曰巧。甚矣！夫巧之不能喻於人也。蓋其指識曰心，名欲爲情，似是而非，背道而馳，吾固不知其爲吾也已矣。萬物何與也哉！是以在禹、皋陶則見而知之，是見而不知者亦衆矣。在湯、文、武則聞而知之，是聞而不知者亦衆矣。夫道也者，性也，謂人而無性，可乎？聖人者，人之聰明也，謂人不皆聰明，可乎？人不自滅其性，而不自作其聰明，其誰不聖人乎？是本無難知者也。知則率性而已，豈不至易？良能而已，豈不至簡？聖人不得而見之，有志者蓋寡矣。

聖學惟無欺，天性聰明，學者率其性而行之，是不自欺也。率性者，率此明德而已。父慈子孝，耳聰目明，天然良知，不待思慮以養之，是明其明德。一入思擬，一落意必，則卽非本然矣，是曰自欺也。先師陽明先生，只提致良知爲古今參同，蓋以此也。先生深於自得者也，自信此知卽性也。曰知者，自靈明言。曰性者，自不息言。妙用無端，條理密察，曰理。靈明者，此覺也，聲臭俱無，神聖莫測，曰明、曰誠。體以知名，有知無體，理本用顯，仁義由名，故曰：「爲能聰明睿知，則溥博淵泉而時出之。」寬裕温柔，齋莊中正，時出而名之者也。語其體，固聰明睿知是已。此卽一覺知者也。視聽痛癢，無不覺者。此覺之外，更有覺乎？愚不肖者，日用此體也，奚謂不知？不自知其用處是性，故曰蠢動。是以動是覺，覺處亦昏昧也。賢知者，不知日用是天則也，而有照覺。是又不能澄然無事，實過用其心，而作於僞矣。君子之道，所以鮮能也。回黜聰明，而仰鑽瞻忽，蓋知入道必求依乎中庸，所以得卽永得，故曰：「得一善而勿失之矣。」

疑吾道特足以經政撫時，而不知其定性立命之奧，將謂二氏有密教也，而不知人者天地之心，得其心則天地與我同流，混闢之化，相與終始，亦何以惑死生乎？易曰「原始返終」，故知死生之說。其說也，謂形有始終耳。而性卽命也，何始終乎？故君子盡性則至命矣，不知求作聖之學，何以望此道之明，而自立人極也哉！夫人之所以爲貴者，此性之靈而已矣。惟靈也，故能聰能明，能幾能神，能謙能益，能剛能柔，卷舒變化，溥博高明，出入乎富貴貧賤之境，參酌乎往來消息之時，安然於飲食居處，怡然於孝弟忠信。伊尹以天民之先覺而覺天下者，覺此靈明之性而已。必自覺矣，而始可以語得也。是故惟君子也，無入而不自得。自得者，率性而行者也，焉往而非道哉！不有伊、周，又誰覺天下？未覺之先，又誰其不執夢想以爲真哉！釋夢去想，則無所事矣。惟覺則真，妄則未覺也。未覺又以何者爲真乎？雖然，真性不以妄而或泯也，誰其無恍然之一覺哉！百姓共玩而不察，惟其不察，故無自悟之門矣。孟子指怵惕之心於乍見入井之頃，即伊尹覺天下之心也。

孔、孟之學，堯、舜之治，舉求諸心焉而已。心外無事矣，求事也者，或逐事而二心，求心也者，以言乎天地之間則備矣。是心也，即萬化也，自聖人以至愚夫，一者也。知天下國家皆我也，是曰知心；知天地萬物皆心也，是曰知學。

盡心則萬物備我，我者萬物之體，萬物者我之散殊。一物不得其所，則將誰委乎？曰我不能，則自欺其知；曰物難盡，則自離其體。是皆自私自是者之見，不責躬而責人，不求諸心而求諸事，非盡心之謂也。

告子固有義外之非矣，伊川曰：「在物爲理。」何以異於義外哉！子莫固有執中之陋矣，伊川曰：「堂之中爲中，國之中爲中。」何以異於執一哉？信理在外也，何以曰「感而遂通天下之故」？信中可擬而明也，何以曰「故神無方，而易無體」？

學所以明道也，道者率性而已耳。目之無不覩聞者，聰明則然也；父子之無不愛親者，慈孝則然也。是固若大路然，而民生日用，不能不由之者也。然道即聰明慈孝也，顏子之仰鑽瞻忽，何謂而嘆其難？道信高矣！美矣！孟子曰：「徐行後長。」何謂而指其近？

問：「志道懇切，如何又有迫切不中理之病？」曰：「迫切不中理者，欲速也。意識爲累，故有此病。知學者，此知精明，自惺惺地有蔽卽覺，而惻隱羞惡不能自已者也。未知者，但意識耳，勤懇之念，作疑計功，雜出於思，如何會循循？」

問：「盡心便知性，知性便知天，此理莫不失於大快否？」曰：「心也，性也，天也，果有二乎？學者無師承，怎便會悟徹？此心既未徹，種種障蔽，奚止於大快之疑！」

問：「宋朝惡忌伯淳，以其不理會事，只是理會學，如何？」曰：「知外無學，事外無知，既曰理會學，則日用皆著察之功，無非事者，安得有事學之分？」

問：「以堯、舜事業爲一點浮雲，只是所性不存之意？」曰：「浮雲語適然也，做到時雍風動處，聖人皆順應而我無與，此正是允執厥中。」

問：「氣清則通，清極則神，恐神不可以言氣也，何如？」曰：「運動者曰氣，虛靈者曰神，皆擬而名之者也。不神則無物矣，誰其運動？學而未至無欲則思雜，雜則不清，雜則不神，非二也。」

問：「朱子謂朝廷若要恢復中原，須要罷了三十年科舉，此說如何？」曰：「謂須得真才，可圖恢復，必須學術中來。今日卓越之資，皆溺習於科舉而不知返。噫！弊而害也久矣。誠正之學不講，如人才何！」

問：「孝弟之至，通於神明，不是兩般事。此理何如？」曰：「愛親敬長者，性也，卽神明之感而通者也，焉有兩般事？自行於人者，有至與不至，故必曰『至則通於神明』。」

問：「知涵養而不務講求，將認欲作理，則如之何？」曰：「如認欲作理，則涵養箇甚？講求正精察乎理欲，而存乎此心者也。這學問中自不能缺一的，如何是專？如何是不務？莫認講求作談天説地也。」

問：「五行之生也，各一其性，似指氣質之性而言，何如？」曰：「五行陰陽一太極也，一而未嘗不殊，殊而未嘗不一也。猶人也，耳目口鼻未嘗可同，見聞覺知未嘗有二，心也。質者性之器，氣者性之運，孰得而二之而離之者哉！若曰天地之性，又曰有氣質之性，則誤矣。」

問：「南軒答胡直夫書，『亦豈無欲乎？而莫非天地之流行，不可以人欲言』，恐欠真切。」曰：「有欲此念也，無欲亦此念也，覺與不覺耳。蓋百姓日用，莫非天命之流行，但無妄卽誠也。如此則入道有門矣。」

問：「伊川謂動見天地之心，如何？」曰：「復其見天地之心，又着剩語。如學果自得，莫非是心，何動何静？何見何不見？不自得，皆空言也，何從而見？」

問：「銓司選官，避嫌者皆是私心。若係其親子弟，如何不避嫌得？」曰：「人心虚靈，别嫌明微，乃時措妙用，若此等商量，自著不得。此皆有欲之心，從格套中商量而求其可，豈義之與比？若此等心，避不避皆私也。」

問：「理性命章『萬一各正』，如何謂之各正？」曰：「各賦此理而生，蠢動與人靈性各具，是天命無二也。品物之殊曰萬均，得所賦曰各正。」

問「至誠如神」。曰：「如神者，如吾靈明之本性也，故曰民愚而神。」

教諭王一菴先生棟

王棟字隆吉，號一菴，泰州人。從事心齋。嘉靖戊午，由歲貢授南城訓導，轉泰安，陞南豐教諭。所至以講學爲事。先生之學，其大端有二：一則稟師門格物之旨而洗發之。言「格物乃所以致知，平居未與物接，只自安正其身，便是格其物之本。格其物之本，便卽是未應時之良知。至於事至物來，推吾身之矩而順事恕施，便是格其物之末。格其物之末，便卽是既應時之良知」。故致知格物，不可分析。一則不以意爲心之所發。謂「自身之主宰而言，謂之心，自心之主宰而言，謂之意。心則虛靈而善應，意有定向而中涵。自心虛靈之中，確然有主者，名之曰意耳」。昔者，先師蕺山曰：「人心徑寸耳，而空中四達，有太虛之象。虛故生靈，靈生覺，覺有主，是曰意。」故以意爲心之所發爲非是，而門下亦且斷斷而不信。於是有答董標心意十問，答史孝復商疑。逮夢奠之後，惲日初爲劉子節要，尚將先師言意所在節去之，真索解人而不得。豈知一菴先生所論，若合符節。先生曰：「不以意爲心之所發，雖自家體驗見得如此，然頗自信心同理同，可以質諸千古而不惑。」顧當時亦無不疑之，雖其久於門下者，不能以釋然。下士聞道而笑，豈不然乎？周海門作聖學宗傳，多將先儒宗旨湊合己意，埋没一菴，又不必論也。

語録

陽明先生提掇「良知」二字，爲學者用功口訣，真聖學要旨也。今人只以知是知非爲良知，此猶未悟。良知自是人心寂然不動、不慮而知之靈體，其知是知非，則其生化於感通者耳。

良知無時而昧，不必加知，即明德無時而昏，不必加明也。大學所謂在明明德，只是要人明識此體，非括去其昏，如後人磨鏡之喻。夫鏡，物也；心，神也。物滯於有迹，神妙於無方，何可倫比？故學者之於良知，亦只要識認此體，端的便了，不消更着致字。先師云：「明翁初講致良知，後來只説良知，傳之者自不察耳。」

先師以安身釋止至善，謂天下國家之本在身，必知止吾身於至善之地，然後身安而天下國家可保。故止至善者，安其身之謂也。欲安其身，則不得不自正其身。其有未正，又不容不反求諸身。能反身則身無不正，身無不正，則處無不安，而至善在我矣。古今有志於明德、親民，而出處失道，身且不保者，不明止至善之學故也。

先師之學，主於格物，故其言曰：「格物是止至善工夫。」格字不單訓正，格如格式，有比則推度之義，物之所取正者也。物即物有本末之物，謂吾身與天下國家之人。格物云者，以身爲格而格度天下國家之人，則所以處之之道，反諸吾身而自足矣。

舊謂意者心之所發，教人審幾於動念之初。竊疑念既動矣，誠之奚及？蓋自身之主宰而言，謂之心；自心之主宰而言，謂之意。心則虛靈而善應，意有定向而中涵，非謂心無主宰，賴意主之。自心虛靈之中，確然有主者，而名之曰意耳。大抵心之精神，無時不動，故其生機不息，妙應無方。然必有所以主宰乎其中，而寂然不動者。所謂意也，猶俗言主意之意。故意字從心從立，中間象形太極圈中一點，以主宰乎其間，不著四邊，不賴倚靠。人心所以能應萬變而不失者，只緣立得這主宰於心上，自能不慮而知。不然，孰主張是？孰綱維是？聖狂之所以分，只争這主宰誠不誠耳。若以意爲心之發動，情念一動，便屬流行。而曰及其乍動未顯之初，用功防慎，則恐恍惚之際，物化神馳，雖有敏者，莫措其手。聖門誠意之學，先天易簡之訣，安有此作用哉！

誠意工夫在慎獨，獨即意之别名，慎即誠之用力者耳。意是心之主宰，以其寂然不動之處，單單有個不慮而知之靈體，自做主張，自裁生化，故舉而名之曰獨。少間攙以見聞才識之能，情感利害之便，則是有所商量倚靠，不得謂之獨矣。世云獨知，此中固是離知不得。然謂此個獨處，自然有知則可，謂獨我自知而人不及知，則獨字虛而知字實，恐非聖賢立言之精意也。知誠意之爲慎獨，則知用力於動念之後者，悉無及矣。故獨在中庸謂之不睹不聞，慎在中庸謂之戒慎恐懼。故慎本嚴敬而不懈怠之謂，非察私而防欲者也。

慎獨註云：「謹之於此以審其幾。」後儒因欲審察心中幾動，辨其善惡而克遏之。如此用功，真難湊泊。易大傳曰：「君子上交不諂，下交不瀆，其知幾乎？幾者動之微，吉之先見者也。」則幾字是交際事幾上見，非心體上有幾動也；心體上有幾動，則是動於念。楊慈湖所以謂之起意，而非大學、中庸所謂獨也。大傳又曰：「夫易，聖人所以極深而研幾者也。」朱子解云：「所以極深者，至精也；所以研幾者，至變也。」以變釋幾，非事幾乎？後因又謂：「於心幾動處省檢而精察之。」以是爲研，謬亦甚矣。

問：「遺録一詩，言念頭動處須當謹，似亦以意爲心之所發，如何？」曰：「謹念是戒其莫動妄心，非其動後察善惡也。亦是立定主意，再不妄動之義。且予所謂意，猶主意，非是泛然各立一意，便可言誠。蓋自物格知至而來，乃決定自以修身立本之主意也。中庸卽曰『誠身』，孟子卽曰『反身而誠』。不本諸身，便是妄了。不以意爲心之所發，雖是自家體驗見得如此，然頗自信心同理同，可以質諸千古而不惑，豈以未嘗聞之先師而避諱之哉！」

象山謂「在人情事變上用功」，正孟子必有事焉之意。必有事焉，非謂必以集義爲事，言吾人無一時一處而非事，則亦無一時一處而非心，無一時一處而非心，則亦無一時一處而非學。故凡日用動静云爲，一切人情事變，孰非吾心性中所有之事？孰非職分内當爲之事？故謂之「必有事焉」。猶言須臾離事不得，件件隨知順應而不失其宜，是則所謂集義者也。故孟子以後，能切實用功，而不涉於虛想虛見，虛坐虛談者，無如象山。

明翁初講致良知，曰：「致者至也，如云喪致乎哀之致。」其解物格知至，曰：「物格，則良知之所知者，無有虧缺障蔽，而得以極其至矣。」觀此則所謂致良知者，謂致極吾心之知，俾不欠其本初純粹之體，非於良知上復加致也。後因學者中往往不識致字之義，謂是依着良知，推致於事，誤分良知爲知，致知爲行，而失知行合一之旨。故後只説良知，更不復言致字。今明翁去久，一時親承面命諸大名賢，皆相繼逝，海內論學者，靡所稽憑，故有虛空冒認良知，以爲易簡超脱，直指知覺凡情爲性，混入告子、釋氏而不自知，則不言致字誤之也。二者之間，善學者須識取。

或疑心翁以格物爲反身之學，用於應事接物時甚好，但若平居未與物接，只好説個良知，更有何物可格？曰：「格物原是致知工夫，作兩件拆開不得。故明翁曰『致知實在於格物，格物乃所以致知』，可謂明矣。且先師説『物有本末』，言吾身是本，天下國家爲末，可見平居未與物接，只自安正其身，便是格其物之本。格其物之本，便卽是未應時之良知。至於事至物來，推吾身之矩而順事恕施，便是格其物之末。格其物之末，便卽是既應時之良知。致知格物可分拆乎？况先師原初主張格物宗旨，只是要人知得吾身是本，專務修身立本，而不責人之意，非欲其零零碎碎於事物上作商量也。夫何疑哉！」

問：「前輩多言敬則中心有主，今曰誠意則心有主。謂主敬不如主誠者乎？」曰：「不然，誠與敬俱是虛字。吾非謂誠能有主，謂誠此修身立本之意，乃有主也。誠字虛，意字實，譬如方士説丹，意是鉛汞丹頭，誠則所謂文武火候而已。又通考之北宫黝之有主，是主必勝；孟施舍之有主，是主無懼；曾子聞大勇於夫子，是主自反而縮；孟子之異於告子，是主行慊於心。皆必有一件物事主宰於中，乃有把柄。今只徒言敬則中心有主，不知主個甚麼，將以爲主個敬字，畢竟懸空，無附着，何以應萬變而不動心乎？吾輩今日格物之學，分明是主修身立本。誠意是所以立之之功，不須説敬，而敬在其中。蓋自其真實不妄之謂誠，自其戒慎不怠之謂敬，誠則敬，敬則誠，其功一也。又程子嘗言：『學者先須識仁。識得此理，以誠敬存之而已。』這便是以仁爲主，誠敬是所以存之之功。究竟來，孔之言縮，孟之言慊，程之言仁，皆與大學修身爲本，統脉相承，若合符節，思之當自躍然。」

學者一得良知透露，時時處處，昭朗光耀，諸所動作，皆在其中。故曰：「蓋有不知而作者，我無是也。」苟於此天性真知，不能徹底皎潔，而藉見聞爲知識，則不過知之次者耳。聖人原不藉見聞爲知識，故其教人也，雖鄙夫有問，皆可叩兩端而竭盡無餘。

先儒發變化氣質之論，於學者極有益，但若直從氣質偏處矯之，則用功無本，終難責效。故只反身格物，以自認良知，尋樂養心，而充滿和氣，則自然剛暴者温，柔懦者立，驕矜者巽，簡傲者謙，鄙吝者寬，惰慢者敬，諸所偏重，咸近於中矣。以是知學必涵養性源爲主本，而以氣質變化爲徵驗。

自責自修，學之至要。今人詳於責人，只爲見其有不是處。不知爲子而見父母不是，子職必不共；爲臣而見君上不是，臣職必不盡。他如處兄弟，交朋友，畜妻子，苟徒見其不是，則自治已疎，動氣作疑，自生障礙，幾何不同歸於不是哉！有志於爲己者，一切不見人之不是，然後能成就一個自家是。

子貢謂：「夫子之言性與天道，不可得而聞。」蓋夫子教人，只在言動事爲上，從實理會，而性天之妙，自在其中，故曰下學而上達。更不懸空説個性與天道，使人求高望遠。學者理會得時，則夫子之文章，何者不是性天之流行？外文章而别求性天則妄矣。吾人今日，正不可汲汲於談天説性，而失聖門教法之常。

問：「如何是安静以養微陽？」曰：「詩云：『小心翼翼，昭事上帝。』只是謹慎保守此個靈根，常是閒閒静静，欣欣融融，便是得其所養。今人只要向外馳騁，安得陽長陰消？且如人一時收攝精神，畧見虚明光景，便將平日才智襯貼起來。多聞見者，馳騁於聞見；能立事功者，馳騁於事功；善作詩者，馳騁於詩；會寫字者，馳騁於字；以至要立門户，要取聲名等等，恢宏皆作勞攘，精神逐外，白日鬼迷，當如陽復何哉！」

楊、墨之差易見，故自孟子一辨之後，無人復入其門。鄉愿媚世盜名，雖間有人效之，然亦内省有愧，高明有識之士，自不屑爲。獨告子之學，近似率真，坑陷多少有志好學人豪，鶻鶻突突，撞入其門，恬不爲怪。此其爲害特深，至今不息也。凡今之不肯精細入思，從容中道，而但任氣作用，率意徑情，且侈號於人曰：「吾自良知妙用矣，管甚人是人非；吾自性天流行矣，管甚無破無綻。」少循規矩，則謂之拘執道理；少盡報施，則謂之陪奉世界。凡若此者，謂非告子不求於心、不求於氣之學乎？嗚呼！安得起孟子於九原而辨正之也？

一友聞格物之説，喜曰：「看來格物二字，只是個致知底致字。」曰：「然。」曰：「學既明白如此，須作第一事幹，庶不虛負所聞。」曰：「作第一事，還有第二第三，須是看得事卽學，學卽事，日用間一切動靜云爲，總只是這一個學，方是無間斷，無歇手處。」友乃躍然。

庸德庸言，是小小尋常言行，無甚關係時節。今人之所忽處，正古人之所謹處。故學必於微小去處不少放過，方始入精。

一友好直己之是，語之曰：「是非之在人心，自明自辨，何須自家理直？子直其是，誰肯認非？此余少時害過切骨病痛。曾記與林東城論一事於舟中，余欲明辨自己之是，東城則欲渾厚莫辨，謂『辨得自己極是，不難爲了别人！』予執滯不能服。時李天泉在坐，兩解之曰：『二公皆是也。渾厚則仁之意多，辨明則義之意多。』予曰：『巧哉！仁可以該義，義不可以該仁。吾二人之優劣既較然矣，何得謂皆是乎？』東城大笑曰：『公依舊又在這裏辨個優劣，要做甚麽？公可謂只是生薑樹上生。但自此，吾當進於明辨，公亦當進於渾厚，則彼此俱有益耳。』予於是始大悟其差，亟起謝教，自是悔改。數十年來，然後能不敢不渾。」

易傳曰：「天下何思何慮。」非教人一切不思慮也。「學而不思則罔」，「心之官則思」，慎思研慮，皆學者用功所在，安得糊塗！易傳之意，蓋言天下之理，同歸而塗自殊，一致而慮自百。我這裏真是廓然大公，則自然物來順應；我這裏真是寂然不動，則自然感而遂通，更復有何事可思，何物可慮，而有待於計較安排者耶！今不玩本章全文，而截其「何思何慮」四字，欲人槁木死灰其心於一切無所思慮之地，豈理也哉！或云：「此是聖人地位。」亦伊川發得太早之説也。會得時何思何慮，正吾人爲學切近工夫。蓋必實見得天性良知，果是自能感通，自能順應，果是無絲毫巧智，復有待於計較安排，此方是真機妙用，真性流行，而内外兩忘，澄然無事矣。不然，終日應酬，都只是憧憧往來，自私用智，何足以言學乎！

不識不知，然後能順帝之則。今人只要多增聞見，以廣知識，攙雜虚靈真體，如何順帝則乎？蓋人有知識，則必添卻安排擺布，用智自私，不能行其所無事矣。故曰：「所惡於智者，爲其鑿也。」

程子曰：「明得盡，渣滓便渾化。」此格言也。然不必質美者能之。良知本體，人人具足，不論資質高下，亦不論知識淺深，信得及，悟得入，則亦明得盡矣。有不能者，百倍其功，終有明盡時節。到得明盡，便亦都無渣滓，所謂明則誠也。學者但當盡力此明，不必更求其次。只緣當時説個「其次惟莊敬以持養之」，遂使無限英雄，不敢自任質美，從事於渾化之功。但擇取其所謂次者，而終身用力焉。所謂明盡，只是認得良知的確無遮蔽處耳。

聖人神化之精，不出於「上交不諂，下交不瀆」之兩言。吾先師論明哲保身，亦不出於愛敬之一道。若他人論幾論哲，必著玄微奧妙之辭，愈深遠而愈不實矣。

或問「本體」。曰：「體用原不可分，良知善應處，便是本體。孔門論學，多就用處言之，故皆中正平實。後儒病求之者，逐事支離，不得其要，從而指示本體，立論始微，而高遠玄虛之蔽所自起矣。由仁義行，自是良知天性，生機流出，不假聞見安排。行仁義者，遵依仁義道理而行，不由心生者也。一是生息於中，一是襲取於外，二者王霸聖凡之別，非安勉生熟之分也。

聖人所不知不能，是愚夫愚婦與知能行之事。

心不在焉，須知不在何處。人言心要在腔子裏，心苟在腔子裏面，則凡腔子之外，可盡無心耶？夫心之本體，静虚無物，則爲不放失，無在而無不在也。若或一有所着，馳於彼則不存於此，有所在則有所不在矣，此之謂不在。

古人好善惡惡，皆在己身上做工夫。今人好善惡惡，皆在人身上作障礙。

程子每見人静坐，便道善學。善字當玩，如云魯男善學柳下惠一般。學本不必静坐，在始學粗心浮氣，用以定氣凝神可也。周子主静之説，只指無欲而言，非静坐也。今人謬以静坐養心，失之遠矣。

問：「欲致良知，必須精察此心，有無色貨名利之私夾雜，方是源頭潔净。」曰：「此是以良知爲未足，而以察私補之也。良知自潔净無私，不必加察，但要認得良知真爾。不認良知，而務察其私，其究能使色貨名利之私，一切禁遏而不得肆乎？安望廓清之有日哉！」

問：「閒思雜慮，何以卻之？」曰：「聖人之學，不必論此。心之生機，頃刻不息，所謂出入無時，莫知其鄉，是其神明不測，自合如此。若一概盡欲無之，必求至於杳然無念，非惟勢有不能，卽能之，正所謂槁本死灰，自絶其生生不息之機而可乎？但不必思閒慮雜，徒自勞擾耳。」

一友覺有過，言愧悔不樂。曰：「莫煩惱前頭失處，且喜樂今日覺處，此方是見在真工夫。煩惱前頭失處，尚在毀譽上支持，未復本體；喜樂見在覺處，則所過者化，而真體已呈露矣，二者相去不亦遠乎？」

自古士農工商業雖不同，然人人皆可共學。孔門弟子三千，而身通六藝者纔七十二，其餘則皆無知鄙夫耳。至秦滅學，漢興，惟記誦古人遺經者，起爲經師，更相授受，於是指此學獨爲經生文士之業，而千古聖人與人人共明共成之學，遂泯没而不傳矣。天生我師，崛起海濱，慨然獨悟，直超孔、孟，直指人心，然後愚夫俗子，不識一字之人，皆知自性自靈，自完自足，不暇聞見，不煩口耳，而二千年不傳之消息，一朝復明。先師之功，可謂天高而地厚矣。

誠意問答　門生李㮧撰

歲在庚午春王正月，芝蘭獨茂，苔草争妍，㮧偶侍側。一菴夫子起而嘆曰：「格物之學，已信於人人矣，誠意以心之主宰言，不猶有疑之者乎！」㮧曰：「豈特他人疑之，雖以㮧之久於門下者，亦不能以釋然。蓋以意爲心之所發，則未發爲心之本體，心意有所分別，而後誠正不容混也。先儒謂心如穀種，意其所發之萌芽矣乎？」師曰：「子知穀之萌芽已發者爲意，而不知未發之中，生生不息，機莫容遏者，獨不可謂之意乎？」

㮧曰：「已發之和，卽有未發之中者在，亦嘗聞之矣。然大學一書，專在情上理會，故好惡足以括之。意之所在，非好則惡，意不近於情耶？」師曰：「意近乎志，卽經文之所謂有定也。行者之北之南，必須先有定主，主意定而后静且安，則身修矣。」

㮧曰：「嘗與吴友三江論人之視聽言動，莫非吾意之所運。視聽言動必以禮，則亦莫非吾誠之所在也，故大學誠意，卽中庸誠身，似於師説近之乎？然以意近乎志，古者十五志於大學，豈待格物之後而志始立耶？」師曰：「志意原不相遠，語録嘗言之矣。惟學貴知本，誠身誠意固一也，然不知誠意以修身爲家國天下之本，則身不止於至善，而每陷於危險之地矣。身且不保，而況於保家、保國、保天下乎？今人知格物反己之學，而猶不免於動氣責人者，只爲修身主意不誠。如果真誠懇惻，凡有逆境，惟知責己而不知責人，是於感應不息上用工。不然，斷港絶河，棄交息游，而非聖人運世之學矣。」

樾曰：「言之至此，心體洞然。自盱歸任，格致、處事、議事頗有究竟，而不容少有所混然。以之處人亦然。今聞師訓，庶有所悔而改乎！但感應不息上用功，吾儒之所以異於二氏者，正在於此，卻當於心體上着力，豈宜於效驗上較之耶？」師曰：「心迹一而後知吾儒之妙，非二氏可及也。若人情有感必應，則恒人皆能處之矣。惟感之而不應，而吾之所以感之者，惟知自盡其分，而不暇於責人望人，而後謂之學無止法。爲人父，止於慈，不當因其子之賢愚而異愛。爲人子，止於孝，不當因其父之慈嚴而異敬。君臣朋友皆然。一求諸身而無責人之妄念，是之謂反身而誠，樂莫大焉。蓋反身則此心一而不二，不二非誠乎？樂卽此之謂自謙也。」

樾曰：「用力之方，指示下愚，當何所先乎？」師曰：「誠意工夫，全在愼獨，獨卽意也。單單吾心一點生幾，而無一毫見聞、情識、利害所混，故曰獨。卽中庸之所謂不睹不聞也。愼卽戒愼恐懼。」

樾曰：「誠意之後，正心之功，亦大段着力不得。譬之行者之南，立定主意，必期至南而止，更無一毫牽引，此誠也。然至中途，或有君上之召，或有父兄之命，則又當變通而不容泥滯，落於有所。正心之功，其不滯而已乎？」師曰：「不滯亦是。但能決定以修身立本爲主意，則自無邪念，不必察私防欲，心次自然廣大。傳曰『心廣體胖』，其旨深哉！苟不由誠意自慊，而專務强正其心，則是告子之學也，烏足以語此！」

樾曰：「論至於此，學問雖有所受，而體認則存乎人。何前之苦析經文，而不求實用哉？樾之所以疑而信，信而疑者，蓋以世之主講者，輒好異説以新聞見，況朱子之學，猶未可以輕議。嘗讀章句，『因其所發』釋明德，『實其所發』釋誠意；又考諸小註，『意是主張恁地』。然則朱子皆非歟？」師曰：「朱子所註，未爲不是，但後之學者，遂分所發有善惡二端。殊不知格致之後，有善而無惡，若惡念已發，而後着力，則猶恐有不及者矣。」

梴曰：「禁於未發之謂豫，發而後禁，則扞格而不勝。用力於未發者，集義之君子，自慊者也。用力於已發者，襲取之小人，見君子而後厭然之類也。吾人今日願爲君子耶？爲小人耶？當知所以自辨矣。但意之所主，果屬將發未發之間乎？未發則不得謂之意矣。」師曰：「未發已發，不以時言。且人心之靈，原無不發之時，當其發也，必有寂然不動者以爲之主，乃意也。此吾所以以意爲心之主宰，心爲身之主宰也。子姑無以言語求，久之自當有得。」

梴曰：「大學一書，血脈全在誠意，況假道濫竽，空談虛見，布衣猶當恥之。雖曰心誠求之，不中不遠，然年當見惡，學無所得，師適遠別，安敢自怠自欺，以貽後日之晦哉！」師曰：「然。子可書之道範遺思卷末，因以見子之志，亦以見吾之苦心云。」

文選林東城先生春

林春字子仁，號東城，揚之泰州人。家貧，傭王氏爲僮子。王氏見其慧，因使與子共學。先生亦刻苦自厲。嘉靖壬辰，舉會試第一，登進士第。除户部主事，改禮部，又改吏部。久之，轉員外郎。請告歸，起補郎中。辛丑卒官，年四十四。先生師心齋，而友龍溪，始聞致良知之說，遂欲以躬踐之。日以朱墨筆點記其意向臧否醇雜，以自攷鏡。久之，乃悟曰：「此治病於標者也，盍反其本乎？」自束髮至蓋棺，未嘗一日不講學。雖在吏部，不以官避嫌疑，與知學者挾衾被櫛具，往宿寺觀中，終夜刺刺不休。荆川曰：「君問學幾二十年，其膠解凍釋，未知其何如也。然自同志中，語質行者必歸之。」由此言之，先生未必爲泰州之入室，蓋亦無泰州之流弊矣。

明儒學案卷三十三　泰州學案二

文肅趙大洲先生貞吉

趙貞吉字孟静，號大洲，蜀之内江人。生而神穎，六歲誦書，日盡數卷。登嘉靖十一年進士第。選庶吉士，授編修。因上惑方術，疏請敷求真儒，不報。遷右春坊右中允，管司業事。二十九年，京師戒嚴，嫚書要貢，集百官議闕下，日中莫發一論者。先生出班大言曰：「城下之盟，春秋恥之。」華亭問何奇畫，先生曰：「爲今之計，皇上出御正殿，下詔引咎，録周尚文之功以勵邊帥，釋沈束之獄以開言路，輕損軍之令，重賞功之格，飭文武百司爲城守，遣官宣諭諸將，監督力戰，其他無可爲畫者。」上卽陞先生左春坊左諭德，兼河南道監察御史，給賞功銀五萬兩，令其隨宜區處，宣諭將士。方廷議罷，先生盛氣謁相嵩於西苑直中，嵩辭不見。先生怒叱門者。會通政趙文華趨入，顧謂先生曰：「公休矣，天下事當徐議之。」先生愈怒，罵曰：「汝權門犬，何知天下事！」嵩聞大恨，欲敗其事，故不與督戰事權，亦不與一護卒。先生單騎出城，僦民車，致銀總兵仇鸞所，歷諸營傳諭而返。明日復命，上怒。謂功賞未見措置，第爲周尚文、沈束懷怨，詔錦衣衛逮杖。謫廣西荔波縣典史。量移徽州通判。稍遷南京文選司主事，進郎中，陞光禄寺少卿，通政司參議、右通政，光禄寺卿，户部右侍郎，皆在南京。四十年始入爲户部右侍郎，又以忤嵩罷。隆慶改元，起吏部侍郎，兼翰林院學士，掌詹事府事。上幸學，暫掌祭酒事。出爲南京禮部尚書。召入兼翰林院學士，協管詹事府事。尋拜文淵閣大學士。先生在閣，與高文襄共事，而議多不合。其大者謂「御兵分隸五府，數變之後，至嘉靖庚戌，别立戎政廳，以十餘萬衆，統於一人，盡變祖制。夫兵權貴於分，練兵亦貴於分，此古法也」。疏下廷臣議行，而本兵霍冀不悦。及給事中楊鎔論冀，冀遂誣先生主使。上終直先生而罷冀。文襄以徐文貞草世廟遺詔，改政改臣爲讐君，將欲加罪。先生拂衣起曰：「若是則先帝大禮大獄諸案，卽宋之奸黨碑也。」文襄色變而止。文襄以閣臣兼掌吏部事，使先生兼掌都察院事。文襄欲修怨廷中之異己者，非時考察科道，先生執筆，文襄終不得志，其争給事中吴時來，至於日中。於是文襄使其客韓楫劾先生爲庸横。先生言：「人臣庸則不能横，横非庸臣之所能也。臣兢兢惟拱言是聽，僅以考察一事與之相左，臣真庸臣也。若拱者然後可謂之横也已。」詔馳驛歸。杜門著述，擬作二通，以括今古之書。内篇曰經世通，外篇曰出世通。内篇又分二門：曰史，曰業。史之爲部四：曰統，曰傳，曰制，曰誌。業之爲部四：曰典，曰行，曰藝，曰術。外篇亦分二門：曰説，曰宗。説之爲部三：曰經，曰律，曰論。宗之爲部一：曰單傳直指。書雖未成，而其緒可尋也。萬曆四年三月十五日卒，年六十九。贈少保，謚文肅。

先生之學，李贄謂其得之徐波石。按先生之論中也，曰：「世儒解中者，不偏不倚，無過不及之名，而不知言中爲何物。今夫置器於地，平正端審，然後曰『此器不偏不倚』；度物之數，長短適中，然後曰『此物無過不及』。今舍其器物，未問其作何名狀，而但稱曰『不偏不倚，無過不及』，則茫茫虚號，何所指歸？若以爲物物有天然之則，事事有當可之處，夫天然之則，在此物者，不能以該於彼物；當可之處，在此事者，不能以通於他事。若以爲道心爲主，而人心聽命，則動靜云爲之際，自無過不及之差，此又以中爲學問之效。寧有三聖心傳，不指其體而僅言其效乎？」波石之論中也，亦曰：「伊川有堂之中爲中，國之中爲中，若中可擬而明也，易不當曰神無方而易無體矣。」故知先生有所授受也。先生初不自諱其非禪學，常與徐魯源相遇，魯源言：「學問當有所取，有所舍。」先生厲聲曰：「吾這裏無取無舍，宛然宗門作用也。」其答友人云：「僕之爲禪，自弱冠以來，敢欺人哉！試觀僕之行事立身，於名教有悖謬者乎？則禪之不足以害人明矣。僕蓋以身證之，非世儒徒以口說諍論比也。」先生謂「禪不足以害人」者，亦自有說。朱子云：「佛學至禪學大壞。」蓋至於今，禪學至棒喝而又大壞。棒喝因付囑源流，而又大壞。就禪教中分之爲兩：曰如來禪，曰祖師禪。如來禪者，先儒所謂語上而遺下，彌近理而大亂真者是也。祖師禪者，縱橫捭闔，純以機法小慧牢籠出沒其間，不啻遠理而失真矣。今之爲釋氏者，中分天下之人，非祖師禪勿貴，遞相囑付，聚羣不逞之徒，教之以機械變詐，皇皇求利，其害寧止於洪水猛獸哉！故吾見今之學禪而有得者，求一樸實自好之士而無有。假使達摩復來，必當折棒噤口，塗抹源流，而後佛道可興。先生之所謂「不足以害人」者，亦從彌近理而大亂真者學之。古來如大年、東坡、無垢、了翁一輩，皆出於此。若其遠理而失真者，則斷斷無一好人也。先生常遊嵩高、抱犢、伏牛諸山，德清蔡子木問道，述七圖示之：其一混元圖○，其二出庚圖◓，其三浴魄圖◒，其四伊字三點之圖∴，其五卍字輪相之圖卍，其六周子太極圖，其七河圖。謂一以攝六，六以顯一，一者真空也，六者妙有也，世間法與出世法皆備矣。先生蓋見潙仰以圖相創立宗旨，與太極圖相似，故扭合爲一，而不顧其理之然否也。夫太極只一圈耳，一圈之外，不可更加一圈也。仰山之圖相九十七，一圓分主一事，不得謂之混元矣。是故形同而實異也。出庚、浴魄，魏伯陽以月象附會納甲，趙汝楳、朱楓㊀林皆常駁之，與太極益不合矣。英雄欺人，徒自欺耳！

雜著

中之名何稱哉？其性命之總名也歟？乃圓滿充足之號，無虧無盈，無首無尾，無分別同異之義。其體則太始之元，太乙之真；其材則二儀之精，五行之秀。以言其渾成，則爲元命；以言其圓明，則爲元性。不立一知，而不見其不足，包括萬德，而不見其有餘者，其惟中乎！天高明，而中與之高明；地博厚，而中與之博厚；萬古悠久無疆，而中與之無疆。執之者，如寶珠在握，而珠外有餘光，其極也，千珠歷落，而彩射無邊；如古鏡當臺，而鏡外有餘照，其極也，萬鏡交輝，而光影無盡。命自我立，性自我具，宇宙在手，萬化生身，參贊位育，輔相裁成。躋之者，莫甚於堯、舜之聖矣，下逮三代聖賢，無不於此成道。而吾夫子，拔起千載之後，直以堯、舜爲宗。其始志學，以至耳順、從心之年，無非此執中之指。至其孫伋始著爲書，曰中庸，欲以深明斯道。而世儒不達，徒以意度解詁，曰中者，不偏不倚，無過不及之名，而不指言中爲何物。今夫置器於地，平正端審，然後曰「此器不偏不倚」；度物之數，長短適中，

㊀「楓」原作「風」，據朱氏釋誤改。「楓林」乃明初學者朱升之別號。

然後曰「此物無過不及」。今舍其器物，未問其作何名狀，而但稱曰「不偏不倚，無過不及」，則茫茫虛號，何所指歸耶？若以爲物物有天然之則，事事有當可之處，吾能精一以討求之，執之於心，以爲常法，則其說又有不然者。夫天然之則，在此物者，不能以該於彼物；當可之處，在此事者，不能以通於他事。若執一，則無異於刻舟之愚；若狥萬，則有同於雕形之苦。以是爲大聖人盡性至命，篤恭無爲之道，奚其可哉！若以用精一之功，以從事於人心道心之間，必使道心爲主，而人心聽命，則動静云爲之際，自無過不及之差。此又以中爲學問之效，而三聖相授之時，不指其體而僅言其效，舍道心精一，而舉其行事無過不及之處，以爲執守之地，若非古文尚書之出，則論語之記亦疎矣。諸子因吾說而求之，優游厭飫，以求自得，毋拘舊說，毋蹈淺陋，他日自肯於羹牆衡帶之間也，相與勗之。

君子亦心乎學而已矣！真學真志真修，真修至虛，至虛至謙，至虛無見，見卽是我。至謙無我，我不可見。終日乾乾，學此而已矣。見起忘修，我起害志，修非真修，志非真志，敢曰真學？夫真學也者，不昧、不落、不著、不倚也。不倚也者，學於見聞知識而不倚，學於人情事變而不倚，以至學於天地而不倚。無地、無時無事非學而不倚。不倚也者，無我之謂也，見無我，則倚於無我。不倚也者，無見之謂也；無見也者，見卽是我；無我也者，我不可見。只此真見、真我之謂真志、真修，謂之至虛、至謙，謂之誠意。如是改過謂之改，如是懲忿謂之懲，如是徙義謂之徙，如是窒慾謂之窒，如是自改、自懲、自徙、自窒謂之如惡惡臭，如好好色，謂之自慊，謂之自誠。夫誠之者，性也，非見也。

講「吾有知乎哉」一章，曰：「夫聖人者，性聰明睿智之體，安容執敬別之用？其天浩浩，其淵淵淵，其仁肫肫，易矣簡矣，廣矣大矣，明物察倫，知來藏往，無不備矣。此畧舉聖人大知之量如此耳。今乃忽揭一高堅之談曰：『吾有知乎哉！』此語如青天忽轟霹靂，使人心膽俱喪，言思無措矣。即有智者，能於言下領解於聖人之心，如空合空，如鏡涵鏡，如泡入水，如響趨寂，渣滓渾化，冥契無礙，覿面承之曰：『公豈欺我哉！』此之謂玄解，奈何伊人之難遇也！於是聖人自下注脚去矣，乃曰：『我無知也。』予於聖語又妄下注脚曰：『此無知云者，不可錯會，謂聖人爲真無知也，則木石無知，亦可以爲聖人乎？』聖人到此，理窮而性盡，不見有知，謂之無知，實深入知覺之海者也。夫常人理路未盡，則有未徹之蔽，性天未盡，則存未化之物。故知而有知，流於情識紛擾之域矣，此故執有之爲害也。今夫天『四時行焉，百物生焉』，天何常有乎？惟天不有，故能生生不窮，聖人亦猶夫天也。偶一夫之來問，持空而無所之心，故能廣聖人周徧之智，竭聖人無窮之辨，而聖亦何嘗有哉？惟聖人不有，故能亹亹而無盡。今夫匠氏聚百石之銅以爲巨鐘，累月渠渠，然務成其魁然之形者，爲其中有砉然之聲也。問曰：『魁然之形成矣，砉然之聲安在乎？』則告曰：『在擊之耳。』然則聖人之大智亦若此耳。噫！吾儕去聖日遠，安得以鄙夫持其空無能之一擊，以游於夫子聖智覺海中，而默存其忘言之教乎？班生有言孔子□□□□□□□觀此章句，殆仲尼之無言也與？

謝子入爲□□□學甚至㊀，曰：「吾從事於學，則不疑於言矣。」既引疾歸，曰：「吾不能不疑於言，尚其專事於學矣。雖然，朋友益遠，微言難析，吾其困乎！」大洲於是爲定志明學之論，曰：「夫至尊者

㊀ 朱氏釋誤據趙文肅公文集補三空字，句爲「入爲諫官，慕學甚至」。

道也，至樂者學也，學以聞道，志以成學也。然而學不信心久矣，惟其不信自心，是以志無由立。蓋此心不失，即名爲志，此志不失，即臻道域也。今先不信心，而志從何生？志隳而學，宜其展轉外求，而自蔽益深矣。某以爲必先討去其蔽，而後可與共學。是以古之朋友，旦夕聚處，先王教化，亦必羣處校列而後成，有由然也。夫學者之蔽，有窺測前聖，模度後賢，摘服佳言，飭行善事，身心互持，徒相窒礙，而此念既熟，自諉曰志者，其蔽在不信自心，而依倣妄念，逡巡襲取也。亦有取自胸臆，懸立標準，即以標準爲師，而別起意念，常受□焉，隱微牽絆，未有止息，抱此情識，自諉曰志者，其蔽在不信自心，而依憑妄念，虛恍意見也。亦有醉心陳編，馳騖文事，研究糾賾，增長聞見，剽竊空談，支離著述，身心漂泊，至老無聞，而言語之微，矜持影響，及淹浸既久，家具頗成矣，遂自諉曰志者，其蔽在不信自心，而枉肆妄念，紛紜玩物也。又有頗知向學，而厭静喜動，厭動喜静者，在静無主，則雜念輪轉，而苦眩不寧，在動逐物，則境移心變，而煩惱復作，或滯静而沉昏是宅，或狥動而神守離軀，或照管馳求，以爲近取，檢點科列，以爲自治，惟此枝條最爲繁多，而終歸於廢學矣，其蔽在不自信其心，而妄生支離也。又有志非真切，託意矜名，依傍仁義之途，而自以爲是，日作心勞之僞，而不覺其非，止於補塞脱漏，惟知修飾觀聽，故多欲之根日深，而智慧之種將盡矣。然而性無滅息，本知獨良，或因考古而發憤；或聽人言而忸怩；或因順境而真見忽開，緬思有爲；或因欲極而天心復見，即求解脱；或惜歲月之不可留；或嘆古人之不易及；或光風霽月之下，而暢然自由；或迅雨烈風之前，而惕然追悔。皆其本心忽明之端，不可昧也。但舊念既熟，而新知尚生，熟者有欲可依，而舉目見前，生者無本可據，而掉臂遺失，是以卒歸於不學無志而已矣，其蔽在不信自心，而立基無地也。夫五蔽者，言其畧矣。五者交錯，互相生養，而蔽無窮矣。今欲直得本心，而確然自信，惟當廓摧諸蔽，洞然無疑，則本心自明，不假修習，本性自足，不俟旁求，天地萬物，惟一無二，在在具足，浩浩充周矣。雖然無有師友淵源之論，砥礪切磨之功，奮起塵俗，超然物表者，誰與領此？某濡迹宦途，而學稍歸一，則以京師豪傑所聚，而誨我無涯矣。謝子離索之憂，其誠然乎哉！雖然，謝子本知與天地萬物同其良也，與百姓日用同其能也，與千古萬古已去未來之聖哲同其妙悟也。疑此者，謝子之真疑也；信此者，謝子之真信也。真疑之體，卽信體也；真信之用，卽疑用也。求去其疑，非信也；求臻其信，愈疑也。是謂不假修習之心，不俟旁求之性也。謝子能信予言乎？鳥鳴花落，皆是師資，行道之人，示我妙用，而孰爲離索之困哉！」

古之君子，或仕與處，皆究竟其學而已也。學者覺也，古有先覺而後仕者，伊尹是也。伊尹曰：「予天民之先覺者。」有先仕而後覺者，孔子是也。孔子蓋少仕於魯，至四十而始不惑，五十而知天命也。嗚呼！斯理也，涵萬彙而無體，攝宇宙而無功，動作見聞，意識思惟，悉於其中現見。爲諸有之宗，而不可以有求；爲諸無之祖，而不可以無取。是生生之原，我之性也。悟此爲覺也，迷此爲惑也。夫已覺而仕，則具在我，而仕境相摩，其覺愈精。已仕而不求其覺，則權在仕，而身狥情移，其惑益蔽。悲哉！惑仕者乎？呫嗶瑣末，可以敷言，小術雷同，以之考功，君臣之義不明，同胞兄弟之念不洪，生人憔悴，大道荒蒙，非有哲人，誰與領此？

夫學未至於聖人之地，而假名言以修心，其勢不容於不異也。昔閩、洛之儒異唐、漢矣，唐、漢之儒異鄒、魯矣。三千七十之流，各持其異，入孔門而欲爭之，皆喪其名言，而如愚以歸。故曰：「雖欲從之，末由也已。」然後異者合而道術一矣。此曷故耶？以得聖人爲之依歸也。是故聖人者，羣言之家，而道之岸也。夫衆車麗馳於康莊而前卻之異者，策使之也；衆舟沿遡於廣津而洄突之異者，枻使之也；衆言淆亂於名言而喧聒於是非之異者，見使之也。至若行者抵家，則並車釋之矣，何有於策？渡者抵岸，則並舟釋之矣，何有於枻？學者而至於聖人之門，則並其名言喪矣，何有於見？

子貢賢者，賢者志在尊道，故揚厲聖人太過。夫子之道，本如慈母，如平地，顧子貢矯焉，揭諸日月，又使人索諸數仞之際，亦甚異矣。今考於夫子之自狀，如發憤，如好古，不厭不倦，不踰矩耳，不如子貢之所稱詡也。曾子曰：「夫子之道，忠恕而已㊀矣。」曾子最深悟，又不如子貢之所稱詡也。夫不欺其心爲忠，能度人之心爲恕。夫不欺自心與能度他心者，豈今之人盡不能者哉？循是義也，堂堂平平，以入夫子之門，是千載而昕夕也。

學術之歷古今，譬之有國者。三代以前，如玉帛俱會之日，通天下之物，濟天下之用，而不必以地限也。孟、荀以後，如加關譏焉，稍察阻矣。至宋南北之儒，殆遏糴曲防，獨守谿域，而不令相往來矣。陳公甫嘗嘆宋儒之太嚴。惟其嚴也，是成其陋者也。夫物不通方則用窮，學不通方則見陋。且諸子如董、楊以下，蘇、陸以上，姑不論。晦翁法程、張矣，而不信程、張，尊楊、謝矣，而力闢楊、謝。凡諸靈覺明悟，通解妙達之論，盡以委於禪，目爲異端，而懼其一言之污也。顧自日看案上六經、論、孟及程氏文

㊀「而已」原誤爲「止」字，據論語改。

字，於一切事物理會，以爲極致，至太極無極，陰陽仁義，動静神化之訓，必破碎支離之。爲善稍涉易簡疎暢，則動色不忍言，恐墮異端矣。夫如此學道，烏得不陋？謂靈覺明妙禪者所有，而儒者所無，非靈覺明妙，則滯窒昏愚，豈謂儒者必滯窒昏愚，而後爲正學耶？子思曰：「惟天下聰明睿智，足以有臨。」大傳曰：「古之聰明睿智，神武而不殺。」是豈塵埃濁物，昏沉鑽故紙而已耶？

來諭云：「道通天地萬物，無古今人我。」誠然，誠然！但云：「欲捲而藏之，以己立處未充，不能了天地萬物也。」斯言似有未瑩徹處耳。愚意謂當云：「己力未充，故時有執滯處，時有礙窒處，於此但假漸習薰修，久之不息，徐徐當徹去矣。」卽徹處謂之「先天而天弗違」，卽未徹謂之「後天而奉天時」也。作如是功者，日用間種種色色，刹刹塵塵，皆在此大圓鏡智中，卷舒自在，不見有出入往來之相，陵奪挽轉之境矣，故曰「不離日用」。常行内直，造先天未畫前也，豈可以爲粘帶難於解脱耶？中庸曰：「天命之謂性。」言其不假人爲，無善無不善也。「喜怒哀樂之未發謂之中」也，「發而中節謂㊀之和」也，指其率性，而不假人爲之處也。周子曰：「和也者中也，中節也，天下之達道也。」指其已發卽未發之體也。老子觀竅與觀妙，同出同玄之旨，與此同也。佛氏不思善，不思惡，見本來面目之義，與此同也。豈可以中庸之言，謂墮於情緣，難免生死耶？公所引情順萬事而無情者，卽圓覺經隨順覺性之謂也。於此了了，則世法與出世法，一齊徹去無餘矣，豈可非之於自無中取辨耶？公云：「責任之重，有不容已，欲爲己任，又立處未充。」則不免於攬厭之病矣。何則？天地萬物古今與我一體也，而欲取爲己任，則二

㊀「謂」原作「未」，據中庸改。

之矣，是攬之累也，謂迎之也。我與天地萬物古今一用也，而患己立未充，則二之矣，是厭之累也，謂將之也。均之未爲隨順覺性也。能隨順覺性，則卽體卽用，卽用卽體，體用一如矣。學至於體用一如，則達乎大覺圓頓之門矣。古人不貴踐履，只貴眼明，若能於此具眼，歷落分明，雖於日用之中，官私之事，情有執滯處，念有礙塞處，一歸於習氣之累，漸資薰修方便而徹之耳。如是則青城、峨眉之中，卽衡山、廬阜之境也；衣冠師表之地，卽御風雲游之處也。逸莫逸於與衆同知也，勞莫勞於違衆獨棲也。古歌云：「如今休去便休去。」非謂休官休世休事也，謂休其不了之心也。又云：「若覓了時無了時。」不了之心，在官去官，任事謝事，俱不了也。惟知者，當下了，卽當下休矣；當下休，卽當下徹矣。

答友云：「華翰書旨，皆戒僕之留意禪宗者。夫僕之爲禪，自弱冠以來矣，敢欺人哉！公試觀僕之行事立身，於名教有悖謬者乎？則禪之不足以害人明矣。僕蓋以身證之，非世儒徒以口說諍論比也。吾性中有十八陰界，戕亂我靈明，賊伐我元命，僕蓋欲以明智定力，破此一身，伐性陰賊，雖不能徹底一澄照，睿聖聰明如古至人，而莊、孟以下，欲庶幾也。向來嘗以此意微露於公前，而公遂疑之。僕何不幸，而不遇公之賞音哉！夫古之君子，得志則兼愛天下，不得志則康濟一身耳。且一身亦不小也，是天地之心也，陰陽之會也，鬼神之交也，五行之秀氣也，未有不被此根塵識念所壞者。今自顧其身與凡夫等，而欲造神聖之業，豈不難哉？公幸勿因忌其名，遂不求其實也。且宋儒拘拘，而舉業之士，又不足以語於盡性之門，彼若肆其胸臆，出不遜，則予將奈之何！故嘗自托於不肖，戒之以免其喋喋。惟於公之前，則不敢復遜也。夫公之名僕，意甚厚，謂僕之才，似可備世任使者，若向空寂發途，則灰其有爲之志，窳惰散棄不可鞭策，而損於聖教，故可惜也。頃京師有友人，亦以此意相責。僕欲發揮此道，其説甚長，頃刻未易傾倒。今啻與公約，倘聖王異時任用公以廓清斯世，僕雖老，猶能爲公執殳，隨所用之。功成便當角巾東道，視去榮利若脱屣耳。有一不如茲言，公然後食之階下，亦無懟焉。此書若逢羅達夫，可出之，以致哄堂，不必示他人，以啓争端。

記昔與子論性於白日之前矣，曰：「性喻諸日，智喻諸光，非光無日，掩日無光，故本性不迷，不迷爲智。若正智不見，本性尚迷，處茲迷境，而談率性，是以真體汩没於見聞也。故知光日一體之喻者，可以悟天性矣。」又記與子論欲於明月之前矣，曰：「欲譬諸雲，明是我體，當雲在月際，人見其暗，而明月之體未虧。故千古常明者性體，一時漸暗者欲塵。人能知明是我心，欲當自凈，原非染暗，明亦强名，則可以喻寡欲之方矣。」子於此時，亦躍然喜動，無復疑也。予曰：「未也。因人言而乃悟者，非自得也。猶之日射摇水，光動於壁，寒入火室，暖自外至，借彼精神，爲我精神，所借既去，我仍索然，其惟深造乎？深造則自得也。自得則所謂如日之喻，性本無欲，如月之喻，欲自不留。循此入道，刻期至矣。」

夫步象蹠者，不由兔徑，恢大業者，必宏遠圖。昔古公欲大周之業，必遷於岐山之下居焉。陶朱欲富其積，必處於定陶，天下舟車財貨輻輳之處。然則士之欲追古聖賢，而求得其所爲道，其處財蓄德當何如耶？乃若足不出於百里，目不接一勝友，抱兔園寒陋十數册故書，操舉子活套亹亹不休之管，以雄長於目不識一丁、腹無一點墨汁之輩之中，偃然自大曰：「吾以斯文自任，前無古人，後無來者。」有識在側，奚啻笑河伯之汩於秋水，又乃嘆溝澮之盈於屋霤，人以爲愧矣。嗟嗟！人亦有言，年近三十，憂老將至，世事易纏紏，光陰易懽㦸，忽忽淹留，壯老逼人，打入凡俗隊中，亦不難矣。可不省哉！可不畏哉！蓋士學道而無師承，衹以文字相誑誘者，畢竟墮此爾。

乾爲吾健，坤爲吾順，風行水流，日麗澤潤，動處爲雷，止處爲山，無聲無臭，充滿兩間，此名爲心，別名爲仁。無内無外，無損無增，自孝自弟，自聰自明，喜怒哀樂，未有一物，感而遂通天下之故。無情有情，合爲一體，未著軀殼，只有此耳。聖人以此洗而退藏，惟有圓圈可以形容。藏中何有？圈中何名？至精至一，爲天地心。原此真心，不分愚智，魚躍鳶飛，各職其職。蒙蒙我生，營營自戕，自斲自喪，自迷自狂，自築自牆，自固其防，自放於憂悲愴逸、鄙吝貪妬之塲，而不悟其非真常也。嗚呼！此獨何心？往而不復，夜半一聲，天心呈露，夢後周公，廟中西伯，玄酒太羹，汩然無迹。辟彼淵泉，今見涓涓，辟彼大莖，今見萌根，無象之象，無形之形，根滋莖大，水到渠成，一時翕聚，萬古常靈。嗚呼！易悟者心，難浄者習，呼爲習呼，吸爲習吸，習心作主，須臾不離。辟彼室家，見奪於賊，退處奴隸，僕僕受役。反正之苦，禹平水土，涵養之力，稷藝稼穡。於是一念不起，境不觸也，一見不倚，微不忽也，不離繩縛，自解脱也，不絶思慮，自澄徹也。以我視天地萬物，未有我也，以天地萬物視我，未有天地萬物也。翼乎如鴻毛之遇順風，浩乎若巨魚之縱大壑也，然而不能無過也。夫不能無過者，習難浄；自能改過者，性自定也。然後求其真求，放而不放，真悟真修，前後徹朗。愚非爲下，智非爲上。回也從事，參乎免夫，先立其大，白首著書。太山巖巖，示我廣居，學問無他，了此而已。實際其地，庶爲知恥，銘

於東西，敢告同志。〈求放心齋銘。〉

天地萬物，本吾一體也，而吾何以知天地萬物之然哉？天地非仁將恐折，萬物非仁將恐歇，吾心非仁吾身將恐蹶。吾何以知吾身之然哉？吾視非仁，盲從目生，吾聽非仁，聾從耳騰，吾言非仁，吾過瞢瞢，吾動非仁，身過殷殷。嗚乎！微翳眯睛，則八方易位，一念顛倒，而人己成敵。執迷爲真，賊以代子，四竅塵投，一妙覺死。樂出於虛，蒸則成菌，既死之心，不可復振。蝸窟蚓穴，去仁幾何！鳶飛魚躍，於仁何若！古之有道，去彼取此，三才歸根，一日克己。吾何以知有道之然哉？以其無己也，故能成其己。嗚乎！吾有大己，俯萬物而觀天地者也。大己不浹，小己揭揭，小己既克，大己潑潑。古之善克者，視於無形，聽於無聲，動無軌轍，言非述稱，四用反一，一真流行，無體無方，禮嘉而亨。少有意必固我作累，妙用齊滯，具爲痿痺，此爲不仁，而株橛小己。是故無己爲克，真己爲大，至大爲仁。體無對待，不見大小，焉知內外？性此曰聖，復此曰賢，小子至愚，擇焉執焉。昔者吾友從事於此，敢告非狂，爲仁由己。〈克己箴。〉

明儒學案卷三十四　泰州學案三

參政羅近溪先生汝芳

羅汝芳字惟德，號近溪，江西南城人。嘉靖三十二年進士。知太湖縣。擢刑部主事。出守寧國府，以講會鄉約爲治。丁憂起復，江陵問山中功課，先生曰：「讀論語、大學，視昔差有味耳。」江陵默然。補守東昌。遷雲南副使，悉修境内水利。莽人掠迤西，迤西告急。先生下教六宣慰使滅莽，分其地。莽人恐，乞降。轉參政。萬曆五年，進表，講學於廣慧寺，朝士多從之者，江陵惡焉。給事中周良寅劾其事畢不行，潛住京師。遂勒令致仕。歸與門下走安成，下劍江，趨兩浙、金陵，往來閩、廣，益張皇此學。所至弟子滿座，而未常以師席自居。十六年，從姑山崩，大風拔木，刻期以九月朔觀化。諸生請留一日，明日午刻乃卒，年七十四。

少時讀薛文清語，謂：「萬起萬滅之私，亂吾心久矣，今當一切決去，以全吾澄然湛然之體。」決志行之。閉關臨田寺，置水鏡几上，對之默坐，使心與水鏡無二。久之而病心火。偶過僧寺，見有榜急救心火者，以爲名醫，訪之，則聚而講學者也。先生從衆中聽良久，喜曰：「此真能救我心火。」問之，爲顔山農。山農者，名鈞，吉安人也。得泰州心齋之傳。先生自述其不動心於生死得失之故，山農曰：「是制欲，非體仁也。」先生曰：「克去己私，復還天理，非制欲，安能體仁？」山農曰：「子不觀孟子之論四端乎？知皆擴而充之，若火之始然，泉之始達，如此體仁，何等直截！故子患當下日用而不知，勿妄疑天性生生之或息也。」先生時如大夢得醒。明日五鼓，卽往納拜稱弟子，盡受其學。山農謂先生曰：「此後子病當自愈，舉業當自工，科第當自致，不然者，非吾弟子也。」已而先生病果愈。其後山農以事繫留京獄，先生盡鬻田產脫之。侍養於獄六年，不赴廷試。先生歸田後，身已老，山農至，先生不離左右，一茗一果，必親進之。諸孫以爲勞，先生曰：「吾師非汝輩所能事也。」楚人胡宗正，故先生舉業弟子，已聞其有得于易，反北面之。宗正曰：「伏羲平地着此一畫，何也？」先生累呈註脚，宗正不契，三月而後得其傳。嘗苦格物之論不一，錯綜者久之，一日而釋然，謂「大學之道，必在先知，能先知之，則盡大學一書，無非是此物事。盡大學一書物事，無非是此本末始終。盡大學一書之本末始終，無非是古聖六經之嘉言善行。格之爲義，是卽所謂法程，而吾儕學爲大人之妙術也」。夜趨其父錦臥榻陳之，父曰：「然則經傳不分乎？」曰：「大學在禮記中，本是一篇文字，初則概而舉之，繼則詳而實之，總是慎選至善之格言，明定至大之學術耳。」父深然之。又嘗過臨清，劇病恍惚，見老人語之曰：「君自有生以來，觸而氣每不動，倦而目輒不瞑，擾攘而意自不分，夢寐而境悉不忘，此皆心之痼疾也。」先生愕然曰：「是則予之心得，豈病乎？」老人曰：「人之心體出自天常，隨物感通，原無定執。君以夙生操持强力太甚，一念耿光，遂成結習。不悟天體漸失，豈惟心病，而身亦隨之矣。」先生驚起叩首，流汗如雨，從此執念漸消，血脈循軌。先生十有五而定志於張洵水，二十六而正學於山農，三十四而悟易于胡生，四十六而證道於泰山丈人，七十而問心於武夷先生。先生之學，以赤子良心、不學不慮爲的，以天地萬物同體、徹形骸、忘物我爲大。此理生生不息，不須把持，不須接續，當下渾淪順適。工夫難得湊泊，卽以不屑湊泊爲工夫，胸次茫無畔岸，便以不依畔岸爲胸次，解纜放船，順風張棹，無之非是。學人不省，妄以澄然湛然爲心之本體，沉滯胸膈，留戀景光，是爲鬼窟活計，非天明也。論者謂龍溪筆勝舌，近溪舌勝筆。顧盼呿欠，微談劇論，所觸若春行雷動，雖素不識學之人，俄頃之間，能令其心地開明，道在現前。一洗理學膚淺套括之氣，當下便有受用，顧未有如先生者也。然所謂渾淪順適者，正是佛法一切現成，所謂鬼窟活計者，亦是寂子速道，莫入陰界之呵，不落義理，不落想像，先生真得祖師禪之精者。蓋生生之機，洋溢天地間，是其流行之體也。自流行而至畫一，有川流便有敦化，故儒者於流行見其畫一，方謂之知性。若徒見氣機之鼓盪，而玩弄不已，猶在陰陽邊事，先生未免有一間之未達也。夫儒釋之辨，真在毫釐。今言其偏於内，而不可以治天下國家，又言其只自私自利，又言只消在迹上斷，終是判斷不下。以義論之，此流行之體，儒者悟得，釋氏亦悟得，然悟此之後，復大有事，始究竟得流行。今觀流行之中，何以不散漫無紀？何以萬殊而一本？主宰歷然。釋氏更不深造，則其流行者亦歸之野馬塵埃之聚散而已，故吾謂釋氏是學焉而未至者也。其所見固未嘗有差，蓋離流行亦無所爲主宰耳。若以先生近禪，并棄其說，則是俗儒之見，去聖亦遠矣。許敬菴[一]言先生「大而無統，博而未純」，已深中其病也。王塘南言先生「早歲於釋典玄宗，無不探討，緇流羽客，延納弗拒，人所共知。而不知其取長棄

[一]「菴」原作「蓋」，據賈本、備要本改。

短，迄有定裁。會語出晚年者，一本諸大學孝弟慈之旨，絕口不及二氏。其孫懷智嘗閲中峰廣録，先生輒命屏去，曰：『禪家之説，最令人躲閃，一入其中，如落陷阱，更能轉頭出來，復歸聖學者，百無一二。』」可謂知先生之長矣。楊止菴上士習疏云㊀：「羅汝芳師事顔鈞，談理學；師事胡清虚，卽宗正。談燒煉，採取飛昇；師僧玄覺，談因果，單傳直指。其守寧國，集諸生，會文講學，令訟者跏趺公庭，斂目觀心，用庫藏充餽遺，歸者如市。其在東昌、雲南，置印公堂，胥吏雜用，歸來請托煩數，取厭有司。每見士大夫，輒言三十三天，憑指箕仙，稱呂純陽自終南寄書。其子從丹師，死于廣，乃言日在左右。其誕妄如此。」此則賓客雜沓，流傳錯誤，毀譽失真，不足以掩先生之好學也。

語録

問：「今時談學，皆有個宗旨，而先生獨無。自我細細看來，則似無而有，似有而無也。」羅子曰：「如何似無而有？」曰：「先生隨言對答，多歸之赤子之心。」曰：「如何似有而無？」曰：「纔説赤子之心，便説不慮不學，卻不是似有而無，茫然莫可措手耶？」曰：「吾子亦善於形容矣。其實不然。我今問子初生亦是赤子否？」曰：「然。」曰：「初生既是赤子，難説今日此身不是赤子長成。此時我問子答，是知能之良否？」曰：「然。」曰：「卽此問答，用學慮否？」曰：「不用。」曰：「如此則宗旨確有矣。」曰：「若只是我問你答，隨口應聲，個個皆然，時時如是，雖至白首，終同凡夫，安望有道可得耶？」曰：「其端只在

㊀「疏」原作「流」，據賈本、備要本改。

能自信從，其機則始於善自覺悟。虞廷言道，原説其心惟微，而所示工夫，却要惟精惟一。有精妙的工夫，方入得微妙的心體。」曰：「赤子之心，如何用工？」曰：「心爲身主，身爲神舍，身心二端，原樂於會合，苦於支離。故赤子孩提，欣欣長是歡笑，蓋其時身心猶相凝聚。及少少長成，心思雜亂，便愁苦難當。世人於此隨俗習非，往往馳求外物，以圖安樂。不思外求愈多，中懷愈苦，老死不肯回頭。惟是有根器的人，自然會尋轉路。曉夜皇皇，或聽好人半句言語，或見古先一段訓詞，憬然有個悟處，方信大道只在此身。此身渾是赤子，赤子渾解知能，知能本非學慮，至是精神自是體貼，方寸頓覺虛明，天心道脈，信爲潔淨精微也已。」曰：「此後却又如何用工？」曰：「吾子只患不到此處，莫患此後工夫。請看慈母之字嬰兒，調停斟酌，不知其然而然矣。」

問：「學問有個宗旨，方好用工，請指示。」曰：「中庸性道，首之天命，故曰『道之大原出於天』，又曰『聖希天』。夫天則莫之爲而爲，莫之致而至者也。聖則不思而得，不勉而中者也。欲求希聖希天，不尋思自己有甚東西可與他打得對同，不差毫髮，却如何希得他？天初生我，只是個赤子。赤子之心，渾然天理，細看其知不必慮，能不必學，果然與莫之爲而爲，莫之致而至的體段，渾然打得對同過。然則聖人之爲聖人，只是把自己不慮不學的見在，對同莫爲莫致的源頭，久久便自然成個不思不勉而從容中道的聖人也。赤子出胎，最初啼叫一聲，想其叫時，只是愛戀母親懷抱，却指着這個愛根而名爲仁，推充這個愛根以來做人，合而言之曰『仁者人也』。親親爲大，若做人的常是親親，則愛深而其氣自和，氣和而其容自婉，一些不忍惡人，一些不敢慢人。所以時時中庸，其氣象出之自然，其功化成之渾然也。」

問：「掃浮雲而見天日，與吾儒宗旨同否？」曰：「後儒亦有錯認以爲治心工夫者，然與孔、孟宗旨，則迥然氷炭也。論、孟之書具在，如曰『苟志於仁矣，無惡也』，曰『我欲仁，斯仁至矣』，曰『凡有四端於我者』云云，看他受用，渾是青天白日，何等簡易方便也。」曰：「習染聞見，難說不是天日的浮雲，故學者工夫要如磨鏡，塵垢決去，光明方顯。」曰：「吾心覺悟的光明，與鏡面光明却有不同。鏡面光明與塵垢原是兩個，吾心先迷後覺，却是一個。當其覺時，卽迷心爲覺，則當其迷時，亦卽覺心爲迷也。夫除覺之外，更無所謂迷，而除迷之外，亦更無所謂覺也。故浮雲天日，塵埃鏡光，俱不足爲喻。若必欲尋個譬喻，莫如氷之與水，猶爲相近。吾人閒居放肆，一切利欲愁苦，卽是心迷，譬則水之遇寒，凍而凝結成氷，固滯蒙昧，勢所必至。有時師友講論，胸次瀟灑，是心開朗，譬則氷之暖氣消融，解釋成水，清瑩活動，亦勢所必至也。氷雖凝而水體無殊，覺雖迷而心體具在，方見良知宗旨，貫古今，徹聖愚，通天地萬物而無二、無息者也。」

問：「今時士子，祇狥聞見讀書，逐枝葉而忘根本，何道可反玆習？」曰：「枝葉與根本，豈是兩段？觀之草木，徹頭徹尾，原是一氣貫通，若頭尾分斷，則便是死的。雖云根本，堪作何用？只要看用功志意何如。若是切切要求根本，則凡所見所聞皆歸之根本，若是尋枝覔葉的肚腸，則雖今日儘有玄談，亦將作舉業套子矣。」

問：「向蒙指示，謂不必汲汲便做聖人，且要詳審去向，的確地位。承教之後，翻覺工夫最難湊泊，心胸茫無畔岸。」曰：「此中有個機括，只怕汝不能自承當耳。」曰：「如何承當？」曰：「若果然有大襟期，有大氣力，有大識見，就此安心樂意而居天下之廣居，明目張膽而行天下之大道。工夫難到湊泊，即以不屑湊泊爲工夫，胸次茫無畔岸，便以不依畔岸爲胸次，解纜放船，順風張棹，則巨浸汪洋，縱橫任我，豈不一大快事也哉！」曰：「是果快活。」曰：「此時汝我雖十數人，而心心相照，只蕩然一片，了無遮隔也。」衆譁然曰：「果是渾忘各人形體矣，但此即是致廣大否？」曰：「致廣大而未盡精微也。」曰：「如何方盡精微？」曰：「精與粗對，微與顯對。今子胸中看得個廣大，即粗而不精矣，目中見有個廣大，便顯而不微矣。若到性命透徹之地，工夫純熟之時，則終日終年，長是簡簡淡淡，温温醇醇，未嘗不廣大而未嘗廣大，未嘗廣大而實未嘗不廣大也。是則無窮無盡而極其廣大，亦無方無體而極其精微也已。」曰：「不知方體如何應事？」曰：「若不是志氣堅鋭，道理深遠，精神凝聚，則何能如此廣大？如此精微？故即是可以應事，即是可名工夫，亦即是而可漸學聖人也已。」

問：「吾人在世，不免身家爲累，所以難於爲學。」曰：「却倒説了。不知吾人只因以學爲難，所以累於身家耳。即如纔歌三十六宮都是春，夫天道必有陰陽，人世必有順逆，今曰三十六宮都是春，則天道可化陰而爲純陽矣。夫天道可化陰而爲陽，人世獨不可化逆而爲順乎？此非不近人情，有所勉强於其間也。吾人只能專力於學，則精神自能出拔，物累自然輕渺。莫説些小得失憂喜，毀譽榮枯，即生死臨前，且結纓易簣，曳杖逍遥也。」

問：「臨事輒至倉皇，心中更不得妥貼静定，多因養之未至，故如是耳。」曰：「此養之不得其法使然。因先時預有個要靜定之主意，後面事來多合他不着，以致相違相競，故臨時衝動不寧也。」曰：「靜定之意，如何不要？孟子亦説不動心。」曰：「心則可不動，若只意思作主，如何能得不動？孟子是以心當事，今却以主意去當事。以主意爲心，則任養百千萬年，終是要動也。」

問：「善念多爲雜念所勝，又見人不如意，暴發不平事，已輒生悔恨，不知何以對治？」曰：「譬之天下路徑，不免石塊高低，天下河道，不免灘瀨縱横。善推車者，輪轅迅飛，則塊磊不能爲礙，善操舟者，篙槳方便，則灘瀨不能爲阻。所云雜念忿怒，皆是説前日後日事也。工夫緊要，只論目前。今且説此時相對，中心念頭，果是何如？」曰：「若論此時，則恭敬安和，只在專志聽教，一毫雜念也不生。」曰：「吾子既已見得此時心體，有如是好處，却果信得透徹否？」大衆忻然起曰：「據此時心體，的確可以爲聖爲賢，而無難事也。」曰：「諸君目前各各奮躍，此正是車輪轉處，亦是槳勢快處，更愁有甚麽崎嶇可以阻得你？有甚灘瀨可以滯得你？況『民之秉彝，好是懿德』，則此個輪，極是易轉，此個槳，極爲易摇，而王道蕩蕩平平，終身由之，絶無崎嶇灘瀨也。故自黄中通理，便到暢四肢，發事業，自可欲之善，便到大而化，聖而神。今古一路學脈，真是簡易直截，真是快活方便。奈何天下推車者，口數千百人，未聞以崎嶇而廻轍；行舟者，日數千百人，未聞以灘瀨而停棹，而吾學聖賢者，則車未嘗推，而預愁崎嶇之阻，舟未曾發，而先懼灘瀨之横，此豈路之扼於吾人哉？亦果吾人之自扼也？」

問：「吾人心與天地相通，只因有我之私，便不能合。」曰：「若論天地之德，雖有我亦隔他不得。」曰：「如何隔不得？」曰：「即有我之中，亦莫非天地生機之所貫徹，但謂自家愚蠢而不知之則可，若謂他曾隔斷得天地生機則不可。」曰：「極惡之人，雷霆且擊之，難説與天不隔。」曰：「雷擊之時，其人驚否？」曰：「驚。」「被擊之時，其人痛否？」曰：「痛。」曰：「驚是孰爲之驚，痛是孰爲之痛？然則雷能擊死其人，而不能擊死其人之驚與痛之天也已。」

問：「吾儕須是静坐，日久養出端倪，方纔下手工夫有實落處。」曰：「請問静養之法？」曰：「聖學無非此心，此心須見本體，故今欲向静中安閒調攝，使我此心精明朗照，瑩徹澄湛，自在而無擾，寬舒而不迫，然後主宰既定，而應務方可不差。今於坐時，往往見得前段好處，但至應事接物，便奪去不能恒久，甚是懊惱。」羅子慨然興嘆曰：「子志氣誠是天挺人豪，但學脈如所云，不無誤子矣。雖然，何啻子耶！即漢儒以來，千有餘年，未有不如是會心誤却平生者。殊不知天地生人，原是一團靈物，萬感萬應而莫究根原，渾渾淪淪而初無名色，只一心字，亦是强立。後人不省，緣此起個念頭，就會生個識見，露個光景，便謂吾心實有如是本體，本體實有如是朗照，實有如是澄湛，實有如是自在寬舒。不知此段光景，原從妄起，必隨妄滅。及來應事接物，還是用着天生靈妙渾淪的心。心儘在爲他作主幹事，他却嫌其不見光景形色，回頭只去想念前段心體，甚至欲把捉終身，以爲純亦不已，望顯發靈通，以爲宇泰天光。用力愈勞，違心愈遠。」興言及此，爲之哀惻。曰：「静坐下手，不知如何方是！」曰：「孔門學習，只一『時』字。天之心以時而顯，人之心以時而用，時則平平而了無造作，時則常常而初無分別，入居静室而不異廣庭，出宰事爲而即同經史。煩囂既遠，趣味漸深，如是則坐愈静而意愈閒，静愈久而神愈會，尚何心之不真，道之不凝，而聖之不可學哉！」

問：「欲爲人，如何存心？」曰：「知人即知心矣。洪範説人有視聽言動思，蓋大體小體兼備，方是全人，視聽言動思兼舉，方是全心。但人初生，則視聽言動渾而爲一，人而既長，則視聽言動思分而爲二。故要存今日既長時的心，須先知原日初生時的心。子觀人之初生，目雖能視，而所視只在爹娘哥哥；耳雖能聽，而所聽只在爹娘哥哥，口雖能啼，手足雖能摸索，而所啼所摸也只在爹娘哥哥。據他認得爹娘哥哥，雖是有個心思，而心思顯露，只在耳目視聽身口動叫也。於此看心，方見渾然無二之真體，方識純然至善之天機。吾子敢説汝今身體，不是原日初生的身體？既是初生身體，敢説汝今身中即無渾沌合一之良心？漸漸凑泊將來，可見知得人真，便知得心真，知得心真，便存得心真。」

問：「吾儕求道，非不切切，無奈常時間斷處多。」曰：「試説如何間斷？」曰：「某常欲照管持守此個學問，有時不知不覺忽然忘記，此便是間斷處也。」曰：「此則汝之學問原係頭腦欠真，莫怪工夫不純也。蓋學是學聖，聖則其理必妙。子今只去照管持守，却把學問做一件物事相看。既是物事，便方所而不圓妙，縱時時照見，時時守住，亦有何用？我今觀汝，且把此等物事放下一邊，待到半夜五更，自在醒覺時節，必然思想要去如何學問，又必思想要去如何照管持守我的學問。當此之際，輕輕快快轉個念頭，以自審問，説道『學問此時雖不現前，而要求學問的心腸，則即現前也，照管持守工夫，雖未得力，而要去照管持守一段精神，却甚得力也』。當此之際，又輕輕快快轉個念頭，以自慶喜，説道『我何不把現前的思想的心腸，來做個學問，把此段緊切的精神，來當個工夫』。則但要時便無不得，隨處去更無不有。所謂身在是而學即在是，天不變而道亦不變，安心樂意，豈止免得間斷，且綿綿密密，直至神聖地位，而一無難也已。」

問：「尋常如何用工？」曰：「工夫豈有定法。某昨夜靜思，此身百年，今已過半，中間履歷，或憂戚苦惱，或順適欣喜，今皆窅然如一大夢。當時通身汗出，覺得苦者不必去苦，欣者不必去欣，終是同歸於盡。再思過去多半只是如此，則將來一半亦只如此，通總百年都只如此。如此却成一片好寬平世界也，所謂坦蕩蕩不過如此。」曰：「然則喜怒哀樂皆可無耶？」曰：「喜怒哀樂原因感觸而形，故心如空谷，呼之則響，原非其本有也。今只慮子心未必能坦蕩耳。若果坦蕩，到得極處，方可言未發之中。既全未發之中，又何患無中節之和耶？君子戒慎恐懼，正怕失了此個受用，無以爲位育本源也。」

今人懇切用工者，往往要心地明白，意思快活。纔得明白快活時，俄頃之間，倏爾變幻，極其苦惱，不能自勝。若能於變幻之時，急急回頭，細看前時明白者，今固恍惚矣；前時快活者，今固冷落矣。然其能俄頃變明白而爲恍惚，變快活而爲冷落，至神至速，此却是個甚麼東西？此個東西，卽時時在我，又何愁其不能變恍惚而爲明白，變冷落而爲快活也。故凡夫每以變幻爲此心憂，聖人每以變幻爲此心喜。

一友自述其平日用工，只在念頭上纏擾。好靜惡動，貪明懼昏，種種追求，便覺時得時失，時出時入，間斷處常多，純一處常少，苦不能禁。方悟心中靜之與動，明之與暗，皆是想度意見而成，感遇或殊，則光景變遷，自謂既失，乃或倏然形見，自謂已得，乃又忽然泯滅，總無憑準。於是一切醒轉，更不去此等去處計較尋覓，却得本心渾淪，只不合分別，便自無間斷，真是坦然蕩蕩，而悠然順適也。或詰之曰：「如此渾淪，然則善不消爲，惡不必去耶？」友不能答。羅子代之答曰：「只患渾淪不到底耳。蓋渾淪順適處，卽名爲善，而違礙處，便名不善也。故只渾淪到底，卽便不善化而爲善也，非爲善去惡之學而何？」衆皆有省。

一友每常用工，閉目觀心。羅子問之曰：「君今相對，見得心中何如？」曰：「炯炯然也。但常恐不能保守，奈何？」曰：「且莫論保守，只恐或未是耳。」曰：「此處更無虚假，安得不是？且大家俱在此坐，而中炯炯，至此未之有改也。」羅子謂：「天性之知，原不容昧，但能盡心求之，明覺通透，其機自顯而無蔽矣。故聖賢之學，本之赤子之心以爲根源，又徵諸庶人之心，以爲日用。若坐下心中炯炯，却赤子原未帶來，而與大衆亦不一般也。吾人有生有死，我與老丈存日無多，須知炯炯渾非天性，而出自人爲。今日天人之分，便是將來鬼神之關也。今在生前能以天明爲明，則言動條暢，意氣舒展，比至歿身，不爲神者無幾。若今不以天明爲明，只沉滯襟膈，留戀景光，幽陰既久，歿不爲鬼者亦無幾矣。」其友遽然曰：「怪得近來用工，若日中放過處多，則夜卧夢魂自在；若日中光顯太盈，則夢魂紛亂顛倒，令人不堪。非遇先生，幾枉此生矣。」

問：「用工，思慮起滅，不得寧貼。」曰：「非思慮之不寧，由心體之未透也。吾人日用思慮，雖有萬端，而心神止是一個。遇萬念以滯思慮，則滿腔渾是起滅，其功似屬煩苦。就一心以宰運化，則舉動更無分別，又何起滅之可言哉！易曰：『天下何思何慮，殊途而同歸，一致而百慮。』夫慮以百言，此心非無思慮也，惟一致以統之，則返殊而爲同，化感而爲寂。渾是妙心，更無他物。欲求纖毫之思慮，亦了不可得也。」

一生遠來，問以近時工夫，曰：「於心猶覺有疑。」曰：「何疑也？」曰：「許多書旨，尚未明白。」曰：「子許多書未明，却纔如何喫了茶，喫了飯，今又如何在此立談了許久時候耶？」傍一生笑曰：「渠身上書一向儘在明白，但想念的書尚未明白耳。」其生恍然有省。

一友執持懇切，久覺過苦，求一脱灑工夫。曰：「汝且莫求工夫，同在講會，隨時臥起，再作商量。」旬日，其友躍然曰：「近覺生意勃勃，雖未用力而明白可愛。」曰：「汝信得當下卽是工夫否？」曰：「亦能信得，不知何如可不忘失？」曰：「忘與助對，汝欲不忘，卽必有忘時。不追心之既往，不逆心之將來，任他寬洪活潑，真是水流物生，充天機之自然，至於恒久不息而無難矣。」

問：「別後如何用工？」曰：「學問須要平易近情，不可着手太重。如粗茶淡飯，隨時遣日，心既不勞，事亦了當，久久成熟，不覺自然有個悟處。蓋此理在日用間，原非深遠，而工夫次第亦難以急迫而成。學能如是，雖無速化之妙，却有雋永之味也。」

問：「某用工致知力行，不見有個長進處。」曰：「子之致知，知個甚的？力行，行個甚的？」曰：「是要此理親切。」曰：「如何是理？」曰：「某平日説理，只事物之所當然便是。」曰：「汝要求此理親切，却舍了此時而言平日，便不親切；舍了此時問答，而言事物，當然又不親切。」曰：「此時問答，如何是理之親切處？」曰：「汝把問答與理看作兩件，却求理于問答之外，故不親切。不曉我在言説之時，汝耳凝然聽着，汝心炯然想着，則汝之耳，汝之心，何等條理明白也。言未透徹，則默然不答，言纔透徹，便隨衆欣然，如是則汝之心，汝之口，又何等條理明白也。」曰：「果是親切。」曰：「豈止道理爲親切哉！如此明辯到底，如此請教不怠，又是致知力行而親切處矣。」

問：「吾儕或言觀心，或言行己，或言博學，或言守靜，先生皆未見許，然則誰人方可以言道耶？」曰：「此捧茶童子却是道也。」一友率爾曰：「豈童子亦能戒慎恐懼耶？」羅子曰：「茶房到此，幾層廳事？」衆曰：「三層。」曰：「童子過許多門限階級，不曾打破一個茶甌。」其友省悟曰：「如此童子果知戒懼，只是日用不知。」羅子難之曰：「他若不是知，如何會捧茶，捧茶又會戒懼？」其友語塞。徐爲解曰：「知有兩樣，童子日用捧茶是一個知，此則不慮而知，其知屬之天也。覺得是知能捧茶，又是一個知，此則以慮而知，其知屬之人也。天之知是順而出之，所謂順，則成人成物也。人之知却是返而求之，所謂逆，則成聖成神也。故曰以先知覺後知，以先覺覺後覺。人能以覺悟之竅，而妙合不慮之良，使渾然爲一方，是睿以通微，神明不測也。」

問：「今若全放下，則與常人何異？」曰：「無以異也。」曰：「既無以異，則何以謂之聖學也？」曰：「聖人者，常人而肯安心者也；常人者，聖人而不肯安心者也。故聖人卽是常人，以其自明，故卽常人而名爲聖人矣；常人本是聖人，因其自昧，故本聖人而卒爲常人矣。」

諸友静坐，寂然無譁，將有欲發問者，羅子止之。良久，語之曰：「當此静默之時，澄慮反求：如平時躁動，今覺凝定；平時昏昧，今覺虛朗；平時怠散，今覺整肅。使此心良知，炯炯光徹，則人人坐間，各抱一明鏡於懷中，却請諸子將自己頭面對鏡觀照，若心事端莊，則如冠裳濟楚，意態自然精明；若念頭塵俗，則蓬頭垢面，不待旁觀者恥笑，而自心惶恐，又何能頃刻安耶？」曰：「三自反可是照鏡否？」曰：「此個鏡子，與生俱生，不待人照而常自照，人纖毫瞞他不過。故不忠不仁，亦是當初自己放過。自反者，反其不應放過而然，非曰其始不知，後因反己乃知也。」曰：「吾儕工夫，安能使其常不放過耶？」曰：「羞惡之心，人皆有之，誰肯蓬頭垢面以度朝夕耶？」

一廣文自敘平生爲學，已能知性。羅子問：「君於此時，可與聖人一般否？」曰：「如此說則不敢。」曰：「既知是性，豈又與聖人不似一般？」曰：「吾性與聖一般，此是從赤子胞胎時說。若孩提稍有知識，已去聖遠矣。故吾儕今日只合時時照管本心，事事歸依本性，久則聖賢乃可希望。」時方飲茶遜讓，羅子執茶甌問曰：「君言照管歸依，俱是恭敬持甌之事，今且未見甌面，安得遽論持甌恭謹也？」曰：「我於甌子，也曾見來，也曾持來，但有時見，有時不見，有時持，有時忘記持，不能如聖人之恒常不失耳。」曰：「此個性，只合把甌子作譬，原却不卽是甌子。甌子則有見有不見，而性則無不見也。甌子則有持有不持，而性則原不待持也。不觀中庸說『率性謂道，道不可須臾離』，今云見持不得恒常，則是可以離矣。可離則所見所持原非是性。」曰：「此性各在。當人稍有識者，誰不能知，況用功於此者乎？」曰：「君言知性，如是之易！此性之所以難知也。孟子之論知性，必先之以盡心。苟心不能盡，則性不可知也。知性則知天，故天未深知，則性亦未可爲知也。君試反而思之，前日工夫，果能既竭其心思乎？今時受用，果能知天地之化育乎？若果知時，便骨肉皮毛，渾身透亮，河山草樹，大地回春，安有見不能常、持不能久之弊？苟仍是舊日境界，我知其必然未曾知也。」廣文沉思，未有以應。童子捧茶方至，羅子指而謂一友曰：「君自視與童子何如？」曰：「信得更無兩樣。」頃此復問曰：「不知君此時何所用功？」曰：「此時覺心中光明，無有沾滯。」曰：「君前云與捧茶童子一般，說得儘是；今云心中光明，又自己翻帳也。」友遽然曰：「並無翻帳。」曰：「童子見在，請君問他，心中有此光景否？若無此光景，則分明與君兩樣。」廣文曰：「不識先生心中工夫却是如何？」曰：「我的心，也無個中，也無個外。所謂用功也，不在心中，也不在心外。只說童子獻茶來時，隨衆起而受之，從容啜畢，童子來接時，隨衆付而與之。君必以心相求，則此無非是心；以工夫相求，則此無非是工夫。若以聖賢格言相求，則此亦可說動静不失其時，其道光明也。」廣文恍然自失。

廣文再過訪，自述近得個悟頭，甚是透徹。羅子問其詳，對曰：「向時見未真確，每云自己心性時得時失，中無定主，工夫安能純一。殊不知耳目口鼻心思，天生五官，職司一樣。試說吾此耳、此日，終日應接事物，誰曾一時無耳目哉？耳目既然，則終日應接事物，又誰曾一時無心思哉？耳目心思既皆常在，則内外主宰已定，而自己工夫豈不漸漸純熟而安全也哉？」羅子笑曰：「此悟雖妙，恐終久自生疑障。」廣文不服，羅子曰：「今子悟性固常在，獨不思善則性在時爲之，而不善亦性在時爲之也，以常在而主張性宗，是又安得謂性善耶？」廣文自失，問：「將奈何？」曰：「是不難。蓋常在者，性之真體，而爲善爲不善者，性之浮用。體則足以運用，用不能以遷體也。試思耳之於聲，目之於色，其千變萬化於前者，能保其無美惡哉？是則心思之善不善也，然均聽之、均視之，一一更均明曉而辯别之，是則心思之能事，性天之至善，而終日終身更非物感之可變遷者也。」廣文曰：「先生之悟小子也，是死而復生之矣。」

羅子令太湖，講性命之學，其推官以爲迂也。直指慮囚，推官與羅子侍，推官靳羅子于直指曰：「羅令，道學先生也。」直指顧羅子曰：「今看此臨刑之人，道學作如何講？」羅子對曰：「他們平素不識學問，所以致有今日。但吾輩平素講學，又正好不及他今日。」直指詰之曰：「如何不及？」曰：「吾輩平時講學，多爲性命之談，然亦虚虚談過，何曾真切爲着性命？試看他們臨刑，往日種種所爲，到此都用不着，就是有大名位、大爵禄在前，也都没幹。他們如今都不在念，只一心要求保全性命，何等真切！吾輩平日工夫，若肯如此，那有不到聖賢道理？」直指不覺嘉嘆，推官亦肅然。

羅子行鄉約於海春書院，面臨滇海，青苗滿目，客有指柏林而告曰：「前年有司遷學，議伐宫牆樹以充用，羣鳥徙巢而去。分守李同野止勿伐，羣鳥一夕歸巢如故。」言訖飛鳴上下，樂意相關。昆陽州守夏漁請曰：「恒謂聖賢非人可及，故究情考索，求之愈勞，而去之愈遠。豈知性命諸天，本吾固有，日用之間，言動事爲，其停當處，卽與聖賢合一也。」羅子曰：「停當二字，尚恐未是。」夏守瞿然曰：「言動事爲，可不要停當耶？」曰：「可，知言動事爲，方纔可説停當，則子之停當，有時而要，有時而不要矣。獨不觀茲柏林之禽鳥乎？其飛鳴之相關何如也？又不觀海疇之青苗乎？其生機之萌茁何如也？子若拘拘以停當求之，則此鳥此苗何時而爲停當，何時而爲不停當耶？易曰水流而不息，物生而不窮，造化之妙原是貫徹渾融。而子早作而夜寐，嬉笑而偃息，無往莫非此體，豈待言動事爲，方思量得個停當？又豈直待言動事爲停當，方始説道與古先賢哲不殊？若如是用功，如是作見，則臨言動事爲，固是錯過，而既臨言動事爲，亦總是錯過矣。」夏守憬然自省，作而言曰：「子在川上，不舍晝夜。吾人心體，未嘗一息有間。今當下生意津津，不殊於禽鳥，不殊于新苗，往時萬物一體之仁，果覺渾淪成片矣。欲求停當，豈不是個善念？但善則便落一邊，既有一邊善，便有一邊不善；既有一段善，便有一段不善。如何能得晝夜相通？如何能得萬物一體？顏子得此不息之體，其樂自不能改。若說以貧自安而不改，淺之乎窺聖賢矣！」

問：「人欲雜時，作何用藥？」曰：「言善惡者，必先善而後惡；言吉凶者，必先吉而後凶。今盈宇宙中，只是個天，便只是個理，惟不知是天理者，方始化作欲去。如今天日之下，原只是個光亮，惟瞽了目者，方始化作暗去。」

癸丑，羅子過臨清，忽遘重病。倚榻而坐，恍若一翁來言曰：「君身病稍康，心病則復何如？」羅子不應。翁曰：「君自有生以來，遇觸而氣每不動，當倦而目輒不瞑，擾攘而意自不分，夢寐而境悉不忘，此皆君心痼疾也。」羅子愕然曰：「是則予之心得，曷言病？」翁曰：「人之心體出自天常，隨物感通，原無定執。君以宿生操持，强力太甚，一念耿光，遂成結習。日中固無紛擾，夢裏亦自昭然。君今謾喜無病，不悟天體漸失，豈惟心病，而身亦不能久延矣。蓋人之志意長在目前，蕩蕩平平，與天日相交，此則陽光宣朗，是爲神境，令人血氣精爽，内外調暢。如或志氣沉滯，胸臆隱隱約約，如水鑑相涵，此則陰靈存想，是爲鬼界，令人脈絡糾纏，内外膠泥。君今陰陽莫辨，境界妄縻，是尚得爲善學者乎？」羅子驚起汗下，從是執念潛消，血脈循軌。

問夫子臨終逍遥氣象。曰：「夫形骸雖顯，而其體滯礙；本心雖隱，而其用圓通。故長戚戚者，務活其形者也；坦蕩蕩者，務活其心者也。形當活時，尚苦滯礙，況其僵仆而死耶？心在軀殼，尚能圓通，況離形超脱，則乘化御天，周遊六虚，無俟推測。即諸君此時對面，而其理固明白現前也，又何疑哉？」

問：「有人習静，久之遂能前知者，爲不可及。」曰：「不及他不妨，只恐及了倒有妨也。」曰：「前知如何有妨？」曰：「正爲他有個明了，所以有妨。蓋有明之明，出於人力，而其明小；無明之明，出於天體，而其明大。譬之暗室，張燈自耀其光，而日麗山河，反未獲一覩也已。」

萬言策問疾。羅子曰：「此道炳然宇宙，原不隔乎分塵。故人己相通，形神相入，不待言説，古今自直達也。後來見之不到，往往執諸言詮。善求者一切放下，胸目中更有何物可有耶？」

謂懷智曰：「汝於人物，切不可起揀擇心，須要賢愚善惡，一切包容，直到物我兩忘，方是汝成就處。」

智卧病，先生問曰：「病中工夫何如？」智曰：「甚難用工。」先生曰：「汝能似無病時，便是工夫。」

古今學者，曉得去做聖人，而不曉得聖人即是自己，故往往去尋作聖門路，殊不知門路一尋，便去聖萬里矣。

人不信我，即是我欺人處。務要造到人無不信，方是學問長進。

問：「人心之知，本然常明，此大學所以首重明明德，何如？」羅子曰：「聖人之言，原是一字不容增滅。其謂『明德』，則德只是個明，更説個『有時而昏』不得。如謂『顧諟天之明命』，亦添個『有時而昏』不得也。」曰：「明德如是，何以必學以明之耶？」曰：「大學之謂明明，卽大易之謂乾乾也。天行自乾，吾乾乾而已；天德本明，吾明明而已。故知必知之，不知必知之，是爲此心之常知。而夫子誨子路以知，只是知其知也，若謂由此求之，又有可知之理，則當時已謂是知也，而卻猶有所未知，恐非夫子確然不易之辭矣。」曰：「從來見孟子説『性善』，而中庸説『率性之謂道』；孟子説『直養』，而孔子説『人之生也直』。常自未能解了，蓋謂性必全善，方纔率得，生必通明，方纔以直養得。奈何諸家議論，皆云性有氣質之雜，而心有物欲之蔽。夫既有雜，則善便率得，惡將如何率得？夫既有蔽，則明便直得，昏則如何直得？於是自心疑惑不定，將聖賢之言，作做上智邊事，只得去爲善去惡，而性且不敢率；只得去存明去昏，而養且不敢直。卒之愈去而惡與昏愈甚，愈存而善與明愈遠。今日何幸得見此心知體，便是頭頭是道，而了了幾通也耶？」曰：「雖然如是，然卻不可謂遂無善惡之雜與昏明之殊也。只能彀得此個知體到手，□□憑我爲善去惡，而總叫做率性，儘我存明去昏，總叫直養，無害也已。」

問：「古今學術，種種不同，而先生主張，獨以孝弟慈爲化民成俗之要，雖是渾厚和平，但人情世習，叔季已多頑劣。卽今刑日嚴，猶風俗日偷，更爲此説，將不益近迂乎？」羅子曰：「夫人情之兇惡，孰甚于戰國、春秋？世習之强悖，孰甚于戰國、春秋？今攷訂四書所載之行事言辭，非君臣問答於朝廷，則師友叮嚀於授受。夫豈於人情略不照瞭，世習總未籌畫也哉！乃其意氣之發揚，心神之諄切，惟在於天經地義所以感通而不容已者，則其言爲之獨至。物理人倫，所以聯屬而不可解者，則其論爲之尤詳。此不惟孔、孟之精微，可以竊窺，而造化之消息，亦足以概探矣。夫天命之有陰陽，人事之有善惡，總之曰道二，仁與不仁而已矣。然天以陽爲主，而陰其所化也；心以善爲主，而惡其所變也，故仁之勝不仁，猶水之勝火。蓋主者其所常存，而變之與化，固其所暫出也。今以一杯之水，救一車薪之火而不勝，則曰水不勝火，豈不與於不仁之甚者哉！此卽軻氏之時言之，若今茲則尤異然者矣。是故仁親性善之旨，孔、孟躬親倡之，當時已鮮聽從，其後不愈遠而愈迷哉！刑法把持之效，申、韓躬親致之，當時已盡趨慕，其後不愈久而愈熾哉！故在軻氏，水止一杯，茲將涓滴難尋矣；火止車薪，茲將燎原滿野矣。於是較勝負于仁不仁之間，夫非大不知量者哉！所幸火雖燎原，而究竟無根，暫而不能久也；水雖涓滴，而原泉混混，不舍晝夜也，故曰：『人無所不至，惟天不容僞。』無所不至者，終只是人，不容僞者，到底是天。天下之事，責之己者近而易，望之人者遠而難，其勢使之然也。故今爲世道計者，請自吾輩之學問先之。吾輩爲學問謀者，請自身心之本源先之。今天下孔、孟之四書，羣然讀之，而四書之意義，則紛然習之，曾有一人而肯信人性之皆善哉？反之己身，有一人而肯信自性之爲善哉？夫性善者，作聖之張本，能知性善，而聖賢乃始人人可以爲之也。聖賢者，人品之最貴，知其可爲聖賢，而於人人乃始不以卑賤而下視之也。上人者，庶人之所瞻趨，如上視己以貴重，而人人又安忍共甘卑賤而不思振拔也哉！某自始入仕途，今計年歲將及五十，竊觀五十年來，議律例者，則日密一日；制刑具者，則日嚴一日；任稽察、施拷訊者，則日猛一日。每當堂階之下，牢獄之間，覩其血肉之淋漓，未嘗不鼻酸額蹙，爲之嘆曰：『此非盡人之子與？非曩昔依依於父母之懷，戀戀于兄妹之傍者乎？夫豈其皆善於初，而不皆善於今哉？及睹其當疾痛而聲必呼父母，覔相依而勢必先兄弟，則又信其善於初者，而未必皆不善於今也已。故今諦思吾儕能先明孔、孟之説，則必將信人性之善，信其善而性靈斯貴矣，貴其靈而軀命斯重矣。茲誠轉移之機，當汲汲也，隆冬冰雪，一綫陽回，消即俄頃。諸君第目前日用，惟見善良，歡欣愛養，則民之頑劣，必思掩藏，上之嚴峻，亦必少輕省。謂人情世習，終不可移者，恐亦無是理矣。」

某至不才，然幸生儒家，方就口食，先妣即自授孝經、小學、論、孟諸書，而先君遇有端緒，每指點目前孝友和平，反覆開導。故尋常於祖父伯叔之前，嬉遊於兄弟姊妹之間，更無人不相愛厚。但其時氣體孱弱，祖父最是憐念不離。年至十五，方就舉業，遇新城張洵水先生諱璣，爲人英爽高邁，且事母克孝，每謂人須力追古先。於是一意思以道學自任，却宗習諸儒各樣工夫，屏私息念，忘寢忘食，奈無人指點，遂成重病。賴先君覺某用功致疾，乃示以傳習録而讀之，其病頓愈，而文理亦復英發。且遇楚中高士爲説破易經，指陳爲玄門造化。某竊心自忻快，此是天地間大道真脉，奚啻玄教而已哉！嗣是科舉省城，縉紳大舉講會，見顔山農先生。某具述昨遘危疾，而生死能不動心；今失科舉，而得失能不動心。先生俱不見取，曰：「是制欲，非體仁也。」某謂：「克去己私，復還天理，非制欲安能以遽體乎仁哉？」先生曰：「子不觀孟子之論四端乎？知皆擴而充之，如火之始然，泉之始達。如此體仁，何等直截？故子患當下日用而不知，勿妄疑天性生生之或息也。」某時大夢忽醒，乃知古今道有真脈，學有真傳，遂師事之。比聯第歸家，苦格物莫曉，乃錯綜前聞，互相參訂，説殆千百不同，每有所見，則以請正先君，先君亦多首肯，然終是不爲釋然。三年之後，一夕忽悟今説，覺心甚痛快，中宵直趨卧内，聞於先君。先君亦躍然起舞曰：「得之矣，得之矣。」迄今追想一段光景，誠爲生平大幸。後遂從大學至善，推演到孝弟慈，爲天生明德，本自一人之身，而未及家國天下。乃凝頓自己精神，沉思數日，遐想十五之年，從師與聞道學，其時目諸章縫，俱是汙俗，目諸黎庶，俱是冥頑，而吾儕有志之士，必須另開一個蹊徑，以去息念生心，别啓一個户牖，以去窮經。造餅樣雖畫完全，飢飽了無干涉，徒爾勞苦身心，幾至喪亡莫救。於此不覺驚惶戰慄，自幸宿世何緣得脱此等苦趣。已又遐量童稚之初，方離乳哺，以就口食，嬉嬉於骨肉之間，怡怡於日用之際，閒往閒來，相憐相愛，雖無甚大好處，却又也無甚大不好處。至于十歲以後，先人指點行藏，啓廸經傳，其意趣每每契合無違，每每躬親有得。較之後來着力去處，難易大相徑庭，則孟子孩提愛敬之良，不慮不學之妙，徹之幼稚，以至少長，果是自己曾經受用，而非虚話也。夫初焉安享天和，其順適已是如此。繼焉勉强工夫，苦勞復是如彼。精神之凝思愈久，而智慮之通達愈多。由一身之孝弟慈而觀之一家，一家之中，未嘗有一人而不孝弟慈者；由一家之孝弟慈而觀之一國，一國之中，未嘗有一人而不孝弟慈者；由一國之孝弟慈而觀之天下，天下之大，亦未嘗有一人而不孝弟慈者。又由縉紳士大夫以推之羣黎百姓，縉紳士大夫固是要立身行道，以顯親揚名，光大門户，而盡此孝弟慈矣，而羣黎百姓，雖職業之高下不同，而供養父母，撫育子孫，其求盡此孝弟慈，未嘗有不同者也。又由孩提少長以推之壯盛衰老，孩提少長固是愛親敬長，以能知能行此孝弟慈，已便至壯盛之時，未有棄却父母子孫，而不思孝弟慈。豈止壯盛，便至衰老臨終，又誰肯棄却父母子孫，而不思以孝弟慈也哉！又時乘閒暇，縱步街衢，肆覽大衆車馬之交馳，負荷之雜沓，其間人數何啻億兆之多，品級亦將千百其異，然自東徂西，自朝及暮，人人有個歸著，以安其生，步步有個防檢，以全其命，窺覰其中，總是父母妻子之念固結維繫，所以勤謹生涯，保護軀體，而自有不能已者。其時中庸「天命不已」與「君子畏敬不忘」，又與大學通貫無二。故某自三十登第，六十歸山，中間侍養二親，敦睦九族，入朝而偏友賢良，遠仕而躬禦魑魅，以至年載多深，經歷久遠，乃嘆孔門學、庸，全從周易「生生」一語化得出來。蓋天命不已，方是生而又生，生而又生，方是父母而己身，己身而子，子而又孫，以至曾而且玄也。故父母兄弟子孫，是替天命生生不已，顯現個膚皮；天命生生不已，是替孝父母、弟兄長、慈子孫通透個骨髓。直竪起來，便成上下今古，横亘將去，便作家國天下。孔子謂「仁者人也」，「親親爲大」，其將中庸、大學已是一句道盡。孟子謂「人性皆善」，「堯、舜之道，孝弟而已矣」，其將中庸、大學亦是一句道盡。

「喜怒哀樂，未發謂之中。先儒觀未發氣象，不知當如何觀？」曰：「子不知如何爲喜怒哀樂，又如何知得去觀其氣象也耶？我且詰子，此時對面相講，有喜怒也無？有哀樂也無？」曰：「俱無。」曰：「既謂俱無，便是喜怒哀樂未發也。此未發之中，是吾人本性常體。若人識得此個常體，中中平平，無起無作，則物至而知，知而喜怒哀樂出焉，自然與預先有物横其中者，天淵不侔矣，豈不中節而和哉？故忠信之人，可以學禮。中心常無起作，即謂忠信之人。如畫之粉地一樣，潔潔淨淨，紅點着便紅鮮，綠點着便綠明，其節不爽，其天自著。節文自著，而禮道寧復有餘蘊也哉！」

今堂中聚講人不下百十，堂外往來亦不下百十，今分作兩截，我輩在堂中者皆天命之性，而諸人在堂外則皆氣質之性也。何則？人無貴賤賢愚，皆以形色天性而爲日用，但百姓則不知，而吾輩則能知之也。今執途人詢之，汝何以能視耶？必應以目矣；而吾輩則必謂非目也，心也。執途人詢之，汝何以能聽耶？必應以耳矣；而吾輩則必謂非耳也，心也。執途人而詢之，汝何以能食，何以能動耶？必應以口與身矣；而吾輩則必謂非口與身也，心也。識其心以宰身，則氣質不皆化而爲天命耶？昧其心以從身，則天命不皆化而爲氣質耶？心以宰身，則萬善皆從心生，雖謂天命皆善，無不可也；心以從身，則衆惡皆從身造，雖謂氣質乃有不善，亦無不可也。故天地能生人以氣質，而不能使氣質之必歸天命；能同人以天命，而不能保天命之純全萬善。若夫化氣質以爲天性，率天性以爲萬善，其惟以先知覺後知，以先覺覺後覺也夫，故曰：「天地設位，聖人成能。」

問：「因戒慎恐懼，不免爲吾心寧静之累。」羅子曰：「戒慎恐懼，姑置之。今且請言子心之寧静作何狀？」其生謾應以「天命本然，原是太虛無物」。羅子謂：「此說汝原來事，與今時心體不切。」生又歷引孟子言夜氣清明，程子教觀喜怒哀樂未發以前氣象，皆是此心體寧静處。曰：「此皆抄書常套，與今時心體恐亦不切。」諸士子沈默半晌，適郡邑命執事供茶，循序周旋，略無差僭。羅子目以告生曰：「諦觀羣胥，此際供事，心則寧静否？」諸士忻然起曰：「羣胥進退恭肅，內固不出而外亦不入，雖欲不謂其心寧静，不可得也。」曰：「如是寧静正與戒懼相合，而又何相妨耶？」曰：「戒慎恐懼相似，用功之意，或不應如是現成也。」曰：「諸生可言適纔童冠歌詩之時，與吏胥進茶之時，全不戒慎耶？其戒慎又全不用功耶？蓋說做工夫，是指道體之精詳處，説個道體，是指工夫之貫徹處。道體人人具足，則豈有全無工夫之人？道體既時時不離，則豈有全無工夫之時？故孟子云：『行矣而不著，習矣而不察。』所以終身在於道體工夫之中，儘是寧静而不自知其爲寧静，儘是戒懼而不自知其爲戒懼，不肯體認承當，以混混沌沌枉過一生。」

問：「平日在慎獨用功，頗爲專篤，然雜念紛擾，終難止息，如何乃可？」羅子曰：「學問之功，須先辨别源頭分曉，方有次第。且言如何爲獨？」曰：「獨者，吾心獨知之地也。」「又如何爲慎獨？」曰：「吾心中念慮紛雜，或有時而明，或有時而昏，或有時而定，或有時而亂，須詳察而嚴治之，則慎也。」曰：「卽子之言，則慎雜，非慎獨也。蓋獨以自知者，心之體也，一而弗二者也。雜其所知者，心之照也，二而弗一者也。君子於此，因其悟得心體在我，至隱至微，莫見莫顯，精神歸一，無須臾之散離，故謂之慎獨也。」曰：「所謂慎者，蓋如治其昏，而後獨可得而明也；治其亂，而後獨可得而定也。若非慎其雜，又安能慎其獨也耶？」曰：「明之可昏，定之可亂，皆二而非一也。二而非一，則皆雜念，而非所謂獨知也。獨知也者，吾心之良知，天之明命，而於穆不已者也。明固知明，昏亦知昏，昏明二，而其知則一也。定固知定，亂亦知亂，定亂二，而其知則一也。古今聖賢，惓惓切切，只爲這些子費却精神，珍之重之，存之養之，爲天地立心，爲生民立命，總在此一處致慎也。」曰：「然則雜念詎置之不問耶？」曰：「隸胥之在於官府，兵卒之在於營伍，雜念之類也。憲使升堂而吏胥自肅，大將登壇而兵將自嚴，則慎獨之與雜念之類也。今不思自作憲使主將，而惟隸胥兵卒之求焉，不亦悖且難也哉！」

問：「吾儕爲學，此心常有茫蕩之時，須是有個工夫，作得主張方好。」羅子曰：「據汝所云，是要心中常常用一工夫，自早至晚，更不忘記也耶？」曰：「正是如此。」曰：「聖賢言學，必有個頭腦。頭腦者，乃吾心性命，而得之天者也。若初先不明頭腦，而只任爾我潦草之見，或書本膚淺之言，胡亂便去做工夫，此亦儘爲有志，但頭腦未明，則所謂工夫，只是我汝一念意思耳。既爲意念，則有時而起，便有時而滅；有時而聚，便有時而散；有時而明，便有時而昏。縱使專心記想，着力守住，畢竟難以長久。況汝心原是活物且神物也，持之愈急，則失愈速矣。」曰：「弟子所用工夫，也是要如大學、中庸所謂慎獨，不是學問一大頭腦耶？」曰：「聖人原曰教人慎獨，本是有頭腦，而爾輩實未見得。蓋獨是靈明之知，而此心本體也。此心徹首徹尾、徹內徹外，更無他有，只一靈知，故謂之獨也。中庸形容，謂其至隱而至見，至微而至顯，卽天之明命，而日監在兹者也。慎則敬畏周旋，而常目在之，顧諟天之明命者也。如此用功，則獨便是爲慎的頭腦，慎亦便以獨爲主張，慎或有時勤怠，獨則長知而無勤怠也。慎則有時作輟，獨則長知而無作輟也。何則？人無所不至，惟天不容僞。慎獨之功，原起自人，而獨知之知，原命自天也。況汝輩工夫，當其茫蕩之時，雖說已是怠而忘勤，已是輟而廢作。然反思從前怠時、輟時，或應事，或動念，一一可以指，是[一]則汝固說心爲茫蕩，而獨之所知，何嘗絲毫茫蕩耶？則是汝輩孤負此心，而此心却未孤負汝輩。天果明嚴，須當敬畏敬畏。」

有謂「心體寂靜之時，方是未發，難說平常卽是也」。曰：「中庸原先說定喜怒哀樂，而後分未發與

[一]「是」原作「汝」，據備要本改。

發，豈不明白有兩段時候也耶？況細觀古人，終日喜怒哀樂，必待物感乃發，而其不發時則更多也。感物則欲動情勝將或不免，而未發時則任天之便更多也。中庸欲學者得見天命性真，以爲中正平常的極則，而恐其不知喫緊貼體也，乃指着喜怒哀樂未發處，使其反觀而自得之，則此段性情便可中正平常。便可平常中正，亦便可立大本而其出無窮，達大道而其應無方矣。」

問：「喜怒哀樂未發，是何等時候？亦何等氣象耶？」羅子曰：「此是先儒看道太深，把聖賢憶想過奇，便說有何氣象可觀也。蓋此書原叫做中庸，只平平常常解釋，便是妥貼且更明快。蓋『維天之命，於穆不已』，命不已則性不已，性不已則率之爲道亦不已，而無須臾之或離也。此個性道體段，原長是渾渾淪淪而中，亦長是順順暢暢而和。我今與汝終日語默動靜，出入起居，雖是人意周旋，却自自然然，莫非天機活潑也。即於今日，直到老死，更無二樣。所謂人性皆善，而愚婦愚夫可與知與能者也。中間只恐怕喜怒哀樂，或至拂性違和，若時時畏天奉命，不過其節，即喜怒哀樂，總是一團和氣，天地無不感通，民物無不歸順，相安相養，而太和在宇宙間矣。此只是人情纔到極平易處，而不覺工夫却到極神聖處也。噫！人亦何苦而不把中庸解釋中庸，亦又何苦而不把中庸服行中庸也哉！」

問：「此理在天地間原是活潑，原是恒久，無缺欠，無間歇，何如？」羅子曰：「子覺理在天地之間，則然矣。不識反之於身，則又何如？」曰：「某觀天地間，只等反諸身心，便是茫然。」曰：「子觀大地間道理如是，豈獨子之身心却在天地外耶？」曰：「吾身固不在天地外，但覺得天地自天地，吾身自吾身，未渾成一個也。」曰：「子身與天地固非一個，但鳶魚與天地亦非一個也。何中庸卻說鳶魚與天地相昭察也耶？」曰：「鳶魚是物類，于天地之性不會斲喪。若吾人不免氣習染壞，似難並論也。」曰：「氣習染壞，雖則難免，但請問子應答之時，手便翼然端拱，足便竦然起立，可曾染壞否？」曰：「此正由平日習得好了。」曰：「子于拱立之時，目便烱然相親，耳便卓然相聽，可曾由得習否？」曰：「此卻非由習而後能。」曰：「既子之手也是道，足也是道，耳目又也是道，如何卻謂身不及乎鳶魚，而難以同乎天地也哉？豈惟爾身，即一堂上下，貴賤老幼，奚止千人，看其手足拱立，耳目視聽伶俐，難說不活潑于鳶魚，不昭察于天地也。」一生詰曰：「孟子云：『物之不齊，物之情也。』若曰渾然俱是個道，則中庸『栽者培之，傾者覆之』，皆非耶？」曰：「讀書須就上下文氣理會，此條首言天之生物，必因其材而篤，註謂『篤爲加厚』。若如舊說，則培是加厚栽他，覆是加厚傾他，夫豈天地生物之本心哉？當照中庸他章說，『天地無不覆幬』，方見其生生不已之心。蓋天地之視物，猶父母之視子，物之或栽或傾，在人能分別之，而父母難分也，故曰：『人莫知其子之惡。』父母莫能知其子之惡，而天地顧肯覆物之傾也耶？此段精神，古今獨我夫子一人得之。故其學只是求仁；其術只是個行恕；其志只是要個老便安，少便懷，朋友便信；其行藏，南子也去見，佛肸也應召，公山弗擾也欲往，楚狂雖離之，也去尋他，荷蕢雖避之，也去追他，真是要個個入於善，而于己更不知一毫吝惜，於人亦更不知一毫分別，故其自言曰：『有教無類。』推其在在精神，將我天下萬世之人，欲盡納之懷抱之中，所以至今天下萬世之人，個個親之如父，愛之如母，尊敬之如天地。非夫子有求于我人，亦非吾人有求于夫子，皆莫知其然，却真是渾成一團太和，一片天機也。」

問：「孝弟如何是爲仁的本處？」羅子曰：「只目下思父母生我千萬辛苦，而未能報得分毫，父母望我千萬高遠，而未能做得分毫，自然心中悲愴，情難自已，便自然知疼痛。心上疼痛的人，便會滿腔皆惻隱，遇物遇人，决肯方便慈惠，周卹溥濟，又安有殘忍戕賊之私耶？」曰：「如此卻恐流于兼愛。」曰：「子知所恐，却不會流矣。但或心尚殘忍，兼愛可流焉耳。」

問：「知之本體，雖是明白，然常苦于隨知隨蔽。」羅子曰：「若要做孔、孟門中人品，先要曉得孔、孟之言，與今時諸説所論的道理，所論的工夫，却另是一様。如今時諸説，説到志氣的確要去爲善，而一切私欲不能蔽之。汝獨不思，汝心知之爲知之，不知爲不知，其光明本體，豈是待汝的確志氣去爲出來耶？又容汝的確志氣去爲得來耶？」曰：「誠然。」曰：「此心之知，既果不容去爲得，則類而推之，亦恐不容人去蔽得。既果不容去蔽得，其本心之知，亦恐不能便蔽之也已。」其友默然良久，曰：「誠然。」於是滿座慨嘆曰：「吾儕原有此個至善，爲又爲不得，蔽又蔽不得，神妙圓明極受用。乃自孔子去後，埋没千有餘年不得見面。隨看諸家之説，以迷導迷，于不容爲處妄肆其爲，於不容蔽處妄疑其蔽，顛倒于夢幻之中，徒受苦楚，而不能脱離。豈知先生一點，而頓皆超拔也耶！」

問「仁者以天地萬物爲一體」，又曰：「仁者渾然與物同體，意果何如？」羅子曰：「天地之大德曰生。夫盈天地間只是一個大生，則渾然亦只是一個仁，中間又何有纖毫間隔？故孔門宗旨，惟是一個仁字。孔門爲仁，惟一個恕字。如云『己欲立而立人，己欲達而達人』，分明説己欲立，不須在己上去立，只立人卽所以立己也。己欲達，不須在己上去達，只達人卽所以達己也。是以平生功課，學之不厭，誨人不倦。其不厭處，即其所以不倦處也，其不倦處，即其所以不厭處也。即其所說好官相似。說官之廉，即其不取民者是也；而不取於民，方見自廉。說官之慈，即其不虐民者是也；而不虐于民，方見自慈。統天徹地，膠固圓融，自内及外，更無分别，此方是渾然之仁，亦方是孔門宗旨也已。」

某初日夜想做個好人，而科名宦業，皆不足了平生，卻把近思録、性理大全所說工夫，信受奉行，也到忘食寢、忘死生地位。病得無奈，却看見傳習録說諸儒工夫未是，始去尋求象山、慈湖等書。然于三先生所謂工夫，每有罣礙。病雖小愈，終沉滯不安。時年已弱冠，先君極爲憂苦。幸自幼蒙父母憐愛過甚，而自心於父母及弟妹，亦互相憐愛，真比世人十分切至。因此每讀論、孟孝弟之言，則必感動，或長要涕淚。以先只把當做尋常人情，不爲緊要，不想後來諸家之書，做得着緊喫苦。在省中逢着大會，師友發揮，却翻然悟得，只此就是做好人的路逕。奈何不把當數，却去東奔西走，而幾至忘身也哉！從此回頭將論語再來細讀，真覺字字句句重於至寶。又看孟子，又看大學，又看中庸，更無一字一句不相照映。由是却想孔、孟極口稱頌堯、舜，而說其道孝弟而已矣，豈非也是學得没奈何，然後遇此機竅？故曰：『我非生而知之者，好古敏以求之者也。』又曰：『規矩方圓之至，聖人人倫之至也。』其時孔、孟一段精神，似覺渾融在中，一切宗旨，一切工夫，横穿直貫，處處自相湊合。但有易經一書，却貫串不來。天幸楚中一友胡宗正。來從某改舉業，他談易經與諸家甚是不同，後因科舉辭别。及在京得第，殊悔當面錯過，皇皇無策，乃告病歸侍老親。因遣人請至山中，細細叩問，始言渠得異傳，不敢輕授。某復以師事之，閉户三月，亦幾忘生，方蒙見許。反而求之，又不外前時孝弟之良，究極本原而已。從此一切經書，皆必歸會孔、孟，孔、孟之言，皆必歸會孝弟。以之而學，學果不厭；以之而教，教果不倦；以之而仁，仁果萬物一體，而萬世一心也已。

問孔、顏樂處。羅子曰：「所謂樂者，竊意只是個快活而已。豈快活之外，復有所謂樂哉！生意活潑，了無滯礙，卽是聖賢之所謂樂，却是聖賢之所謂仁。蓋此仁字，其本源根柢於天地之大德，其脈絡分明於品彙之心元，故赤子初生，孩而弄之，則欣笑不休，乳而育之，則歡愛無盡。蓋人之出世，本由造物之生機，故人之爲生，自有天然之樂趣，故曰：『仁者人也。』此則明白開示學者以心體之真，亦指引學者以入道之要。後世不省仁是人之胚胎，人是仁之萌蘖，生化渾融，純一無二，故只思於孔、顏樂處，竭力追尋，顧却忘于自己身中討求着落。誠知仁本不遠，方識樂不假尋。」

問：「靜功固在心中，體認有要否？」羅子曰：「無欲爲靜，則無欲爲要。但所謂欲者，只動念在軀殼上取足求全者皆是，雖不比俗情受用，然視之冲淡自得，坦坦平平，相去天淵也。」

問：「如何用力，方能得心地快樂？」羅子曰：「心地原只平等，故用力亦須輕省。蓋此理在人，雖是本自具足，然非形象可拘。所謂樂者，只無愁是也。若以欣喜爲樂，則必不可久，而不樂隨之矣。所謂得者，只無失是也。若以境界爲得，則必不可久，而不得隨之矣。」

問：「大學之首『知止』，中庸之重『知天、知人』，而論語却言『吾有知乎哉？無知也』。博觀經書，言知處甚多，而不識不知，惟詩則一言之，然未有若夫子直言無知之明決者。請問其旨。」曰：「吾人之學，專在盡心，而心之爲心，專在明覺。如今日會堂百十其衆，誰不曉得相見，曉得坐立，曉得問答，曉得思量？此個明覺曉得，即是本心，此個本心，亦只是明覺曉得而已。事物無小大之分，時候無久暫之間，真是徹天徹地，而貫古貫今也。但此個明覺曉得，其體之涵諸心也，最爲精妙；其用之應於感也，又極神靈。事之既至，則顯諸仁而昭然，若常自知矣。事之未來，而茫然渾然，知若全無矣。非知之果無也，心境暫寂，而覺照無自而起也。譬則身之五官，口可閉而不言，目可閉而不視，惟鼻孔無閉，香來既知嗅之，其知實常在也。耳孔無閉，聲來即知聽之，其知亦實常在也。然嗅之知也，必須香來始出，時或無香，便無嗅之知矣。聽之知也，必須聲來始出，時或無聲，便無聽之知矣。孔子當鄙夫之未問，却真如音未臨乎耳，香未接乎鼻，安得不謂其空空而無知耶？及鄙夫既問，則其事其物，兩端具在，亦即如音之遠近，從耳聽以區分，香之美惡，從鼻嗅以辨別，鄙夫之兩端，不亦從吾心之所知，以叩且竭之也哉？但學者須要識得，聖人此論，原不爲鄙夫之問，而只爲明此心之體。蓋吾心之能知，人人皆認得，亦人人皆説得；至心體之無知，則人人認不得，人人皆説不得。天下古今之人，只緣此處認不真，便心之知也，常無主宰而憧擾，以致喪真。只此處説不出，便言之立也，多無根據而支離，以至畔道。若上智之資，深造之力也，一聞此語，則當下知體，即自澄徹，物感亦自融通，所謂無知而無不知，而天下之真知在我矣。」一堂上下，將千百餘衆，肅然靜聽，更無一息躁動。羅子亦瞑坐，少頃謂曰：「試觀此際意思如何？」衆欣然起曰：「一時一堂意思，却與孔門當時問答，精神大約相似矣。」曰：「豈惟精神可與對同，即初講諸書，亦可以一一對同也。蓋此一堂人品等級，誠難一概論，若此時靜肅敬對，一段意氣光景，則賤固不殊乎貴，上亦不殊乎下，地方遠近，不能爲之分，形骸長短，不能爲之限。譬之蒼洱海水，其來或有從瀑而下者，亦有從穴而湧者，今則澄匯一泓，鏡平百里，更無高下可以分別。既無高下可以分別，則又孰可以爲太過？孰可以爲不及也哉？既渾然一樣，而無過不及，則以是意先之勞之，亦以是意順之從之，相通相愛，在上者真是鼓舞而弗倦，在下者亦皆平直而無枉，欲求一不仁之事，不仁之人，於此一堂之前後左右，又寧不遠去而莫可得也耶？」

問：「顏子復禮，今解作復卦之復，則禮從中出，其節文皆天機妙用，所謂神無方而易無體者也。乃禮儀三百，威儀三千，聖人定以禮經，傳之今古，若一成而不易者，何也？」羅子曰：「子不觀之制曆者乎？夫語神妙無方，至天道極矣，然其寒暑之往來，朔望之盈虛，晝夜之長短，聖人一切可以曆數紀之，脗合而無差焉。初不謂天道之神化而節序，卽不可以預期也。此無他，蓋聖人于上古曆元，鈎深致遠，有以洞見其根底，而悉達其幾微，故其於運行躔度，可以千載而必之今日，亦可以此時而俟之百世。我夫子以求仁爲宗，正千歲日至，其所洞見而悉達者也。故復以自知，而天之根卽禮之源也，所謂乾知大始，統天時出者乎？黄中通理，暢達四肢，而禮之出，卽天之運也，所謂乾道變化，各正性命者乎？顏氏博文約禮，感夫子之循循善誘，是則三百三千，而著之經曲之常者也；如有立卓，嘆夫子之瞻忽末由，是則天根自復而化，不可爲者也。夫子之爲教，與顏子之爲學，要皆不出仁禮兩端，要皆本諸天心一脈。吾人用志浮淺，便安習氣，其則古稱先者，稍知崇尚聖經，然於根源所自，茫昧弗辨，不知人而不仁，其如禮何！是拙匠之徒，執規矩而不思心巧者也。其直信良心者，稍知道本自然，然于聖賢成法，忽畧弗講，不知人不學禮，其何以立！是巧匠之徒，竭目力而不以規矩者也。」

羅子曰：「仁，心體也，克復便是仁。仁者完得吾心體，使合着人心體，合着處便是歸仁。此只在我心體上論，不是説天下皆歸吾仁。」

問：「做人路頭，極是多端，而慎獨二字，聖賢尤加意焉。蓋人到獨知，縱外邊千萬彌縫，或也好看，中心再躲閃不過，難免慚惶局促。慎獨或可以爲成人切實工夫？」曰：「獨固當慎，然而大端只二道，仁與不仁而已矣。仁之現于獨者謂何？念頭之恩愛慈祥者是也。不仁之現于獨者謂何？念頭之嚴刻峻厲者是也。」曰：「獨者無過是知，既知，則是非善惡自然分別明白，念頭又豈容混？」曰：「此不是混。蓋天地以生爲德，吾人以生爲心，其善善明白該長，惡惡明白該短。其培養元和，以完化育，明白該恩愛過于嚴刻，慈祥過于峻厲也。慎獨者不先此防閑，是則不喪三年，而察緦且小功也，況望其能成人而入聖耶？古人以好字去聲呼作好，惡字去聲呼作惡，今汝欲獨處思慎，則請先自查考，從朝至暮，從暮達旦，胸次念頭，果是好善之意多？果是惡惡之意多？亦果是好善惡惡之心般多？若般多只扯得平過，謂之常人；萬一惡多于好，則惱怒填胸，將近於惡人；若果好多於惡，則生意滿腔，方做得好人矣。獨能如此而知，自此而慎，則人將不自此而成也耶？」

或問：「吾儕性體洞達，無奈氣質重滯，開悟實難。」羅子憮然浩嘆，良久曰：「天下古今有場極情寃枉，無從訴辨，無憑判斷也。」或從容起曰：「胡不少示端倪？」曰：「諸子務宜細心俯察，吾先爲指示一個證佐：試觀通衢輿梁，四下官馬往來，頃時卽有數百。其强壯富豪者，姑置勿論。至負擔推挽，殘疾疲癃，寸走而移者，甚是多多，而緩急先後，衝撞躲閃，百千萬様生靈，百千萬種方便，既不至于妨礙，亦不及于傾危。此等去處，敢説吾人德性不廣大？敢説廣大不精微？又敢説吾人德性不個個皆善？此則孔子所謂『繼之者善，成之者性』，而曰『性相近也』。至於德性用於目而爲視，視則色色不同；用於耳而爲聽，聽則聲聲不同；用於鼻口而爲嗅、爲食，嗅與食則品品不同；用於心志而爲思、爲行，思與行則又事事不同。此後，則看其人幸與不幸，幸則生好人家、好地方，不幸則生不好人家、不好地方。人家地方俱好，則其人生來耳目心智自然習得漸好，人家地方俱不好，則其人生來耳月心智自然習得漸不好，此孔子所以曰『性相近也，習相遠也』然則相遠，原起于習，習則原出于人。今却以不善委爲氣質之性，則不善之過，天當任之矣，豈非古今一大寃枉也哉！」

問：「仲由大禹好善之誠，與人之益，似禹於大舜無異，乃謂舜有大焉，何也？」羅子曰：「孟子所謂大小，蓋自聖賢氣象言之。如或告己過，或聞人善，分明有個端倪，有個方所。若舜只以此善同乎天下，盡通天下而歸於此善，更無端倪，亦無方所。觀其所居，一年成聚，二年成邑，三年成都，何待有過可告？又何必聞善再拜也？而聖人之所以異于吾人者，蓋以所開眼目不同，故隨遇隨處，皆是此體流動充塞。一切百姓，則曰『莫不日用』，鳶飛魚躍，則曰『活潑潑地』，庭前草色，則曰『生意一般』，更不見有一毫分別。所以謂人皆可以爲堯、舜。吾非斯人之徒與而誰與也？我輩與同類之人，親疏美惡，已自不勝越隔，又安望其察道妙于鳶魚，通意思於庭草哉！且出門卽有礙，胸次多冰炭，徒亦自苦平生焉耳，豈若聖賢坦坦蕩蕩，何等受用，何等快活也。」

問：「由良知而充之，以至於無所不知，由良能而充之，以至於無所不能，方是大人不失赤子之心，此意何如？」羅子曰：「若有不知，豈得謂之良知？若有不能，豈得謂之良能？故自赤子即已無所不知，無所不能也。」時坐中競求所謂「赤子無所不知，無所不能也」，莫得其實，静坐歌詩，偶及于「萬紫千紅總是春」之句，羅子因憮然嘆曰：「諸君知紅紫之皆春，則知赤子之皆知能矣。蓋天之春見於草木之間，而人之性見於視聽之際。今試抱赤子而弄之，人從左呼，則目即盻左，人從右呼，則目即盻右。其耳蓋無時無處而不聽，其目蓋無時無處而不盻，其聽其盻蓋無時無處而不轉展，則豈非無時無處而無所不知能也哉？」

問：「大人不失赤子之心，其説惟何？」羅子曰：「孟夫子非是稱述大人之能，乃是贊嘆人性之善也。今世解者，謂大人無所不知，無所不能，而赤子則一無所知，一無所能，只在枝葉而論也。如曰『知得某事善，能得某事善』此即落在知能上説善，所謂善之枝葉也。如曰『雖未見其知得某事善，却生而即善知，雖未見其能得某事善，却生而即善能』，此則不落知能説善，而亦不離知能説善，實所謂善之根本也。人之心性，但愁其不善知，不愁其不知某善某善也，但愁其不善能，不愁其不能某事某事也。觀夫赤子之目，止是明而能看，未必其看之能辨也；赤子之耳，止是聰而能聽，然未必其聽之能別也。今解者，只落在能辨能別處説耳目，而不從聰明上説起，所以赤子大人，不惟説將兩開，而且將兩無歸着也。嗚呼！人之學問，止能到得心上，方纔有個入頭。據我看孟子此條，不是説大人方能不失赤子之心，却説是赤子之心自能做得大人。若説赤子之心止大人不失，則全不識心者也。且問天下之人，誰人無心？誰人之心，不是赤子原日的心？君如不信，則徧觀天下之耳，天下之目，誰人曾换過赤子之耳以爲耳，换過赤子之目以爲目也哉？今人言心，不曉從頭説心，却説後來心之所知所能，是不認得原日之耳目，而徒指後來耳之所聽，目之所視者也。此豈善説耳目者哉。噫！耳目且然，心無異矣。」

問：「聖賢工夫，如戒慎恐懼，種種具在，難説只靠自信性善便了。况看朋輩，只肯以工夫爲先者，一年一年更覺進益，空談性地者，冷落無成，高明更自裁之。」羅子沉默一時，對曰：「如子之言，果爲有見，請先以末二句商之。蓋此二句，本是學問兩路。彼以用功爲先者，意念有個存主，言動有所執持，不惟己可自考，亦且衆共見聞。若性地爲先，則言動即是現在，且須更加平淡，意念亦尚安閒，尤忌有所做作，豈獨人難測其淺深，即己亦無從增長。縱是有志之士，亦不免舍此而之彼矣。然明眼見之，則真假易辨，就如子所舉戒慎恐懼一段工夫，豈是憑此四字，便可去戰慄而漫爲之耶？也須小心查考立言根脚，蓋其言原自不可離來。道之所在性之所在也；性之所在，天命之所在也。既天命常在，則一有意念，一有言動，皆天則之畢察，上帝之監臨，又豈敢不兢業捧持，而肆無忌憚也哉？如此則戒慎恐懼，原畏天命，天命之體極是玄微，然則所畏工夫，又豈容草率？今只管去用工夫，而不思究其端緒，即如勤力園丁，以各色膏腴堆積芝蘭，自詑壅培之厚，而秀苗纖芽，且將消阻無餘矣。」

夜坐，誦牛山一章，衆覺肅然。羅子浩然嘆曰：「聖賢警人每切，而未思耳。即『梏亡』二字，今看只作尋常。某提獄刑曹，親見桎梏之苦，上至於項，下至於足，更無寸膚可以活動，輒爲涕下。」中有悟者曰：「然則從軀殼上起念，皆梏亡之類也。」曰：「得之矣。蓋良心寓形體，形體既私，良心安得活動？直至中夜，非惟手足休歇，耳目廢置，雖心思亦皆斂藏，然後身中神氣，乃稍得以出寧。逮及天曉，端倪自然萌動，而良心乃復見矣。回思日間形役之苦，又何異以良心爲罪人，而桎梏無所從告也哉？」曰：「夜氣如何可存？」曰：「言夜氣存良心則可，言良心存夜氣則不可。蓋有氣可存，則晝而非夜矣。」

問：「孔門恕以求仁，先生如何致力？」曰：「方自知學，卽泛觀蟲魚，愛其羣隊戀如，以及禽鳥之上下，牛羊之出入，形影相依，悲鳴相應，渾融無少間隔，輒惻然思曰：『何獨於人而異之？』後偶因遠行，路途客旅，相見卽忻忻，談笑終日，疲倦俱忘，竟亦不知其姓名。別去，又輒惻然思曰：『何獨於親戚骨肉而異之？』噫！是動于利害，私于有我焉耳。從此痛自刻責，善則歸人，過則歸己，益則歸人，損則歸己，久漸純熟，不惟有我之私，不作間隔，而家國天下，翕然孚通，甚至髮膚不欲自愛，而念念以利濟爲急焉。三十年來，覺恕之一字，得力獨多也。」

問：「謂不慮而知，不學而能，可同于聖人。今我輩此體已失，須學且慮，不然則聖不可望矣。」羅子曰：「子若只學且慮，則聖終不可望矣。」曰：「某聞先生之言，心中不能不疑，其何以解之？」曰：「子聞予言，乃遽生疑耶？」曰：「然。」曰：「此果吾子欲使之疑耶？」曰：「非欲之，但不能不疑也。」羅子嘆曰：「是卽爲不學而能矣。」其友亦欣然曰：「誠然誠然。」羅子復呼之曰：「子心中此時覺炯炯否？」曰：「甚是炯炯。」曰：「卽欲不炯炯得乎？」曰：「不能已。」曰：「是非不慮而知也耶？子何謂赤子之心不在，而與聖人不同體乎？蓋爲學，第一要得種子，禮謂人情者，聖王之田也，必仁以種之。孔門教人求仁，正謂此真種子也，則曰『仁者人也』。人卽赤子，而心之最先初生者，卽是親愛，故曰『親親爲大』。至義禮智信，總是培養種子，使其成熟耳。」曰：「大人者，不失赤子之心，孟子果已說定，但今日却如何下手？」曰：「知而弗去是也。」曰：「知之是亦不難。」曰：「知固不難，然人因其不難，故多忽之，便去多其見聞，務爲執守，久之只覺外求者得力，而自然良知愈不顯露。學者果有作聖真志，切須回頭。在目前言動舉止之間，覺得渾然與萬物同一，天機鼓動，充塞兩間，活潑潑地，真是不待慮而自知，不必學而自能，則可以完養，而直至於『不思而得，不勉而中』境界。總是平常名利貨色昏迷，到此自然不肯換去。所以曰：『好仁者無以尚之』。又曰『苟志於仁矣，無惡也』。直是簡易明快，故曰：『道在邇㊀而求諸遠，事在易而求諸難。人人親其親而長其長，而天下平』也。」曰：「居今之世，如何都得人人親親長長也耶？」曰：「此却不要苛責於人。今天下家家户户，誰無親長之道？但上之人不曉諭他說，卽此便是大道，而下之人亦不曉得安心，在此處了結一生，故每每多事。正謂行矣不著，習矣不察，終身由之而不知其道者，衆也。」

問：「良知卽是本來面目，今說良知是矣，何必復名以本來面目耶？」羅子曰：「良知固是良知，然良知却實有個面目，非杜撰而强名之也。」曰：「何以見之？」曰：「吾子此時此語，亦先胸中擬議否？」曰：「亦先擬議。」曰：「擬議則良知未嘗無口矣；擬議而自見擬議，則良知未嘗無目矣；口目宛然，則良知未嘗無頭面四肢矣。豈惟擬議然哉？予試問子以家，相去蓋千里也，此時身卽在家，而家院堂室無不朗朗目中也。又試問子以國，相去蓋萬里也，此時身卽在國，而朝宁班行無不朗朗目中也。故只說良知，不說面目，則便不見其體如此實落，其用如此神妙，亦不見得其本來原有所自。不待生而存，不

㊀「邇」原作「爾」，據賈本改。

隨死而亡，而現在相對面目，止其發竅之所，而滯隔近小，原非可與吾良知面目相並相等也。」

問：「知得良知却是誰，今欲知良知，從何下手？」羅子曰：「明德者虛靈不昧，虛靈雖是一言，却有二義。今若説良知是個靈的，便苦苦的去求他精明。殊不知要他精，則愈不精，要他明，則愈不明。豈惟不得精神，且反致坐下昏睡沉沉，更支持不過了。若肯反轉頭來，將一切都且放下，到得坦然蕩蕩，更無戚戚之懷，也無憧憧之擾，此却是從虛上用功了。世豈有其體既虛而其用不靈者哉！但此段道理，最要力量大，亦要見識高，稍稍不如，難以驟語。」

問：「形色何以謂之天性？」羅子曰：「目視耳聽口言身動，此形色也，其孰使之然哉？天命流行，而生生不息焉耳。」坐中偶有歌：「人心若道無通塞，明暗如何有去來？」乃詰之曰：「子謂明暗果有去來否也？」曰：「雖暫去來而本體終會自復。」曰：「汝目果常明耶？抑有時而不明耶？」曰：「無時而不明。」曰：「汝之目常無不明，而汝心之明却有去來，是天性離形色，而形色非天性矣。」衆皆恍然有省。又復告之曰：「目之明，亦有去來時也。今世俗至晚，則呼曰眼盡黑矣。其實則眼前日光之黑，與眼無力而見日之黑，正眼之不黑處也。故曰知之爲知之，即日光而見其光也，不知爲不知，即日黑而見其黑也。光與黑，任其去來，而心目之明，何常增減分毫也？」

問：「陽明先生『莫謂天機非嗜欲，須知萬物是吾身』，其旨何如？」羅子曰：「萬物皆是吾身，則嗜欲豈出天機外耶？」曰：「如此作解，恐非所以立教。」曰：「形色天性，孟子已先言之。今日學者，直須源頭清潔。若其初，志氣在心性上透徹安頓，則天機以發嗜欲，嗜欲莫非天機也。若志氣少差，未免軀殼着脚，雖强從嗜欲，以認天機，而天機莫非嗜欲矣。」

問：「君子自强不息，乃是乾乾，此乾乾可是常知覺否？」曰：「未有乾乾而不知行，却有知行而非乾乾者。」曰：「此處如何分别？」曰：「子之用功，能終日知覺而不忘記，終日力行而不歇手乎？」曰：「何待終日，卽一時已難保矣。」曰：「如此又可謂乾乾已乎？」曰：「此是工夫不熟，熟則恐無此病矣。」曰：「非也。中庸教人，原先擇善，擇得精，然後執得固。子之病，原在擇處欠精，今乃咎他執處不固。子之心中元有兩個知，有兩個行。」曰：「如何見得有兩個？」曰：「子纔説發狠去照覺，發狠去探求，此個知行，却屬人。纔説有時忘記，却忽然想起，有時歇手，却惕然警醒，此個知行，却是屬天。」曰：「如此指破，果然已前知行是落人力一邊，但除此却難用功了。」曰：「虞廷説『道心惟微』，微則難見，所以要精，精則始不雜，方纔能一，一則無所不統，亦有何所不知？何所不行耶？其知其行，亦何所不久且常耶？只因此體原極微渺，非如耳目聞見的有跡有形，思慮想像的可持可據，所以古今學人，不容不舍此而趨彼也。」

問：「復之時義大矣，尋常言復者，多自天地萬物爲言，今堂額謂『復心』者，則自吾身而言也。」羅子曰：「宇宙之間，總是乾陽統運。吾之此身，無異於天地萬物，而天地萬物亦無異于吾之此身。其爲心也，只一個心，而其爲復也，亦只一個復。經云：『復見天地之心。』則此個心，卽天心也。此心認得零碎，故言復亦不免分張。殊不知天地無心，以生物爲心。今若獨言心字，則我有心而汝亦有心，人有心而物亦有心，何啻千殊萬異。善言心者，不如把個生字來替了他，則在天之日月星辰，在地之山川民物，在吾身之視聽言動，渾然是此生生爲機，則同然是此天心爲復。故言下着一生字，便心與復卽時混合，而天與地，我與物，亦卽時貫通聯屬，而更不容二也已。」

問：「『先王以至日閉關，商旅不行，后不省方』，還是實事，抑㈠是取象」？曰：「是因象以爲事，而實盡人以奉天也。蓋雷潛地中，卽陽復身內，幾希隱約，固難以情事取必，又豈容以知識伺窺？故商旅行者，欲有所得者也。后省方者，欲有所見者也。不行不省，則情忘識泯，情忘識泯，則人靜天完，而復將漸純矣。子今切切然，若謂有端可求，皇皇然，若謂有象可睹，是則商旅紛行而后省旁午也，復何自而能休且敦耶？」

問：「某常反觀，胸中固有靈衷炯炯之時，乃不久而昏憒，固有循循就道之時，乃不久而躁妄，如是其不一耶？」曰：「君子之學，原自有個頭腦，若頭腦一差，無怪學問之難成矣。今子不能以天理之自然者爲復，而獨於心識之炯然處求之，則天以人勝，真以妄奪。子試反而思之，豈常有胸中炯照，能終日而不妄耶？持守能終日而不散耶？」曰：「如何乃得頭腦？」曰：「頭腦豈是他人指示得的？請子但渾身視聽言動，都且信任天機自然，而從前所喜的，胸次之炯炯，事務之循循，一切不做要緊，有也不覺其益，無也不覺其損，久則天自爲主，人自聽命，所謂不識不知，而順帝之則矣。」

問：「精氣爲物，游魂爲變，何如？」曰：「吾人之生，原陰陽兩端，體合而成。其一精氣妙凝有質，所謂精氣爲物者也；其一靈魂知識變化，所謂游魂爲變者也。精氣之質，涵靈魂而能運動，是則吾人

㈠「抑」原作「亦」，據備要本改。

之身也，顯現易見，而屬之於陽；游魂之靈，依精氣而歸知識，是則吾人之心也，晦藏難見，而屬之於陰。其赤子之初，則陽盛而陰微，心思雖不無，而專以形用也，故常欣笑而若陽和，亦常開爽而同朝日，又常活潑而類輕風，此陽之一端，見於有生之後者然也。及年少長，則陰盛而陽微，雖形體如故，而運用則專以心思矣，故愁蹙而欣笑漸減，迷蒙而開爽益稀，滯泥而活潑非舊，此陰之一端，見於有生之後者然也。人能以吾之形體而妙用其心，知簡淡而詳明，流動而中適，則應接在于現前，感通得諸當下，生也而可望于入聖，歿也而可望以還虛，其人將與造化爲徒焉已矣。若人以己之心思，而展轉于軀殼，想度而遲疑，曉了而虛泛，則理每從於見得，幾多涉於力爲，生也而難望以入聖，歿也而難冀以還虛，其人將與凡塵爲徒焉已矣」。曰：「如先生之論，是以身爲陽而在所先，以心爲陰而在所後，乃古聖賢則謂身止是形，心乃是神，形不可與神並，況可以先之乎？」曰：「子惡所謂神哉？夫神也者，妙萬物而爲言者也，亦超萬物而爲言者也。陰之與陽，是曰兩端，兩端者卽兩物也。精氣載心而爲身，是身也，固身也，固耳目口鼻四肢百骸而具備焉者也。靈知宰身而爲心，是心也，亦身也，亦耳目口鼻四肢百骸而具備焉者也。精氣之身，顯於晝之所爲；心知之身，形於夜之所夢。然夢中之身，卽日中之身，但以屬陰，故其氣弱，其象微，而較之日中之舉止，毫髮無殊也。日中之身，卽夢中之身，但以屬陽，故其氣健，其體充，雖健且充，而較之夢中之舉止，毫髮無殊也。是分之固陰陽互異，合之則一神所爲，所以屬陰者則曰陰神，屬陽者則曰陽神。是神也者，渾融乎陰陽之內，交際乎身心之間，而充溢瀰漫乎宇宙乾坤之外，所謂無在而無不在者也。惟聖人與之合德，故身不徒身，而心以靈乎其身；心不徒心，而身以妙乎其心，是謂陰陽不測，而爲聖不可知之神人矣。」

問：「中爲人所同有，今日之論，與古聖之言，原是無異。至反而求之，不惟衆人不得，即聰明才辯者亦往往難之，何哉？」羅子曰：「學至心性，已是精微，而況中之爲理，又其至者乎？故雖聰明而不能爲思，雖才辯而莫可爲言，以其神妙而無方耳。但自某看來，到喜得他神妙無方，乃更有端倪可求也。蓋謂之㊀無方，則精不住于精，而粗亦無不有也；微不專於微，而顯亦無不在也。善于思且求者，能因其理而設心，其心亦廣大周遍而不滯於一隅；隨其機而致力，其力亦活潑流動而不拘於一切。可微也，而未嘗不可以顯，可精也，而未嘗不可以粗。且人力天機，和平順適，不求中而自無不中矣。」

問：「詩頌『思無邪』何也？」曰：「子必明於思之義，方知思之無邪也。知思之無邪，方知此言之蔽三百篇也。夫人之思出於心田，乃何思何慮之真體所發，若少有涉於思索，便非思矣，安得無邪？」

死無所在，無所往。

邸中有以「明鏡止水以存心，太山喬岳以立身，青天白日以應事，光風霽月以待人」四句，揭于壁者，諸南明指而問曰：「那一語尤爲喫緊？」盧山曰：「只首一明字。」時方飲茶，先生手持茶杯，指示曰：「吾儕說明，便向壁間紙上去明了，奈何不即此處明耶？」南明憮然。先生曰：「試舉杯輒解從口，不向鼻上耳邊去。飲已，即置杯盤中，不向盤外。其明如此，天之與我者妙矣哉！」

一衲子訪先生，臨別，先生求教，衲子曰：「没得說，你官人常有好光景。有好光景，便有不好光景

㊀「之」原作「自」，據賈本改。

等待，在俺出家人只這等。」先生頓首以謝。

先生既中式，十年不赴殿試。一日謁東廓于書院，坐定，問曰：「十年專工問學，可得聞乎？」對曰：「只悟得無字。」東廓曰：「如此尚是門外人。」時山農在座，聞之，出而恚曰：「不遠千里到此，何不打點幾句好話，却倒了門面。」聞者爲之失笑。

塘南曰：「學以悟性爲宗，顧性不易悟也。」先生曰：「吾向者自以爲悟性，然獨見解耳。今老矣，始識性。」曰：「識性如何？」曰：「吾少時多方求好色奉目，今目漸暗；多方求好聲奉耳，今耳漸聾；多方求好味奉齒，今齒漸落。我尚未死，諸根皆不顧我而去，獨此君行住坐卧長隨不舍，然後覿面相識，非復向日鏡中觀化矣。」

耿天臺行部至寧國，問耆老以前官之賢否。至先生，耆老曰：「此當别論，其賢加於人數等。」曰：「吾聞其守時亦要金錢。」曰：「然。」曰：「如此惡得賢？」曰：「他何曾見得金錢是可愛的？但遇朋友親戚，所識窮乏，便隨手散去。」

先生與諸公請教一僧，僧曰：「諸公皆可入道，惟近溪不可。」先生問故。僧曰：「載滿了。」先生謝之。將别，僧謂諸公曰：「此語惟近溪能受，向諸公却不敢進。」

有學於先生者，性行乖戾，動見詞色，飲食供奉，俱曲從之。居一歲，將歸，又索行資，先生給之如數。門人問先生，何故不厭苦此人？曰：「其人暴戾，必多有受其害者，我轉之之心勝，故不覺厭苦耳。」

一隣媪以夫在獄，求解于先生，詞甚哀苦。先生自嫌數干有司，令在座孝廉解之，售以十金，媪取簪珥爲質。既出獄，媪來哀告，夫咎其行賄，詈駡不已。先生卽取質還之，自貸十金償孝廉，不使孝廉知也。人謂先生不避干謁，大抵如此。

先生過麻城，民舍失火，見火光中有兒在牀，先生拾拳石號于市，出兒者予金視石。一人受石出兒，石重五兩，先生依數予之。其後先生過麻城，人争覩之，曰：「此救兒羅公也。」

侍郎楊復所先生起元

楊起元字貞復，號復所，廣東歸善人。萬曆丁丑進士。授翰林院編修。歷國子監祭酒，禮部侍郎。最後召爲吏部侍郎兼侍讀學士，未上而卒，年五十三。先生之父傳芬，名湛氏之學，故幼而薰染，讀書白門。遇建昌黎允儒，與之談學，霍然有省。因問：「子之學，豈有所授受乎？」允儒曰：「吾師近溪羅子也。」無何，先生在京，而近溪至。先生大喜，遂稱弟子。時江陵不説學，以爲此陷阱，不顧也。近溪既歸，先生嘆曰：「吾師且老，今若不盡其傳，終身之恨也。」因訪從姑山房而卒業焉。常謂鄒南皐曰：「師未語，予亦未嘗置問，但覺會堂長幼畢集，融融魚魚，不啻如春風中也。」先生所至，以學淑人，其大指謂：「明德本體，人人所同，其氣禀拘他不得，物欲蔽他不得，無工夫可做，只要自識之而已。故與愚夫愚婦同其知能，便是聖人之道。愚夫愚婦之終于愚夫愚婦者，只是不安其知能耳。」雖然，以夫婦知能言道，不得不以耳目口鼻四肢之欲言性，是卽釋氏作用爲性之説也。先生之事近溪，出入必以其像供養，有事必告而後行，顧涇陽曰：「羅近溪以顏山農爲聖人，楊復所以羅近溪爲聖人。」其感應之妙，錙銖不爽如此。

楊復所證學編

友人以忘會語爲歉，曰：「予見子之未嘗忘也。子夙則興，興則盥，盥則櫛，櫛則衣冠，衣冠則或治事，或見賓，言則言，動則動，食則食，嚮晦則息，明發復然。予見子之未嘗忘也。」友人曰：「此與會語何與？」曰：「是不忘斯可矣，又何事會語哉？」

人本無心，因家國天下而有心，心本無所，因不識心而妄以爲有所。誠意之極，即心無其心，渾然以天下國家爲心，是謂正心。以家國天下爲心者，是合家國天下爲一身矣。蓋家本齊也，因吾身好惡之偏而不齊；國本治也，因吾身好惡之偏而不治；天下本平也，因吾身好惡之偏而不平。惟不于彼起見，而第求諸身，無作好，無作惡，保合吾身之太和而已。此之謂真修。

問：「抑亦先覺？」曰：「即伊尹所謂先覺也，人人有之。至虛至靈謂之先覺，又謂之良知。逆億者，情識之私，習而有者也；不逆不億，則良知自然流行，而先覺矣。子貢之億則屢中，不能先覺，而孔子之每事問，乃先覺也。」

非禮勿視，無其目也；非禮勿聽，無其耳也；非禮勿言，無其口也；非禮勿動，無其身也。無目則亦無色，無耳則亦無聲，無口則亦無物，無身則亦無事。我既不立，物亦不對，而一歸之禮焉。禮安在哉？天理而已。天理又安在哉？有在卽非天理也。噫！此顏子之所以屢空也。格亦有通徹之義，通而謂之格，猶治而謂之亂也。格物者，己與物通一無二也。如此，則無物矣。有則滯，滯則不通；無則虛，虛則通。物本自無，人見其有。格物者，除其妄有，而歸其本無也。歸其本無，此謂知本。

體之爲言，禮也。天地萬物一體者，天地萬物一于禮也。仁者以禮爲體，不以形骸爲體，故曰「克己復禮爲仁」。

天地萬物眞機，于一時一事上全體融攝，但應一聲，轉一瞬，無不與萬物同體，顧人不善自識取耳。天下之人性，固已平矣。好智者欲爲之平，適所以亂之也；聖人以常平者視天下，而不敢以有爲亂之，恭之至也。

或問：「世儒所言聖人之道，是乎非乎？」曰：「是則不可謂之不是，然非其本也。譬之言日，自其光景言之，亦不可謂非日也，畢竟非日體。曷若以身爲日，而光景皆自此出哉！」問：「以身爲日，奈何？」曰：「不識自身原是日體，而欲以身爲之者，正所謂逐光景者也。」

朱子以虛靈不昧訓明德，似也。若云「具衆理，應萬事」，則明德之贅，而非明德之訓也。執以爲實然，謬矣。猶言鏡之具衆影而應萬形也，鏡果有衆影之具哉！蓋鏡一影不留，明德一理不有。一理可有，奚虛靈之足言？且曰「氣稟所拘，人欲所蔽，有時而昏」，亦非也。凡人終日擧心動念，無一而非欲也，皆明德之呈露顯發也，何蔽之有？吾人一身視聽言動，無一而非氣稟也，皆明德之洋溢充滿也，何拘之有？卽如聾瞽之人，不能視聽，若可以拘其明矣。然執聾者而問之曰：「汝聞乎？」必曰：「吾不聞也。」執瞽者而問之曰：「汝見乎？」必曰：「吾不見也。」不聞爲不聞，不見爲不見，一何明也，而謂之拘，可乎？知明德之明，不拘于聾瞽，則知氣稟不能拘矣。不能拘，不能蔽，則無時而昏矣。

明德之明，一明也。明明德之明，又一明也。明德之明，明之出乎天者也。明明德之明，明之繫乎人者也。繫乎人者，必由學問之力，以求其明。學問一毫之未至，卽其明亦未徹。若其出于天者，則虛靈之體，人人完具，聖非有餘，凡非不足，豈容一毫人力哉？人之有是明德也，猶其有是面貌也。由學問以求明，猶欲自識其面貌者，援鏡以自照也。一照之後，不過自識其面貌而已，不能以分毫加之。然則未識之前，亦豈容以分毫損哉？識與不識，而面貌自如，明與不明，而明德自若。今人不達明字之義，遂疑明德之體，有拘、有蔽、有昏，必待人之磨淬洗滌，然後明也。如此則明德乃人造作而成，安得言天哉！是不求自識其面貌，而徒欲以粉澤膏脂粧點，雖粧點姸美，與自己面貌了不相干。要之，皆不達此一明字之誤也。

問：「明德既本明矣，又欲求明之，何也？」曰：「此聖人修道立教之事也。太古之時，不識不知，順帝之則，故其本明者足矣，無事于教也。天下之生久矣，習染漸深，智識漸啓，求欲漸廣，而民始苦也。聖人者，思有以救之，而救之之道，又非政刑之所能齊也。於是乎自明其明德，而鼓舞天下以共明之，然後天下知識漸忘，而安於作息耕鑿之常，用其本明者以自樂，實聖人救之也。然本明之德，實不因明而有所增，如人之有面貌，何以照鏡爲哉？然出入關津，當之圖形相，必假鏡自照，然後圖得其真。其實相貌不照，亦是如此。深山窮谷之中，人民無有鏡者，亦是如此。所以云明德雖不同，亦未嘗不明也。然苦樂關津，吾人何以度越，則明明德之鏡，其可少哉！

以俗眼觀世間，則充天塞地皆習之所成，無一是性者。以道眼觀世間，則照天徹地皆性之所成，無一是習者。

以明理言道者，至不識一字之凡夫則窮；以昭靈言性者，至百歲之髑髏則窮；以不學不慮言性與天道者，至偃師之木偶、師曠之清徵則窮。

文必博，則取舍無所措其意；禮必約，則思議無所與其幾。

當下者，學之捷法，無前無後，無善無不善，而天地之大，萬物之富，古往今來之久，道德功業之崇廣，人情世態之變幻，管是矣。非天下之至巧，不足以語此。

與愚夫愚婦同其知能者，真聖人之道也。然而不爲愚夫愚婦者，以其能使天下萬世各安于愚夫愚婦之知能耳。

承諭：「有本體有工夫，良知不學不慮，固不待修證而後全。若任作用爲率性，倚情識爲通微，不能隨時翕聚以爲之主，倏忽變化，將至於蕩無所歸，致知之功，不如是之疎也。」此殊不然。陽明曰：「不睹不聞是本體，戒慎恐懼是工夫；戒慎恐懼是本體，不睹不聞是工夫。」陽明之下此轉語者，蓋見本體工夫，原是强名，求其合一，且不可得，而安得有二也？試自揆之，吾性果有本體工夫乎哉？盡天地萬物，皆在妙湛靈明之中。就此中間，請剖剥出何者爲本體？離此中間，請披揀出何者爲工夫？本體中無工夫耶？工夫中無本體耶？卽相等待，如獨木橋，彼此陵奪。本體中有工夫耶？工夫中有本體耶？卽共淆雜，如冷爐金，磊塊支撑。夫良知既謂之靈根矣，翕聚緝熙豈其所不能哉？既不能，則不當妄加之以靈之名，既不靈，則又孰有靈之者以翕聚之、緝熙之也？如人眼目，久瞪發勞，自知閉瞬，不待詔教，不須起作。形體尚爾無有工夫，何況良知？瞪勞閉瞬，同歸靈妙，本體工夫，如何分別？夫任作用爲率性，倚情識爲通微，豈其不能隨時翕聚之過哉？不見性之過也。不能見性，雖隨時翕聚，卽謂之作用，卽謂之情識。若見性雖作用情識，無一而非翕聚也。翕聚亦可，不翕聚亦可，翕聚時如閉目，不翕聚時如開目，同是本體，同是工夫。今不責人學不見性，而責人不隨時翕聚，不知翕聚甚物？又不知這翕聚的如何做主？發散翕聚，總屬前塵，前塵皆客，如之何其主之也？所謂倏忽變化，蕩無所歸者，卽前塵變滅之象也。不歸咎其翕聚之非，而致疑於良知之失，認客爲主，終身不放，豈有寧定之期哉？而以此爲致良知之功，謬矣。夫所謂性體者，何也？終日喫飯不飽，終日不喫飯不飢；終日閒，不喚作靜，終日忙，不喚作動；應得停當，不名爲得，應得不停當，不名爲失；倏忽變化，不知其變化，蕩無所歸，亦不求其所歸。如此，又奚事繩繩然隨時翕聚之哉？

明德不離自身，自身不離目視、耳聽、手持、足行，此是天生來真正明德。至于心中許多道理，却是後來知識意見。過而不化者，不可錯認爲明德也。故大學單提身字，可謂潔浄精微自至矣。學雖極于神聖，而理必始於可欲。今吾儕一堂之上，何其可欲如此也。目之所視，因可欲而加明；耳之所聽，因可欲而加聰；聲之所發，因可欲而加暢；心之所思，因可欲而加敏，何善如之。但能信此可欲之善，原有諸己，不待作爲，於是由可欲而充之。在父母，則以可欲施於父母而孝行矣；在兄弟，則以可欲施于兄弟而序行矣；君臣朋友夫婦皆然。至於待人接物，一切不忘可欲之念，而仁愛行矣。直至神聖，亦可欲之至於化而不可知也。舉凡有生之類，同一可欲之機，洋洋在前，優優乎充塞宇宙，雖欲違之，其可得耶？

心到盡時，無是心者，無非心者，即此是性，即此是天，一以貫之矣。此後更無餘事，惟隨時隨遇，發懽喜心，活潑潑地，存養事天而已，此是春生夏長景象。然則結果一着，直是一刀兩斷，也不管甚心，也不管甚性，確然以一身爲主，獨往獨來，一絲不挂，便是立命，此是秋殺冬藏手段。

恕者，如心之謂，人己之心一如也。若論善，我既有，則天下人皆有；若論不善，天下人既不無，我何得獨無？此謂人己之心一如。人惟見得在己者，有善無惡，便與那百姓不成一體，便是將身露在恕之外。君子見得在己者，未常有善無惡，便與那百姓渾爲一體，便是將身藏在恕之內。横目之民，仰瞻於下，不見君子之身，只見一個藹然、仁厚、豈弟、慈祥、惻怛之光景，自然感動其良心，都自然曉得己未嘗有善，而推善與人，自然曉得己未嘗無惡，而引咎歸己，所謂喻也。天下之争，皆起於自有善，而自無惡。吾既有善，天下之人亦各自有其善，吾既無惡，天下之人亦各自無其惡，此天下之所以多事也。故吾人須反身審察，我果有善否？果無惡否？若果有善，便須根究我此善從何而有，莫是得之聖賢之書，莫是得之父兄之教，莫是得之師友之夾持、風俗之漸染，方得有是善？如此看來，我何嘗有善？既未嘗有善，如何敢求諸人？那百姓家，多因他未曾讀聖賢之書，無賢父兄之教，又無良師友之夾持，好風俗之漸染，如何怪得他無是善！又如果無惡，亦須根究我此惡從何而無，莫是我所居之地既高，賴籍之資又厚，內無仰事俯育之累，外無一切引誘之徒，方得無是惡？如此看來，我何嘗無惡？既未嘗無惡，如何敢非諸人？那百姓家，多因他所居之地既卑，賴藉之資又薄，內有仰事俯育之累，外又有一切引誘之徒，如何怪得他有是惡！凡屬於己者，有善務須看到無，無惡務須看到有；凡屬於人者，無善務須看到有，有惡務須看到無。看之久久，忽然自悟，便能全身藏在恕中，而能喻人矣。

大人通天下爲一身，若分別人我太重，則自己心先不平，何以平天下？所謂修身爲本者，將此分不平心修去之，乃成其大。譬之植樹者，修去旁枝餘蘗，根本便自盛大，而發榮滋長，足以庇蔭千畝矣。

心爲萬物主，其大無對，獨往獨來，無能操者。

問：「如何了生死？」曰：「識得原無生死，便是了。」

問：「知變化之道者，知神之所爲。」曰：「卽汝一言一動，便是變化，汝能識汝言動處，便是知神之所爲。」

有僧辨情辨性，曰：「要曉得情也是性。」以上四條秣陵記聞。

明儒學案卷三十五　泰州學案四

恭簡耿天臺先生定向

耿定向字在倫，號天臺，楚之黄安人。嘉靖丙辰進士。擢監察御史，以大理寺丞謫州判。累遷至太僕寺少卿、右僉都御史。丁憂。起巡撫福建。又丁憂。起協理僉都御史，晉左副都，轉刑部侍郎，陞南京右都御史。以户部尚書總督倉塲事。告歸，家居七年卒，年七十三。贈太子少保，謚恭簡。先生所歷首輔：分宜、華亭、新鄭、江陵、吴縣，皆不甚齟齬。而江陵奪情，先生致書，比之「伊尹之覺世，處㈠以天下自任者，不得不冒天下非議，其諫奪情者，此學不明故耳」。雖意在少衰其禍，然亦近於誦六藝以文奸言矣。及掌留院，以御史王藩臣參三中丞不送揭帖爲蔑視堂官，上疏糾之。清議以爲脅持言官，逢時相之欲。顧涇凡作客問質之，先生無以難也。

先生之學，不尚玄遠，謂「道之不可與愚夫愚婦知能，不可以對造化、通民物者，不可以爲道，故費之卽隱也，常之卽妙也，粗淺之卽精微也」。其説未嘗不是，而不見本體，不免打入世情隊中。「共行只是人間路，得失誰知天壤分？」此古人所以貴刀鋸鼎鑊學問也。是故以中行爲學，稍一不徹骨髓，其下

㈠「世」原作「處」，據賈本、備要本改。

塲不及狂狷多矣。先生因李卓吾鼓倡狂禪，學者靡然從風，故每每以實地爲主，苦口匡救。然又拖泥帶水，於佛學半信半不信，終無以壓服卓吾。乃卓吾之所以恨先生者，何心隱之獄，唯先生與江陵厚善，且主殺心隱之李義河，又先生之講學友也，斯時救之固不難，先生不敢沾手，恐以此犯江陵不説學之忌。先生以不容已爲宗，斯其可已者耶？先生謂學有三關：一卽心卽道，一卽事卽心，一慎術。慎術者，以良知現現成成，無人不具，但用之於此則此，用之於彼則彼，故用在欲明明德於天下，則不必別爲制心之功，未有不仁者矣。夫良知卽未發之中，有善而無惡，如水之必下，鍼之必南，欲明明德於天下，而後謂之良知，無待於用。故凡可以之彼之此者，皆情識之知，不可爲良。先生之認良知，尚未清楚，雖然，亦緣傳習後録記陽明之言者失真。如云：「儀、秦亦是窺見得良知妙用處，但用之于不善耳。」先生爲其所誤也㊀。

天臺論學語

孔、孟之學，真實費而隱。宋學未脱二氏蹊徑者，以其隱而隱也。嘗謂：「惠能云『本來無一物』，此是又有無一物者在。如孔子云『汎愛衆而親仁』，顏子『若虛』、『若無』、『犯而不校』，如此方是無一物。」此類何等顯，其實何等微。宋儒多只説向入微處，終是未脱見耳。

兄之文似輸却陽明一着。陽明把筆時，却是不曾要好，兄尚有要好心在也。遷史之文，亦是無意

㊀ 其下原有耿楚倥傳，據賈本移天臺論學語後。

要好，班固便要好，浸淫至於六朝，只是要好極耳。與胡廬山。

夫與百姓同然處，吾黨何能加得些子？惟是百姓日用不知耳。日用處，聖人原與百姓同，其所用處，聖人自與百姓異。區區所謂擇術者，非能有效於百姓日用之外也，意於百姓日用者，而辨所用耳。世之言道，譬之以管窺天者，第知一隙之爲天，不知觸處皆天也。亦有知觸處之皆天者，而躭虛執見，不自反身理會視聽言動之皆天也。或有知視聽言動之皆天者，而乃鹵莽恣睢，不知視聽言動之禮之爲天則也。

竊詳彼教，大端以寂滅滅己處爲宗。吾孔、孟之教，惟以此不容已之仁根爲宗耳。聖人之尋常日用，經世宰物，何亦非此不容已者爲之乎？然卽此不容已之仁根，莫致莫爲，原自虛無中來，不容着見，着見便自是兩截矣。聖人以此立教，使人由之，不使知之。如宰我短喪，夫子第卽其不安處省之。墨氏薄葬，孟子第原其顙有泚處省之。至其所以不安處，其顙所以有泚處，非不欲使知，不可加知也。以上與焦弱侯。

聖人之道，由無達有；聖人之教，因粗顯精。與周柳塘。

廿年前，曾解盡心章云：「學者須從心體盡頭處了徹，使知性之真體，原是無思無爲，便知上天之載，原是無聲無臭，渾然一貫矣。」所謂心體盡頭處者，蓋昔人所謂思慮未起，鬼神不知，不睹不聞處也。近來自省於人倫日用，多少不盡分處，乃語學者云：「吾人能於子臣弟友，不輕放過，務實盡其心者，是其性真之不容自已也。性真之不容自已，原是天命之於穆不已，非情緣也。故實能盡心，而知性知天，一齊了徹矣。」

近溪安身立命處是無念，余所謂心體盡頭處是也。其日用受享提掇人處，只是自然生機，余所謂心體不容自已處是也。蓋無念之生機，乃是天體；天體之生機，卽是無念，原是一貫。說到此處，難着言詮，只好默契靈識耳。

橫渠曰：「聚亦吾體，散亦吾體。」是生死無分別也。明道曰：「萬物爲一體。」是人我無分別也。然夫子曰：「親親之殺，尊賢之等，禮所生也。」又曰：「非禮勿視聽言動。」孟子曰：「親其兄之子，爲若鄰之赤子乎？」此則分別而實則不分別也。何者？此則自然之真機，非緣名義道理而生分別者。

知是隨身貨，知尤是行之妙。

柳塘云：「念之不動者爲性。」蓋既云念矣，而中又有不動者在，疑二之矣。來教云：「性無得失，無是非。」誠然，顧念之萌於欲也，寧無邪正乎？念之生於見也，寧無偏全乎？學者從念上研幾，閑邪祛偏，亦是復性實功，似未可破除。如足下教旨，只從性上辨迷悟，則誠爲直截真詮，得上乘矣。與楊復所。

知至至之，則不識不知，無聲無臭者，此其顯現。知終終之，則開物成務，日用云爲者，此其真宰。

定宇云：「知是知非之知，是以照爲明。」誠然，夫照從何生？孟子曰：「日月有明，容光必照。」因明生照，由照探明，原是一貫，非判然兩截也。今謂以照爲明，相去千里，提掇似太重矣。與王龍溪。

余惟反之本心不容已者，雖欲堅忍無爲，若有所使而不能；反之本心不自安者，雖欲任放敢爲，若有所制而不敢。是則膚淺之綱領，惟求其不失本心而已矣。與李卓吾。

昔大洲云：「只要眼明，不貴踐履。」余則曰：「眼孔易開，骨根難換。公所取人者眼孔，余所取人者全在骨根。」

學悟主腦，則才識氣魄皆道之用；主腦未徹，則才識氣魄俱道之障也。昔富鄭公中年居洛時，爲堯夫所激發，所得益深，曾有書云：「某不遇，某不過一村漢耳。」念菴曾對人言：「某四十年前，蓋濫俗人。」鄭公初年立朝，風節震耀一時，而自謂一村漢，則其所以求不村不俗者，必有所在矣。與胡杞泉。

此學只是自己大發願心，真真切切肯求，便日進而不自知矣。蓋只此肯求，便是道了。求得自己漸漸有些滋味，自家放歇不下，便是得了。與周少魯。

今之學者，談說在一處，行事在一處，本體工夫在一處，天下國家民物在一處，世道寥寥，更無倚靠。凡道之不可與愚夫愚婦知能，不可以對造化通民物者，皆邪說亂道也。蓋費中隱，常中妙，粗淺中之精微，本是孔、孟萬古不易正脈，但非實是撐天拄地，拚身忘家，逼真發學孔子之願者，未易信此。與喬户部。

三代以降，學術分裂，高者虛無，卑者繁縟，夫子出而單提爲仁之宗。仁者，人也，欲人反求而得其所以爲人者。戰國功利之習，權謀術數，孟子出而又提一義，使知羞惡而有所不爲。六朝以下，清虛任放，决裂名教，宋儒出而提掇主敬之旨。主敬，禮也。其後日趨於格式形迹，真機埋没，陽明出而提掇良知之旨。良知，智也。由仁而義而禮而智，各舉其重，實則一貫也。今爲致知之學者，又以意識見解承當，崇虛就無。思以救之，宜莫如信，引其影響，歸之實地。示諸生。

古聖賢之悟，只悟得自己不足，是故若無若虛，子臣弟友，悟得不能盡。今世學者所悟，只增得一番虛知見，添得一種浮氣耳。大人通天下爲一身，吾人只苦不識自家這個真身，懜懜而生，即令百歲，枉死耳。聖人苦心破口，説個格物，格物即求仁之别名也。仁者，人也，識仁，便是識得此身面目。答唐元卿。

近溪一日立白下大中橋，覩往過來續者，僬僬侁侁，因指示同志曰：「試觀此千百萬人者，同此步趨，同此來往。細細觀之，人人一步一趨，無少差失，箇箇分分明明，未見跌撞。性體如此廣大，又如此精微，可默識矣。」一友曰：「否，否，此情識也。如此論性，相隔遠矣。」有述以問余，余曰：「亡者東走，追者亦東走，走者同而所以走則異也。茲來往橋上者，或訪友親師，或貿遷交易，或傍花隨柳，或至淫蕩邪辟者，謾謂一切皆是，此則默識之未真也。若以近溪此示爲情識，而别求所爲無上妙理，是舍時行物生以言天，外視聽言動以求仁，非一貫之旨。與同志。

此原不論往來之人，只是見吾性體無往不是。若一分别，便是情識，如鳶飛魚躍，亦可分别否？天臺此言，還未見性。

胡清虛，浙之義烏人。初爲陳大參門子，以惡瘡逐出。倚一道人，率之遊匡廬、終南，遂有所得。浙中士紳翕然宗之，陶念齋、王龍溪俱納贄受教。晚與近溪及其二子遊廣東曹溪，至肇慶，近溪長子病死，次子痛其兄，爇香掌上，灼爛而死，清虛亦死。

鄧豁渠言：「常住真心，與後天不相聯屬。」此極邪之説。近日談禪者，百般病症，皆由此。蓋心事判，内外岐，孟子所云「離」，明道所云「兩截」者是也。與子健。

心體廣大神妙，豈可把捉幽囚於腔子方寸地？其曰「求」，卽求以學也。學，覺也。又曰「學以聚之」，惟學則聚矣。此心之放，以昏昧而放也。一覺焉，則觸目而是，何在非心？此心之失，以放逸而失也。一覺焉，則隨在皆心，何有於放？

人心未交於感也，湛然虛耳，何俟於洗？而亦何容于洗也？自知識起，而吉凶悔吝之感生，是故憂患攻取，憧憧往來，而虛者汨矣。聖人示之以卜筮之法，使人之於感也，知識不用，歸於其天，而憂悔攻取，相忘於無朕之中，其洗心也，不已妙歟！

吾人合下反身默識，心又何心？惟此視聽言動所以然處，便是此心發竅處也。此心發竅處，便是天地之心之發竅處也。

知體透露出頭，不爲聲色臭味埋没，方能率令得耳目口鼻，使視聽言動各循其則，此卽出世而後能經世也。

子游疑子夏只在儀節上教人，不令識本體，此初悟時語也。子夏以本末原是一貫，卽草木之根與杪，原非兩截，故使從灑掃應對上收攝精神，漸使自悟，此悟後語也。

反身内觀，一無所有，唯此些子炯然在此，始信人之所爲人者，唯此明哲體耳。此體透徹，此身乃爲我有，不然身且不得而有，保此軀殼何用？

聖人一生，汲汲皇皇，惟求無忝㊀所生，不求出離生死。

楊太宰博謂余曰：「吾嘗接遇僚屬，視其色若有隔礙然者，反而自省曰：『是必吾中有閡，而施之者倨也。』吾慮下之，而色思温焉，徐觀彼色，亦因以易，而神情融洽矣。」由是以觀，外者内之符，而人者己之鑑。

孟子所以不動心者，原所由之路逕與世人殊也。使孟子所學在事功一路，欲建王霸之業，則須據卿相之位，乃能操得致之權也。顧心一繫於卿相之位，則得失毁譽交戰于前，雖欲强勉不動，不亦難乎？孟子生平，惟學孔子一路，則不藉名位，不倚功能，仕固可，止亦可，久固可，速亦可。譬之行者，日緩步於康莊，東西南北，惟其所適，卽有颶風巨浪，傾檣摧楫，心何由動哉！

學有三關，近世在聞識上研窮以爲知，在格式上修檢以爲行，此不知卽心卽道也。反觀近裏者，又多躭虚執見，此不知卽事卽心也。事故皆心也，顧有大人之事，有小人之事，心剖判於此，事亦剖判於此，事剖判於此，人亦剖判於此矣。學孔子之學，猶業巫函之術者也，不必別爲制心之功，未有不仁者矣。舍孔子之術以爲學，雖均之爲仁，有不容不墮於矢匠之術者矣。故其究也慎術。

至善卽本來無物處也，知此乃能親民。人之不親，皆由中有物耳，故先知止。

朝紳日趨闕下，不勝疲苦，問節勞之術於方士，方士曰：「第時時默識己身如天大，則自不勞矣。」

魏中丞與余入朝，余謂之曰：「常時入朝，獨行到覺勞，與友同行，則勞頓減，與同志同行，則勞益

㊀「忝」原作「添」，據賈本、備要本改。

滅，何以故？」中丞曰：「人己原是相通。」人而名之曰人，以仁也。人而去仁，則耳目口鼻儼然人也，而實非人矣。惡乎成名，謂其無以成人之名也。

「温故知新」之故，卽孟子所云「天下之言性則故而已」之故也。「惻隱羞惡辭讓是非，非外鑠我也，我固有之也」，故曰故。温者，反之本心，而尋繹温養之謂也。夫一反之固有之性而求之，卽心有餘師。

獨夫夜行空谷中，未免惴惴心動，五尺童子隨其後，則帖然。厝一星於寒灰則滅，羣火在盆中，可以竟夜。觀此，則「以友輔仁」可識矣。

人爲習氣所移，多好放逸，時一自警策，便是禮。人爲情慾所梏，多致抑鬱，時一自舒暢，便是樂。

自性之根蒂而言，原無聲臭者曰命；自命之流行而言，原自不已者曰性。口味目色耳聲是人之生機，使口不知味，目不辨色，耳不聞聲，便是死人，安得不謂之性？然則窮到根蒂上，此等俱從無生，故立命處，色聲臭味不能染着；合命處，方是真性也。仁義禮智天道，更何聲臭可言？故謂之曰命。然既落着父子君臣身上來，便已降在衷了，故忠孝之心自不容已。非無形迹可見，合性處方是命也。

今人乍見孺子入井，怵惕惻隱之心，動處卽是天根，歸原處卽是月窟；纔參和納交要譽惡聲意思，便是人根鬼窟矣。吾人應用紜爲動作食息，孰非此根此窟用事？俗人懵懵，日用不知，而賢智者又添一番意識見解，起爐作竈，千條萬緒，頓令此根不得生生，此窟不得潔淨，齷齪幽暗，喫苦一生，更無些子受用。所以賢智之過，與愚不肖等也。

人受天地之中以生，生生之理，原是如此。卽欲掙上尋空寂，自是不容已，如何上得去？卽欲裭下恣情慾，自是不自安，如何下得來？

吾人於一日十二時中，精神志意皆有安頓處，方有進步處。

吾人真真切切爲己，雖僕厮隸胥，皆有可取處，皆有長益我處。若放下自己，只求別人，賢人君子，皆不免指摘。

不作好，不作惡，平平蕩蕩，觸目皆是，此吾人原來本體，與百姓日用同然者也。

只此無聲無臭，是爲真常，凡涉色象名號者，卒歸消滅。只此不爲不欲，是爲本心，凡務闊大放散者，終墮坑塹。

天地間大之治亂興衰，生死成敗，小之稱譏讚毀，升沉得喪，皆相對待。然有對之中，故有無對者以主宰其上，吾人若渾在有對中，未免爲造化輪轉。

人只是換這一副心腸，人情事變，原與俗人一樣。

今人倒是不爲學的，處事倒安妥，反是一種爲學的人，纔遇些小事，便處得過當。此何以故？只是着了些意思，不曉得堯、舜與人同耳。

問：「有不善未嘗不知，這不善處，顏子與吾人還同否？」曰：「不同。如鄉黨自好之人，發言舉事一不當，也會知得。又如做官的人，在上官處稍失禮，亦會知得。顏子要學舜，有不如舜處，卽算做不善。」

問：「夫子賢於堯、舜？」曰：「試觀吾輩今日朋友，還是享用孔子的，還是享用堯、舜的？」「精一執中」，實是淺近道理，堯、舜一心在安天下，如何粗得一些？如何夾雜得一些？此便是堯、舜精一。農夫一念在播種，便是有農夫之精一。商賈一念在求利，便自有商賈之精一。但其精神安頓處不同。

治天下在用人，然自己眼不明，不會知人，如何能用人？

一友問：「予儘修行，然畢竟不聞道。」曰：「修行矣，更聞甚道？孔子所求乎子臣弟友，咸曰未能，今子能之，又更何學？」其友有省。

良知隨事皆然，須用在欲明明德於天下上，則知乃光大。

此誤認知識爲良知也。知卽明德，若言明德須用在明德上，無乃牀上之牀乎？

吉水諸公之學，大率不欲享用現成良知，別尋主宰。此亦懲冒認良知、猖狂自恣者之過耳。良知若非現成，又豈有造作良知者乎？予嘗謂良知如靈魂然，顧投胎何如？如骨根不正，至於猖狂自恣，非良知之罪也。亦如靈魂投胎時，所遇則然耳。以上劉調父述言。

泰和王篤菴問「虛字難殼手」。曰：「吾二十年前曾作致虛工夫，一起坐，一語默，無不放虛字在胸中。自覺工夫不疎，眼前見人皆散漫不用工，頗有輕世自賢之心。一日忽省曰：『此却是致實，何曾致虛？』因悟顏子之問寡問不能，舜之好問好察，乃真虛也。」

問「明體難得到手」。曰：「某爲御史出巡，值天暑，一指揮扶轎，見其不耐勞，許之乘馬。其後指揮隨他御史，竟中渴而死。即此一事觀之，明體一存，可以爲人立命。區區守明覺於一腔，亦復何益？」問「三自反之學，臨境實難」。曰：「但看舜爲法於天下，可傳於後世數語，是何等志願，所以肯自反。今人身子願是鄉人，所以要與鄉人相校。」

陸五臺問：「三聖人同處，孟子言之詳矣。至孔子所以異處，畢竟何在？」曰：「孔子只是見得己與聖人同處，亦與凡人同，故以此學，即以此教，要使人人皆如此耳。」以上蘭舟雜述。

處士耿楚倥先生定理

耿定理字子庸，號楚倥，天臺之仲弟也。少時讀書不成，父督過之，時時獨行空谷中，憂憤不知所出。問之則曰：「吾奈何不明白？若有眼瞎子。」不知其所謂不明白者何也？自是或靜坐一室，終歲不出，或求友訪道，累月忘歸。其始事方湛一，最後於鄧豁渠得一切平實之旨，能收視返聽；於何心隱得黑漆無入無門之旨，充然自足。有問之者曰：「聞子欲作神仙耶？」曰：「吾作天仙，不作地仙。」曰：「天仙云何？」曰：「直從太極入，不落陰陽五行。」天臺聞而呵之曰：「學不向事親從兄實地理會乎？」曰：「學有原本，堯、舜相傳，祇是一中。子思爲之註曰：『喜怒哀樂未發之謂中。』今人孰從未發前覰一目哉？」曰：「中庸亦只言庸言庸行達道九經而已。」曰：「獨不觀其結語爲無聲無臭耶？」先生論學，不煩言說，當機指點，使人豁然於罔指之下。卓吾好談說，先生不發一言，臨別謂之曰：「如何是自以爲是，不可入堯、舜之道？」卓吾默然。天臺攜之見劉初泉，先生云：「且勿言我二人是兄弟。」時初泉卧病，天臺言：「吾與一醫者同來。」先生榻前數語，初泉驚起，已知爲天臺之弟。謂天臺曰：「慧能和尚乃是舂米漢哉！大開眼人，恐不可以弟畜之。」李士龍來訪，先生未與一語及學，士龍恚曰：「吾冒險千里來此，踰月不聞一言見教，何外我甚？」先生笑而不答。瀕行，送之河滸，問曰：「孔子云：『不曰如之何，如之何。』此作何解？」士龍舉朱註云云。先生曰：「畢竟是『不曰如之何，如之何』者。」士龍因有省。京師大會，舉中義相質，在會各呈所見，先生默不語。忽從座中崛起拱立曰：「請諸君觀中。」因嘆曰：「舍當下言中，沾沾於書本上覓中，終生罔矣。」在會因有省者。先生機鋒迅利如此。

楚倥論學語

盧山駁天臺所性不存語，謂「當官盡職，卽爲盡性，不則爲二心，爲妄念矣。卽孔子爲委吏，莫非性之所存」。楚倥曰：「孔子爲委吏而夢周公，却不爲二心，爲妄念乎？」

卓吾寓周柳塘湖上，一日論學，柳塘謂：「天臺重名教，卓吾識真機。」楚倥誚柳塘曰：「拆籬放犬。」

楚倥早歲曾遇異人，質之曰：「孔子問禮于老聃，老聃不言禮，而直曰：『良賈深藏若虛，盛德容貌若愚。』何也？」曰：「若愚若虛，此禮之真體也。」

問：「伊尹先覺，所覺何事？」曰：「伊尹之覺，非聞見知解之覺也，卽其若撻之恥，納溝之痛，此其覺也。」

胡盧山會天臺、楚倥於漢江之滸，相與訂學宗旨。天臺曰：「以常知爲學。」盧山曰：「吾學以無念而已。」

爲宗。」楚倥曰：「吾學以不容已爲宗。不容已者，從無聲無臭發根，從庸言庸行證果。禹、稷之猶飢溺，伊尹之若撻若溝，視親骸而泚顙，遇呼蹴而不屑，見入井而怵惕，原不知何來，委不知何止，天命之性如此也，故曰『於穆不已』。如摸擬孔氏之匡廓，非此不容已者爲之血脈，則捧土揭木爲偶人㈠而已。」

孔氏之無聲無臭，亦是有形有象；孔氏之有形有象，原自無聲無臭。

龍溪言：「顏子心常止，故不遷；心常一，故不貳。」先生曰：「否。人試觀當怒時，中更有個止體在；當過時，中更有個一體在，是二本也。卽能之，其怒其過，非真機矣。顏子所好唯學，卽生平之怒，以學而怒，學外無怒也。生平之過，以學而過，學外無過也。可見一生精神，只是此學，更無滲漏處也。」

默識，識天地之化育也。夫囿于造化之中，而不自識者，凡夫也。識之，而出入造化者，聖人也。是故不藉名位，不務功能，卽學以誨，卽誨以學，立己立人，達己達人，蓋贊天地之化育於無疆矣。夫贊天地之化育者，非獨上之君相賢聖，卽下之農工商賈，細之聾瞽侏跛，凡寓形宇內含靈者，皆有以贊天地之化育而不自識也。

克己者，無我也。無我則渾然天下一體矣，故曰「天下歸仁」。羲、文、周、孔四聖人者之于易，亦各言其己也。道雖一致，而時位不同，故作用亦自不同。隨時變易以從道，俟之萬世而不惑不謬者，其孔易乎？孔子之于易也，學焉耳。試取大、小象傳玩之，卦，卦學也，爻，爻學也，學不厭，教不倦，立己立

㈠「人」字據備要本補。

人，達己達人，易之生生也如是。

潛、見、惕、躍、飛、亢，自聖人一身觀之，隨時變易，時象之矣。合千聖觀之，與世推移，各一象矣。序卦，周易也，首乾、坤，終未濟，卽周事可覩矣。雜卦序孔易也，上經首乾、坤，次比、師，次臨、觀，而終之困，下經首咸、恒，而終之夬。何以明孔易也？乾剛坤柔，質弗齊也，剛柔善惡，均歸之中，孔氏之教也。比以類聚，故樂；師任裁成，寧無憂乎？或智臨于上，或相觀以摩，無行不與，有求則應，教乃知困也。感之無心，居之有恒，終以剛決柔，純乎乾矣。是師道也，亦君道也。

天臺因舉扇，悟曰：「原來通體皆是良知，通天徹地，皆是良知。」

天臺曰：「人言念菴静坐，曾見光景，遂有所得。」曰：「只理會當下光景耳。」

文端焦澹園先生竑

焦竑字弱侯，號澹園，南京旗手衛人。萬曆己丑進士第一人。京兆欲爲樹棹楔，謝以賑飢。原籍山東，亦欲表於宅，改置義田。授翰林修撰。癸巳開史局，南充意在先生。先生條四議以進，史事中止，私成獻徵録百二十卷。甲午簡爲東宮講讀官，嘗於講時有鳥飛鳴而過，皇太子目之，先生卽輟講，皇太子改容復聽，然後開講。取故事可爲勸戒者，繪圖上之，名養正圖解。丁酉主順天試，先生以陪推點用，素爲新建所不喜，原推者復搆之，給事中項應祥、曹大咸糾其所取險怪，先生言：「分經校閲，其所摘，非臣所取。」謫福寧州同知，移太僕寺丞。後陞南京司業，而年已七十矣。先生積書數萬卷，覽之罯遍。金陵人士輻輳之地，先生主持壇坫，如水赴壑，其以理學倡率，王弇州所不如也。泰昌元年卒，年八十一。贈諭德。崇禎末，補謚文端。

先生師事耿天臺、羅近溪，而又篤信卓吾之學，以爲未必是聖人，可肩一狂字，坐聖門第二席，故以佛學卽爲聖學，而明道闢佛之語，皆一一絀之。明道闢佛之言，雖有所未盡，大槩不出其範圍。如言：「佛氏直欲和這些秉彝都消煞得盡。」先生曰：「如此是二乘斷滅之見，佛之所訶。」夫佛氏所云不斷滅者，以天地萬物皆我心之所造，故真空卽妙有，向若爲天地萬物分疏，便是我心之障，何嘗不欲消煞得盡？卽如定性書「情順萬事而無情」一語，亦須看得好。孔子之哭顔淵，堯、舜之憂，文王之怒，所謂情順萬事也。若是無情，則内外兩截，此正佛氏之消煞也。」明道言：「盡其心者，知其性也，佛所謂識心見性是也。若存心養性，則無矣。先生曰：「真能知性知天，更説甚存養？一翳在眼，空花亂墜。」夫存心養性，正所以盡心之功，識仁篇所言「存久自明」是也。若未經存養，其所謂知者，想像焉而已，石火電光而已，終非我有。存養其無翳之本體，無翳乃可謂之存養，安得以存養爲翳乎？明道言：「傳燈録千七百人，無一人達者，臨死不能尋一尺布帛裹頭。」先生謂是異國土風，是也。然此千七百人者，生于中國而習異國土風，胡謂乎？無乃服桀之服也。先生又謂：「明道嘆釋氏三代威儀，非不知其美，而故爲分異。」夫明道之嘆儒者不能執禮，而釋氏猶存其一二，亦如言夷狄之有，不如諸夏之無也，豈以三代之禮樂歸之哉！朱國禎曰：「弱侯自是真人，獨其偏見不可開。」耿天臺在南中謂其子曰：「世上有三個人説不聽，難相處。」問「爲誰？」曰：「孫月峰、李九我與汝父也。」

論學語

學期於上達，譬掘井期於及泉也，泉之弗及，掘井何爲？性命之不知，學將安用？

爲惡無礙也，爲善豈有礙乎？爲善懼有着心也，爲惡不懼有着心乎？以彼所托意出禪宗，禪宗無是也。內典云：「無我無作無受者，善惡之業亦不亡。」無作無受者，言「於有爲之中，識無爲之本體」云爾，未嘗謂惡可爲，善可去也。又云：「善能分別諸法相於第一義而不動。」言「分別之中，本無動摇」云爾，未嘗謂善與惡漫然無別也。

佛氏所言「本來無物」者，卽中庸「未發之中」之意也。未發云者，非撥去喜怒哀樂而後爲未發，當喜怒無喜怒，當哀樂無哀樂之謂也。故孔子論「憧憧往來，朋從爾思」，而曰「天下何思何慮」，于憧憧往來之中，而直指何思何慮之本體也。

伯淳斥佛，其言雖多，大抵謂「出離生死爲利心」。夫生死者，所謂生滅心也。起信論有真如、生滅二門，未達真如之門，則念念遷流，終無了歇，欲止其所不能已；以出離生死爲利心，是易之止其所，亦利心也。然止亦非殄滅消煞之云也。艮其背，非無身也，而不獲其身；行其庭，非無人也，而不見其人。不捐事以爲空，事卽空；不滅情以求性，情卽性。殄滅消煞，則二乘斷滅之見矣。以上答耿師。

吾人應事，雖屬紛紜，乃其樞紐之者，却是一物。所謂隨事體驗云者，於紛紜中識取此一物而已。得此入手，如馬有銜勒，卽縱横千里，無不如意，此顏子之所謂禮也。工夫只是復禮，能約於禮，則視聽言動頭頭是道，奚繁且勞之慮焉？原憲不識源頭，却以支派求之，用力愈勤，去之愈遠。何者？人之在道，如魚之在水，疑生智隔，乃覺其離。苟破疑城，卽登彼岸，非無疑之外，更有彼岸可登也。答陳景湖。

仕而優卽爲學，不必離仕求學也；學而優卽爲仕，不必離學求仕也。優者無困於心，而自得之之謂。答人問。

人之不能治世者，只爲此心未得其理，故私意糾棼，觸途成窒。苟得於心矣，雖無意求治天下，而本立道生，理所必然，所謂正其本，萬事理也。藉令悟於心，而不可以治天下，則治天下，果何以？而良知爲無用之物矣。

禮也者，體也，天則也。是禮也，能視聽，能言動，能孝弟，能賢賢，能事君，能交友；可以爲堯、舜，可以通天地，可以育萬物；人人具足，人人渾成。所謂與天地萬物爲一體者，乃其體自如是，非我强與之一也。學者不知目之自視，又爲視以視之；不知耳之自聽，又爲聽以聽之；不知口之自言，身之自動，又爲言動以言動之，此所謂己也。夫不識不知，順帝之則，苟率于己，則知識耳矣，意必固我耳矣，何天則之能順乎？

人之性體，自定自息，大學之知止，易之艮，正論此理，非强制其心之謂也。不然既爲神明不測之物，則豈人力所能束縛之？苟其爲束而縛之，則亦不可言定，不可言息矣。

問：「但盡凡情，別無聖解，乃日求聖解，而凡情不盡，柰何？」曰：「語非不佳，第所指凡情不同耳。」其人固問，曰：「卽聖解是也。安於所傷，則物不能傷，物不能傷，而物亦不傷之。」

詩言「徧爲爾德」，在「日用飲食」。日用飲食，何人不爾，而獨指之爲德？則悟不悟之謂耳。在聖非豐，在凡非嗇，悟之非增，迷之非損。雖然，未有不悟而道爲我有者，所謂貴知味也。

性未易知，不得不精思以求之，非隨事體察之謂。知性，則人倫日用不必致力而自當；若本之未立，但逐事檢點，自以爲當，只落世儒義襲窠臼，而於道愈遠矣。

覺字最難說，今人世情略能放下，道理畧能分疏，便自謂覺，此猶夢中語耳。若是真覺，無不了了，如睡者醒，眼一開，萬象分明，歷歷皆見，何有漸次？

某往日看世人，無一當意，然只是自心未穩妥，非干人事。淨名經云：「仁者心有高下，故見此土爲不淨耳。」若真能致中和者，豈有不位之天地，不育之萬物哉！

答友人問釋氏

王伯安言：「佛氏言無，吾儒豈能加個有？且以出離生死爲念，則於無上不免加少意，所以與吾聖人異。」曰：「出離者，人法俱空，能所雙遣，何以言加？」

古云：「黃、老悲世人貪着，以長生之說，漸次引之入道。」余謂：「佛言出離生死，亦猶此也。蓋世人因貪生，乃修玄，玄修既徹，卽知我自長生；因怖死，乃學佛，佛慧既成，卽知我本無死。此生人之極情，入道之徑路也。儒者或謂出離生死爲利心，豈其絕無生死之念耶？抑未隱諸心而漫言此以相欺耶？使果毫無悦生惡死之念，則釋氏之書，政可束之高閣，第恐未悟生死，終不能不爲死生所動。雖曰不動，直强言耳，豈其情乎？又當知超生死者，在佛學特其餘事，非以生死脅持人也。」

「周茂叔言：『看一部華嚴經，不如看一艮卦。』如何？」曰：「此言是也。學者苟能知艮卦，何須佛典？苟能知自性，又何須艮卦也？」

「程伯淳言：『釋氏説道，如以管窺天，祇是直上去』。如何？」曰：「否。道無上下。」

「伯淳言：『佛氏直欲和這些秉彝都消煞得盡，然以爲道畢竟消煞不得。』如何？」曰：「安得此言？如此是二乘斷滅之見，正佛之所訶也。」

「伯淳言：『佛有個覺之理，可謂敬以直内矣；然無義以方外。』如何？」曰「覺無内外。」

「伯淳言『佛唯務上達，而無下學』，然則其達，豈有是也？」曰：「離下學無上達。佛説種種方便，皆爲未悟者設法，此下學也。從此得悟，卽名上達。學而求達，卽掘井之求及泉也，泉之弗及，掘井奚爲？道之弗達，學將安用？」

「伯淳言：『盡其心者，知其性也，佛所謂識心見性是也。若存心養性，則無矣。』」曰：「真能知性知天，更説甚存養？盡心知性，所謂明得盡渣滓便渾化是也。存心養性，所謂其次莊敬以持養之是也。卽伯淳之言，可以相證。」「然釋氏亦有保任之説，是否？」曰：「古德不云乎，一翳在眼，空華亂墜。」

「伯淳言：『傳燈千七百人，無一人達者，不然何以削髮披緇而終？』」曰：「削髮披緇，此佛國土風。文中子所云『軒車不可以之越，冠冕不可以適戎』者也。然安知彼笑軒車冠冕，不若我之笑削髮披緇者耶？故老聃至西戎而效其言，禹入躶國，忻然而解裳。局曲之人，蓋不可與道此。」

「伯淳言：『佛窮神知化，而不足以開物成務。』如何？」曰：「學不能開物成務，則神化何爲乎？伯淳嘗見寺僧趨進甚恭，歎曰：『三代威儀，盡在是矣。』又曰：『灑掃應對，與佛家默然處合。』則非不知此理，而必爲分異如是，皆慕攻異端之名而失之者也。不知天下一家，而顧遏糴曲防，自處於偏狹固執之習。蓋世儒牽於名而不造其實，往往然矣。乃以自私自利譏釋氏，何其不自反也？」

「伯淳言：『釋氏之學，若欲窮其説而去取之，則其説未能窮，固已化而爲佛矣。』且於跡上攻之，如何？」曰：「伯淳未究佛乘，故其掊擊之言，率揣摩而不得其當。大似聽訟者，兩造未具，而臆決其是非，贓證未形，而懸擬其罪案，誰則服之？爲士師者，謂宜平反其獄，以爲古今之一快，不當隨俗爾耳也。」

尚寶潘雪松先生士藻

潘士藻字去華，號雪松，徽之婺源人。萬曆癸未進士。司理温州。入爲監察御史。巡視北城，有二奄闌出宮門，調女婦，執之，羣奄奪去。先生移文司禮監，司禮以聞，上怒曰：「東廠職何事？而發自外廷耶？」命杖二奄，一奄死。奄人由是恨之。因火災陳言，共摘疏中語，爲歸過賣直。謫廣東照磨。晉南京吏部主事，改尚寶司丞，陞少卿。卒年六十四。先生學於天臺、卓吾。初至京師，入講學之會，如外國人驟聽中華語，錯愕不知所謂。得友祝延之世禄，時時爲述所聞，隨方開釋，稍覺拘迫，輒少寬之，既覺心懈，輒鞭策之。久之，閉塞憤悶日甚。延之曰：「經此一番苦楚，是一生得力。」顧却無可得說。一日自西長安街馬上，忽省曰：「原來只是如是，何須更索？」馳質之延之，延之曰：「近是。」曰：「戒慎恐懼，如何用功？」曰：「識此，渠自會戒慎，自會恐懼。」相與撫掌。已相戒曰：「此念最易墮落，須時時提醒，縕釀日深，庶有進步。」出京別天臺，天臺曰：「至淮謁王敬所。入安豐訪王東厓，此老頗奇，卽戲語亦須記。過金陵再叩焦弱侯。只此便是博學之。」先生一一如教，始覺宇宙之無窮，從前真陷井之鼃也。

闇然堂日録

問：「何當使心在腔子裏，不至出入無時？」耿師天臺曰：「心體原是活潑，一出一入，神觸神應，生生之機至妙。今欲其常入無出，是死却生機矣。」

耿師爲教，不事言詮，只欲於尋常言動，認出真性流行。聚朋談究，不爲要眇之論，要於當下便識本心。自著自察，便是下手用力處。嘗謂朋友之益，但當於其精神觸發，與其用意懇至處得之。只此便是真性顯行，不在區區同異校勘也。

初謁卓吾，質所見，一切掃之。他日友人發四勿之旨，卓吾曰：「只此便是非禮之言。」當時心殊不服，後乃知學者非用倒藏法，盡將宿聞宿見、平生深閉牢據者，痛加割剥，不留一些在骨髓裏作梗，殆未可與語。至學問已見頭腦，用過工夫，依舊爲我受用。卓吾言讀書，須以我觀之始得。某曰：「正爲今未有我在。」

愚夫愚婦，可知可能，此皆不由學習，任意觸發，更無遮蓋矯强，最可觀性。只爲尋常不著不察，自己真性不顯，此等皆蒙蔽了，人己乖覺，百千計較，皆從此生。

須從大處悟入，却細細從日用瑣屑，一一不放過。三千三百，皆仁體也，聖人所以下學而上達。默識二字，終身味之不盡。纔涉擬議，非默識；纔管形迹，非默識；纔一放過，非默識；纔動聲色，非默識；纔以意氣承當，非默識。終日如愚，參前倚衡，如見如承，亦臨亦保，此默識景象也。

爲善須要直截發揮得出，只從心之不可忍處脱體做去，不必瞻前顧後。凡事無所爲而爲，到底天自有安排恰好處，所以君子修之吉。

此學有日新之機，此機一息，便非天命本體。拈弄得熟，此中如風火輪相似，眼前不愜意處，隨就銷鑠，眼前可意處，不當毫毛，直是歇手不得。

困而不學，民斯爲下。記云：「學然後知困。」今人尚未知困在。

不患無位，患所以立。立者四無倚附，屹然是非毁譽之中，所謂入風吹不動也。非一點靈明，自作主張，鮮有不仆着矣。

仁不可見，要觀其用處，用之藏，即仁也。

喜怒哀樂，純是天機流行，不着己，不着人，便是達天德。曰天德，何處着得人爲？何處着得己見？

須是酬酢紛紜中，常常提醒收拾，久之自有不存之存。

人身常要竪立得起，少有放鬆，昏怠之氣隨之矣。惟能常常挺然竪立，不令放倒，此凝神馭氣之要訣。

立身自有易簡之道，切弗冀望，只是聽命，切勿觀望，只是信心。程子言敬是惺惺法。惺惺是吾人性根，無有泯昧時，即天命之不已者也。人從無始劫以來，便受五濁六鑿之累，自性常埋没不顯，故須識此惺惺之體，以惺惺不昧之功存之。

學者不知一念之差，已爲蹠之徒也，故視得志之人，負於國家，往往竊嘆之。豈知己之汲汲營利，是其植根，而得志之時，不過成就結果㈠之耳。

吾身喜幾動，而一念和氣充襲於人，人於我了無間隔，覺有忻忻向榮之意，此便堯、舜帥天下以仁，而民從之。若值怒時，眼前暴氣充塞，父子兄弟情意阻間不通，俱作惡念相向，此便是桀、紂帥天下以暴，而民不從。

明經方本菴先生學漸

方學漸字達卿，號本菴，桐城人也。少而嗜學，長而彌敦，老而不懈。一言一動，一切歸而證諸心。爲諸生祭酒二十餘年，領歲薦，棄去，從事於講學。見世之談心，往往以無善無惡爲宗，有憂焉。進而證之於古，遡自唐、虞，及於近世，摘其言之有關于心者，各拈數語，以見不睹不聞之中，有莫見莫顯者，以爲萬象之主，非空然無一物者也。然先生之言，煞是有病。夫心體本空，而其中有主宰乎是者，乃天

㈠「果」原作「裹」，據備要本改。

之降衷，有無虛實，通爲一物者也。渣滓盡化，復其空體，其爲主宰者，即此空體也。若以爲虛中有實，岐虛實而二之，豈心體之本然哉？故先生以不學不慮，理所固然，欲亦有之，但當求之於理，不當求之於不學不慮。不知良能良知之不學不慮，此繼善之根也。人欲之卒然而發者，是習熟之心爲之，豈不學不慮乎？先生欲辨無善無惡心之體，而自墮於有善有惡心之體矣，是皆求實於虛之過也。先生受學於張甑山、耿楚倥，在泰州一派，別出一機軸矣。

心學宗

人心道心，非謂心有二也。危，高大也。人心之量本自高大，其中道理則極精微。心危而微，故謂之中。何以執之？必也惟精乎？精於求微，乃充滿其惟危之量，而道始歸於一，一則中矣。此允厥執中之旨也。談道之士，慕高大而忽精微，必至於蕩而多岐矣。此理在天爲明命，在人爲明德，顯然共見，無所用隱也，人自弗之顧耳。

文王敬止者，非止以事，止以心也。一心發之爲仁敬孝慈信，是一止而衆止，五者根於一止，則衆止總一止矣。

理無上下，學乎下，所以達乎上。中人以上，可以語上，謂其悟上於下之内也。中人以下，不可以語上，謂其慕上於下之外也。

陰陽以理言，故謂之道。此道生生，毫無殺機，故曰善。得此而成性，其善可知。此君子之道也。

理寓於氣，氣不能不殊，得氣之偏者，所見亦偏。仁者，以道爲仁。智者，以道爲智。得氣之濁者，日用乎道，而不知其爲道，故性善之理，不明於天下，而知道者鮮矣。知者，德之知，非見聞之知也。物者，吾心所接之物，非泛言天下之物也。格，正也，去不正以歸於正也。致知者，非可以空虛想像而致，在正其所接之物，使各當於理而得其宜焉，則致知有實功矣。

上天之載，大德敦化，實有爲之載者，藏於無聲無臭之中，非無聲無臭之爲載也。君子敬信篤恭，實有是德，涵於人所不見之中，非徒不顯而已也。

孟子指理義根於心，而後之人曰在物爲理，處物爲義，此異説所由起也。或問：「物理者何？」曰：「物在外，物之理在心。提吾心則能物物，是理在心而不在物也。」

心出於理則放，心入於理則存。求放心者，常存仁義而已。

心外無性，心外無天，一時盡心，則一時見性天；一事盡心，則一事見性天；無時無處不盡心，則無時無處不見性天。存之養之，常盡心而已矣。夭壽修身，純於盡心而已矣。此孔門之心法也。

仁義禮智根於心，異端以心爲空，是無根也。

誠者善之本體，幾者誠之發用，本體既善，發用亦善。但既發，則其善有過有不及，就其過不及名之爲惡，是善本嫡派，惡乃孽支，善其本來，惡則半途而來，非兩物相對而出也。

識仁則見本原，然非一識之後，別無工夫。必勿忘勿助，誠敬存之，則識者永識，實有諸身。不然，此心終奪於物欲，雖一時有識，衹爲虛見，而不能實有諸身矣。

灑掃應對是下，灑掃應對之心是上。

心要在腔子裏，腔子天理也。

根本是未發之枝葉，枝葉是已發之根本。但見冲漠無朕，不見其中有萬象之根，是謂根本無枝葉，後來欲芟枝葉以還根本也可乎？

張子所謂大其心，即孟子盡其心也。大者，非馳騖㊀空虛，但視天下無非我而已。盡者，非窮極分量，但隨在不有我而已。仲尼之道，盡於忠恕，忠恕則大其心矣，盡其心矣，與天地萬物相流通，而性天現前矣。

性具於心，謂之道心。善學者求道於心，不求道於事物。善事心者，日用事物皆心也。

此理涵於物先，流於物後，超於物外，貫於物中。自今求之，其在物先物外者不可測，而在物後物中者有可見。因其可見，求其不可測，因物後以知物先，因物中以知物外，切實易簡，所謂中庸之學也。今之學者異於是，以物後爲迹，而玄想於物之先，以物中爲粗，而馳騖於物之外，見以爲高也，而日用則疎矣。

主一者主於理也，不主於理，但空其心，以事來不亂，物去不留，爲心之妙境，而揆事應物，不免失則，惡在爲聖人之學乎？

慎獨者聖學之要，當其燕居獨處之時，內觀本體湛然惺然，此天理也，存理而欲自退，是第一着工

㊀「騖」原作「鶩」，據賈本、備要本改。

夫；内觀此中稍有染着，此人欲也，檢察欲念，從何起根，掃而去之，復見本體，遏欲以還理，是第二着工夫。兩者交修，乃慎獨之全功也。

流行者氣也，主宰者理也，知理之爲主，則知從事於氣者之非學矣。

未萌之先，誰爲防之？方萌之際，誰爲克之？唯天理爲之主，時時提醒，則人欲自去。中庸、大學非有二功，所謂格物者，不過於應物時，戒慎恐懼，求當於天理而已矣。

虚靈中有理，爲事之根，奈何以虚靈爲無乎？集註：「明德者，人之所得乎天，而虚靈不昧，以具衆理而應萬事者也。」今學者删之，曰：「明德者，虚靈不昧之德也。」删去理字，則無體；删去事字，則無用。但云虚靈不昧，則混於釋氏靈明之説，而非大學之本旨矣。

理無常形，此心至當處，即天理也。然有欲中之理，有理中之欲，循理則苦心亦天然，從欲則適情亦安排，非致知者，孰能識之？

良知純任天理，世有真實而不盡合於天理者，其真實所發，衹成自私自利，而非天命人心之本然。若夫誠則明，明則誠，良知即真實，真實即良知。

聖賢曰心，異端亦曰心，相似而難辨説者，以爲本體同而作用不同。天下豈有一根而穀莠兩出者乎？蓋心一而見殊，學始岐于天下。人之觀心猶觀天，管窺則天管，牖窺則天牖，登泰山而後見天之大。大不可測，仰而睨之曰「太清太虚」。不知清虚天之象也，非天之所以爲天也。唯聖人獨觀清虚之宰，而曰「誠者天之道」，曰「於穆不已」，曰「大哉乾元」。夫不已之誠，所稱繼善非乎？是一元之理，百物之所生也，四時之所運也，天之所以爲天也。唯心亦然。觀心于一曲，管牖之窺也，其小者也。八荒我闥，泰山之眺乎？眺而不得八荒之際，還而内顧，莫可端倪，則以爲不睹不聞至矣。夫心之不可睹聞也，從其觀於外也。蓋有莫見莫顯者，藏於不睹不聞之中，所謂未發之中，天下之大本是也。從外而觀，亦淺之乎其觀者，烏睹心之所以爲心哉！彼異端者，雖亦曰明心，不明乎善而空之，則見以爲心者，謬矣。王龍溪天泉證道記以無善無惡心之體，爲陽明晚年之密傳。陽明，大賢也，其於心體之善，見之真，論之確，蓋已素矣。何乃晚年臨别之頃，頓易其素，不顯示而密傳，倘亦有所附會而失真歟！

桐川語録

南皋輯宗儒語畧，欲學者由兹直證本心。夫以大儒之語證吾心，不若以吾心證吾心之爲真也。以吾心之所發，還而證吾心之所存，以吾心之所存，出而證吾心之所發，乃所爲真也。執隣之影，索隣之神，則眩；執吾之影，索吾之神，則亦眩。況執隣影證吾神而索之乎？君子所以貴自得也。

孟子以不慮之知、不學之能爲良，亦指不學不慮之最善者而言。凡惻隱羞惡辭讓是非之心，卒然而感，自然而應，皆不假於慮學，從理根而發，是良知良能，愛親敬長，乃其發現之真切者。至於耳目口鼻四肢之欲，亦非慮而知、學而能，但從欲根而發，不得爲良知良能。凡言良者，重於善，非重於不慮不學，卽慮知學能而善，亦謂之良，可也。

知其所由，由而能知，乃爲聖學。若求知於所由之外，則墮於虚見，而非知行合一之知矣。

道形上，器形下，謂器不能該乎道者，非也。凡人所學，總屬之下，莫載莫破，皆下也。其理不可見聞，則上也。不徒曰上，而曰形上，形卽器也，安得求道于器之外乎？

天理人欲，原無定名，以其有條理謂之理，條理之自然謂之天，動於情識謂之欲，情識感於物謂之人。故天理而滯焉，卽理爲欲；人欲而安焉，卽欲爲理。凡欲能蔽其心，而理則心之良也。

心者，人之神，居中應外，至虛而至實者也。楞嚴七徵歸於無着之地，彼以空立教，巧設辨難，卒歸於空，以爲明心，其實祇見一偏耳。夫心無在而無不在，唯無不在，則七徵莫非心之所在；惟無在，則偏於無着之地，亦非心之所在。

徐令問：「知行並進，聖人之學也，何獨重良知乎？」曰：「君侯稱知縣，不稱行縣，何也？易曰：『乾以易知。』良知，乾道也，行特知之實事耳。」

二氏皆言心也，而所見於心者異；皆言性也，而所見於性者異；皆一也，而所見爲一者異；皆静也，而静中所見者異。人心合有無隱顯而一之，儒者見心之全體，故曰：「仁，人心也。」又曰：「仁，人也。」釋氏見心之空，不見空之所自，故於人道，一切掃而空之。老氏見心之虛，不見虛之所含，故推天下國家而外之。譬之天，儒見天之全，空虛是天，四時百物皆是天，釋、老但知天爲空虛，遂以四時百物爲幻妄，所見固不同也。性則心之所具之理，儒言性善，是見性之本原，性本善，故位育總歸於善。釋以空爲性，雖謂山河大地皆佛性，其意悉歸之空；老氏鍊神還虛，則又以氣之清虛者爲性，見益淺矣。儒所謂一者，理也。釋所謂一者，空也。老氏守一，則守中耳。守一滯於氣，歸一溺於空，總着一偏，孰若一理貫通萬事，變化不測，而無所偏乎？陽明曰：「循理之謂静，從欲之謂動。」儒之静，主于理；釋之静，則寂滅而枯槁㈠；老之静，則專氣致柔，反矯天理而去之。然則三家之言，雖均之心性，均之一，均之静，而其旨則霄壤矣。

郎中何克齋先生祥

何祥號克齋，四川内江人。官至正郎。初事南野於太學，大洲謂之曰：「如南野，汝當執贄專拜爲師可也。」先生如其言，南野笑曰：「予官太學卽師也，何更以贄爲？」先生謂：「太學生徒衆矣，非此不足以見親切也。」南野乃受之。凡南野、大洲一言一動，先生必籍記之，以爲學的。京師講會，有拈識仁、定性者，先生作爲講義，皆以良知之旨通之。大洲有詩贈之云：「君辭佳麗地，來補昔巢居，予亦同方侶，高懸合軼車。已指甪里訣，新註紫陽書。灼艾消殘病，紉衣返太初。忘形非避俗，覲體卽真如。荷葯種已大，杞苗耘正疏。烟波甪無盡，棹笠傒有餘。願附玄真子，扁舟縱所如。」先生之學，雖出於大洲，而不失儒者矩矱。耿定力曰：「大洲法語危言，砭人沉痼；先生温辭粹論，輔人參苓，其使人反求而自得本心，一也。」

㈠「槁」原作「稿」，據備要本改。

講義

爲學在求放心，如思慮過去未來事，都是放心。但只存得此心常見在，便是善學了。

人只是一箇心，心只是一箇志，此心推行得去，便是盛德大業。故自古上士，不患不到聖賢，患此心不存；不患做不出功業，患此心不見道耳。

人於良心上用，則聰明日增，於機心上用，則聰明日減。

祥問南野師曰：「良知卽是志，若起心動念，却是妄。」曰：「志不是起心動念，志是明之果確處。」南野師謂祥曰：「謂一貫如繩引珠，然繩自繩，珠自珠，是兩物，不足以明一貫。又謂以一貫萬，然一與萬亦有對待，不足以明一貫。夫子蓋言吾道只是一件，曾子以忠恕明之，說者謂忠是一，恕是貫，非也。忠恕只是一心，如冬時思量父母寒，便能度親之心，去做温的道理，夏熱亦如是。忠恕如何分得？而已矣是貫字之義，凡日用倫物，皆此忠恕，再無他道。又謂曾子學久然後聞，此亦不然。史記曾子『少孔子四十九歲』，逮孔子卒時，只二十四歲耳，則聞一貫，方在年少之時。蓋此道必體立而後用行，未有學於用而得之者。學者初學，便當知此一貫，學方得不差。」

大洲先生出城過生㊀舍，家兄問養生，先生曰：「莫怕死，人之壽甚長。」時祥聞之，知先生別有所指也，問曰：「此道體不息也，工夫如何用？」先生曰：「適見公聽得分明，只此聽得明底，便是工夫。」祥悟

㊀「生」原作「僧」，據賈本改。

曰：「道不遠人，聽聰者是；工夫不用安排，自然者是。自此不復騎驢覓驢矣。」

大洲先生曰：「學者先須識得良知本體。」

又曰：「能居敬，則舉動自不敢輕易，而所行自簡矣。」

通解

昨所解明道先生識仁書，雖章意頗明，然解中未及仁之源頭處。蓋求仁須識得源頭，則發用流行處，自昧不得。所謂源頭，先儒已明言之矣。横渠張子云：「虚者仁之源。」康節邵子云：「惻隱來何自？虚明覺處真。」張子所謂虚，邵子所謂虚明覺處，乃仁之源頭也。欲識此源頭，須端坐澄心，默察此心虚明本體。識得虚明本體，卽是仁體，卽是未發之中矣。所謂静亦定者此也，由此隨感而應，疾痛之事感而惻隱生，不義之事感而羞惡生，交際感而恭敬生，善惡感而是非生，千變萬化，莫非仁之用也，故曰義禮智信皆仁也。又曰經禮三百，曲禮三千，無一事非仁也。然用未嘗離了虚明本體，如明鑑之應物，妍媸畢見，空體自如，此卽動亦定也。故程子謂體用一原，顯微無間，但於静中識得個源頭動處，方得不迷耳。白沙先生云：「學者須於静中養出個端倪，方有商量處。」所謂端倪者，非虚明之呈露乎？然須識得心之本體，原自虚明，非是人爲做出來的。静坐時，只歇下雜念，本體自見，切莫將心作虚明想，若將心作虚明想，卽此想念反障虚明矣。程子因人思于喜怒哀樂未發之前求中，答云：「既思卽是已發矣。」正謂此也。然欲歇妄念，不可强制，但只常常猛着精神，不使昏沉，妄念自歇。何者？真心是主，妄念是客，主常在，客安能久停？故妄念起時，良知自覺，一覺妄息，當體虚明。象山陸子云：「知非則本心自復，又何用强制乎？」古云：「不怕念起，惟恐覺遲。」朱子亦云：「警覺操存，反其昏妄。」此則用功之要也。然妄念既覺之時，不當復計前妄，若既覺而計妄，則即此計念，不離於妄，是以妄追妄，妄念愈不停矣。古人譬之無風起波，正謂此也。夫既已息妄，又不計妄，當這麽時，此心静定清明，如太虚一般，既無體質，亦無邊際，此則心之本體，即當安汝止矣，不當舍此更求真也。若更起心求真，即起求之心，是又一妄矣。無起求心，當下虚明本體，即得到此，又不得着此虚明之意象也。若着此意象，亦屬妄想，執此爲工夫，是認賊作子，以病爲藥，何日得見本來面目乎？透此一關，漸識心體，即此隨感而應，莫非此體，所謂一以貫之也。然於妄念，未免乘間而起，比之静時，尤爲心害，何也？静坐之時，妄念雖萌，猶未臨境，故雖起易滅；應物之時，念與境交，易於染着，故一起難滅。於此尤當加研幾之功。故忿心初起則必懲，慾心初動則必窒，見善則必遷，有過則必改，必如惡惡臭，如好好色，求自慊而後已。如是，則克己工夫無間於動静，妄念始不爲心害矣。濂溪周子有云：「君子乾乾，不息于誠，然必懲忿窒慾，遷善改過而後至。」至哉言也！聖學工夫，不越是矣。舍是，則虚談矣。識之！識之！

此學人多不講，縱講之，亦不肯奮然向往，以求自得。蓋緣未辨世間真假，故逐假迷真耳。此正受病之原也，吾將有以明之。孟子不云乎：「君子所性，雖大行不加焉，窮居不損焉，分定故也。」邵子亦云：「身在天地後，心在天地先，天地自我出，自餘安足言。」是知心性也者。體無加損，爲天地根，非至真乎？孟子又云：「人之所貴者，非良貴也，趙孟之所貴，趙孟能賤之。」是知名利也者。予奪由人，等於浮雲，不亦假乎？世人倒見，認假爲真，決性命以赴之，卒老不悔，不知天下有至貴至富，不加不損，無予無奪，而異乎彼者，顧舍之不求，不亦可哀耶？汝宜高着明眼，於此真假路頭，明辨決斷，一意惟真是求，不得不止，則真假不惑，念頭自清，前之所謂妄念者，漸消釋矣。妄消真復，便識得仁體，反身可誠，而樂莫大焉矣，便能性定，廓然大公，物來順應，而合天地之常矣。至此，則天下何以尚之？不此之務，乃悠悠忽忽，與世之無志者，躭著眼前虛花，便執以爲究竟之事，豈不可惜！豈不可惜！汝資禀篤實强毅，辨此非難，從此決志未晚也。工夫依此做去，當有悟處，勉之！勉之！

給事祝無功先生世禄

祝世禄字延之，號無功，鄱陽人。由進士萬曆乙未考選爲南科給事中。當緒山、龍溪講學江右，先生與其羣從祝以直惟敬、祝介卿眉壽爲文麓之會。及天臺倡道東南，海内雲附景從，其最知名者，則新安潘去華、蕪陰王德孺與先生也。去華初入京師，雖親講會，不知爲學之方，先生隨方開釋，稍覺拘迫，輙少寬之，既覺心懈，輒鞭策之，終不爲之道破，使其自得。先生謂：「吾人從有生來，習染纏絆，毛髮骨髓，無不受病，縱朋友善攻人過，亦難枚舉。惟是彼此互相虛下，開一條受善之路。」此真洗滌腸胃良劑，故終身不離講席。天臺以不容已爲宗，先生從此得力。「身在心中」一語，實發先儒所未發。至謂「主在道義，卽蹈策士之機權，亦爲妙用」，此非儒者氣象，乃釋氏作用見性之説也。古今功業，如天空鳥影，以機權而幹當功業，所謂以道殉人，遍地皆糞土矣。

祝子小言

學者不論造詣，先定品格，須有鳳凰翔于千仞氣象，方可商求此一大事。不然，渾身落世情窠臼中。而因人起名，因名起義，輒號於人曰學，何異濯纓泥滓之渦，振衣風塵之路，冀還純白，無有是處。患莫患於不自振，洪範六極，弱居一焉，一念精剛，如弛忽張，風飛雷動，奮迅激昂，羣疑以亡，諸欲以降，百行以昌，更有何事？

世之溺人久矣，吾之志所以度吾之身，不與風波滅没者也。操舟者，柁不使去手，故士莫要於持志。

元來無窮，上天下地，往古來今，總游我無窮之中。目終日視萬色，而視不匱；耳終日聽萬聲，而聽不匱；口終日言萬緒，而言不匱；身終日動萬應，而動不匱。是何物者也？奈何立志不堅，覷體不親，將此無窮者以瓦礫委之歟？故曰宇宙未嘗限隔人，人自限隔宇宙。學在知所以用力，不見自心，力將何用？試觀不識一字凡夫，臨不測之淵，履欲墮之崖，此時此心，惺惺翼翼，不着纖毫，入聖微機，政復如是。不則逐名義而捉意會，爲力彌勞，去道彌遠。

學者不領會中之所以爲中，以意執之，長作胸中因緣影，大有不灑灑在。夫中本無物，執亦非我。古之執中者，如以手作拳，是一不是二；今之執中者，如以手持物，是二不是一。

見人不是，諸惡之根；見己不是，萬善之門。

學人恒言用心，用心實難，祇用耳目爾。日光萬古長圓，月受日光，三五缺焉，心與耳目之用似之。儒者論是非，不論利害，此言非也。是非利害自有真，真是而真利應，真非而真害應，以此提衡古今，如鼓答桴，未有爽者。

人知縱欲之過，不知執理之過，執理是是非種子，是非是利害種子。理本虛圓，執之太堅，翻成理障。不縱欲，亦不執理，恢恢乎虛己以游世，世孰能戕之？

謬見流傳，心在身中，身中直肉團心耳。原來身在心中。天包地外，身地也，心天也。海起浮漚，身漚也，心海也。未有此身，先有此心，幻身滅後，妙明不滅，所以孔子許朝聞而夕可，莊生標薪盡而火傳。

天之運，川之流，木之華，鳥之韻，目之盼，鼻之息，疾病之呻吟，豈因名義爲之，自有不能已也。吾志吾道，乃因人爲起滅，不名爲志。

問：「内持一念，外修九容，即可以爲學乎？」曰：「唯唯。否否。念不可持也，容可修而不可修也。仁守莊涖，知實先之。弗然者，妄持一念，賈胡襲燕石之珍，徒修九容；俳優作王公之狀，爲僞而已矣。德輶如毛，非以毛比德也。知德不徹，有這一絲在，便損全力，須是悟到無聲無臭處。

問「所存者神」。曰：「情識不生，如空如水。」問「所過者化」。曰：「雁度長空，影落寒水，雁無留迹，水無留影。」

人必身與心相得，而後身與世亦相得，不然身與心爲讐，將舉身與世亦相讐。得則俱得，讐則俱讐。讐，苦之趣也；得，樂之符也。學不二境，乃見學力。肅之乎賓友之見，忽之乎衆庶之臨，得之乎山水之間，失之乎衽席之上，吾所甚恥也。

中庸非有二也，識此理而保在之，爲戒慎恐懼之中庸，識此理而玩弄之，爲無忌憚之中庸。

王新建在事業有佐命之功，在學問有革命之功。蓋支離之説，浸灌入人心髓久矣，非有開天闢地大神力大光明，必不能爲吾道轉此法輪。

「大人無多伎倆，只不失其赤子之心。若曰擴而充之，便蛇足矣。」「然則本體外更無工夫乎？」曰：「大人原無本體，赤子自有工夫。」

石中有火，擊之乃見。乍見孺子入井，莫不有〔一〕怵惕惻隱之心，孟子特於石火見處點之，欲人因擊火悟火在石中，不擊亦有。夫擊之火，火之可見者也，不擊之火，火之不可見者也。見可見之火，不過見火之形，見不可見之火，而後見火之性。

雲白山青，川行石立，花迎鳥笑，谷答樵謳，萬境自閒，人心自鬧。

恒言學問，蓋有學必有問，問由學生也。每見友朋相聚，不切身從自家神理不通、工夫做不去處討求，而低眉緘口，叉手齊足，壇場冷落，于是或拈話柄，或掉書囊，設爲問目。其問也，不必關於學，其答也，不必關於問，浪問浪答，徒長一番游談惡習，何益底裏事？

學者漫自隨人言句轉，且直道本體是什麽物？工夫是如何下？原來本體自不容已，不容已處是工

〔一〕「有」字據備要本補。

夫。若以工夫存本體，是猶二之。

權勢之門，其利害入幕之客不能見，而千里之外見之；仁義之門，其是非摳衣之士不能定，而百世之下定之。

作用人異，會須觀其所主。所主在道義，卽蹈跡策士之機權，亦爲妙用；所主在權利，卽依心聖人之名教，祇爲借資矣。

古人言句，還之古人。今人言句，還之今人。自家如何道，道得出，是名真信。信者無不信，一信忽斷百疑。道不出，方發真疑。疑者無不疑，百疑當得一信。

學莫病于認識作知，知與識疑而致甚遠。知從性生，識從習起，知渾識別，知化識留。嬰兒視色而不辨爲何色，聞聲不辨爲何聲。夫知視知聽，知也；辨色辨聲，識也，非知也。真知之體，卽能辨不加，不能辨不損也。

明儒學案卷三十六　泰州學案五

尚寶周海門先生汝登

周汝登字繼元，別號海門，嵊縣人。萬曆丁丑進士。授南京工部主事。歷兵吏二部郎官，至南京尚寶司卿。先生有從兄周夢秀，聞道於龍溪，先生因之，遂知向學。已見近溪，七日無所啓請，偶問「如何是擇善固執」，近溪曰：「擇了這善而固執之者也。」從此便有悟入。近溪嘗以法苑珠林示先生，先生覽一二頁，欲有所言，近溪止之，令且看去。先生竦然若鞭背。故先生供近溪像，節日必祭，事之終身。南都講會，先生拈天泉證道一篇相發明。許敬菴言「無善無惡不可爲宗」，作九諦以難之。先生作九解以伸其說，以爲「善且無，惡更從何容？無病不須疑病。惡既無，善不必再立，頭上難以安頭。本體着不得纖毫，有着便凝滯而不化」。大旨如是。陽明言「無善無惡心之體」，原與性無善無不善之意不同。性以理言，理無不善，安得云無善？心以氣言，氣之動有善有不善，而當其藏體於寂之時，獨知湛然而已，亦安得謂之有善有惡乎？且陽明之必爲是言者，因後世格物窮理之學，有先乎善者而立也。乃先生建立宗旨，竟以性爲無善無惡，失却陽明之意。而曰「無善無惡，斯爲至善」，多費分疏，增此轉轍。善一也，有有善之善，有無善之善，求直截而反支離矣。先生九解，只解得人爲一邊。善源於性，是有根者也，故雖戕賊之久，而忽然發露。惡生於染，是無根者也，故雖動勝之時，而忽然銷隕。若果無善，是堯不必存，桀亦可亡矣。儒釋之判，端在於此。先生之無善無惡，卽釋氏之所謂空也。後來顧涇陽、馮少墟皆以無善無惡一言，排摘陽明，豈知與陽明絶無干與！故學陽明者，與議陽明者，均失陽明立言之旨，可謂之繭絲牛毛乎！先生教人貴於直下承當，嘗忽然謂門人劉塙曰：「信得當下否？」塙曰：「信得。」先生曰：「然則汝是聖人否？」塙曰：「也是聖人。」先生喝之曰：「聖人便是聖人，又多一也字！」其指點如此甚多，皆宗門作畧也。

證學録

王調元述泰州唐先生主會，每言「學問只在求個下落」，如何是下落去處？曰：「當下自身受用得着，便是有下落，若止懸空説去，便是無下落。」

人到諸事沉溺時，能迴光一照，此一照，是起死迴生之靈丹，千生萬刼不致墮落者，全靠此。

問：「無善無惡，則爲人臣子，何所持循？」曰：「爲人臣者，只求免於不忠，爲人子者，只求免於不孝，如有持循，工夫儘有可做。」曰：「聖人，忠孝之極也，然則希聖非歟？」曰：「止敬曰文，大孝曰舜，此自人稱之耳。若文王曰『臣罪當誅』，何嘗有忠？虞舜曰『不可爲子』，何嘗有孝？今人只要立忠立孝，便是私心。聖人之心如此，吾亦如此，謂之希聖。不得其心而徒慕其名，去聖遠矣。」

今人乍見孺子入井，必然驚呼一聲，足便疾行，行到必然挽住，此豈待爲乎？此豈知有善而行之者乎？故有目擊時事，危論昌言者，就是只一呼；拯民之溺，八年於外者，就是只疾行；哀此煢獨者，就是只一挽。此非不足，彼非有餘，此不安排，彼不意必，一而已矣。今人看得目前小事業大，忽卻目前，著意去做事業，做得成時，亦只是霸功小道。

此心一刻自得，便是一刻聖賢；一日自得，便是一日聖賢；常常如是，便是終身聖賢。

洪舒民問：「認得心時，聖賢與我一般，但今人終身講學，到底只做得鄉人，何也？」曰：「只是信不及耳。汝且道今日滿堂問答詠歌，一種平心實意，與杏壇時有二乎？」曰：「無有二也。」曰：「如此則何有鄉人之疑？」曰：「只爲他時便不能如是。」曰：「違則便覺，依舊不違。」曰：「常常提起方可。」曰：「違則提起，不違，提個甚麽！」

問：「天下人緣何付與有厚薄貧富不同？」曰：「且道汝自身上，只今一問一答，有甚貧薄來？」曰：「多不中節。」曰：「只今問答，未見有不中節處，汝莫自轉自疑。」

問「天根月窟」。曰：「汝身渾是太極，念頭初萌，纔發此問，便是月窟。問處寂然，念慮俱忘，便是天根。寂而萌，萌而寂，便是天根月窟之往來。萬事萬化，皆不外此。處處皆真，頭頭是道，這便是三十六宫都是春。」

熊念塘言：「世界缺陷，吾人當隨分自足，心方寬泰。」曰：「自心缺陷，世界缺陷；自心滿足，世界滿足，不干世界事。」

問：「現在此心便是，白沙又要静中養出端倪，何也？」曰：「現在此心，説不是，固非别有，説是，則又全非。白沙之言，善用之，亦自得力；不善用之，養出二字，反成大病。不可徒泥成言，須自體認。」

問：「手持足行是道，不持行時如何？」曰：「無有二也。」曰：「持行不持行，分明不同，何以不二？」曰：「子當手持足行時，持行焉而已，不知持不知行也。當不持行時，不持行焉而已，不知不持不知不行也。如此則同於不知，豈有二耶？」曰：「既不知，則何以謂了了常知耶？」曰：「當持行時便知持行，當不持行時便知不持行，豈非了了常知耶？知而不知，不知而知，總無有二。悟至此，則道亦强名。」

一物各具一太極者，非分而與之之謂。如一室千燈，一燈自有一燈之光，彼此不相假借，是爲各具萬物。統體一太極者，非還而合之之謂。如千燈雖異，共此一燈之光，彼此毫無間異，是爲統體。

問：「理氣如何分別？」曰：「理氣雖有二名，總之一心。心不識不知處，便是理；纔動念慮起知識，便是氣。雖至塞乎天地之間，皆不越一念。」曰：「心何便是理？如視是心，而視所當視，有視之理當循；聽是心，而聽所當聽，有聽之理當循，心豈便是理乎？」曰：「此正學問竅要，不可不明。信如所言，則是心外有理，理外有心矣。凡人視所不當視，聽所不當聽，聲色牽引得去，皆知識累之也。知識忘而視聽聰明，卽心卽理，豈更有理爲心所循耶？」曰：「理必有氣，心之知識可無耶？」曰：「卽理卽氣，所謂浩然之氣是也；不識知之識知，所謂赤子之心是也，非槁木死灰之謂。」曰：「動處是氣，靜處是理否？」曰：「静與動對，静亦是氣。」曰：「人睡時有何知識？」曰：「無知識何能做夢？」曰：「不做夢時如何？」曰：「昏沉卽是知識。」

本末之妙最不易言，人於草木，以根爲本，以杪爲末者非也。生意其本，根與杪皆末也。生意寄於根，而根不足以盡生意，猶人心寄於方寸，而方寸不足以盡心也。故凡目可見、耳可聞、口可言、心可思者，皆末也。不離見聞言思，而不可見、不可聞、不可言、不可思者，本也。灑掃應對進退末也，精義入神亦末也，能知灑掃應對進退，精義入神者，本也。嗟乎！難言矣。

晦翁言：「手持足行未是道，手容恭，足容重，乃是道也。」先生曰：「視聽行持，本來是道，所以非者，只因着些私心。心苟不著，渾如赤子，則時徐行而徐行，時趨進而趨進，視卽爲明，聽卽爲聰，率其視聽行持之常，何所不是而復求加？故學者但防其非而已，無別有是也。若心已無非，更求一般道理，並疑見在之視聽行持，皆以爲未是，則頭上安頭，爲道遠人，性學之所以不明也。」

無着便是理㊀。

余嘗問一友人云：「子服堯之服三句如何解？」友答：「此亦不在迹上來，只服無不衷，言無妄言，行無妄動，便是矣。」余謂：「汝今服無異，服堯服矣；相對論證，堯言矣；起坐如禮，堯行矣，卽今是堯，毫無疑否？」友擬議。余喝之曰：「卽而已矣，更擬議個甚麽！孟子豈哄汝耶？」

仁義禮知樂是名，事親從兄是實，就事親從兄加個仁義禮智樂之名耳，豈另有所謂仁義禮知樂乎？孝弟亦是名，故只言事親從兄，而孝弟之名亦不立。一切俱掃，皮膚脱落，惟有真實。

問「氣質之性」。曰：「孔子只曰『習相遠也』，孟子只曰『其所以陷溺其心者然也』。言習，言陷溺，分明由我；言氣質之性，則諉之於天矣。」曰：「氣質之性亦只要變化。」曰：「言習在我，則可變化；言氣

㊀ 此五字賈本、備要本在此前第三段末「昏沉卽是知識」下。

質之性天賦，則不可變化。在我，如氣受染，我自染之，如衣受薰，我自薰之，故可變化。天賦，則如紅花，必不可爲緑花，猶必不可爲薰，變化亦虚語矣。」曰：「然則氣質無耶？」曰：「氣質亦卽是習，自氣自生，自質自成，無有賦之者。夫性一而已矣，始終唯我，故謂之一。若謂禀來由天，而變化由我，則成兩截。孟子曰：『非天之降才爾殊也。』言有氣質之性則殊矣。」曰：「昏明清濁之不同，何耶？」曰：「個個明，個個清，無有不同。」曰：「人固有生而惡者矣；有教之而不改者矣；亦有雖不爲惡，諭之理義，示之經書，一字不能通曉者矣，豈非昏濁？」曰：「生而惡者，豈不知是非？卽穿窬亦知不可爲穿窬，見忠孝未嘗不知稱嘆也，何嘗不明？何嘗不清？教之不改者，心亦難昧，刑威亦知懼也，知懼則何嘗不明不清乎？經書義理，或不長通曉。不知飲食乎？不知父母兄弟之爲親乎？知此，則何嘗不明不清乎？故曰無氣質之性。」

問：「先生近功可不必照管否？」曰：「簡點其何敢忘。」曰：「他人亦有知簡點者，工夫相同否？」曰：「予只簡點便休，他人還道别有，或此差勝耳。」

問：「道理只是尋常，不得作奇特想，然只説尋常，恐人冒認。如貪富貴，厭貧賤，皆以爲常情，如此便承當過了。」曰：「尋常者，隨緣盡分，心無異想。有貪有厭，則其畔援特甚。此是卑陋耳，與尋常不同，冒認不過。」

問：「此事究竟如何？」曰：「心安穩處是究竟。」

問：「學力只是起倒，奈何？」曰：「但恐全不相干，無有起倒可言。今説有個起，便自保任；有個倒，便好扶植，莫自諉自輕。」

問：「心無所着，但覺昏昏黑黑地。」曰：「汝聲色貨利當前時，亦昏黑得去否？」曰：「此際又覺昏黑不去。」曰：「如此還欠昏黑。」

問：「亦偶有所見，而終不能放下者何？」曰：「汝所見者是知識，不是真體。」曰：「只此坐飲時，如何是知識？如何是真體？」曰：「汝且坐飲，切莫較量，一起較量，便落知識。但忘知識，莫問真體。」

問：「犬牛之性，不與人同，是性有偏全否？」曰：「若偏全，則太極圖上，當有全圈，有半圈矣。」曰：「然則人獸奚分？」曰：「孟子言夜氣不足以存，則其違禽獸不遠矣。一念梏亡，便是禽獸，不遠者，無一線之隔也。且就自心上看取人獸之關，莫徒向犬馬身上作解。」

問：「爲善去惡，似與無善無惡迥別。果必隨因，若爲善去惡爲因，安得證無善無惡之果？且既無善無惡，又何用爲善去惡？」曰：「爲善去惡如行路，辟如人在世間，舉足動步，必路中行，不問何人，皆□不得。只是中間主意不同：一等行路，亡身濟世，不計程途，步步行去，不踏寸土，故卽行卽辨，何果何因？一等行路，逐利干名，隨處希冀較量，足下擬議前程，求有求得，則有果有因。不同者惟此而已。若謂更有別路可去，或行路不同，皆非也。且謂無善無惡，而遂不必爲善去惡，如孔子行無轍迹，而周流四方，豈遂已乎？惟周流四方，而後有行無轍迹之稱；惟爲善去惡，而後有無善無惡之指。不然，則四個字亦無可名也。合無善之體，便是去惡，何迥別之有？」曰：「合無善之體，無心爲善也。既可無心爲善，獨不可無心爲惡乎？」曰：「善可無心，惡必有心。有無心之善，決無有無心之惡，體認當自知之。」

昔遇宗門之友，以微言相挑，以峻語相逼，一日問予：「如何是心？」予以訓語相答。喝之曰：「奴才話。」數日又問，予不敢答，止曰：「尚未明白。」又喝之曰：「爲人不識自心，狗亦不直。」時大衆中，面爲發赤，而心實清涼，無可奈何，而意實歡喜。歸來中夜不寐，參求不得，心苦徬徨，而次日下牀，又惟恐其會之不早，集語之不加勵也。

必有事之旨，一種以參玄究妙爲事，一種以絶誘制非爲事，然而玄與妙不可虛懸也，誘與非不可預擬也。吾所謂必有事者，士有士之事，農有農之事，工商有工商之事，入有孝之事，出有弟之事，飢有喫飯之事，寒有着衣之事，如是而已矣。能安于是者，無弗玄，無弗妙也；不能安于是者，卽爲誘，卽爲非也。怠忽之爲忘，勿忘，勿忘此也；奇特之爲助，勿助，勿助此也。

個事從人妄度量，那知家計本尋常。衹將渴飲飢餐事，説向君前笑一場。寄鄒南臯。

論心半月剡江頭，歸去翺翔興未休。來往只應明月伴，孤懸千古不曾收。送淳之。

梧桐葉葉動高風，一放豪吟寥廓中。萬疊雲山森滿目，憑誰道取是秋空。秋空。

水邊林畔老幽棲，衣補遮寒飯療飢。一種分明眼前事，勞他古聖重提撕。老吟。

良宵樽酒故人同，小艇沿回島嶼空。看月不勞重指示，渾身都在月明中。泛舟石潭。

九解

南都舊有講學之會，萬曆二十年前後，名公畢集，會講尤盛。一日拈天泉證道一篇，相與闡發，而座上許敬菴公未之深肯。明日，公出九條目，命曰九諦，以示會中，先生爲九解復之。天泉宗旨益明，具述於左云。

諦一云：易言元者善之長也，又言繼之者善，成之者性。書言德無常師，主善爲師。大學首提三綱，而歸於止至善。夫子告哀公以不明乎善，不誠乎身。顏子得一善，則拳拳服膺而弗失。孟子七篇，大旨道性善而已。性無善無不善，則告子之説，孟子深闢之。聖學源流，歷歷可考而知也。今皆捨置不論，而一以無善無惡爲宗，則經傳皆非。

維世範俗，以爲善去惡爲隄防，而盡性知天，必無善無惡爲究竟。無善無惡，即爲善去惡而無跡，而爲善去惡，悟無善無惡而始真。教本相通不相悖，語可相濟難相非，此天泉證道之大較也。今必以無善無惡爲非然者，見爲無善，豈慮入于惡乎。不知善且無，而惡更從何容？無病不須疑病。見爲無惡，豈疑少却善乎？不知惡既無，而善不必再立。頭上難以安頭，故一物難加者，本來之體，而兩頭不立者，妙密之言。是爲厥中，是爲一貫，是爲至誠，是爲至善，聖學如是而已。經傳中言善字，固多善惡對待之善，至于發明心性處，善率不與惡對，如中心安仁之仁，不與忍對，主静立極之静，不與動對。大學善上加一至字，尤自可見。蕩蕩難名爲至治，無得而稱爲至德，他若至仁至禮等，皆因不可名言擬議，而以至名之。至善之善，亦猶是耳。夫惟善不可名言擬議，未易識認，故必明善乃可誠身，若使對待之善，有何難辨，而必先明乃誠耶？明道曰：「人生而静以上不容説，纔説性時便已不是性也。」凡人説性，只是説「繼之者善」也，孟子言「人性善」是也。悟此，益可通於經傳之旨矣。解一。

諦二云：宇宙之内，中正者爲善，偏頗者爲惡，如冰炭黑白，非可私意增損其間。故天地有貞觀，日月有貞明，星辰有常度，嶽峙川流有常體，人有真心，物有正理，家有孝子，國有忠臣。反是者，爲悖逆，爲妖怪，爲不祥。故聖人教人以爲善而去惡，其治天下也，必賞善而罰惡。天之道亦福善而禍淫，積善之家，必有餘慶，積不善之家，必有餘殃，自古及今，未有能違者也。而今曰無善無惡，則人將安所趨舍者歟？

曰中正，曰偏頗，皆自我立名，自我立見，不干宇宙事。以中正與偏頗對，是兩頭語，是增損法，不可增損者，絶名言無對待者也。天地貞觀，不可以貞觀爲天地之善，日月貞明，不可以貞明爲日月之善，星辰有常度，不可以常度爲星辰之善，嶽不可以峙爲善，川不可以流爲善，人有真心，而莫不飲食者此心，飲食豈以爲善乎？物有正理，而鳶飛魚躍者此理，飛躍豈以爲善乎？有不孝而後有孝子之名，孝子無孝；有不忠而後有忠臣之名，忠臣無忠。若有忠有孝，便非忠非孝矣。賞善罰惡，皆是「可使由之」邊事，慶殃之説，猶禪家談宗旨，而因果之説，實不相礙。然以此論性宗，則粗悟性宗，則趨舍二字，是學問大病，不可有也。解二。

諦三云：人心如太虚，元無一物可着，而實有所以爲天下之大本者在。故聖人名之曰中，曰極，曰善，曰誠，以至曰仁，曰義，曰禮，曰智，曰信，皆此物也。善也者，中正純粹而無疵之名，不雜氣質，不落知見，所謂人心之同然者也，故聖賢欲其止之。而今曰無善，則將以何者爲天下之大本？其爲物不貳，則其生物不測，天地且不能無主，而況于人乎？

說心如太虛，說無一物可着，說不雜氣質，不落知見，已是斯旨矣，而卒不放捨一善字，則又不虛矣，又着一物矣，又雜氣質，又落知見矣，豈不悖乎？太虛之心，無一物可着者，正是天下之大本，而更曰實有所以爲天下之大本者在，而命之曰中，則是中與太虛之心二也。太虛之心，與未發之中，果可二乎？如此言中，則曰極，曰善，曰誠，以至曰仁，曰義，曰禮，曰智，曰信等，皆以爲更有一物，而不與太虛同體，無惑乎無善無惡之旨不相入，以此言天地，是爲物有二，失其指矣。解三。

諦四云：人性本善，自蔽于氣質，陷于物欲，而後有不善。然而本善者，原未嘗泯滅，故聖人多方誨迪，使反其性之初而已。祛蔽爲明，歸根爲止，心無邪爲正，意無僞爲誠，知不迷爲致，物不障爲格，此徹上徹下之語，何等明白簡易。而今曰心是無善無惡之心，意是無善無惡之意，知是無善無惡之知，物是無善無惡之物，則格知誠正工夫，俱無可下手處矣。豈大學之教，專爲中人以下者設，而近世學者，皆上智之資，不待學而能者歟？

人性本善者，至善也，不明至善，便成蔽陷。反其性之初者，不失赤子之心耳。赤子之心無惡，豈更有善耶？可無疑乎大人矣。心意之物，只是一個，分別言之者，方便語耳。下手工夫，只是明善，明則誠，而格致誠正之功更無法。上中根人，皆如是學，舍是而言正誠格致，頭腦一差，則正亦是邪，誠亦是僞，致亦是迷，格亦是障。非明之明，其蔽難開，非止之止，其根難拔，豈大學之所以教乎？解四。

諦五云：古之聖賢，秉持世教，提撕人心，全靠這些子秉彝之良在。故曰：「民之所好好之，民之所惡惡之。」「斯民也，三代之所以直道而行也。」惟有此秉彝之良，不可殘滅，故雖昏愚而可喻，雖强暴而可馴，移風易俗，反薄還淳，其樑柄端在于此。奈何以爲無善無惡，舉所謂秉彝者而抹殺之？是說倡和流傳，恐有病于世道非細。

無作好無作惡之心，是秉彝之良，是直道而行。着善着惡，便作好作惡，非直矣。喻昏愚，馴强暴，移風易俗，須以善養人。以善養人者，無善之善也。有其善者，以善服人，喻之馴之必不從，如昏愚强暴何！如風俗何！至所謂世道計，則講更詳論之。蓋凡世上學問不力之人，病在有惡而閉藏，學問有力之人，患在有善而執着。閉惡者，教之爲善去惡，使有所持循，以免於過。惟彼着善之人，皆世所謂賢人君子者，不知本自無善，妄作善見，捨彼取此，拈一放一，謂誠意而意實不能誠，謂正心而心實不能正。象山先生云：「惡能害心，善亦能害心。」以其害心者而事心，則亦何由誠？何由正也？夫害於其心，則必及于政與事矣，故用之成治，效止驩虞，而以之撥亂，害有不可言者。後世若黨錮之禍，雖善人不免自激其波，而新法之行，卽君子亦難盡辭其責，其究至于禍國家，殃生民，而有不可勝痛者，豈是少却善哉？范滂之語其子曰：「我欲教汝爲惡，則惡不可爲，教汝爲善，則我未嘗爲惡。」蓋至於臨刑追考，覺無下落，而天下方且恥不與黨，效尤未休，真學問不明，認善字之不徹，其弊乃一至此。故程子曰：「東漢尚名節，有雖殺身不悔者，只爲不知道。」嗟乎！使諸人而知道，則其所造就，所康濟，當更何如？而秉世教者，可徒任其所見而不喚醒之，將如斯世斯民何哉？是以文成于此，指出無善無惡之體，使之去縛解粘，歸根識止，不以善爲善，而以無善爲善，不以去惡爲究竟，而以無惡證本來，夫然後可言誠正實功，而收治平至效。蓋以成就君子，使盡爲臯、夔、稷、契之佐，轉移世道，使得躋黄、虞、三代之隆，上有不動聲色之政，而下有何有帝力之風者，舍兹道其無由也。孔子曰：「聽訟吾猶人也，必也使無訟乎？」無訟者，無善無惡之效也。嗟乎！文成兹旨，豈特不爲世道之病而已乎？解五。

諦六云：登高者不辭步履之難，涉川者必假舟檝之利，志道者必竭修爲之力。以孔子之聖，自謂下學而上達，好古敏求，忘食忘寢，有終其身而不能已者焉。其所謂克己復禮，閑邪存誠，洗心藏密，以至於懲忿窒慾，改過遷善之訓，昭昭洋洋，不一而足也。而今皆以爲未足取法，直欲頓悟無善之宗，立躋神聖之地，豈退之所謂務勝於孔子者邪？在高明醇謹之士，着此一見，猶恐其涉於踈略而不情，而況天資魯鈍，根器淺薄者，隨聲附和，則吾不知其可也。

文成何嘗不教人修爲？即無惡二字，亦足竭力一生，可嫌少乎？既無惡，而又無善，修爲無迹，斯真修爲也。夫以子文之忠，文子之清，以至原憲克伐怨欲之不行，豈非所謂竭力修爲者？而孔子皆不與其仁，則其所以敏求忘食，與夫復禮而存誠，洗心而藏密者，亦可自思，故知修爲自有真也。陽明使人學孔子之真學，踈略不情之疑，過矣。解六。

諦七云：書曰：「有其善，喪厥善。」言善不可矜而有也。先儒亦曰：「有意爲善，雖善亦粗。」言善不可有意而爲也。以善自足則不弘，而天下之善，種種固在。有意爲善則不純，而吉人爲善，常惟日不足。古人立言，各有攸當，豈得以此病彼，而概目之曰無善？然則善果無可爲，爲善亦可已乎？賢者之疑過矣。

有善喪善，與「有意爲善，雖善亦私」之言，正可證無善之旨。堯、舜事業，一點浮雲過太虛，謂實有種種善在天下，不可也。吉人爲善，爲此不有之善，無意之善而已矣。解七。

諦八云：王文成先生致良知宗旨，元與聖門不異。其集中有「性無不善，故知無不良。良知卽是未發之中，卽是廓然大公，寂然不動之本體，但不能不昏蔽於物欲，故須學以去其昏蔽。」又曰：「聖人之所以爲聖人者，以其心之純乎天理，而無人欲之私也。學聖人者，期此心之純乎天理，而無人欲，則必去人欲而存天理。」又曰：「善念存有時，卽是天理。立志者，常立此善念而已。」此其立論，至爲明析。「無善無惡心之體」一語，蓋指其未發廓然寂然者而言之，而不深惟大學止至善之本旨，亦不覺其矛盾于平日之言。至謂「有善有惡意之動，知善知惡是良知，爲善去惡是格物」，則指點下手工夫，亦自平正切實。而今以心意知物，俱無善惡可言者，竊恐其非文成之正傳也。

致良知之旨，與聖門不異，則無善惡之旨，豈與致良知異耶？不慮者爲良，有善則慮而不良矣。「無善無惡心之體」一語，既指未發廓然寂然處言之，已發後豈有二耶？未發而廓然寂然，已發亦只是廓然寂然。知未發已發不二，則知心意知物難以分析，而四無之說，一一皆文成之秘密。非文成之秘密，吾之秘密也，何疑之有？於此不疑，方能會通其立論宗旨，而工夫不謬。不然以人作天，認欲爲理，背文成之旨良多矣。夫自生矛盾，以病文成之矛盾，不可也。解八。

諦九云：龍溪王子所著天泉橋會語，以四無四有之説，判爲兩種法門，當時緒山錢子已自不服。易不云乎：「神而明之，存乎其人；默而成之，不言而信，存乎德行。」神明默成，蓋不在言語授受之際而已。顔子之終日如愚，曾子之真積力久，此其氣象可以想見，而奈何以玄言妙語，便謂可接上根之人？其中根以下之人，又別有一等説話，故使之扞格而不通也。且云：「汝中所見是傳心秘藏，顔子、明道所不敢言，今已説破，亦是天機該發世時，豈容復秘？」嗟乎！信斯言也，文成發孔子之所未發，而龍溪子在顔子、明道之上矣。其後四無之説，龍溪子談不離口，而聰明之士，亦人人能言之。然而聞道者，竟不知爲誰氏！竊恐天泉會語畫蛇添足，非以尊文成，反以病文成。吾儕未可以是爲極則也。

人有中人以上、中人以下二等，所以語之亦殊。此兩種法門，發自孔子，非判自王子也。均一言語，而信則相接，疑則扞格，自信自疑，非有能使之者。蓋授受不在言語，亦不離言語，神明默成，正存乎其人，知所謂神而明，默而成，則知顔子之如愚，曾子之真積，自有入微之處。而云想見氣象，抑又遠矣。聞道與否，各宜責歸自己，未可疑人，兼以之疑教。至謂顔子、明道不敢言等語，自覺過高，然要之論學話頭，未足深怪。孟子未必過於顔、閔，而公孫丑問其所安，絶無遜讓，直曰：「姑舍是而學孔子。」曹交未足比于萬章輩，而孟子教以堯、舜，不言等待，而直言誦言行行是堯而已。然則有志此事，一時自信得及，誠不妨立論之高，承當之大也。若夫四無之説，豈是鑿空自創？究其淵源，實千聖所相傳者。太上之無懷，易之何思何慮，舜之無爲，禹之無事，文王之不識不知，孔子之無意無我，無可無不可，子思之不見不動，無聲無臭，孟子之不學不慮，周子之無静無動，程子之無情無心，盡皆此旨，無有二義。天泉所證，雖陽明氏且爲祖述，而況可以龍溪氏當之也耶？雖然聖人立教，俱是應病設方，病盡方消，初無實法，言有非真，言無亦不得已。若惟言是泥，則何言非礙？而不肖又重以言，或者更增蛇足之疑，則不肖之罪也夫！解九

文簡陶石簣先生望齡

陶望齡字周望，號石簣，會稽人也。萬曆己丑進士第三人。授翰林編修，轉太子中允右諭德，兼侍講。妖書之役，四明欲以之陷歸德、江夏，先生自南中主試至境，造四明之第，責以大義，聲色俱厲。又謂朱山陰曰：「魚肉正人，負萬世惡名，我寧、紹將不得比于人數矣。苟委之不救，陶生願棄手板拜疏，與之同死。」皆俛首無以應。故沈、郭之得免，巽語者李九我、唐抑所，法語者則先生也。已告歸。踰年，起國子祭酒。以母病不出。未幾卒。謚文簡。

先生之學，多得之海門，而泛濫於方外。以爲明道、陽明之於佛氏，陽抑而陰扶，蓋得其彌近理者，而不究夫毫釐之辨也。其時湛然、澄密、雲悟皆先生引而進之，張皇其教，遂使宗風盛於東浙。其流之弊，則重富貴而輕名節，未必非先生之過也。然先生於妖書之事，犯手持正，全不似佛氏舉動，可見禪學亦是清談，無關邪正。固視其爲學始基，原從儒術，後來雖談玄說妙，及至行事，仍舊用着本等心思。如蘇子瞻、張無垢皆然，其於禪學，皆淺也。若是張天覺純以機鋒運用，便無所不至矣。

論學語

道人有道人之遷改，俗學有俗學之遷改。凡夫于心外見法，種種善惡，執爲實有，遷改雖嚴，終成壓服。學道人，善是己善，過是己過，遷是己遷，改是己改。以無善爲善，故見過愈微；以罪性本空，故改圖愈速。大慧言：「學道人，須要熟處生，生處熟。」如何生處無分別處是，如何熟處分別處是，到此，過是過，善亦是過，分別無分別，總是習氣。直到念念知非，時時改過，始有相應分。與周海門。

向在京師，時苦諸色工夫間斷難守。忽一日，覺得此心生生不息之機，至無而有，至變而一，自幸以爲從此後或易爲力矣。中亦屢覺知寂知，知古人所訶卽此意，純熟亦落是中。曾以問蔡槐庭，渠云：「以楔出楔，做工夫人少不得如此。」

陽明先生云：「學者能時時當下，卽是善學。」做此工夫，覺得直下便是。無從前等待之病，但虛懷不作意，卽工夫。熾然念慮萌動，乃覺間斷。故妄謂「生，盲人拄杖，一時難放。此意少便。卽前生生之機。明知故犯，權以爲拄杖耳。

妄意以隨順真心，任諸緣之並作爲行持，觀萬法之自無爲解脫，自覺頗爲省便。知事理不二，卽易；欲到背塵合覺，常光現前，不爲心意識所使，卽不易。伊川、康節臨命時俱得力，若以見解論，恐當代諸公儘有高過者，而日逐貪嗔，已不免縱任，求生死得力，不亦難乎？古人見性空以修道，今人見性空以長慾，可嘆也。與焦弱侯。

承喻「得個入處，山河大地悉爾銷隕，而習氣未忘」。某所未喻也。如何是習氣？山河大地是。如何是山河大地？習氣是。山河大地既然銷隕，習氣何地着脚？兄於熾然中銷之使無，於空虛中憂其爲有，卽此惡見於山河上突起山河，於大地上重安大地？是自謗也。與謝開美。

學求自知而已。儒(一)皆津筏邊事，到則舍矣。不孝雖愚昧，然灼知倫物卽性道，不敢棄離，亦不敢以此誤人。願先生勿慮也。與徐魯源。

堂皇之雜遝，簿領之勤勞，時時大用顯行，但少有厭心怠心。因觸而動恚心，因煩而起躁心，卽是習氣萌生處，卽是學不得力處。損之又損，覺祛除稍易時，卽得力時也。與余舜仲。

我朝別無一事，可與唐、宋人爭衡，所可跨跱其上者，惟此種學問，出于儒紳中，爲尤奇偉耳。與何越觀。

吾輩心火熠熠，思量分別，殆無間歇。行而不及知，知而不及禁，非心體本來如是，蓋緣此路行得太熟耳。今以生奪熟，以真奪妄，非有純一不已之功，何異杯水當輿薪之火哉！然所謂工夫者，非是起心造意，力與之爭，只是時時念念放下去，放不得，自然須有著到。與弟我明。

百姓日用處，卽聖神地位處，聖神地位處，卽學者入手處。何者？無思無爲，不容有二也。與幼美。

正、嘉以還，其賢者往往以琴張、曾皙之見，談顏氏之學，而人亦窺見行之不掩，以求所謂不貳者而未盡合，于是言足以明矣而不信，信矣而不免於疑，諸君子者，宜亦有責焉。鄧文藻序。

(一) 各本同。朱氏釋誤據歇庵集云「儒」下當有「釋」字。

道之不明於天下也，事事而道道也。事事則道妨事，道道則事妨道，不知事者道之事，道者事之道，道之外必無事，事之外必無道，不可二也。是道也，堯謂之中，孔謂之仁，至陽明先生揭之曰良知，皆心而已。中也，仁也，心之徽稱乎？詔之以中而不識何謂中，詔之以仁而不識何謂仁，故先生不得已曰良知。良知者，心之圖繪也，猶不識火而曰炎也，不識水而曰溼也，體用内外，理事道器，精粗微顯，皆舉之矣。勳賢祠記。

夫自私用智，生民之通蔽也。自私者存乎形累，用智者紛乎心害，此未達于良知之妙也。混同萬有，昭察天地，靈然而獨運之謂知。離聞泯覩，超絶思慮，寂然而萬應之謂良。明乎知而形累捐矣，明乎良而心害遺矣。陽明祠記。

今之談學者，多以忻厭爲戒。然予以忻厭猶痛癢也，平居無疾，小小痛癢，便非調適。若麻木痿痺之人，正患不知痛癢耳，稍知，則醫者慶矣。書扇。

太學劉冲倩先生塙

劉塙字静主，號冲倩，會稽人。賦性任俠，慨然有四方之志，所至尋師問友，以意氣相激發，人争歸附之。時周海門、許敬菴、楊復所講學于南都，先生與焉。周、楊學術同出近溪，敬菴則有異同。無善無惡之説，許作九諦，周作九解，先生合兩家而刻之，以求歸一。而海門契先生特甚，曰：「吾得冲倩而不孤矣。」受教兩年，未稱弟子。一日指點投機，先生曰：「尚覺少此一拜。」海門卽起立曰：「足下意真，比時輩不同。」先生下拜，海門曰：「吾期足下者遠，不可答拜。」及先生歸，海門授以六字曰：「萬金一諾珍重。」先生報以詩曰：「一笑相逢日，何言可復論。千金唯一諾，珍重自師門。」先生雖瓣香海門，而一時以理學名家者，鄒南皋、李儲山、曹真予、焦弱侯、趙儕鶴、孟連洙、丁敬與，無不參請，識解亦日進。海門主盟越中，先生助之，接引後進。學海門之學者甚衆，而以入室推先生。然流俗疾之如讎，亦以信心自得，不加防檢，其學有以致之也。先生由諸生入太學，七試場屋，不售而卒。葉水心曰：「使同甫晚不登進士第，則世終以爲狼疾人矣。」不能不致嘆于先生也。

證記

與人露聲色，卽聲色矣。聲色可以化導人乎？臨事動意氣，卽意氣矣。意氣可處分天下事乎？何者爲害？求利是已。何者爲苦？尋樂是已。何者爲怨？結恩是已。釋氏之火裏開蓮，不過知得是火，便名爲蓮矣。有身在火上，而不猛力避之者乎？其不猛力避者，猶恐認火作土耳。

人只向有光景處認本體，不知本體無光景也。人只向有做作處認工夫，不知工夫無做作也。當下信得及，更有何事？聖賢説知説行，止不過知此行此，無剩技矣。只因忒庸常，忒平易，忒不值錢，轉令人信不及耳。

力足舉千鈞之鼎矣，有物焉其小無内，而轉窘于力之無可用；明足察秋毫之末矣，有物焉其大無外，而轉束於明之無可入。

先儒有曰「隨處體認天理」，又有曰「靜中養出端倪」，又有曰「衆物之表裏精粗無不到，而吾心之全體大用無不明」，皆非了當語。夫既已謂之天矣，而有何處所乎？既已謂之靜矣，而有何端倪乎？既已謂之心矣，而有何表裏精粗之物乎？

「名節，吾道之藩籬」，斯語大須味，舍名節，豈更有道？只着名節不可耳。

世極深極險矣，我只淺易；世極奇極怪矣，我只平常；世極濃極艷矣，我只淡泊；世極崎極曲矣，我只率直。允若玆，不惟不失我，而世且無奈我何！

問：「安身立命畢竟在何處？」曰：「一眼看去，不見世間有非，自家有是，世間有得，自家有失處，安之立之而已矣。」

本來平易，不着些子做手，方耐久。

揣事情，中毛髮，而不墮機智；通人情，浹骨髓，而不落煦沫，此爲何物？

聖人之於世也，宥之而已矣。君子之於俗也，耐之而已矣。

人當逆境時，如犯弱症，纔一舉手，便風寒乘虛而入，保護之功，最重大，却最輕微。

言，尤之媒也。既已有言矣，自僅可寡尤，而不能無尤。無尤其默乎？行，悔之根也。既已有行矣，自僅可寡悔，而不能無悔。無悔其静乎？

説易諸家舊，傳心別有門，但看乾動處，總只用純坤。

樂者先天之藥也，藥者後天之樂也。

四大聚散，生死之小者也。一念離合，生死之大者也。忘其大而惜其小，此之謂不知生死。

平平看來，世間何人處不得？何地去不得？只因我自風波，便惹動世間風波，莫錯埋怨世間。

天下無不可化之人，不向人分上求化也，化我而已矣。天下無不可處之事，不向事情上求處也，處我而已矣。

無暴其氣，便是持志工夫，若離氣而言持志，未免捉捏虛空。

心到㊀明時，則境亦是心。

與人終日酬酢，全要保得自己一段生意，不然，意思綢繆，禮文隆腆，而一語之出，懷許多顧忌，一語之入，起許多猜疑，皆殺機也。

㊀「到」原作「則」，據賈本改。

明儒學案卷三十七　甘泉學案一

王、湛兩家，各立宗旨，湛氏門人，雖不及王氏之盛，然當時學於湛者，或卒業於王，學於王者，或卒業於湛，亦猶朱、陸之門下，遞相出入也。其後源遠流長，王氏之外，名湛氏學者，至今不絕，即未必仍其宗旨，而淵源不可没也。

文簡湛甘泉先生若水

湛若水字元明，號甘泉，廣東增城人。從學于白沙，不赴計偕，後以母命入南雍。祭酒章楓山試睟面盎背論，奇之。登弘治乙丑進士第。初楊文忠、張東白在闈中，得先生卷，曰：「此非白沙之徒，不能爲也。」拆名果然。選庶吉士，擢編修。時陽明在吏部㊀講學，先生與吕仲木和之。久之，使安南，册封國王。正德丁亥，奉母喪歸，廬墓三年。卜西樵爲講舍，士子來學者，先令習禮，然後聽講，興起者甚衆。嘉靖初，入朝，陞侍讀，尋陞南京祭酒，禮部侍郎，歷南京禮、吏、兵三部尚書，致仕。平生足跡所至，必建書院以祀白沙。從遊者殆徧天下。年登九十，猶爲南岳之遊。將過江右，鄒東廓戒其同志曰：「甘泉先生來，吾輩當獻老而不乞言，毋有所輕論辯也。」庚申四月丁巳卒，年九十五。

㊀ 各本同。朱氏釋誤云，據陽明年譜「吏部」應作「兵部。」

先生與陽明分主教事，陽明宗旨致良知，先生宗旨隨處體認天理。學者遂以良知㊀之學，各立門户。其間爲之調人者，謂「天理卽良知也，體認卽致也，何異？何同？」然先生論格物，條陽明之説四不可。陽明亦言隨處體認天理爲求之于外，是終不可强之使合也。先生大意，謂陽明訓格爲正，訓物爲念頭，格物是正念頭也，苟不加學問思辨行之功，則念頭之正否，未可據。夫陽明之正念頭，致其知也，非學問思辨行，何以爲致？此不足爲陽明格物之説病。先生以爲心體萬物而不遺，陽明但指腔子裏以爲心，故有是内而非外之誚。然天地萬物之理，不外於腔子裏，故見心之廣大。若以天地萬物之理，卽吾心之理，求之天地萬物，以爲廣大，則先生仍爲舊説所拘也。天理無處而心其處，心無處而寂然未發者其處，寂然不動，感卽在寂之中，則體認者，亦唯體認之於寂而已。今曰隨處體認，無乃體認於感？其言終覺有病也。

心性圖説

性者，天地萬物㊁一體者也。渾然宇宙，其氣同也。心也而不遺者，體天地萬物者也。性也者，心之生理也，心性非二也。譬之穀焉，具生意而未發，未發故渾然而不可見。及其發也，惻隱羞惡辭讓是非萌焉，仁義禮智自此焉始分矣，故謂之四端。端也者，始也，良心發見之始也。是故始之敬者，戒懼

㊀「良知」，賈本、備要本作「王湛」。
㊁「物」原作「萬」，據賈本改。

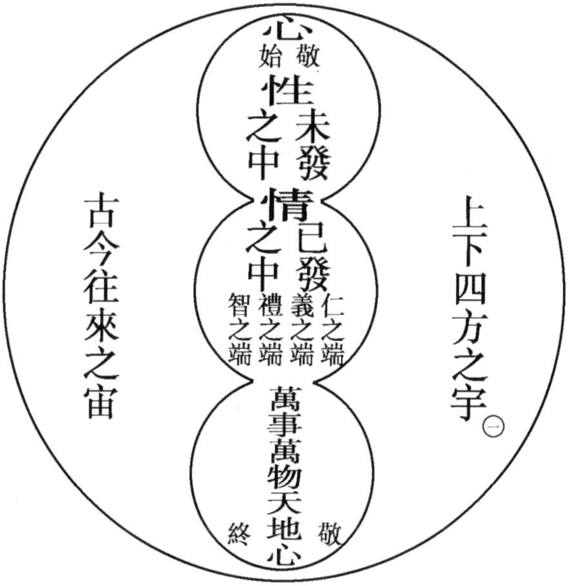

心性圖

㈠「宇」原作「語」，據賈本、備要本改。

愼獨以養其中也。中立而和發焉，萬事萬化自此焉，達而位育不外是矣。故位育非有加也，全而歸之者耳。終之敬者，卽始之敬而不息焉者也。曰：「何以小圈？」曰「心無所不貫也。」「何以大圈？」曰：「心無所不包也。」包與貫，實非二也。故心也者，包乎天地萬物之外，而貫夫天地萬物之中者也。中外非二也。天地無内外，心亦無内外，極言之耳矣。故謂内爲本心，而外天地萬物以爲心者，小之爲心也甚矣。

求放心篇

孟子之言求放心，吾疑之。孰疑之？曰：以吾之心而疑之。孰信哉？信吾心而已耳。吾常觀吾心於無物之先矣，洞然而虚，昭然而靈。虚者心之所以生也，靈者心之所以神也。吾常觀吾心於有物之後矣，窒然而塞，憒然而昏。塞者心之所以死也，昏者心之所以物也。其虚焉靈焉，非由外來也，其本體也。其塞焉昏焉，非由内往也，欲蔽之也。其本體固在也，一朝而覺焉，蔽者徹，虚而靈者見矣。日月蔽于雲，非無日月也，鏡蔽於塵，非無明也，人心蔽於物，非無虚與靈也。心體物而不遺，無内外，無終始，無所放處，亦無所放時，其本體也。信斯言也，當其放於外，何者在内？當其放於前，何者在後？何者求之？放者一心也，求者又一心也。以心求心，所爲憧憧往來，朋從爾思，祇益亂耳，況能有存耶？故欲心之勿蔽，莫若寡欲，寡欲莫若主一。

論學書

格物之義，以物爲心意之所着。兄意只恐人舍心求之於外，故有是説。不肖則以爲，人心與天地萬物爲體，心體物而不遺，認得心體廣大，則物不能外矣，故格物非在外也，格之致之，心又非在外也。於物若以爲心意之著見，恐不免有外物之疾。與陽明。

學無難易，要在察見天理，知天之所爲如是，涵養變化氣質，以至光大爾，非杜撰以相罔也。於夫子川上之嘆，子思鳶魚之説，及易大人者天地合德處見之，若非一理同體，何以云然？故見此者謂之見易，知此者謂之知道。是皆發見於日用事物之間，流行不息，百姓日用不知，要在學者察識之耳。涵養此知識，要在主敬，無間動静也。寄王純甫。

學者之病，全在三截兩截，不成片段，静坐時自静坐，讀書時又自讀書，酬應時又自酬應，如人身血氣不通，安得長進？元來只是敬上理會未透，故未有得力處，又或以内外爲二而離之。吾人切要，只於執事敬用功，自獨處以至讀書酬應，無非此意，一以貫之，内外上下，莫非此理，更有何事？吾儒開物成務之學，異于佛老者，此也。答徐曰仁。

上下四方之宇，古今往來之宙，宇宙間只是一氣充塞流行，與道爲體，何莫非有？何空之云？雖天地弊壞，人物消盡，而此氣此道，亦未嘗亡，則未嘗空也。寄陽明。

古之論學，未有以静爲言者。以静爲言者，皆禪也。故孔門之教，皆欲事上求仁，動静着力。何者？靜不可以致力，纔致力，卽已非靜矣。故論語曰：「執事敬。」易曰：「敬以直内，義以方外。」中庸戒慎恐懼慎獨，皆動以致其力之方也。何者？靜不可見，苟求之靜焉，駸駸乎入於荒忽寂滅之中矣。故善學者，必令動靜一於敬，敬立而動靜渾矣。此合内外之道也。答余督學。

從事學問，則心不外馳，卽所以求放心。如子夏博學篤志，切問近思，仁在其中者，非謂學問之外，而別求心於虛無也。答仲鶡。

心存則有主，有主則物不入，不入則血氣矜忿窒礙之病，皆不爲之害矣。大抵至緊要處，在執事敬一句，若能於此得力，如樹根着土，則風雨雷霆，莫非發生。此心有主，則書册山水酬應，皆吾致力涵養之地，而血氣矜忿窒礙，久將自消融矣。

涵養須用敬，進學在致知，如車兩輪。夫車兩輪同一車也，行則俱行，豈容有二？而謂有二者，非知程學者也。鄙見以爲，如人行路，足目一時俱到，涵養進學，豈容有二？自一念之微，以至於事爲講習之際，涵養致知，一時俱到，乃爲善學也。故程子曰：「學在知所有，養所有。」

朱元晦初見延平，甚愛程子渾然同體之説。延平語云：「要見理一處却不難，只分殊處却難，又是一場鍛鍊也。」愚以爲，未知分殊，則亦未知理一也，未知理一，亦未必知分殊也，二者同體故也。敬以直内，義以方外，所以體夫此也。敬義無内外也，皆心也，而云内外者，爲直方言之耳。以上答陳惟浚。

執事敬，最是切要，徹上徹下，一了百了，致知涵養，此其地也。所謂致知涵養者，察見天理而存之也，非二事也。答鄧瞻兄弟。

明道所言：「存久自明，何待窮索？」須知所存者何事，乃有實地。首言「識得此意，以誠敬存之」，知而存也。又言「存久自明」，存而知也。知行交進，所知所存，皆是一物。其終又云：「體之而樂，亦不患不能守。」大段要見得這頭腦，親切存之，自不費力耳。答方西樵。

夫學不過知行，知行不可離，又不可混。說命曰：「學於古訓乃有獲，知之非艱，行之唯艱。」中庸必先學問思辨，而後篤行。論語先博文而後約禮。孟子知性而後養性。始條理者知之事，終條理者聖之事。程子知所有而養所有，先識仁而以誠敬存之。若僕之愚見，則於聖賢常格內尋下手，庶有自得處。故隨處體認天理而涵養之，則知行並進矣。答顧箬溪。

道無內外，內外一道也；心無動靜，動靜一心也。故知動靜之皆心，則內外一。內外一，又何往而非道？合內外，混動靜，則澄然無事，而後能止。故易曰：「艮其背，不獲其身；行其庭，不見其人。」止之道也，夫「不獲其身」，必有獲也，「不見其人」，必有見也，言有主也，夫然後能止。復王宜學。

夫所謂支離者，二之之謂也。非徒逐外而忘內謂之支離，是內而非外者，亦謂之支離，過猶不及耳。必體用一原，顯微無間，一以貫之，乃可免此。答陽明。

夫學以立志爲先，以知本爲要。不知本而能立志者，未之有也；立志而不知本者有之矣，非真志也。志立而知本焉，其于聖學思過半矣。夫學問思辨，所以知本也。知本則志立，志立則心不放，心不放則性可復，性復則分定，分定則於憂怒之來，無所累于心性，無累斯無事矣。苟無其本，乃憧憧乎放心之求，是放者一心，求之者又一心也，則情熾而益鑿其性，性鑿則憂怒之累無窮矣。答鄭啓範。

格者，至也，即格於文祖、有苗之格；物者，天理也，即言有物，舜明於庶物之物，即道也。格即造詣之義，格物者即造道也。知行並進，學問思辨行，所以造道也，故讀書、親師友、酬應，隨時隨處，皆求體認天理而涵養之，無非造道之功。誠、正、修工夫，皆于格物上用，家國天下皆即此擴充，無兩段工夫，此即所謂止至善。嘗謂止至善，則明德、親民皆了者，此也。如此方可講知至。孟子深造以道，即格物之謂也；自得之，即知至之謂也；居安、資深、逢源，即修、齊、治、平之謂也。答陽明。

夫至虛者心也，非性之體也。性無虛實，説甚靈耀？心具生理，故謂之性；性觸物而發，故謂之情，發而中正，故謂之真情，否則偽矣。道也者，中正之理也，其情發於人倫日用，不失其中正焉，則道矣。勿忘勿助，其間則中正處也，此正情復性之道也。復鄭啓範。

慎獨格物，其實一也。格物者，至其理也。學問思辨行，所以至之也，是謂以身至之也。所謂窮理者，如是也。近而心身，遠而天下，暫而一日，久而一世，只是格物一事而已。格物云者，體認天理而存之也。答陳宗亨。

所云主一，是主一個中，與主一是主天理之説相類。然主一，便是無一物，若主中主天理，則又多了中與天理，即是二矣。但主一，則中與天理自在其中矣。答鄧恪昭。

明德新民，全在止至善上用功，知止能得，即是知行合一，乃止至善之功。古之欲明明德二節，反復推到格物上，意心身都來格物上用功。上文知止定安，即其功也。家國天下皆在內，元是一段工夫，合外內之道，更無七段八段。格物者，即至其理也，意心身與家國天下，隨處體認天理也。所謂至者，意心身至之也，世以想像記誦爲窮理者遠矣。寄陳惟浚。

集者，如虛集之集，能主敬，則衆善歸焉。勿忘勿助，敬之謂也，故曰：「敬者德之聚也。」此卽精一工夫。若尋常所謂集者，乃於事事上集，無乃義襲耶？此内外之辨也。然能主敬，則事事無不在矣。今更無别法，只于勿忘勿助之間調停爲緊要耳。答問集義。

本末只是一氣，擴充此生意，在心爲明德，在事爲親民，非謂静坐而明德，及長，然後應事以親民也。一日之間，開眼便是應事，卽親民。自宋來儒者多分兩段，以此多陷支離。自少而長，豈有不應事者？應事而爲枝葉，皆是一氣擴充。答陳康涯。

天地至虛而已，虛則動静皆虛，故能合一，恐未可以至静言。

虛實同體也，佛氏岐而二之，已不識性，且求去根塵，非得真虛也。世儒以佛氏爲虛無，烏足以及此。格物卽止至善也，聖賢非有二事。自意心身至家國天下，無非隨處體認天理，體認天理，卽格物也。蓋自一念之微，以至事爲之著，無非用力處也。陽明格物之説，以爲正念頭，既於後面正心之説爲贅，又况如佛老之學，皆自以爲正念頭矣。因無學問思辨行之功，隨處體認之實，遂併與其所謂正者一齊錯了。以上答王宜學。

陽明謂隨處體認天理，是求於外。若然，則告子「義外」之説爲是，而孟子「長之者義乎」之説爲非，孔子「執事敬」之教爲欺我矣！程子所謂「體用一原，顯微無間」，格物是也，更無内外。蓋陽明與吾看心不同，吾之所爲心者，體萬物而不遺者也，故無内外；陽明之所謂心者，指腔子裏而爲言者也，故以吾之説爲外。答楊少默。

以隨處體認爲求之于外者，非也。心與事應，然後天理見焉。天理非在外也，特因事之來，隨感而應耳。故事物之來，體之者心也。心得中正，則天理矣。人與天地萬物一體，宇宙内卽與人不是二物，故宇宙内無一事一物合是人少得底。

云「敬者心在于事而不放之謂」，此恐未盡。程子云「主一之謂敬」，主一者，心中無有一物也，故云一，若有一物則二矣。勿忘勿助之間，乃是一，今云「心在于是而不放」，謂之勿忘則可矣，恐不能不滯于此事，則不能不助也，可謂之敬乎？

程子曰：「格者至也，物者理也，至其理乃格物也。」故古本以修身説格物。今云「格物者，事當於理之謂也」，不若云「隨處體認天理」之盡也。體認兼知行也。當於理，是格物後事，故曰「格物而后知至」。云「敬而後當於理」，敬是格物工夫也。

聖賢之學，元無靜存動察相對，只是一段工夫，凡所用功，皆是動處。蓋動以養其靜，靜處不可着力，才着力便是動矣。至伊川乃有靜坐之説，又別開一個門面。故僕誌先師云：「孔門之後，若更一門。」蓋見此也。

勿忘勿助，只是説一個敬字。忘、助皆非心之本體，此是心學最精密處，不容一毫人力，故先師又發出自然之説，至矣。來諭忘助二字，乃分開看，區區會程子之意，只作一時一段看。蓋勿忘勿助之間，只是中正處也。學者下手，須要理會自然工夫，不須疑其爲聖人熟後事，而姑爲他求。蓋聖學只此一個路頭，更無別個路頭，若[一]尋別路，終枉了一生也。答聶文蔚。

明道看喜怒哀樂未發前作何氣象；延平默坐澄心，體認天理；象山在人情事變上用工夫。二先生之言，各有所爲而發。合而觀之，合一用功乃盡也。所謂隨處體認天理者，隨未發已發，隨動隨静，蓋動静皆吾心之本體，體用一原故也。若謂静未發爲本體，而外已發而動以爲言，恐亦岐而二之也。答孟津。

石翁「名節，道之藩籬者」，云藩籬耳，非卽道也。若謂卽道，然則東漢之名節，晨門荷蕢之高尚，皆爲得道耶？蓋無其本也。答王順渠。

天理二字，聖賢大頭腦處，若能隨處體認，真見得，則日用間參前倚衡，無非此體，在人涵養以有之於己耳。上白沙先生。

兩承手教，格物之論，足仞至愛。然僕終有疑者，疑而不辨之則不可，欲辨之亦不可。不辨之，則此學終不一，而朋友見責。王宜學則曰：「講求至當之歸，先生責也。」方叔賢則亦曰：「非先生辨之而誰也？」辨之，則稍以兄喜同而惡異，是己而忽人。是己而忽人，則己自聖而人言遠矣，而陽明豈其然乎？乃不自外而僭辨之。蓋兄之格物之説，有不敢信者四：自古聖賢之學，皆以天理爲頭腦，以知行爲工夫，兄之訓格爲正，訓物爲念頭之發，則下文誠意之意，卽念頭之發也，正心之正，卽格也，於義文[二]不亦重複矣乎？其不可一也。又於上文知止能得爲無承，於古本下節以修身説格致爲無取，其不可二也。兄之

[一] 「别個路頭若」五字據賈本補。
[二] 「義文」賈本、備要本作「文義」。

格物云正念頭也，則念頭之正否，亦未可據，如釋、老之虚無，則曰「應無所住而生其心，無諸相，無根塵」，亦自以爲正矣。楊、墨之時，皆以爲聖矣，豈自以爲不正而安之？以其無學問之功，而不知所謂正者，乃邪而不自知也，其所自謂聖，乃流於禽獸也。夷、惠、伊尹、孟子亦以爲聖矣，而流於隘與不恭，而異於孔子者，以其無講學之功，無始終條理之實，無智巧之妙也。則吾兄之訓，徒正念頭，其不可者三也。論學之最始者，則説命曰：「學於古訓乃有獲。」周書則曰：「學古入官。」舜命禹則曰：「惟精惟一。」顔子述孔子之教則曰「博文約禮」，孔子告哀公則曰「學問思辨篤行」，其歸於知行並進，同條共貫者也。若如兄之説，徒正念頭，則孔子止曰「德之不修」可矣，而又曰「學之不講」何耶？止曰「默而識之」可矣，而又曰「學而不厭」何耶？又曰「信而好古敏求」者何耶？子思止曰「尊德性」可矣，而又曰「道問學」者何耶？所講所學，所好所求者，何耶？其不可者四也。考之本章既如此，稽之往聖又如彼。吾兄確然自信，而欲人以必從，且謂「聖人復起，不能易」者，豈兄之明有不及此？蓋必有蔽之者耳。若僕之鄙説，似有可采者五：訓格物爲至，其理始雖自得，然稽之程子之書，爲先得同然，一也。考之章首「止至善」，卽此也。上文知止能得，爲知行並進至理工夫，二也。考之古本，下文以修身申格致，爲於學者極有力，三也。大學曰「致知在格物」，程子則曰「致知在所養，養知在寡欲」，以涵養寡欲訓格物，正合古本以修身申格物之旨爲無疑，四也。以格物兼知行，其於自古聖訓「學問思辨篤行」也，「精一」也，「博約」也，「學古」「好古」「信古」也，「修德講學」也，「默識」「學不厭」也，「尊德性」「道問學」也，「始終條理」也，「知言養氣」也，千聖千賢之教，爲不謬，五也。五者可信，而吾兄一不省焉。豈兄之明有不及此？

蓋必有蔽之者耳。僕之所以訓格者，至其理也；至其理云者，體認天理也；體認天理云者，兼知行合內外言之也。天理無內外也。陳世傑書報吾兄，疑僕隨處體認天理之説，爲求於外。若然，不幾於義外之説乎？求卽無內外也。吾之所謂隨處云者，隨心隨意隨身隨家隨國隨天下，蓋隨其所寂所感時耳。一耳，寂則廓然大公，感則物來順應。所寂所感不同，而皆不離於吾心中正之本體。本體卽實體也，天理也，至善也，物也，而謂求之外，可乎？致知云者，蓋知此實體也，天理也，至善也，物也，乃吾之良知良能也，不假外求也。但人爲氣習所蔽，故生而蒙，長而不學則愚。故學問思辨篤行諸訓，所以破其愚，去其蔽，警發其良知良能者耳，非有加也，故無所用其絲毫人力也。如人之夢寐，人能喚之惺耳，非有外與之惺也。故格物則無事矣，大學之事畢矣。若徒守其心，而無學問思辨篤行之功，則恐無所警發，雖似正實邪，下則爲老、佛、楊、墨，上則爲夷、惠、伊尹也。何者？昔曾參芸瓜，誤斷其根，父建大杖擊之，死而復甦。曾子以爲無所逃，于父爲正矣。孔子乃曰「小杖受，大杖逃」，乃天理矣。一事出入之間，天人判焉，其不可講學乎？詰之者則曰：「孔子又何所學？心焉耳矣。」殊不知孔子至聖也，天理之極致也，仁熟義精也，然必七十乃從心所欲不踰矩。人不學，則老死于愚耳矣。若兄之聰明，非人所及，固不敢測。然孔子亦嘗以學自力，以不學自憂矣。今吾兄望高位崇，其天下之士所望風而從者也，故術不可不慎，教不可不中正，兄其圖之！兄其圖之，則斯道可興，此學可明矣。若兄今日之教，僕非不知也，僕乃嘗迷方之人也。且僕獲交於兄，十有七年矣，受愛於兄，亦可謂深矣，嘗愧有懷而不盡吐，將爲老兄之罪人，天下後世之歸咎。乃不自揣其分，傾倒言之，若稍有可采，乞一俯察；若其謬妄，宜擯斥之。吾今可以默矣。答陽明論格物。

語録

衡問：「舜之用中，與回之擇中庸，莫亦是就自己心上斟酌調停，融合人心天理否？」先生曰：「用中，擇中庸，與允執厥中，皆在心上，若外心性，何處討中？事至物來，斟酌調停者誰耶？事物又不曾帶得中來。故自堯、舜至孔、顔，皆是心學。」

盤問「日用切要工夫」。道通曰：「先生之教，惟立志、煎銷習心、體認天理，之三言者，最爲切要，然亦只是一事。每令盤體驗而熟察之，久而未得其所以合一之義，敢請明示。」先生曰：「此只是一事。天理是一大頭腦，千聖千賢，共此頭腦，終日終身，只是此一大事，更無別事。立志者，立乎此而已；體認是工夫，以求得乎此者，煎銷習心，以去其害此者。心只是一箇好心，本來天理完完全全，不待外求，顧人立志與否耳！孔子十五志於學，卽志乎此也。此志一立，三十、四十、五十、六十、七十，直至不踰矩，皆是此志。變化貫通，只是一志。志如草木之根，具生意也；體認天理，如培灌此根；煎銷習心，如去草以護此根。貫通只是一事。」

心問：「如何可以達天德？」道通云：「只體認天理之功，一内外，兼動静，徹始終，一息不容少懈，可以達天德矣。」盤亦問：「何謂天德？何謂王道？」道通謂：「君亦理會慎獨工夫來。敢問慎獨之與體認天理，果若是同與？」先生曰：「體認天理與慎獨，其工夫俱同。獨者，獨知之理，若以爲獨知之地，則或有時而非中正矣，故獨者，天理也。此理惟己自知之，不但暗室屋漏，日用酬應皆然。慎者，所以體認乎此而已。若如是，有得便是天德，便卽王道，體用一原也。」

一友問：「何謂天理？」衡答曰：「能戒慎恐懼者，天理也。」友云：「戒慎恐懼是工夫。」衡曰：「不有工夫，如何得見天理？故戒慎恐懼者，工夫也，能戒慎恐懼者，天理之萌動也。循此戒慎恐懼之心，勿忘勿助而認之，則天理見矣。孰焉如堯之兢兢，舜之業業，文王之翼翼，卽無往而非天理也。故雖謂戒慎恐懼爲天理可也。今或不實下戒慎不睹、恐懼不聞之功，而直欲窺天理，是之謂先獲後難，無事而正，卽此便是私意遮蔽，烏乎得見天理耶？」先生曰：「戒慎恐懼是工夫，所不睹不聞是天理，工夫所以體認此天理也，無此工夫，焉見天理？」

舜臣問：「正應事時，操存此心，在身上作主宰，隨處體認吾心身天理真知，覺得吾心身生生之理氣，所以與天地宇宙生生之理氣，脗合爲一體者，流動于腔子，形見于四體，被及於人物。遇父子，則此生生天理爲親；遇君臣，則此生生天理爲義；遇師弟，則此生生天理爲敬；遇兄弟，則此生生天理爲序；遇夫婦，則此生生天理爲別；遇朋友，則此生生天理爲信；在處常，則此生生天理爲經；在處變，則此生生天理爲權；以至家國天下，華戎四表，涖官行法，班朝治軍，萬事萬物，遠近巨細，無往而非吾心身生生之理氣。根本于中而發見於外，名雖有異而只是一箇生生理氣，隨感隨應，散殊見分焉耳，而實非有二也。卽此便是義以方外之功，卽此便是物來順應之道，而所以行天下之達道者在是焉。愚見如此，未審是否？」先生曰：「如此推得好，自『隨處體認』以下至『實非有二也』，皆是。可見未應事時只一理，及應事時纔萬殊。中庸所謂『溥博淵泉而時出之』，正爲此。後儒都不知不信，若大公順應，敬直義方，皆合一道理。宜通上章細玩之，體用一原。」

一友問：「察見天理，恐言於初學，難爲下手。」衢答曰：「夫子之設㊀科也，中道而立，能者從之。天理二字，是就人所元有者指出，以爲學者立的耳。使人誠有志于此，而日加體認之功，便須有見。若其不能見者，不是志欠真切，便是習心障蔽。知是志欠真切，只須責志，知爲習心障蔽，亦是責志，卽習心便消而天理見矣。」先生曰：「天理二字，人人固有，非由外鑠，不爲堯存，不爲桀亡。故人皆可以爲堯、舜，途之人可以爲禹者，同有此耳。故途之人之心，卽禹之心，禹之心，卽堯、舜之心，總是一心，更無二心。蓋天地一而已矣。記云：『人者，天地之心也。』天地古今宇宙内，只同此一個心，豈有二乎？初學之與聖人同此心，同此一個天理，雖欲强無之又不得。有時見孺子入井，見餓殍，過宗廟，到墟墓，見君子，與夫夜氣之息，平旦之氣，不知不覺，萌動出來，遏他又遏不得。有時志不立，習心蔽障，又忽不見了。此時節，蓋心不存故也，心若存時，自爾見前。唐人詩亦有理到處，終日覓不得，有時還自來，須要得其門。所謂門者，勿忘勿助之間，便是中門也。得此中門，不患不見宗廟之美，百官之富。責志去習心是矣，先須要求此中門。」

一友患天理難見。衢對曰：「須于心目之間求之。天理有何形影，只是這些虚靈意思，平鋪著在，不容你增得一毫，減得一毫，輕一毫不得，重一毫不得，前一步不得，却一步不得，須是自家理會。」先生

㊀「設」原作「説」，據備要本改。

曰：「看得儘好，不增不減，不輕不重，不前不却，便是中正。心中正時，天理自見。難見者，在於心上工夫未中正也。但謂『天理有何形影』是矣，又謂『只是這些虚靈意思，平鋪著在』，恐便有以心爲天理之患，以知覺爲性之病，不可不仔細察。釋氏以心之知覺爲性，故云蠢動含靈，莫非佛性，而不知心之生理乃性也。平鋪二字無病。」

孚先問：「戒慎不睹，恐懼不聞，敬也，所謂必有事焉者也。勿助勿忘，是調停平等之法，敬之方也。譬之内丹焉，不覩不聞，其丹也，戒慎恐懼，以火養丹也，勿助勿忘，所謂文武火候，然否？」先生曰：「此段看得極好，須要知所謂其所不睹，其所不聞者，何物事？此卽道家所謂真種子也。故其詩云：『鼎内若無真種子，如將水火煮空鐺。』試看吾儒，真種子安在？尋得見時，便好下文武火也。勉之！勉之！」

衡嘗與仲木、伯載言學，因指鷄母爲喻云：「鷄母抱卵時，全體精神都只在這幾卵上，到得精神用足後，自化出許多鷄雛來。吾人於天地間，萬事萬化，都只根源此心精神之運用何如耳！」呂、陸以爲然。一友云：「説鷄母精神都在卵上，恐猶爲兩事也。」此又能輔衡言所不逮者。先生曰：「雞卵之譬，一切用功，正要如此接續。許大文王，只是緝熙敬止。雞抱卵，少間斷，則這卵便毈了。然必這卵元有種子，方可。若無種的卵，將來抱之雖勤，亦毈了。學者須識種子，方不枉了工夫。何謂種子？卽吾此心中這一點生理，便是靈骨子也。今人動不動只説涵養，若不知此生理，徒涵養個甚物？釋氏爲不識此種子，故以理爲障，要空要滅，又焉得變化？人若不信聖可爲，請看無種子鷄卵，如何抱得成雛子皮毛骨血形體全具出殼來？都是一團仁意，可以人而不如鳥乎？精神在卵内，不在抱之者，或人之言，亦不可廢也。明道先生言：『學者須先識仁。』

衡問儒釋之辨。先生曰：「子可謂切問矣。孟子之學，知言養氣，首欲知詖淫邪遁之害心，蓋此是第一步生死頭路也。往年曾與一友辨此，渠云：『天理二字，不是校仙勘佛得來。』吾自此遂不復講。吾意謂天理正要在此岐路上辨，辨了便可泰然行去，不至差毫釐而謬千里也。儒者在察天理，佛者反以天理爲障；聖人之學，至大至公，釋者之學，至私至小，大小公私，足以辨之矣。昨潘稽勳、石武選亦嘗問此，吾應之曰：『聖人以天地萬物爲體，既以身在天地萬物內，何等廓然大公，焉得一毫私意？凡私皆從一身上起念，聖人自無此念，自無意必固我之私。若佛者務去六根六塵，根塵指耳目口鼻等爲言，然皆天之所以與我，不能無者，而務去之，卽己一身亦奈何不得，不免有意必固我之私，猶强謂之無我耳，何等私小！』二子聞言，卽悟歎：『今日乃知如此，先正未嘗言到。』」

或問：「學貴煎銷習心，心之習也，豈其固有之污歟？」曰：「非固有也，形而後有者也，外鑠而中受之也。如秦人之悍也，楚人之詐也，心之習于風氣者也。處富而鄙吝，與處約而好侈靡者，心之習于居養者也，故曰：『性相近也，習相遠也。』煎銷也者，鍊金之名也。金之精也，有污於鉛者，有污於銅者，有污於糞土之侵蝕者，非鍊之不可去也。故金必百煉而後精，心必百煉而後明。」先生曰：「此說得之。認得本體，便知習心，習心去而本體完全矣，不是將本體來換了習心，本體元自在，習心蔽之，故若不見耳。不然，見赤子入井，便如何膨發出來？故煎銷習心，便是體認天理工夫。到見得天理時，習心便退聽。如煎銷鉛銅，便是煉金，然必須就爐錘，乃得煉之之功。今之外事以求静者，如置金于密室，不就爐錘，雖千萬年也，只依舊是頑雜的金。」

衢謂：「未發之中，唯聖人可説得。若是聖人而下，都是致和底工夫。然所謂和者，不戾于中之謂，乃是就情上體貼此中出來。中立而和生也，到得中常在時，雖併謂之致中和，亦可也。然否？」先生曰：「道通所謂『情上體貼此中出來』一句，與『中立而和生』，皆是。其餘未精。致中和乃修道立教之功用，道至中和極矣，更又何致耶？若以未發之中爲聖人分上，致和工夫爲聖人而下學者分上，則又欠明了。所不睹不聞，即未發之中也，道之體也。學者須先察識此體，而戒慎恐懼以養之，所謂養其中也。中立而和生焉。若謂自然而中，則惟聖可能也。若工夫，則正是學者本源緊要處，動以養其靜。道通徒見戒慎恐懼字，以爲致和耳。」

或有認思慮寧静時爲天理，爲無我，爲天地萬物一體，爲鳶飛魚躍，爲活潑潑地，自以爲灑然者，因言：「遇動輒不同，何也？」衢應之曰：「譬之行舟，若這個舟，風恬浪静時，或將就行得，若遇狂風迭浪，便去不得也。要去，須得柁柄在手。故學莫先于立主宰，若無主宰，便能胸中〔一〕無他閒思雜想，亦只討得個清虛一大氣象，安得爲天理？安可便説鳶飛魚躍？程明道先生嘗言：『鳶飛戾天，魚躍于淵，與必有事焉而勿正意同。』昔聰明如文公，直到晚年，纔認得明道此意。未知這必有事焉，是何事？」先生曰：「天理亦不難見，亦不易見，要須切己實用，必有事焉而勿正工夫，乃可真見，都是鳶飛魚躍，不然亦只是説也。」

衢謂：「初學之士，還須令静坐息思慮，漸教以立志，體認天理，煎銷習心，及漸令事上磨鍊。衢嘗

〔一〕「中」字據賈本補。

歷歷以此接引人，多見其益。動静固宜合一用工，但静中爲力較易，蓋人資質不同，及其功用純雜亦異，須是因才成就，隨時點化，不可拘執一方也。然雖千方百計，總是引歸天理上來，此則不可易。正猶母鷄抱卵，須是我底精神合併他底精神一例用，方得，如何？」先生曰：「静坐，程門有此傳授。伊川見人静坐，便歎其善學。然此不是常理。日往月來，一寒一暑，都是自然常理流行，豈分動静難易？若不察見天理，隨他入闗入定，三年九年，與天理何干？若見得天理，則耕田鑿井，百官萬物，金革百萬之衆也，只是自然天理流行。孔門之教，居處恭，執事敬，與人忠。黄門毛式之云：『此是隨處體認天理。』甚看得好。無事時不得不居處恭，卽是静坐也。有執事與人時，如何只要静坐？使此教大行，則天下皆静坐，如之何其可也？明道終日端坐如泥塑人，及其接人，渾是一團和氣，何等自然！」

「日昨孚先以長至在邇，作飯會。席間因講『復其見天地之心』，衝謂諸友云：『人心本自坦坦平平，卽所謂天地之心，不待復而後見也。聖人見人多迷而不復，恐其滅絶天理，不得已而又就其復處指點出來，欲令人便循著擴充將去也。吾輩若能守得平坦之心常在，卽不消言復，只怕無端又生出别念來耳。故顔子克己，只是不容他軀殼上起念。』諸友以爲然。如何？」先生曰：「冬至一陽初動，所爲來復時也。天地之心，何時不在？特於動物時見耳。人心一念萌動，卽是初心，無有不善，如孟子乍見孺子將入於井，便有怵惕惻隱之心，乍見處亦是初心復時也。人之良心，何嘗不在？特於初動時見耳。若到納交要譽，惡其聲時，便不是本來初心了。故孟子欲人就于初動處擴充涵養，以保四海。若識得此一點初心真心，便是天理。由此平平坦坦，持養將去，可也。若夫不消言復一語，恐未是初學者事，雖顏子亦未知㊀此道。顏子猶不遠復，毋高論，要力行實地有益耳。」

潘稽勳講：「天理須在體認上求見，舍體認，何由得見天理也？」衡對曰：「然。天理固亦常常發見，但人心逐外去了，便不見，所以要體認。纔體認，便心存，心存便見天理，故曰：『不能反躬，天理滅矣。』又曰：『復其見天地之心。』體認是反躬而復也，天地之心即我之心。生生不已，更無一毫私意參雜其間，此便是無我，便見與天地萬物共是一體，何等廣大高明！認得這個意思，常見在，而乾乾不息以存之，這纔是欛柄在手，所謂其幾在我也。到那時，恰所謂開闔從方便，乾坤在此間也。宇宙內事，千變萬化，總根源于此，其妙殆有不可言者，然只是一個熟，如何？」先生曰：「此節所問所答皆是，然要用功實見得，方有益。中間云『纔體認便心存，心存便見天理』，不若心存得其中正時，便見天理也。如此體認工夫，尤更直截。其後云云，待見天理後，便見得親切也。」

陳子才問：「先生常言，見得天理，方見得人欲，如何？」衡謂：「才體認，便見得大理，亦便見得人欲。蓋體認是天理萌動，人心得主宰時也，有主宰便見人欲。文王緝熙，只體認不已，便接續光明去，便容不得一毫人欲，此便是敬止。從此到至善，只一條直路。因竊自歎曰：『明見得這條路在前面，還只不肯走，病果安在耶？』願賜鞭策。」先生曰：「文王緝熙敬止，便是止至善，便是體認天理工夫。若見得時，李延平所謂一毫私意亦退聽也。豈不便見得人欲乎？若人之酒醒，便知是醉也。若謂明見得這條路在前面，如何不肯走？或是未曾上路也，又何遲迴顧慮？無乃見之未明，或有病根，如憂貧之

㊀「知」原作「如」，據賈本改。

類，在内爲累故耶？若欲見之明，行之果，須是將習心打破兩層三層，乃可向往也。」

一友語經哲曰：「須無事時，敬以直内，遇有事，方能義以方外。」經哲曰：「恐分不得有事無事。聖人心事，内直則外自方，學者恐義以方外事，亦是做敬以直内工夫，與修辭立誠，亦是做忠信進德工夫，纔見得心事合一也。先生隨處體認天理之訓，盡此二句之意，便見打透明白，不知是否？」先生曰：「隨處體認天理，兼此二句包了，便是合内外之道。敬以包乎義，義以存乎敬，分明不是兩事。先儒未嘗説破，予一向合看。如此見得遺書中謂『釋氏敬以直内則有之，義以方外則無有』，決非程子語也。吾子看到此，難得。」

一友問：「明道先生言天理二字，却是自家體貼出來。今見朋友中，開口便説天理，某却疑先生教人要察見天理者，亦是人自家體貼乎此耳，非謂必欲人圖寫個天理與人看也，如何？」衝對曰：「誠然！誠然！天理何嘗有定形，只是個未發之中。中亦何嘗有定體，人但常以心求中正爲主意，隨時隨事，體認斟酌，調習此心，常合于中正，此便是隨處皆天理也。康誥所謂『作稽中德』，亦是如此。求也自求，見也自見，得也自得，他人不能與其力，便是見得，亦不能圖寫與人看。雖然説工夫處，却不能瞞得人也。未知是否？」先生曰：「天理只是自家體認，説便不濟事。然天理亦從何處説得？可説者，路頭耳，若連路頭也不説，便如何去體認？其全不説者，恐是未嘗加體認工夫，如未曾行上路的人，更無疑問也。所云『心求中正，便是天理』，良是。然亦須達得天理，乃可中正。而不達天理者，有之矣，釋氏應無所住而生其心是也，何曾達得天理？」

若愚問：「中庸尊德性道問學一章，朱子以存心致知言之，而未至力行者，厥義維何？幸夫子教之。」先生曰：「後世儒者，認行字別了，皆以施爲班布者爲行，殊不知行在一念之間耳。自一念之存存，以至于事爲之施布，皆行也。且事爲施布，豈非一念爲之乎？所謂存心卽行也。」

若愚問：「天理，心之主也；人欲，心之賊也。一心之微，衆欲交攻，日侵月蝕，賊漸內據，主反退聽，旦晝所爲，時或發見，殆亦杯水於輿薪之火耳，如弗勝何？今欲反其故，復其眞，主者主之，賊者賊之，如之何其用力也？幸夫子教之！」先生曰：「這個天理眞主未嘗亡，特爲賊所蔽惑耳，觀其時或發見可知矣。體認天理，則眞主常在，而賊自退聽，不是外邊旋尋討主入室來，又不是逐出賊使主可復也。只頃刻一念正，卽主翁便惺，便不爲賊惑耳。二者常相爲消長。」

問：「劉子曰：『民受天地之中以生』，性之所以立也。子思曰：『中者，天下之大本』，用之所以行也。』體用一原，顯微無間，學者從事于勿助勿忘之間而有得。夫無聲無臭之旨，則日用應酬，莫非此中，發見流行之妙，不啻執規矩以爲方圓，蓋曲當也。然堯、舜『允執之中』，孟子『無權之中』，似就事物上說，故後世有求中于外者，不知『危微精一』，皆心上工夫，而『權』之一字，又人心斟酌運量之妙。以中乎不中者，則既以反其本矣，舍此不講，而徒于事物上每每尋個恰好底道理，雖其行之無過不及，而固已入于義外之說，恐終亦不免于執一而已矣。臆見如此，未知何如？」先生曰：「聖人之學，皆是心學。所謂心者，非偏指腔子裏方寸內與事爲對者也，無事而非心也。堯、舜『允執厥中』，非獨以事言，乃心事合一。允執云者，脗合於心，與心爲一，非執之於外也。所謂權者，亦心也，廉伯所云『斟酌運量之本』是也。若能於事物上察見自然天理，平時涵養，由中正出，卽由仁義行之學，何有不可？若平時無存養工夫，只到事來面前，纔思尋討道理，卽是行仁義必信必果之學，卽是義外，卽是義襲而取之者也。誠僞王霸之分，正在於此。」

問：「中庸不睹不聞，與詩無聲無臭之旨，何以異？天理本無形聲可以議擬，但只恁地看，恐墮于無。若于無中想出一個不睹不聞景象，則亦滯于有矣。無卽佛氏之所謂空，有卽其所謂相也，二者皆非也。然則不無而無，不有而有，其心之本體乎？其在勿助勿忘之間乎？近來見得如是，幸夫子明以教我。」先生曰：「此事正要理會，廉伯能以疑問知，是善理會矣。在人爲不睹不聞，在天爲無聲無臭，其實一也。如舊說，不睹不聞，無聲無臭，却墮于虛無而不自知矣。然於不睹不聞，而必曰『其所』，是有實體也；於無聲無臭而必曰『上天之載』，是有實迹也，何墮于無？這個不睹不聞之實體，程子所謂『亦無有處有，亦無無處無』，乃心之本體，不落有無者也。須于勿助勿忘之間見之，要善體認。吾于中庸測難已說破，惟諸君于心得中正時，識取本體，自然見前，何容想像！」

奉謂：「孟子所謂『持其志，毋暴其氣』者，亦無本末之分，不過欲人存中以應外，制外以養中耳，使知合觀並用之功也。公孫丑疑而問者，未達乎此而已矣！」先生曰：「志氣不是兩物，志卽氣之精靈處，志之所至，氣亦至焉，故持志卽毋暴氣，都一齊管攝。如志欲手持則持，志欲足行則行，豈不内外一致？存中應外，固是，制外之心，非由中乎㈠？不必分内外。」

㈠「中乎二」字據賈本補。

清問：「昨者坐中一友言『夜睡不着』，先生謂其『未曾體認天理，故睡不着』。清因舉蔡季通『先睡心，後睡眼』，文公以爲古今未發之妙』言之，先生不以爲然。豈以其岐心目爲二理耶？」先生曰：「吾意不以爲然者，非以岐心目爲二理也。只先着一個睡字，便是安排。事事亦復如是。所謂體認天理者，亦非想像，想像亦便是安排。心中無事，天理自見，無事便自睡得着，何意何必？」

「毛式之日來工夫儘切身，衡家居全得此友往來商確耳。但渠銖較寸量，念頭尚未肯放下，多病精神不足，可惜也。願先生療以一言，渠若見得完全，却會守得牢固。」先生曰：「毛君素篤信吾學，隨處體認天理，此吾之中和湯也。服得時，卽百病之邪自然立地退聽，常常服之，則百病不生，而滿身氣體中和矣。何待手勞脚攘，銖較寸量乎？此心天理，譬之衡尺，衡尺不動，而銖銖寸寸，自分自付，而衡尺不與焉。舜之所以無爲而天下治者，此也。此劑中和湯，自堯、舜以來，治病皆同。天理人心不仕事，心兼乎事也。」

朱鵬問：「道通云『隨處體認天理，卽孔門博約一貫之義』者，然則博學于文，約之以禮，須合作一句看始明，請示其的。」先生曰：「隨處體認天理，與博約一貫同，皆本于精一執中之傳。博文約禮，還是二句，然則一段工夫，一齊並用，豈不是同一體認天理？」

衡問：「先生嘗言：『是非之心，人皆有之，此便是良知，亦便是天理。』竊以爲是非之心，其在人也，雖私欲亦蒙蔽他不得。譬諸做强盜，人若説他是强盜，他便知怒。又如做官人要錢底，渠亦怕人知覺，及見人稱某官何等清廉，渠亦知敬而自愧。可見他本心自是明白，雖其貪利之心，亦蔽他不得。此正是他天理之心未嘗泯滅處。學者能常常體察乎此，依着自己是非之心，知得真切處，存養擴充將去，此便是致良知，亦便是隨處體認天理也。然而，外人多言先生不欲學者之言良知者，豈慮其體察未到，將誤認于理欲之間，遂以爲真知也耶？」先生曰：「如此看得好。吾于大學『小人閒居』章測難，備言此意。小人至爲不善，見君子卽知掩不善，又知著其善，又知自愧怍，人視己如見肺肝；又如賊盗至爲不道，使其乍見孺子將入井，卽有怵惕惻隱之心，豈不是良知？良知二字，自孟子發之，豈不欲學者言之？但學者往往徒以爲言，又言得別了，皆説心知是非皆良知，知得是便行到底，知得非便去到底，如此是致。恐師心自用，還須學問思辨篤行，乃爲善致。」

衢問：「先生儒佛之辨明矣。竊以爲論佛氏曰『當先根究其初心，不合從軀殼起念，且緩責其苦根塵、絶倫理之罪』，蓋由其舉足之差，遂使其謬至于此極也，故衢每與朋儕言學，須先探訊其志，然後與論工夫。若其志不正，雖與講得極親切，只是替他培壅得私己的心，反幫助潤飾得他病痛，後來縱欲敗度，傷殘倫理，或反有甚於佛氏者。孔子於門人，往往誘其言志，孟子欲人察於善利之間者，殆爲是耳。故自學教人，皆宜先正其志，何如？」先生曰：「佛氏初心，軀殼起念，卽是苦根塵、絶倫理之罪，是同條共貫事。然問罪者，先須按其實迹贓證，乃可誅之也。今只誅其軀殼起念，則彼又有無諸相之説，必不肯服。從事聖人之書者，亦有縱欲敗度，傷殘倫理，然不可謂之儒，聖人必不取之。而佛者之教，正欲人人絶滅倫理，如水火之不相同。子比而同之，且抑揚之間，詞氣過矣。正志之説，甚好。」

衢問：「先生教人體認天理，衢卽于無事時，常明諸心，看認天地萬物一體之善；至有事時，卽就此心上體會，體會便應去求個是便了，不識然否？」先生曰：「吾所謂天理者，體認于心，卽心學也。有事無事，原是此心。無事時萬物一體，有事時物各付物，皆是天理充塞流行，其實無一事。」

「經哲向前領師尊教，每令察見天理，哲苦天理難見，正坐失于空中摸索耳。近就實地尋求，始覺日用間一動一止，一事一物，無非這個道理。分明有見，但猶有一等意思牽滯，未肯真實認他做主耳，非難見也。竊以人生天地間，與禽獸異也，人得天地之中耳。中乃人之生理也，卽命根也，卽天理也，不可頃刻間斷也。若不察見，則無所主宰，日用動作，忽入於過不及之地，而不自知矣。過與不及，卽邪惡之漸，去禽獸無幾矣。故千古聖賢授受，只一個中，不過全此天然生理耳。學者講學，不過講求此中，求全此天然生理耳。入中之門，曰勿助勿忘，中法也。以中正之法，體中正之道，成中正之教也。體認天理，卽體認中也。但中字虛，天理字真切，令人可尋求耳。不知是否？」先生曰：「體認正要如此真切，若不用勿助勿忘之規，是無也。」

「經哲與一友論擴充之道，經哲以擴充非待發見之後，一端求充一端也。只終日體認天理，卽此是敬。敬卽擴充之道，非敬之外又有擴充工夫也。所謂操存涵養，體驗擴充，只是一事。如戒懼慎獨以養中，中立而和自發，無往而非仁義禮智之發見矣。孟子曰：『苟能充之，足以保四海。』重在足字，非必保四海而後爲充也，只是求復吾廣大高明之本體耳。不知是否？」先生曰：「今之所謂致良知者，待知得這一是非，便致將去，此所謂待發見之後，一端求充一端也。只一隨處體認天理，擴充到盡處，卽足保四海，卽是高明廣大之本體。」

津問：「鳶飛魚躍，活潑潑地，學者用功，固不可不識得此體。若一向爲此意擔閣，而不用參前倚衡的工夫，終無實地受用。須是見鳶飛魚躍的意思，而用參前倚衡的工夫，雖用參前倚衡的工夫，而鳶飛魚躍之意自在。非是一邊做參前倚衡的工夫，一邊見鳶飛魚躍的意思，乃是一併交下。惟程明道謂『必有事焉，而勿正，心勿忘，勿助長，未嘗致纖毫人力』最盡。」先生曰：「鳶飛魚躍，與參前倚衡，同一活潑潑地，皆察見天理工夫。識得此意而涵養之，則日進日新，何擔閣之云？不可分爲二也。所舉明道『必有事焉，勿正，勿忘，勿助長，元無絲毫人力』之說最好。勿正，勿忘，勿助，中間未嘗致絲毫人力，乃必有事焉之工夫的當處。朱傳節度二字最好，當此時節，所謂參前倚衡，所謂鳶飛魚躍之體自見矣。陽明謂勿忘、勿助之說爲『懸虛』，而不知此乃所有事之的也，舍此則所有事無的當工夫，而所事者非所事矣。」

子嘉問：「程子曰：『勿助、勿忘之間，乃是正當處。』正當處卽天理也，故參前倚衡，與所立卓爾，皆見此而已，必見此而後可以語道。或以勿助、勿忘之間乃虛見也，須見天地萬物一體，而後爲實見。審如是，則天地萬物一體，與天理異矣。人惟不能調習此心，使歸正當，是以情流私勝，常自扞格，不能體天地萬物而一之。若能于勿助、勿忘之間，真有所見，則物我同體在是矣。或于此分虛實者，獨何歟？故圖說曰：『性者，天地萬物一體者也；心也者，體天地萬物而不遺。』舍勿助、勿忘之間，何容力乎？伏惟明示，以決嘉之疑。」先生曰：「惟求必有事焉，而以勿助、勿忘爲虛。陽明近有此說，見於與聶文蔚侍御之書。而不知勿正、勿忘、勿助，乃所有事之工夫也。求方圓者必於規矩，舍規矩則無方圓。舍勿忘、勿助，則無所有事，而天理滅矣。下文『無若宋人然』，非徒無益，而又害之可見也。不意此公聰明，未知此要妙，未見此光景，不能無遺憾，可惜！可惜！勿忘、勿助之間，與物同體之理見矣。至虛至實，須自見得。」

子嘉問：「克己復禮，一功也。克己而禮自復，禮復而後己可言克矣。蓋一心之中，理欲不容並立也。或者專言克己，必己私克盡而後禮可復，則程子生東滅西之語，何謂乎？若謂初學之士，習心已久，不免己私之多，故先言克己以覺之，卽先正所謂非全放下，終難湊泊之謂也。以此爲講學始終之要，恐非中正也。殊不知言復禮則克己在其中，言克己則復禮不外矣。若得其要，于勿助、勿忘之間，雖言克己，亦可也。若不得其要，不知所克者何物，縱云克己，亦不過把持而已，爲能盡克而不生乎？若謂顏子之功，尚亦如此，況其他乎？蓋顏子之資，生知之亞，故己一克而卽去不萌，所謂不貳過是也。非若後世一一而克之之謂也。或以爲存天理無所捉摸，不若克己之爲切是，蓋未得其功于勿助、勿忘之間者也。若果能有見于勿助、勿忘之間，則己私又何容乎？嘉以爲，既真有所見，復于受病深者而克之，則日漸月磨，己不知而自克也。嘉知所見或亦偏墮而不知，伏惟詳示。」先生曰：「克己復禮，故不是二事。然所謂克己者，非謂半上半下也，去之盡乃謂之克也。己私纔盡，天理立復，若其不繼，又復如初。惟隨處體認天理最要緊，能如是，則克復在其中矣。謂體認天理，不如克己者，蓋未知此。且克己惟以告顏子，而不告仲弓諸人，蓋非人人所能也。今人只說克己耳，又何曾克來？若待到知是己私時，其機已住，又安能克？惟是祇悔耳。」

子嘉問：「隱顯無間，動静一功，子所雅言也。或者不求立其本體，而專磨煉于事，遂詆静坐者爲非。夫静坐而不求諸人事，而後可以言偏矣。若專用力于事，而不求見本體，則與静坐之弊均矣，又何誚彼耶？不知所謂磨煉者，又何物耶？況所謂隨處體認天理，非專于事也，體認也者，知行並進之謂也。識得此天理，隨時隨處，皆知行並進乎此天理也。若曰隨事，則偏于事而非中正矣。毫釐千里之差，所係不細，伏惟垂教。」先生曰：「體認天理，而云隨處，則動静心事，皆盡之矣。若云隨事，恐有逐外之病也。孔子所謂居處恭，乃無事静坐時體認也，所謂執事敬，與人忠，乃有事動静一致時體認也，體認之功貫通動静顯隱，即是一段工夫。」

問：「周子曰：『無極而太極。太極動而生陽，動極而静，静而生陰，静極復動，一動一静，互爲其根，分陰分陽，兩儀立焉。』夫動静一也，而爲動而生陽，静而生陰，則動静各自爲一物矣。謂常體不易者爲静，妙用不息者爲動，則所謂静極復動，動極復静者，不可通矣。夫所謂分陰分陽，兩儀立焉者，其以天地之形體育之乎？亦以其性情言之乎？以其形體言之，則天主動，地主静，動静分矣。以其性情言之，則所謂陽變陰合，而生金木水火土者，又何謂也？願示。」先生曰：「觀天地間只是一氣，只是一理，豈常有動静陰陽，二物相對，蓋一物而兩名者也。夫道一而已矣，其一動一静，分陰分陽者，蓋以其消長迭運言之，以其消故謂之静，謂之陰，以其長故謂之動，謂之陽。亘古亘今，宇宙内只此消長。觀四時之運與人一身之氣可知，何曾有兩物來？古今宇宙，只是一理，生生不息，故曰動静無端，陰陽無始，見之者，謂之見道。」

問：「白沙先生有語云：『静坐久之，然後吾心之體隱顯呈露，常若有物。』觀此，則顔之卓爾，孟之躍如，蓋皆真有所見，而非徒爲形容之辭矣。但先生以静坐爲言，而今以隨處體認爲教，不知行者之到家，果孰先而孰後乎？明道先生曰：『天理二字，是某體貼出來。』是其本心之體，亦隱然呈露矣。而十二年之後，復有獵心之萌，何也？意者體貼出來之時，方是尋得入頭去處，譬如仙家之説，雖是見得玄關一竅，更有許多火候温養工夫，非止謂略窺得這個景像，可以一了百了。如何？」先生曰：「虚見與實見不同。静坐久，隱然見吾心之體者，蓋爲初學言之，其實何有動静之間！心熟後，雖終日酬酢萬變，朝廷百官萬事，金革百萬之衆，造次顛沛，而吾心之本體，澄然無一物，何往而不呈露耶？蓋不待静坐而後見也。顔子之瞻前忽後，乃是窺見景象，虚見也，至于博約之功，既竭其才之後，其卓爾者，乃實見也。隨處體認天理，自初學以上皆然，不分先後，居處恭，執事敬，與人忠，即隨處體認之功，連静坐亦在内矣。」

問：「先生曰：『無在無不在，只此五字，循而行之，便有無窮難言之妙。白沙先生所謂高明之至，無物不覆，反求諸身，不在于人欲也。無不在者，無不在于天理也。』郡竊謂此五字，當渾全以會其意，不當分析以求其義，分析則支離矣。既有學問思辨之功，意不向别處走，不必屑屑於天理人欲之分析也。此緊關終身受用之地，更願發揮，與同志者共之。」先生曰：「此段看得好，五字不可分看，如勿忘勿助四字一般，皆説一時事，當此時天理見矣。常常如此，恒久不息，所以存之也。白沙先生所謂欛柄在手者如此，此乃聖學千古要訣。近乃聞不用勿忘勿助之説，將孰見之、孰存之乎？是無欛柄頭腦，學問者不可不知。」

問：「先生曰：『神易無方體，學者用無在無不在之功夫，當内外動静渾然之兩忘也。』蓋工夫偏于静，則在于静矣，工夫偏于動，則在於動矣，工夫偏於内，則在於内矣，工夫偏于外，則在於外矣，非所謂無在無不在也，非所謂無方體也，非所謂活潑潑地也。切料如此，不知其果然否乎？」先生曰：「神易最可玩，此當以意會，不可以言盡也。當知易是甚？神又是甚？皆於勿忘勿助無在無不在之間見之，何内外動静之分？會得時便活潑潑地。」

問：「竊料天地之心，動而無動，静而無静之妙，貫晝夜寒暑古今，而無不然也。而此獨以亥子爲然者，必有説矣！願聞所謂亥子中間者。」先生曰：「動静之間，即所謂幾也。顔子知幾，正在此一着。」

道通復問：「惟意必固我，故不能貫通，心事合一持養否？」答曰：「惟不於心事合一持養，心地不能灑然，而物來順應，則每事擬議商量，憧憧憒憒，便是意必固我。」

先生曰：「先師白沙先生與予題小圓圖屋詩有云：『至虚元受道。』又語予曰：『虚實二字，可往來看，虚中有實，實中有虚。』予謂太虚中都是實理充塞流行，只是虚實同原。」

先生曰：「戊子歲除，召各部同志諸君飲于新泉，共論大道。飲畢言曰：『諸君知忠信爲聖道之至乎？學者徒大言詩人而無實德，無忠信故也。故主忠信，忠信所以進德，直上達天德以造至誠之道。忠信之外，無餘事矣。』既而語羅民止、周克道、程子京曰：『忠信者，體認天理之功盡在是矣。中心爲忠，心中故實，是謂之信。心之不實，全是不中不正之心爲之。』問：『如何中心？』曰：『勿忘勿助之間，則心中矣。』」

孟津問：「心之本體，莫非天理，學者終日終身用功，只是要循着天理，求復本體而已。本體何分於動静乎？明道云：『須看喜怒哀樂未發前作何氣象。』延平之教，默坐澄心，體認天理。象山誨學者曰：『須在人情事變上用工夫。』喜怒哀樂情也，亦事也，已發者也。一則欲求諸已發，一則欲看諸未發，何與？竊意三先生之教一也。明道爲學者未識得本體，看未發之前氣象，正欲體認本體也。認得本體，方好用功。延平亦明道意也。象山恐學者未識於實地用功，即墮於空虚滸蕩，便有岐心事爲二之病。人情事變，乃日用有實地可據處，即此實地，以體認吾心本然之天理，即人情事變，無不是天理流行，無不是未發前氣象矣。若不從實地體認出來，竊恐病痛未除，猶與本體二也。幸賜明教。」先生曰：「來問亦看得好。三先生之言，各有所爲而發，合而觀之，合一用功乃盡也。吾所謂體認者，非分已發未發，未分動静。所謂隨處體認天理者，隨已發未發，隨動隨静，皆吾心之本體，蓋動静體用一原故也。如彼明鏡然，其明瑩光照者，其本體也。其照物與不照物，任物之來去，而本體自若。心之本體，其於未發已發，或動或静，亦若是而已矣。若謂静未發爲本體，而外已發而動以爲言，恐亦有岐而二之之弊也。前輩多坐此弊，偏内偏外，皆支離而非合内外之道矣。吾心性圖備言此意，幸心體之。」

先生曰：「主一個天理，陽明常有此言。殊不知無適之謂一，若心主一個天理在内，即是物，即非一矣。惟無一物，乃是無適，乃是主一。這時節，天理自見前矣。觀此，則動容貌，整思慮，未便是敬，乃所以生敬也。」

問：「由、求亦要爲邦，曾點要灑然爲樂，其志夐不同者，豈聖人以其事迹觀之，顧有取于窮居樂善，而不取於用世行志者耶？但其間有大意存焉，而謂理之無在無不在也。夫有點之樂，奚必舍去國事，適清閑之地，浴沂詠歌而後樂之乎？爲邦亦是曾點合當爲的。使由、求、赤得點之意，則何嫌于用世？但三子見得一處，點見得無處不是此理。使點只認得彼處是樂，亦猶夫三子之屑屑事爲矣，尚謂之見大意乎？孔子仕止久速，未嘗留意，孟子大行不加，窮居不損，是何物也？可因以窺與點之意矣。請問是否？」先生曰：「曾點正爲不曾見得無處不是此理意思，故須求風浴詠歸始樂。若見得，隨處體認，天理流行，則爲邦爲政，何往而非風浴之樂？點雖樂優于三子，然究竟言之，過猶不及耳，終是未能一貫。若以此爲堯、舜氣象，則又認錯堯、舜也。」

問：「人心與天地萬物爲一體，是則然矣。但學者用功，只當于勿忘勿助上着力，則自然見此心虛明之本體，而天地萬物，自爲一體耳。故曰『立則見其參於前也，在輿則見其倚於衡也』，曰『古人見道分明』，曰『已見大意』，曰『見其大』，皆指見此心本體言之爾。若爲學之始，而遽云要見天地萬物爲一體，恐胸中添一天地萬物，與所謂守一中字者，不相遠矣。是否？」先生曰：「吾意正如此。勿忘勿助，心之中正處，這時節，天理自見，天地萬物一體之意自見。若先要見，是想像也。王陽明每每欲矯勿忘勿助之説，惑甚矣。」

問：「竊看爲學之始，雖不可遽云要見天地萬物一體，然爲學之初，亦不可不知天地萬物與吾一體。蓋不知此體，則味于頭腦矣。故程子曰『學者須先識仁體』。先生亦嘗教孚先曰：『鼎內若無真種子，却教水火煮空鐺。』又曰：『須默識一點生意。』此乃知而存也。韋推官止見得程子所謂存久自明以下意思，乃存而知也，竊疑如此，未知是否？」先生曰：「固是。大頭腦，學者當務之急，然始終也須於勿忘勿助處見。」

先生曰：「知崇而禮卑，中行之士也。行者中路也，以上便可到聖人地位。狂者有智崇而無禮卑，狷者有禮卑而無智崇，孔子思得狂狷，蓋欲因其一偏之善，抑揚進退之。狂狷交用，則知崇禮卑，天地合德，便是中行，可踐迹而入聖人之室矣。」

先生曰㊀：「楊慈湖豈是聖賢之學？乃真禪也，蓋學陸象山而又失之者也。聞王陽明謂慈湖遠過於象山，象山過高矣，又安可更過？觀慈湖言人心精神是謂之聖，是以知覺爲道矣。如佛者以運水搬柴無非佛性㊁，又蠢動含虛無非佛性，然則以佛爲聖，可乎？」

先生曰：「聰明聖知，乃達天德，故入道係乎聰明，然聰明亦有大小遠近淺深，故所見亦復如此。曾記張東海謂：『定性書動亦定，静亦定，有何了期？』王陽明近謂：『勿忘勿助，終不成事。』夫動静皆定，忘助皆無，則本體自然合道成聖，而天德王道備矣。孔、孟之後，自明道之外，誰能到此？可知是未曾經歷。二君亦號聰明，亦正如此，故人之聰明，亦有限量。」

先生曰：「有以知覺之知爲道，是未知所知者何事。孟子言：『予將以斯道覺斯民。』則所覺者道

㊀「先生曰」三字原作「問」，據賈本改。
㊁「性」原作「信」，據賈本改。

也。儒釋之分，正在此。」

問㈠：「體認天理最難。天理只是吾心中正之體，不屬有無，不落方體，纔欠一毫，已便不是，纔添一毫，亦便不是。須是義精仁熟，此心洞然與之爲體，方是隨處體認天理也。或曰：『知勿忘勿助之間，則見之。』竊謂勿忘勿助，固是中規，然而其間，間不容髮，又不是個有硬格尺可量定的，只這工夫，何緣便得正當？」先生曰：「觀此可見吾契曾實心尋求來，所以發此語。天理在心，求則得之。夫子曰：『我欲仁，斯仁至矣！』但求之自有方，勿助勿忘是也。千古惟有孟子發揮出來，須不費絲毫人力。欠一毫便不是，纔添一毫亦不是，此語最是。只不忘助時，便添減不得，天理自見，非有難易也，何用硬格尺量也？孟子曰：『物皆然，心爲甚。』吾心中規，何用權度！」

㈠ 賈本「問」字上有「懷」字。

明儒學案卷三十八　甘泉學案二

太僕呂巾石先生懷

呂懷字汝德，號巾石，廣信永豐人。嘉靖壬辰進士。自庶吉士出爲給事中，復入春坊，以南京司業掌翰林院事，遷南太僕寺少卿，致仕。先生受學于甘泉，以爲「天理良知本同宗旨，學者功夫無有着落，枉自説同説異」。就中指點出一通融樞要，只在變化氣質，故作心統圖説，以河圖之理明之：「一六同宗，二七同道，三八爲朋，四九爲友，各居一方。五十在中，如輪之有心，屋之有脊，兼統四方。人之心五十也，陰陽合德，兼統四端，命曰人極。至于氣質，由身而有，不能無偏，猶水火木金，各以偏氣相勝，是偏氣勝則心不能統之矣，皆因心同形異，是生等差，故學者求端於天，不爲氣質所局矣。」先生之論，極爲切實，可以盡横渠之藴。然尚有説。夫氣之流行，不能無過不及，故人之所禀，不能無偏。氣質雖偏，而中正者未嘗不在也。猶天之寒暑，雖過不及，而盈虚消息，卒歸於太和。以此證氣質之善，無待於變化。理不能離氣以爲理，心不能離身以爲心，若氣質必待變化，是心亦須變化也。今曰「心之本來無病，由身之氣質而病」，則身與心判然爲二物矣。孟子言陷溺其心者爲歲，未聞氣質之陷其心也。蓋橫渠之失，渾氣質於性；先生之失，離性於氣質，總由看習不清楚耳。先生所著有律吕古義、曆考、廟議諸書。

論學語

竊謂天道流行，命也；與心俱生，性也。在天曰命，在人曰性，實一本耳。前後五者，皆性于己而命于天，世之人但知以前五者爲人性，而不知節之以天理，以後五者爲天命，而不知求之於人心，故孟子謂聲色臭味安佚之欲，與心俱生，人之性也。然有本之天理而不可易者，君子固不謂由於人性恣然自肆，而不思所以節之於理也。仁義禮智，天道之懿，一理流行，天之命也。然有根於人心而不容僞者，君子固不謂出於天命，而不思所以性之于己也。夫心卽理，理卽心，人心天理，無非中者。然性本人心，而有不出于理者，是形氣之私，而非性之真；命出天理，而有不根於心者，是拘蔽之妄，而非命之正。性命合一，天人不間，知而行之，此孟子之所以亞聖也。答毛介川。

氣之存亡，間不容髮，一念之得，則充塞天地，一念苟失，卽墮落體膚，是故孟子論養氣，必以集義爲事。此氣流行，生生不息，是吾之本心也，義與心俱，何以待集？蓋忘助間之耳。忘助人也，勿忘勿助則義集，人欲泯而天理流行矣。程子謂勿忘勿助與鳶飛魚躍意同，正謂是也。

此理此心，流行天地，默而識之，隨處充足。烟花林鳥，異態同情，俯仰之間，萬物一體，不言而喻。若只恁地操持，恐不免只是義襲工夫，到底止得聖門所爲難耳。已上答曾廓齋。

不睹不聞，卽吾心本來中正之體，無生無弗生，無存無弗存，苟有絲毫人力，便是意必固我，而生存之理息矣。故君子戒慎恐懼，常令惺惺，便是生存之法。答戚南山。

天以生物爲心，生生不息，命之所以流行而不已也。聚散隱顯，莫非仁體，性之所以與心俱生也。循是出入，是實有不得已而然者。道之無内外，無終始也，直立天地，貫始終内外而一之者，人之所以爲仁也。毫髮與道不相入，便是不仁，便自不貫，便屬滅息。是故君子盡心知性知天，存心養性事天，皆所以爲道仁身，俟此命之流行也。答唐一菴。

天命之中，無不包貫，此吾心本體也。此心同，此理同，其爲包貫亦無弗同。流行神理，豈有豐嗇厚薄哉？唯其流行而既形焉，于是二氣分，五行判，交錯不齊，而理之神有不能盡然者矣，非其本體之神有豐嗇厚薄也。蓋陰陽五行，適得其初則中，中則心存，心存則本體洞然而無所障蔽，知微知彰，知柔知剛，其神固不改也。陰陽稍偏，皆屬障蔽，偏陰知柔，偏陽知剛。其障淺薄者易化，深長者難化。及其化之，淺薄者可盡，而深長者雖功深力至，欲其本體精明，瑩然如初，畢竟不能。譬如濁水，昏溷之極，雖澄清之久，畢竟不如泉流初出山下之體也。謂繫于所禀神理之數不齊，雖得理氣合而不分，然不免于理氣混而無别。

心統圖說，正爲發明性善本于天理。其言偏仁偏義氣質等論，總只是指點病根之所從來。蓋性統於心，本來無病，由有身乃有氣質，有氣質乃有病，有病乃有修。是故格致誠正，所以修身，戒懼慎獨，所以修道。身修道立，則静虚動直，天理得而至善存矣。非以氣質爲惡性，與性善待並出也。已上與蔣道林。

静坐工夫，正要天機流行，若是把定無念，卽此是念，窒塞天機，竟添一障。且好惡與人相近，與見孺子入井，有怵惕惻隱之心，盡屬動處，何曾把定無念？蓋一陰一陽謂道，繼善成性，乃是天則。合下是個聖人之資，稟天地至中至和之氣以生，性道流行，止于至善，何動何静？只爲吾人稟氣，不免有偏勝去處，且晝紛紛，客氣浮動，念慮相仍，盡屬軀殼，間有良心透露去處，也自混過，旋復埋没，故程子静坐之説，正欲和靖於静中透露天機，庶幾指點下手工夫，方有着落。其説實自孟子夜氣四端發揮出來。雖然，天德不可强見，須涵泳從容，不着一物，優而游之，厭而飫之，恍然而悟，悠然而得，方是實見。此則所謂莫見莫顯，人所不知而己獨知之者。只此意流行不塞，便是王道。吾輩但得此意常在，不令埋没，卽就日用感應正處識取亦得，不必拘拘專任静坐間耳。與楊朋石。

古今天下人才不相上下，辟如倉公之笥，藥食品類，與今天下之毉之笥，不甚相遠也，而其生人殺人之功頓殊。察脈診病，主方用藥，有當有不當耳。居今之時，治天下之事，苟使盡當天下之才，挽回之勢，當必有可觀，未可遂謂今天下盡無人也。與歐陽南野。

不肖妄意聖學，嘗從諸賢之教，作大公順應工夫，日用應酬，胸中頗覺定静。久久從容校勘，雖有一二偶合去處，然以揆之聖賢之道，以爲便只如此，則盡未也。因而不能自信，反求其故。又三十餘年，始悟心同形異，知愚賢不肖之所自生。以氣質有蔽之心，只持無念，便作大公順應，此其所以終身由之，而不可以底于道也。答周都峯。

昔人謂安土敦仁，天下一人而已。蓋種種病痛，都從自家軀殼上生。試從天下一人上理會，東西南北，到處即家，進退窮通，何往非我？如此省却多少魔障。答趙雪屏。

來諭：「性無氣質，知有聞見，氣質不能累性，良知必藉聞見而後致。」愚不敢以爲然。夫聞見者，形氣之所感發也。形氣不偏，合下盡如聖人，隨感而應。此雖紛華波蕩之中，猶自無聲無臭，上天之載，於是乎存，而何聞見之與有？若或氣質偏勝，則感應失中，此其軀殼物而不化之氣，暗著心體，所以往往自謂聲臭俱寂，而不知其閉目静坐，猶自墮落聞見。學問思辨，兀兀窮年，終日終身，只逐聞見上奔走，良知之致，又將焉藉哉！竊見古來聖賢，求仁集義，戒懼慎獨，格致誠正，千言萬語，除却變化氣質，更無別勾當也。復王損齋。

易言直内方外，通書言静虚動直，皆兼舉互言，畢竟是有内有外，有静有動，欲　之不能。若固儱侗不分，以爲一則言静不必言動，言内不必言外，言動與外，不必又言静與内。致一之功，要有不在區區分上求同，而有無隱顯，通一無二，乃必有道矣。心也㊀者，陰陽五行之中也。有無隱顯，一以貫之，理也。孰非心者？氣質偏駁，則感應失中，内外動静不得其理，而一之道病。是故君子隨分致力，直之方之，虚之直之，理得心存，氣變質化，無内外，無動静，純一不二，而學之能事畢矣。然則存省之旨，亦何病於致一哉？世之學者，不責支離之病于氣質，而求一於虚直直方之間，迺責支離於内外動静，必求合□併於分以致一，此其所以言愈神而道愈遠，功愈密而幾愈離也。與黄滄溪。

㊀「也」字據賈本補。

方今吾輩學問，不可謂盡無豪傑之才、真切之士出於其間，只爲學術欠明，往往一出門來，便以見成聖人認在身上，却不去實反之身心，極深研幾，以求自得，是以自謂物來順應，而不知已離大公之體，自謂感而遂通，而不知非復天下之故。所以中庸卒章，既言學者立心爲己，而繼之以知遠之近，知風之自，知微之顯，可與入德，意可識矣。答謝顯。

近與一學者詩云：「直須對境無差錯，方是山中善讀書。」仲木究竟此學有年，方今曾自視對境何如？大學曰：「如保赤子，心誠求之，雖不中，不遠矣。」今之爲政者，其當官未必盡不如古人，要之其清其慎其勤，緣只是做官，曷嘗有保赤子之心在此？所以雖極力繃把支持，而卒不免于弊也。答沈仲木。

詩曰：「民之所好好之，民之所惡惡之。此之謂民之父母。」只今吾子但有好惡念頭，須從父母心中流出，方是實學。答趙敏行。

竊嘗以奕喻之：羲畫八卦，是棊盤定局；文王八卦，又説出一個行路，車是直行，馬是日行，象是田行之類；周易六十四卦，如對局下棊，又説出一個棊勢變處，是如此時，要如此行，是如彼時，又要是如彼行。雜卦傳却是發明周易卦變，只是一個吉凶消長進退存亡之道，是故六十四卦者，三十二卦闔闢之謂也。有吉有凶，有消有長，有進而存，有退而亡，是故剛柔、憂樂、與求、見雜、起止、盛衰之類，種種不同，而其爲一闔一闢，一往一來，無非道之變動。夫子觀時察變，其于易也思過半矣。答詹孟仁。

太極之極，卽下文陽極生陰，陰極生陽之極。極處便是生處，此陰陽統會之中，所爲天地之心，不動不静之間是也。故言易有太極，陽爲陰根，陰爲陽根，一理流行，生生不息。是則動静無端，陰陽無始，故言太極本無極也。

種種計較，利害得失之私，都向氣質上生。德性用事，百般病痛都消，是故知者不惑，仁者不憂，勇者不懼。直則直，讓則讓，只有面前一個道理，曷嘗有個直之不可、讓之不可道理在？昔日太王避狄，何曾生着一個讓之不可之心？世守勿去，何須多着一個直之不可之心？讓之不可，直之不可，畢竟是計較利害得失之私，氣質所生也。

古人無入不自得境界，元不是一切丢放度外，只求一快活便了。其曰素位而行，千緒萬端，物各付物，不知有多少條理在。反身循理，莫非天理流行之實，活潑潑地，有絲毫人力不得而與焉者，此之謂自得。這個境界，若不由戒懼慎獨，格致誠正上得來，恁他説得活潑潑地，若丢放得下，便是强自排遣。

天理良知，本同宗旨，識得原因著脚，則千蹊萬徑，皆可入國。徒狥意見，不惟二先生之説不能相通，古人千門萬户，安所適從？今卽便于良知天理之外，更立一方亦得，然無用如此。故但就中指點出一通融樞要，只在變化氣質。學問不從這上著脚，恁説格致，説戒懼，説求仁集義，與夫致良知，體認天理，要之只是虚弄精神，工夫都無着落。已上答葉德和。

繫辭曰：「一陰一陽之謂道，繼之者善也，成之者性也。」天則也。天則流行，陰陽未有偏勝，闔闢往來，本自生生不息。形聚質成，軀殻氣生，陰陽交駁，志以氣行，而天道或幾於息矣。以故一旦軀殻既敝，積陰不化之氣，不可反升於天，依草附木，爲鬼爲祟，頓令此身飄流散落，弗獲歸根復命，與草木同朽腐而已矣。天之生物，使之一本，父母全而生之，子全而歸之，繼善成性，不以生存，不以死亡，生生化化，通乎死生晝夜而知者，歸根復命之謂也，雖謂之不死可也。釋氏説法度人宗旨，不過以蘊空之説爲根本，聲音之道爲作用，不落鬼道爲法門。今所傳心經，字母其本教也，而其爲末法，又不過窺見世俗積惡任氣，死則物而不化，鬱陰愴悽，游魂如夢，直以鐃鼓聲音散之，是驅之速於滅亡而已，豈有所爲聖賢安身立命之道哉！予昔爲太僕時，直宿，隸告以夜中有鬼，投石隸舍，終夜不息。隸舍之西，爲亭池空地，直繞衙後。予視之，見有空房一區，幽陰闃寂，蓋人跡所不臨之地。予問此何房？有老隸密告以故。予曰：「噫嘻！積陰聚而不散，以聲音散之當止。」乃令直夜敲擊梆鈴，叫噪其中，旬日之間，鬼不復投石。予豈嘗修齋念佛，效法超度邪？聲音散之而已耳。答祝介卿。

一實萬分，不相貫串感應，不知淵默中有多少魑魅魍魎，乘風投隙，零碎答應，何神、何明、何王、何聖之降之生，作之成也。答孟仁。

道心惟微，上天之載，無聲無臭也。聲臭皆屬氣質，爲輕躁，爲怠忽，粗率浮動，百孔千瘡，皆從此發，危莫甚焉。是故精者不粗之名，一者不二之名。不粗不二，更無聲臭可言。氣質變化，而天載存矣，執中之道也。答葉德微。

予年十八九時，切慕聖賢之學，日涉蹊徑，旋開旋塞。一日讀延平語録，教人觀喜怒哀樂未發氣象。予竊嘗試之，積日累月，稍覺氣質漸次清明，問學漸次得力。是故喜怒哀樂未發，豈真冥然無覺之謂也？苟真冥然無覺，則戒慎恐懼，孰其尸之？白沙曰：「戒慎恐懼，閑邪存其誠而已。」是故莫見乎隱，莫顯乎微，誠之不可掩也。曲能有誠，推而致之，形著動變，誠斯立焉。至誠之德，著于四方，悠遠博厚高明，而一本之道備矣。是故不知反觀，不可與語于閑存，不知閑存，不可與語于戒懼。」此吾儒存省思誠之學，與異端枯寂蘊空，毫釐千里之辨。其曰喜怒哀樂未發前氣象，非可觀者，幾何其不流而爲虛無之續也。李靜齋榮獎序。

一友曰：「日用應事，只從心之安處，便是良知。」又一友曰：「予往往於心之不安處，求而得之。」東廓曰：「良知者，心之真知也，天然自有之中也。」良知發于心之所安，固也。非其所安之正而發也者，非心之真也。發於心之不安，固也。非其所不安之正而發也者，非心之真也。皆病也，氣質誘之也。是故戒懼慎獨之慎從真，學者只常常戒懼不離，無分寂感，一以貫之。此其爲致良知而已矣。東廓先生文集序。

廣信婁一齋先生，受業康齋之門，歸與其徒論學。饒陽永豐潘、夏二先生游焉。潘德夫方正嚴毅，終日終身，出入準繩規矩。夏東巖則性度春和，涵養純粹，人以明道方之。懷常謁先生于家，先生飲之，其姪貞獻新釀秫酒，請爲令。先生時方督學山東，笑語懷曰：「某此去不能爲新奇酒令，但循古套行酒，期于浹洽，不亦可乎？」先生兩楹對語，有「天人一處須由敬，內外忘時始是仁」之句，先生指謂懷曰：「某平生問學，只此二語，是用功最得力處。」東巖文集序。

聖人之道在心，心之道在天地，天地之道見于陰陽，陰陽之道著於易。河圖之數，易數也，而天地聖人之道存焉，是故易有太極。太極者，天地之心，陰陽所始，實無始也；陰陽所終，實無終也。一理動靜，兩儀肇分，一二三四五，水火木金土生焉，六七八九十，水火木金土成焉。生者爲動、爲陽、爲天，成者爲静、爲陰、爲地。動陽之陽，一二爲太陽，陽之陰，三四爲少陰；静陰之陰，六七爲太陰，陰之陽，八九爲少陽。中分二儀，横列四象，一變一合，八卦相盪。天，太陽之陽㊀，一水生，象乾。太陽之陰，二火生，象兑。少陰之陽，三㊁木生，象離。少陰之陰，四金生，象震。地，太陰之陰，六水成，象坤。太陰之陽，七火成，象艮。少陽之陰，八木成，象坎。少陽之陽，九金成，象巽。天卦四，地卦四，一六同宗，位北水；二七同道，位南火；三八爲朋，在東木，四九爲友，居西金。陽極於五，陰極於十，如輪之在心，如屋之在脊，合之有中，分之無迹，兼統四方，有極無極，土之所以成始成終，太極之象也。方其天道流行，動而生陽，一二三四，陽動斯極，動極生陰，造化萬物。陽變爲感，應隨陰合，洪纖高下，各肖形色。六七八九，四陰一氣，地道終事㊂，陰極陽至，天根動萌，精純㊃粹美。是故心生形成，萬物咸備。少陽木之性，仁；太陽金之性，義；少陰火之性，禮；太陰水之性，智；信兼四德，五性是具。心統性情，道根天地，乾道爲性，坤道爲情。是故仁之端惻隱，寛裕、温柔有容，少陽木之應也；義之端羞惡，發强、剛毅有執，太陽金之應也；禮之端恭敬，齊莊、中正有敬，少陰火之應也；智之端是非，文理、密察有別，太陰水之應也。剛柔之中，陰陽合德，兼統四端，命曰人極。人極者，心也。是故知覺運動，不足以

㊀「陽」原作「陰」，據備要本改。
㊁「三」原作「一」，據備要本改。
㊂「事」原作「畢」，據賈本、備要本改。
㊃「純」原作「明」，據賈本、備要本改。

盡心。陰陽有統，剛柔有中，三極一本，原始要終，心之則也。是故禽獸之倫，有知覺亦有運動，生同本原，成襲偏氣，陰塞陽拘，識心私己。草木之無知識，偏塞之極也。人亦物也，動靜變合，周流復始，陰剥陽生，虛含萬理，此其形合神存，靈通知類也。然陽奇陰耦，天清地濁，陽以陰成，大從地作，游氣因依，互有純駁，純者聖，駁者愚，心同形異，是生等差。故木多偏仁，金多偏義，火多偏禮，水多偏智，陽多偏剛，陰多偏柔。多微者偏，多甚者惡。五性感動，弗由於則。人心妄，天理塞，此其所以去禽獸不遠也。是故善學者恒求其端於天，正心正此，修身修此，擇善擇此，固執執此，理得心存，氣變質化。行此四德，徹上徹下，無餘欠，無假借，天人同歸，死生晝夜。孟子言盡心知性知天，存心養性事天，修身立命，至矣哉！心統圖說。

侍郎何吉陽先生遷

何遷字益之，號吉陽，江西德安人。嘉靖辛丑進士，除户部主事，歷官至南刑部侍郎。萬曆甲戌卒，年七十四。先生從學於甘泉。京師靈濟之會久虛，先生入，倡同志復之。先生之學，以知止爲要。止者，此心感應之幾，其明不假思，而其則不可亂。非止，則退藏不密，藏不密，則真幾不生，天則不見。此與江右主静歸寂之旨，大略相同。湛門多講研幾，而先生以止爲幾，更無走作也。其疏通陽明之學，謂「舍言行而别求一心，外功力而專任本體，皆非王門種子。」亦中流之一壺也。張鹵疏先生撫江右不滿人望，惜哉！

論學語

予往在京師，與巾石呂先生游，先生言時時不與逆也。則嘆曰：「聖人之學，無聲無臭，幾於心，而天地之化備，其斯以爲統乎？學者不察于統，而銖兩尺寸焉，索之思慮臆見之間，卒之破裂膠固，支離而不可幾也。則有厭苦其所操切，而思一托於空虛混合之區，以爲默識之學，二氏由之，往往藉此而後能得之也。嗟乎！假令孔子之門，其言渾淪變化，所持以爲統者，不可神明其德也，而藉於此，豈所以爲聖人之學哉？孔氏歿而默識之學亡，而二氏之説，因以糟粕贅疣乎我也，乃自古而憂之矣！」亡何，先生移南司成以去，而予亦去之濂溪白鹿之墟。踰年，與先生再遊於新泉之上，乃得所爲心統圖指示之。復嘆曰：「昔者奇耦之數，天地實爲之，而無聲無臭之體備矣。伏羲始作八卦，固將以冒此也，而非以明象也。然世之丘、索之徒，業既失之，其後擬續漸繁，離去宗本，而洗心之義□於詩經，於是周子憂之，而無極之説出焉。此其意豈以間於孔子哉？二五萬殊之列，象數之化也，要其所指，則舉無以發太極之義，而原極以著無之精，是所述於無聲無臭者，達乎天地人物未形之初，而不離於天地人物有形之後，所以推一本之撰，而盡立象設卦之情，其無以易此矣。周子而後，一本之義離，而孔氏之旨復，二五萬殊之感，又將以思慮臆見乘之，而莫知返者。由予所聞，於今蔽乎？無以發之也。」茲先生之所以憂，而圖之所以作歟？先生之圖，其數準乎天地，其象通乎伏羲，其指取乎周子，其於四時四德變合生成之際賾矣！而其微一約于統焉。統也者，道之體也，無聲無臭，貫乎天地人物之中，而不能遺者也。

伏羲居中之藴，而周子所舉於無之謂也。故觀天地於聲臭之外，則靈蠢賢愚莫非成性，不以形骸貴賤而異；觀人心於聲臭之外，則剛柔善惡莫非天理，不以耳目好惡而殊。此其統，非通天地人物于一本者，孰能知之？而可思慮臆見與焉乎哉！彼起念于形骸耳目之辨，而執之以爲決擇防檢之端，則有不得以思慮臆見竭其才，而甘心於空虛混合之所必易者。夫思慮臆見之不可以爲道也久矣，而空虛混合之説，又自逆其感通之源而淪滅之，其爲失也均，以是知先生之命於統，因器以彰道，本天以知人，合虛實隱顯而一之，其以發其一本之義也，亦可以深長患也已。予觀孔氏之門，所稱性命之指，必曰無聲無臭，而其學則於默識幾之。蓋其即神明之禮，不一蔽於思慮臆見之思，而感應往來，殊塗百慮，循其明覺而時出之，莫不各有天然不易之則，而其剛柔善惡之萌，與習俱化，自無復離合妨礙於其中者，此其所識。聲臭俱亡，實無一事，而天地之化不能違焉。故曰天地萬物一氣也，象數性命一形也，剛柔中和一性也，晝夜始終一故也。然則先生之所謂統者，由是以幾之，庶其可求也乎？雖然，先生之言賾而微，學者既知思慮臆見不可達於統，而或於所謂統者，又且兢兢焉變合生成之際，無以心悟先生之意而通其微，將使糟粕贅疣，復足以爲斯言病，固又先生之所憂也。心統圖説序。

自釋氏出，儒者襲之，相率以虛爲知，而卒無以體物，弊亦久矣。近代致知格物之學復明，學者類知求諸應感之機，以順性命而成化育，於是天聰明之藴，庶幾爲天下利，而空寂窠臼，若將推而易之。由孟軻氏以來，未有臻斯旨者，蓋孔門遺意也。此義既明，誦説漸廣，世之學者，乃或不能究其微，而高明之士，又益過之，承接依稀之見，自信當下，侈然以爲流行，而反之天則，往往疏漏粗浮，將使明明德於天下之學，又復一晦，而彼空寂者流，反得以其所獨至者掩之。此豈致知格物本旨哉！予嘗遡而求之，道有本末，學有先後，大學教人，以知止爲先，而后定静安慮由之。知止而后能定静安慮者，致知以格物也；定静安慮而后能得者，物格而后知至也。是故知止之義，雖高明之士，有不能舍之以徑趨者，甚哉！聖人爲學者慮，至深遠也！止者，此心應感之幾，其明不假思，而其則不可亂，善而無善，所謂至善也。有所不止焉，思以亂之，非其本體也。是故聖人亟指之，而欲以其知及之，信其本無不止之體，而究其有所不止之由，卽應感之間，察流行之主，使所謂不思而明、有則而不可亂者，卓然見於澄汰廓清之餘，而立于齊莊凝聚之地，是則知止之義，蓋致知格物者所必先，而聖人之所爲亟指也。由是而定静安慮，其爲消融長裕，雖甚敦篤精密，思以效與能之才而不可廢。然非知止，抑孰從而竭之？蓋不知止，則其思不一，其思不一，則其主不藏，其主不藏，則其幾不生，其幾不生，則其則不見，如是而曰定静安慮，皆誣而已。學焉而不得其旨，其流未有不至於漫焉以自誣者。夫以梏亡反覆之體，侈然於應感之間，而欲責其當下流行之幾，以充致知格物之量，是索照于塵鑑，而計溝澮之必江河也，惡可得哉？彼高明之士，苟能反身而絜比之，亦可自悟矣。贈滄守胡子序。

陽明之學，要於心悟，而取撰于致知，將以探言行所本，闢夫滯見聞而習度數者之非，而究其知出於自然，亦以信其所不息，而擴其所必燭。彼舍言行而別求一心，與夫外功力而任本體，皆非其旨也。嗣後一傳百訛，師心卽聖，不假學力，内馳見於玄漠，而外逃失於躬行，後生不察，遂謂言行不必根心，而聖人之學，不足達於用，由是繼之以畔。夫良知曰致，蓋必舉其靈晰圓神出于自然者，恍然澄定於廓清凝聚之餘，而日見其參立於前，而後養以長裕，漸以銷融，使其精微中庸，皆將畢於竭才，以幾渾合。如是，則所謂心悟者，非百倍其功不可入，而至于長裕銷融，固未嘗忘所有事也，此豈無假於學哉！龍岡摘稿序。

理一而分殊，知先後者其庶乎！知止，始條理也。立主宰以統流行，非遺外也，先立乎其大者爾。定静安慮，終條理也。流行中精此主宰，非離根也，致其用焉爾。儱侗似理一，防檢似分殊，遠矣哉！然則奈何？曰，由知止焉，精之而已矣。

知者行之主，行者知之用。良知良能，其體一也；致知格物，其工夫亦一也。學者能使其明覺之幾，歸於精實，則知行一矣。虚見非知也，襲義非行也，二之故也。二之者，離其體之謂也，故立本以利其用，君子務焉。成己卽能成物，非推也，傳有之：「有諸己而後求人，無諸己而後非人。」奈何曰「道有本末，學有先後」？始也盡其性而物體焉，所以道之也。既也察諸物而性盡焉，所以齊之也。齊而不道，謂之無本，霸術是已；道而不齊，謂之遺末，二氏是已。有始有卒，聖學其幾矣乎？

周一己之善，仁歟？贊一世之化，知歟？天地萬物，有根竅焉，往古來今，有宗統焉。君子中天下，定四海，仁知之事也，乃所性則不與焉，些子頭柄，全其爲人之道而已。故人也者，天地之靈也，萬物之命也，往古之藏，來今之準也。知此，謂之知學；信此，謂之信道。

學必有見，見不以默，是神識也，非性之明覺也。學必有造，造不以深，是襲取也，非性之真眘也。學必有措，措不以時，是力魄也，非性之動以天也。性者，上天之載，無聲無臭，見而無見，是爲真知；

造而無造，是爲實詣；措而無措，是爲當幾。故習以學者，不離乎節概、名義、勳庸、藝文之間，而不得夫節槩、名義、勳庸、藝文之迹，此於其質不已化而趍於中者乎？

居仁由義，窮居卽大行也，視達道何損焉？成器而動，大行卽窮居也，視求志何加焉？夫學，性情而已矣。不怨不尤，孔子所以學天也；不遷不貳，顔子所以學聖也。性，天命也，弘之存乎人，不慮而知，其誰命之？弘之亦奉天時，非人力爾！故不信天，則學無從；不竭人，則道不致。知天焉，盡矣！

人我立達，天所爲也。性，其仁乎？然立達不先，近無可取，將焉譬之？能此乃謂求仁。遺己急人，非天所爲爾，故求仁莫先反身。

退藏於密，神智出焉，惟洗心得之，乃見天則。天則無本末，然其主不藏，則其幾不生，退藏其至乎？洗心要矣。

造詣涵養，皆自見始，忘見而修，以身至之，日虛日新，不見其止，造詣極矣。涵養奚俟焉？卽見爲守，不可語悟，以是爲涵養，末矣。

生之謂性，原無對待。克伐怨欲之心，卽惻隱羞惡之心，只從不慮出來，則爲性，從軀殼上起，則爲妄。顔子不絕妄念，只妙悟此性。性性生生，則雖習心未淨，自無住脚處。如此乃能立本、經綸、知化育也。務絕念，并本來生機一齊滅熄，遂使天地之化，都無從發生，安得爲仁？

明儒學案卷三十九　甘泉學案三

郡守洪覺山先生垣

洪垣字峻之，號覺山，徽之婺源人。嘉靖壬辰進士。以永康知縣入爲御史，轉温州知府。閒住歸，凡四十六年而後卒，年近九十。先生爲弟子時，族叔熺從學文成，歸而述所得，先生頗致疑與精一博約之説不似。其後執贄甘泉，甘泉曰：「是可傳吾釣臺風月者。」丁未秋，偕同邑方瓘卒業東廣，甘泉建二妙樓居之。庚申，甘泉約遊武夷，先生至南安，聞甘泉訃，走其家哭之，越兩月而歸。先生謂體認天理，是不離根之體認，蓋以救師門隨處之失，故其工夫全在幾上用。幾有可見，未幾則無見也，以幾爲有無接續之交，此卽不睹不聞爲未動念時，獨爲初動念時之舊説也。不知周子之所爲幾者，動而未形有無之間，以其湛然無物，故謂之無，以其炯然不昧，故謂之有。是以有無合言，不以有無分言也。若自無而至有，則仍是離根之體認矣。先生調停王、湛二家之學，以隨處體認，恐求理於善惡是非之端，未免倚之於顯，是矣。以致良知似倚于微，知以知此理；以無心之知爲真知，不原先天，不順帝則，致此空如何用？夫知主無心，所謂不學不慮，天載也，帝則也，以此知爲不足恃，將必求之學慮，失却道心之微，則倚之于顯者，可謂得矣。得無自相矛盾乎？

方瓘字時素，號明谷。初從甘泉於南都，甘泉即令其爲諸生向導。甘泉北上及歸家，皆從之而往。以學爲急，遂不復仕。

理學聞言

學者，覺也。夷、惠謂之心安則可，謂之悦則不可。蓋悦重知不重行，知通乎行，故悦；行亦悦也，行局乎知，則雖知亦未免爲障耳。白沙之見端倪，於悦近之。

父母，根也。根孝弟，是不離根發生處，故生生之謂仁，舍此便是無根之學。仁義禮樂，何實之有！君子去仁，惡乎成名？非成君子之名也，古人名即是實。仁是體，名是事，安仁利仁是體，處約處樂是事。

萬殊一本是理，理一分殊是功，分殊即在理一中。有感應，無分合，内外兼該，是貫處，蓋一則内外兼該也。若云以一理貫萬事，是二之矣。

「忠是體，恕是用否？」曰：「不分體用，皆於感應上見之。體則無可言。有一言而可以終身行之者，其恕乎！行之即忠也。」

天道無名，而忠恕有路，故曰「違道不遠」。然於命脉則一爾。居處恭，執事敬，與人忠。心一也，在居處爲恭，在執事爲敬，在與人爲忠。日用即此三者，中間更無空閒間斷，便得仁體流通。

下學上達，至淡至簡，豈人所可與知？惟自知之，惟天知之。天知卽於自知中見之。天人二途，中間更無别路去。人所以還天，人所不知者，卽天知也。

行不貫徹，恐於事上着了脚，故有礙。子張問行，子貢問行，夫子惟告以忠信與忠恕。忠恕流通，卽自無礙脚處。

設無此身，何意之有？爲其有身也，故人己形而好惡之意起焉，是己與人流通之關鍵也。通則格，不通則不格，通則格乎天地，不通則否塞消亡。知者，察好惡而開意之金鑰也，知則覺而軀殼亡矣，故意有善惡，知則惟有善而無惡。「知善知惡是知，爲善去惡是格物，如何？」曰：「知善知惡，真知也。卽真知一路致之以通格乎物，若添爲善去惡二字，似又加一轉身，致與格二矣！」

慎獨誠意，皆喜怒哀樂上消磨，不落虚見。

戒慎不睹不聞，須從大志願上，未接物而本體自在，已接物而本體自如，不涉覩聞，乃戒慎也。

戒懼不睹不聞，猛然一爐真火，自然點雪不容。

喜怒皆天性流行，少離體便是遷，便是出位。遷對止而言，觀於未發之中，不但是怒時忘怒觀理。

從人欲上起念，便踏危機。從天理上起念，便踏安機。機動之初，自以爲細微，可以僥倖無事，故忽忽爲之，遂至於不可止，不知害已在其中。智者卽觀理欲於毫芒，而利害不與。利害展轉，則昏塞愈甚。

言顧行，行顧言，顧不在言行，而在體認天理，一顧俱得。

經綸大經，其大不在功業，而在此心。心無私，則日用細微皆大經也。

無惡於志，譬如日月着不得纖翳，故能無聲無臭。

志在幾先，工夫則於幾時，原非起念。

不動而敬，不言而信，本體全功，不分動靜。

孟子不動心，在集義有事上。告子不動心，在不動心上。不得勿求，是欲效廓然而實私也，歸之内焉耳矣。彼長我長，彼白我白，是欲效順應而實逆也，成之外焉耳矣。是内便非外，不得勿求，便彼長彼白，一病也。

勿求於氣，是持志，而志與氣二，故曰志一則動氣，氣動卽心動矣。孟子之養氣，是志至，而志與氣一，故曰持其志，毋暴其氣，氣安卽心安矣。蓋心志皆氣之所萃，故不動氣者，是不動心之要訣也。

不得勿求，似不動心，而實病心，似物各付物，而實外物。

志氣一舟也，志至氣次，是有舵之舟。運用伸縮，只見舟，不見有舵，氣一動，志斯無舵矣。志一動，氣執舵而用之者，非其人也。

其爲氣也，配義與道，於天地絪緼時觀之，無理氣分合處。

孔、孟言敬，言集義，言精一博約，皆是渾流片段工夫，不是逐事逐時照管。有時事者，感應耳，常寂常感。

助者無根之謂，集義工夫止于根上着力，則雖奮迅勇果，亦是生意震發，概謂之助不可。

乃若其情，則可以爲善。此情字是「繼之者善」善字上來，忽然之間，真情發見，卽繼之之意。若施之事爲，離幾已遠，其情不得而見矣。

平旦未與物接，無好惡可見，而何以曰與人相近？只是其氣清明，無所好惡，便是相近。

舍生取義，以生與義並論，是不得已喚醒常人語。若在賢者，則真是生順死安，論義理不論生死，豈有身與義對者乎？

放者意也，非心也；求之者心也，致知之事也，故曰欲誠其意者，先致其知。以心使心，非矣。

盡性無工夫，工夫在盡心上。

吾人與萬物爲體，身之精靈，萬物之根也。反身而誠，天機流行，發育萬物，故樂，仁體也。行之著，是生機露，習之察，是生機精到神處。

楊氏爲我，人自爲人，物自爲物，牛自爲牛，馬自爲馬，而不以我與之。是亦物各付物，而實出于意見，故無情。

子莫執中，是事上求中，事上豈能有中來？嘗記呂涇野、馬西田、崔後渠過朝廷香案，一曰「下馬」，一曰「虛位」，講論未定，其一曰：「予一脚下馬，一脚不下，如何？」可知執中自是無此理。

命之流行，有剛柔純駁，而生生之本，未嘗不在。故剛柔純駁可以言偏，而不可以言惡。

道無不在，隨位而在。三百八十四爻，總是一個思不出其位。故曰位當、位不當，古人身無閒也。

問「定性」。曰：「率性之謂道，率性而行，便不消言定。定亦率也，非率而定，雖定未免有病。」

心不入細微，還從聲色貨利名習見粗處蔽之。分殊在理一上流行，如水各滿其器然。禁止矜持，雖非善學，然亦有可用之時，與截瘧相似，一截則元氣自復。天地之塞，吾其體無欠缺處，卽是塞。知此，則知帥矣，不必更見有塞體段。風波不起，本體和平自在。

無知而無不知，有無一體。老子恃其不知以爲知，其知猶有着處，蓋退以爲進也，於寂體不似。變化氣質，亦須有造命手，從天命上轉透。

「思慮不定，何故？」曰：「只爲心中有物在爾。吾人居常有思做盜者否？以其無此念也。須廓然坦然，强把着不得。」

問：「視聽爲氣，聰明爲性，何如？」曰：「視聽氣也，亦性也。視聽之聰明，氣之粹，而性之正者也。以視聽爲非性，則形色天性非矣。」

思從意起則滯，思從心體則通。

萬物不能礙天之大，萬事不能礙心之虛。人處大運中，吉凶悔吝，無一息暫停。聖人只隨地去看道理，亦無停息。所行有滯礙處，必思有以通之，其智益明。

若要撥開頭上路，先須推倒面前牆。面前何牆？牆在吾心耳。心不蔽，則家國天下皆在吾格致中矣。故物格意誠，而心廣體胖。

朱子謂：「儒以理爲不生不滅，釋氏以神識爲不生不滅。」夫理因神識以發，儒豈能外神識以自存者？但我儒理與神識爲一物，而釋之神識，恐理爲之障耳。理豈爲障？障之者意也。

體認天理，是不離根之體認。

人只能一心一路，如九河就道，滔滔中行，更無泛思雜念，方是學問。

未應則此知渾然，與物爲體，既應則此知粲然，物各付物。若云意之所在謂之物，似有無知無物之時。其爲物不貳，與萬物載焉，只是一物。

五行相資相濟，一時具備，所以純粹中和，而能爲四時之消息流行也。有微著而無彼此，有偏全而無欠缺，若謂春夏秋冬，各以一物自爲生克勝負，謬矣。蓋消息卽是生克也。

「變化氣質，不如致良知之直截，何如？」曰：「是當下頓悟之説也。人之生質，各有偏重，如造形之器，亦有志至而氣未從者，譬之六月之冰，安得一照而遽融之？五十以學易，可以無大過。夫子亦且不敢如此説，故其變化，直至七十方不踰矩。」

東郭嘗云：「古人惜陰，一刻千金。」一年之間，有許多金子，既不賣人，又不受用，不知放在何處，只是花費無存，可惜。

婁一齋高冠佩劍，所至傾仰。至姑蘇，桑悦來訪，引僻書相難，一齋未答。悦曰：「老先生德性工夫有之，道問學則未也。」一齋遂不與語。

陽明嘗朗誦孟子終篇，學者問之，曰：「如今方會讀書，一讀書去，能不回頭。」尹先生曰：「耳順心得，如誦己言。」

吾人心地常使有餘裕，地步常使有餘閒，隨吾所往，自然寬博有容，平鋪自在，事變之來，是非亦可照察。不可竭盡心力，彼此俱迫迫窄窄，無展布處。

大事小視之，則可以見大，變事常視之，則可以處變。若小而爲大，常而爲變，則不惟來叢脞之失，而且有多事之害矣。

人之聰明，各有所從發之竅，精於此或暗於彼，故聖學專從全體上，不在聰明。陽明云：「果是調羹鼎鼐手段，只將空手去應付，鹽梅汁米之類，不患其不備也。」

聖人亦何嘗有過人的念慮，有過人的事功？自耕稼陶漁以至爲帝，滿眼生意，竹頭木屑皆家計也。

被事占地步多，只是心狹。

至善無形，何物可止？不動于欲，天則自如，止水無波。

不以軀殼起念，卽一念天下歸仁。

學者無天下之志，卽是無爲己之志。

念從知轉，則念正，知從念轉，則知妄。

明道獵心，原不成念，故謂之過。吾人有過，便連心拔動，故謂之惡。

此心流行之精，而有條理可見者爲文。威儀動作，猶文之表末耳，故惟精惟幾爲博文。

先輩語言，須虛心細玩，不可輕忽置去。一擔黄連通喫了，方説甜語。

「百姓與知，何以謂之日用不知？」曰：「百姓之病，無根之病，百姓之善，亦無根之善，主宰未立，學問未講故也。」

有起念處，卽便有斷念時。

感應是有物時見，不是有物時起，起則有生滅矣。真知脱悟，自然必照。

日食之時，以扇作圖圈承之，其地影之圈，亦隨日體盈虧以爲偏全，可知本體不足，雖垂照廣徧，終是偏也。

自私者必用智。

明道曰：「性静者可以爲學。」性静便近本體，非惡動也。

以公言仁，不足以見仁體，以惺與覺言仁，不足以見仁之全體。惟夫子以愛人言仁，周子以愛言仁，仁之實理自在，不必更説是仁之用，又添出一個心之德，愛之理。

「絶去人欲，須知存理否？」曰：「何者爲去？何者爲存？理欲只是一念，又何處絶得？只在過與不及之間，故中庸不説理欲，夫子亦不説去欲二字，止説非禮。非禮者，不中正之謂也。」

「心之虛處是性否？」曰：「惟真虛，斯能與天地萬物同流。虛卽性也，然性無虛實。」

天地無心，却有主宰在。牛生牛而不生馬，桃生桃而不生李，要亦天地生生變化，只有此數而已。

真知流行，卽是知行並進。

幾乃生機，寂體之流行不已者，感而遂通，妙在遂字，易之藏往知來，俱在此中，誠神幾也。生幾須存誠爲主。

人生以後，纔有功，便是動。静無功見，立寂求中，皆于感應動時生幾驗之。卽寂卽感，卽感卽寂，無先後，無彼此，此聖門求仁慎獨本旨，顧須識獨與仁爲何物耳。獨者天理也，慎獨甚微，無容聲臭。惟有善根一路，著察消融，不是到此，容有善惡交勝之病。天地之大德曰生，生卽仁也。生親、生義、生序、生别、生信，皆生幾之不可已者。

工夫不難於有事無事，而難於有無接續之交，於中蓋有訣竅焉。志在幾先，功在幾時，言志則不分有事無事，而真幾自貫。如大學所爲，如好好色，如惡惡臭，皆真幾也。善幾著察，有不善未嘗不知，知之未嘗復行，此顔子知幾先天之學。今之學者，止於意氣作爲上論志，不於天行乾乾主宰上論志。非志則幾不神，非志非幾，而欲立未發之中于未應之先，以爲應事主，而應之者無心焉，非影響卽虚見。所謂體天理者，豈是事物上推求？豈是意念上展轉？只從生幾上時時照察。幾是，則通體皆是；幾非，則通體皆非。蓋幾者，性情之流行，通乎知行而無息者也。

學者每言無知。知是虚靈，開天闢地，生生不死底物事。窮神知化，過此以往，未之或知，是到無聲臭無可言處。未至于此，豈可便説無知？恐不免於信心妄用耳。

「天一生水，地六成之」之類，天無偏而地氣有偏。然天至於生時，卽已入地氣矣。天氣須從未生時觀來。

人之過，各於其黨。黨生於性之偏，豈惟食色？雖佛、老、楊、墨，皆於吾人虚體仁義上偏重之，亦不是性外突來物事。無形，安有影？

道在求自得爾，静體渾融，虚通無間，原不在喧寂上。故有用博約如有所立者，有用默坐澄心體認天理者，各隨其資稟方便以入。其言静以養動者，亦默坐澄心法也。不善用之，未免絶念滅性、枯寂强制之弊，故古來無此法門。然則如之何？道以自然爲至，知其自然，動不以我，斯無事矣。故學在知止，不在求静。

「慎獨是静功？是動功？」曰：「言静言動，又恐學者於動静時便生起滅，唯幾則無間一體故也。」

問：「致知有起處，如何？」曰：「知無不在，致之之功，則在於幾時。蓋幾有可見，未幾則無見也。夫其所可見，卽其所未見者耳。故致所見，而其所未見者在矣。動静止有一體。」

「氣質變化有要否？」曰：「枯槁之發生以陽，氣質之變化以知，知透而行至，渣滓融矣。故曰陽明勝則德性用，乾道也。如鷄抱卵亦然。」

「人之才智聰慧相殊倍，莫亦繼善原初帶來否？」曰：「非也。猶之生物然，濃淡華素，色色各别者，地氣耳。天無形，地氣有形。人之質稟軀殼，地氣也，故學求端於天。」

論學書

聽言觀書有得，恐還是軀殼意氣上相契，不是神接。神接則實得根生而德離矣。夫精粗一理，顯微無二，故善學者從粗淺入細微，不善學者從細漸成議論；實用功者，從日用察鳶魚，不實用功者，從鳶魚成虛見，此中正之道所以難也。答甘泉。

天理上有何工夫可用？只善識克去人欲爲體認切要。近來學者間失此意，每以天理爲若有物，想像而得之，亦若有物得焉，卒成虛見。奉甘泉。

垣竊以爲戒懼事迹之功易，而戒懼念慮之功難。戒懼念慮之功易，而戒懼本體之功難。夫戒懼乎本體者，非志之主宰不能也。此處無隱，亦無懈時，顧在人自作之耳。近時謝惟仁有書，論今人只於義理上論學，不在合下工夫上論學；只於學上論病痛，不於己志真切上論病痛。又竊以爲今之學者，止於意氣作爲上論志，不於天行乾乾主宰上論志，所以終未有湊泊處。柬鄒東廓。

竊念此生真惟有此一念，可以對越上帝。細細條晰，猶是掩善著惡地面，縱饒此身全無破綻，畢竟于仁體乾體上無干也。噫！乾道之學，數百年鮮有聞者，自道丈發之，而吾人猶以大人之體，翻爲童觀之窺，乃遂謂之曰儒，其自小也甚矣。同上。

格物卽精一工夫。柬黃久菴。

心齋之學，同志每以空疎爲疑。近得執事所論修道工夫，小物必謹，則發心齋之蘊，非執事而誰？第於不睹不聞另立見解，尚與區區之意未合。夫不睹不聞，性之體也，惟其不睹不聞，故能體物不遺。體物不遺，卽率性之道也。人惟有此不睹不聞、體物不遺之體，而或不能不以忘助失之，故戒慎恐懼，所以存於此身，猶之曰修身修心養性云耳，非謂必有一物而後可存養也。今曰性如明珠，原無塵染，有何睹聞？著何戒懼？故遂謂平時只是率性所行。及時有放逸，不睹不聞，然後戒慎恐懼以修之。夫既如明珠矣，既無塵染矣，不待戒懼矣，其所放逸者，又何從而有之？而又知之？所謂率者，又何事乎？平時無事，難以言功，止合率性，性本具足，不必語修，則誠似矣。然物交知誘，非有戒懼存於其間，則其所率所謂道者，果知其爲性道之本否乎？果如此説，非惟工夫間斷不續，待放逸不睹不聞而後修，其幾亦緩矣。知及仁守，莊涖動禮，此夫子自内達外，示人以性道全體，合下便是合一用功，非謂有知及仁守而又有莊涖動禮也。君子終日乾乾，忠信進德，修詞立誠，聖賢以此立教，吾人尚爾悠悠，動輒見過。若謂只任自然，便謂之道，恐終涉于百姓日用不知。區區爲此説者，非謂率非自然也。慎獨精一，不容意見之爲自然者，自然之至也。答顔鈞。

不睹不聞，有何影響？吾兄豈亦有影響耶！蓋自學者所見言之，第不知感應時，亦復反觀所謂不睹不聞者而慎之乎？抑亦於睹聞之先，戒懼其所謂不睹不聞者而隨應之乎？或不論已感未感，只從不睹不聞之體而戒懼之乎？於不睹不聞之體而戒懼之，不知亦有面目可得而言之乎？忽然感，忽然應，于時面目將何存乎？既無面目，又不知以何者爲體而戒懼之使流行也？故弟嘗謂戒懼不睹不聞，只觀主宰，不論體段，只求致虚，不論着力，内省不疚，無惡於志。志者，主宰也。剛健純粹，通一身動静隱顯而運用之。若云真有所見，則影響其將不免矣。炯炯靈靈中中正正之何物乎？在目乎？在念乎？非目非念何見乎？此恐未易言也。答徐温泉。

蓋未感之先，別無可言，惟有一真志在耳。故鄙人嘗謂志在幾先，而功在幾時。志從好學有之，幾從好學得之，故夫子獨稱顏子爲好學。又曰：「知幾其神乎！」非志，則幾不神也。非志非幾，而欲㊀立未發之中於未發之先，以爲應事主，而應之若無心焉，非影響卽虛見。與葛洞岡。

善學者，事從心生，故天下之事從心轉。不善學者，心從事動，故吾人之心從事換。只在内外賓主之間，非天然之勇不能也。答謝特峯。

蓋非生機呈露條達，而遽謂之真志，且曰「是能立焉」，恐猶之意氣所發，誠僞由分，非可强者。世緣仍仍，機竅便熟，道家所謂「今之學道，以天理爲門庭，以人影爲行徑」。斯亦對症之劑，如何？答程介齋。

聖賢之怒，從仁上發，故善善惡惡，皆仁之用。吾人之怒，從己意上發，故忿懥賤惡，皆氣之動。此理欲所由分也。今執事只當理會仁體，理會自己分事，則性静感寂，相去不遠。若於怒時觀理，蓋爲未知用功者設此法門，如知仁體，則已不必言此矣。答謝子録。

詩曰：「人之無良，相怨一方。」蓋是而不能達誠以信人，非而不能反誠以信己，二者皆一方之謂也。仁義禮知信，俱從對人上生發。竊嘗謂聖人設教，全是爲人不能處天下國家之人，故大人之學，拳拳以求仁爲大頭腦，良則人之芽蘖耳。夫人知是之良，而不知不良之是，知不良之非，而不知非之亦有良不良也。以無良知心，而爲遷善改過之學，其善何存？其過何指？真意與言行離爾。呂氏語曰：「言以喻意也，意與言離，則凶。」然則講學，其亦有凶乎？此則在自知之，須於自心良與不良上考究，庶

㊀「欲」原作「影」，據備要本改。

幾求仁有方也。答余孝甫。

昨遽以甘泉翁集序上請，蒙不見却，復賜教云：「當知湛、王二公之所以同，又知其所以異，吾人又當自知，曾於二公異同處用功，孰得孰失。」誠爲確語，愚固自審之矣。概自慎獨之旨不明於天下，雖曾力行篤信，師法古人，猶謂有不得預聞於道者。自二公以所不睹不聞性之體發之，學者曉然知天德王道，真從此心神化，相生相感，不復落於事功形迹之末。其有功於後學不淺。此非其所同乎？雖然其所同在此，而其所異，與吾人用功之有得失者，亦在此。何者？微之顯，誠之不可掩，聖人之學脈也。于顯微處用功，内省不疚，無惡於志，又進而敬信渾然，至于上天之載，無聲無臭，以復此顯微之體，此聖學工夫也。夫方工夫本體講論大明之時，而猶異同明晦，終有未盡合者，固由於學之不善，其亦救偏補弊之過有以致之與！陽明公之言曰：「獨知之知，至静而神，無不良者。吾人順其自然之知，知善知惡爲良知，因其所知，而爲善以去惡爲致良知，是於行上有功，而知上無功。」蓋其所謂知，自夫先天而不雜于欲時言之，是矣。至復語人以「不識不知」，及楊慈湖之「不起意」，爲得聖學無聲臭命脈。一時學者喜於徑便，遂概以無心之知爲真知，不原先天，不問順帝之則，如尊教所爲，任性而非循性者，是過懲意識之故也。故嘗謂陽明公門弟之學，似倚于微而無上天之載，失之倚，非良矣。愚故尊之喜之，取以爲益。雖嘗學焉，而未得也。甘泉公竊爲此懼，乃大揭堯、舜授受執中心法，惓惓補以中正之語。故其言曰：「獨者，本體也，全體也。非但獨知之知爲知，乃獨知之理也。纔知卽有物，物無内外，知體乎物而不遺，是之謂理。」卽上文「所不睹不聞之所」，下文「未發已發之中和」，末章「上天之載」是也。中庸不云：「或學而知之乎！」知者，達道也，理也，學者致良知也。致知而學，以求知此天理，是乃致知在格物，君子學以致其道之謂。若謂學以致此良知，斯無謂矣。後來學者，因有執中之謂，亦惑於感應之際。舍初念，而逐善惡是非之端，以求所謂中正者，恐未免涉於安排，而非性體之自然。故嘗謂甘泉公門弟之學，似又倚於顯而有處，失之倚，非中矣。愚實尊之信之，視以爲法。雖嘗學焉，而未至也。顯之失，尚有規矩可循，微之失，則漸入于放而蕩矣。雖然微之失，未必無所由起，而顯之失，乃誠吾人之不善爲擇也。忘助俱無，中斯見矣，擇斯得矣。夫忘助俱無者，非心之規矩乎？雖云正心本於誠意致知，然良知不能爲一身主宰，其所以致知擇中而爲一身主宰者在心。故堯、舜開心學之源，曰：「人心道心。」夫子曰：「其心三月不違仁。」謂仁與良知天理，非心不可，然心者，實天理良知之管攝也。求之心，則二公之異同，亦可得其一二矣。其可併以支離病哉？乞訂證數言，以俟百世。答徐存齋。

必於未感之先而求心事相關之處，則已涉於起意，未免反爲心病。明道曰：「廓然而大公，物來而順應。」能順應處，卽相關處矣。以心應事，猶是心小。答陳生旦。

危，大也。人心爲形，器爲費；道心爲義，理爲隱。答白齋弟圭。

時時未發、時時已發之説，似大儱侗，不如還是未感寂然不動，已感油然遂通。寂然不動，無時節内外。感而遂通，有時節而無内外。無時節内外，故流行昭著不已之本體，不可見而有物，所謂人生而静，天之性也。有時節而無内外，故流行昭著，變化之妙用，可見而無因，所謂感物而動，性之欲也。答子明叔熺。

動静體用，緣只是本體流行，如春夏秋冬，非謂必以静之體而致用也。語默感應，運而不已，何者爲先？何者爲後？若謂之默以爲語體，當其默時，復何用功？當其語時，於默何功？惟不知周子之所謂主静云者，實因無極示人以無欲，本體決不爲妄動累耳。答葉生嘉泰。

敬豈有物？亦豈有個樣子在？自有所依據。只是存其心，養其性，譬之止水，不搖動傾注，便自然止，何用矜持？安可逞放？逞放矜持，皆私也。答任遠。

泉翁嘗語僕云：「有聖學之省察，有賢學之省察。賢學省察，猶去草於地，無由乾净；聖學之省察，如去草於田，草去而苗之生意暢然矣。」蓋有我與無我，而路徑之有廣狹故也。有我者，意見也，知識也，如原憲、由、張之類是也，其他私欲種種者不論矣。然以有我之心，而去其礙我者，終是有有我在，其爲路也隘，其轉動也難，及其成也，修念之學是已。張子曰：「大其心則能體天下之物。」大心者，見大也，見大則全體之真志在，而意見知識廓然矣。日用酬應，由真志，不由有我，其爲路也廣，其轉動也易，此顔子所以爲仁能由己，聖學也。答趙石梁。

云：「既知良知爲入道端倪，安得不歸之以寂？」似非陽明公本旨。陽明云㈠蓋謂此知本寂本感本密本神。既㈡天命之性所不睹聞之獨，充塞宇宙，上下古今，横飛直上，入知出愚，爲道之全體，不但端倪而已，又何寂之歸乎？總之，子思只言知，不言良。孟子以後，造端言良，造詣言知。今則自陽明良

㈠「云」字各本同。朱氏釋誤謂作「公」字合於文意。

㈡「既」備要本作「即」。

知之説起，好徑者不察而競趨之，而後良知與知，混雜而無用，而知之德亡矣。知亡而後修德凝道之學晦。答張道亨先達。

天理人欲，從子思中庸看來，只於中與太過不及別之。中是此物，過是此物，不及亦是此物。學者只致其中，斯天理自存，豈有中在是，而又有太過不及二者退于兩旁之理？故曰：「惡亦不可不謂性。」

自天則謂之天命，自人則謂之修道，戒慎恐懼，卽是真心，卽是天命。本體流行，而云戒懼以養不睹不聞之體，自修道者言之，義未盡也。識得，只消言修己以敬，言戒慎恐懼。識不得，則雖云不睹不聞，依舊是有睹聞之戒懼。故修道原從天來。答祝介卿。

箕子以天道五行之土屬心，然卽不言心，而曰思曰睿。意亦思類也。如箕子則脾土當屬心，而今論五行者，乃不屬心而屬之於意。脾土之生意，周貫於視聽言動心身家國天下，而自以快足于己，其不亦睿作聖類乎？蓋有官位，有官職。心，官位也；思意，官之所以盡職也。官職盡，而猶復求官位之事，斯亦可無求矣。寄余孝甫。

夫文，幾也。當幾之來，黜見聞，忘資稟，泯意識，由乎天衷，而不以有我之私小之，是之謂博。與溥博如天之博意同。故知崇如天，禮卑如地，約禮卽承幾之實體，見之於行者耳。此區區博約之説也。復汪子烈。

自有天地以來，太極兩儀，五行萬物，一氣渾淪，可以言有，而不可以言無。專言無生無滅，則其無也謂之空；因其有生有息，而緣迹于無，則其有也謂之虛。虛者，知之體，仁之原也。劉獅泉七十壽序。

吾之於學，常見其未盡處，不見有本體處。或曰：「不見則何知？」曰：「寧有未知，不可有所見。見於仁則住於仁，見於智則住于智，見於中正則住亦以中正。甚者乃以虛見借藉成用，而不知其非有。故吾不敢有所見，見吾過而已。見吾過以求復，其知而已。」錢緒山壽序。

夫夭壽窮達之不可齊者，天地流變之自然而不已者也，已而齊，則息矣。聲色臭味安逸之遇於夭壽窮達而不可齊者，吾人客感之自然而不已者也，已而齊，則著矣。夫其不息也無心，而吾之不着也無情。夫惟其無心而不已也，是故有夭壽而無長短。夫惟其無情而不已也，是故有豐嗇而無去留。以無長短之心，以修其身，則修身之功卽命之道。以無去留之心，以修其身於聲色臭味安逸而不著，則聲色臭味安逸之性，卽命之自然。而其用之於父子君臣賓主，賢者聖人也，卽爲仁義禮智天道之實。有所病而不爲病，有所命而不爲處，吾將與先生其廓然超乎天人之際矣。沈古林壽序。

盈天地之間，一氣也。其爲形色，一體也。一體渾然，孰爲之善？孰爲之惡？自有善惡之説分，而後去取之念起。去取之念起，而後天下之爲學者，日從事於刻覈名實之辨，軀殼一絲，畦徑方丈，忘則弗可見之矣。贈余九陽。

夫禮，固不在物矣。宇宙渾淪，無間可破，吾渾而合之，非物無以發吾心之精，謂心之理不在於物，不可也。理固在於心，虛靈洞徹，無罅可乘，吾類而彰之，非物又無以見斯理之用，謂物之理非吾心之理，不可也。斗山精舍記。

吾心之天，本無不正，是故有不正之動，而無不正之知。動而後有善惡，而其幾之者，皆善也。幾而後有善惡，而其所以能善於幾，而不奪於惡者，皆知也。知則人，不知則鬼。人鬼之分，一知而已。嚴天泉書院記。

是故因吾未形方形天然自有之幾，審其止而出之勿失者，其根本之學，由善以爲明者也，心與事皆善矣。外吾未形方形天然自有之幾，審其旨於意見尺度，而出之勿失者，離根之學，行善以爲明者也，其事似是而心則非矣。是故猶之天體然，苟得其明，則衆心之燦皆天也。苟得其善，則萬事之察皆心也。不爾，將事事而比之，隨吾子臣弟友之遇而求合，以能至於道，斯亦爝火之明耳。明善堂記。

赤子之欲，未成於意。成意故惡，未成意故善，猶之天道風雨然。夫子之所謂習者，習於意，成於意耳。所謂不移者，其亦意之不肯移者耳。故予斷以爲惡起於意，起於外，而非起於心，起於智也。

「諸友且觀，從古亦有一字言知惡者乎？」良久曰：「無之。」曰：「無之，則知其主宰矣。其玄虛而固塞者，非知矣。非虛非固，故能格物。格物者，達此知根性根於感應時，各當其則而不誘于外，是求仁親民一體之學也。且試言之，吾人一身一心耳，何以親民親天下，盡天下之性而不窮？」廷綸子曰：「在通天下之志。」曰：「是矣。然通不在遠，一一通之以意，則又甚難。能通而不難者，卽吾所謂性根知根，不學不慮而能者，其機括也。此知此能，古今人物所同，其不學者未論矣，其知學者只當志立虛己，隨吾感應於與知與能，初念發動處，安則行之，不安則問思辨行，調停而中正之，不作己疑，不涉己見，卽是繼善接根通志之學。若或不論安與不安，先懷一併自阻之念，曰吾已非原性矣，是非安可得知？遂從而遏之置之，隨復起念，爲之援引思議，修飾布置，則不免乘之以意見，而固我之因，軀殼之緣，展轉循附，不能自覺，是謂脱善離根成意之學。其於通天下之志，似是實非矣。」以上小金山餞別記。

劉安甫問曰：「博約分知行可也，但既云約之以禮，則禮字當亦有説。」曰：「先生嘗云，禮之實節文，斯二者是也。知圓行方，到歸根復命於行上，其天則自合如是。故易於坤曰：『各正性命，保合太和，乃利貞。』」問答。

宇宙之内，渾然粹然而已。渾然粹然而猶有所不可入者，人耳。有人斯有己，有己斯有意。己與人對，意與天下萬物對。物感而意發焉，各得其正，無所着於念而率乎純粹之原者，道也。蓋格於物而誠焉者也，是所謂通吾知於物者也。各得其正，而猶不免有所着焉，不可以化於物者，意也。蓋誠在意而未格於物者也，是所謂以意誠意，其意小者也。發焉既有所著，著極而轉念焉，乘之以貪戾驕泰、不恕不仁而不可解者，意之蔽也。蓋塞於意而無物者也，是所謂以意起意者也。夫物非真無也，知在物而物在焉。物與知無不善者，是故在致而格之，其排決疏瀹而所謂咽喉者沛然矣。夫排決疏瀹者，水之污而非水也。去其不誠以歸於誠者，物之意而非物也。故入門之功，其要在意，其本在知，其用力之總會在格物。孟子曰：「人皆有所不忍，達之於其所忍，充之足以保四海，親親敬長達之於天下。」皆言格也。格則意化而仁，如惡惡臭，如好好色，真心内徹，而意不足言矣，是卽所爲萬物體一者也。誠意説答俞仲立。

明儒學案卷四十　甘泉學案四

主政唐一菴先生樞

唐樞字惟中，號一菴，浙之歸安人。嘉靖丙戌進士。除刑部主事。疏論李福達，罷歸。講學著書，垂四十年。先生初舉於鄉，入南雍，師事甘泉。其後慕陽明之學而不及見也。故於甘泉之隨處體認天理，陽明之致良知，兩存而精究之。卒標「討真心」三字爲的。夫曰真心者，卽虞廷之所謂道心也。曰討者，學問思辨行之功，卽虞廷之所謂精一也。隨處體認天理，其旨該矣，而學者或昧於反身尋討。致良知，其幾約矣，而學者或失於直任靈明。此討真心之言，不得已而立，苟明得真心在我，不二不雜，王、湛兩家之學，俱無弊矣。然真心卽良知也，討卽致也，於王學尤近。第良知爲自然之體，從其自然者而致之，則工夫在本體之後，猶程子之以誠敬存之也。真心蔽于物欲見聞之中，從而討之，則工夫在本體之先，猶程子之識仁也。陽明常教人于静中搜尋病根，蓋爲學者胸中有所藏躲，而爲此言以藥之，欲令徹底掃浄，然後可以致此良知云爾。則討真心，陽明已言之矣，在先生不爲創也。

禮玄剩語

天地從空中生，故生而不有其生。其爲物不貳，則其生物不測。夫太虚者，致一之道，故曰不貳。人亦從空中生，非天地所生。大哉乾元，至哉坤元，亦致一之道。天地包裹，其中空，爲萬靈聚所。人氣質包裹，空藏於心，亦爲萬靈聚所。屈伸闔闢，化機牽擾，而其靈未嘗滅。牽擾者生於有其生，未嘗滅者，乃乾元坤元，太虚之真生。有其生，亦生於真生，初無相别，要之萬靈一真。一事靈，則萬事靈。靈一也，有致一之靈，有只靈於一事，以分合爲真假，以存逐爲空塞。空則不塞，不塞則萬物皆備。故盡萬物而無邊際則空，落一念着一物，則靈爲一隅所覆，是以牽擾之生，卽其所在，雖未嘗不生，而終死於其生，乃非所以生生，故曰非真生。古謂無思無爲，不識不知，卽真生之無生。又謂心之官則思。思者，聖功之本，卽真生之自然。生無生者，無逐物之生；自然生者，生虚空之生。世人之思，患在離虚而逐物，迷中起悟，則有轉向入身來。

盈宇宙假象、假法、假名、假事，盡屬感應；實悟、實證、實際、實進，元端尸物，一實不變，是故可以知始。及至運用作成，便種種差别，都成幻寓。這裏雖皆一實散見，然終不可執以爲據，到底有滅時。惟一元誠缺，資生道敝，迷昧冥區，遂將化迹紛拏，所在信作着實住處，遍起隨逐，終成飄蕩。蓋認形骸爲真體，耳目口鼻四肢五内，將有身以後作計，不理原始要終之學，又何以知死生之故？夫感應之理，外悦受而内止，這止處，乃成始成終玄機，命之流行而不已也。此實不變真體，故以不變者爲主，則隨應曲當，諸假只是我一事。孔子謂：「吾道一以貫之。」是一所貫滿，不是一以貫萬。假者不容真，假處無能着力，這毫釐之差，相去不止千里。

理氣無彼此，無異同，無偏全，總是太虛影子。虛之極則能生，故流行而爲氣；虛之極則不滯，故靈通而爲理。不滯則所以爲生，生則得於有生。所以爲生，立有生之機，有生負終匱之化。然有生之機，即假終匱之化而見，氣外別無情理處。漢、宋諸儒，分理氣作二種，不知性即理，性亦即是氣，故曰「仁者人也」，「形色天性也」。性中無五德，五德所發見處，都是性；氣亦無二氣五氣，只有元氣流行，隨在變化。這裏有所存主，便謂之德；各中時措之宜，便有五者名目。若在五者上覔性，則非德矣。天地有人，如人腹内有心。人爲萬物之靈，於理氣不容毫髮分別。雖禽獸草木，誰或出此？氣各有偏塞，理亦即此而在。蓋理無定體，可通處即是。若必以能言能行，衣冠禮樂爲理，即是泥於人相，不曾推見至理。苟泥於人相，雖天地亦喚不得作全理，風雨露雷，山河大地，俱不是神物。若能超於人物相外，則禽獸之生化，草木之榮瘁，何等聲名文物，各擅通處。其實論到極全大備，天地之道，人猶有所憾。只有人者天地之心，聖人成能，知天地之化育，中間純駁去處，復有丹頭可據，點化有恃也。

浩浩太虛，無有際住處，中間靈通神妙，徹宇徹宙，亦不見從何處舉起，向何處引著。人氣質之凝，似有住際，然神通在心，故其氣也無涯，其有涯，惟有生耳。舍其有生而能自主，其所爲氣，總是浩浩一物，乘不間之體，而尸本全之化，初未嘗毫髮添助，亦未嘗毫髮假借。界隔塵根而分別出，妄施好惡而取舍立，展轉情機而蔽固深，積累觸忤而仇寃結，貪安方便而阻畫成，遂使靈氣惰於有涯，而太虛真機時每流行而不息，而復不自覺。乃舍此而他求學問之功，其荒矣哉！

性無有無空實，幻從空化，迷由無墮。幻則隨處妄有，迷則隨處滯實。性者，得於天地之生理，有無空實之境，物而不神，含生而就死。

一陰一陽之謂道，陰陽是氣，道亦是氣。陰陽所以能繼，乃相善之所在，這是心之流行，然非命在於善；陰陽所以各成，乃惟真之所在，這是心之流行，然非心着於成。性根爲天地萬物有變，性根不變。在人則寄含心中一竅，是爲心地。此生天生地生人生物玄機，天地萬物之主，豈容着得些子？纔着些子，便是不能繼、不能成的病根。故以善惡體性，即落意見；以善惡觀心，即落情欲。情欲從性外覔心，意見從命外覔性，皆是緣物而起，皆爲有倚之學。

古今不少英慧俊傑，只未得着實脚踝，趨趨步步，徒作一場想像話頭，玩弄景相耳。這懸空學問，有從文典上拈着，有從事機上會着，有從傳授上得着，有從困頓上通着，有從漸染上沿着，總不外識神上影響涉獵，將自身飄蕩宇宙之外，因空體空，忘置軀殼中含之空。古人所謂修身踐形，乃在七尺之躬，了三才極理。妄認浪修，執殉家當，隨處停泊，只管漫天潑地，倚古粘今，却於化機分落種魄無干。夫凡有血氣，皆含虛妙，而翾毛性多偏塞，究竟爲軀殼所限。人世殊質異稟，所抱差別，雖爲萬物至靈，有丹頭可點，然當下進爲，亦只從脚踝發軔。此是學者第一步，這處躐等，縱飛輪神進之功，枉費心力。

自生身以來，通髓徹骨，都是習心運用。俗人有俗人之習，學者有學者之習，古今有世習，四方有土習，真與習化，機成天作，每向自己方便中窩頓。凡日用覩記討論，只培溉得此習。中間有新得奇悟，闊趨峻立，總不脱此習上發基。方且自㊀認從學術起家，誤矣！

情不定境，美惡瞥起，流注苦樂，百解不能脱，智者追從性根上料理。又機不自由，念慮泉湧，動而以遏勝之，終落强制。於此不的見所來，何從下手！當其境之未生，自以其後動之情，非己所宜有；及其境之既設，信無所憑，識因潛發。夫信淺故無憑，忘隱故潛發，造化玄機，靈通浩浩，未涉軀殼些子。這處不加體驗，最容易錯認，一誤永誤，收拾費力。乃復執迷爲明，終身不見惡境，彼亦烏知其非有也？

本性各各具足，只被信心擔閣，一返卽得，一主卽張，一現前卽意流千古，一對境卽智周萬物。若不返不主，一任察觀天地，博通今古，口中歷歷，意中了了，總是傀儡在場上。迷中忽悟此意，笑得如此容易，亦被如此錯過。則到這裏，不覺甘心捨放舊身命，完復本來體段，不使離析作兩截人。所謂兩截人，自身靈光不將在自身上作用，猶之折裂身分。所以肯處便是進處，悟處便是到處，切忌自家身子，替人打哄度日。

三一測

由中陰起識，由乾始發智。乾自太虛生靈，合内外爲知，五蘊不得而成。蓋五蘊，身目鼻口耳，蔽於陰濁，然而識與智，彼其察焉一也。故情之成，定於資生之實，其所爲生，必有行成之者，然後得正而

㊀「自」原作「是」，據賈本改。

伸之。此推行之化，乃天造自有，贅之以人力，鮮不蹶於所值，皆中陰起也。蓋陽明勝則德性用，陰濁勝則物欲行。陽之爲明也，陰之爲濁也，未始異爲兩物，以其互見而察之者也。顧其勝不勝，以別物欲德性，從此則名此，從彼則名彼，或得乎全，或據其偏之不同耳。坤之先迷，迷於陽也，是以謂之陰；乾之知始，始乎陰也，是以謂之陽。惟其迷，則一切皆迷，其後之所得，得其所就之偏而已；惟其知，則一切皆智，雖未嘗無所被寓，莫非全體之爲用也。故轉識成智，在致其思焉，思之思之，鬼神將通之。陰識。

七情陽也，注而緣物，陽自外流，而内陰滯矣。雲行雨施，春舒夏假，陽注而其虛不損。太虛者，無所有，無所有則無所雜，故不損此以逐彼。有緣之情，敝於無本。所謂無本，敝於其本之有物。當其生也，芃芃乎其來也，不能以或禦，勢之有引之於前也。然而本不盡滅，未嘗不勃其中，勢之不能勝也。聖門立方，不治病，治受病之源。君子之過，如日月之食，人見人仰，猶天之恒燠恒寒，陽九百六，立見不遠之復，不變乎其本則然耳。不然，天下之情如水，能塞其委流，不能保汩汩乎源之不已也。七情。

乾道變化，各正性命。以其偏者付物，而物束於命。物無立命之性，性無致命之才，氣無造命之具。人則異是，雖組構滓駁，愚能明，柔能强，故氣不歉於自立。其大敝焉於習，乃資其明，用爲姦，資其强，用爲暴。蓋不善用性，亦其無不有之故具也。物氣偏。

氣非虛不生，命非氣不行，性非命不始，虛非性不終。天者虛之所在，而命之所出也。太虛不得不生氣，有無相入，空實相含，有之機攝，無以流虛，無之妙孕，有以函實，於是盪冲漠而滋消息。其爲物無妄，則其生生也不匱，故氣與命一物也。氣不二於命，又何性之二耶？橫渠曰：「合虛與氣，有性之名。」辭雖似析，意實相御，不得已之言也。善反之，則天地之性存。反之云者，復其初也。能爲反者，氣之終不能勝者也。不能勝者，氣之自具其美不澌滅也。明道曰：「二之則不是。」所謂論不論，亦不得已之言也。伊川曰：「形易則性易。」性非易也，氣使之然也。濂溪「性剛柔善惡中」，謂至其中爲性真。若五性雜感，則善惡分也。夫「氣質之性」之說，發於四先正，然而其指有在，非致疑性善。孔子以性爲相近，子思子三知三行，得四先正所同然。其近也，非所以爲兼也，兼則二之矣。其三也，畢可以歸一也，不能歸則二之矣。性無不善，合古今而同之，有所病於氣，而氣負能反之具，則近之者於善之中相近，未全墮於惡也。有所別於今，而氣負能進之機，則三之者乃追責其本，未便定其品也。蓋論性而及氣質，推其用之所至，自其感物之動而追原本始，性固未嘗敝也。故勇不決於力者，非才之罪也；辨不定於志者，非明之短也；德不長於事者，非理之衰也。其爲習者，三之二，其爲儒而闇生於勢地者，三之一。若於性居無幾深致思焉，可考而工於學矣。性一。

真心圖說

外一圈，元氣之謂也；次中一圈，人身之謂也；最中一圈，人心之謂也。元氣即太極也，可見者爲天地。人受天地之中以生，而心具中理。天地無不包，故居外。萬物各得其偏，至真至精者爲人，故居天地之正中。維皇降衷，無少偏倚，退藏於密，心之爲心也，故居最中。夫中無所着，無所着則虛，虛而生靈，靈能通天地，包萬物。心該天地，是故人爲萬物，貴得天地之中也。人爲萬物靈，心具天地之中也。人卽天，天卽心，心無弗有，無弗能，宰制萬物，放諸四海而準，與天地參，不容僞者也。着一物，爲塞、爲偏、爲私、爲軀殼之身，是謂失其真心。

真心是人實有之心。實有之心，乃天地生人之根底，亘古今不變，不着一物，是謂中者天下大本。人孰無心？只因隨情逐物生心，非天地大中之本心，不得爲事物之主。必尋討精詳，辨其真而用之，不幫補外求，亦不索之玄妙無影，自然舉念天則，擬議以成變化。其怠緩於過，錯假爲真，便一齊倒塌，醉生夢死，此討之之功所以不可廢也。

今三尺童子，知事由心作，小生初學，知道自心傳，則認心不真，縱而不檢者，以爲隨俗任情，不礙立身，自昧其神明之靈，褻天違天；淺識者以見聞所習，信而爲當然，執以運用，戾人罔人，不力考而深思之，何以迸出原生本體？

天之生人，原是無所不知，無所不能。人之爲心，亦是不學而知，不慮而能。其所爲知，所爲能，又却停停當當，增不得一些。徹古徹今，隨愚隨聖，無二道，無兩心。私欲起，知能爲物念所蔽，於是昏明强弱、低昂淺深雜出，然原生之知能與既壞之知能，總是一知一能。原生者全體定，而正用由此而發，既壞者偏於所便安，而用不得其正。全體定，是謂良知良能，苟不自爲主，深加精別，則妄與真混。

不有命則無以主其生，不有氣則無以爲生。其爲生，心也，而主之者，真心也。於其生而思所以主之者，是討也。心無兩心，立乎其心之大，耳目口鼻四肢百骸從其所令，則爲真心。以耳目口鼻四肢百骸之所被以生心，則心非其心矣。

宇宙真光景，自古流傳迄今，風日雨雷山川草木，今猶古也，文物聲名衣冠居處，今猶古也。只一念朕兆，乍呈乍滅，欻作欻改，而不著不察，乃其病根。故有初發念，本是真機，外感乘之而變，竟迷故步，以至愈感愈離，忘其所起。亦有隨常應迹，原無關轄，而中靈偶起，秉彝勃然，肇不知其所因，泯不知其所尼，事非降心，内非襲外，其心賦畀有係於天，而梏蔽亦別於人故也。天理不架漏過時，人心豈牽補度日？能一致留神，則點而化，中間終始之義，不必追尋，而久暫之勢，亦不煩預告，在當下爲之者已。真心卽是良知，良知是活機。活爲性，機爲欲，活機性之欲也。惟陽能活，惟陰能機。陽者虚之流行而不滯，陰者物之關轄而成運。合而發之，是爲天靈，妄以爲動，謂之變詐。此處毫釐千里，學者不致辨其間，總非活潑真體，所以一動便涉私利。善學者須懲根器所限，又念末俗頹習，加心於貨利之交，嚴决取舍。這關隘一透，然後隨所舉動，容易措手足云。命從愛生，愛因欲有，此亦就所生所化而言，正是機之關轄而成運者。若追求天命原始，則生生化化，流行不滯之妙，只在真實一念上辨别。此一念倘轉動不來，永被穢濁牽縛，及到生盡化還，方信無益其真。

晦明爲興居，温飽爲縷粒，遘合而揖序形，讌笑而丰神動，此日用之順機也。然熟於習心而真已移矣。夫緣順平施，無所横於喜怒，且變而失其本始，况憑倚所欲而梗其好，其不拂然抵而應之？於是假性中識能，以濟吾私營，貪天功爲己力，又復錯擬典册，以起附會，摩搆意見，以申漁獵，事愈明而道昧，名益蓋而意衰，敝過隱伏，淪胥爲溺，皆不討之故也。

心一也，曷言乎真之與假也？心得其心之體爲真，有所因而動，則受病而爲假。體病則用必不當，然而從其中以令五官百骸，其爲心，則未始不爲心也。醫家十二經，其一則心包絡，又名心主經。手少陰爲真心經，心包絡乃真心之別脈，不與真心同經。真心爲君火，心主爲相火，二者其脈雖殊，均謂之心。君火爲火之全體，相火一時用事之火。一時用事，雖未嘗離體而有，顧未盡其體耳。真心不病，病者心包絡，與三焦相表裏。三焦氣之父，心包血之母，君火不能自盈乏。神明之舍，凝命而立，則三焦之運如度，而心包善輔，否則火不炎而鬱，病由以生。此賓主之義，而養生繕性，當各圖其本也。

或謂：「性本至虛，執心而以討爲務，不幾於雜乎？」曰：「性立天下之有，其有也，以其無所着也，故謂之虛。易有太極，書建其有極，詩有物有則，莫不有歸的。故初學至聖人，皆不可忘學。」或又謂：「道妙萬物，泥討而盤桓於心，不幾于廢乎？」曰：「萬物皆備於我，以方寸管攝物理，約而精之，其道光明，不能外也。」或又謂：「德以自然爲宗，庸心以爲討，不幾於擾乎？」曰：「討者天功也，非有加於人力，必因天機之動而別，其敝於人者，不盡人聰明，則天聰明莫能全察，其幾已矣。」

景行舘論

真心乃人實有之心，是人自知的所在，無賢愚，無古今，無老幼，無操舍，無貴賤，只被人自埋没，不肯露出頭面。埋没非一端，大約是緣習見聞。心乃氣機流行之本，屈伸闔闢，所從以命，故耳目之官主役，心之官主思。役爲价從，思爲宰令。价從頑黠，竊弄權柄，如亂世舍其正統，脅從雄據之盜。學者欲嚴正統，須死得見聞一番。要死見聞，須將實有之心依靠他做，隨時隨事，無往不是這心，運用平昔所見所聞，一無粘染罣礙，如此做去，自然日高明。論真心。

性無本然氣質之別，天地之性，卽在形而後有之中。天之所賦，元是純粹至善。氣質有清濁純駁不同，其清與純本然不壞，雖濁者駁者而清純之體未嘗全變。其未全變處，便是本性存焉。此是能善反的丹頭。論性。

凡人一言一行，外而可見之迹，都是糟粕。彼我相通之機，只在冥冥中，不可得見這點意思。今人只怪人不應我，正不是反己之學。直做到與物大同，七尺之軀與千人萬人打做得一片，纔是心體逼真處。一有礙置，便是工夫未了當也。論感。

功夫就是本體，不容添得一些，尋見本體不走作，纔是真工夫。若以去人欲，做存天理工夫，便如捕賊保家。所謂克己復禮，惟其禮，故己克。所謂閑邪存誠，惟其誠，故閑邪。故存天理，是去人欲的下手處。荀卿性惡之説，不曾教人從惡，只要人反轉克治，這便矯枉過正，不在本體上做工夫，却從外邊討取。不自信，將誰以爲據乎？論功夫。

陽明先生教致良知，學者昧於致之之義，妄詆良知不足倚靠，錯認工夫爲太容易。殊不知人人自知實有的心，雖被外面見聞牽引，實有的心常在這裏，這便是良知；卽此真察而真行之，便是致。若謂人無實有的心，則非所以爲人，若謂實有的心不足用，便是躐等妄想；若謂實有的心棄而不用，是不尋討之罪也。論教。

聖人有心法，無事法。人見聖人亦曾指一事褒貶，遂不免加情於人，所見之地，使泥着格套。要知聖人先得其心，然後因其粗而論之，故能脱然毁譽境外，纔可馳驟世途，雖波濤擾攘中，常得透出頭來，有本故也。論應事。

易不外象占。聖人因人事幾之動而象其理，象乃吾心中之象，占是心占之，擬議以成其變化。作易者無中立有，學易者動裏索静。畫以立之，占以索之。

詩之爲經，聖人專形容人本等性情。學詩之法，當想像詩人性情，何等氣象，務得其天生之本然。春秋是非之書，不是賞罰之書。聖人不專意褒貶人，欲直指人心是非之實，以詔於世。恐懸空話頭，人不解悟，故借魯史所載，發明某是某非。是則天理之正，人心之安，綱常倫理，於是取衷；非則人欲之私，人心所惡，綱常倫理，於是滅絶。聖學王猷，皆不外衆人能知能行之本，在察其真而已。

禮不取儀禮、周禮爲經，而以禮記者何？經主發明義理，二禮所説，總是粗迹，禮記是推出所以爲禮之意。

書亦是各代故實，其以爲經，乃二帝、三王順時爲治精要處，其規模之大，節目之詳，整然包括宇宙氣象。法在則道在。以上論五經。

天之生人，萬理畢備，故萬化從出，足周所用。有耳可聞，有目可視，有口可言，有手可持，有足可行，豈有不能自養之理？只理被人自墮落，無所用心，五官四肢失其職業，乃歸咎天命，不知此命自我心中涣汗。論養。

雜著

崔後渠曰：「道一，不可以二求；意有，不可以無求；理之極，不可形氣求。」曰：「至一不二，真有歸無極，理不外氣。翁謂『圓徹靈覺，神明居之』，則雖欲二而有所不能岐也。翁謂『康欽齊作，赫赫穆穆同體』，則意不落意，乃其爲未嘗有也。翁謂『能通者神，所通者理』，陰陽不測之謂神，神理曾有異義乎？」渠曰：「虚之所包無窮，形之所納有限。道與性與理生於虚，心與精與神生於形，胡爲乎弗異之？」曰：「圜中竅外而爲心，以其虚也。虚而生神生精，圓徹靈明之所具乎！謂其方盈寸，取其所涵，不即其血肉。故心無心，心之所以爲心，命於性。性無性，性之所以爲性，現於心。心命於性，則清通而爲神，機不容以自滯；性現於心，則密察而爲精，理不能以自昧。背性而馳心，暴氣之徒也，以是小其心，可乎？」揚子折衷序。

天地間只一氣，氣得其平之謂虚，平昭其序之謂理，理當其施之謂道，能主其施之謂心，能發其昭之謂性，五者皆天也。明州與王同野談。

人之所以爲人，主之以心，而本之於性，故性是心之所以爲心。性之本體，自然而無聲無臭者，天也；性之生生而不容自己者，道也。故自性也，無所有而立天下之有。惟無所有，是爲無極之真。視不見，聽不聞，廓然寂然，故曰太虚。惟立天下之有，是謂本然之則。絪緼屈伸，摩盪兼制，日運而不滯，故曰氣化。

天者性之本，道者性之體，心者性之郛廓。天命之謂性，言其本也；率性之謂道，言其體也；修道而戒懼慎獨，言其守郛廓之功也。以上温縣講章。

「謂良知有聖愚古今固不敢，謂良知下手即了手亦不敢。」問：「有幫補不？」曰：「無幫補，有造就，無作爲，有體認，不惟自信以致之，又須好學以致之。蓋良知只是個丹頭，真須點化始得。」

告子以欲食欲色爲性，即其發生處謂仁。仁由心出，非有所待於外。即其得當處謂義，義隨事變，非能直了於内。孟子乃先詰其所指，以究病根之所在。告子答以事變合宜，從物所定，故謂之義外。孟子謂物無一定之迹，豈能泥而無別？又詰其果在物上求義，抑在處物上求義？告子以爲處物乃是人，在物有一定之處，吾從而因之是謂義。此其所以爲外。孟子謂嗜吾炙與嗜秦炙，固有一定之處，但嗜乃心所發生，不應亦謂之外。行吾敬，以行爲義，故在内。孟季子謂敬因人立，不待我行之。孟子言敬雖立於人，然在其人身上，又隨時而別，必須我裁度乃可得，豈非是我所行！孟季子言敬固別於隨時，都是其人身上起，與我無干。公都子謂飲湯飲水，亦隨時而別，然皆從此心發動，豈謂無干？觀上論，則在外之辨明；觀下論，則非内之辨明，然總歸結嗜飲之間。告子以食色爲性，已明仁内之旨，而孟子因其所通，牖之也。夫義外之説所自來，非以其外而不知顧也，蓋欲牽補人力以助天功，然後盡修爲之學，荀子性惡之意，亦猶是耳。惟其泥，有以騖窮物，既着義外之非，則必緣空以生虚見，并遺仁内之實，而性非其性，天命之真，乃入動静隱顯之偏矣，能不辨乎！以上紀客談。

語録

性者萬物之一原㊀，求盡人物之性，纔是盡己性之實。

用世是我處民物，處之之道，只在感應間，不失定理。

性之感於世而應之，寂然不動，一觸而遂通天下之故。天下之故，乃萬物皆備之體，能使其體之全具，非養就寂本，烏得遂通？獨乃感與應關棙，慎之所以持其兩也。

問：「知行何以合一？」曰：「主宰處是知，發用處是行。知卽乾知大始，行卽坤作成物。未有離乾以爲坤，亦未有離坤以爲乾者。獨陽舍坤，是落空想像，孤陰舍乾，則不知而作，皆非真乾真坤。故以考索記問爲知者，遂爲知先而行後，其知非允迪之明；以襲取强爲爲行者，遂謂行實而知虚，其行非由衷而出。兩者如形影，除一個不得。自來聖賢説知行，皆是假舉虚位，初未嘗實指知某行某。蓋隨其所行，能著能察處乃爲知。人之所以爲人，日用云爲，何曾缺乏？只少此一知，如無根之樹。滿天下都甘做無根人。」又問：「世人日用云爲，非知，如何做得出？」曰：「皆是見聞習熟，心漫然隨意識轉動，未嘗的由主宰發越也。」

人只有一條命根，與物大同，無有異處。若二三，便是私己。直須光光浄浄，打疊到逼真，不添一物，然後變化不測。

㊀「原」，賈本、備要本作「源」。

儒者之學，只在感應，能將心性感處，研窮事理的當以應之，是爲用世。後世學問多端，不向事物上馳逐其利欲之私，卽落枯寂以求心性，却將天地生生之機，滅滅分數。良知一拈萬到，本末具舉，但以溷擾成習之心，落事落識，機關已熟，種種牽障。從真上起弊，弊上起救，救上復起弊，弊上復起救，救弊拗横時，真妄雜出。信於直内，其勢必至拗已；信於非之而不顧，其勢必至違衆；信於調停，其勢必至陪奉世情。其曰人人完具，乃儱侗顢頇話，則有致之之功，所宜勉力。

人之過，他人難言，惟自省自知之。然知過亦難言，所見未定，必起意識，便眩是非，擅出異同。改過亦難言，有改而除其召致之原，有改而竄其形迹之表，有改而移其蹈歷之路，惟除原乃是真改。文過亦難言，世以掩飾爲文，不知意之所便，資所近似，體段威儀，不著不察，皆所以文之。欲聞過亦難言，子路喜聞過，先篤於爲學，故心虚理明，聲入而心通，若劈頭聞來，也無用。是以欲求言過，必先盡事，有必有事焉，然後可酌忘助。

知最活，凝於德則爲真知，逐于物則爲識神，故工夫在於止。

齊治平，乃修身之所在。心則身之主宰。然心太虚，不能施力，則感應處可以表見，是爲意。這感應從何來？心虚則生靈，曰知。有物一觸，其靈畢照，於是因其物感，以此靈照而應之，則格物之功盡。感應實得其理，而主宰者正矣。

悟與見，毫釐千里，見也得悟狀，悟亦類見幾，只悟從全體上呈露，見却透得一路。卽此一路，已謂通髓徹骨，但非寂然本體，與觀會大法，所以不能遂通，不能行其典禮。推原病根，畢竟是心不虚。認得虛爲悟體，乃不落揣摩。又或於悟起病，以儱侗標認大意，於條理處不照顧，終墮潦草，并無見解之用。故悟亦靠不得，學然後知不足，是認虛之學，方可得真悟。

問「理一分殊」。曰：「一是理真，真是一條路，無雜二三。所以分定，不得不殊，豈容假借增損？若以私智穿鑿，不立純體，便厚薄高下大小倒置，隨在不停當。有謂理雖一而分實殊者，專重分上，將何處作把柄去殊得？有謂理則一，分則殊者，是兩重臨境，當感如何互相下手？有謂分雖殊而理惟一者，專重理上，或墮儱侗虛見。聖人心體，純粹至善，所以其幾之動，隨處以時出之。蓋形見處是分殊，主宰處是理一，兩者當時同有。」

問：「合着本體，方是工夫，做得工夫，方識本體。如何？」曰：「兩言亦須善體。天生人，心性有善無惡，乃其大概。中間見在分量器局，又各各不同，能進而求之，日新深造。所以本等體段，原無一物可見，只從實踐徹悟處便是。若不用功，本體卽不呈露；若踐不實，悟不徹，雖有浪講虛解，本然之體亦漫乎無具。故卽人工夫所在這些，纔可名本體這些，豈得先有本體，將工夫去合？又先有工夫，復去見着一個本體？」

問：「不忍不爲，達之所忍所爲，如何達？」曰：「學者實落下手。若待推而達之，不幾於勞擾而綴濃之乎？善學之法，須直截發動真機，就事運誠，隨事正感，豈可因我明處，豫先作念，推到不明上，或因不明處，追考原初明的來作樣子？此是孟子指點人身真機，處處完具，只被私欲間隔，有能有不能。若能處處不爲私欲間隔，如明處作爲，無有不能爲者，非謂必待比擬推廣，然後可能。」

倭患亟，會城集議。先生曰：「今日所以久無成功者，只少一段事。」衆問云何，曰：「只有不殺倭子的心，便可萬全。」衆笑其迂。曰：「此却是實理。人生作事，直須從造化算來，今日種種設計，都是無頭勾當。初起釁端，原因國家德脈不貫通，迄今出戰，亦須潔浄打疊心地，一片不忍生民之意，以爲取勝根基，纔不破綻。若惟以殺爲事，乃是倚靠宇宙間戾氣，縱一時得勝，亦非仁義之師，況不可必乎！卽如天之雷霆，豈脱了大造生生做出來？」

先生之姪欲爲賈，困於無資，先生令其訪衆賈，能自具本者幾何？姪復命曰：「十無二三。」先生曰：「富者藉人以爲賈，其求賈也，甚於賈之求資，而賈者每不稱富者之求，以無信也。子不必憂資，憂不能信耳。」

凡人日用云爲，未必無知做出來。只是習熟見聞之知，非德性之知，畢竟爲不知而作。從早至晚，如作揖喫飯着衣，七八都由罔昧舉動。若真真肚子裏陶鑄無幾，及干涉重務，雖或經心一番，却又從聞見之知上打發，將平昔與友朋深考力辨的放在一邊，如此學問，雖萬千也無用。

道理平平妥妥，可知可行，至簡至易，中庸其至矣乎！只是日用常行中而庸者，便爲極至道理，人却不肯知，不肯行，看做天來大海樣深的。殊不知這個天則昭然自在，乃因驕性起，便飛揚而上；吝心起，便卑墮而下；躁心起，便縱放而前；怠心起，便廓落而後；侵心起，便攘據而右；怯心起，便委順而左；奇心起，便索隱行怪；巧心起，便機械變詐，所以中庸不可能。若種種心俱泯，卽是平平妥妥的，卽是察乎天地。

耳目口鼻四肢爲形，視聽言動持行爲氣，聰明睿知恭重爲神；所以運聰明睿知恭重爲魂，所以定視聽言動持行爲魄。魂屬陽，魄屬陰，孤陰易斂，有陽魂以載陰魄，然後能勝於用。常人只是魄來載魂，非魂之載魄也。

道理難以名狀，不得已而强名曰太極，然而未嘗言理爲太極也，亦未嘗言道爲太極也。則所爲太極者，果何物哉？卽兩儀四象、男女事物之類之謂也。真至之理，皆著見於日用之間，惟在人自悟。人之所以能悟者，其最靈之爲恃乎！

氣只有一氣，陽氣是也。陽息爲陰，故陰者陽之所不足也，女者男之所不足也，惡者善之所不足也。惡亞心也，謂之失其本心。

造化凝締之機，所以流行宇宙者五行，實無後先多寡之異，其各附之以五，而後其資始全。五非土也，卽指五行而言之也，謂雖分定而不離乎本體也。總非截然有此位次，皆借是數以明其意耳。

太極生生之機，無一息不流行，無一息不停止。流行者，造化發育之妙，停止者，實體常住之真。流行而不止息，是動而無静；止息而不流行，是静而無動。動静一時俱有，合而言之也。

問：「幾爲聖人所有，如何又有惡幾？」曰：「惡豈有幾？如弩然，機發便其直如矢，自然旁行不得。」又問：「如何爲幾分善惡？」曰：「此對誠無爲而言，謂幾分善惡，蓋有善而無惡也。」以下宋學商求。

易「一陰一陽㊀之謂道」，兩「一」字，以言乎等均者也。時陽而陽之，時陰而陰之，不失其太虛之

㊀「一陰一陽」原作「一陽一陰」，據易文乙正。

本，則道之所在也。愆陽伏陰，橫於流行而無所主，得爲道耶？不愆不伏，不橫於流行，則爲時陽時陰。陰陽時則和而無戾，是橫渠之所謂道也。故氣得其正之謂道，不必氣外別尋道；道所運化之謂氣，不必道上更生氣。

問：「陳龍川論漢、唐之治如何？」曰：「此是論道體，逝者如斯夫意思。渠謂天下大物，不是本領宏大開廣，却擔當不去。蓋雖智力欺假一時，亦不旋踵而定，豈能勉强得三四百年來？這誠有協于人心，可包裹許多品彙處，纔能安於自享。中間偏全純駁高下淺深，卽在三代，其遞世傳業，猶有不能盡齊者。若謂架漏牽補度時日，豈惟漢祖、唐宗，縱到嬴、隋、操、莽，固未嘗澌滅。龍川不是論人品，亦不是論治道，乃直指化機流行，大塊滿眼，皆本相呈露。惟其知之便能體，惟其體之便是道。至其出入大小生熟，以分人品賢愚，而別治道隆污，則三代、漢、唐，不待智者而後以爲異同也。」以上宋學商求。

侍郎蔡白石先生汝楠

蔡汝楠字子木，號白石，浙之德清人。八歲侍父聽講於甘泉座下，輒有解悟。年十八舉進士，授行人，轉南京刑部員外郎。出守歸德、衡州，歷江西參政、山東按察使、江西布政使。陞右副都御史，巡撫河南。召爲戎政兵部侍郎，改南京工部，卒官。先生初汎濫於詞章，所至與朋友登臨唱和爲樂。衡州始與諸生窮經於石鼓書院。趙大洲來遊，又爲之開拓其識見。江西以後，親證之東廓、念菴。於是平生所授於甘泉，隨處體認天理之學，始有着落。蓋先生師則甘泉，而友則皆陽明之門下也。

端居寤言

舉天下講理講學，俱不甚謬。聖人並無以異人，只到實體之際，便生出支節。有可講者，卽如敬爲聖學之要，內史過亦知敬是德之輿。若道如何是敬，便有細密工夫。一日之中，是敬不是敬，感應之際，有將迎無將迎，都不知覺。因原只是認得光景，未曾知得真切。聖賢終身學問，只是知之真體之密耳。

從頭學聖人之志道，則問禮問官，不妨漸學；從頭便學問禮問官，恐搜索講求，別㈠成伎倆。

貌言視聽思，天之所以與人者；恭從明聰睿，人之所以體天者。若必以爲根塵，則天何爲與此垢累以戚人心乎？象山先生曰：「儒者經世，釋者出世。」公私之辨也。

言者人之發聲，行者人之應迹。聲從何處發，迹從何處應，知得去處，下得擬議工夫，方能成得變化。

知誘物化之後，又騖於口耳光景之學，承虛接響，的然日亡，亦是斧斤伐之，牛羊又從而牧之。纔於人所不見處收攝凝定，忽然不及湊泊，不倚記誦，天理自爾呈露，便是日夜生息，雨露滋潤也。

今人於事變順逆，亦每每委之天命，只是朦朧不明，知不分曉，强將此言，聊自支撐，其中實自摇惑。聖人知命，直是洞徹源頭，賢人却知有義，便於命上自能分曉，都不是影響説命也。

或疑程子取谷神不死之語，予舉張橫渠曰「太虛無動摇，故爲至實」。「然則老、儒之辨安在？」

㈠「別」原作「則」，據賈本改。

曰：「其言雖合，其發言之意則殊。老氏從自己軀殼中發此意，儒者從天地太虛中發此意。」

孟子辯告子，闢楊、墨，卑管、晏，斥鄉愿，只因孟子見聖賢一端，的確分明，故灼知其異於聖賢之學。今聖賢一端，正未理會，却據前賢見成言語，附和末響。不如且尋求自己做聖賢一端之正，此一端既精，異端自不能雜，復何難闢之有！

學問各有一處，老氏一此謙柔心，佛氏一此空寂心，楊氏一此爲我心，墨氏一此兼愛心，彭、籛一此養生心，只是不明乎善，不知所止，做人他岐，而爲二三。

天地以生物爲心，而不能必物之成，花之千葉者不實，其最先發者早萎，亦天地自然之力量也。老子退一着，亦識得如此。但質之聖學，知天地之化，與時消息，而無容心，其間則老子毫釐千里之謬矣。故知天理者，能善用易。

不獨老子有合於易，參同、陰符時契造化之機，其用處便私己。程子曰：「雖公天下之理，以私心爲之，便是私。」

問：「比物聯類之學，或有不得而湊泊者，則如之何？」曰：「正不欲其聯比湊泊也。天高地下，萬物散殊，散殊之中，必欲聯比湊泊，是雕刻之化矣。只流而不息，合同而化，是謂大同。聖人千言萬語，天地千變萬化，異者必不盡同，只要知同歸一致之處。」

聖賢地位，非可想像，只聖賢事，合下做得，灑掃應對，可精義入神。

文章功名，聞見知解，皆足羈縻豪傑。故銷市井富貴之習心易，銷文章功名之習心難；銷文章功名之習心易，銷聞見知解之習心難。聖人精進，凡物不能羈絆，只是能放下，一切好地位，都住不得也。老氏以物爲外，故有芻狗之喻。聖人合内外以成仁，本無憧憧之心，實有肫肫之仁，何嘗如此！莊子將感應爲託不得已以養自然，豈若將感應爲自不得已而任自然？故老、莊以爲自然者，聖人謂之矯强。

古今人良知天理之學，似説得太易，故人往往作口耳知解，全無實得。聖人發蒙在亨行時中，要之良知天理，可亨之道也。必須蒙童求我，初筮方告，謂之時中。不然，非惟無益於人，抑且有乖於道。

程子曰：「坐忘便是坐馳。所以坐馳者，因莊生不知學問。」其言本出於老子杳冥恍惚之意。所謂心齋，乃齋其蕩然無主之心，非明善之誠，知止之定，坐而入忘，蓋茫然而不自知耳。

五福六極，氣之不齊也。陰陽變化，其機莫測。聖人之心，真知陰陽消長之故，謂之知命。命不離乎氣也。

胡五峰曰：「居敬所以精義。」朱子晚年深取其言，可見朱子居敬窮理之説，未嘗分爲二也。孔門以主敬爲求仁，五峰又以居敬爲精義，要之一敬立而四德備矣。

象山先生每令學者戒勝心，最切病痛。鵞湖之辨，勝心又不知不覺發見出來，後來每嘆鵞湖之失。因思天下學者，種種病痛，各各自明，只從知見得及工夫未懇到處，罅縫中不知不覺而發。平居既自知，發後又能悔。何故正當其時，忽然發露？若用功懇到，雖未渾化，念頭動處，自如紅爐點雪。象山勝心之戒，及發而復悔，學者俱宜細看，庶有得力工夫。蓋象山當時想亦如此用功也。

古人聲律，非止發之詠歌，被之管絃，虛明之體，合乎元聲，凡言皆中律言也。六經之言，雝雝鏘鏘，諸子百家，則浥灧散亂之音作矣。故孟子知言，非知言也，知心聲也。

問：「樂者心之本體，恐懼悲哀相妨累否？」曰：「樂者非踴躍歡喜之謂，無不樂之謂也。肫肫嗃嗃，爲懼爲哀，皆真機也。初非一朝之患，加得分毫，何妨累之有？若以物欲之憂爲憂，威武之懼爲懼，及當懼當憂，凝滯留著，則不特哀懼妨累，而肆樂沉湎，流而不節，亦甚悖馳君子之樂矣。」

安土敦仁，中心安仁也，故感發處無非愛人，退之博愛謂仁，止道其用。

古人舉先民詢於芻蕘，蓋天下只有一個是，更不可增。有一個是，便有一個非，消滅不得。芻蕘之言是，聖人從而是之，聖人之言非，矇瞽庶人得而非之。若一有勝心，則不特芻蕘必增聖人已是之言，一有狥心，則不特聖人必狥偏智一隅之見，自此本然是非之度，幾於凌紊，而學問家因之多事矣。

謝上蔡以覺言仁，未爲不是。朱子病其説，又言敬則自能覺。愚意敬即覺也，但敬覺工夫最精。上蔡言「儒之仁即佛之覺」，則非。

人性全而物性偏。人心智無涯，故反危殆；物心智有限，故反近自然。人要持危而入於自然，只在存之而已。本體常存，私智無自而生。私智不生，便不害性，不害㊀，是養性也。

神發智也，智之鑿處爲知誘。人生而静，不容説，正感發時，常覺得，便是主静路上工夫。

天德王道，王道無期必，期必便是計功謀利。尹和靖曰：「如潦則止，如霽則行。」何期必之有！

㊀「雲」下，賈本、備要本有「性」字。

明儒學案卷四十一　甘泉學案五

侍郎許敬菴先生孚遠

許孚遠字孟仲㊀，號敬菴，浙之德清人。嘉靖壬戌進士。授南工部主事，轉吏部。尋調北。大計，與冢宰楊襄毅溥不合，移病歸。起考工主事，高文襄不説，出爲廣東僉事，降海盜李茂、許俊美，移閩臬㊁。考功王篆修怨，復中計典，謫鹽運司判官。萬曆二年擢南太僕寺丞，遷南文選郎中，請告，補車駕郎中。謁江陵，問及馬政，先生倉卒置對，甚詳明，江陵深契之，欲加大用，而王篆自以爲功，使親己，先生不應，出知建昌府。給事中鄒南皐薦之，遷陝西提學副使，擢應天府丞。以申救李見羅鐫級歸。起廣東僉事，轉廣西副使，入爲右通政。以右僉都御史巡撫福建。日本封貢事起，先生疏言發兵擊之爲上策，禦之爲中策，封貢非策也。其後朝廷卒用其中策。召爲南大理寺卿，晉南兵部右侍郎而罷。三十二年七月卒，贈南工部尚書。

先生自少爲諸生時，竊慕古聖賢之爲人，羞與鄉黨之士相争逐。年二十四，薦於鄉，退而學於

㊀「孟仲」明史作「孟中」。

㊁「臬」原作「臭」，據賈本改。

唐一菴之門。年二十八，釋褐爲進士，與四方知學者遊，始以反身尋究爲功。居家三載，困窮艱厄，恍惚畧有所悟。南粵用兵，拚舍身命，畢盡心力，怠墮躁妄之氣，煎銷庶幾。及過蘭溪，徐魯源謂其言動尚有繁處，這裏少凝重，便與道不相應。先生頂門受針，指水自誓。故先生之學，以克己爲要。其訂正格物，謂：「人有血氣心知，便有聲色，種種交害，雖未至目前，而病根尚在。是物也，故必常在根上看到方寸地，灑灑不挂一塵，方是格物。夫子江、漢以濯，秋陽以暴，此乃格物榜樣。」先生信良知，而惡夫援良知以入佛者，嘗規近溪：「公爲後生標準，令二三輕浮之徒，恣爲荒唐無忌憚之説，以惑亂人聽聞，使守正好修之士，摇首閉目，拒此學而不知信，可不思其故耶？」南都講學，先生與楊復所、周海門爲主盟。周、楊皆近溪之門人，持論不同。海門以無善無惡爲宗，先生作九諦以難之。言：「文成宗旨，元與聖門不異，故云性無不善，故知無不良，良知卽是未發之中，此其立論至爲明析。無善無惡心之體一語，蓋指其未發廓然寂然者而言之，則形容得一静字，合下三言始爲無病。今以心意知物俱無善惡可言者，非文成之正傳也。」時在萬曆二十年前後，名公畢集，講會甚盛，兩家門下，互有口語，先生亦以是解官矣。先生與見羅最善，見羅下獄，拯之無所不至。及見羅戍閩，道上仍用督撫威儀。先生時爲閩撫，出城迓之，相見勞苦涕泣。已而正色曰：「公蒙恩得出，猶是罪人，當貶損思過，而鼓吹喧耀，此豈待罪之體？」見羅艴然曰：「迂闊！」先生顏色愈和，其交友真至如此。

原學篇

天然自有之謂性，效性而動之謂學。性者萬物之一原，學者在人之能事。故曰天地之性人爲貴，爲其能學也。學然後可以盡性，盡己性以盡人物之性，則可以贊天地之化育，而與天地參而爲三才，故學之係於人者大也。天聰天明，非學不固；威儀動止，非學不端；剛柔善惡之質，非學不化；仁義禮智信之德，非學不完；君臣、父子、夫婦、昆弟、朋友之倫，非學不盡；富貴貧賤之遇，非學不達。學則智，不學則愚；學則治，不學則亂。自古聖賢盛德大業，未有不由學而成者也。故先師孔子特揭學之一言以詔來世，而其自名，惟曰學而不厭而已。性之理無窮，故學之道無盡，學而不厭，孔子之所以爲孔子也。然而三代以上，道明而學醇；三代以下，道喪而學雜，高之淪于空虛，卑之局於器數，浸淫於聲利，靡濫于詞章。嗚呼！學其所學，而非孔子之所謂學也。其卓然志于孔子之學，不爲他道所惑者，寥寥數千載之間，幾人而已。乃其見有偏全，言有離合，行有至不至，擇而取之，則又存乎其人焉。故學以盡性爲極，以孔子爲宗。若射之有的，發而必中，若川之歸海，不至不已矣，夫然後可以語學。學之義大矣哉！一。

學者既有志於孔子之學，則必知夫求端用力之地。孔子之學，自虞廷精一執中而來，其大旨在爲仁，其告顏子以克己復禮，最爲深切著明者也。人心本來具此生理，名之曰仁。此理不屬血氣，不落形骸，故直云克己。己私一克，天理具存，視聽言動，各有當然之則，故云復禮。一日克己復禮，則無我無人，平平蕩蕩，萬物一體，故曰天下歸仁。己最難克，仁最難言，因循牽繫，終身陷溺，剛毅深潛，一日可至，故曰爲仁由己，而不由人。出此入彼，即在身心之間，其機至嚴，其用至博，故曰非禮勿視聽言動。此孔門學脈也。他如言敬，言恕，言忠、信，言閑邪、存誠，言洗心、藏密，言格物致知、誠意正心，無非此理，無非此學，神而明之，存乎其人焉爾矣。是故舍仁而不求者，昧其本心，不可立人道於天地之間；不由克己復禮而言仁者，道不勝欲，公不勝私，而徒以聞見湊泊氣魄承當，無强至於仁之理。知克己者，一私不容，氣質渾化，故功利權謀之説，非所可入。知復禮者，體用俱全，萬理森著，故虚無寂滅之教，非所可同。修此之謂天德，達此之謂王道，此孔子之學，自精一執中而來，爲萬世立人極者也。學者于斯篤信不惑，而行之不惰，其庶幾乎可以語學也夫！二。

學不貴談説。而貴躬行，不尚知解，而尚體驗。易曰：「默而成之，不言而信，存乎德行。」孟子曰：「君子所性，仁義禮智根於心，其生色也，睟然見於面，盎於背，施於四體，四體不言而喻。」此其説也。是故性定者，其言安以舒；養深者，其容静以肅；内直者，其動簡；德盛者，其心下。反之，而躁妄、輕浮、繁擾、驕泰生焉。蓋理欲消長之機，志氣清濁之辨，見於動静，微於應感，如影隨形，不可掩也。昔者虞舜，夔夔齊慄，以格其親，而好問好察，善與人同，乃見其精一之學。文王在宫在廟，雝雝肅肅，而無然畔援，無然歆羡，乃見其敬止之功。孔子温良恭儉讓，萃至德於其躬，而意必固我，至於盡忘，乃其學而不厭之實。凡古今聖賢所爲師表人倫信今傳後者，必以躬修道德而致之，斷非聲音笑貌之所能爲也。故學者之學，務實修而已矣。珠藏而淵媚，玉韞而山輝，德聚於其中而發見於其外。有不修，修之未有無其驗者也。不修而僞爲於外，與夫修之未至，而欲速助長操上人之心者，皆孟子所謂無源之水，易盈易涸，不可長久矣。故曰：「君子之道闇然而日章，小人之道的然而日亡。」言忠信，行篤敬，雖蠻貊之邦行矣。言不忠信，行不篤敬，雖州里行乎哉？誠僞虚實，判若霄壤，其理甚明，内辨諸身心，外證諸家國，學之終身，不至不已，斯學之道也。三。

論學書

中庸所謂戒慎不睹，恐懼不聞，只在性體上覺照存養而已。但人心道心，元不相離，善與不善，禮與非禮，其間不能以髮。故閑邪一着，乃是聖學喫緊所在。學者苟知得善處親切，方知得不善處分明。譬諸人有至寶於此，愛而藏之，所以防其損害者，是將無所不至。又譬諸種植嘉禾，無所容其助長之力，惟有時加耔耘，不爲莠稗所傷而已。答孟我疆。

白沙「静中養出端倪」，敬齋只説「存養」，曷嘗有看見察見兩説牴牾？蓋中庸首章言「不睹不聞」，末章言「無聲無臭」，分明天命之性不可睹聞，不涉聲臭，而夫子告子張曰：「立則見其參於前，在輿則見其倚於衡。」顔淵自嘆：「如有所立卓爾。」又却是有所見，有所立。此兩者要須默識，神而明之，道之在人，非優游散漫者所可入，必是凝精聚神，念念不忘，若有參前倚衡之見，及其與道契會處，原來聲臭俱無。若存知見，便非道體。答陸以建。

聲色、臭味、安佚，自是天性之所不能無，不離乎氣質者也。第是數者爲性之欲，必其謹節中正，一順乎天理之當然。性通極于命，而後性不蔽於欲，故曰君子不謂性也。仁之於父子等事，而謂之命者何？言君臣父子賓主賢否之際，遭遇不齊，天道之升降否泰，消息盈虛，雖聖人有所不能必，是以謂之命也。然仁義禮智其性在我，隨其時勢所值，而皆有可以自盡之道。聖人奉若天道，卽作用不同，要知各盡其事。命責成於性，而後命不違乎天，故曰君子不謂命也。究而言之，命無二，性亦無二。但人於聲色臭味之欲，恒謂之性生，於君臣父子所處難易順逆之間，多諉之天命，故孟子特伸此抑彼，使學者知所重輕云爾。答朱用韜。

所謂天則，超絶聲臭，不涉思慮安排，然只在日用動靜之間默識。可見此心一違天則，便有不安，加之於人，便有不合。惟其當作而作，當止而止，當語而語，當默而默，一不違於天則，而後協乎人心之同然。知此，則性之面目可得而言矣。答沈實卿。

所謂透性與未透性云者，不知從何處分別？爲是見解虛實耶？爲是躬行離合耶？爲是身心枯潤耶？爲是論説高卑耶？易言「美在其中，而暢於四肢，發於事業」，孟子言「根心生色，睟面盎背，四體不言而喻」者，此真透性之學。若以知解伶俐，談説高玄爲透性，某方恥之而不敢，翁史何以教之？簡羅近溪。

老丈以毋意爲宗，使人人皆由毋意之學，得無所謂欲速則不達者耶？大學欲正其心者，先誠其意，所謂誠其意者，只在毋自欺而求自慊，此下學之功也。顏子有不善未嘗不知，知之未嘗復行，亦誠吾意而已。吾儕之學，焉可以躐等乎？此理纔有悟處，便覺鳶飛魚躍，觸處流行，而不須一毫安排强索之力，然到得與自己身心湊泊尚遠。孟子曰：「反身而誠，樂莫大焉。」程子曰：「識得此理，以誠敬存之而已。」識者，默而識之也。識得便須存得，方爲己有。時時默識，時時存養，真令血氣之私銷爍殆盡，而此理益然而流行，乃是反身而誠，與鳶飛魚躍同意。不然，饒説得活潑潑地，亦無益也。學者認得容易，翻令此中浮泛不得貼實。此卽誠與不誠之介，不可不察也。凡吾儕平日覺有胸次灑落時，感應順適時，正是誠意端倪，須要存養擴充得去，若作毋意見解，則精神便都散漫矣。與李同野。

吾儕學問，見處俱不相遠，只是實有諸己爲難。能於日用工夫，更不疏放，一真一切，實實平平，不容己見盤桓，則此理漸有諸己矣。此學無内外相、人己相，打得過處，方是德性流行，打不過時，終屬私己，猶爲氣質用事。吾輩進修得失，涵養淺深，亦只驗諸此而已。與萬思默。

人事自爲簡省，未嘗不可，若不得省處，卽順以應之。洗滌精神，灑灑落落，無揀擇相，更覺平鋪實在。操舍存亡，昏明迷覺，總在心而不在境。與鄧定宇。

自心妙用，卽是涓涓之流，亦卽是汪洋浩大之海。鄙意則謂須有鑿山濬川，掘井九仞，而必及泉之功，涓流浩海，乃其自然不容人力也。

昔人學問失之廣遠，故儒者反而約之於此心。其實要反約，又須博學詳説而得之，非謂直信此心，便可了當是也。與王東厓。

知止致知，俱出大學，首尾血脉，原是相因。致得良知徹透時，卽知是止，討得至善分明處，卽止是知，初非有本體工夫，亦非有偏全先後之別。古今儒者，悟入門路，容有不同，隨時立教，因病制方，各有攸當，正不必以此病彼也。答胡體仲。

格物之説，彼謂「待有物而後格，恐未格時，便已離根」者，此其論似高而實非也。若得常在根上看到方寸地灑灑不挂一塵，乃是格物真際。人有血氣心知，便有聲色，種種交害，雖未至目前，而病根常在，所以誠意工夫透底，是一格物。孔子江、漢以濯，秋陽以暴，胸中一毫渣滓無存，陰邪俱盡，故能毋意毋必毋固毋我。此非聖人，不足以當格物之至。與蔡見麓。

鄙意格物以爲神明之地，必不累于一物，而後可以合道。格致誠正，與戒懼慎獨、克復敬恕，斷無殊旨。與鄧定宇。

博文約禮，道之散見於人倫庶物之間者，文也；其本於吾心天然之則者，禮也。隨事而學習之謂博，隨學而反己之謂約。禮卽在於文之内，約卽在于博之時，博而約之，所以爲精也。精則一，一則中。

閑中披誦明公與李見羅所論心性兩書，見我公誠心直道，無少迂曲，而見羅丈雄才卓見，確有主張，此皆斯文之所倚賴。書中大意，公則謂靈覺卽是恒性，不可殄滅；見羅則謂靈覺是心，性非靈覺。從古以來，知性者少，識性者多，二公論旨不合，只在于此。夫心性之難言，久矣。混而一之，則其義不明；離而二之，則其體難析。譬諸燈然，心猶火也，性則是火之光明。又譬諸江河然，心猶水也，性則是水之濕潤。然火有體，而光明無體；水有質，而濕潤無質。火有體，故有柔猛，而光明無柔猛；水有質，故有清濁，而濕潤無清濁。火之明，水之濕，非一非二，此心性之喻也。夫率性之爲名，自天之降

(一)「體」原作「休」，據賈本改。

衷，不離乎形氣者而言。而心之爲名，合靈與氣而言之者也。性只是一個天命之本體，故爲帝則，爲明命，爲明德，爲至善，爲中，爲仁，種種皆性之别名也。此未嘗有外於心之靈覺，而靈覺似不足以盡之。心者至虚而靈，天性存焉，然而不免有形氣之雜，故虞廷别之曰「人心，道心」，後儒亦每稱曰「真心，妄心，公心，私心」。其曰道心、真心、公心，則順性而動者也，心卽性也。其曰人心、妄心、私心，則雜乎形氣而出者也，心不可謂之性也。君子之學，能存其心，便能復其性。蓋心而歸道，是人而還天也，卽靈覺，卽天則，豈有二耶？夫性之在人，原來是不識不知，亦原來是常明常覺，卽寂而照，卽照而寂，初非有内外先後之可言。若以虚寂爲性體，而明覺爲心用，是判心性爲二物，斷知其有不然也。見羅又謂：「虞廷之相傳者在中，道心人心，總皆屬用；大學之歸宗者在善，心意與知，總非指體。」此等立言，俱不免主張太過。中固是性之至德，舍道心之微，更從何處覓中？善固是道之止宿，離心意與知，却從何處明善？性無内外，心亦無内外，體用何從而分乎？尊教有云：「指體而言，則不識不知；指用而言，則常明常覺。」此語猶似未瑩。蓋常明常覺，卽是不識不知。本然明覺，不落識知，一有識知，卽非明覺。有明覺之體，斯有明覺之用，恐又不得以不識不知爲體，而以常明常覺爲用也。萬古此心，萬古此性，理有固然，不可增減。經傳之中，或言性而不言心，或言心而不言性，或心與性並舉而言，究其旨歸，各有攸當。混之則兩字不立，析之則本體不二，要在學者善自反求，知所用力，能存其心，能復其性而已矣。斯道無人我，無先後，輒因二公所論，一究言之，惟願高明更賜裁正。若尊刻衡齊〔一〕所辨宋儒

〔一〕「齊」原作「齋」，據賈本、備要本改。

物理之説，其説頗長，姑俟他日面教，盡所欲請也。與胡廬山論心性。

恭定馮少墟先生從吾

馮從吾字仲好，號少墟，陝之長安人。萬曆己丑進士。選庶吉士，改御史。疏請朝講，上怒，欲杖之，以長秋節得免，請告歸。尋起原官，又削籍歸，家居講學者十餘年。天啓初，起大理寺少卿，與定熊、王之獄，擢副都御史。時掌院爲鄒南皐先生，風期相許，立首善書院於京師，倡明正學。南皐主解悟，先生重工夫，相爲鹽梅可否。而給事朱童蒙、郭允厚不説學，上疏論之。先生言：「宋之不競，以禁講學之故，非以講學之故也。我二祖表章六經，天子經筵講學，皇太子出閣講學，講學爲令甲。周家以農事開國，國朝以理學開國也。臣子望其君以講學，而自己不講，是欺也。倘皇上問講官曰：『諸臣望朕以講學，不知諸臣亦講學否？』講官亦何以置對乎？先臣王守仁當兵戈倥偬之際，不廢講學，卒能成功。此臣等所以不恤毀譽，不恤得失，而爲此也。」遂屢疏乞休。又二年，即家拜工部尚書。尋遭削奪。逆黨王紹徽修怨於先生，及爲冢宰，使喬應甲撫秦以殺之。先生不勝挫辱而卒。崇禎㊀改元，追復原官。謚恭定。

先生受學於許敬菴，故其爲學，全要在本原處透徹，未發處得力，而於日用常行，却要事事㊁點檢，

㊀「禎」原作「正」，據賈本改。
㊁「事事」原作「字字」，據賈本改。

以求合其本體。此與静而存養，動而省察之説，無有二也。其儒佛之辨，以爲佛氏所見之性，在知覺運動之靈明處，是氣質之性；吾儒之所謂性，在知覺運動靈明中之恰好處，方是義理之性。其論似是而有病。夫耳目口體質也，視聽言動氣也。視聽言動流行，而不失其則者，性也。流行而不能無過不及，則氣質之偏也，非但不可言性，并不可言氣質也。蓋氣質之偏，大略從習來，非氣質之本然矣。先生之意，以喜怒哀樂視聽言動爲虚位，以道心行之，則義理之性在其中，以人心行之，則氣質之性在其中。若真有兩性對峙者，反將孟子性善之論，墮於人爲一邊。先生救世苦心，太將氣質説壞耳。蓋氣質卽是情才，孟子云：「乃若其情，則可以爲善矣。若夫爲不善，非才之罪也。」由情才之善，而見性善，不可言因性善而後情才善也。若氣質不善，便是情才不善，情才不善，則荀子性惡不可謂非矣。

辨學録

人心至虚，衆理咸備。丢過理説心，便是人心惟危之心，卽有知覺，是告子知覺運動之覺，佛氏圓覺大覺之覺，非吾儒先知先覺之覺也。覺之一字，亦不可不辯。知覺的是天理，便是道心，知覺的是人欲，便是人心，非概以知覺爲天理、爲道心也。若丢過理字説心、説知，便是異端。

吾儒曰：「喻利之心不可有。」異端曰：「喻義之心不可有。」吾儒曰：「爲惡之心不可有。」異端曰：「爲善之心不可有。」或詰之曰：「喻義之心不可有，喻利之心可有乎？爲善之心不可有，爲惡之心可有乎？」彼則曰：「喻義之心且不可有，況喻利乎？爲善之心且不可有，況爲惡乎？」如此爲言，雖中人亦知其非。彼又恐人之非之也，復倡爲一切總歸於無心之説，以爲人之心體本空，無利、無義、無善、無惡者，其本體也。必也無喻利心，併無喻義心，併無無喻義心；無爲惡心，併無爲善心，并無無爲善心。一切總歸於無心，方合本體耳。説至此，雖高明莫知其非矣。不知正是發明喻義之心不可有，爲善之心不可有處，奈何不察而誤信之耶？且義原非外，性原是善，心之本體原是有善無惡的，可見必有喻義爲善之心，而後爲合本體也。今欲一切總歸於無心，安在其爲合本體耶？況人心易放而難收，儘去喻義，猶恐喻利；儘去爲善，猶恐爲惡。今欲一切總歸於無心，竊恐義無而利未必無，善無而惡未必無，反爲本體之累不小也。又況義利只有兩途，人心原無二用，出於義即入於利，出於善即入於惡，豈有無義無利，無善無惡，一切總歸於無心之理乎？太抵義原非外，特自有其義之心不可有，而喻義之心必不可無；性原是善，特自有其善之心不可有，而爲善之心必不可無。總是喻之又喻，以至於化，爲之又爲，以至於忘，造到上天之載，無聲無臭處，只好説有喻義之心而至於化，有爲善之心而至于忘，有喻義爲善之心，而無聲臭之可擬。亦説不得喻義之心不可有，爲善之心不可有。今云云者，所謂小人而無忌憚者也。

問：「天命之性，無聲無臭，原着不得善字？」曰：「天命之性，就是命之以善，何消着？故曰性善。孟子道性善，正直指天命之初而言耳。」又問：「無聲無臭，何也？」曰：「善曾有聲有臭耶？」

天命之性，如一陽來復，造化生意，雖未宣洩，而凡宇宙間形形色色，萬紫千紅，無一不胚胎完具於其內，故曰：「天命之謂性。」此自是實在道理，原不落空。若曰：「天命之性，渺渺冥冥，一切俱無。」如此，不知天命的是個甚麽，便於天命二字說不去矣。

問：「人心一概說不得有無，此是論工夫。若論本體，則無善無惡，全說不得有矣。無心之說，蓋指本體也？」曰：「不然。論工夫，心原一概說不得有無，還有不可不有者，不可不無者。若論本體，則全說不得無矣。觀孟子曰『無惻隱之心，非人也』四句，曰無，曰非，何等明白！又曰『惻隱之心，人皆有之』，至『我固有之也』，曰皆有，曰固有，又何等明白！而曰本體無善無惡，異端無心之說，專指本體而言，誤矣。」

問：「善之善，對惡而言也；無善之善，指繼善之初，不對惡而言也。惡如彗孛妖氛，善如景星卿雲，無善之善，如太虛。惡如木石屑，善如金玉屑，無善之善如目中不容一屑，如何？」曰：「吾儒之旨，只在善之一字，佛氏之旨，卻在無善二字。近日學者，既惑于佛氏無善之說，而又不敢抹殺吾儒善字，於是不得已又有無善之善之說耳。不知吾儒之所謂善，就指太虛本體而言，就指目中之不容一屑而言，非專指景星卿雲，金玉屑而言也。善字就是太虛，非太虛爲無善之善也。『乃若其情，則可以爲善矣。乃所謂善也』。由可以爲善之善，纔見得乃所謂善之善。兩箇善字，原只是一箇，豈有可以爲善之善，乃與惡對之善，乃所謂善之善，乃無善之善之理哉？」

一有其善，便是不善，故曰「喪厥善」。一有意爲善，便不是爲善，故曰「雖善亦私」。至於喪，至於私，則善于何有？如此，是其病正在無善也。

山下出泉，本源原清，此性之說也。漸流漸遠，有清有濁，清者勿使之濁，濁者復澄之清，此學之說也。三品之説，是徒知漸流漸遠，有清有濁，未嘗不是，而不知山下出泉，本源原清，澄濁求清，非義外也。慈湖之説，是徒知山下出泉，本源原清，亦未嘗不是，而不知漸流漸遠，有清有濁，則澄濁求清，非揠苗也。嗚呼！不知本體者，疑性之或惡，而既以學爲義外；知本體者，信心卽道，而又以學爲揠苗，學果何日而明哉？

有意爲善，有所爲而爲，如以爲利之心爲善，爲名之心爲善，以以善服人之心爲善之類，非以安而行之爲無意，爲無所爲。利而行之，勉强而行之，爲有意，爲存所爲也。今人見人孳孳爲善，而概曰有意，曰有所爲，則阻人爲善之路矣。

夫有太極而無思爲，有物則而無聲臭，乃吾儒正大道理，正大議論。佛氏丢過太極，專講無思無爲，丢過物則，專講無聲無臭，是無思爲而并無太極，無聲臭而并無物則。有是理乎？

知覺運動，視聽飲食，一切情欲之類，原是天生來自然的，原無思無爲，寂然不動，感而遂通，何思何慮？佛氏窺見這些子，遂以此爲真性，把吾儒這箇理字，以爲出於有思有爲，出於僞，如告子以人性爲仁義，莊子以仁義爲殘生傷性之類，不是天生來自然的。故孟子不得已，指點出箇「見孺子而怵惕」，「覩親骸而顙泚」，「不忍觳觫之牛」，「不屑嘑蹴之食」之類，見得這箇理字，也是天生來自然的，無思無爲，寂然不動，感而遂通，何思何慮？非以人性爲仁義，而殘生傷性也。縱是説出多少工夫，説思説爲，只是教人思這個無思的道理，爲這個無爲的道理，非義外，非揠苗，非强世也。吾儒宗旨，與佛老全不相干，後世講學不精，誤混爲一，以上達歸佛，以下學歸儒，以頓悟歸佛，以漸修歸儒，以明心見性歸佛，以經世宰物歸儒。諸如此類，名爲闢佛，適以崇佛，名爲崇儒，適以小儒，何也？佛氏上達，吾儒下學，佛氏得上一截，少下一截工夫，如此是夫子下學儒而上達佛也，是佛反出其上，可乎？修而不悟，豈曰真修？十五志學，七十從心，漸也。以十五而卽知志學，非頓乎？學而不厭，修也。默而識之，非悟乎？此吾儒頓悟漸修之說也。經世宰物而不出于心性，安所稱王道，先明諸心，知所往，然後力行以求至，非吾儒之言乎？今以上以悟以心性歸佛氏，以下以修以事物歸吾儒，是佛氏居其精，而吾儒居其粗也，有是理哉？不知佛氏之失，正在論心論性處，與吾儒異，不專在舍經世宰物而言心性；正在所悟所達處，與吾儒異，不專在舍漸修而言頓悟，舍下學而言上達也。

或曰：「吾道至大，二氏之學，雖甚高遠，總不出吾道之範圍。故二氏偏不能兼吾儒，吾儒全可以兼二氏。」曰：「不然。儒佛既混，談儒者稍求精，便誤入于佛氏，闢佛者稍欠精，反操戈於吾儒，是其貽禍者一。儒佛既渾，詆儒者摘一二誤佛氏之語，以爲非毁攻擊之話柄，談佛者借一二吾儒精微之語，以爲惑世誣民之嚆矢，是其貽禍者二。向使佛自佛，儒自儒，不混爲一，豈有是哉？且吾道本大，何必兼二氏，而後見其大？若必待兼二氏以爲大，則又安所稱大耶？況吾儒正道也，異端邪說也，邪固不能兼正，正豈可以兼邪？若正可以兼邪，又惡在其爲正耶？

吾儒之學以理爲宗，佛氏之學以了生死爲宗。如人生則能知覺運動，死則血肉之軀還在，便不能知覺運動，可見人之生死的是血肉之軀，這能知覺運動的一點靈明真性，原未嘗死，所謂本來面目，萬劫不磨者，此也。悟得這個，便是超悟，便知無死無生，所謂出離生死，見性成佛者，此也。其悟入處，不由積累，不由聞見，不可言説，不可思議，只在當下一覺，一覺便了，更有何事？雖中間説得千變萬化，其實宗旨，則是如是，與吾儒論心性處，全不相干。蓋性者心之生理，吾儒所謂性，亦不由積累，不由聞見，以理言，非專以能知覺運動的這個言。故彼所云性，乃氣質之性，生之謂性之性；吾所云性，乃義理之性，性善之性。彼所云一點靈明，指人心人欲説，與吾儒所云一點靈明，所云良知，指道心天理説，全然不同。雖理不離氣，而舍理言氣，便是人欲。天理人欲之辨，乃儒佛心性之分，此宗旨處，不可不辨也。

吾儒曰未發，目雖無睹，而天命真睹之理已具；耳雖無聞，而天命真聞之理已具；心雖無知覺，而天命真知真覺之理已具。卽發而皆中節，卽睹以天下而無不明，而所以能明的真睹之理，亦不可得而睹；聞以天下而無不聰，而所以能聰的真聞之理，亦不可得而聞；知覺以天下而無不睿知，而所以能睿能知的真知真覺之理，亦不可得而知，亦不可得而覺。故曰：「上天之載，無聲無臭。」冲漠無朕，卽萬象森羅，萬象森羅，亦冲漠無朕，未發不爲無，已發不爲有，渾然一理。種種道理，自天命之初已備，後來多少工夫，多少事業，都只是率性之道耳。佛氏覺性本空，以爲這一點靈明作用的性，本來原是空的。目惟無睹，故能睹；耳惟無聞，故能聞；心惟無知覺，故能知覺。目雖能睹，而所以能睹的真空之性，原不可得而睹；耳雖能聞，而所以能聞的真空之性，原不可得而聞；心雖能知覺，而所以能知能覺的真空之性，原不可得而知，不可得而覺。故曰：「覺性本空，不生不滅。」若與未發之中相似，而不知實有大不同者。

或曰：「性只是一個性，那裹又是兩個，以義理氣質分儒佛？」余曰：「人得天地之理以爲生，此所謂義理之性也。而氣質乃所以載此理，豈舍氣質，而於别處討義理哉？性原只是一個，但言義理則該氣質，言氣質則遺義理，故曰：『氣質之性，君子有弗性焉。』此闢佛之説也。且子既知性只是一箇性，何不一之於性善之性，而獨一之於生之謂性之性耶？今欲一之於生之謂性，而不一之於性善，此三品之説所由起也。是子自二之三之，以至於倍蓰而無算也。性豈有二焉？孟子道性善，故曰：『夫道一而已矣。』此儒者之旨也。」

吾儒説去欲，佛氏卻説欲是去不得的；吾儒説存理，佛氏却説理是不消存的。甚且并天理人欲四字，都要抹摋。中間雖説欲障，其實是説理障的客語，畢竟要回護這個欲字。病痛全在誤認「生之謂性」一句。知覺運動是氣，是欲，而知覺運動之恰好處是理。佛氏原認欲字爲性，不曾論理，安得不抹摋理字，回護欲字？

問：「仁者，人也。目能視，耳能聽，口能言，身能動，人也，卽仁也，何如？」曰：「此惑於佛氏之説也。視聽言動是氣，不是理，如何説是仁？視聽言動之自然恰好合禮處，才是仁。耳目口體爲形，視聽言動爲色，視聽言動之自然恰好處爲天性。理不離氣，天性不離形色，視聽言動之禮，不離耳目口體，故曰『仁者，人也』，非便以能視能聽能言能動爲仁也。若不論禮不禮、勿不勿，而惟以視聽言動爲仁，是直把氣質作義理，墮于情欲矣。」

昔人謂佛氏得吾儒之體，只是無用。又謂佛學有得於形而上者，而但不可以治世。不知佛氏所以爲異端者，正在不得吾儒之體，誤認形而下者爲形而上者。端，猶端倪發端之端，異端云者，謂其發端處與吾儒異也。若不窮究其發端，而徒辨别其流弊，彼將曰：「其所以破佛者，乃佛書自不以爲然者也。」

問：「人心至虚，不容一物，理在何處？安得不説理障？」曰：「人心至虚，不容一物處，就是理。異端之所謂理，誤指物而言，吾儒之所謂理，正指不容一物者而言耳。」

「人心之初，惟有此理，故見孺子入井，皆有怵惕惻隱之心。此時固容不得一毫殘忍刻薄之念，亦容不得一毫納交要譽之念。殘忍刻薄，納交要譽，雖不同，同謂之欲。故謂心之本體，容不得一毫欲，則可；謂容不得一毫理，則不可。蓋人心之初，惟有此理，豈可説容不得？」或問：「如何是理？」曰：「卽所謂怵惕惻隱之心是也。」

疑思録

格物卽是講學，不可談玄説空。

自慊二字，甚有味。見君子而厭然，正自小人自家不慊意處，安得心廣體胖？故曰：「行有不慊於心，則餒矣。」君子慎獨，只是討得自家心上慊意。自慊便是意誠，則便是浩然之氣塞於天地之間。

問「天命之性」。曰：「如孩提知愛，是誰命他愛？稍長知敬，是誰命他敬？這都是自然而然的，故曰天命。」「雖然，此率性之道，非天命之性也。如何是天命之性？」曰：「孩提如何便知愛？稍長如何便知敬？這必有所以知愛敬者在此。蓋是父母初生時，天已命之矣，豈待孩提稍長後才有此愛敬哉！知此，則知天命之性。」

外省不疚，不過無惡於人，内省不疚，纔能無惡於志。無惡於人，到底只做成箇鄉愿，無惡於志，纔是個真君子。

論語一書，論工夫，不論本體；論見在，不論源頭。蓋欲學者由工夫以悟本體，由見在以覔源頭耳。中庸則直指本體源頭，以泄孔子之秘。如論語論夫子之道曰「忠恕而已矣」，而中庸則曰「忠恕違道不遠」。蓋論語之論道，指其見在可道者言，中庸之論道，直指天命率性之初而言也。不然，忠恕卽一貫之道，而曰「違道不遠」何哉？論語論德曰「據於德」，中庸則曰「不顯惟德，百辟其刑之」。蓋論語之論德，指見在可據者言，中庸之論德，直合於天載之初而言也。不然，闇然知幾，卽君子之德，而曰「可與入德」，何哉？如水一也，論語指其見在，如江河，如池沼，皆水也，中庸則直指山下出泉，原泉混混而言矣。

大庭廣衆中，如一人稱人善，如一人稱人惡，則稱人善者爲君子，而稱人惡者爲小人。一人稱人善，一人和之，一人阻之，則和者爲君子，而阻者爲小人。一人稱人惡，一人和之，一人不答，則不答者爲君子，而和者爲小人。以此觀人，百不失一。

從心所欲，便不踰矩；從耳目口體所欲，便踰矩矣。

孔門以博約立教，是論工夫，非論本體。學者不達，遂以聞見擇識爲知。故夫子不得已又曰：「知之爲知之，不知爲不知，是知也。」直就人心一點靈明處，點破知字，此千古聖學之原。若聞見擇識，不過致知工夫，非便以聞見擇識爲知也，故曰知之次。知其知，知其不知，是本體。擇其善者而從之，多見而識之，是工夫。辟之鏡本明，而拂拭所以求明，非便以拂拭爲明也。以拂拭爲明，固不是，謂鏡本明，不必拂拭，亦不是。故聖人説出本體，正見得工夫，原非義外耳。

仲尼、顔子之樂，乃所以樂道，非懸空去别有個樂也。禪學盛行，將此道字掃而去之，只懸空以求此樂，其弊至於猖狂自恣而不可救。孟子曰：「理義之説我心，猶芻豢之説我口。」分明説破道之可樂如此。

不得於言，勿求於心，不得於心，勿求於氣，是人性皆善，而告子强制之使惡也。人心之靈，莫不有知，不得於言，不得於心，心上自是不安，自是過不去，自不容不求於心，自不容不求於氣，此正是真心不容已處，所謂性善，所謂良知也。如此真心，正當操存而培養之，乃反强制之，豈不謬哉？不得於言，要求於心，就求於心，不得於心，要求於氣，就求於氣，不必去勿，此之謂率性。故曰：「無爲其所不爲，無欲其所不欲。」如此而已矣。

人心虚靈，是非可否，一毫瞞昧不過。凡該行該止，此中自有權衡。若肯憑着本心行去，使件件慊於心，便是集義，便是自反而縮。此正孟子得統於曾子處。

已溺已飢，若過於自任。不知此一念，就是乍見孺子入井，怵惕惻隱之一念，人人都是有的。如不敢承當已溺已飢之心，難道亦不敢承當惻隱之心？

問：「心一耳，以心求心，豈心之外復有心耶？兩物對則計校生，兩念橫則意見生，求之爲言，不幾於憧憧往來耶？」曰：「不然。心非物也，以心求心，非兩念也。能求之心，卽是存，不能求之心，卽是放。求之云者，不過自有而自照之耳，非心之外復有心也。洗心、正心、存心、養心，皆是此意。若以求心爲兩念，則心誰去洗？誰去存養？亦不幾於兩念耶？如此必舍置其心，任其憧憧往來，而後爲何思何慮矣。有是理哉？」

問：「操則存，似涉於有，舍則亡，似淪於無，其失一也。不操不舍之間，有妙存焉。何如？」曰：「不操便是舍，不舍便是操，勢無兩立，豈有不操不舍之理？此便是要舍的說話。」問：「操似助，舍似亡，不操不舍之間，纔是勿忘勿助？」曰：「勿忘勿助，都是在操守上說，有事是操處，勿忘勿助，是操之妙處。」

有夭有壽是常事，而人多以夭爲變，以壽爲常；有毀有譽是常事，而人多以毀爲變，以譽爲常；有得有失是常事，而人多以失爲變，以得爲常。以至貧富榮辱皆然。常變一也，分常變而二之，則二矣。故人生終日營營逐逐，有多少畔援欣羡處，那一件不從二字上生來？若能勘得破，夭壽乃人生常事，何有于毀譽得失、貧富榮辱乎？便是不貳，便是修身以俟之。

語録

日用間，富貴貧賤，時時是有的，如食求飽，居求安，便是欲富貴心，惡惡衣惡食，便是惡貧賤心。

故今人凡念頭起處，都是富貴貧賤所在。念及於此，此心真是一時放下不得。

問：「先知後行，知行合一？」曰：「昔涇野與東廓同遊一寺，涇野謂東廓曰：『不知此寺，何以能至此寺？』東廓曰：『不至此寺，何以能知此寺之妙？』二公相視而笑。可見二説都是，不可執一也。」

凡人視所當視，不視所不當視，便是眸子瞭焉，神精而明。若不視所當視，而反視所不當視，便是眸子眊焉，神散而昏。

吾儒事業，不外齊治均平。若以家道富厚爲齊，天下富强爲平，此五霸之治平，非帝王之治平也。唯是入其家，見其父慈子孝、兄友弟恭、夫和婦順，方是家齊景象，而家之貧富不與焉。推而一國，必一國興仁、興讓，而始謂之治。又推而天下，必人人親親長長，而天下始平。不在國之富不富，兵之强不强也，以富强爲治平，此千載不破之障。

問「參前倚衡」。曰：「只如此時，眼前師友相對，大家精神收斂寧一，便是參前倚衡真境。第恐過此時，不能如此時耳。」

張煇問：「性有率有不率，故聖人修道以立之教？」曰：「性無有不率者，人皆率性，而盡性者寡耳。性即良知，良知無人不有，率性無時不然。孩提而知愛，稍長而知敬，率性也。乍見而惻隱起，嘑蹴而羞惡生，率性也。率則心有所不及思，明有所不及用，即率之人不知也。人惟見其方然而復不然，則以爲此率而彼不率矣，然而實非也。如小人閒居爲不善，夫爲不善可矣，如何必於閒居？閒居爲不善可矣，如何又厭然於見君子？不但誤爲處必有羞慚，即故爲處亦必有遮掩。一語窮而舌遁，一揖失而面赤，一存注之不良，而轉睛顧盻之不能隱，是誰致之而然也？人性本善，則有不善者，自無所容。自爲之而自惡之，人亦何時而不率性哉？」

聖賢學問，全在知性。有義理之性，有氣質之性。如以義理之性爲主，源頭一是，則無所不是。情也是好的，故曰：「乃若其情，則可以爲善矣。」才也是好的，故曰：「若夫爲不善，非才之罪也。」若以氣質之性爲主，源頭一差，則無所不差。情也是不好的，爲恣意縱欲之情。才也是不好的，爲恃才妄作之才。今不在性體源頭上辨別，而或曰「性是善的，情是不善的」，又或曰「情是善的，才是不善的」，皆末流之論也。

動心忍性之性，與性也有命之性，是氣質之性，人與禽獸同。若教他忍，教他不動，則禽獸不能矣。禽獸不能，而人能之，正吾人有此一點義理之性耳。故曰：「人之所以異於禽獸者幾希。」

乾以大生，坤以廣生，天無不覆，地無不載，此天地之性善也。若論氣質，則天一屬氣，便不免有旱澇，地一屬質，便不免有肥磽，然則天地亦有善不善矣。惟不言氣質，而言義理，則爲物不貳，生物不測，天地之德，孰大於此？又何旱澇肥磽之足言也！

孟子以情善言性善，辟之石中有火，擊之乃見，則知火在石中，雖不擊亦有；洪鐘有聲，叩之始鳴，則知聲在鐘中，雖不叩非無。知擊之有火，叩之有聲，則知情；知不擊之火，不叩之聲，則知性矣。

問：「見孺子而怵惕，見觳觫而不忍，此固以情之自然善者，驗性之善；如見美食而思嗜，見美〔一〕色

〔一〕「美」原作「善」，據賈本改。

而思好，彼亦以情之自然不善者，驗性之不善。而孟子專言性善，何也？」曰：「有二人於此，一人見孺子而怵惕，見觳觫而不忍，見美食而不思嗜，見美色而不思好；一人見美食而思嗜，見美色而思好，見孺子而不怵惕，見觳觫而不不忍，則謂性有善不善，可也。今以怵惕不忍之人，一旦見食色而思嗜之好之，以此驗人性之有不善，似是。不知思嗜思好之人，一旦見孺子，見觳觫，亦未有不怵惕、惻隱者，以此驗人性之皆善，又何疑焉？孟子以氣質中之義理，斷人性之皆善，而告子以氣質中之氣質，斷人性之有不善，是告子徒知氣質之性，而不知義理之性也。」

問：「變化氣質，就不好一邊説。所謂氣質之用小，學問之功大，就好一邊説。好一邊，便是義理矣，如何尚謂之氣質？」曰：「此處最微妙。如見孺子而怵惕，此義理之性也，若不識其端而擴充之，則怵惕亦氣質耳。息夜氣而幾希，此義理之性也，若不識其機而培養之，則幾希亦氣質耳。知愛知敬，此義理之性也，若不乘此天真而加以入孝出弟之功，則愛敬亦氣質耳。蓋義理之性，乘氣質以發露，而不由學問之功，是靠天而不靠人，恐在人之工夫疏，并在天之端倪亦不可保也。」

喜怒哀樂未發之中，此千古聖學之原，故豫章、延平「静中看喜怒哀樂未發氣象」，伊、洛真傳也。而佞佛者妄肆譏評，曰：「未發是一念不起時也，以一念不起之中，忽起一看氣象之念，便是起念，便是發。且既云未發矣，氣象在何處？既有氣象矣，又何云未發？」令學者茫然無以應。不知如可喜、可奴、可哀、可樂之事，一時未感，我安得無故起念？就此一時，喜怒哀樂之念未起，故謂之未發耳，非一概無念，一毫工夫無所用，而後謂之未發也。試看此未發時氣象，何等湛然虚明。是湛然虚明，正未發之氣象也，安得説「未發矣，而氣象在何處」？以一念不起之中，縱忽起一看氣象之念，不謂之發，何也？謂所起者，戒慎恐懼之念，而非喜怒哀樂之念也，安得説「既有氣象矣，又何云未發」？未發工夫，不是面壁絶念，求之虚無寂滅之域。只凡是在平常無事時，預先將性命道理講究體認，戒慎不睹，恐懼不聞，只在性體上做工夫，使心常惺惺，念常亹亹，時時討得湛然虚明氣象，便是未發用力處，亦便是未發得力處。如此有不發，發皆中節矣。非以一概無念爲未發，以静中看未發氣象爲起念，爲發也。

「未發是一念不起時也，若起一用工之念，便是發。」信斯言也，則未發時，一毫工夫無處用矣。未發則工夫無處用，已發則工夫又不及用，如此將工夫一切抹摋，只憑他氣質做去，喜怒哀樂如何能中節？

目之知視，耳之知聽，飢渴之知飲食，人與禽獸何異？惟是視之能明，聽之能聰，飲食之能知味，人始異于禽獸耳。異端言性，指人與禽獸同處言，吾儒言性，指人與禽獸異處言。異處只是這些子，故曰「幾希」。幾希云者，危之也。

異端言性，亦不曾直以目之知視，耳之知聽，飢渴之知飲食爲性，而以目之所以知視，耳之所以知聽，飢渴之所以知飲食的這個言性。吾儒亦不曾直以視之能明，聽之能聰，飲食之能知味爲性，而以視之所以能明，聽之所以能聰，飲食之所以能知味的這個言性。所以能明、能聰、能知味的這個性體，原是無聲無臭，不睹不聞的，所謂道心，所謂至善，所謂未發之中，此理之根也。所以能視、能聽、能飲食的這個性體，亦是無聲無臭，不睹不聞的，在老氏爲天地根，在佛氏爲有物先天地，此欲之根也。何以爲欲之根？曰只推究所以能視、能聽、能飲食的源頭，而不推究其所以能明能聰、該視不該視、該聽不該聽的源頭，如此則任視聽，縱耳目，適己自便，何所不爲，故曰此欲之根也。

人心一念發動處，有善念，有惡念。有善念，亦自有好善之念，有惡念，亦自有惡惡之念，皆一時並起。善念與惡念對言，好善之念與惡惡之念不對言。何也？好善之念，固善念，惡惡之念，亦善念，總一念也。如起一善念，卽當爲善，却又不肯爲，是初念是，而轉念非也。如起一惡念，復起一惡不當爲之念，遂不爲，是初念非，而轉念是也。此就平常論意者言也。若誠意章卻置過善念惡念兩者對言的，只專以好善之念、惡惡之念，就好念頭一邊說，所以意都是該誠的，不比平常轉念起念之有互易也。至於如惡惡臭，如好好色，則萬念總歸于一念，而其念不紛，末念止，還其初念，而其念不轉。無爲其所不爲，無欲其所不欲，爲其所爲，欲其所欲，又何不自慊之有？如此則心本一而意亦復還於一，又何至於支離而去哉？

心一也，自心之發動處謂之意，自心之靈明處謂之知。意與知同念並起，無等待，無先後。一念發動，有善有惡，而自家就知，孰是善念？孰是惡念？一毫不爽。可見意有善惡，而知純是善。

意本自誠，心本自正，是本體。意本自誠，却要還他個誠，心本自正，却要還他個正，誠意正心，是工夫。觀意本自誠，心本自正，可見正心誠意，不是以人性爲仁義。

意本自誠，却要還他箇誠，此誠字，就念起之後言也。若念未起之前，不前定乎誠，則人性雖善，而梏之反覆，竊恐一日之間，善念少而惡念多，久之純是惡念矣，又將何以誠之哉？故曰「靜中養出端倪，方有商量處」。可見古人不惟誠此念於既始有念之後，抑且誠此念於未始有念之先。

人心道心，不容並立。如綱常倫理能盡道，便是道心，不能盡道，便是人心；喜怒哀樂中節，便是道心，不中節，便是人心；視聽言動合禮，便是道心，不合禮，便是人心，極容易辨。非以喜怒哀樂、視聽言動爲人心，以中節、合禮爲道心也。在人之人心，去之唯恐不盡，而以喜怒哀樂、視聽言動爲人心，此數者豈可去乎？

大學因虞廷言人心、道心，恐人無處覓心，故說出個意字，見此心一念發動，纔有人與道之異。不然，一念未起，鬼神莫知，何從分辨？

學問之道，全要在本原處透徹，未發處得力，則發皆中節，取之左右，自逢其原，諸凡事爲，自是停當；不然，縱事事檢點，終有不湊泊處。此吾儒提綱挈領之學，自合如此，非謂日用常行，一切俱是末節，可以任意，不必檢點也。

先立乎其大，不是懸空在心上求，正是在喜怒哀樂、視聽言動間，辨別人心道心。精之一之，務使道心爲主，而人心盡化，討得此中湛然虛明，此之謂先立乎其大，而耳目口體小者自不能奪也。

孩提知愛，稍長知敬，見孺子而惻隱，此良知也，率性也。飢之知食，渴之知飲，若曰亦良知也，亦率性也，便說不得矣。一邊屬理，一邊屬欲，兩項朦朧合說，則君子以循理爲率性，小人亦以縱欲爲率性耳。

論學書

率性是本體，盡性是工夫。率性，衆人與聖人同；盡性，聖人與衆人異。如見孺子入井而怵惕，此率性也，衆人與聖人同；至於擴充以保四海，此盡性也，聖人便與衆人異矣。知愛知敬爲率性，達之天下爲盡性；不忍觳觫爲率性，愛百姓爲盡性，皆是也。率性無工夫，盡性有工夫。盡性者卽盡其所率之性，由工夫以合本體者也。惻隱之心，仁之端也，惻隱乃率性之道，而仁乃天命之性。天命之性不可見，而于惻隱見其端，由其端以窺其體，而本體之善可知，故曰「性善」。

得其體，則其用自然得力，但不言用，則其體又不可見。其諄諄言用者，欲人由用以識體耳。既由用以見其體，又何用之非體？性體原不睹不聞，然必不睹不聞之時，乃見性體。如見孺子入井，見牛觳觫，此時固有怵惕惻隱之心矣，然未見之前，豈遂無是心乎？未見之前之心，不覩不聞，正以體言，正以天命之性言；既見之後之心，有睹有聞，便以用言，便以率性之道言矣。故於不睹不聞之時，然後識性體果不落于睹聞也。若謂共睹共聞之時，而不睹不聞者自在，雖已發，而根柢者固未發也，又何必論時？不知不睹不聞之時，而共睹共聞者亦自在，雖未發，而活潑者固常發也，又何爲專以不睹不聞爲性體乎？未見入井，而胸中已涵孺子，未見觳觫，而胸中已具全牛，先天脈理，旁皇周浹，故曰「至善」。

不睹不聞，莫見莫顯，原就時言，而道卽在其中。彼丟過時，而專以不睹不聞爲道體，則可睹可聞，鳶飛魚躍，獨非道體耶？若是，則工夫專在于寂，動處感處可以任意，縱有差錯，無妨矣。

近世學術多岐，議論不一，起於本體工夫，辨之不甚清楚。如論本體，則天命之性，率性之道，衆人與聖人同；論工夫，則至誠盡性，其次致曲，聖賢與衆人異。論本體，則人性皆善，不借聞見，不假思議，不費纖毫功力，當下便是，此天命率性，自然而然者也。論工夫，則不惟其次致曲，廢聞見思議工夫不得，卽至誠盡性，亦廢聞見思議工夫不能，此戒慎恐懼，不得不然者也。如以不借聞見，不假思議，不費纖毫功力，爲聖人事，不知見孺子入井，孩提知愛，稍長知敬，亦借聞見、假思議、費功力乎？可見論本體，卽無思無爲，何思何慮，非玄語也。衆人之所以與聖人同者，此也。若論工夫，則惟精惟一，好問好察，博文約禮，忘食忘憂，卽聖人且不能廢，矧學者哉？若不分析本體工夫明白，而混然講說，曰聖學不借聞見，不假思議，不費纖毫功力，雖講的未嘗不是，却誤人不淺矣。必講究得清楚明白，從此體驗，愈體驗愈渾融，造到無寂無感，無安無勉地位，纔與自然而然，不費纖毫功力之本體合，此聖聖相傳之正脈也。若論工夫而不合本體，則汎然用功，必失之支離纏繞；論本體而不用工夫，則懸空談體，必失之捷徑猖狂，其於聖學，終隔燕、越矣。

吾儒之學，以至善爲本體，以知止爲工夫，而曰「致知在格物」，可見必格物而後能知止也。格物乃知止以前工夫，丢過物格，而別求知止之方，此異端懸空頓悟之學，非吾儒之旨也。

善利圖說

或問：「孔子論人，有聖人、君子、善人、有恒之別，而孟子獨以善利一念，分舜、蹠兩途，何也？」

曰：「孔子列爲四等，所以示入聖之階基。世之學者，徒知以舜、蹠分究竟，不知以善利分舜、蹠，若曰：『學者何敢望舜？下聖人一等，吾爲君子已耳。』於是遞而下之，『吾爲有恒已耳，上之縱不能如舜，下之必不至如蹠。』以彼其心不過以爲聖人示人路徑甚多，可以自寬自便耳。不知發端之初，一念而善便是舜，一念而利便是蹠，出此入彼，間不容髮，非舜與蹠之間，復有此三條路也。君子、善人、有恒，造詣雖殊，總之是孳孳爲善，大舜路上人。孟子以善利分舜、蹠，自發端之初論也，孔子以聖人、君子、善人、有恒分造詣，自孳孳爲善之後論也。且爲善爲舜則爲人，爲利爲蹠則爲禽獸，舜、蹠之分，人與禽獸之分也。學者縱可諉之曰『我不爲聖』，亦可諉之曰『我不爲人』哉？」或曰：「學者不幸分辨不早，誤置足於蹠利之途，將遂甘心已乎？」曰：「不然。人性皆善，雖當戕賊之後，而萌蘖尚在，養此幾希之萌蘖，尚可爲堯、舜，一時之錯，不能限我也。」或曰：「學者既在舜路，亦可以自恃乎？」曰：「不然。一念而善，是平地而方覆一簣也，一念而自以爲善，是爲山而未成一簣也。未成一簣，總謂之半途而廢耳。必由一簣而爲山，纔是有恒，若以善人君子中止，而不至於聖人，便是無恒也。」或曰：「世之聰明之士，非乏也，功名文學之士，又不少也，豈見不及此乎？」曰：「舜、蹠路頭，容易差錯，此處不差，則聰明用於正路，愈聰明愈好，而文學功名，益成其美。此處一差，則聰明用於邪路，愈聰明愈差，而文學功名，益濟其惡，故不可不慎也。」

明儒學案卷四十二　甘泉學案六

文選唐曙臺先生伯元

唐伯元字仁卿，號曙臺，廣之澄海人。萬曆甲戌進士。知萬年縣，改泰和，陞南京户部主事，署郎中事。進石經大學，謂得之安福舉人鄒德溥。陽明從祀孔廟，疏言：「不宜從祀，六經無心學之説，孔門無心學之教，凡言心學者，皆後儒之誤。守仁言良知新學，惑世誣民，立於不禪不霸之間，習爲多疑多似之行，招朋聚黨，好爲人師，後人效之，不爲狗成，則從鬼化矣。」言官劾其詆毀先儒，降海州判官，移保定推官。歷禮部主事、尚寶司丞、吏部員外、文選郎中。致仕，卒年五十八。

先生學於吕巾石，其言「性一天也，無不善；心則有善不善。至于身，則去禽獸無幾矣。性可順，心不可順，以其附乎身也。身可反，心不可反，以其通乎性也。故反身修德，斯爲學之要」。而其言性之善也，又在不容説之際，至於有生而後，便是才説性之性，不能無惡矣。夫不容説之性，語言道斷，思維路絶，何從而知其善也？謂其善者，亦不過稍欲别于荀子耳。孟子之所謂性善，皆在有生以後，惻隱、羞惡、辭讓、是非之心，何一不可説乎？以可説者，謂不能無惡，明已主張夫性惡矣。以性爲惡，無怪乎其惡言心學也。胡廬山作書辯之。耿天臺謂「唐君泰和治行，爲天下第一，即其發於政，便可信其生於心者矣，又何必欲識其心以出政耶？慈湖之剖扇訟，象山一語而悟本心，然慈湖未悟之前，其剖扇訟，故未嘗別用一心也。唐君以篤修爲學，不必强之使悟。」孟我疆問於顧涇陽曰：「唐仁卿何如人也？」曰：「君子也。」我疆曰：「君子而毁陽明乎？」曰：「朱子以象山爲告子，文成以朱子爲楊、墨，皆甚辭也，何但仁卿？」涇陽過先生述之，先生曰：「足下不見世之談良知者乎？如鬼如蜮，還得爲文成諱否？」涇陽曰：「大學言致知，文成恐人認識爲知，便走入支離去，故就中間點出一良字。孟子言良知，文成恐人將這個知作光景玩弄，便走入玄虛去，故就上面點出一致字，其意最爲精密。至於如鬼如蜮，正良知之賊也，奈何歸罪於良知？」先生曰：「善。假令早聞足下之言，向者論從祀一疏，尚合有商量也。」

醉經樓集解

性，天命也，惟聖人性其心，而心其身。小人不知天命之謂性也，故性爲心用，心爲身用。劉子曰：「人受天地之中以生，所謂命也。」孟子曰：「殀壽不貳，修身以俟之，所以立命。」身心性命解。

道無體，性無體，仁無體，誠無體，總之以物爲體。外物無道、無性、不仁、不誠，此吾道與異端之辨。道德仁誠解。

魯論記夫子之言至矣，家語得其十之七，荀子、劉向、大、小戴十之五，莊、列十之三。以下論語解。

論語記言嚴謹，不敢增減一字，惟編次頗雜，其義易晦。使編次皆如鄉黨一篇，則論語可以無解。

己欲立而立人，己欲達而達人。己所不欲，勿施於人。孟子曰：「苟能充之，足以保四海。」程子曰：「擴充得去，天地變化，草木蕃。」一貫解。

維天之命，於穆不已，天行也。逝者如斯夫，不舍晝夜，聖人之心純亦不已也。孟子曰：「有本者如是。」程子曰：「其要只在慎獨。」川上解。

用之則行，有是以行，見龍也。舍之則藏，有是以藏，潛龍也。用而無可行，或所行非所用，舍而無可藏，或所藏非所舍，謂其身行藏則可，謂其道行藏則不可。有是解。

春風沂水，點之誠也；吾斯未信，開之誠也。狂者志有餘而誠不足，聖人欲進其不足，而裁其有餘，故一嘆一悦，進之也，正所以裁之也。惜乎點猶未悟。後來解者又從爲之辭，聖人之言荒矣。與點解。

仁者以物爲體，安得有己？故曰「克己」。仁者如射，反求諸己而已矣，故曰「由己」。知由己，然後能克己，能克己，然後能復禮。夫學至於禮而止矣。克己未足以盡仁，猶無私未足以盡道。知其解者，宋儒惟明道一人。克己由己解。

有道，穀不足恥，九百粟不可辭。怨欲可以爲難，而不可以爲仁。聖人雖因憲而發，實古今賢者之通患，爲其不在中庸也。賢哉回也，陋巷簞瓢，爲其志在擇乎中庸也。問恥解。

仁者怨乎？曰怨己。仁者憂乎？曰憂道。然則如樂何？曰怨己，故不怨天，不尤人，在邦無怨，在家無怨。憂道，故不憂貧，不憂生，以生死爲晝夜，視富貴如浮雲。孔顔樂解。

修己以敬，至於安人，安百姓，皆修己也。易有太極，至於生兩儀、四象、八卦，皆易也。謂敬在修己之中，太極在易之中，則可；謂敬安百姓，太極生兩儀，則不可。修己解。

大學、中庸，賈逵經緯之説是也。而作書之意，又若以易爲經，以詩、書爲緯。惟天地爲大，惟學則天，故曰大學。惟中乃大，惟庸乃中，故曰中庸。易曰：「大哉乾元，君子行此四德者。」又曰：「天行健，君子以自強不息。」大學也，乾之德，莫盡於九二，其曰「龍，德而正中者也」。庸言之信，庸行之謹，中庸也，此其經也，雜引詩、書互發，其緯也。

大學以規模言，其緒不可紊。中庸以造詣言，其功不可畧。以上大學中庸解。

正己而不求於人之謂善，正己而物正之謂至善。孟子曰「行有不得者，皆反求諸己」，善也。「其身正而天下歸之」，至善也。程子曰：「在止於至善，反己守約是也。」則合而言之也。至善解。

物有本末，其本亂而末治者，否矣。自天子以至於庶人，壹是皆以修身爲本。家語曰：「察一物而貫乎多，理一物而萬物不能亂，以身本者也。」孟子曰：「天下國家之本在身。」格物解。

自知止而后有定，至慮而后能得，始條理也。知至，至之也，在止於至善，終條理也。知終，終之也。知止能得，則近道，止至善，則道在我。知止止至善解。

君子時中，擇中庸，依中庸者也。小人無忌憚，索隱行怪者也。賢者之過與不及均，而賢者之害尤甚，必至罟獲陷阱乃已。時中解。

中庸「其至矣乎」，是謂至善。「君子依乎中庸，遁世不見知而不悔」，故止於至善。中庸至善解。

必有事焉而勿正心之謂儒，正心而無所事焉之謂釋。易曰：「終日乾乾，行事也」。程子曰：「鳶飛魚躍，與必有事焉而勿正意同，會得時，活潑潑地，不會得，只是弄精魂。」鳶飛魚躍解。

道者，治人之道也。以人治人，雖執柯伐柯，未足爲擬，子思之苦心亦至矣。程子謂「制行不以己，而道猶未盡」，此之謂也。道不遠人解。

惟天下至誠能盡其性，堯、舜性之也。其次致曲，湯、武反之也。易曰「逆數」，禮曰「曲禮」，逆而後順，曲而後直。聖人之教，爲中人設，張子所謂「善反之，則天地之性存焉」者也。發而不中，反求諸己，此之謂致曲。致曲解。

大哉聖人之道，三千三百之謂也。禮者，性之德也。道問學，所以崇禮，所以尊性。崇禮解。

凡一代皆有一代之大經，堯、舜授禪，禹治水，湯放伐，伊尹放太甲，周公誅管、蔡，孔子作春秋，子思述大學、中庸，孟子距楊、墨，韓昌黎、程明道闢佛、老，其經綸一也。大經解。

未發之中，不可求，必也格物乎？曰知本，曰知止，曰明善，曰致曲，旨同而名異，至於反身而誠，然後立天下之大本。大本解。

不睹不聞，卽人所不見，獨也。戒慎恐懼，卽不動而敬，不言而信，慎獨也。小人閒居爲不善，不慎獨也。無聲無臭，贊獨之善，或以爲贊道，誤矣。獨解。

於乎不顯，不顯惟德，詩人贊文王至德也。始乎慎獨，終乎慎獨，學者當儀型文王也。儒者既於不顯爲兩解，無怪乎以慎獨爲漏言。不顯解。

天與鬼神，形而下者也，故言天曰無聲無臭，言鬼神曰不見不聞。道，形而上者也，自無聲臭，自莫見聞，豈待贊乎？必以無聲臭、不見聞贊道，謂聲臭見聞非道，可乎？爲此解者，欲附于不生不滅、不垢不浄之旨，不知反爲所笑。天鬼神解。

夫子述而不作，弟子不敢著書。夫子没，七十子喪，去聖日遠，漸生隱怪。曾子、子思憂其失傳，始作大學、中庸，至孟軻氏而異端大起，争喙者多，始作孟子。三子皆不得已而著書，吾道既明，無書可著。

孟子一書，首尾照應，後先互發，凡有注解，添足畫蛇。以上孟子解。

孟子闢楊、墨，一言而有餘，闢告子，屢言而不足。告子之害，甚於楊、墨，至後代始大。告子解。

孟子論三王五霸諸侯大夫，則五霸爲二等。論堯、舜、湯、武、五霸，則五霸爲三等。性之上，反次之，假又次之。假或成真，惡知非有！舉戰國諸侯而無之，是孟子之所思也。

夫子論小人中庸，擬於時中君子也。孟子論五霸假之，擬于性之、反之之聖人也。果如註解，是擬人不於其倫矣。

霸者慕道而讓道，于道無損；異端賊道而當道，誣民已甚。故鄉愿、楊、墨、告子，聖賢皆闢之不遺餘力。獨於五霸，雖小之，不勝其大之，雖斥之，不勝其與之。斥以正志，與以明伐。吾儒之道，得王而大，得霸而貴。以上五霸解。

博學詳説，與博文同，將以説約與約禮異。説約者，要約之約，求會通也。約禮者，約束之謂，能不畔而已。博學詳説，則禮在其中。約禮與人規矩，説約在人解悟。說約解。

好樂與百姓同，好貨好色與百姓同，卽老吾老以及人之老，幼吾幼以及人之幼，皆不忍人之政也。或謂孟子姑以引君，乃自卑以求行其言乎？外欲無理，外情無性，性理不明，往往如此。好貨好色解。

仁，人心也，本心也，不可放也。始焉不受嘑蹴之食，此之謂本心，繼焉而受無禮義之萬鍾，此之謂失其本心。失其本心者，放心也。由不爲而達之於其所爲，此之謂由乎義路。由乎義路者，求放心也。心學之説，謂之求心，則可；謂之求放心，則不可。李延平曰：「仁，人心也，孟子不是以心名仁。」羅文莊曰：「延平之見，卓矣。」二子可謂有功於孟子。求放心解。

仁義忠信，樂善不倦，此天爵也。既飽以德，飽乎仁義，所以不願人之膏粱文繡也，立大也。陸氏以立大爲立心，其流之禍，於今爲烈。彼不仁不義，假仁假義，小仁小義，孰非立心？皆可以爲大乎否？立大解。

大行不加，舜、禹有天下而不與者也；窮居不損，顏子簞瓢不改其樂者也。程子曰：「泰山高矣，泰山頂上，已不屬泰山。堯、舜事業，只是一點浮雲過目。」非程子不能及此。近代陳氏始發其義，楊、朱二解，胥失之矣。大行不加解。

由仁義行，仁者安仁，堯、舜性之也。居仁由義，知者利仁，湯、武反之也。性之者不可見，得見反之者可矣。獨復者不可見，得見頻復者可矣。孟子曰：「有意而不至者有矣，未有無意而能至者也。」善夫，揚雄氏之記之也。儒者曰：「有所爲而爲者，皆利也。」又曰：「有意爲義，雖義亦利。」率天下而不敢爲仁義，必此之言也。性反解。

太上忘實忘名，其次篤實晦名，其次力實生名。生名者賢，晦名者聖，忘名者天。夷、齊讓國，國與名而俱存；燕噲讓國，國與名而俱喪。燕噲非好名者也，若出於好名，必擇其可讓者讓之，不至有子之之亂，固亦名教之所與矣。好名之人，能讓千乘之國，貴名也。好名解。

以性之欲爲性，不知天命之性，是世俗所謂性也。以氣質已定之命爲命，不知受中以生之命，是世俗所謂命也。在世俗則可，在君子則不可。君子者，反本窮原，盡性至命者也。故言性曰天，言命曰天，去此取彼。不謂性命解。

惟天生民有欲，欲不必無，亦不能無，爲無欲之説者，惑也。聖人中焉，賢者寡焉。寡者擇其中之謂也。至於中，則一欲不棄，一欲不留，欲我當欲，與人同欲，是謂中和位育之道。寡欲解。

經者，學之具也。學以明道，而易具矣；學以理性情，化天下，而詩具矣；學以爲帝者師，爲王者佐，而書具矣；學以修身齊家措之天下，而禮具矣；學以驗天應人，明微維分，而春秋具矣。其理相通，其義各别。樂無經，非失也，有詩在也。樂章存，而器數猶可考也。

經，聖經也。惟聖解聖，惟經解經，羲之畫，文之彖，周公爻辭，孔子十翼是也。惟賢知聖，惟賢知經，子思之大學、中庸，孟子之七篇，程伯淳之語録，凡所引是也。解字者，得少而失亦少；解意者，得不償失，今之章句、大全是也。擬經者，勞且僭，而無益于發明，太玄、元經是也。誣經者，淫妖怪誕，侮聖逆天，己易、傳習録是也。

解經以傳，不如解經以經，合而解則明，析而解則晦。故經有一事而前後互發者，有一義而彼此互見者，盡去其傳註，而身體之，口擬之，不得，則姑置之，而後從他處求之，諷詠千週，恍然觸類矣。無聖人之志，不可解經，讀世俗之書，不可解經。韓子曰：「非三代、兩漢之書，不敢觀；非聖人之志，不敢存。」可爲讀經之法。兩漢近三代，若董仲舒、揚雄、劉向、鄭玄、徐幹，皆其傑然者，其緒論往往可採也。以上經解。

夫子有言，「行在孝經」，非世所傳孝經也。考儀禮，凡禮有經、有記、有傳、有義，今按小戴內則，前一段當爲孝經，曲禮、雜儀當爲記，大戴本孝以下四篇，與世所傳唐明皇御製叙者，當爲傳義，合之而後孝經可考。

內則自「后王命冢宰」，至「賜而後與之」，文字宏密精深，與十翼相類，既自別於儀禮，又自別于六經，所以爲夫子之孝經。以上孝經解。

六經維易無恙，漢、唐千家傳註，多有可考，不得其解，當一以經文爲據。

解經之法，以經不以傳，宜合不宜拆。凡經皆然，而易尤甚。今之讀易者，未解繫辭，先解爻、彖，未辨枝葉，先認根苗，是孔子誣周、文，而周、文又誣伏羲氏也。此拆之尤舛，而自以其傳代經也。

易之彖辭、彖傳，爻辭、爻傳，不妨合爲一卦。惟大象當自爲一傳，文言又當自爲一傳。大象者，學易用易也；文言豈惟乾、坤二卦有之，上經八卦九爻，下經八卦九爻，散在繫辭者，皆是也。合之共爲一傳，不特文言爲全書，而上、下繫亦自朗然。

易有文錯者，如「雲行雨施」，當在「時乘六龍」之下是也。有文不錯而句讀錯者，如「後得主」、「爲主利」是也。有字不錯而反以爲錯者，蓋言「順也，當作慎」是也。以上易解。

天地日月，寒暑晝夜，水火男女，乾、坤之可見者也。極而推之，凡超形氣者皆乾，凡涉形氣者皆坤，凡善皆乾，凡不善皆坤，凡中皆乾，凡過不及皆坤。乾之亢與无首處卽坤，坤之順且正處卽乾。易逆坤順乾之書，是故逆數。乾坤解。

易有用之用，有不用之用。乾元用九，與河圖虛中、大衍除一意同。蓋一三五七九皆乾，二四六八十皆坤。乾不用一用九，用九所以見一也。一者，天則也。五以上始數皆乾，六以下終數皆坤。天一始水，地六終之；地二始火，天七終之；天三始木，地八終之；地四始金，天九終之；天五始土，地十終之。坤用六以大終也。大者，乾也。乾之用處卽坤，坤之不用處卽乾。用九以奇偶數分乾坤，用六以始終數分乾坤，故謂之易。九六解。

初卽下，不曰下而曰初，舉初以見終也。上卽終，不曰終而曰上，舉上以見下也。初以明本末，上以別尊卑，亦九六之義。初上解。

乾元資始，始我者，生我者也。坤元資生，生我者，殺我者也。貪生爲凡民，甚則禽獸；知始者爲君子，合德則聖且神。始生解。

帝王之治，本於道是也。而道何本哉？曰本於身可也，曰本于中亦可也。而解者曰心，謂桀、紂非心乎？帝王之道，在執中而身之，中以立本，而身以表則，故曰「允執其中」，曰「慎厥身修」，互見也。以心爲中，心難中也；以心爲身，民何則矣！開卷之錯，不可不慎。堯、舜皆聖也，堯會生知之全，舜開學知之始，故論道則稱堯、舜，論學則斷自舜而不及堯。顏淵曰：「舜何人也，予何人也。」孟子曰：「舜人也，我亦人也。」後有作者，文王似堯，孔子似舜，顏、曾、思、孟皆舜之徒也。以上書解。

詩始二南，樂淑女而歸百兩，坤道也。終雅、頌，純不顯而躋聖敬，乾道也。關雎秉彝好德，休休一個臣也，地道也，臣道也，妻道也。德在此，福亦在此，所以爲后妃之德，所以爲南風之始，所以爲中聲之寄。君子得之解愠，小人得之阜財。人而不爲二南，故猶面牆。豳風、豳雅、豳頌，是周家一代元氣。宇宙間萬古元氣，貴者王，忽者亡，惟影響。詩贊文王不顯，與天載同，贊其德也。史稱西伯陰行善，天下諸侯來朝，稱其時也。具於穆不已之德，又當儉德避難之時，所以愈不顯，又所以愈丕顯，與大舜玄德同。以上詩解。

古之學者，學禮而已矣，古之觀人者，觀禮而已矣，三千三百，無一非仁。故典曰天序，禮曰天秩，動作威儀之則，曰天地之中。

恂栗威儀，鳶飛魚躍。

儀禮中有記、有傳、有義，大、小戴記中有經，次其序，比其數，禮之大畧，可以概睹。詳具禮編。以上禮解。

春秋尊夏、尊王、尊天、尊道，扶天綱，立地紀，所以托天子之權，行天子之事。

春秋責己謹嚴，待人平恕。

左傳中載冀缺、劉子二段，是三代以前，聖人相傳格言，失其姓氏。如曲禮序首引「毋不敬」數語，非皋、契、伊、周之徒，不能道也。以上春秋解。

養心莫善于誠，書之作德日休也。聖人教人，性非所先。魯論之性與天道，不可得聞也。儒者非之，正坐此誤。

表章大學，自韓退之始，表章中庸，自徐偉長始，合大學、中庸，爲子思經緯之書，自賈逵始。闢佛、老，尊孟氏，千百年惟一韓子，其功在吾道，爲漢、唐儒者一人。

鄭康成、朱元晦，皆聖門游、夏之列，而特起百代之後，事難而功多。鄭師馬，青出于藍；朱去程門未遠，源流各別。

孟子之後一人，非正叔不能至此。然正叔所造，竟讓其兄，夫然後見獨智之難也。張子厚醇正不減正叔，而才次之，然均之可以弗畔。周、邵則自爲一家，過則陸，甚則楊，吾不欲論之矣。朱子能解正叔，而間雜乎周、邵，其去明道則已遠，不可不辨。

楊子雲美新論，劉靜修渡江賦，爲千古不白之疑。或曰遜言，或曰僞作，或曰以秦美新而甚之也。渡江，時不能違也，要之違心焉耳矣。詳其語氣大段，二子故難語僞。雖然，凡售僞未有不假真者。僞乎？僞乎？吾以二子之生平信之也。

國朝正儒莫如薛文清，高儒莫如陳白沙，功儒莫如羅文莊，使三子者不生考亭之後，得游明道之門，俱未可量。以上諸子解。

物有本末，身其本也，家國天下皆末也，未有本亂而末治者。物格者，知修身爲本而已，非修身也。知修身爲本，是謂知本，是謂知止，是謂知所先後，是謂物格知至。故務其本，則意誠，不然皆僞也；守其本，則心正，不然悉邪也。意誠心正，即可以語修身乎？未也。心雖已正，而身未易修。故無私而不當理者，有之；克己而不復禮者，有之；知及仁守，莊以涖而動不以禮者，有之；定靜且安，不慮則不得者，有之。故格物者，近道而已，即慮且得，猶難至善。故曰：「好學力行知恥，則知所以修身。」又曰：「齊明盛服，非禮不動，所以修身。」蓋至於禮，然後修身之能事畢矣。雖然，齊家、治國、平天下，豈都無事？莫知其子之惡，是縱子；莫知其苗之碩，是貪財。未有貪財縱子，而能齊家者；未有以暴帥人，而能興仁讓國者；未有嫉彥聖，舉不肖，畜聚斂，好惡拂人性，而能平天下者。故節節有次第，節節有工夫，然皆必自修身始。欲修其身者，必自格物始。物格而身不修者有矣，未有不格物而能修身者也。格物者，知本也；修身者，立本也。知本，智也；立本，仁也；仁智合者，勇也。此合物與修身，始終之條理也。然則格物如何？在家而家，在國而國，在天下而天下，無巨細，無精粗，將有行，將有爲，凡有行，凡有爲，或行而不得，或行而不通，一一反己、省己、責己、舍己，不敢一毫求人、責人，然後可以求人、責人。孟子曰：「萬物皆備於我矣。」又曰：「行有不得者，皆反求諸己。」又曰：「仁者如射，反求諸己而已矣。」是謂格物。能知此義，然後宇宙在手，萬化生身。格物修身解。

論學書

伏讀抄中解格物，有曰：「通天地萬物而我爲主，推此義也，可以知本，可以格物矣。」贈友人曰：「自求見本體之説興，而忠信篤敬之功緩，遂令正學名實混淆，而弄精魂者，藉爲口實。」又曰：「今人好高，只不安分。」爲斯言也，雖聖賢復起，不可易矣。乃其要歸，在明心體。其語心體，曰：「此心自善，安得有欲？」而於程子「善惡皆天理」與「惡亦不可不謂之性」二言，反疑其僞，此混心與性而一之。蓋近代好高者之言，而尊信心學之過也。竊嘗讀大易，至咸、艮二卦，而見聖人諱言心。讀魯論，至子貢贊夫子，而見聖人罕言性命。惟書有之。「人心惟危」，言心也。既曰危，安得盡善？「道心惟微」，言性也。既曰微，安得無惡？故曰「操則存，舍則亡，出入無時，莫知其鄉」，則危之至也。曰「性相近也」，曰「人之所以異於禽獸者幾希」，近且幾希則微之，至性猶未易言善，況心乎？然此心性之説也，而未及道也。心性不可言，道可言乎？道與心性，至孟子言始詳，爲告子也。今之天下，不獨一告子矣，惜乎世無孟子也。然不可不爲足下一言之。蓋聞之，言學者惟道，道陰陽而已矣；言道者惟天，天道陰陽而已矣。陽主始，陰主生，陽多善，陰多惡，天且不違，人猶有憾，孰謂善惡非天理乎？陽必一，陰必二，一則純，二則雜，氤氳蕩焉，人物生焉，孰謂惡不可謂性乎？然則易言「繼善」，孟子言「性善」者，何也？其本然也，有始而後有生，有一而後有二，此書所謂「維皇降衷」，程子所謂「人生而静以上不容説」者也。既始矣，焉得不生？有一矣，焉得無二？此書所謂「惟天生民有欲」，程子所謂「纔説性便已不是性」者也。然則學何爲爲善也？陽統陰，陰助陽，則内陽而外陰也，故中，故善。陰敵陽，陽陷陰，則内陰而外陽也，故偏，故惡。此書所貴「精一執中」，程子譬之「水有清濁，而人當澄治」者也。然則惡在其能善也？天地間一切覆載，而必有以處之，以人治人，以華治夷，以賢治不肖，以大賢治小賢，天於是爲至教。君子一身，萬物咸備，而必有以處之，以己及人，以親及疏，以貴及賤，以多及寡，以先知覺後知，以大知覺小知，以有知覺無知，人於是爲法天。此書所謂「天生聰明時乂」，程子所謂「天理中物有美惡，但當察之，不可流于一物」者也。是故惡亦性也，是有生之性，是纔説性之性，性之所必有也，雖物而無異。性必善也，是天命之性，是不容説之性，性之所自來也，雖人而難知。故孟子曰「聲色臭味安佚，性也」，性不可謂無惡也，「有命焉，君子不謂性也」，烏得不性善也？性所同也，君子所獨也。學爲君子謀，不爲衆人謀。衆人，待君子而盡性者也。君子者，天生之以盡人物之性，參天地而立三才者也，如何而可不知所自也？是以不謂性也，是以道性善也。言性之精，莫如孟子。繼孟子者，程子也。吁！亦微矣，微故難言。雖然，性猶形而上者，形而上者，雖善猶微。心則形而下矣，形而下者，敢概之以善乎？性具於心，而心不皆盡性，性達諸天，而人不能全天。天人合，心性一，必也大聖人乎？故曰「堯、舜性之也」；其次致曲，必反而復，故曰「湯、武反之也」，復必自身始，故又曰「湯、武身之也」，又曰「不遠之復，以修身也」。性之者，不可得矣，得見復焉，可矣。復焉者，不可得矣，得見頻復者，可矣。位禄壽富，孰不榮羡？食色利名，孰非斧斤？斷之不能，中焉不易，適而好忘，動而多悔，倏忽晦明，毫毛人鬼，夫是之謂心明，是之謂明其心體。答孟吏部叔龍。

元舊有身心性命解，大約謂性一天也，無不善；心則有善不善；至於身，則去禽獸無幾矣。故自性而心而身，所以賢聖；自身而心而性，所以凡愚。是故上智順性，其次反身，故曰「堯、舜性之也，湯、武身之也」。身之者，反之也，故又曰「湯、武反之也」。反身而誠，所以復性。夫學爲中人而設，非爲上智而設也，學修身而已矣。然則心居性與身之間，顧不可學歟？曰性可順，心不可順，以其附乎身也。身可反，心不可反，以其通乎性也。性乾而身坤，性陽而身陰，性形上而身形下，心居其間，好則乾陽，怒則坤陰，忽然而見形上，忽然而墮形下，順之不可，反之不可，如之何可學也？危哉心乎！判吉凶，別人鬼，雖大聖猶必防乎其防，而敢言心學乎？心學者，以心爲學也。以心爲學，是以心爲性也。心能具性，而不能使心卽性也。是故求放心則是，求心則非，求心則非，求於心則是。我之所病乎心學者，爲其求心也。知求心與求於心與求放心之辨，則知心學矣。夫心學者，以心爲學也。彼其言曰：「學也者，所以學此心也；求也者，所以求此心也。」心果待求，必非與我同類，心果可學，則「以禮制心，以仁存心」之言，無乃爲心障歟？彼其原，始於陸氏誤解「仁，人心也」一語，而陸氏之誤，則從釋氏本心之誤也。足下謂新學誤在「知行合一」諸解，非也。諸解之誤，皆緣心學之誤，覽其全書，則自見耳。然則大學言正心，孟子言存心，何也？曰此向所謂求放心也；正心在誠意，存心在養性，此向所謂求於心也。心之正不正、存不存，從何用力？修之身，行之事，然後爲實踐處，而可以竭吾才者也。嗚呼！此子思「格物必以修身爲本」，孟子「立命歸於修身以俟」，程子謂「鳶飛魚躍，與必有事焉而勿正」意同。寥寥千載，得聖人之傳者，三子也夫。

叔時來教曰：「墨氏談仁而害仁，仁無罪也；楊氏談義而害義，義無罪也；新學談心而害心，心無罪也。」此説似明，不知誤正在此也。仁義與陰陽合德，雜之則兩傷，然非仁義之罪。至於心，焉得無罪？「人心惟危」，莫知其鄉，此是舜、孔名心斷案，足下殆未之思耳！以上答顧叔時季時昆仲。

程子表章大學，有功聖門固矣。然格物解誤，則是書雖存，反增一障，可省也，亦可無也。程子雖以窮理爲解，而其心不安，是以其説屢變，而往往有得之言外，故雖可以觀其至，而大義隱矣。自我明高皇帝论諭侍臣，謂大學要在修身，而古本以修身釋格致，然後直接數千載不傳之緒。自是儒臣如蔡虚齋、林次崖、蔣道林、羅文恭、王布衣及先師吕先生，往往能通其義，然徒曰解之云爾。其學教人之旨不存焉，就中破的者，無如布衣，然不免爲新學所陷。觀其以心齋自號自命，又烏在其以修身爲本也？總之，張子厚所謂釋氏以心法起滅天地，不免凝冰者，無怪其相率而陷於新學也。近讀孫淮海講章，亦既明乎其解，視諸家較備矣。乃其緊要歸明心體，是本其所本，而非大學之本也，是解一人，而學又一人也。嗟夫！新學横，正傳息，不肖之身又岌岌乎不敢當也。當此之時，乃有先生者，不由師授，不由註解，默契遺旨，先得所同，既揭止修，又標性善，其於學問源流，昭昭乎黑白分，而新學不能混矣。而元猶以爲先生設科太廣，門徒太盛，自反自修之實尚寡，立人達人之意過多，未免以憧憧感人，猶難語知止而定也。易以咸言感，貴其無心，以艮言止，惟止諸身。知止在身，則身以内、身以外，皆無汲汲焉可也。彼謂明明德在親民者，以其昏昏使人昭昭，既以末而爲本，謂成己成物並切者，方芸己田，遽芸人田，又未免於本末雜施，均之不知本焉耳矣。世未有不知本而能誠其意者也。天之未喪斯文也，既賦先生以明學之獨智，而今又置之於孑孑獨處之居，納之於夭壽不貳之地，刊其華，剉其鋭，使之反初觀復，深根固本，殆夫子所謂尺蠖屈，龍蛇蟄，藏身安身，將駸駸於德盛化神歟？不然，何其遇之窮至此也。

大教謂「格致誠正，總是修身工夫，有一無二」者也。但先生之意，猶指格物爲凡物之物，而鄙意則指爲身與家國天下之物也。雖凡物之物，不出身與家國天下，而大學所指，則專以身對家國天下，分本末，而凡物不暇言也。故曰「物有本末」，又曰「其本亂而末治者，否矣」。格此之謂格物，知此之謂知至。先生所謂「萬物皆備，一物當幾」者是已；所謂「知修身爲本，卽知本，卽知止，卽知所先後」是已。而止修揭之説，猶二也。格致義中所謂物者，又不覺其愈遠也。蓋知知本之卽知止，而不知知本、知止之卽物格知至也。羅布衣反己之説，大與鄙見合，而於先生有功。獨其指物，亦爲舊説所纏，不知本文明甚，先生姑就其是者推之，可得也。嗟夫！反己至矣。孟子曰：「行有不得者，皆反諸己。」必如大舜號泣旻天，負罪引慝，而後可言。夫反己者，天必祐之，況於人乎？況於鬼神乎？以上答李中丞見羅。

維卿之且別也，囑曰：「共致一柬，足下其自名以友弟稱，無不可。」曰：「我與若皆長也，亦有説乎？」曰：「有。長幼有序，列在大倫，今世不論少長，稱人者概兄，自稱者概弟，此在泛交則可，在吾黨則不可；尋常口號，或無妨隨俗，載之書札，則非所爲訓也。敝鄉會友，此風猶在。惟少者得以自弟，而長者不得也。惟長者曰兄，曰某字，或曰某字兄，卽長至二十以上，亦止於稱某字先生，不及少也。至於長者稱少，曰某字，曰足下，或曰賢弟，其自署以名，或曰僕而已矣。其往來柬上，則無少長，皆得稱友生。」維卿曰：「子言是也。」與叔時季時。

吾輩在家、在鄉、在國，無往無分，分之難盡久矣。不求盡我分内，而反求多于分外，此會講之風，所以盛於今日也。夫分内之與分外，誠僞判然矣。舉世去此就彼者，何不知本也？未有不知本而能誠者，未有不誠而能動者，然則會講何益于人？徒賊誠損己耳。答原易。

禮有以多爲貴者，祀聖尊賢、敬老恤孤之類是也。禮有以少爲貴者，津要逢迎、酒席濫觴、貨賂公行之類是也。禮有舉之莫敢廢者，或因土俗所宜，如入鄉問俗是也。禮有不近人情，而實爲禮之至者，如舉國之人皆若狂，而夫子以爲一日之澤是也。凡此處皆有天則，不容以意而輕上下之故。凡爲上官者，御其所屬，有必跪，有必揖，有必拜，有必留茶，有必留飯，皆禮所生也。在賢者固當破格優之，即庸衆者亦不宜有意裁之。天下賢者少，庸衆者多，若待賢者出於例之外，待庸衆者不及於例之内，不惟庸衆者恚怒愧阻，而賢者亦且懼不敢當，恐養畜人材之方，不如此矣。故爲國者必以禮，學道者必愛人，未有不愛人而能化人者，未有不以禮而能愛人者。書曰：「爾無忿疾于頑，無求備于一夫。」少有忿疾求備之心，則愛人之心充拓不去矣。夫忿世之與憂世，忿不能之與矜不能，其用心廣狹、規模大小，何如也？願兄之念之也。與維卿。

先是拜湖北名賢傳之賜時，知門下獨契蔣先生道林也。蔣先生與先師吕巾石先生，並爲湛門高第，又曾於羅文恭集，即得見所解格物説而喜之，及讀門下所爲傳，又其行誼純明如此，則蔣先生在楚中學者，當爲國朝一人。又以見湛門諸君子，雖其風動不及姚江，而篤行過之，是亦可以觀二先生，然元之置不復論者久矣。夫學，誠而已矣，其分數不同，而明亦因之。孟氏而後，明道誠且明矣，伊川、橫渠次之，朱子又次之。江門別傳，蓋出濂溪、堯夫之派，然無愧于誠者也。與其明不足也，寧誠，則薛文清、胡敬齋、羅文莊，其修朱子之業，而有功近代者乎？自新學興而學始難言，此元之所以有戒也。答郭夢菊大參。

物有本末，而身其本也。致知而不以修身爲本，此致知所以遺格物，其去大學遠矣。身在是而位亦在是，凡思而出位者，不素位而願外，不正己而求人，皆邪思也，其求止遠矣。孟子曰：「行有不得者，皆反求諸己。」又曰：「殀壽不貳，修身以俟之。」皆思不出位之說，皆止之說也。不獲其身，不見其人，未易言也。能慮、能得氣象，姑緩理會，且自顧知止入定何如耳？由反己而修己，由修己而忘己，則庶幾哉！答錢侍御。

足下志遠而興高，識端而守介，默默守此，充其未至，何患不及前賢，而猶皇皇于會講一節？何異走日中而避暑也？子曰：「爲仁由己。」孟子曰：「仁者如射。」李先生常憂學不傳，元但憂無可傳者耳。與徐客部懋和。

往元初至吉州時，曾見廬陵鄉先生張公諱子弘者，論吉州人物，謂聞之故老兒童公論，似求人當於貧中，若三羅是已。三羅者皆及第也，而能貧。此言庶幾近之。後因登匡山，有詩云：「王匡既仙去，遺跡山之阿。豈無一代雄，千秋名如何？貧人貧不死，富者空金多。吉州今代盛，人物在三羅。」鄙意謂禮失而求諸野，張先生之言，或有據也。乃彼時諸公見此詩，多不滿，姑以俟百世可也。足下謂必于學中尋人，殆未可草草。吾道自有正氣，世間自有真人，足下平心而徐察之自見，不當以區區一偏之言爲左券也。足下喜釋，釋自不妨儒，各自成家，正不必混而相借耳。白沙有言：儒與釋不同，其無累一也。足下蓋有志於是矣，而必尋人於講學，不但無益於儒，恐並其釋者而失之。況此邦九邑，講學大半，就其講者士風，如足下所云，亦可概覩，復可使之轉令盛乎？必以講學尋人，與必以不講學尋人，均之有意。雖然，世必有不講而學，不言而信者，雖未之見，不敢誣天下盡無人也。答汪吉州。

憶承李卓吾道人寄聲相候之諭，既渡江，因與玉車晤卓吾於大別山上。坐語移時，卽其榻所，見几上有卷一軸，乃卓吾與顧尚書公約游焦山，往來書札也。卓吾札云：「何必焦山！必焦山則焦山重，吾既不欲死於婦人女子之手，又不欲死於假道學之手，則何往而不可死也？」讀其詞而壯之。玉車喜，先題數言卷上，以次見屬。惟元之念卓吾，亦猶卓吾相念也。遂發如蘭，書以應玉車。若曰：「吾輩與卓吾趣舍不同，自有同者在耳。」乃卓吾怫然，以其言無常也。玉車解不勝，元乃言曰：「世人出處，利與名而已。出者間或近名，而不勝其利；處者間或爲利，而不勝其名。若名不在山林，利不在廊廟，謂之如蘭，豈不可也？」卓吾顏始稍霽。

大抵一體與過化，實未易言。近世儒者，動稱一體，而侈慕過化，此不可以欺人，止欺己耳。揚子雲有言：「君子忠人，況己乎？小人欺己，況人乎？」爲今之學，未有不欺己者，其原生於以本體求道，而陋聞見，拙踐修耳。李道人名震湖澤之上，頗聞其旨，主不欺，志在救時，可爲獨造。獨其人似過於方外，寡淵默之思，露剛狹之象，未言化俗，先礙保身。門下當善成之，幸勿益其僻也。夫儒與釋不同，而吾儒之中庸，與釋家之平等一也。不審道人亦有味其言否耶？道人因焦太史與門下之雅，謬意不肖，乃不肖亦何敢無以報道人？惟轉致爲幸，蓋因道人既以自省，又恐其反與於今世談學之弊之甚，則關係不細耳。以上答劉方伯。

邇來士大夫工於速化之術，一以彌縫世情，諂上諛下爲通才，爲遠器，無論道理何如，卽本來稟受偏氣，亦消磨殆盡。猶然世共賢之，而彼亦若自以爲得計者。士風至此，可爲太息。夫理天而氣人，然氣亦所以輔理。自大賢以下，氣不能無偏。氣存而理猶存者，故理失而求之氣可也。並其氣而喪之，且侈然附於非禮之禮，如世道何？答余司理。

端潔楊止菴先生時喬

楊時喬字宜遷，號止菴，廣信上饒人。生時，父夢至一夾室，有像設，揖之，像設舉手答曰：「當以某月日降于公家。」如期而先生生。他日過學宮，見夾室一像，甚類夢中，則易主所遷之故像也。登嘉靖乙丑進士第。歷禮部主事員外、尚寶司丞、南尚寶司卿、應天府丞、右通政、太僕寺卿、南太常寺卿、通政使。萬曆癸卯，陞吏部右侍郎，尋轉左，署部事。乙巳，大計京朝官，先生清執不狥時相，給事錢夢臯、御史張似渠，皆四明注意之私人，察疏上，四明以兩人之故，並同察者特旨俱留用，且切責部院。先生累疏求去。己酉二月卒官。贈尚書，諡端潔。

先生學於吕巾石，其大旨以天理爲天下所公共，虛靈知覺是一己所獨得，故必推極其虛靈覺識之知，以貫徹無間于天下公共之物，斯爲儒者之學；若單守其虛靈知覺，而不窮夫天下公共之理，則入於佛氏窠臼矣。其與羅整菴之言心性，無以異也。夫天之生人，除虛靈知覺之外，更無別物，虛靈知覺之自然恰好處，便是天理。以其己所自有，無待假借，謂之獨得可也；以其人所同具，更無差別，謂之公共可也。乃一以爲公共，一以爲獨得，析之爲二，以待其粘合，恐終不能粘合也。自其心之主宰，則爲理一，大德敦化也；自其主宰流行於事物之間，則爲分殊，小德川流也。今以理在天地萬物者，謂之理一，將自心之主宰，以其不離形氣，謂之分殊，無乃反言之乎？佛氏唯視理在天地萬物，故一切置之度外。早知吾心卽理，則自不至爲無星之秤，無界之尺矣。先生欲辨儒、釋，而視理與佛氏同，徒以見聞訓詁與之爭勝，豈可得乎？陽明于虛靈知覺中，辨出天理，此正儒、釋界限，而以禪宗歸之，不幾爲佛氏所笑乎？陽明固未嘗不窮理，第其窮在源頭，不向支流摸索耳。至於斂目反觀，血氣凝聚，此是先生以意測之，於陽明無與也。

文集

聖門以盡性爲教，而辨性近習遠、上智下愚不移之異。其能盡者，民受天地之中以生，繼善成性，理之一也；其不能移者，智愚上下之間，氣質稟賦不齊，形生知發，善惡萬類，分之殊也。是故善反其殊，以復乎初；繫於習，馴而習之則變，變而不已則化。氣質變化，乃人欲消息，久之無欲而一，斯靜虛動直，而天命之性全盡。乃今之爲道者，祖真覺是性，見解爲病，禪詮日析，於講觀恰入之旨，自謂至精至妙。藉言致知，而文以窮理窮此，盡性盡此，至命至此，儱侗之説，高標之爲聖學的傳，而冒當乎精一一貫。聞者喜其簡徑，競相崇尚附和，遂置氣質於不復論，況能進而求所由變化之功哉！諦其行，卒任氣質，而墮於智慧自便，私意自執，猶亢然直命曰道。吕巾石類稿序。

大學「明德新民，止於至善」，其綱；「格物致知，誠意正心，修身、齊家、治國、平天下」，其目。繹言之，物卽中庸爲物不貳、體物不遺之物，天下公共之理，人所同有者。格者，貫徹至極無間之謂，惟其爲公共同有，故格之卽格，知爲人虚靈覺識之知，一己所獨得，人人所同然者。致者，推究至極不遺之謂，惟其一己獨得，故致之卽至，故曰「致知在格物」。在者，明知物之一，致格之功相貫，亦一也。惟其能推極其虚靈覺識之知，至於貫徹無間于天下公共之物，故曰「物格而後知至」。而後者，明心物之一，格至之驗相因，亦一也。惟其知至，乃知起於意而後誠，意發於心而後正，心主乎身而後修，則在己者；身處乎家者而後齊，家近乎國者而後治，國盡乎天下者而後平，則在人者。此爲舉綱牽目，由己及人，操約該博，謂之一貫。如物未格，知未至，乃其性資明敏，踐履篤實，凡日用所由，恒在乎物之中，未必知能及，亦可謂與知。自此以其所知，意亦誠，心亦正，身亦修，家亦齊，國亦治，天下亦平。究竟其極，如孟子「伯夷聖之清」，「柳下惠聖之和」，特不若時中之大成。故曰：「道體則一，人體道則二，及其静則一也。」近有絶不聞道，祇得禪宗，指人心血氣虚處爲善，靈處爲知識，合名善知識；以善易良，知識易知，合名以孟子良知。卽不以虚靈中識覺，推極貫徹乎物，祇斂目反觀，血氣凝聚，靈處生照，卽識覺，卽見地，卽徹悟，卽知至。虚中一無所有，靈中知識一無所用，凡生知、學知、默識、聞知、見知，一無所爲。又見格物二語，爲大學首言，不可置，乃以格去物欲卽物格，全此虛靈卽知至。凡中庸爲物不貳，生物不測，體物不遺，物有終始，不誠無物，皆不相蒙，悉以外物名之。不俟工夫階級，謂萬物盡屏，心知炯然，既得一，萬事畢，意自誠，心自正，身自修，家自齊，國自治，天下自平。揆其實，乃率意卽誠，任心卽正，從身卽修，家國天下由我操縱，卽齊治平。卽不齊治平，亦不必問。于虛靈中，爲物欲潛滋暗長，恣肆妄行，皆直任爲道，不必潛修禁止。一禁止卽遏抑，遏抑卽外求。以此立門户，聚朋徒，標之不過二語，曰「心知卽道，口講卽學」，止矣！大學定本古本石經三序。

易言「窮理」，分析乎理之謂，大學致心之知者在格，萬物萬理，本於一物一理者，意正相同，故舉以爲釋，未嘗謂隨萬物而一一窮之。偏觀傳注，未有此語。新學惟取人心血氣中虛靈知覺者爲立大，爲養端倪，爲體認天理。黠者又取善知識之說，合諸大學「致知」、孟子「良知」二語爲言，其功卽反。目攝神至心，卽知至，亦卽格物，不必別言致，言格。乃以大學言格物不可背，不得已或指爲格欲，爲正事，爲至物。格知物有本末之物，或以明知意心身家國天下之物，或以格不生不滅之物。又以先王禮樂名物典章法度，爲非作聖之功，增雜霸藩籬。訓詁記誦聞見，皆致格中事，一切指以爲名、爲博、爲侈靡而文致之，支吾籠罩，轉換儱侗，難以測識。自來不師先王，非孔子，一見于秦，再見於今。大㈠學四體文集註序。

古今贊先師孔子者，曰：「述作集羣聖，事功冠百王。」乃以道德之盛，與聖王同，而述作事功異爾。述作事功者，由聖王既遠，道脈日微，權術初熾，虛無將起，人方迷惑，是故啓迪斯人以有知。又以人不

㈠ 原作「太」，據備要本改。

能皆知，則有可使由不可使知，生知，學知，困而學、困而不學，中人上下可語、不可語之教。當其初心，詎不欲謂人皆有知？知本自良，何分於可不可，上次下之等哉？惟道原於天命之謂性，性則與形俱形，形而有上下。形者，氣質之謂；上者，道之謂，一理是也。以其不可見，故謂之上，惟上故難知。下者，器之謂，日用萬殊是也，卽一理之所散著也。以其可見，故謂之下，惟下故易由。合上下言，皆心之德，故曰道亦器，器亦道。是故生知者氣質清粹，天性湛然，默識此道，謂之上智。中人以上，氣質美者，於性明，可以語上，以上使知卽知之；中人以下，氣質次者，于性蔽不可以語上，以下使之卽由之。以上下言，知者道，由者器。以道亦器，器亦道言，則知者固道，由者亦道。如由之中有學，有困而學，則蔽徹明開，幾駸語上，是卽下學而上達者。惟終身由不學，故不知，民斯下之。下之將所由者盡悖而去之，民斯愚之，故曰：「惟上知與下愚不移。」至下愚，而其初命於天者仍在，所謂「不以聖豐，不以愚嗇」，故曰：「性相近，習相遠。」斯爲孔門立教之法。後世誦習服行，可自識乎？權術虛無者不經，奚能迷惑？特周衰，世教微，儒行壞，秦自暴棄。漢武表章六經，儒行以顯。唐、宋間嘗有嗣興。顧崇信不純，權術虛無雜用，而虛無特著。凡事佛、老者，爲虛無，事孔子者，爲儒，若鼎立者然，未始混淆强同。亦首孔子，次佛老，未始凌駕獨宗。師孔子者自稱吾儒，宗佛、老者自稱吾玄、吾釋，未始援假遮飾爲名。斯皆昭然易見者，特莫有能闢正之，所以道藝不一，治亦不古。我國家宗師孔子，顯行其道，於今自耆舊宿儒，至佔俾小子，皆識取法，而排斥二氏。卽未可謂人人有知，而由其教法，皆能端存主，謹操履，重博雅，達於居處應酬，謨爲經濟，動中矩矱，世道人才爲美。數十年來，忽有爲心學者，於佛氏嘗卽心而見其血氣凝定，虛靈生慧，洞徹無際者，名之曰善知識，自稱上乘，遂據之爲孔門所語上，而蔑視下學之教爲外求。又得孟子「良知」兩字偶同，遂立爲語柄以論學，終日言之，不外乎「人各有知，知本自良」數言。又以心卽理，而不交於事物，專在於腔子之內，一斂耳目聚精神於此，卽謂之致。一涉於理，交於事物，謂屬於見聞，而非本來之良，卽謂之不㈠致知者。孔門所謂知也㈡，今以佛氏之說，混淆强同，又凌駕獨高，援假遮飾以爲名，其實非孔門所謂知。非孔門所謂知，則不可語知，是以其自學也，自謂有知，而實不可語知。其始亦依傍早歲所由教法，窮經讀書問學，有所聞見，不致差忒，終以不知而作，任權尚術，茫不可測。其立教也，亦欲人自謂有知，不必窮經讀書問學，假聞見以遮迷其良，則是舉世皆上達，而無下學，民皆可使知，而無復有使由者。是爲陽宗孔子，實與之悖，而陰用佛、老，襲以權術，實與之一。自孔子而來，今始創見，令後之學者，難以分辨，終莫能自拔。求孔門而入，而竟喜其說之易簡，不事工夫階級，一蹴至聖之徑，或相率以從也。及斯時，其辭益新，其根益固，孰能與之辨者？惟賴孔門所指上達心法，至今存知之者雖鮮，而實有可使知者在；下學教法，布之經書，由之者日衆，而實有從由可得於知者在，昭然如日中天。彼其說，譬則陰霾在太虛，不能不聚，亦不容不散。後聖後賢有作，以此，指授倡明，反正之，殆無難者，故曰述作、事功異耳。或曰：「下學教法，魯論傳之。」朱子亦曰：「下學可以言傳，其語上者未可言傳。」然則孰爲語之可傳歟？竊觀「天何言」，「子罕言命」，

㈠「不」下賈本、備要本有「知」字。

㈡賈本無「孔門所謂知也」六字。

「夫子言性與天道」，卽語之；顏子不違，曾子唯，卽傳之。易亦曰：「神而明之，存乎人，默而成之，不言而信，存乎德行。」中庸：「待人後行。苟不至德，至道不凝。」而程子曰：「惟敬而無失。」最盡。朱子亦曰：「上達必由心悟。」今欲語上得傳，不於人，於德行，德行不於敬，於心悟，若顏、曾既竭精察，況潛守約求，至氣質清粹，天性湛然之域？惟就一蹴至聖之爲言，要其究竟，渺然於語上可傳者，不相蒙，適以罔世而已。又曰：「孔門所謂知，與今世言學，自謂有知，出於佛氏者，其異何在？」蓋孔門未嘗以知爲道，以知爲道惟佛氏。觀孔子曰「知之」，曰「知道」、「知德」、「知止」、「知天」，孟子曰「知愛、知敬」，凡言知，卽指心，凡言知、言道、言德、言止、言天、言愛敬，卽指理，是故知者知此道，道卽理。孟子曰「覺」，後儒曰「悟」，亦覺悟此道。析言之，知卽大學之謂「致知」，覺悟者豁然貫通，卽大學之謂「物格」；合言之，知覺悟乃明此道，而相因之名，其實一也。故曰「孔門未嘗以知爲道」，乃佛氏卽心而見其血氣凝定，虛靈生慧，洞徹無際者。析言之，虛靈之謂知，生意之謂覺，洞徹無際之謂悟；合言之，知覺悟者，乃斂耳目聚精神，間所見腔子內一段瑩然光景之名，其實亦一也。觀其以是卽理而不交於事物，故曰「以知爲道惟佛氏」。孟子曰：「告子未嘗知義，以其外之。」竊亦曰：「今之學者，未嘗知道，以其外之。」蓋以知覺悟爲腔子內一段光景，卽以爲是，不復若程子所云：「尋向上去，以求乎道，是爲外之。」夫既外之，故曰「終於不知」。況孟子言良者，自然之謂，以其不待思慮，而自然知愛敬仁義之道也。佛氏言善者，神通自在，不可思議，無上至妙之謂，以其知爲神通自在，不可思議，無上至妙之道也。今不以良爲自然，而以爲神通，又獨挈良知、遺良能，則外行。夫知既與孔、孟言良者異，又外行，則行亦異。知行並異，是別爲一端，則又不肯以別爲一端自居，而曰「知行合一」。近日儒者嘗謂孔門以其所知而爲知，知不可驗而行可驗，故觀論人品者，驗其所行而得其所知，此謂知行本一，奚必合之一哉？凡物惟二乃合，今以本一者而曰合，是欲一之而反二之也。又諱言佛，嘗闢乎佛，闢之惟以其外人倫、不耕食、自私自利爲言，此在釋氏誠爲外跡，與其在人倫者小異，而其所論道者大同。今獨據其大同，而故闢其小異，安可因其小而信其大哉？卽佛氏者聞之，亦惟以其呵佛罵祖故智，反不之校耳。顧此猶前時爲然，今則不惟不諱不闢，且直以佛氏之説爲孔子之説，又以佛在孔子之上。倡言自恣，棄行不顧，其人在孔門，必揮而斥之。乃其傳聞者，不察其真，遂以爲真聖學。近日思傳理學者，亦以一二爲是説者，列而進之，與先儒並，令天下後世，謂當世理學，其人若此，深可懼也。或曰：「茲言出，而天下知之鮮，罪之衆。」余惟爲孔門守斯道，卽弗知之，衆罪之，弗敢辭矣。孔子像碑。

晦菴先生自贊曰：「從容禮法，沉潛仁義。」此其躬行之實。乃於孔門所删述六經，程子所表章四書，傳註之，成周六典，官制議之。我聖祖重其道，崇其教，首以訓士建官，至今道德一而風俗同，内外維而紀綱正，此其講明之蹟。先生少嘗讀佛、老，及遊延平先生門，始棄舊習。又懼天下後世陷溺之也，乃本程子「佛、老之害，甚于楊、墨，彌近理而大亂真，差謬間毫釐千里。」所差謬者，石潭汪子、整菴羅子所指心性之辨是也。心性者，儒、佛、老皆言之，皆並傳，其中儒佛混同爲一者，儒而釋、老爲言者，皆易辨，惟佛而儒之難辯。先生首以思、孟，宋儒周、程、張、邵所闡明，詳發之。其大旨以虛靈知覺之謂心者，主于形而囿于形，我所有也。天命之性者，太極一本，萬物一原，敬軒薛子謂天下公共之理，汪子謂天也理也，天下之公共者是也。氣質之性者，二氣五行，剛柔萬殊，汪子謂梏于形體，乃有我之私者是也。性具於心，心生於形，形之謂氣質，而亦謂之性者，謂其有則俱有，非二言之。惟變化其有我之私，至公而無我，天性復初，氣質不累，乃性曰天性，而不復以氣質並言也。此謂之儒宗。佛自達摩單傳，直指人心，見性成佛，此卽禪宗。似儒非儒，故闡之曰：「佛家從頭都不識」，則不識性所從出之天，卽謂之命。曰：「只認知覺便做性」，則不識心所具之理，卽謂之性。又曰「但認爲己有」，則不認以天理爲天下之公共者言性，以有我之私者言氣質，是爲無所蔽。以心無理又無蔽，不得不以理爲障。障一去，而方寸中空空蕩蕩，若無星之秤，無界之尺，事至不能決，不得不以事爲障。以理爲障，故不言窮理；以事爲障，故不言敬事。而惟此虛靈知覺在腔子內者，烱然灑然無念無着，其工夫則止觀空悟爲一，一悟便是，卽爲了當。自此隨意見所起，不分真妄，皆本來面目。執爲欛柄，直竪而往，操縱作用，無不自由，上天下地，惟我獨尊，其效驗以既悟必證，必得人傳繼，始爲大悟。乃急於説法普度，機鋒應對，凡來參者，若薛子所云：「不問賢愚善惡，只順己者便是。」無我無人，其説簡徑直捷，新奇玄妙，身不自修，又不俟循序，不待防檢，其勢較易於聖學，其利本於養生，以故豪傑之負聰明才辨者，於此既能聞道，又能養生，孰不動乎舊所傳習，攙而入乎此者？先生素愛㊀之於心，故並其時，有謂心卽理者，直辯其非，曰「心粗」，曰「不識有氣質之性」，豈不㊁以其品優識賢而必深文之哉？蓋傳而釋之，其端初開，不容不言爲之防。

㊀ 朱氏釋誤云：「愛」當爲「憂」之譌。
㊁ 朱氏釋誤疑「不」屬衍字。

故其論學，聖人盡性，學者復性，性之復，在變化氣質，而變化之方，則以程子發明孔門「下學而上達」教人成法，而曰「涵養須用敬，進學則在致知」者，申之曰：「主敬以立其本，窮理以致其知，本立而知益明，知進而本益固。」自此辨明教立，學者所得明，固於禪不染，亦皆能言以闢之，於是儒而禪者絀。宋末僞學重禁，學者相與信從，講之不輟，忠義輩出。元人事佛，魯齋許子以此用□□□世教賴之不墮。我聖祖以經書傳註，又集諸儒大全，列學宮，時有文臣進解佛經，亦祇以佛釋佛，不許以儒文。是以至今明經修行，議事謀政，皆從此出。此其崇正闢邪之功，並於孔子作春秋，孟子闢楊、墨，卽門人後記録有異，亦當删煩存實，舍短集長，以永其功，俾勿爲釋氏者攙入爲害。何近歲有嘗讀其書，既因養生契禪，恍見此心知覺之妙，遂自稱悟，揭之爲良，曰「道在此，不在行，卽爲己心，六經不在載籍，妙道自己而發，先聖先儒弗及，傳註皆差。」因取精一、博約、一貫、忠恕、格致、克復、中和、盡心、知性、知天諸訓，一認爲己所有，知覺之中不辨，欲以易天下。見其惟傳註是從，不詆之則己説不伸，乃詆所闡教法爲末務，主敬爲綴，格物窮理爲支離，爲義外，爲俗學，鄙傳註爲訓詁章句，非讀書爲遠人爲道。竊揆孔門下學事，上達理，理本事末，學此事，達此理，還却以此理處此事，是爲本末一原，何嘗末？其論主敬，所以存此心；格物，所以明此心。存明皆心也，何嘗綴？支離義外者，直以義爲在外，今指性卽理，窮而至於義之精，精斯一，一斯貫矣，何嘗外？俗學者，詞章家記誦、補綴、科試、覆射者，可言矣，卽嘗以攷小學訓行周至，安可以尚行不尚言，由博反約者例言？何嘗俗？經書藉漢、唐、宋間訓詁以傳，特或鑿、或淆、或虛無，又章分註解，不斷不屬，非其章句傳註，其文理脉絡，何由貫通乎？何嘗鄙？孔門以讀書爲學，玩易誦詩，讀書學禮，博文游藝，皆是也，然取以明理，理明止矣，是亦不遠人以爲道也，何嘗非？卽是見詆之者，非在詆者所據以爲道，乃先生契聖而盡示來者，又其所預期至此而嚴爲之防者，後人不知其防，反信其詆，靡然而從。亦自童習間㊀，傳註言心、言性命，及求其所以爲心、爲性命弗知，是以偶聞一悟性命之說，遂謂性與天道，聖門且不可得聞，玆於須臾靜坐，一閉眉目，息精神，屏思慮間，直窺堯、舜、孔子之前。人孰無堯、舜、孔子之志？而驟得之，將有快其直捷簡徑，庸知其從達磨窠臼間來哉？適其事誦讀者，方厭記誦、補綴、覆射爲煩，事踐履者，方苦克治、涵養爲難，忽言易簡者，乘其厭苦之虛，而入者爲主，縱有善語，不繹不從。方且自崇自是，孳孳以講爲學，自講外，修德、徙義、改過，皆置不言，卽非德義有過，亦謂吾心不動。此涉於迹者，可勿較。至底咎矣，又以佛氏缺陷，世界未嘗員滿爲之辭。凡於所講之者稱賢，不講之者稱否云。前一人倡，后人而復后人，影附聲和，堅不可破，猶以張無垢改頭換面說，向儒家舊步，摘取經書中一二語，立爲新名，作爲話頭，自稱心傳之秘，藉以儒言。以本心是聖，反觀內照，全此員神，不必修爲，而藉言於默識自得，無欲主靜者，實修性禪宗。以精神爲聖，攝息歸根，根本先立，生生不已，而藉言於收放、存良、持志、立命者，實修命玄宗。以身是本，修是學，合釋之觀心、玄之踵息一之，爲真我、真修，而藉言于大學綱領修身爲本者，實性命雙修。宗中聖□□□□□□□□□□□□此，而其間彼此前後，各自求勝，揣度擬議，將謂合併，而竟不合不併，其流之害，及於傳註。後學喜其新說，附會己意，以爲講賤，爲文義，見之有素，好之

㊀ 朱氏釋誤云「間」爲「聞」之譌，且應與下連讀。

者嘉其同，不好者取其異，未嘗正之。今併以經書原文，各據胸臆立解，不宗本旨，其漸不至於背經棄傳，絶蔑聖言不止。及此際猶藉先生辨析於今，實防衛於前，俾我聖朝教令課條者，申飭于今，乃不淪於極弊者矣。然天運一否一泰，其道一晦一明，如環之循。薛子亦曰：「程、朱大有功於萬世。」又曰：「後人於朱子之書之意，不能遍觀盡識，或輒逞己見，妄有疵議，或勦拾成説，寓以新名，衒新奇而掠著述之功。多見其不知量也。」兹欲絶其弊，惟躬行講明，俾天下後世，曉然知其功不可背，其講學修德徙義改過並進，勿專以講爲學，又勿爲逞己見寓新名者所摇惑，庶乎斯道明，世運泰矣。竊意今當必有其人。噫！微斯人，吾誰與從！朱晦翁碑。

來教以「天命之性爲虚靈不昧，譬則日月之貞明；氣質因依假借，迷復不常，譬則浮雲之聚散。雲聚而日月昏，雲散而日月炳，於日月貞明之體，未始有所損益」者。竊以天氣地質具而後生人，固聖愚賢不肖所同稟，特其中有清濁淳漓之異耳。所貴學者澄濁求清，去漓還淳，乃所謂變化之功爾。孟子「形色天性，惟聖人踐形」，厥旨深矣。苟以氣質爲浮雲，則是謂其祇有濁漓，而不謂其有清淳。然則生知安行之聖，學知利行之賢，其有外於此天地氣質而生，而人性上有二物矣。抑别有一種氣質，而非吾之所謂氣質者？又不然。是天命自天命，氣質自氣質，而道之形上形下，截然可分爲二。至於指天命之性爲性靈不昧，此近世諸儒同以爲然，似同於佛氏「昭昭靈靈見上乘」之説，與聖門所指性與天道，中庸以來性命，皆殊塗異能，非愚生所知。與吕巾石。

今時所稱鉅公聞人者，談學術以立解頓釋，談文藝則飾章藻句，門户特立，途徑肆開，崇居臯席，廣延游道，名流争集幟下，而海内亦重之爲通達，爲弘大。而視夫履孝弟，抱廉節，慎交承，端舉動，若孟子所謂守先王之道者，出則宣忠猷，有仁澤，敦儉樸，覈功效，若周子所謂處事精詳，務名道理者，皆以一節視之。且鄙之以爲迂濶，爲襲，爲不達。以此爲言，卽以此爲行可知。是以當此時，文飾勝寂，藻繁鮮實，吏行鮮治者，由此也。與陳心谷。

今學者只以講便爲學，以學便爲道，以道便爲心，故曰「心學」。今言格物者，以心卽知，以知卽物，一斂視却聽，便爲心正，心正便爲知致，知致便爲物格，物格便爲道，爲學。其辭儱侗不分，空寂難辨，遂使聖門曰心，曰道，曰學，曰正心、致知、格物，捏爲一團。其流之弊，令人空寂枯槁，祇成一個頑然之物。謹覩來諭謂：「統會斯道者心，以心體道，斯善學者。」又謂：「知非空知，必有一事，事卽是物，知中有物，物見于知，雖有知物二字之名，實爲一齊俱到之妙。」可謂辨析至精。與舒繼峯。

文定王順渠先生道

王道字純甫，號順渠，山東之武城人。正德辛未進士，選庶吉士。山東盜起，欲奉祖母避地江南，疏改應天教授，召爲吏部主事，歷考功文選郎中。大學士方獻夫薦其學行淳正，可任宫僚，擢春坊左諭德，引疾辭歸。嘉靖十二年，起南京祭酒，明年同籍。二十五年，起南太常寺卿，尋陞南户部右侍郎，改禮部，掌國子監事，又改吏部而卒。贈禮部尚書，謚文定。

先生所論理氣心性，無不諦當。又論人物之别，皆不錮於先儒之成説，其識見之高明可知。但以孟子執情爲性，不足以服諸子。孟子指出惻隱、羞惡、辭讓、是非，是卽性也。舍情何從見性？情與性不可離，猶理氣之合一也。情者，一氣之流行也，流行而必惻隱、羞惡、辭讓、是非之善，無殘忍刻薄之夾帶，是性也。故易曰「利貞」者，性情也。先生言情之善，原從性之善而來，但情之善可遷，而性之善不可遷。不知情之遷，遷於外物耳，當其無物之時而發之，何嘗不仍是惻隱、羞惡、辭讓、是非之心乎？其不遷也明矣。今必欲於四端之前，求其不可知、不容說者以爲性，無乃復錮於成說乎？先生初學於陽明，陽明以心學語之，故先生從事心體，遠有端緒。其後因衆說之淆亂，遂疑而不信。所疑者大端有二，謂致知之説，局於方寸；學問思辨之功，一切棄却。夫陽明之所以致知者，由學問思辨以致之，其萬死一問思辨也。先生既知心體之大，而以事心者爲局心，其亦自相矛盾乎？謂良知是情之動，於本然之體，已落第二義。夫陽明之所謂良知，不曰未發之中乎？以念頭起處，辨其善惡者，此在門弟子之失，而以加之陽明，不受也。先生又從學甘泉，其學亦非師門之旨，今姑附於甘泉之下。

文録

或問道。曰：「一陰一陽之謂道。」「理氣之别何居？」曰：「奚别之有哉？盈天地間，本一氣而已矣。方其混淪而未判也，名之曰太極。迨夫醞釀既久，升降始分，動而發用者，謂之陽，静而收斂者，謂之陰，流行往來而不已，卽謂之道。因道之脈胳分明而不紊也，則謂之理。數者名雖不同，本一氣而已矣。」

「理氣不雜不離之說非歟？」曰：「非也。黑白相入曰雜，彼已相判曰離，二也。氣之脈胳分明而不紊者曰理，其爲物不二也。雜與離，不可得而言矣。」天道說。

「人物之生，孰形之？」曰：「氣爲之形。」「孰性之？」曰：「氣爲之性。」曰：「氣爲之性也，理何居耶？」曰：「理卽氣也，而以爲有二乎哉？天地之氣，一陰一陽而已。陰陽之形而上者，謂之道，而人物受之以正其性。陰陽之形而下者，謂之器，而人物分之以範其形。道不離於器，而性卽具於形，本一氣而已矣，豈外此更有所謂理，而與氣爲偶者耶？」「然則人物之別，何如？」曰：「陰陽也者，運而造化者也。運則不齊，不齊則通塞偏正生焉，通而正者造人，塞而偏者造物。」「人性皆善，而有知愚賢不肖之不同，何也？」曰：「天地之氣，絪緼停滀，流行推盪，大而一世之否泰，小而一歲之災祥，上而日月之薄蝕，下而山川之崩竭，皆生於運之不齊也。況人於天地間，以有涯之形，囿有涯之氣，而其資生資始之時，或適感天地偏陰偏陽，與夫陰陽之乖戾者。則其既生之後，通者有時而或塞，正者有時而或偏，偏有輕重，塞有厚薄，而知愚賢不肖之等分矣。」性說。

自南宋崇尚道學之後，其學未嘗不行於上也，而卒不能收善治之效。未嘗不傳於下也，而卒不見成命世之才。由今觀之，想望慶曆、嘉祐之盛，韓、范、富、歐之風，邈乎不可覿矣。況等而上之乎？道學。

性善之善，不與惡對，與惡對者，情之善也。孟子執情以爲性，故雖竭力道性善，終不足以服諸子之口。子由闢之是矣，但欠源頭一句分明耳。蓋情之善，原從性之善而來，但情之善可遷，而性之善不可遷，情之善有對，而性之善無對。今概以爲無是無非，是以惡爲亦出於性矣。殊欠分曉。性善之說。

爲仁之本，是仁之本也。孟子以事親從兄，爲仁義之實，意正如此。本者，根也，實亦根也。孝弟爲仁之本。

朱子論性千言萬語，只是一意，大抵謂人與物所禀之理一般，但人之氣清，能推，而物之氣濁，不能推耳。敢以一言難之，麟鳳龜龍，謂之四靈，其氣之清明，視世之常人何如？然常人於四端五典，雖不能全，而亦不至盡廢。四物雖靈，曷嘗見有彷彿於人者哉？就此處觀之，可見人與物之情，合下不同矣。故孟子闢告子以牛犬之性，與人不同，正與此處看得明白耳。性學。

聖人所示學問思辨之功，皆從發明此心，以恢復其廣大高明之本體，所謂如切如磋也。而世儒乃欲以此窮盡天下之理，不知理者，吾心之準則，孟子所謂權度，心爲甚者此也。心體苟明，則權度精切，而天下之長短輕重，應之而有餘矣，豈待求之於外哉？爲學。

所謂物者，指外物而言，卽樂記「感於物而動，性之欲也」。所謂格者，以扞禦爲義，主温公之說。格物。

「孟子後，千載無真儒」。宋儒有是言，余每讀之戚然。姑就漢一代言之，董、賈兼文學政事之科，蕭、曹、丙、魏，皆有政事之才，遠在季路、冉有之上，而丙又入德行而不優。至於孔明，則兼四科而有之矣。黄叔度不言而化，如愚之流輩也。管幼安龍德而隱居於遼東，一年成邑。陳太丘、荀令君、郭有道、徐孺子皆德行科人，冉、閔之次也。其諸表表，難以悉數。三國人才尤盛，至晉及唐，代不乏人。今一舉而空之曰「無眞儒」，嗚呼！悠悠千載，向誰晤語。

宋自慶曆以前，英賢彙出，當時治體，風俗人才，皆淳龐渾厚。於時程、朱未生也，亦曷嘗如長夜，直待程、朱出而後明哉？

孟子曰：「聖人先得我心之同然者，謂理也，義也。」是義理皆在於心矣。皆在於心而有二名，體用之謂也。今曰在物爲理，處物爲義，則是用由内出，而體全在外具矣。不知體既在外，用何自出哉？謂之義外之見也亦宜。以上批林國輔講餘答問。

天理平鋪於人情物理之間，舜之所以爲聖，不過明於庶物，察於人倫而已。所貴乎學問之功，正要在日用應酬人物處，觀其會通。動中肯綮，如庖丁解牛，洞無凝滯，然後爲得，少有杆格齟齬，即是學力未至，便當反己研求，務要推勘到底，使在我者無毫髮之不盡，而後委外之通塞於所遇焉。答魏莊渠。

陽明先生致知之説，太略與孟子察識擴充四端之意相似而實不同。孟子見得道理平實廣大，如論愛牛，便到制民常產，論好色好勇好貨，便到古公、公劉、文、武之事。句句都是事實，所以氣象寬裕，意味深長。陽明先生所見，固存省之一法，然便欲執此以盡蓋爲學工夫，大易所謂「學問辨」，中庸所謂「學問思辨」，論語所謂「博文約禮」、「好古敏求」、「學詩學禮」，一切棄却，而曰「爲學之道，耑求之心而已」，是幾於執一而廢百矣。

若論道之本體，天大無外，心大亦無外，天地之用，皆我之用，渾然一理，何所分別？吾心體會盡天下之理，亦只是全復吾心之所固有而已。故曰：「盡其心者，知其性也。」知其性，則知天矣，知性知天，却只在盡心焉得之，則心體之大，可想而知矣。今乃欲以方寸之微，念慮之動，局而言之，不幾於不知心乎？不知心而能盡心，不盡心而能知性知天，而曰聖人之學，吾未之信也。以上答朱守中。

次陽明詠良知

若把良知當仲尼，太清却被片雲迷。良知止是情之動，未動前頭尚屬疑。

獨知還是有知時，莫認獨知卽正知。尋到無知無物處，本來面目却爲誰？

本來面目却爲誰？絶四宣尼定自知。學子欲尋絶四處，不先格物更何爲？

孟子良知卽四端，乃情之發動處，其以孩提言，正赤子之心，而程子以爲已發而未遠於中者也。陽明指此以爲聖人之本體，落第二義矣。

格，杆格之義，禦之於外也。物，物交物之物，凡外物皆是也。格物，卽孔子所謂克己，孟子所謂寡欲，周子所謂無欲也。格物以致知，猶刮垢以磨光也。物格知至，則垢盡而明見矣。

明儒學案卷四十三　諸儒學案上一

諸儒學案者，或無所師承，得之於遺經者；或朋友夾持之力，不令放倒，而又不可系之朋友之下者；或當時有所興起，而後之學者無傳者，俱列於此。上卷則國初爲多，宋人規範猶在。中卷則皆驟聞陽明之學而駭之，有此辨難，愈足以發明陽明之學，所謂他山之石，可以攻玉也。下卷多同時之人，半歸忠義，所以證明此學也，否則爲僞而已。

文正方正學先生孝孺

方孝孺字希直，台之寧海人。自幼精敏絶倫，八歲而讀書，十五而學文，輒爲父友所稱。二十遊京師，從學於太史宋濂。濂以爲遊吾門者多矣，未有若方生者也。濂返金華，先生復從之，先後凡六歲，盡傳其學。兩應召命，授漢中教授。蜀獻王聘爲世子師。獻王甚賢之，名其讀書之堂曰正學。建文帝召爲翰林博士，進侍讀學士。帝有疑問，不時宣召，君臣之間，同於師友。金川失守，先生斬衰，哭不絶聲。文皇召之不至，使其門人廖鏞往，先生曰：「汝讀幾年書，還不識箇是字。」於是繫獄。時當世文章共推先生爲第一，故姚廣孝嘗囑文皇曰：「孝孺必不降，不可殺之，殺之天下讀書種子絶矣。」文皇既慚德此舉，欲令先生草詔，以塞天下之人心。先生以周公之説窮之。文皇亦降志乞草，先生怒罵不已，磔之聚寶門外。年四十六。坐死者凡八百四十七人。崇禎末，謚文正。

先生直以聖賢自任，一切世俗之事，皆不關懷。朋友以文辭相問者，必告之以道，謂文不足爲也。入道之路，莫切於公私義利之辨，念慮之興，當静以察之。舍此不治，是猶縱盜於家，其餘無可爲力矣。其言周子之主静，主於仁義、中正，則未有不静，非强制其本心如木石然，而不能應物也，故聖人未嘗不動。謂聖功始于小學，作幼儀二十首。謂化民必自正家始，作宗儀九篇。謂王治尚德而緩刑，作深慮論十篇。謂道體事而無不在，列雜誡以自警。持守之嚴，剛大之氣，與紫陽真相伯仲，固爲有明之學祖也。先生之學，雖出自景濂氏，然得之家庭者居多。其父克勤，嘗尋討鄉先達授受原委，寢食爲之幾廢者也。故景濂氏出入於二氏，先生以叛道者莫過於二氏，而釋氏尤甚，不憚放言驅斥，一時僧徒俱恨之。庸人之論先生者有二：以先生得君而無救於其亡。夫分封太過，七國之反，漢高祖釀之，成祖之天下，高皇帝授之，一成一敗。成祖之智勇十倍吴王濞，此不可以成敗而譽咎王室也。況先生未嘗當國，惠宗徒以經史見契耳。又以先生激烈已甚，致十族之酷。夫成祖天性刻薄，先生爲天下屬望，不得其草，則怨毒倒行，無所不至，不關先生之甚不甚也。不觀先生而外，其受禍如先生者，寧皆已甚之所至乎？此但可委之無妄之運數耳。蔡虚齋曰：「如遜志者，蓋千載一人也。天地幸生斯人，而乃不終祐之，使斯人得竟爲人世用，天地果有知乎哉？痛言及此，使人直有追憾天地之心也。」乃知先正固自有定論也。

侯城雜誡

人孰爲重？身爲重。身孰爲大？學爲大。天命之全，天爵之貴，備乎心身，不亦重乎？不學則淪乎物，學則可以守身，可以治民，可以立教。學不亦大乎？學者，聖人所以助乎天也。天設其倫，非學莫能敦。人有恒紀，非學莫能序。故賢者由學以明，不賢者廢學以昏。大匠成室，材木盈前，程度去取，沛然不亂者，繩墨素定也。君子臨事而不眩，制變而不擾者，非學安能定其心哉？學者，君子之繩墨也。治天下如一室，發於心見於事，出而不匱，繁而不紊。不學者其猶盲乎？手揣足行，物至而莫之應。

治人之身，不若治其心；使人畏威，不若使人畏義。治身則畏威，治心則畏義。畏義者於不善不禁而不能爲，畏威者禁之而不敢爲，不敢與不能，何啻陵谷。

養身莫先於飲食，養心莫要於禮樂，人未嘗一日舍飲食，何獨禮樂而棄之？尊所賤，卑所貴，失莫甚焉！

古之仕者及物，今之仕者適己。及物而仕，樂也；適己而棄民，恥也。與其貴而恥，孰若賤而樂？故君子難仕。

古之治具五：政也，教也，禮也，樂也，刑罰也。今亡其四，而存其末，欲治功之逮古，其能乎哉？不復古之道，而望古之治，猶陶瓦而望其成鼎也。

三代之化民也，周而神，後世之禁民也，嚴而拙，不知其拙也，而以古爲迂，孰迂也哉？化於未萌之謂神，止於未爲之謂明，禁於已著之謂察，亂而後制之謂瞽。秦、漢之治，其瞽也與！不師古而瞽之師，孰謂之非瞽？

古禮之亡也，人不知事親之道。今喪禮朝夕奠之儀，其事生之常禮乎？孔子曰：「至於犬馬，皆能有養，不敬，何以別乎？」噫！行者鮮矣。

爲子孫者，欲其愨不欲其浮㊀，欲其循循然，不欲其頟頟然。循循者善之徒，頟頟者惡之符。

一年之勞，爲數十年之利，十年之勞，爲數百年之利者，君子爲之。君子之爲利，利人；小人之爲利，利己。

待人而知者，非自得也；待物而貴者，非至貴也。

不怍於心，合乎天，足乎己，及乎人，而無容心焉，惟君子哉。君子有四貴：學貴要，慮貴遠，信貴篤，行貴果。

好義如飲食，畏利如蛇虺，居官如居家，愛民如愛身者，其惟貞惠公乎？釋書而爲治，而政無不習也，去位而野處，而色未嘗異也。是以不以才自名，而才者莫能及；不以道自任，而君子推焉。世俗之學，豈足以窺之乎？

學術之微，四蠹害之也。文奸言，摭近事，窺伺時勢，趨便投隙，以貴富爲志，此謂利禄之蠹。耳剽

㊀「浮」原作「淳」，據賈本改。

口銜，詭色淫辭，非聖賢而自立，果敢大言以高人，而不顧理之是非，是謂務名之蠹。鉤摭成說，務合上古，毁訾先儒，以爲莫我及也，更爲異義，以惑學者，是謂訓詁之蠹。不知道德之旨，雕飾綴緝，以爲新奇，鉗齒刺舌，以爲簡古，於世無所加益，是謂文辭之蠹。四者交作，而聖人之學亡矣。必也本諸身，見諸政教，可以成物者，其惟聖人之學乎？去聖道而不循，而惟蠹之歸，甚哉其惑也。

爲政有三：曰知體，稽古，審時。缺一焉非政也。何謂知體？自大臣至胥吏，皆有體，違之則爲罔。先王之治法詳矣，不稽其得失，而肆行之，則爲野。時相遠也，事相懸也。不審其當，而惟古之拘，則爲固。惟豪傑之士，智周乎人情，才達乎事爲，故行而不罔，不野，不固。

定天下之争者，其惟井田乎？弭天下之暴者，其惟比閭族黨之法乎？有恒分而知恒道，奚由亂？

貧國有四，而凶荒不與焉。聚斂之臣貴則國貧，勳戚任子則國貧，上好征伐則國貧，賄賂行於下則國貧。富國有四，而理財不與焉。政平刑簡也，民樂地闢也，上下相親也，昭儉而尚德也，此富國之本也。

國不患乎無積，而患無政；家不患乎不富，而患無禮。政以節民，民和則親上，而國用足矣；禮以正倫，倫序得則衆志一，家合爲一，而不富者未之有也。

學古而不達當世之事，鄙木之士也；通乎事變而不本於道術，權詐之士也。鄙木者不足用，權詐者不可用。而善悦人，及其失也，木愈於詐。聞以權詐亡國矣，未聞鄙木者之僨事也，故君子尚朴而不尚華，與其詐也，寧木。

仕之道三：誠以相君，正以持身，仁以恤民，而不以利禄撓乎中。一存乎利禄，則凡所爲者皆狗乎人。狗人者失其天，失天而得人，愈貴而猶賤也。

柔仁者有後，剛暴者難繼。仁者陽之屬，天之道也，生之類也；暴者陰之屬，地之道也，殺之類也。好生者祥，好殺者殃，天行也。

爲家以正倫理別内外爲本，以尊祖睦族爲先，以勉學修身爲教，以樹藝畜牧爲常。守以節儉，行以慈讓，足己而濟人，習禮而畏法，亦可以寡過矣。

禮本於人情，以制人情，泥則拘，越則肆，折衷焉斯可已。古之庶人祭不及祖，漢以下及三世，非越也，人情所不能已也。古過於薄，今過於厚，則從於厚。今過於薄，不若古之美，則惟古是從。禮近於厚，雖非古猶古也。

三年之喪，自中出者也，非强乎人也。因其心之不安莞簟也，故枕由寢苫；因其心之不甘于肥厚也，故啜粟飲水；因其心之不忍於佚樂也，故居外次，不聞樂。豈制於禮而不爲哉？情之不能止也。今世之能喪者寡矣。飲食居處如平時，談笑容服無所更變，古之戮民與！欲正天下之俗，非始諸此，夫安始？

君子事親以誠，緣情以禮，知其無益而僞爲之，非誠也。惑異教而冀冥福者，非僞乎？聖賢所不言，而不合乎道者，非禮也。化乎異端，而奉其教者，豈禮也哉？事不由禮者夷〔一〕也。夷〔二〕者□之死不

〔一〕〔二〕「夷」字據賈本補。

祔乎祖。

孝子之愛親，無所不至也。生欲其壽，凡可以養生者皆盡心焉；死欲其傳，凡可以昭揚後世者復不敢忽焉。養有不及，謂之死其親；没而不傳道，謂之物其親。斯二者，罪也，物之尤罪也。是以孝子修德修行，以令聞加乎祖考，守職立功，以顯號遺乎祖考，稱其善，屬諸人而薦譽之，俾久而不忘，遠而有光。今之人不然，豐於無用之費，而嗇於顯親之禮，以妄自誑，而不以學自勉，不孝莫大焉。

國之本，臣是也，家之本，子孫是也。忠信禮讓根於性，化於習，欲其子孫之善，而不知教，自棄其家也。

士不可以不知命。人之所志無窮，而所得有涯者，命也。使智而可得富貴，則孔、孟南面矣；使德而可以致福遠禍，則羑里、匡人之厄，無從至矣；使君子必爲人所尊，則賢者無不遇矣。命不與人謀也久矣，安之故常有餘，違之故常不足。

處俗而不忤者其和乎？其弊也流而無立，持身而不撓者其介乎？其弊也厲而多過。介以植其内，和以應乎外，斯庶矣乎！

非義之利腊毒，可喜之事藏悔，易悦之人難近，萬全之舉多怨。君子知其然，功苟可成，不沮於怨也。人果不可近，不受其悦也。事之適意，必思其艱。利之可取，先慮其患。故名立而身完也。

儒者之學，其至聖人也，其用王道也。周公没而其用不行，世主視儒也，藝之而已矣。嗚呼！孰謂文、武、周公而不若商君乎？

人或可以不食也，而不可以不學也。不食則死，死則已。不學而生，則入於禽獸而不知也。與其禽獸也，寧死。

尚鬼之國多病，好利之國多貧。禍不可避也，利不可求也。有心於避禍者，禍之所趨，嗜利無厭者，害必從之。故君子信道而安命。

人之不幸，莫過於自足。恒若不足，故足；自以爲足，故不足。甕盎易盈，以其狹而拒也；江海之深，以其虛而受也。虛己者進德之基。

政之弊也，使天下尚法；學之弊也，使學者尚文。國無善政，世無聖賢，二者害之也，何尤乎人？愛其子而不教，猶爲不愛也；教而不以善，猶爲不教也；有善言而不能行，雖善無益也。故語人以善者非難，聞善而不懈者爲難。

金玉犀貝，非産於一國，而聚於一家者，以好而集也。人誠好善，善出於天下，皆將爲吾用，奚必盡出於己哉？智而自用，不若聞善而服之懿也；才而自爲，不若任賢之速也。

瓊山趙考古先生謙

趙謙字撝謙，初名古則，餘姚人也。秦王廷美之後，降爲農家。就外傅於崇山寺，達旦忘寐。年十七八，東遊。受業天台鄭四表之門。四表學於張以忠，以忠學於王伯武。伯武，胡雲峰之高第弟子也。洪武十二年，徵修正韻。已別用爲中都國子典簿。然以其説授之門人宋燧者，多採入於正韻。在中都，又以同官不合而罷歸。築考古臺，讀書其上。謂六經子史，歷代闡發有人，惟音韻之學，世久不明，乃著聲音文字通一百卷，六書本義十二卷。二十二年，召爲瓊山教諭。瓊海之人，皆知向化，稱爲海南夫子。二十八年十一月一日卒於廣城，年四十五。

先生清苦自立，雖盛暑祁寒，躡蹻走百餘里，往來問學。嘗雪夜與門人柴廣敬劇談，既乏酒飲，又無火炙，映雪危坐，以爲清供。其著述甚多，而爲學之要，則在造化經綸一圖。謂其門人王仲迪曰：「寡欲以養其心，觀止以明其理，調息以養其氣，讀書以驗其誠，聖賢之域不難到。」又讀武王戒書而惕然有感，以往古之聖，猶儆戒若是之至，後世眇末小子，其敢事事不求之心哉。既以古篆隨物而書，又銘其所用器物之未有銘者，以見道之無乎不在也。其時方希直氏亦補註戒書，以爲其言之善者，與詩、書要義無㈠以異焉。蓋從來學聖之的，以主敬爲第一義，先生固與希直善，其講之必有素矣。盧陵解縉嘗銘先生之墓，謂其力學主敬，信不誣也。今大紳文集既失此文，而先生著述亦多散逸。萬曆間焦弱侯所表章者，僅先生字學之書，某幸得此於其後人，故載之於右。

造化經綸圖

周子曰「無極而太極，太極動而生陽」，乾道成矣。「靜而生陰」，坤道成矣。「陽變陰合，五行順布，四時行焉」，一皆自然之天也。邵子「心爲太極」，蓋造化之一氣，卽聖人之一心。造化之氣，本於發生，

㈠「無」原作「何」，據賈本改。

而聖人之心，亦將以濟世矣。故不免由静以之動，自無而入有，使萬物得以遂其身，安其業。然人不見其迹者，以造化之氣，與聖人之心，雖動而不離静，雖有而不舍無，彼萬物與萬民，齊見役説戰勞於其間，而不自覺。故曰：「帝出乎震，成乎艮。」帝者豈非造化之氣與聖人之心乎？夫三聖巍巍，繼天立極，相與傳授，獨辨此心。欲學聖賢者，舍此心，將何所用力哉？蓋人有情有性，而心則統性情者也。性者仁義禮智是也，情者喜怒哀樂是也。心得其養，則以性御情，而五常百行由此而正；心失其養，則以情蕩性，而五常百行由此而隳。此心之所主，顧不重乎？學者誠能時時省察，念念不忘，而使道心常爲之主，人心每聽命焉，則寂然不動之時，當與造化同其體，及感而遂通，自然與㈠造化同其用，斯其所以爲三極之道。三極者，三才各一太極也。洪武甲戌秋七月既望，餘姚趙謙謹識。

仁　愛理。得之於天，具之於心。元。

孝　存則承顔養志，愛敬不忘；没則慎終追遠，繼志述事。慎行其身，不敢以遺體行殆。將爲善，思貽父母令名，必果；將爲不善，思貽父母羞辱，必不果。

公　老老幼幼，舉斯加彼，物我不分，窮達一視，克伐怨欲不行，意必固我不立。

恕　己所不欲，勿施於人，不以所長者病人，不以所能者愧人，不念舊惡。

慈　少者懷之，不獨子其子。

愛　矜孤恤貧，隨力濟物。

㈠「與」原作「其」，據賈本改。

寬　納污藏疾，犯而不校。

厚　德必報，怨不讎。故舊不遺，篤序姻親。成人美，掩人過。

不仁

險　設機穽，包禍心，陷人不義，中人凶禍。

忍　害物傷人，幸災樂禍。

忌　聞人才美而媢疾，見人富貴而熱中。凡以勝己爲不滿者，皆忌也。

刻　督責太苛，自忍中來。掊克無艾，自貪中來。念怨不忘，敗人之善，成人之惡。

薄　喜聞人過，好言人短，忘恩負德，得新棄舊，輕訾毁，好攻訐。

克　多尚人，不遜善，事功欲自己出，議論專好己勝。

躁　不耐激觸，不能容忍。自褊中來。

私　立物我，分町畦，凡事只求自利。

褊　氣宇狹隘，不能容物。

暴　任情恣横，挾勢憑陵。

義　宜理。得之於天，具之於心。利。

直　志義不屈不撓，詞色不佞不諛。

弟　敬兄友弟，恭老尚年。

正　任理而行，不爲阿比，安命守分，不肯苟求。凡出處語默，進退屈伸，剛柔寬嚴，好惡取舍，從違避就，貴審其宜而不失。

自反　愛人不親反其仁，治人不治反其智，禮人不答反其敬。行有不得者，皆反求諸己。

剛　乾健篤實，不爲物撓，富貴貧賤，不淫不移，威武不能屈。

介　確然有守，不爲俗變。

廉　見得思義，分無多求。

勇　見善必爲，知過必改。

不義

貪　貨殖玩物，貪名逐禄，不務自守，動輒有求。

吝　不濟人之財，當予者不予，但有刓忍戀惜之意。不教人以善，所有則隱蔽，惟恐他人知之。

憂　患貧畏禍。昔人謂禍患之來，只有一個處置。若過於憂，是無義無命也。

佞　脅肩諂笑，巧言飾語，擎跪曲拳。凡冀以逢迎投合人意向者皆是。

欲　耳於聲，目於色，口於味，鼻於臭，四肢於安佚。

懦　柔而無立，隨俗浮沉，自守不堅，屈於威勢。

偏　不求中正，好惡任情。

鄙　計瑣屑，甘猥賤。自吝中來。

悖　執己自是，違衆從欲。

比　不顧是非，徇情黨物。

怨　不安義命，不務反躬，一切歸咎於天人。

禮　恭理。得之於天，具之於心。亨。

敬　正名辨分，敬老崇賢，居處恭，執事敬。内則攝思慮去知故，凝然主一而無適；外則正衣冠尊瞻視，儼然莊重而不慢。

謹　不侈然自放，不軒然自得，言不輕發，事不輕舉，不出位而思，不怨天，不尤人，不居下訕上，務隱惡揚善，避嫌疑，審去就，不訐以爲直，不徼以爲知。

讓　辭尊居卑，推多取少，慮以下人，善則稱人。

謙　有若無，實若虚，以能問於不能，以多問於寡。

無禮

驕　挾富貴以自恣，恃才美以爲高，常有欲自表見意，便有伐在其中。常有陵壓人意。便有傲在其中。

侈　大室廬，華衣服，盛車馬，美飲食，麗器用，越制度，不安分。

誕　無而爲有，虚而爲盈，約而爲泰。

粗厲　氣象兀突難親。

簡　接物不委曲，與人無恩義。

敖　簡賢德，侮老成，自處放肆，待物輕率。

智　別理。得之於天，具之於心。貞。

窮理　博覽以致廣大，窮究以盡精微，凡大而天地之理，微而事物之故，明而禮樂之文，幽而鬼神之情狀，近而人物賢否邪正之分，遠而古今興衰治亂之迹，無一不當致知。疑事每質，知之爲知之，不知爲不知。

待人　不逆詐，不億不信，又當先覺，不可受人之欺，見賢思齊，見不賢而內自省，親賢人，遠小人。

知人　識別邪正，愛而知其惡，憎而知其善。

處事　別是非，辨可否，審利害，計始終。義以爲質，禮以行之，遜以出之，信以成之。

知言　真僞忠佞，貴於辨察。

知命　貧富貴賤，付於自然。

明　不讀非僻之書，不爲非禮之視。

聰　不受浸潤之譖，樂聞讜直之言。

無智

昏　於事不審是非可否，於人不識誠僞善惡，遠賢人，交小人。

淺　以小小得喪爲利害，以小小毀譽爲榮辱，以小小逆順爲恩怨。

固　拘方泥曲，執滯不通。

陋　安於卑陋，不務廣覽博取以長見識。

滿　器識褊狹，不能自屈，矜驕傲世，侮慢才德。

巧　好穿鑿傲以爲智。

不明　溺於亂色，觀非僻之書，視非禮之物。

不聰　諱聞過，喜諛佞，惡正直。

輕　事不詳審而妄爲，言不詳審而妄發。

浮　不敦篤。

信㊀

存心　真實無妄。

盡己　言顧行，行顧言。

盡人　循物無違。

極誠　爲人謀而忠，與人有終始，體道無虛僞。

不信

詐　虛言罔人，匿行炫耀。

欺　食言、僞言、大言，行事不確實，爲人不親切，有失自蓋藏。

㊀「信」下據賈本分别補「存心」、「盡己」、「盡人」、「極誠」各條，並將「真實」至「無虛僞」二十九字分屬各條下。

矯　心迹不相副，沽徼以求名。

譎　多機關，挾術數，務詭隨，易反覆。

以上原在圖内，今書於外，以便觀者。

考古續戒書

有攸爲，罔稽乎得失，有攸行，罔覺乎凶吉，惟爾德之至神，惟爾道之至一，凡民有疑，惟爾質。蓍。

德惟一，動則吉；行靡中，動乃凶。神之敬之，伊泰筮之庸。蓍格。

馨爾德，容以塞，蕆斯革。香鼎。

山爾立，匪岌岌，邇余習。筆架。

昬明之異，爾用爾棄，永昭爾之德，予夜無寐。書燈。

窅而深，藏乃密，廓有容，隨所出。書院。

正其心，艮其背，畏無聞，愼無視，允守兹，哲可企。室。

大哉聖謨於爾儲，奠之粤之匪他圖。書厨。

抒厥衷，善則紀，秉有恒，敬視此。笏。

安毋忘危，樂毋忘悲，毋曰無知，天監於兹，毋自欺。榻。

齋爾宿，愼爾獨，毋安爾寢縱爾欲。枕。

錦爛如災厥軀，綈疏温安以存。衾。
簞食豆羹，莫之與争，羞珍食玉，其或顛覆。鼎。
戒爾盈，盈易傾；守爾中，中有容。水注。
爾之則，符心德，長短不齊惟所適。度。
毋苟入，毋苟出，括汝口，時無失。囊。
待時而動，隨時而静，動静惟其時，孰執其柄？扇。
利若鈍，剛而巽，惟所致，曷有困？錐。
上無諂，下無瀆，慎所與，乃無辱。名刺。
諧爾鳴，宣乃情，永協韶之成，毋爲鄭之聲。琴。
温而潤，惟爾德之藴，端而方，惟爾德之臧，虚而質，是以容斯實。硯匣。
黑所致，白亦緇，欲有所染其慎之。墨。
椝而敦，質而文，紀厥善，余所遵。圖書。
方而式，廉而直，履渠循常，契余德。戒方。
藏厥機，勿妄開，彼其不齊爾乃裁。書剪。
不偏倚，惟爾德之宜，正直如矢隨所之。筆式。
仰彼則重，俯此則輕，俯仰咸匪經，惟執厥中乃爾程。權。

或歉或盈罔攸式，掊多益寡爾作極。量。

安爾衺，蓄爾質，的然於外，寧藏於密。笥。

坦而夷，無欹無危，習於茲，敬而勿馳。簡板。

疑所決，庸而濩，永丹厥心，毋爲紫奪。硃盒。

晨而興，謹斯櫛，毋以養望爲爾逸。櫛。

勿爲所染而自緇，日新又新當自治。墨池。

毋苟污，難復去。點子。

匪欲其華，匪逞其奢，欲觀古像致厥家。畫叉。

彼有所染庸爾革，陂而不瑩庸爾澤，革如澤，如爾之德。砑贏。

夫惟静，動罔不正，夫惟重，無怠無縱，静兮重兮，敬德日躋。壓石。

懸爾形，著厥名，永綱紀，吾聖經。書籤。

執斯匕，毋忘秉耒，饘粥於是，以寧余餒。匕。

操斯柄，亂斯正。髓。

纍寸成尺，如彼積德。巾。

觀爾和豫，範我規矩，趨行揖揚於是度。佩。

山削爾形，惟亂風是屏，毋蔽厥明。屏風。

視彼壺，庶乎屢空，視兹矢，庶乎直躬，心易體正遐不中。壺矢。
用則張，舍則藏，用張舍藏，諒比陰陽。蓋。
毋曰内可闚乎外，毋曰外不見其内，繫内外無二，惟明德之大。簾。
柔而平，方而正，是藉是凭，以彰我名。印薵。
孑爾形，燭聖經，學欲緝熙，遵爾高明。燭檠。
去兹塵，如垢去身，如惡去心，其日新。尾拂。
折旋中矩，處彼得所。印範。
齒易刷，心難潔，痛刮礲厲工毋歇。牙刷。
太剛則缺，太鋭則折，和爾剛鋭，以解余結。鐫銘㈠。

㈠「和爾」以下八字並篇名，據賈本補。

明儒學案卷四十四　諸儒學案上二

學正曹月川先生端

曹端字正夫，號月川，河南之澠池人。自幼不妄言動。年十七，讀五經皆遍，師事宜陽馬子才、太原彭宗古，遠有端緒。永樂戊子，舉於鄉，明年登乙榜第一。授山西霍州學正。歷九年，丁憂廬墓。壬寅，起補蒲州。洪熙乙巳考績，兩學諸生皆上章請復任霍州，上遂許之。又歷十年。宣德甲寅六月朔之明日，卒於霍州，年五十九。

初，先生得元人謝應芳辨惑編，心悅而好之，故於輪廻、禍福、巫覡、風水、時日，世俗通行之說，毅然不爲所動。父敬祖爲善於鄉，而勤行佛、老之善以爲善。先生朝夕以聖賢崇正闢邪之論諷於左右，父亦感悟樂聞。先生條其人倫日用之事，可見之施行者，爲夜行燭一書，言人處流俗中，如夜行，視此則燭引之於前矣。里中有齋醮，力不能止，則上書鄉先生，請勿赴。又上書邑令，請毀淫祠，令以屬之先生，毀者百餘，惟存夏禹、雷公二廟，四時祈報，則設社穀壇。邢端修五岳廟，先生言其非禮；同僚肅拜梓潼神，先生以爲諂。僚曰：「斯文宗主也。」先生曰：「梓潼主斯文，孔子更主何事？」門人有赴漢壽亭社會者，先生愍痛以折之。諸生有喪，則命知禮者相之，有欲用浮屠者，先生曰：「浮屠之教，拯其父母出於地獄，是不以親爲君子，而爲積惡有罪之小人也。其待親不亦刻薄乎？」其人曰：「舉世皆然，否則訕笑隨之。」先生曰：「一鄉溺於流俗，是不讀書的人，子讀儒書，明儒禮，不以違禮爲非，而以違俗爲非，仍然是不讀書人也。」每有修造，不擇時日，或以太歲土旺爲言，先生明其謬妄，時人從而化之。霍州樵者拾金釵以還其主，人以爲異，樵曰：「第不欲愧曹郡博耳。」高文質往觀劇，中途而返，曰：「此行豈可使曹先生知也。」先生以力行爲主，守之甚確，一事不容假借，然非徒事於外者，蓋立基於敬，體驗於無欲，其言事事都於心上做工夫，是入孔門底大路。誠哉！所謂有本之學也。其辨太極，「朱子謂理之乘氣，猶人之乘馬，馬之一出一入，而人亦與之一出一入。若然，則人爲死人，而不足以爲萬物之靈，理爲死理，而不足以爲萬物之原。今使活人騎馬，則其出入行止疾徐，亦由乎人馭之如何耳，活理亦然」。先生之辨，雖爲明晰，然詳以理馭氣，仍爲二之。氣必待馭於理，則氣爲死物，抑知理氣之名，由人而造，自其浮沉升降者而言，則謂之氣，自其浮沉升降不失其則者而言，則謂之理。蓋一物而兩名，非兩物而一體也。薛文清有日光飛鳥之喻，一時之言理氣者，大畧相同爾。

語録

人之所以可與天地參爲三才者，惟在此心，非是軀殼中一塊血氣。

心者神也，神無方所，視聽言動，一切感應皆是。

事事都於心上做工夫，是入孔門底大路。

看此語，便見先生之學。

事心之學，須在萌上着力。

所謂萌，即易之幾，學、庸之獨也。

學欲至乎聖人之道，須從太極上立根脚。

與學聖之事主於一心參看。

天地間凡有形象聲氣方所者，皆不甚大，惟理則無形象之可見，無聲氣之可聞，無方所之可指，而實充塞天地，貫徹古今，大孰加焉！故周子言無極而太極。

做人須向志士、勇士不忘上參取，若識得此意，便得此心，則自無入不自得。

人要爲聖賢，須是猛起，如服瞑眩之藥，以黜深痼之疾，真是不可悠悠。

學者須要置身在法度之中，一毫不可放肆，故曰禮樂不可斯須去身。

先生爲學嚴密如此。

吾輩做事，件件不離一敬字，自無大差失。

一誠足以消萬僞，一敬足以敵千邪，所謂先立乎其大者，莫切於此。

非禮勿視，則心自静。

學者須要識得静字分曉，不是不動便是静，不妄動方是静，故曰「無欲而静」。到此地位，静固静也，動亦静也。

静字看得精極。

天理存亡，只在一息之間。

其嚴乎！先生存養之密可見。

生死路頭，惟在順理與從欲。

能真知義理之味無窮，則窮達自不足以動念。

聖人之心，一天地生物之心，天地之心，無一物不欲其生，聖人之心，無一人不欲其善。

聖人之所以爲聖人，只是這憂勤惕勵之心，須臾毫忽，不敢自逸。理無定在，惟勤則常存，心本活物，惟勤則不死。常人不能憂勤惕勵，故人欲肆而天理亡，身雖存而心已死，豈不大可哀哉！

勤之一字，是千古作聖的單方。

人之爲學，須是務實，乃能有進，若這裏工夫，欠了分毫，定是要透過那裏不得。

學聖希賢，惟在存誠，則五常百行，皆自然無不備也。無欲便覺自在。

惟無欲者可作此語。

人只爲有欲，此心便千頭萬緒，做事便有始無終，小事尚不能成，況可學聖人耶？

語極的確。

受道者以虚心爲本，有所挾，則私意先横於中，而不能入矣。

人能於天命順而不咈，受而不拒，便是處死生富貴之要。直者生之道，循理而行，雖命之所遭有不齊，而莫非生道。見得極透。

得一善，湜一善，得一能，湜一能，是謂道聽塗説。

今人輕易言語，是他此心不在，奔馳四出了。學者當自謹言語，以操存此心。

修身見於世，蓋實之不可掩者，非君子願乎其外，而欲以自見也。

人性本善，而感動處有中節、不中節之分，其中節者爲善，不中節者爲惡。知學則知中節，而動無不善。

道無形體可見，而聖人一身，渾然此道，故無形體之道，皆聖人身上形見出來。人皆有之，第日用不知，不自作主宰耳，非道遠人也。

爲仁之功，用力特在勿與不勿之間而已。自是而反，則爲天理；自是而流，則爲人欲；自是克念，則爲聖；自是罔念，則爲狂。特毫忽之間，學者不可不謹。

孔、顏之樂者仁也，非是樂這仁，仁中自有其樂耳。且孔子安仁而樂在其中，顏子不違仁而不改其樂。安仁者，天然自有之仁，而樂在其中者，天然自有之樂也。不違仁者，守之之仁，而不改其樂者，守之之樂也。語曰「仁者不憂」，不憂非樂而何？周、程、朱子不直説破，欲學者自得之。

人能恭敬，則心便開明。

學到不怨不尤處，胸中多少灑落明瑩，真如光風霽月，無一點私累。

六經、四書聖人之糟粕也，始當靠之以尋道，終當棄之以尋真。

道真我所固有者，先生此言，欲毋專泥書册耳。

古人，文人自是文人，詩人自是詩人，儒者自是儒者，今人欲兼之，是以不能工也。賢輩文無求奇，詩無求巧，以奇巧而爲詩文，則必穿鑿謬妄，而有不得其實者多矣。不若平實簡淡爲可尚也。

見先生應感之實，可法。

人心本自虛靈知覺，但事物纔觸，卽動而應物，無蹤跡可尋捉處。

太極圖說述解序畧云：孔子而後，論太極者皆以氣言，老子道生一，而後乃生二，莊子師之曰：「道在太極之先」，曰一，曰太極，皆指作天地人三者，氣形已具，而混淪未判之名。道爲一之母，在太極之先，而不知道卽太極，太極卽道。以通行而言，則曰道；以致極而言，則曰極；以不雜而言，則曰一。夫豈有二耶？列子混淪之云，漢志含三爲一之說，所指皆同。微周子啓千載不傳之秘，則孰知太極之爲理而非氣也哉？且理，語不能顯，默不能隱，固非圖之可形，說之可狀，只心會之何如耳。二程得周子之圖之說，而終身不以示人，非秘之，無可傳之人也。是後有增周子首句曰：「自無極而爲太極」，則亦老、莊之流。有謂太極上不當加無極二字者，則又不知周子「理不離乎陰陽，不雜乎陰陽」之旨矣。亦惟朱子克究厥旨，遂尊以爲經而註解之，眞至當歸一之說也。至於語録，或出講究未定之前，或出應答倉卒之際，百得之中不無一失，非朱子之成書也。近世儒者多不之講，間有講焉，非舍朱說而用他說，則信語録而疑註解，所謂棄良玉而取頑石，掇碎鐵而擲成器，良可惜也。

太極圖先生生平所最得力者。

太極圖説辨戾文畧云：周子謂太極動而生陽，静而生陰，則陰陽之生，由乎太極之動静。而朱子之解極明備矣，其曰「有太極，則一動一静而兩儀分，有陰陽，則一變一合而五行具」，尤不異焉。又觀語録，却謂「太極不自會動静，乘陰陽之動静而動静耳」。遂謂「理之乘氣，猶人之乘馬，馬之一出一入，而人亦與之一出一入」，以喻氣之一動一静，而理亦與之一動一静。若然，則人爲死人，而不足以爲萬物之靈；理爲死理，而不足以爲萬物之原。理何足尚，而人何足貴哉？今使活人騎馬，則其出入行止疾徐，一由乎人馭之如何爾，活理亦然。不之察者，信此則疑彼矣，信彼則疑此矣，經年累歲，無所折衷，故爲辨戾，以告夫同志君子！

明儒學案卷四十五　諸儒學案上三

督學黄南山先生潤玉

黄潤玉字孟清，號南山，浙之鄞縣人。幼而端方，不拾遺金。郡守行鄉飲酒禮，先生觀之，歸而書之於册，習禮者不能過也。詔徙江南富民實北京，其父當行。先生年十三，請代父往。有司少之，對曰：「父去日益老，兒去日益長。」有司不能奪而從之。至則築室城外，賣菜以爲生，作勞之餘，讀書不輟。有富翁招之同寓，先生謝不往。或問之，曰：「渠有一女，當避嫌也。」尋舉京闈鄉試，授江西訓導，用薦召爲交趾道御史，出按湖廣。劾藩臬郡縣之不職者，至百有二十人，風采凛然。景泰初，改廣西提學僉事。時寇起軍興，先生核軍中所掠子女，歸者萬餘口。副使李立，故人死罪且數百人，亦辨而出之。南丹衛在萬山中，歲苦瘴厲，先生奏徙平原，戍卒因之更生。丁憂起復，移湖廣，與巡撫李實不合，左遷含山知縣。致仕。成化丁酉五月卒，年八十九。先生之學，以知行爲兩輪。嘗曰：「學聖人一分，便是一分好人。」又曰：「明理務在讀書，制行要當慎獨。」蓋守先儒之矩矱而不失者也。其所友爲李文毅時勉、薛文清瑄，故操行亦相似。

海涵萬象録

天只氣，地只質，天地之生萬物，如人身生毛髮，任其氣化自然也。而人獨有心中一竅氣，寓得理而靈，故曰心神。然太虛中亦有一團氣，靈如人心者，則曰天神。

汴爲天下之中，不如金陵、江夏漕運之易集也。

道有體用，體卽理，用卽事。人得是理於心曰德，服是事於身曰行。何謂德？知仁、聖義、中和是也。何謂行？孝友、睦婣、任恤是也。

道無玄妙，只在日用間，着實循理而行。

在天爲理，與天常存，在人爲性，氣散則亡。

告子若曰「生理之謂性」，便不起人争端。天地間只是生氣中有此生理，在人亦然，故名曰性，而總謂之仁。是仁卽係天地生物之心，又只是生生之理，又曰氣質之性，卽告子生之謂也。故張子曰：「君子弗性也。」

有一人之命，有一家之命，有一國之命，若長平坑卒，一國之命也，氣數也。

居處恭，執事敬，與人忠，則心自不放。

心之量宇宙間事，皆能推其理而知，但天下形勢，古今制度，必須考視而知，難意度也。

程、張所謂心，皆指其虚靈之氣而言，氣本寓理爲性，理從氣發爲情，而心能主宰者，亦氣也。

天地間生生不息爲仁，此天理流行也。人心只天理流行便是仁，私欲間斷便是不仁。孔門所教所學，皆於用處發明，而體在其中。蓋理是道之體，事是道之用。孝弟見於日用，只從仁上發出來。仁是孝弟之理，孝弟是仁之用。學者騖於高遠，不盡孝弟之事，只是去探高妙，論心論性，却全不識道。

教學者於自己體認性情發見處，便能知道。

古者士農工商，各一其業，子孫世守，而民志定。今也農工商之貪黠者，皆奔兢仕途，而謀吏胥出身，往往資其貪黠，卒獲仕途以終其身，所以濫溢銓曹，汙蠹民社者，多此途也。爲今之計，莫若自民間俊秀，取入庠校者，三年大比，約計藩臬郡縣司吏額，分上中下，取士之中式者上等，命爲藩臬閫司之吏，中等爲各郡吏，下等爲州縣吏。三年考滿，送禮部會試，亦依上法取送。在京衙門歷役三年，都試出身，則使儒法兼通，寄之民社，而去貪黠之風矣。

大學之道，問學之宏規；論語之言，踐履之實理；孟子七篇，擴充之全功；中庸一書，感化之大義。大學一書，六經之名例也；中庸一書，六經之淵源也。

窮理者道之體斯明，盡性者道之體斯行，至命者道之原斯達，故邵子曰：「非道而何？」

經書補註

格物格字，當訓合格之格。凡物之要者，莫切乎身心，物之大者，莫過於家國天下。人之所學，莫非身心家國天下之事。然事物莫不有理，而萬物皆備於我，則物理具於吾心。學者以吾心之理，格合事物之理，是曰格物。若訓爲至，則爲物至而後知至，不成文義也。大學。

告曾子以道言，謂一理貫萬事，理卽體，事卽用。告子貢以學言，謂一心貫萬理，心者氣之靈，理者心之德。

一日克己復禮，一日以成功之大綱言，四勿以日日用功之節目言，譬之一好地方，有寇生發，日日要當克勝他，及至一日盡克勝了，而復卻好地方，則天下皆知其地方好了。朱子補傳「一旦豁然貫通」，卽此一日義同。

天理寓於人曰性，猶源泉入於川曰流。然理無不善，而人之氣禀有清濁；泉無不潔，而川之泥質有沙淤。故人之始生，氣之清濁未甚見，及其長而習於善，則清者愈清，習於惡，則濁者愈濁。如川之始達，泥之澄渾未甚分，及其遠也，積於沙者，則澄者愈澄，汩於泥者，則渾者愈渾矣。故性近習遠。以上論語。

浩氣是心窩中一點虛靈之氣，所以具衆理而應萬事者。人能事事合宜，則心無愧怍而天理純全，斯可識浩然之氣象也。仰不愧於天，俯不怍於人，此浩氣塞於天地之間也。

義者人心之裁制，氣之主也，卽所謂志帥也。道者事理之當然，氣之行也，卽所謂道路也。

萬物皆備於我，物理具於吾心也。以吾心之理，處物合宜，卽義也。此之謂體用。以上孟子。

堯典以親九族，卽齊家也。止謂本宗九世，上至高，下至玄，自三而五，自五而九，上殺，下殺，旁殺，而人道竭矣。豈有外姓之謂族乎？故爾雅別外姻曰母黨、妻黨。書。

天生烝民，有物有則，言天之生人，有是事則有是理。如視必明，聽必聰，色必温，貌必恭，言必忠，而有卽必也。民之秉彝，好是懿德，言人之有己，行此常事，故思此常理。如視思明，聽思聰，色思温，貌思恭，言思忠，而好卽思也。蓋事者道之用，理者道之體，故孔子曰：「爲此詩者，其知道乎？」詩。

古者諸侯之別子之子孫，嫡派爲大宗，其庶子爲小宗。若小宗絶，不爲立後，惟大宗絶，則以支子立後。蓋大宗是尊者之統，不可絶也。今制大宗絶立後，小宗絶不立後，奈庶民不知朝廷之制，凡庶子絶，皆令過繼，只是争取財産爾。

古昔吉服，殺縫向外，以便體；後王致飾，殺縫向内爲吉服，以外削外緝者爲凶服。

苴，束茅也，所以代神置於神席几東，祭時佐食取黍稷，祝取觶祭於苴，而祭畢棄之，卽老氏所云芻狗也。今朱子家禮，乃束茅置沙于饌食前酹酒，似與古禮命祝祭酒意同。

周公祭泰山，召公爲尸，今之神有土木偶及遺像，皆古人立尸之遺意歟？以上儀禮。

文毅羅一峯先生倫

羅倫字彝正，學者稱一峯先生。吉之永豐人。舉成化丙戌進士，對策大廷，引程正公語，人主一日之間，接賢士大夫之時多，親宦官宮妾之時少。執政欲節其下句，先生不從。奏名第一。授翰林修撰。會李文達奪情，先生詣其私第，告以不可。待之數日，始上疏歷陳起復之非，爲君者當以先王之禮教其臣，爲臣者當據先王之禮事其君。疏奏，遂落職，提舉泉州市舶司。明年召還，復修撰，改南京，尋以疾辭歸，隱於金牛山，注意經學。周易多傳註，間補己意。禮記彙集儒先之見，而分章記禮，則先生獨裁。春秋則不取褒貶凡例之説，以爲春秋緣人以立法，因時以措宜，猶化工焉，因物而賦物也，以凡例求春秋者，猶以畫筆摹化工，其能肖乎？戊戌九月二十四日卒，年四十八。正德十六年，贈左諭德，謚文毅。先生剛介絶俗，生平不作和同之語，不爲輭巽之行，其論太剛則折，則引蘇氏之言曰：「士患不能剛爾，折不折天也。太剛乎何尤？爲是言者，鄙夫患失者也。」家貧，日中不能舉火，而對客談學不倦。高守贈以綈袍，遇道殣，輒解以瘞之。嘗欲倣古置義田，以贍族人，邑令助之堂食之錢，先生曰：「食以堂名，退食於公之需也，執事且不可取，何所用與？」謝而弗受。凍餒幾於死亡，而一無足以動於中。若先生庶幾可謂之無欲矣。先生與白沙稱石交，白沙超悟神知，先生守宋人之途轍，學非白沙之學也，而皭然塵垢之外，所見專而所守固耳。章楓山稱：「先生方可謂之正君善俗，如我輩只修政立事而已。」其推重如此。

要語

子路論爲國，而其言不讓，夫子哂之。況直居其位而不讓乎？登降作止飲食不辭焉，人皆以爲非也，榮以爵而不辭焉，人不以爲非也。非其小而不非其大，何也？

治己必先治心，心者舟之柁也，欲正其舟，而不正其柁，可乎？

伯恭居喪授徒，子静極以爲非，今日便子静在，恐亦不敢以爲非也。

居喪須避嫌疑，不可自信而已。古人之受汙者，多以此，人或以是汙之，亦無路分説也。

進善無足處，有足便小了。臧否人物，此是一件不好勾當。稱善雖是美事，然必見得透，恐爲僞人所罔。

所以爲聖賢，不必删述定作，如孔子折衷羣聖，以垂憲萬世也。不過求之吾心，致慎於動静語默、衣服飲食、五倫日用，以至辭受取舍、仕止久速，無不合乎聖賢已行之成法而已。

君子視人猶己，以義處己，不以義處人，非君子之道也。

流俗雖不美，而天下未嘗無正人，天下未嘗無正論，此固人心之所以不死，而天道之所以扶持斯世者也。

君子之學，持静之本，以存其虚，防動之流，以守其一。虚則内有主而不出，一則外有防而不入，則物不交於我矣。物不交於我，則我之所以爲我者，非人也，天也。

或曰剛折而柔存，此非知剛者也。天不剛乎？地不柔乎？地有陷而天未嘗墜，不剛者存而柔者墮乎？山止也，水流也，山剛而水柔，不剛者存而柔者去乎？齒之折者，剛之無本者也，髮附於頭顱，頭顱存而毛髮去者何也？

誠曷終乎？土可入，誠不可得而息也。入土斯已矣，誠曷不息也？所謂生也，守之以死，死則終，誠不可得而息也。

所見專則守固。

與其以一善成名，寧學聖人而未至。

文懿章楓山先生懋

章懋字德懋，金華蘭谿人。成化丙戌會試第一。選庶吉士，授編修。與同官黄仲昭、莊㫤諫上元烟火，杖闕下，謫知臨武。歷南大理評事、福建按察司僉事，考績赴吏部，乞休。冢宰尹旻曰：「不罷軟，不貪酷，不老疾，何名而退？」先生曰：「古人正色立朝，某罷軟多矣。古人一介不取，視民如傷，某貪酷多矣。年雖未艾，鬚髩早白，亦可謂老疾矣。」遂致仕。林居二十年，弟子日進，講學楓木菴中，學者因曰楓山先生。弘治中，起爲南京祭酒，會父喪，力辭。廷議必欲其出，添設司業，虛位以待之。終制就官，六館之士，人人自以爲得師。正德初致仕。轉南京太常、禮部侍郎，皆不起。嘉靖初，以南京禮部尚書致仕。是歲辛巳除夕卒，年八十六。贈太子太保，謚文懿。其學墨守宋儒，本之自得，非有傳授，故表裏洞澈，望之龐朴，即之和厚，聽其言，開心見誠，初若不甚深切，久之燭照數計，無不驗也。以方之涑水，雖功業不及，其誠實則無間然矣。金華自何、王、金、許以後，先生承風而接之，其門人如黄傅、張大輪、陸震、唐龍、應璋、董遵、凌瀚、程文德、章拯，皆不失其傳云。

語要

人形天地之氣，性天地之理，須與天地之體同其廣大，天地之用同其周流，方可謂之人。

學者須大其心胸，蓋心大則萬物皆通。必有窮理工夫，心纔會得大。又須心小，心小則萬理畢晰。必有涵養工夫，心纔會得小，不至狂妄矣。

或勸以著述，曰：「經自程、朱後不必再註，只遵聞行知，於其門人語録，芟繁去蕪可也。」

桃符詩：「正要鬼神司屋漏，何須荼壘衞門庭。」

每講「伯夷、叔齊餓首陽之下，民到於今稱之」之語，便自警拔。

格君心，收人才，固民心，然後政事可舉。

惟唐、虞、三代皆聖人致中和而參贊，下此一泰一否，爲氣運所推盪耳。

窮理，自進退辭受之節分明不苟始。

居敬於事上見功。

應璋問學，先生曰：「勉齋真實心地，刻苦工夫，八字盡之矣。」

遺事

諸子皆親農事，邑令來見，諸子輟耕跪迎。先生官祭酒，其子往省，道逢巡檢笞之，知而請罪，先生笑曰：「吾子垢衣敝履，宜爾不識，又何罪焉！」

太宰唐漁石出入徒步，人以爲言，漁石曰：「楓山先師致政歸，祇是步行。自後朴菴拯、竹澗潘希曾兩侍郎俱守此禮，吾安敢違耶？」

楓山祖居渡瀆，距城十五里，當事至蘭谿者，必出城訪之。至則一飯鷄黍數豆，力不能辨，多假借於族人。其後遷居城中，小樓二間，卑甚。先生宴坐其間，每作文時，繞行室中，其冠往往觸樑墊角，先生不知也。

先生田祇二十畝，而家人十口，歲須米三十六石，所入不足當其半，則以麥屑充之。

宅後爲天福山，一日勾人者過其門，其人奔入，取道至山而去，手力疑爲先生家匿之，先生卽令其遍索，不得，手力亦從後門去。先生與夫人畧不動色。

每歲宴其門人二次，清明冬至，祭祀之餕也。兩人共一席，有不至者，先生自專一席。若門人續至，專席已罄，則夫人自出益之。朴菴，先生之姪也，其質朴畧相似。先生聞其歸家，尚有贏俸，卽爲不樂。朴菴亦有慚色。

原學

人生而静之謂性，得乎性而無累於欲焉之謂學。學在於人，而於性未嘗加，不學在於人，而於性未嘗損。學有純正偏駁，而於性未嘗雜，性本不學而能者也，而必假於學。性之動於欲也，學以求完夫性者也，而顧戕夫性，學之失其原也。蓋人之性也，即天之命也，於穆不顯，命之本體，而四時五行，萬化出焉；至静無感，性之本體，而四端五常，百行具焉。本體藏於寂，妙用通於感，運之於心，爲思慮，發之於身，爲貌言視聽，施之於家，爲父子昆弟，措之於國與天下，爲君臣上下、禮樂刑政。以性爲有内也，何性非物也？以性爲有外也，何物非性也？得乎性之體，則意可誠，心可正，身可修，家可齊，國治而天下平也。據此之謂德，履此之謂道，學此之謂學，勉之爲賢，安之爲聖。堯曰「執中」，明其體之無所偏耳。舜曰「精一」，明其體之無所雜耳。孔子曰「仁」，子思曰「誠」，孟子曰「盡心」，聖學相傳，千古一脈，一性盡而天下無餘事，天下無餘學也。佛、老之教行於世久矣，後之儒者，非不倡言以排之，而卒不能勝之者，學之不明，性之未盡也。老氏以無名爲天地之始，無欲觀人心之妙，無爲爲聖人之治；而佛家者流，則又生其心於無所住，四大不有，五藴皆空，其道以性爲心之體，吾惟修吾心煉吾性而已，明吾心見吾性而已，不必屑屑於其外也。是以其學陷於自私自利之偏，至於天地萬物爲芻狗，爲幻化，棄人倫遺物理，不可以治天下國家焉。今之學則又異於是矣。心性之教不明，而功利之私遂淪浹而不可解，傳訓詁以爲名，誇記誦以爲博，侈辭章以爲靡，相矜以智，相軋以勢，相争以利，相高以技能，相取以聲譽，身心性命竟不知爲何物。間有覺其繆妄，卓然自奮，欲以行能功實表見於世，則又致飾於外，無得於内，莫不以爲吾可以修身也，可以齊家也，可以治國平天下也，又莫不以爲吾不學佛、老之夢幻人世，遺棄倫理也。然要其所爲，不過爲假仁襲義之事，終不足以勝其功利之心，其去聖學也遠矣。猶幸生於今之世，毋使佛、老見之也。使佛、老生今世，而見吾人所爲，其不竊笑者幾希！是求免於佛、老之不吾闢，不可得也，暇闢佛、老乎哉？所幸真性之在人心，未嘗一息泯没，而聖學昭然，如日中天，敏求之，精察之，篤行之，一切氣稟物欲，俱不能累。必求真静之體，以立吾心之極。懲忿懲此也，窒欲窒此也，改過改此也，遷善遷此也。不爲佛、老之虚無，不爲俗學之卑瑣，斯爲聖學也已。若曰「是性也，吾有自然之體也」，不能戒懼慎獨，以求必得，而欲以虚悟入，則意見之障，終非自得。縱使談説得盡，亦與訓詁、記誦、辭章、功利者等耳，而何以爲學也？

郎中莊定山先生昶

莊昶字孔暘，號定山，江浦人也。成化丙戌進士。選庶吉士，授翰林檢討。與同官章楓山、黄味軒諫鼇山，杖闕下，謫判桂陽。改南京行人司副，遭喪。服闋，不起，垂二十年。弘治甲寅，特旨起用。先是瓊山丘濬嫉先生不仕，嘗曰：「率天下士夫背朝廷者，昶也。彼不讀祖訓乎？蓋祖訓有不仕之刑也。」至是濬爲大學士。先生不得已入京，長揖冢宰，遂補原官。明年，陞南京吏部郎中。尋病，遷延不愈。又明年，告歸。丁巳，考察，尚書倪岳以老疾中之，士林爲之駭然。己未九月二十九日卒，年六十三。

先生以無言自得爲宗，受用於浴沂之趣，山峙川流之妙，鳶飛魚躍之機，略見源頭，打成一片，而於所謂文理密察者，竟不加功。蓋功未入細，而受用太早。慈湖之後，流傳多是此種學問。其時雖與白沙相合，而白沙一本萬殊之間，煞是仔細。故白沙言：「定山人品甚高，恨不曾與我問學，遂不深講。不知其後問林緝熙，何以告之？」其不甚契可知矣。卽如出處一節，業已二十年不出，乃爲瓊臺利害所怵，不能自遂其志。先生殊不喜孤峰峭壁之人，自處於寬厚遲鈍，不知此處却用得孤峰峭壁着也。白沙云：「定山事可怪，恐是久病昏了，出處平生大分，顧令兒女輩得專制其可否耶？」霍渭厓謂：「先生起時，瓊臺已薨。」是誣瓊臺也。按先生以甲寅七月出門，九月入京朝見，瓊臺在乙卯二月卒官，安得謂起時已卒哉？況是時徐宜興言「定山亦是出色人」，瓊臺語人「我不識所謂定山也」，則其疾之至矣，安得謂誣哉？先生形容道理，多見之詩，白沙所謂「百鍊不如莊定山」是也。唐之白樂天喜談禪，其見之詩者，以禪言禪，無不可厭。先生之談道，多在風雲月露、傍花隨柳之間，而意象躍如，加於樂天一等。錢牧齋反謂其多用道語入詩，是不知定山，其自謂知白沙，亦未必也。

語要

聖人之道貴無言，而不貴有言。言則影響形迹，而無言則真静圓融，若憒也而真見，若冥也而真趣，若虚寂也而真樂。彼以天得，而此以天與，極其自得之真，而出乎意象之外，是以聖人不貴有言。

吾之此身受形父母，既有此形，則有此理，使吾身有一理不盡，吾於父母之形爲徒受矣。

浙人余中之過溪雲，以皇極經世之學授余。讀其書至三天説㊀，所謂推以某甲之年月，必得某甲之時日，而後富壽，必先以某甲之年月，而後賤貧，以至水陸舟車之所産，東西南北之所居，精粗巨細之事，無不皆然，而至所謂福善禍淫，畧無一二。余雖口唯其義，而心實不敢以爲學也。

㊀「三天説」賈本作「王天悦」，備要本作「壬夭悦」。

聖賢之學惟以存心爲本，心存故一，一故能通，通則瑩然澄徹，廣大光明，而羣妄自然退聽，言動一循乎禮，好惡用舍，各中乎節。

屈原長於騷，董、賈長於策，揚雄、韓愈長於文，穆伯長、李挺之、邵堯夫長於數，遷、固、永叔、君實長於史，皆諸儒也。朱子以聖賢之學，有功於性命道德，至凡四書、五經、綱目以及天文、地志、律呂、曆數之學，又皆與張敬夫、呂東萊、蔡季通者講明訂正，無一不至，所謂集諸儒之大成，此也，豈濂溪、二程子之大成哉？

六經莫大於易，而易有陰陽也。方其無言也，易具於心，渾然無爲；及其有言，則孰爲陰？孰爲陽？而陰陽之授受，皆傳之紙上，而易始散矣。易非散也，紙上而易自散也。四書莫精於中庸，中庸言性道教也。方其無言也，中庸具於心，噩然無名，及其有名，則孰爲性？孰爲道？孰爲教？而性道教之授受，皆得之口耳，而中庸始亂矣。中庸非亂也，口耳而中庸自亂也。詩、書、禮、樂、春秋、論、孟，莫不皆然。

心非靜，則無所斂，主乎靜者，斂此心而不放也；心非敬，則無所持，居乎敬者，持此心而不亂也；理非窮，則無所考，窮乎理者，考此心而不失也。

往年白沙先生過余定山，論及心學，先生不以余言爲謬，亦不以余言爲是，而謂余曰：「此吾緝熙林光在清湖之所得也，而子亦有是哉！」世之好事詆陳爲禪者，見夫無言之說，謂無者無而無。然無極而太極，靜無而動有者，吾儒亦不能無無也。但吾之所謂無者，未嘗不有，而不滯於有；禪之所謂無者，未嘗有有，而實滯於無。禪與吾相似，而實不同矣。

道無不在，一大渾淪者，散在萬物。散在萬物者，俱可打成一片，而衆人則不知也。楊、墨之害，甚於申、韓，佛、老之害，過於楊、墨。科舉之學，其害甚於楊、墨、佛、老。爲我、兼愛、虛無、寂滅，蓋足闢矣。至於富貴利達，患得患失，謀之終身，而不知反者，則又楊、墨、佛、老之所無也。屬聯比對，點綴紛華，某題立某新説，某題立某程文，皮膚口耳，媚合有司，五經、四書擇題而出，變風變雅，學詩者不知，喪弔哭祭，學禮者不知，崩薨葬卒，學春秋者不知。嗚呼！此何學也？富貴而已，利達而已，覬覦剽竊而已。朱子謂廬山周宜幹有言，朝廷若要恢復中原，須罷三十年科舉始得。蓋已深惡之矣。

天地萬物，總吾一體；牕草不除，皆吾生意；元會運世，皆我古今；伏羲、周、孔、顏、曾、思、孟，皆吾人物；易、書、詩、禮、春秋，皆吾六經；帝力何有，太平無象，皆吾化育。

天之生聖賢，將爲世道計也。或裁成以制其過，或輔相以補其不足。孔子之於六經，朱子之於傳註，唤醒聾聵，所以引其不及者至矣。今世降風移，學者執於見聞，入耳出口，至於没溺而淪胥之者，非制其過可乎？

侍郎張東白先生元禎

張元禎字廷祥，别號東白，南昌人。少爲神童，以閩多書，父攜之入閩，使縱觀焉。登天順庚辰進士第，入翰林爲庶吉士。故事教習唐詩、晉字、韓、歐文，而先生不好也，日取濂、洛、關、閩之書讀之。授編修。成化初，疏請行三年喪。又言治道本原在講學、聽治、用人、厚俗，與當國不合，移病歸，家居二十年，益潛心理學。弘治初，召修憲宗實録，進左贊善，上疏勸行王道。陞南京侍講學士，終養。九年，召修大明會典。進翰林學士，侍經筵，上注甚，特遷卑座以聽其講。丁憂，喪畢，改太常卿，掌詹事府。以爲治化根源，莫切於太極圖說、西銘、定性書、敬齋箴，宜將此書進講。上因索觀之，曰：「天生斯人，以開朕也。」武宗卽位，進吏部右侍郎，未及上而卒，正德元年十二月晦也。先生既得君，嘗以前言往行非時封進，不知者以爲私言也。孝宗晏駕，爲人指摘，先生亦不辯。先生卓然以斯道自任，一禀前人成法。其言「是心也，卽天理也」，已先發陽明「心卽理也」之蘊。又言「寂必有感而遂通者在，不隨寂而泯；感必有寂然不動者存，不隨感而紛」。已先發陽明「未發時驚天動地，已發時寂天寞地」之蘊。則於此時言學，心理爲二，動静交致者，别出一頭地矣。

語要

斯道在天地，不患踐之不力，所患知之弗真。

蕭宜翀蚤遊聘君之門，友克貞、公甫、居仁諸子，不飾廉隅於泥坐蛇行，不詭冠服於吕縚象佩，不縱浮談於太極。

此道自程、朱後，所寄不過語言文字，循習既久，只形諸文字，而言語殊不之及。形諸文字，纔能執筆，卽於性命之奧，帝王之畧，極力描寫，不以爲異。若言語閒有及之，聽者雖面相隆重，退卽號笑之曰：「此道學。」又或公排擯之曰：「此僞學。」士風一至於是。然實由言語者所談非所見，所見非所履故也。

吾人致力於大本，須灼見外教同中有大不同處。此理在天地間，如今造版籍糧册相似，有總有撒。止知囫圇一大塊，而不知辨析於毫釐，畧窺影響，便爾叫噪，不復致詳、致謹，反謂得人所未得之真樂。鄙禮法爲土苴，嗤簡策爲糟粕，卒至顛眊老死。大抵實有此者，氣象自別，語言動静，何莫非此。若不養得深厚，皆是徒然。此本不蹺蹊，不差異，不高遠，不粗率，不放肆，彼言動之蹺蹊、差異，或務爲高遠、粗率、放肆者，則其人之能有此與否，可知已。

天地所以相播、相盪、相軋、相磨，晝夜不息者，其心無他，惟在生物而已。雖其雷霆之震擊，霜雪之凋殘，亦所以破其頑而禁其盛，非心乎殺之也。人卽天理所生之物也，如花木之接，水泉之續，然實皆得是生物之心以爲心者也。苟非得是心，則是身無以生矣。是心也，卽天理也。天理之在此心，日用之間，本無不流通。但以既有此身，則不能無耳目口鼻。耳目口鼻既不能無，由是誘之以聲色之紛華，臭味之甘美，得之不得，而喜怒哀樂之發，遂不能無私焉。身既有私，則此心或爲之蔽，而天理漸以泯矣。

寂必有感而遂通者在，不隨寂而泯；感必有寂然不動者存，不隨感而紛。

布政陳克菴先生選

陳選字士賢，台之臨海人。天順庚辰試禮部，丘文莊得其文，曰：「古君子也。」置第一。及相見而貌不揚，文莊曰：「吾聞荀卿云，聖賢無相，將無是乎？」授監察御史。羅一峰論奪情被謫，先生抗疏直之。出按江西，藩臬以素服入見，先生曰：「非也。人臣覲君，服視其品秩㊀，於御史何居？」不事風裁，而貪墨望風解綬。已督學南畿，一以德行爲主。試卷列諸生姓名，不爲彌封，曰：「吾且不自信，何以信於人邪？」每按部就止學宮，諸生分房誦讀，入夜燈火瑩然，先生以兩燭前導，周行學舍，課其勤惰，士風爲之一變。成化初，改中州提學。倖奄汪直巡視郡國，都御史以下，咸匍匐趨拜，先生獨長揖。直怒曰：「爾何官，敢爾？」先生曰：「提學。」愈怒曰：「提學寧大於都御史耶？」先生曰：「提學宗主斯文，爲士子表率，不可與都御史比。」直既懾其氣岸，又諸生集門外，知不可犯，改容謝曰：「先生無公務相關，自後不必來。」先生徐步而出。轉按察使。歸奔母喪。喪畢，除廣東布政使。肇慶大水，先生上災傷狀，不待報，輒發粟賑之。市舶奄韋眷橫甚，番禺知縣高瑤發其贓鉅萬，都御史宋旻不敢詰。先生移文奬瑤，眷深憾之。番人貿貨，詭稱貢使，發其僞，逐之；外使將市狻猊入貢，又上疏止之。皆眷之所不利者也。眷乃誣先生黨比屬官，上怒，遣刑部員外郎李行會巡按御史徐同愛共鞫。兩人欲文致之，謂吏張褧者，先生所黜，必恨先生，使之爲誣。褧曰：「死卽死耳，不敢以私恨陷正人也。」爰書入，詔錦

㊀「秩」原作「殺」，據賈本改。

衣官逮問，士民數萬人夾舟而哭。至南昌疾作，卒於石亭寺，年五十八。友人張元禎殮以疏絡，或咎其薄，元禎曰：「公平生清苦，殮以時服，公志也。」張褧乃上言：「臣本小吏，以詿誤觸法，爲選罷黜，實臣自取。眷妄意臣必憾選，以厚賄啗臣，令扶同陷選。臣雖胥徒，安敢欺昧心術，顛倒是非？眷知臣不可利誘，嗾行等逮臣於理，彌日拷掠，身無完膚。臣甘罪籲天，終無異口。行等乃依傍眷語，以欺天聽。選剛不受辱，旬日而殂。君門萬里，孰諒其冤？臣以罪人，擯斥田野，百無所圖，敢冒死鼎鑊者，誠痛忠廉之士，銜屈抑之冤，長讒佞之奸，爲聖明之累也。」奏入不報，第以他事，罷眷鎮守。正德中追贈光禄寺卿，謚恭愍。先生嘗以易教授生徒，晚而居官，論易專主傳、義，一無異同。以克己求仁爲進修之要，故自號克菴。讀書不資爲文辭，手録格言爲力行之助。每上疏必屏居齋沐，引使者於庭，再拜而遣。子劉子曰：「由張東白之事觀之，非平日安貧守道之意，徹乎表裏，安能使朋友信之如是？由張褧之事觀之，非在官賞罰黜陟，出乎至公，安能使黜吏化之如是？吾有以見先生存誠之學矣。」

明儒學案卷四十六　諸儒學案上四

布衣陳剩夫先生真晟

陳真晟字剩夫，初字晦夫㊀，其後以布衣自號。福之鎮海衛人。年十七八，卽能自拔於俗。入長泰山中，從進士唐泰治舉子業。業成，薦於有司。至福州，聞防察過嚴，無待士禮，乃辭歸。自是不復以科舉爲事，務爲聖賢踐履之學。初讀中庸，做存養省察工夫，學無頭緒。繼讀大學，始知爲學次第。以朱子所謂敬者，乃大學之基本也，乃求其所以爲敬。見程子以主一釋敬，以無適釋一，始於敬字見得親切，乃實下工夫，推尋此心之動静，而務主於一。静而主於一，則静有所養，而妄念不復作矣；動而主於一，則動有所持，而外誘不能奪矣。嘗語人曰：「大學誠意章爲鐵門關，難過，主一二字，乃其玉鑰匙也。蓋意有善惡，若發於善而一以守之，則其所謂惡，退而聽命矣。」又嘗語人曰：「人於此學，若真知之，則行在其中矣。蓋知之真，則處善安，循理樂，其行甚順。然而氣質有偏勝，嗜欲有偏重，二者用事，其順而易者，反逆而難矣。此聖門論學以博學、審問、愼思、明辨之後，又加以篤行也。」天順三年，

㊀「晦夫」明史作「晦德」。

用伊川故事，詣闕上程朱正學纂要，其書首採程氏學制，次採朱氏論説，補正學工夫，次作二圖，一著聖人心與天同運，次著學者心法天之運，次乃言立明師，補正學，輔皇儲，隆教本數事，以終上文。圖説書未上，先上疏，乞召見而陳其説。不報。及書上，奉旨禮部看了來説，署部事侍郎鄒幹寢其事。繼而家居。讀提學頒行勑諭教條，有合於程、朱教法，喜曰：「此學校正教也，然科舉不定正考，雖有正教不行也。」因採勑諭中要語，參以程氏學制、呂氏鄉約、朱氏貢舉私議，作正教正考會通，定考德爲六等，考文爲三等，以告當路。當路亦不省。凡先生學有所得者，至是皆無所遇。聞臨川吳聘君名，欲往質之。乃貨其家具得五金，兄子從行，謂之曰：「死則瘞我於道，題曰閩布衣陳某墓足矣。」行至南昌，張東白止之宿，扣其所學，大加稱許，曰：「禎敢僭謂：自程、朱以來，惟先生得其真，吳、許二子，不足多也。如聘君者不可見，亦不必見耳。」遂還鎮海。先生生於鎮海，遷於龍巖，晚定居於漳之玉淵。成化十年卒，年六十有四。先生學無師承，獨得於遺經之中，自以僻處海濱，出而訪求當世學者，百尺竿頭，豈無進步？奈何東白以「得真」一言，遂爲金柅，康齋、白沙終成欠事。然先生之學，於康齋似近，於白沙差遠。而白沙言：「聞其學術專一，教人静坐，此尋向上人也。」子劉子曰：「一者誠也，主一敬也，主一卽慎獨之説，誠由敬入也。剩夫恐人不識慎獨義，故以『主一』二字代之。此老學有本領，故立言諦當如此。」是故東白得真之言，亦定論也。

心學圖

其一爲天地聖人之圖

大書一心字，以上一點規而大之，中虛曰太極，太極左曰静，右曰動，太極前倒書一復字。静作黑十六點，動作白十六點，蓋太極生兩儀也。十六點之外，每點各作十點，如旋螺彎而向左，十點之外，又各作十六黑白點，共三十二點，大於前之三百二十點也。每一大點包二卦，蓋自二而四，自四而八，自八而十六，自十六而三十二，自三十二而六十四，即邵子先天圖也。坤、復在下，書冬至，乾、姤在上，書夏至，升、訟爲義，曰立秋，咸、遯曰秋分，否、謙爲正日立冬，明夷、無妄爲仁，曰立春，臨、同人曰春分，履、泰爲中，曰立夏，蓋兼太極而一之也。

其一爲君子法天之圖

大書一心字，其上一點規而大之，視前圖差小。中虛曰敬，敬左曰静，右曰動，前一字向上曰復。静之左，中分其圈而爲黑，黑外爲白，白外復爲黑。動之右，中分其圈而爲白，白外爲黑，黑外復爲白。即太極圖之陰陽動静也。然白黑皆互圓相入，與太極稍異。上曰乾，下曰坤，左曰坎，右曰離，坎之左曰静主動，離之右曰動主静，乾之上書聖要四説：曰主一無適，曰整齊嚴肅，曰常惺惺法，曰其心收斂，不容一物。蓋採朱子之説，亦合先天、太極爲一者也。右圖二，一著天心動静之本然，是性之原也。一著君子法天之當然，是性之復也。聖人亦天心之自然者也，君子豈可以不學乎？然復性之説，經傳詳矣，而未有如此後一圖義之要而盡者也。惟君子知之，又能主敬以體之，以盡其法天之功效也而有序焉。蓋始則主敬，使一動一静互爲其根，即致知誠意之事，是始學之要也，固不外此一圈。終則敬立而動静相根，明通公溥，即知至意誠之事，是聖功之成也，亦不外此一圈。而自始至終，則皆不離乎敬焉。如是，則法天之功至，與前一大圈，同一渾然燦然而無間矣。一敬之功用如此，豈不大哉？三代學校之所以教者，惟此而已。此豈後世記誦俗學之所能與耶？自伏羲畫卦示精之後，即復卦。堯以是欽。傳之舜，舜以是恭。傳之禹，禹以是精一。傳之湯，湯以是日躋。傳之文、緝熙。武、戒。周公、待旦。孔子，孔子傳之顔、心齋。曾、一貫。思、尊德性。及孟。求放心。及孟氏没而遂失其傳者此也。寥寥千餘載，至周、程、張、朱氏出，然後此學大明。及朱氏没而復晦者，只由宋、元學校雖皆用程、朱之書，而取士又仍隋、唐科舉，是以士視此心學爲無用，故多不求，遂又多失其真傳焉。

學校考德等第式

上上等　即能主敬窮理修己者。

上中等　即能求以主敬窮理修己者。

中上等　性行端潔，居家孝弟，廉恥禮遜，見善必行，聞過必改。

中中等　通明學業，曉達治道。

下上等　能習經書。

下中等　惟記誦舊文，務口耳之學。

考文等第式

上等　考德名在下之中，則考文雖上亦降，如此則王拱辰、夏竦不魁矣。

中等　考德名在上之中，中之上，考文雖中亦取。

下等　考德名在上之上，則考文雖下必取，如此則程正叔不報罷矣。考德名在中之中，下之上者，則專考其文，然亦不得魁選，如此則王佐不狀元矣。

論學書

所論欲搜剔聖賢微言緒論而紬繹之，以庶幾深乎道，殆是也。蓋紬繹亦窮理之事，大學之要，莫先於窮理，豈不信然？然以程、朱之學揆之，要必先求其所以能紬繹之者，以爲之本，然後可也。若無其本，則雖欲勉强以紬繹之，亦不可得也。蓋義理之聚於物，猶蠶絲之聚於繭，至精深微密者也。今欲紬繹之於繭爲易，蓋引其緒以出於外者也；於物理爲難，實遊其心以入於内者也。故苟非先養其心，使有剛鋭精明純一之氣，則安能入其微，步其精，以詣其極，隨其表裏精粗之處無不到，而脱然盡得其妙於吾胸中乎？妙有不盡得，則雖曰紬繹，猶未紬繹也。如一物有十分道理，已繹到八九分，則一二分繹不得，此一二分正其所謂精妙者也。精妙者既不能繹，則其所繹者八九分皆其粗者耳。得其粗，味其精，雖謂之全未紬繹亦可也。且但一物不能繹，則物物皆不能繹，譬如印板，但印出一張糊模，則張張皆糊糢，心粗之病，何以異此？苟如此而欲望深於道，殆難矣。矧道不惟精深，實且廣大，蓋合衆精深而爲一廣大者也。故既不能析之極其精，則必不能合之盡其大，所謂物有未格，則知有未至者此也。然所以合之者，又須此心先有廣大之量，然後能也。故先儒曰：「入道莫如敬，未有能致知而不在敬者。」又曰：「涵養須用敬，進學在致知。」所謂敬者，豈非涵養此心，使動而窮夫理，則有剛鋭精明純一之氣，静而合夫理，又有高明廣大之量者乎？凡此，皆有真實工夫，做到至處，所謂聖學也。程、朱之學，入道有門，進道有階，升堂觀奥，皆有明轍，惟此最爲要法，誠不可不先講而力求者也。

夫學一也，豈有道俗之分？所以分者在乎心而已矣。故志乎義，則道心也；志乎利，則俗心也。以道心而爲俗學，則俗學即道學，以利心而爲道學，則道學即俗學，只在義利之間而已矣。惟在朝廷則不然，朝廷風化攸繫，故以道學鼓天下，則天下皆道學，而義風盛。以俗學鼓天下，則天下皆俗學，而利習熾。此程、朱所以皆欲朝廷革俗習，而崇義方，有以也。若君子自學，苟立志有定，則無不可者也。何俗爲？以上答周公載。

今之學者，皆言居敬，多只是泛泛焉，若存若亡，而無主一無適之確，則是未嘗居程子之敬也。皆言窮理，亦只是泛泛焉，務多讀書，而無卽事窮理之精，則是未嘗窮程子之理也。

蔡九峰之學，未得爲淳，只觀其自序，乃以窮神知化與獨立物表者並言，亦可見矣。若物之表，果有一箇獨立者，則是莊、列之玄虚。康節謂老子得易之體，正亦同此。是皆於體用一原、顯微無間之旨，見得不透徹故也。以上答何椒丘。

執古辯

世人言執古貴乎通今，執古而不通今，猶執一也。此言不然。夫所謂古者，卽先王之制，著於禮經者是也。所謂今者，何禮也？豈非流俗之弊，習與性成者乎？姑以喪禮言之，古者以不飲酒食肉爲禮，今人必以飲酒食肉爲禮，如執古則不能以通今，通今則非所謂執古，豈一人真有兩箇口，其一則執古，又其一則通今乎？抑只是一箇口，但遇酒食則通今，及醉飽之後則執古，斯謂可貴乎？

布政張古城先生吉

張吉字克修，別號古城，江西餘干人。成化辛丑進士。授工部主事。以劾左道李孜省、妖僧繼曉，謫判廣東㊀。以詩、書變其俗，土官陶氏，遣子從學，卽能以禮自處。歷肇慶同知、梧州知府，轉廣西按察副使。備兵府江，搜賊勦平之。正德初，進正使，轉布政使，歷山東、廣西，忤逆瑾，降兩浙鹽運使。瑾誅，更河南、廣西參政，至貴州左布政使。以疾歸，十三年九月卒，年六十八。初從鄉先生學，見諸生簡擇經傳，以資捷徑，謂士當兼治五經，今業一經而所遺如此，豈聖人之言亦當有去取耶？遂屏絶人事，窮諸經及宋儒之書，久之見其大意，嘆曰：「道在是矣。」語學者曰：「不讀五經，遇事便覺窒礙。」先生在嶺外，訪白沙問學，白沙以詩示之：「滄溟幾萬里，山泉未盈尺，到海觀會同，乾坤誰眼碧？」先生

㊀「廣」原作「景」，據備要本改。

不契也。終以象山爲禪，作陸學訂疑，蓋居業録之餘論也。

方伯周翠渠先生瑛

周瑛字梁石，别號翠渠，福之莆田人。成化己丑進士。授廣德知州，歷南京禮部郎中，知撫州鎮遠，至四川右布政使。先生以民惑鬼神，著祠山雜辯，又以緩葬溺女，著教民雜録，又著經世管鑰、律吕管鑰、字書管鑰，固以博爲事也。早年即有求道之志，與白沙、醫閭爲友。與醫閭詩云：「黄門仙客歸遼左，少室山人憶嶺南，我亦塵埃難久住，本蘭溪上浣青衫。」然先生以居敬窮理爲鵠，白沙之學有所不契。寓書李大厓以辯之曰：「聖人静有以立天下之大本，動有以行天下之達道，求諸萬殊而後一本可得。蓋始學之要以收放心爲先務，收放心居敬是也。居敬則心存，聰明睿智皆由此出，然後可以窮理。所謂窮理者，非謂静守此心而理自見也，蓋亦推之以及其至焉耳。積累既多，自然融會貫通，而於一本者自得之矣。一本如穀種，雖自塊然，而根苗花實皆聚於此。又如鷄卵，雖自渾然，而羽毛觜距皆具於此。及其發見於行事，在聖人體用一貫，在學者未免差誤。蓋在己者有所拘蔽，故所發不無偏重之殊，在外者有所摇奪，故所施不無遷就之意。然而既復本原，則於處善亦安，循理亦樂，至於患難事變，雖以死易生，亦甘心爲之。此聖學之大畧也。今乃塊然静坐，求學體用之學，是釋氏之虚空也。」

司成蔡虚齋先生清

蔡清字介夫，號虚齋，福之晉江人。孱脆骨立，而警悟絶人，總髮盡屈其師。裹糧數百里，從三山林玭學易，得其肯綮。成化丁酉鄉書第一。又三年，登進士第。授禮部主事。王端毅爲冢宰，改吏部。丁母憂。服除，還吏部，轉南京文選司郎中，以終養歸。起爲江西提學副使，爲寧庶人所不喜，終不肯輕屈，疏乞致仕。逆瑾亂政，倣蔡京召龜山故事，起南京祭酒，而先生已卒，正德三年十二月也。年五十六。

先生平生精力，盡用之易、四書蒙引，繭絲牛毛，不足喻其細也。蓋從訓詁而窺見大體。其言曰：「反覆體驗，止是虚而已。蓋居常一念及静字，猶覺有待於掃去煩囂之意。唯念個虚字，則自覺安，便目前縱有許多勞擾，而裏面條路元自分明，無用多費力，而亦自不至懈惰也。」觀于此言，知不爲訓詁支離所域矣。其易説不與本義同者，如卜筮不專在龜筮，取卜相筮占決疑爲徵。又辯七占古法，皆佳論也。羅整菴曰：「蔡介夫中庸蒙引論鬼神數段極精，其一生做窮理工夫，且能力行所學，蓋儒林中之傑出者。」先生極重白沙，而以新學小生自處，讀其終養疏，謂「鈔讀之餘，揭蓬一視，惟北有斗，其光爛然，可仰而不可近也。」其敬信可謂至矣。而論象山，則猶謂「未免偏安之業」。恐亦未能真知白沙也。傳其學者，有同邑陳琛，同安林希元，其釋經書，至今人奉之如金科玉律，此猶無與於學問之事者也。

四肢百體，身之膚殼也，愚惡者所均有也。心術言行，身之精也，思齊賢者所致力也。于此而不致其力焉，是無身也，所存者膚殼焉而已矣。多言何爲？

人之真，常見于飲食言語之末，因仍造次之間，故君子慎獨，除邪之根也，不然畢露矣。

虚而一盡矣。

最要静，愈静愈靈。

天地所以長久者，以其氣運於内而不洩耳，故仁者静而壽。天下事，斷非浮躁者所能完也。

分陰不惜，學力不充，當事臨疑，口耳無所歸，手足無所措。前輩云：皋、夔、稷、契何書可讀？蓋此數公者，雖未嘗讀書，亦未嘗不窮理也。窮理力行以致用，學之爲道，何以加此？吾嘗見有胸富萬卷，筆下如流，而實於其身不得幾字受用者，則學其可不擇術哉！使皋、契生今世，吾知其自不能已於讀書，但讀之得其術耳。

每讀書時，輒有欲取而用之之心，則亦何必多爲也？然既有是心，則又自不容不多矣。

天地人物，欛柄皆在静上。

心當静極天機見，氣到完時鬼力隨。

凡能爲百姓立久大之利者，類非作色於旦夕者所能也。

静之一字，更須於動中驗之，動而不失其静，乃爲得力，反覆體驗，又止是虚而已。蓋居嘗一念及静字，猶覺有待於掃去煩囂之意，唯念個虚字，則自覺便安。目前縱有許多勞擾，而裏面條路元自分明，無用多費力，而亦自不至懈惰也。且静亦須虚，方是静本色，不然形静而心鶩於外，或入於禪者何限？

人心本是萬里之府，惟虚則無障礙，學問工夫，大抵只是要去其障礙而已。此言吾未能盡行之，但彷彿似有一二時襲得此光景者，或非意之來，應之若頗閒暇，至寤寐之際，亦覺有甜趣，故吾妄意虚之一字，就是聖賢成終成始之道。

某今乞終養者，心有所不安也。凡心之所不安，便是天理之所不許，不若聽命于理，圖得心安之爲利也。

昔人所謂樂志云者，疑亦文過之辭耳。愚意但自身處置得是，卽是爲親也。

來書以有道二字相稱，爲之駭懼，或有誤以此二字加某者，雖其人甚的，某謝書亦不敢以此復之。先正嘗謂「願士大夫有此名節，不願士大夫立此門户」。今褒名飾字以相重，便是標門標户矣。

心固主思，然思太迫促，亦反爲逆其心。天之本然，而不免迷墜瞀亂於眼前矣。

天下未有無根之木，無源之水，未有無祖宗父母之人。人身不能頃刻而離乎祖宗父母，人心不可頃刻而忘乎祖宗父母。心而忘乎祖宗父母，是木之斷其根，水之絶其源者也，縱不旦夕死滅，亦禽獸中之頑賊者矣。天下未有忘祖宗父母而能趨生路者也，未有不忘祖宗父母，而肯置其身不善者也。

也。宋理學大明，至朱子與陸子，俱祖孔、孟，而其門户乃不盡同。先生之學，則出自慈湖，而宗陸氏者議論有曰：「毫分縷析較便宜，若個便宜總不知。總是自家家裹事，十分明白十分疑。」此先生之學也，正所謂德性工夫居多者也。其論詩曰：「詩成正是不因題，看取風人發興時。語到口頭無可奈，未須搜攪苦吟詩。」則先生之詩，可知其高矣。其論文曰：「不爲世態酣濡，不受古人繩束，卷舒出没如朝霏暮雲，始筆下有自然風味。」則先生之文，可知其高矣。其蓋其在萬山中玩心，高明有日，是以其言論概以六經爲吾心註脚，每有引而不發之意，軒然霄漢之上，俯視萬有，無一足嬰其懷者，此可見陸學未盡符于大中至正之矩。使當日得究其用，恐于開物成務之實，終必有疎處。苟其疎也，則其所自受用，亦恐其不覺而近於佛、老。噫！千聖相傳家法，類皆自博至約，而一敬以成其終始。謂不主敬者，而稍墜于徑約。既失之徑約，則其心宜不周於細微，而其弊容可遏乎？自古高明之士，往往有此。在孔門，則曾點之徒是已。集中屢屢以夫子「欲無言」爲説，因子貢之多言，愚以爲安知非發於子貢。「多學而識之」之後，學將有得之日乎？故嘗謂自其次致曲以下，無仰鑽瞻忽之勞，則卓爾之見，或非真無，隨事精察力行之功，則一貫之命，必不泛及。夫道也者，平平正正，使高明者不得以獨騖，其下者可以企及，然後爲中庸，而可以主張乎皇極，詎容一毫有我于其間哉？此正統所以獨歸朱子，而陸氏所就，猶未免爲偏安之業也。讀蜀阜存藁私記。

省身法

風光月霽其心胸，海闊天高其器宇，鳳毛麟趾其威儀，玉振金聲其辭語。

勸君莫著半點私，終無人不知；勸君莫用半點術，終無人不識。君不見巍巍温公，律身嚴，與人忠，赤心質神明，素行孚狡童。

聖賢雖無心占便宜，終則盡天下便宜事都歸聖賢做了。彼凡計較目前便宜者，究竟都不得便宜矣。噫！向使王莽而肯爲周公，曹操而肯爲文王，亦孰得而禦之？然惡木在先除根，彼其素所畜者危矣。噫！

德之威人也，重矣哉！誠之鑑物也，豫矣哉！是皆不勞而得者也，故君子貴知務。

必使小人不忍以其所爲而疑我之爲之也，乃爲信於人。

毋徒嘐嘐然曰古之人，古之人也，只似爾七八尺之身，即此目前一啓齒、一蹂足，皆道所存。

程先生每教人静坐，李先生亦教人静坐，以驗夫喜怒哀樂之未發時氣象爲何如？此法可以養心，可以養氣，可以照萬物，而處之各得其宜，實得造化之機。

培夜氣，引旦氣，善用其氣，造化在我而已矣。

莫虚勞著步，莫虚放出聲，久之自閒適，蕩蕩復平平。

宇宙之間三不朽，身心之外悉皆虚，言出于爾，爾忘之乎？爾今年幾何矣？

程子曰：「君子之志，所慮豈止在一身？直慮及天下千萬世；小人之慮，一朝之忿，曾不遑恤其身。」噫！清不肖，親嘗爲小人之事矣。程子斯言可念也。

樂莫樂於日休，憂莫憂於多求。古之人雖疾雷破山而不震，雖貨以萬乘而不酬，惟胸中一點堂堂者，常有以砥柱於中流。

胡五峰云：「知人之道，驗之以事，而觀其辭氣。從人反躬者，鮮不爲君子；任己蓋非者，鮮不爲小人。」噫！爾尚敬爾心術，慎爾行事，而和厚爾辭氣，檢點之功有一之未至，將不逃人於明目之一照，而爲遠近之所嗤議。而況人心有神，雖非明者亦未易欺！

器量要宏，識見要精，趣味要清。

服食常温，一體皆春，心氣常順，百病自遯。

周子之機，超凡之梯，張子之豫，作聖之據，程、朱之敬，立身之命。敬以立身，實地斯存，豫以作聖，吾計始定，幾以超凡，一躍入關，名三實一，静虚動直。

山居不欠薪，舟行不欠水，更有便於是，人心不欠理。吁嗟！人心兮不欠理，我欲仁，斯仁至。惜也早不知滋味，逮血氣之力衰，而義理之念囘兮，年將暮矣，不及今而畜三年之艾兮，七年病竟何時而起矣！

戒爾重其言，言欲亮而貞，出於我不重，則人之聽之也輕。惟古之聖賢兮，率然隻語達天聲，垂之後世而爲經。

善言者自簡，善應者自定。君不見鐘不叩則不鳴，水不止則不瑩。長注念於遠大，而實地則在乎目前，夫惟能踐實地於目前，是以垂聲光於綿綿，而可以上報乎君親師，與夫先聖先賢。

有道德者必不多言，有信義者必不多言，有才謀者必不多言，惟見夫細人、狂人、佞人，乃多言耳。夫未有多言而不妄者也。

澄其心於淵瑩之天，奉其身於光明之地，言則無一字之遺，而亦無一字之贅，動則如萬鈞之弩，一發便中其機。會此，蓋古之人也。

以篤實信天下，以大節竦天下，以器量包天下，以學識周天下，以規模駕天下，以實才猷實事業副天下。嗚呼！豈不真烈烈然大丈夫哉！

若是真學問文章，須見於威儀之際，與夫日用之常。若是真道德性命，須見於治家之法，與夫當官之政。不然，徒皇皇於多故，而在身無受用之實，在心無灑落之趣，真是博學之小人，而詞章之兒豎爾。危哉！

格天之功，興於衽席，溺身之悔，誤於詞章。

若能做好人，仇家不得嗔，不能做好人，朱、均無至親。

太常潘南山先生府

潘府號南山，浙之上虞人。弘治辛丑進士。累官至提學副使，終養不出。後以薦陞太僕寺少卿，改太常寺，致仕。嘉靖五年六月癸酉卒。先生性至孝，嘗疏請行三年之喪。又上聖學淵源、中興治要諸疏。故事四品有祭無葬，上以其孝行特給之。子劉子議以先生配享尹和靖。按先生正當文成講學之時，當有往來問難，而今不可考見矣。

素言

人得天地正氣以生，直養之曰正學，順行之曰正道。養之弗直，行之弗順者，邪也。

君子誦聖人之言，愛之如父母，敬之如后王。

好人譽自己而忌稱人之善，惡人毁己而樂道人之惡，民俗斯下矣。

古之言也心之聲，今之言也口之聲。古之文也言之文，今之文也文之文。今之心亦果有異於古之心乎？

飲食男女，入道之門也，故君子謹微。

務禮義以養心者，積久而身潤；務甘旨以養口者，過則疾病生焉。

聖人之道，盈天地皆是也，學者反諸身而求之可見矣，吾身一天道也。

薦賢惟恐後，論功惟恐先，古之道也。

耽淫樂者必耽色，好善人者必好學，邪正各以類動也。

天下之人，凡孔子所不與者，皆異端也，鄙夫、佞人、鄉愿是也。

伊川之學，而有魏公之量，荊公之時，亦可以舉禮樂矣。

明道善處荊公，伊川不善處蘇公，亦可以觀二子矣。

范仲淹、司馬光、李綱、胡寅、文天祥，此五人者，三代以下豪傑之才也，充其識量，皆可以與諸葛亮並立矣。　治家亦欲嚴，嚴然後和，和然後久。

邵堯夫、蔡元定，皆有廣易自得氣象，蓋務精義之學故爾。

冠婚喪祭，家法之本也。

好聞過，不若好改過。

俗吏，聖門蠹家之賊也；腐儒，聖門敗家之子也。

經筵得真儒，人主無非心，朝廷得賢相，人主無過舉。　君子與時進退，故終身无咎。

心內也，衣冠言動外也，內外交正，然後謂之君子。

君子處事，過緩則怠，過速則疎，其損一也。

聖人吾不得見矣，吾見六經矣，因語以求其心，聖人亦可見矣。

無實之名，禍之門也，無名之實，福之基也。

居官之本有三：薄奉，養廉之本也；遠聲色，勤之本也；去讒私，明之本也。

民生不可一日無穀帛，尤不可斯須無禮義。

學者有繼聖之心，匹夫有顯君之志，皆分内事耳。

學然後能知過，學之篤，然後能改過。

古者文以載道，宋景濂得其華，方正學得其大。

五經皆史也。易之史奥，書之史實，詩之史婉，禮之史詳，春秋之史嚴，其義則一而已。

士而樂放佚者，漸與無忌憚近矣。

參政羅東川先生僑

羅僑字惟升，號東川，豫之吉水人。從學於張東白。登弘治己未進士第。授新會知縣，表白沙言行，令邑人誦法之。陟大理評事，時逆瑾擅政，劉大夏論戍，先生上言非勸大臣之道，免官歸。瑾誅，復官，又以病歸。文成起兵討宸濠，請先生居守吉安，事平，擢知台州府。禮布衣張尺，問民疾苦，治行第一，陞廣東左參政。上疏乞骸骨。嘉靖甲午九月卒。先生所做，亦是静存動察按板工夫，未必有自得處，但砥礪頗密，不失儒先軌範。在東白之門，可謂克家矣。

潛心語録

凡細微曲折之不能謹，惰慢放逸之不能除，只是心生養不熟，持敬工夫尚欠耳。

每於暗室中静坐，久亦自生明，觸目光輝，豈有此心静久而不生明者乎？

人心有明暗，何也？明者是原來天理，暗者是後來私欲。

用心專一便是敬。

平日有矜持之工夫，則隨寓有安舒之氣象。

欲求道者，必於心上理會；欲求心者，必於性情上理會；欲求性情者，必於事物上理會。心正則性情正，性情正，則事物當而近道矣。

欲看動時無差，須在静時無欠；欲看行時無差，須在知處無欠。學者工夫，不過謹於性情心術念慮之微，喜怒憂懼、愛惡嗜慾、視聽言動、衣冠寢興、食息辭受、取予出處、進退窮達、患難死生之際，涵養於平時，察識於方動，審決於臨事，則無適非道，而效驗隨之矣。

身在此，心卽在此，事在此，心卽在此，精神專一，莫非天理流行，卽敬也。愈嚴愈密，是之謂篤恭。事如是，心亦如是，表如是，裏亦如是，純粹真實，莫非天理周匝，卽誠也。積中布外，是之謂王道。然敬則誠矣，誠則敬矣。

心不能無感，未發時寂然爲静，然不妄動亦是静。感而遂通爲動，動而内照深沉，存神默運於其間，亦是静。

所得多在静中，動時所得，皆受用乎静中也，而動静一矣。所行多出所知，行處有得，皆受用乎所知也，而知行一矣。當知動中有静，静中有動，動静互見，不可截然分先後。未發是静，已發是動，然静已涵動之機，到已發，必以静爲之根。所存主處，便是静，所發見處，便是動，動中有静也。故曰聖人定之以中正仁義而主静，立人極焉。

凡事循理卽是敬天，蓋天卽理也。

凡一言一動，一語一默，一出一處，一取一與，皆須有當然之則。

明儒學案卷四十七　諸儒學案中一

文莊羅整菴先生欽順

羅欽順字允升，號整菴，吉之泰和人。弘治壬子鄉試第一，明年進士及第。授翰林編修，擢南京國子司業，時章楓山先生爲祭酒，皆正己率物，太學一時之盛。奉親歸家，因疏乞終養。逆瑾怒，奪職爲民。瑾誅復職，由南京太常少卿陞南京禮部右侍郎，改吏部右侍郎。嘉靖初，轉左侍郎，拜南京吏部尚書，改入禮部。丁父憂，服闋，起原官，未至，改吏部，具疏固辭，於是得旨致仕。丁未四月二十四日卒，年八十有三。詔賜祭葬，賜太子太保，謚文莊。

先生家居，每平旦正衣冠升學古樓，羣從入，叙揖畢，危坐觀書，雖獨處無惰容。食恒二簋，居無臺榭，燕集無聲樂。林希元曰：「先生自發身詞林，以至八座，其行己居官，如精金美玉，無得致疵。」先生自叙爲學云：「昔官京師，逢一老僧，漫問何由成佛，渠亦漫舉禪語爲答，『佛在庭前柏樹子』，意其必有所謂，爲之精思達旦，攬衣將起，則恍然而悟，不覺流汗通體。既而得證道歌讀之，若合符節。自以爲至奇至妙，天下之理莫或加焉。後官南雍，聖賢之書，未嘗一日去手，潛玩久之，漸覺就實，始知前所見者，乃此心虚靈之妙，而非性之理也。自此研磨體認，積數十年，用心甚苦，年垂六十，始了然有見乎心性之真，而確乎有以自信。」蓋先生之論理氣最爲精確，謂通天地，亘古今，無非一氣而已。氣本一也，而一動一静，一往一來，一闔一闢，一升一降，循環無已。積微而著，由著復微，爲四時之温凉寒暑，爲萬物之生長收藏，爲斯民之日用彝倫，爲人事之成敗得失，千條萬緒，紛紜膠轕，而卒不克亂，莫知其所以然而然，是卽所謂理也。初非别有一物，依于氣而立，附于氣以行也。或者因易有太極一言，乃疑陰陽之變易，類有一物主宰乎其間者，是不然矣。斯言也，卽朱子所謂「理與氣是二物、理弱氣强」諸論，可以不辯而自明矣。第先生之論心性，頗與其論理氣自相矛盾。夫在天爲氣者，在人爲心，在天爲理者，在人爲性。理氣如是，則心性亦如是，決無異也。人受天之氣以生，祇有一心而已，而一動一静，喜怒哀樂，循環無已。當惻隱處自惻隱，當羞惡處自羞惡，當恭敬處自恭敬，當是非處自是非，千頭萬緒，感應紛紜，歷然不能昧者，是卽所謂性也。初非别有一物，立於心之先，附於心之中也。先生以爲天性正於受生之初，明覺發於既生之後，明覺是心而非性。信如斯言，則性體也，心用也；性是人生以上，静也，心是感物而動，動也；性是天地萬物之理，公也，心是一己所有，私也。明明先立一性以爲此心之主，與理能生氣之説無異，於先生理氣之論，無乃大悖乎？豈理氣是理氣，心性是心性，二者分，天人遂不可相通乎？雖然，心性之難明，不自先生始也。夫心祇有動静而已，寂然不動，感而遂通，動静之謂也。情貫于動静，性亦貫于動静，故喜怒哀樂，不論已發未發，皆情也，其中和則性也。今以喜怒哀樂未發之中爲性，已發之和爲情，勢不得不先性而後心矣。性先心後，不得不有罅隙可尋矣。惻隱、羞惡、辭讓、是非，心也，仁義禮智，指此心之卽性也。非先有仁義禮智之性，而後發之爲惻隱、羞惡、辭讓、是非之心也。觀此知李見羅道性編亦一偏之論。凡人見孺子入井而怵惕，嘑蹴而不屑，此性之見於動者也，卽當其靜，而性之爲怵惕不屑者，未嘗不在也。凡動靜者，皆心之所爲也，是故性者心之性，舍明覺自然、自有條理之心，而別求所謂性，亦猶舍屈伸往來之氣，而別求所謂理矣。朱子雖言心統性情，畢竟以未發屬之性，已發屬之心，卽以言心性者言理氣，故理氣不能合一。先生之言理氣不同于朱子，而言心性則于朱子同，故不能自一其說耳。先生以釋氏有見於明覺自然，謂之知心，不識所謂天地萬物之理，謂之不知性。羲以爲，釋氏親親仁民愛物，無有差等，是無惻隱之心也；取與不辨，而行乞布施，是無羞惡之心也；天上天下，唯我獨尊，是無辭讓之心也；無善無惡，是無是非之心也。其不知性者，由於不知心爾。然則其所知者，亦心之光影，而非實也。高景逸先生曰：「先生於禪學尤極探討，發其所以不同之故，自唐以來排斥佛氏，未有若是之明且悉者。」嗚呼！先生之功偉矣！

困知記

此理之在心目間，由本而之末，萬象紛紜而不亂；自末而歸本，一真湛寂而無餘。惟其無餘，是以至約，乃知聖經所謂「道心惟微」者，其本體誠如是也。

孔子教人，莫非存心養性之事，亦未嘗明言之也。孟子則明言之矣。夫心者，人之神明，性者，人之生理。理之所在謂之心，心之所有謂之性，不可混而爲一也。虞書曰：「人心惟危，道心惟微。」論語曰：「從心所欲不踰矩。」又曰：「其心三月不違仁。」孟子曰：「君子所性仁義禮智根于心。」此心性之辨也。二者初不相離，而實不容相混，精之又精，乃見其真。其或認心爲性，差毫釐而謬千里矣。

繫辭曰：「無有遠近幽深，遂知來物。非天下之至精，其孰能與於此？通其變，遂成天地之文，極其數，遂定天下之象。非天下之至變，其孰能與于此？寂然不動，感而遂通天下之故。非天下之至神，其孰能與于此？」夫易，聖人之所以極深而研幾也，易道則然，卽天道也，其在人也，容有二乎？是故至精者性也，至變者情也，至神者心也。所貴乎存心者，固將極其深，研其幾，以無失乎性情之正也。若徒有見乎至神者，遂以爲道在是矣，而深之不能極，幾之不能研，顧欲通天下之志，成天下之務，有是理哉？

道心，寂然不動者也，至精之體不可見，故微；人心，感而遂通者也，至變之用不可測，故危。道心，性也；人心，情也。心一也，而兩言之者，動靜之分，體用之別也。凡靜以制動則吉，動而迷復則凶。惟精所以審其幾也，惟一所以存其誠也，允執厥中，從心所欲不踰矩也，聖神之能事也。釋氏之明心見性，與吾儒之盡心知性相似，而實不同。蓋虛靈知覺，心之妙也，精微純一，性之真也。釋氏之學，大抵有見於心，無見於性，故其爲教，始則欲人盡離諸象，而求其所謂空，空卽虛也。既則欲其卽相卽空，而契其所謂覺，卽知覺也。覺性既得，則空相洞徹，神用無方，神卽靈也。凡釋氏之言性，窮其本末，要不出此三者。然此三者，皆心之妙，而豈性之謂哉？使據其所見之及，復能向上尋之帝降之衷，亦庶乎其可識矣。

盈天地之間者惟萬物，人固萬物中一物耳。乾道變化，各正性命，人猶物也，我猶人也，其理容有二哉？然形質既具，則其分不能不殊。分殊，故各私其身。理一，故皆備於我。夫人心虛靈之體，本無不該，惟其蔽于有我之私，是以明于近而暗于遠，見其小而遺其大。凡其所遺所暗，皆不誠之本也。然則知有未至，欲意之誠，其可得乎？故大學之教，必始於格物，所以開其蔽也。格物之訓，如程子九條，往往互相發明，譬如千蹊萬徑，皆可以適國，但得一道而入，則可以推類而通其餘。而今之學者，動以不能盡格天下之物爲疑，是豈嘗一日實用其功？徒自誣耳！

此理之在天下，由一以之萬，初非安排之力，會萬而歸一，豈容牽合之私？是故察之於身，宜莫先於性情，卽有見焉，推之於物而不通，非至理也；察之於物，固無分於鳥獸草木，卽有見焉，反之於心而不合，非至理也。必灼然有見乎一致之妙，了無彼此之殊，而其分之殊者，自森然其不可亂，斯爲格致之極功。

格物之格，是通徹無間之意。蓋工夫至到則通徹無間，物卽我，我卽物，渾然一致。

自夫子贊易，始以窮理爲言，理果何物也哉？蓋通天地亘古今，無非一氣而已，氣本一也，而一動一靜，一往一來，一闔一闢，一升一降，循環無已，積微而著，由著復微。爲四時之溫涼寒暑，爲萬物之生長收藏，爲斯民之日用彝倫，爲人事之成敗得失，千條萬緒，紛紜轇轕，而卒不克亂，有莫知其所以然而然，是卽所謂理也。初非別有一物，依于氣而立，附于氣以行也。或者因易有太極一言，乃疑陰陽之變易，類有一物主宰乎其間者，是不然。夫易乃兩儀四象八卦之總名，太極則衆理之總名也。云易有太極，明萬殊之原於一本也；因而推其生生之序，明一本之散爲萬殊也。斯固自然之機，不宰之宰，夫豈可以形跡求哉？斯義也，惟程伯子言之最精，叔子與朱子似乎少有未合。今其説具在，必求所以歸於至一，斯可矣。程伯子嘗歷舉繫辭「形而上者謂之道，形而下者謂之器」，「立天之道曰陰與陽，立地之道曰柔與剛，立人之道曰仁與義」，「一陰一陽之謂道」數語，乃從而申之曰：「陰陽亦形而下者也，而曰道者，惟此語截得上下最分明，元來只此是道，要在人默而識之也。」學者誠以此言精思潛玩，久久自當有見。所謂叔子少有未合者，劉元成記其語有云：「所以陰陽者道。」又云：「所以闔闢者道。」竊詳所以二字，固指言形而上者，然未免微有二物之嫌，以伯子「元來只此是道」觀之，自見渾然之妙，似不須更著「所以」字也。所謂朱子少有未合者，蓋其言有云「理與氣決是二物」，又云「氣强理弱」，又云「若無此氣，則此理如何頓放」，似此類頗多。惟答何國材一書，有云「一陰一陽，往來不息，卽是道之全體」，此語最爲截直，深有合于程伯子之言，然不多見，不知究以何者爲定論也？

竊以性命之妙，無出「理一分殊」四字。蓋一物之生，受氣之初，其理惟一；成形之後，其分則殊。其分之殊，莫非自然之理，其理之一，常在分殊之中，此所以爲性命之妙也。語其一，故人皆可以爲堯、舜；語其殊，故上智與下愚不移。聖人復起，其必有取於吾言矣。

請以從古以來，凡言性者明之。若有恒性，理之一也；克綏厥猷，則分之殊者。隱然寓乎其間，成之者性，理之一也；仁者、知者、百姓者，分之殊也。天命之謂性，理之一也；率性之謂道，分之殊也。性善理之一也，而其言未及乎分殊，有性善有性不善，分之殊也，而其言未及乎理一。程、張本思、孟以言性，既專主乎理，復推氣質之説，則分之殊者，誠亦盡之。但曰天命之性，固已就氣質而言之矣，曰氣質之性，性非天命之謂乎？一性而兩名，且以氣質與天命對言，語終未瑩。朱子猶恐人之視爲二物也，乃曰氣質之性，卽太極全體墮在氣質之中。夫既以墮言，理氣不容無罅縫矣。惟以理一分殊蔽之，自無往而不通，所謂天下無性外之物，豈不亶其然乎？

天人一理，而其分不同。人生而静，此理固在於人，分則屬乎天也。感物而動，此理固出乎天，分則屬乎人矣。君子必愼其獨，以此夫！

天命之謂性，自其受氣之初言也；率性之謂道，自其成形之後言也。蓋形質既成，人則率其人之性而爲人之道，物則率其物之性而爲物之道。鈞是人也，而道又不盡同，仁者見之則謂之仁，知者見之則謂之知，百姓則日用而不知，分之殊也。於此可見所云君子之道鮮矣者，蓋君子之道，乃中節之和，天下之達道也，必從事於修道之教，然後君子之道可得，而性以全。戒懼愼獨，所以修道也。

喜怒哀樂之未發謂之中，子思此言，所以開示後學，最爲深切。蓋天命之性，無形象可睹，無方體可求，學者猝難理會，故卽喜怒哀樂以明之。夫喜怒哀樂人人所有而易見者，但不知其所謂中，不知其爲天下之大本，故特㊀指以示人，使知性命卽此而在也。上文戒愼恐懼，卽所以存養乎此。然知之未至，則所養不能無差，或陷於釋氏之空寂矣，故李延平教人須于静中體認大本，未發時氣象分明，卽處事應物，自然中節。李之此指，蓋得之羅豫章，羅得之楊龜山，楊乃程門高第，其傳固有自來矣。程伯

㊀ 原作「持」，據賈本、備要本改。

子嘗言：「學者先須識仁，識得此理，以誠敬存之而已。」叔子亦言：「勿忘勿助長，卽是養氣之法。如不識怎生養，有物始言養，無物又養個甚？」由是觀之，則未發之中，安可無體認工夫？雖叔子嘗言：「存養于未發之時，則可；求中于未發之前，則不可。」此殆一時答問之語，未必其終身之定論也。且以爲既思卽是已發，語亦傷重。思乃動靜之交，與發於外者不同，推尋體認，要不出方寸間爾。伯子嘗言：「天理二字，是自家體貼出來。」又云：「中者天下之大本，天地之間停停當當，直上直下之正理，出則不是。」若非其潛心體貼，何以見得如此分明？學者於未發之中，誠有體認工夫，灼見其直上直下，真如一物之在吾目，斯可謂之知性也矣。亹亹焉戒懼以終之，庶無負子思子所以垂教之深意乎？

存養是學者終身事，但知既至與知未至時，意味迥然不同。知未至時存養，非十分用意不可，安排把捉靜定爲難，往往久而易厭。知既至時存養，卽不須大段著力，從容涵泳之中，生意油然，自有不可遏者，其味深且長矣。然爲學之初，非有平日存養之功，心官不曠，則知亦無由而至。朱子所謂誠明兩進者，以此省察，是將動時更加之意，卽大學所謂安而慮者。然安而能慮，乃知止后事，故所得者深。若尋常致察，其所得者，終未可同日而語。大抵存養是思主，省察乃輔佐也。

理一也，必因感而後形，感則兩也。不有兩卽無一。然天地間無適而非感應，是故無適而非理。

神化者天地之妙用也，天地間非陰陽不化，非太極不神，然遂以太極爲神，以陰陽爲化，則不可。夫化乃陰陽之所爲，而陰陽非化也；神乃太極之所爲，而太極非神也。爲之爲言，所謂莫之爲而爲者也。張子云：「一故神，兩故化。」蓋化言其運行者也，神言其存主者也。化雖兩而其行也常一，神本一而兩之中無弗在焉。合而言之，則爲神，分而言之，則爲化。故言化則神在其中矣，言神則化在其中矣，言陰陽則太極在其中矣，言太極則陰陽在其中矣，一而二，二而一者也。學者于此，須認教體用分明，其或差之毫釐，鮮不流於釋氏之歸矣。

唐、宋諸名臣，多尚禪學。學之至者，亦儘得受用。蓋其生質既美，心地復緣此虛靜，兼有稽古之功，則其運用酬酢，雖不中不遠矣。且凡爲此學者，皆不隱其名，不諱其實，初無害其爲忠信也。故其學雖誤，其人往往有足稱焉。後世乃有儒其名而禪其實，諱其實而侈其名者，吾不知其反之於心，果何如也？

樂記「人生而靜，天之性也；感於物而動，性之欲也」一段，義理精粹，要非聖人不能言。象山從而疑之，過矣，彼蓋專以欲爲惡也。夫人之有欲，固出于天，蓋有必然而不容已，且有當然而不可易者。於其所不容已者，而皆合乎當然之則，夫安往而非善乎？惟其恣情縱欲而不知反，斯爲惡矣。先儒多以去人欲、遏人欲爲言，蓋所以防其流者，不得不嚴，但語意似乎偏重。夫欲與喜怒哀樂，皆性之所有者，喜怒哀樂，又可去乎？象山又言「天亦有善有惡，如日月蝕、惡星之類」，是固然矣，然日月之蝕，彗孛之變，未有不旋復其常者，茲不謂之天理而何？故人道所貴，在乎不遠而復，奈何滔滔者天下皆是也！是則循其本而言之，天人曷常不一？究其末也，亦安得而不二哉？

太極圖說「無極之真，二五之精，妙合而凝」三語，愚不能無疑。凡物必兩而後可以言合，太極與陰陽果二物乎？其爲物也果二，則方其未合之先，各安在耶？朱子終身認理氣爲二物，其源蓋出於此。

正蒙云：「聚亦吾體，散亦吾體，知死之不亡者，可與言性矣。」又云：「游氣紛擾，合而成質者，生人物之萬殊；其陰陽兩端，循環不已者，立天地之大義。」夫人物則有生有死，天地則萬古如一，氣聚而生，形而爲有，有此物卽有此理，氣散而死，終歸於無，無此物卽無此理，安得所謂死而不亡者耶？若夫天地之運，萬古如一，又何生死存亡之有？譬之一樹，人物乃其花葉，天地其根幹也。花謝葉枯，則脱落而飄零矣。其根幹之生意，固自若也，而飄零者復何交涉？謂之不亡可乎？故朱子謂：「張子此言，其流乃是個大輪迴。」由其迫切以求之，是以不覺其誤如此。

謝上蔡有言：「心之窮物有盡，而天者無盡，如之何包之？」此言不知爲何而發？夫人心之體，卽天之體，本來一物，無用包也，但其主於我者謂之心耳。心之窮物有盡，由窮之而未至爾，物格則無盡矣。無盡卽無不盡，夫是之謂盡心，心盡，則與天爲一矣。如其爲物果二，又豈人之智力之所能包哉？

昔官京師，逢一老僧，漫問何由成佛？渠亦漫舉禪語爲答，云「佛在庭前柏樹子」。愚意其必有所謂，爲之精思達旦，攬衣將起，則恍然而悟。自此研磨體認，日復一日，積數十年，用心甚苦，年垂六十，始了然有見乎心性之真，而確乎有以自信。朱、陸之學，於是乎僅能辨之，良亦鈍矣。蓋嘗徧閱象山之書，大抵皆明心之説，其自謂所學，因讀孟子而自得之。時有議之者云：「除了『先立乎其大者』一句，全無伎倆。」某亦以爲誠然。然愚觀孟子之言，與象山之學自别，于此而不能辨，非惟不識象山，亦不識孟子矣。孟子云：「耳目之官不思而蔽於物，物交物則引之而已矣。心之官則思，思則得之，不思則不得也。此天之所以與我者，先立乎其大者，則其小者不能奪也。」一段言語，甚是分明，所貴乎先立其大者何？以其能思也。能思者心，所思而得者性之理也。是則孟子喫緊爲人處，不出乎思之一言。故他日又云：「仁義禮智非由外鑠我也，我固有之也，弗思耳矣。」而象山之教學者，顧以爲「此心但存，則此理自明，當惻隱處自惻隱，當羞惡處自羞惡，當辭遜處自辭遜，是非在前，自能辨之」。又云：「當寬裕溫柔自寬裕溫柔，當發强剛毅自發强剛毅。」若然，則無所用乎思矣，非孟子先立乎其大者之本旨也。夫不思而得，乃聖人分上事，所謂生而知之者，豈學者之所及哉？苟學而不思，此理終無由而得。凡其當如此自如此者，雖或有出於靈覺之妙，而輕重長短，類皆無所取中，非過焉，斯不及矣。遂乃執靈覺以爲至道，謂非禪學而何？蓋心性至爲難明，象山之誤，正在於此。故其發明心要，動輒數十百言，而言及於性者絶少。間因學者有問，不得已而言之，只是枝梧籠罩過，並無實落，良由所見不的，是誠不得於言也。嘗考其言有云：「心卽理也。」然則性果何物耶？又云：「在天者爲性，在人者爲心。」然則性果不在人耶？既不知性之爲性，舍靈覺卽無以爲道矣。謂之禪學，夫復何疑？或者見象山所與王順伯書，未必不以爲禪學非其所取，殊不知象山陽避其名，而陰用其實也。何以明之？蓋書中但言兩家之教，所從起者不同，初未嘗顯言其道之有異，豈非以儒佛無二道？惟其主於經世，則遂爲公爲義爲儒者之學乎？所謂陰用其實者此也。或者又見象山亦嘗言致思，亦嘗言格物，亦嘗言窮理，未必不以爲無背於聖門之訓，殊不知言雖是而所指則非，如云格物致知者，格此物，致此知也；窮理者，窮此理也；思則得之，得此者也；先立乎其大者，立此者也。皆本之經傳。然以「立此者也」語證之，則凡所謂此者，皆指心而言也。聖經之所謂格物窮理，果指心乎？故其廣引博證，無非以曲成其明心之說，求之聖賢本旨，竟乖戾而不合也。或猶不以爲然，請復實之以事。有楊簡者，象山之高第弟子也，嘗發本心之問，遂于象山言下，忽省此心之清明，忽省此心之無始末，忽省此心之無所不通。有詹阜民者從游象山，安坐瞑目，用力操存，如此者半月，一日下樓，忽覺此心已復澄瑩，象山目逆而視之曰：「此理已顯也。」蓋惟禪家有此機軸。試觀孔、曾、思、孟之相授受，曾有一言似此否乎？其證佐之分明，脉路之端的，雖有善辨，殆不能爲之出脱矣。蓋二子者之所見，卽愚往年所見之光景，愚是以能知其誤而究言之，不敢爲含糊兩可之詞也。嗟夫！象山以英邁絶人之資，遇高明正直之友，使能虛心易氣，舍短取長，以求歸於至當，卽其所至，何可當也？顧乃眩于光景之奇特，而忽于義理之精微，向道雖勤而朔南莫辨，至於没齒，曾莫知其所以生者，不亦可哀也夫！

程子曰：「聖賢千言萬語，只是欲人將已放之心，約之使反，復入身來，自能尋向上去，下學而上達也。」席文同鳴冤録提綱有云：「孟子之言，程子得之，程子之後，陸子得之。」然所引程子之言，只到「復入身來」而止，最緊要是「自能尋向上去，下學而上達」二語，却裁去不用，果何説耶？似此之見，非惟無以直象山之冤，正恐不免冤屈程子也。

程子言性卽理也。象山言心卽理也。至當歸一，精義無二，此是則彼非，彼是則此非，安可不明辨之？吾夫子贊易，言性屢矣，曰「乾道變化，各正性命」，曰「成之者性」，曰「聖人作易，以順性命之理」，曰「窮理盡性，以至於命」，但詳味此數言，性卽理也，明矣。於心亦屢言之，曰「聖人以此洗心」，曰「易其心而後語」，曰「能説諸心」。夫心而曰洗、曰易、曰説，洗心而曰「以此」，試詳味此數語，謂心卽理也，其可通乎？且孟子嘗言「理義之悦我心，猶芻豢之悦我口」，尤爲明白易見。故學而不取證於經書，一切師心自用，未有不自誤者也。

薛文清讀書録甚有體認工夫，然亦有未合處。所云「理氣無縫隙，故曰器亦道，道亦器」，其言當矣。至于反覆證明氣有聚散、理無聚散之説，愚則不能無疑。夫一有一無，其爲縫隙也大矣，安得謂之器亦道，道亦器耶？蓋文清之於理氣，亦始終認爲二物，故其言未免時有窒礙也。竊嘗以爲氣之聚，便是聚之理，氣之散，便是散之理，惟其有聚有散，是乃所謂理也。推之造化之消長，事物之始終，莫不皆然。胡敬齋窮理，似乎欠透，如云「氣乃理之所爲」，又云「人之道乃仁義之所爲」，又云「所以爲是太和者道也」，又云「有理而後有氣」，又云「易卽道之所爲」，但熟讀繫辭傳，其説之合否自見。余子積之性書，則又甚焉。又云「氣嘗能輔理之美矣，理豈不救氣之衰乎」。胡敬齋力攻禪學，但於禪學本末未嘗深究，動以想像二字斷之，安能得其心服耶？蓋吾儒之有得者，固是實見，禪學之有得者，亦是實見，但所見有不同，是非得失，遂於此乎判爾。彼之所見，乃虛靈知覺之妙，亦自分明脱灑，未可以想像疑之。然其一見之餘，萬事皆畢，卷舒作用，無不自由，是以猖狂妄行，而終不可與入堯、舜之道也。愚所謂有見於心，無見於性，當爲不易之論。使誠有見乎性命之理，自不至於猖狂妄行矣。蓋心性至爲難明，是以多誤。謂之兩物，又非兩物，謂之一物，又非一物，除却心卽無性，除却性卽無心，惟就一物中剖分得兩物出來，方可謂之知性。學未至於知性，天下之言未易知也。

居業録云：「婁克貞見搬木之人得法，便説他是道。此與運水搬柴相似，指知覺運動爲性，故如此説。夫道固無所不在，必其合乎義理而無私，乃可爲道，豈搬木者所能？設使能之，亦是儒者事矣，其心必以爲無適而非道。然所搬之木，苟不合義，亦可謂之道乎？」愚讀此條，不覺慨然興嘆，以爲義理之未易窮也。夫法者道之别名，凡事莫不有法，苟得其法，即爲合理，是即道也。搬木者固不知道爲何物，但據此一事，自是暗合道妙，與夫婦之愚不肖，與知能行一也。道固無所不在，若搬木得法而不謂之道，得無有空缺處耶？木所從來，或有非義，此宜責在主者，夫豈搬者之過耶？若搬者即主，則其得法處自是道，得之非義自是非道，顧可舉一而廢百耶？禪家所言運水搬柴，無非妙用，蓋但以能搬能運者即爲至道，初不問其得法與否，此其所以與吾儒異也。克貞雖是禪學，然此言却不差，乃從而譏之，過矣。

所謂理一者，須就分殊上見得來，方是真切。佛家所見，亦成一偏，緣始終不知有分殊，此其所以似是而非也。其亦嘗有言「不可籠統真如，顢頇佛性」，大要以警夫頑空者爾。于分殊之義，初無干涉也。其既以事爲障，又以理爲障，直欲掃除二障，乃爲至道，安得不爲籠統顢頇乎？陳白沙謂林緝熙曰：「斯理無一處不到，無一息不運，得此欛柄入手，更有何事？」其説甚詳，末乃云：「自兹以往，更有分殊處，合要理會。」夫猶未嘗理會分殊，而先已得此欛柄，愚恐其未免於籠統顢頇也。況其理會分殊工夫，求之所以自學，所以教人，皆無實事，可見得非欲稍自别於禪學，而姑爲是言耶？湛元明爲改葬墓碑，并「合要理會」句亦不用，其平日之心傳口授，必有在矣。

白沙詩教開卷第一章，乃其病革時所作，以示元明者也。所舉經書，曾不過一二語，而遂及於禪家之杖喝，何耶？殆熟處難忘也。所云「莫杖莫喝」，只是掀翻説。蓋一悟之後，則萬法皆空，「有學無學」，「有覺無覺」，其妙旨固如此。「金鍼」之譬，亦出佛氏，以喻心法也。「誰掇」云者，詩云：「繡羅一方，金針誰掇。」殆以領悟者之鮮其人，而深屬意於元明耳。觀乎「莫道金針不傳與，江門風月釣臺深」之句，別一絶句。其意可見。注乃謂「深明正學，以闢釋氏之非」，豈其然乎？「溥博淵泉，而時出之」，道理自然，語意亦自然，曰「藏而後發」，便有作弄之意，未可同年而語也。四端在我，無時無處而不發見，知皆擴而充之，卽是實地上工夫。今乃欲于静中養出端倪，既一味静坐，事物不交，善端何緣發見？遏伏之久，或者忽然有見，不過虚靈之光景耳。朝聞夕死之訓，吾夫子所以示人當汲汲于謀道，庶幾無負此生。故程子申其義云「聞道，知所以爲人也；夕死可矣，是不虚生也」。今顧以此言爲處老、處病、處死之道，不幾於侮聖言者乎？道乃天地萬物公共之理，非有我之所得私，聖賢經書明若日星，何嘗有一言以道爲吾爲我？佛氏妄誕，乃曰「天上天下，惟我獨崇」。今其詩有云「無窮吾亦在」，又云「玉臺形我我何形」？吾也，我也，注皆指爲道也，是果安所本耶？然則所謂「纔覺便我大而物小，物有盡而我無盡」，正是「惟我獨崇」之説。姑自成一家可矣，必欲强合於吾聖人之道，難矣哉！

楊方震復余子積書有云：「若論一，則不徒理一，而氣亦一也；若論萬，則不徒氣萬，而理亦萬也。」此言甚當，但「亦」字稍覺未安。

人呼吸之氣，卽天地之氣，自形體而觀，若有内外之分，其實一氣之往來耳。程子云：「天人本無二。」不必言合，卽氣卽理皆然。

理卽是氣之理，當於氣之轉折處觀之，往而來，來而往，便是轉折處也。夫往而不能不來，來而不能不往，有莫知其所以然而然，若有一物主宰乎其間，而使之然者，此理之所以名也。易有太極，此之謂也。若於轉折處看得分明，自然頭頭皆合。程子嘗言：「天地間只有一個感應而已，更有甚事？」夫往者感則來者應，來者感則往者應，一感一應，循環無已，理無往而不存焉，在天在人一也。天道惟是至公，故感應有常而不忒，人情不能無私欲之累，故感應易忒而靡常。夫感應者氣也，如是而感，則如是而應，有不容以毫髮差者理也，適當其可則吉，反而去之則凶，或過焉或不及焉，則悔且吝。故理無往而不定也。然此多是就感通處說，須知此心雖寂然不動，其中和之氣，自爲感應者，未始有一息之停。故所謂亭亭當當，直上直下之正理，自不容有須臾之間，此則天之所命，而人物之所以爲性者也。愚故嘗曰：「理須就氣上認取，然認氣爲理便不是。」此言殆不可易哉！

孟子曰：「孩提之童，無不知愛其親也，及其長也，無不知敬其兄也。」以此實良知良能之說，其義甚明。蓋知能乃人心之妙用，愛敬乃人心之天理也。以其不待思慮而自知此，故謂之良。近時有以良知爲天理者，然則愛敬果何物乎？程子嘗釋知覺二字之義云：「知是知此事，覺是覺此理。」又言「佛氏之云覺，甚底是覺斯道？甚底是覺斯民？」正斥其知覺爲性之謬耳。夫以二子之言，明白精切如此，而近時異說之興，聽者曾莫之辨，則亦何以講學爲哉？

上天之載，無聲無臭，又安有形體可覓耶？然自知道者觀之，卽事卽物之理，便昭昭然在心目之間，非自外來，非由內出，自然一定而不可易，所謂「如有所立卓爾」，非想像之辭也。佛氏以寂滅爲極致，與聖門卓爾之見，絶不相同，彼曠而虚，此約而實也。以覺言仁固非，以覺言知亦非也。蓋仁智乃吾心之定理，而覺乃其妙用，如以妙用爲定理，則大傳所謂「一陰一陽之謂道，陰陽不測之謂神」，果何别耶？朱子嘗言「神亦形而下者」，又云「神乃氣之精英，須曾實下工夫體究來」，方信此言確乎其不可易，不然則誤以神爲形而上者有之矣。黄直卿嘗疑中庸論鬼神，有「誠之不可掩」一語，則是形而上者，朱子答以只是實理處發見，其義愈明。

情是不待主張而自然發動者，意是主張如此發動者。不待主張者，須是與他做主張，方能中節。由此心主張而發者，便有公私義利兩途，須要詳審，二者皆是慎獨工夫。

天地人物，卝是一理，然而語天道則曰陰陽，語地道則曰剛柔，語人道則曰仁義，何也？蓋其分既殊，其爲道也，自不容于無别。然則鳥獸草木之爲物，欲明其道，夫豈可以一言盡乎？大抵性以命同，道以形異，必明乎異同之際，斯可以盡天地人物之性。道心此心也，人心亦此心也，一心而二名，非聖人强分别也，體之静正有常，而用之變化不測也，須兩下見得分明，方是盡心之學。佛氏所以似是而非者，有見于人心，無見于道心耳。慈湖説易，究其指歸，不出于虚靈知覺而已。其曰：「吾性澄然清明而非物，吾性洞然無際而非量，天者吾性中之象，地者吾性中之形，故曰在天成象，在地成形，皆我之所爲。」楞嚴經所謂「山河大地，咸是妙明真心中物」，卽其義也。其曰：「目能視，所以能視者何物？耳能聽，所以能聽者何物？口能噬，所以能噬者何物？鼻能嗅，所以能嗅者何物？手能運用屈伸，所以能運用屈伸者何物？足能步趨，所以能步趨者何物？氣血能周流，所以能周流者何物？心能思慮，所以能思慮者何物?」波羅提「作用是性」一偈,卽其義也。其曰:「天地非大也,毫髮非小也,晝非明也,夜非晦也,往非古也,此非今也,他日非後也,鳶飛戾天非鳶也,魚躍于淵非魚也。」金剛經所謂「如來說世界,卽非世界,是名世界三十二相,卽是非相」,是名三十二相,卽其義也。凡篇中曰己,曰吾,曰我,義與「惟我獨崇」無異,其爲禪學昭昭矣。

愚嘗謂:「人心之體,卽天之體,本來一物,但其主於我者謂之心。」若謂「其心通者,洞見天地人物,皆在吾性量之中,而此心可以範圍天地」,則是心大而天地小矣,是以天地爲有限量矣。本欲其一,反成二物,謂之知道可乎?易有太極,是生兩儀,乃統體之太極;乾道變化,各正性命,則物物各具一太極矣。其所爲太極則一,而分則殊,惟其分殊,故其用亦別。若謂「天地人物之變化,皆吾心之變化」,而以發育萬物,歸之吾心,是不知有分之殊矣。既不知分之殊,又惡可語夫理之一哉?蓋發育萬物,自是造化之功用,人何與焉?雖非人所能與,其理卽吾心之理,故中庸贊大哉聖人之道,而首以是爲言,明天人之無二也。此豈蔽於異說者所能識哉?況天地之變化,萬古自如,人心之變化,與生俱生,則亦與生俱盡,謂其常住不滅,無是理也。慈湖誤矣!藐然數尺之軀,乃欲私造化以爲己物,何其不知量邪?

因閱慈湖書,賦詩三章:「斜風細雨釀輕寒,掩卷長吁百慮攢。不是皇天分付定,中華那復有衣冠?」「裝成戲劇逐番新,任逼真時總不真。何事貪看忘晝夜?只緣聲色解迷人。」「鏡中萬象原非實,心上些兒却是真。須就這些明一貫,莫將形影弄精神。」程子解「道心惟微」曰:「心,道之所在;微,道之體也。」解得極明。些兒二字，乃俗語，康節詩中嘗用之，意與微字相類。天人物我所以通貫爲一，只是此理而已。如一線之貫萬珠，提起都在掌握。故盡己之性，便能盡人物之性，可以贊化育而參天地。慈湖謂其心通者，洞見天地人物，皆在吾性量之中，是將形影弄精神也。殊不知鏡中之象，與鏡原不相屬，提不起，按不下，收不攏，放不開，安得謂之一貫耶？

慈湖有云：「近世學者，沉溺乎義理之意，説胸中常存一理，不能忘捨，捨是則豁然無所憑依，故必置理字於其中。不知聖人胸中，初無如許意度。」愚按聖人胸中，固自清明瑩徹，然于中則曰「允執」，于矩則曰「不踰」，豈是漠然蕩無主宰？凡視聽言動，喜怒哀樂，一切任其自作自止，如水泡乎？若見得此理真切，自然通透洒落，又何有於安排布置之勞哉？

易曰：「立人之道曰仁與義。」其名易知，其理未易明也。自道體言之，渾然無間之謂仁，截然有止之謂義；自體道者言之，心與理一之謂仁，事與理一之謂義。心與理一，則該貫動静，斯渾然矣；事與理一，則動中有静，斯截然矣。截然者，不出乎渾然之中，事之合理，卽心與理一之形也。心與理，初未嘗不一也，有以間之則二矣。然則何修何爲而能復其本體之一邪？曰敬。

書之所謂「道心」，卽樂記所謂「人生而静，天之性也」，卽中庸所謂「未發之中，天下之大本也」，決不可作已發看。若認道心爲已發，則將何者以爲大本乎？愚於此不能無少異於朱子者。

讀佛書辨抽困知記中辯佛書者另爲一帙。

金剛經、心經可謂簡盡，圓覺詞意稍複，法華緊要指示處纔十二三，餘皆閒言語耳，且多誕謾。達磨雖不立文字，直指人心，見性成佛，然後來説話，不勝其多。大概其教人發心之初，無真非妄，故曰「若見諸相非相，卽見如來」。悟入之後，則無妄非真，故云「無明真如，無異境界」。雖頓、漸各持一説，而首尾衡決，真妄不分，真詖淫邪遁之尤者。

楞伽大旨有四：曰五法，曰三自性，曰八識，曰二無我。一切佛法，悉入其中，經中明言之矣。五法者，名也、相也、妄想也、正智也、如如也。三自性者，妄想自性、緣起自性、成自性也。八識者，識藏也、意根、意識、眼識、耳識、鼻識、舌識、身識也。二無我者，人無我、法無我也。凡此諸法，不出迷悟兩途。蓋迷則爲名，爲相，爲妄想，爲妄想自性，緣起自性，爲人法二執，而識藏轉爲諸識；悟則爲正智，爲如如，爲成自性，爲人法無我，而諸識轉爲真識。所爲人法，則五陰、十二入、十八界是已。五陰者，色、受、想、行、識也；十二入者，眼、耳、鼻、舌、身、意六根，對色、聲、香、味、觸、法六塵也；加之六識，是謂十八界。合而言之，人也；析而言之，法也。有所覺之謂悟，無所覺之謂迷。佛者覺也，而覺有二義，有始覺，有本覺。始覺者目前悟入之覺，卽所謂正智也，卽人而言之也；本覺者常住不動之覺，卽所謂如如也，離人而言之也。因始覺而合本覺，所以成佛之道也。及其至也，始覺正智亦泯，而本覺朗然獨存，則佛果成矣。故佛有十號，其一曰等正覺，此之謂也。本覺乃見聞知覺之體，五陰之識屬焉。

見聞知覺，乃本覺之用，十八界之識屬焉。非本覺卽無以爲見聞知覺，舍見聞知覺則亦無本覺矣。故曰如來於陰、界、入，非異非不異。其謂法離見聞知覺者何？懼其著也。佛以離情遣著，然後可以入道，故欲人于見聞知覺，一切離之。離之云者，非不見不聞、無知無覺也，不著于見聞知覺而已矣。金剛經所謂「心不住法而行布施，應無所住而生清浄心」，卽其義也。然則佛氏之所謂性，不亦明甚矣乎？彼明以知覺爲性，始終不知性之爲理，乃欲强合于吾儒以爲一道，如之何其可合也？昔達磨弟子婆羅提嘗言作用是性，有偈云：「在胎爲身，處世爲人。在眼曰見，在耳曰聞。在鼻辨香，在口談論。在手執捉，在足運奔。偏現俱該沙界，收攝在一微塵。識者知是佛性，不識唤作精魂。」識與不識，卽迷悟之謂也；知是佛性，卽所謂正智、如如；唤作精魂，卽所謂名相妄想。此偈自是真實語，後來桀黠者出，嫌其淺近，乃人人捏出一般鬼怪説話，直是玄妙奇特，以利心求者，安得不爲其所動乎？張子所謂「詖淫邪遁之辭，翕然並興，一出于佛氏之門」，誠知言矣。然造妖捏怪，不止其徒，中其毒者，往往便能如此。

楞伽四卷，卷首皆云：「一切佛語心品。」良以萬法惟識，諸識惟心，種種差别，不出心識而已。故經中之言識也特詳。第一卷，首言諸識有二種生住滅，謂流注生住滅、相生住滅。次言諸識有三種相，謂轉相、業相、真相。又云：「略説有三種識，廣説有八相。何等爲三？謂真識、現識及分别事識。」又云：「若覆彼真識，種種不實諸虚妄滅，則一切根識滅，是名相滅。」又云：「轉識、藏識，真相若異者，藏識非因；若不異者，轉識滅，藏識亦應滅，而自真實相不滅。非自真實相滅，但業相滅。若自真〔一〕實相

〔一〕「自真」原作「是具」，據困知紀續改。

滅者，藏識則滅；藏識滅者，不異外道斷見議論。」又破外道斷見云：「若識流注滅者，無始流注應斷。」又云：「水流處，藏識、轉識浪生。」又云：「外境界風飄蕩，心海識浪不斷。」又偈云：「藏識海常住，境界風所動，種種諸識浪，騰躍而轉生。」又偈云：「凡夫無智慧，藏識如巨海，業相猶波浪，依彼譬類通。」第二卷有云：「一切自性習氣，藏意意識習見轉變，名爲涅槃。」注云：「自性習氣，謂衆生心識性執，熏習氣分。藏意意識者，卽藏識與事識，由愛見妄想之所熏習。轉變者，謂轉藏識、事識，爲自覺聖智境界也。」有云：「識者，因樂種種跡境界，故餘趣相續。」有云：「外道四種涅槃，非我所說法。我所說者，妄想識滅，名爲涅槃。」有云：「意識者，境界分段計著生，習氣長養藏識，意俱我、我㊀所計著，思惟因緣生，不壞身相，藏識因攀緣自心現境界，計著心聚生，展轉相因。譬如海浪，自心現境界風吹，若生若滅，亦如是。是故意識滅，七識亦滅。」注云：「境界分段者，六識從六塵生也。習氣長養者，言六識不離七識、八識也。我、我所計著者，言七識我執，從思惟彼因彼緣而生，不壞身相。藏識，卽第八識，謂此八識因，于六識能緣，還緣自心所現境界，以計著故，而生六識，能總諸心，故云心聚生也。展轉相因者，八識轉生諸識，六識起善起惡，七識則傳送其間。海喻八識，浪喻六識，以六塵爲境界風。境界，乃自心所現，還吹八識心海，轉生諸識，若生若滅，亦猶依海而有風，因風而鼓浪，風息則浪滅，故云意識滅，七識亦滅也。」又偈云：「心縛于境界，覺想智隨轉。無所有及勝，平等智慧生。」注云：「現在㊁一

㊀「我」下原衍「有」，據困知紀續刪。
㊁「現在」賈本作「現前」。

念，爲塵境所轉，故有業縛，而本有覺智，亦隨妄而轉，若了妄卽真，離諸有相，及至佛地，則復平等大意矣。」第三卷有云：「彼生滅者是識，不生不滅者是智。」「墮相無相及墮有無種種相因是識，超有無相是智。」「長養相是識，非長養相是智。」又云：「無礙相是智，境界種種礙相是識。」「三事和合生方便相是識，無事方便自性相是智。」「得相是識，不得相是智。自得聖智境界，不出不入，如水中月。」注云：「根、塵及我，和合相應而生，是識，此不知自性相故，若知性相，則一念靈知，不假緣生，故云無事方便自性相是智。相惟是一，而有離不離之異，故云得不得也。」又偈云：「心意及與識，遠離思惟想。得無思想法，佛子非聲聞。寂静勝進忍，如來清浄智。生于善勝義，所行悉遠離。」注云：「得無思想法，則轉識爲智，此是菩薩，而非聲聞，智之始也。寂静勝進忍，卽如來清浄忍智，智之終也。」第四卷有云：「如來之藏是善不善因，能遍興造一切趣生。譬如伎兒變現諸趣，離我、我所。不覺彼故，三緣和合，方便而生。外道不覺，計著作者。爲無始虛僞惡習所薰，名爲識藏，生無明住地，與七識俱。如海浪身，常生不斷，離無常過，離于我論，自性無垢，畢竟清浄。」注云：「此隨染緣從細至粗也。若能一念迴光，能隨浄緣，則離無常之過、二我之執，自性清浄，所謂性德如來，則究顯矣。」有云：「菩薩摩訶薩欲求勝進者，當浄如來藏及識藏名。」「若無識藏名如來藏者，則無生滅。」注云：「識藏以名言者，由迷，如來藏轉成妄識，無有別體故，但有名。若無識藏之名，則轉妄識爲如來藏也。」有云：「彼相者，眼識所照，名爲色；耳、鼻、舌、身、意識所照，名爲聲、香、味、觸、法，是名爲相。妄想者，施設衆名，顯示諸相，如此不異象、馬、車、步、男女等名，是名妄想。正智者，彼名相不可得，猶如過客，諸識不生，不斷不常，不墮一切外道、聲聞、緣覺之地，以此正智，不立名相。非不立名相，離二見建立及誹謗，知名相不生，是名如如。」有云：「善不善者，謂八識。何等謂八？謂如來藏名識藏心、意、意識及五識身，非外道所說。」「五識身者，心、意、意識俱，善不善相，展轉變壞，相續流注，不壞身生，亦生亦滅，不覺自心現，次第滅餘識生，形相差別，攝受意識，五識俱相應生，刹那時不住。」注云：「不壞者，不斷也。攝受意識者，以五根攬五塵，攝㊀歸意識，起善起惡。」有云：「愚夫依七識身滅，起斷見；不覺識藏故，起常見。自妄想故，不知本際；自妄想慧滅故，解脱。」注云：「愚夫所知，極于七識，七識之外，無所知故，因起斷見；而不覺識藏無盡，見其念念相續故，起常見。由其自妄想，內而不及外故，不能知本際；然妄不自滅，必由慧而滅也。」又偈云：「意識之所起，識宅意所住。意及眼識等，斷滅說無常。或作涅槃見，而爲說常住。」注云：「意由八識而起，而八識意之所住，故謂之宅。以是言之，自不容以七識自滅而起斷見。彼又於意及眼識等斷滅處說無常，或作涅槃見者，此皆凡外自妄想見，故不知本際，如來爲是說常住也。」經中言識，首尾具於此矣。間有牽涉他文者，不暇盡録，然已不勝其多，亦無容盡録爲也。其首之以諸識有二種，生住滅乃其所謂生死根也，終之以識宅常住，乃其所謂涅槃相也。然而生死卽涅槃，涅槃卽生死，初無二相，故諸識雖有種種名色，實無二體，但迷之則爲妄，悟之則爲真。苟能滅妄識而契真識，則有以超生死而證涅槃矣。真識卽本覺也，涅槃卽所覺之境界也。由此觀之，佛氏之所謂性，有出於知覺之外耶？雖其言反覆多端，窮其本末，不過如此。然驟而觀之者，或恐猶有所未達也，輒以藏識爲

㊀「攝」朱氏釋誤云當爲「誠」。

主，而分爲數類，以盡其義。藏，卽所謂如來藏也。以其舍藏善惡種子，故謂之藏。其所以爲善爲惡，識而已矣，故曰藏識。藏識一耳，而有本有末，曰真相，曰真識，曰真實相，曰無始流注，曰藏識海，曰涅槃，曰平等智慧，曰不生不滅等。是智曰如來清淨智，曰自性無垢，畢竟清淨，曰識宅，曰常住。此爲一類，皆言乎其本體也。曰流注生住滅、相生住滅，曰業相，曰分別事識，曰識浪，曰樂種種跡境界，曰意識，曰生滅等是識，曰識藏生住地，無明與七識俱，如海浪身，常生不斷，曰識藏名，曰心意意識及五識身，曰意及眼識等。此爲一類，皆言乎其末流也。曰轉相，曰現識，曰轉識，曰覺想智隨轉。此爲一類，言乎本末之所由分也。其言及修行處，又當自爲一類，如曰諸虛妄滅，則一切根識滅，曰習見轉變，名爲涅槃，曰妄想識滅，名爲涅槃，曰意識滅，七識亦滅，曰無所有及勝，曰遠慮思惟想，曰離無常過，離於我論，曰欲求勝進者，當淨如來藏及識藏名，若無識藏名如來藏者，則無生滅，曰自妄想慧滅故解脱。凡此皆言其修行之法也。故窮其説者，合此數類而詳玩之，則知余所謂滅妄識而契真識，誠有以得其要領矣。夫識者，人心之神明耳，而可認爲性乎？且其以本體爲真、末流爲妄，卽分本末爲兩截，謂迷則真成妄，悟則妄卽真，又混真妄爲一途。蓋所見既差，故其言七顛八倒，更無是處。吾黨之號爲聰明特達者，顧不免爲其所惑，豈不深可惜哉！

夫以心識爲本，六識爲末，固其名之不可易者，然求其實，初非心識之外，别有所謂六識也，又非以其本之一，分而爲末之六也。蓋凡有所視，則全體在目；有所聽，則全體在耳；有所言，則全體在口；有所動，則全體在身。只就此四件説，取簡而易見爾。所謂感而遂通，便是此理。以此觀之，本末明是一物，豈可分而爲二，而以其半爲真、半爲妄哉？若夫真妄之不可混，則又可得而言矣。夫目之視、耳之聽、口之言、身之動，物雖未交，而其理已具，是皆天命之自然，無假于安排造作，莫非真也。及乎感物而動，則有當視者，有不當視者；有當聽者，有不當聽者；有當言者，有不當言者；有當動者，有不當動者。凡其所當然者，卽其自然之不可違者，故曰真也；所不當然者，則往往出于情欲之使然，故曰妄也。真者存之，妄者去之，以此治其身心，以此達諸家國天下，此吾儒所以立人極之道，而内外本末無非一貫也。若如佛氏之説，則方其未悟之先，凡視聽言動，不問其當然與不當然，一切皆謂之妄，及其既悟，又不問其當然與不當然，一切皆謂之真。吾不知何者在所當存乎？何者在所當去乎？當去者不去，當存者必不能存，人欲肆而天理滅矣。使其説肆行而莫之禁，中國之爲中國，人類之爲人類，將非幸歟！

達磨告梁武帝有云：「浄智妙圓，體自空寂，只此八字，已盡佛性之形容矣。」其後有神會者，嘗著顯宗記，反覆數百語，説得他家道理亦自分明，其中有云：「湛然常寂，應用無方。用而常空，空而常用。用而不有，卽是真空；空而不無，便成妙有。」妙有卽摩訶般若，真空卽清浄涅槃，又足以發盡達磨妙圓空寂之旨。余嘗合而觀之，與繫辭傳所謂「寂然不動，感而遂通天下之故」，殆無異也。然孰知其所甚異者，正在于此乎？夫易之神，卽人之心。程子嘗言：「心一也，有指體而言者，寂然不動是也；有指用而言者，感而遂通是也。」蓋吾儒以寂感言心，而佛氏以寂感爲性，此其所爲甚異也。良由彼不知性爲至精之理，而以所謂神者當之，故其應用無方雖亦識圓通之妙，而高下無所準，輕重無所權，卒歸于冥行妄作而已矣。

程子嘗言：「仁者，渾然與物同體。」佛家亦有「心佛衆生，渾然齊致」之語，何其相似也。究而言之，其相遠奚啻燕、越哉！唐相裴休深于禪學者也，嘗序圓覺經疏，首兩句云：「夫血氣之屬，必有知。凡有知者，必同體。」此卽「心佛衆生，渾然齊致」之謂也。蓋其所謂齊，固不出乎知覺而已矣，且天地之間，萬物之衆，有有知者，有無知者，謂有知者爲同體，則無知者非異體乎？有同有異，是二本也。蓋以知覺爲性，其窒礙必至於此。若吾儒所見，則凡賦形于兩間者，同一陰陽之氣以成形，同一陰陽之理以爲性，有知無知，無非出于一本。故此身雖小，萬物雖多，其血氣之流通，脈絡之聯屬，元無絲毫空闕之處，無須臾間斷之時，此其所以爲渾然也。

「有物先天地，無形本寂寥，能爲萬象主，不逐四時凋。」此高禪所作也。自吾儒觀之，昭然太極之義，夫復何言？然彼初未嘗知有陰陽，安知有所謂太極哉？此其所以大亂真也。今先據其言語解釋一番，使彼意既明且盡，再以吾儒言語解釋一番，然後明知其異同之實，則似是之非，有不難見矣！以佛家之言爲據，則無始菩提，所謂「有物先天地」也；湛然常寂，所謂「無形本寂寥」也；心生萬法，所謂「能爲萬象主」也；常住不滅，所謂「不逐四時凋」也。作者之意，不亦明且盡乎？求之吾儒之書，太極生兩儀，是固先天地而立矣；無聲無臭，則無形不足言矣；富有之謂大業，萬象皆一體也；日新之謂盛德，萬古猶一時也。太極之義，不亦明且盡乎？詩凡二十字，其十七字彼此意義無甚異同，所當辨者三字爾，物也，萬象也。以物言之，菩提不可爲太極明矣。以萬象言之，在彼經教中，卽萬法耳。以其皆生於心，故謂之能主。然所主者，實不過陰、界、入。自此之外，仰而日月星辰，俯而山河大地，近而君臣、父子、兄弟、夫婦、朋友，遠而飛潛動植、水火金石，一切視以爲幻而空之矣。彼安得復有所謂萬象乎哉？爲此詩者，蓋嘗窺見儒書，遂竊取而用之耳。余于前記嘗有一説，正爲此等處，請復詳之。所謂天地間非太極不神，然遂以太極爲神則不可，此言殊不敢易。誠以太極之本體，動亦定，静亦定，神則動而静，静而能動者也，以此分明見得是兩物，不可混而爲一。故繫辭傳既曰「一陰一陽之謂道」矣，而又曰「陰陽不測之謂神」，由其實不同，故其名不得不異。不然，聖人何用兩言之哉？然其體則同一陰陽，所以難于領會也。佛氏初不識陰陽爲何物，固無由知所謂道、所謂神，但見得此心有一點之靈，求其體而不可得，則以爲空寂；推其用而偏于陰、界、入，則以爲神通。所謂有物者此耳。以此爲性，萬無是處，而其言之亂真，乃有如此詩者，可無辨乎？然人心之神，卽陰陽不測之神，初無二致，但神之在陰陽者，則萬古如一，在人心者，則與生死相爲存亡，所謂理一而分殊也。佛氏不足以及此矣。

南陽慧忠破南方宗旨云：「若以見聞覺知是佛性者，浄名不應云『法離見聞覺知』，若行見聞覺知是，則見聞覺知非求法也。」南僧因問「法華了義開佛知見，此復何爲？」忠曰：「他云開佛知見，尚不言菩薩二乘，豈以衆生癡倒，便成佛之知見邪？」汾州無業有云：「見聞覺知之性，與太虚齊壽，不生不滅，一切境界本自空寂，無一法可得。迷者不了，卽爲境惑，一爲境惑，流轉無窮。」此二人皆禪林之傑出，考其言，皆見于傳燈録，何若是之不同耶？蓋無業是本分人，説本分話。慧忠則所謂神出鬼没，以逞其伎倆者也。彼見南方以見聞覺知爲性，便對其人捏出一般説話，務要高他一著，使之莫測。嘗見金剛經有「是法平等，無有高下」之語，衆生固然迷悟不同，其知見之體卽是平等，豈容有二？又嘗見楞嚴經有兩段話，其一佛告波斯匿王云：「顏貌有變，見精不變，變者受滅，不變者元無生滅。」其二因與阿難論聲聞有云：「其形雖昧，聞性不昏，縱汝形銷，命光遷謝，此性云何爲汝銷滅？」此皆明以見聞爲性，與婆羅提說相合。若淨名則緊要在一離字。先儒嘗言，佛氏之辭善遁，便是此等處。傳燈録中似此儘多，究其淵源，則固出于瞿曇也。蓋瞿曇說法，常欲離四句爲一，非異非不異、非有非無、非常非無常，卽楞伽一經，累累見之，此便是遁辭之根。若將異處窮著他，他便有非異一說；將無常窮著他，他便有非無常一說。自非灼然看得他破，只得聽他愚弄耳。

僧問忠國師：「古德云：青青翠竹，盡是法身；鬱鬱黃華，無非般若。有人不許，云是邪說；亦有信者，云不思議。不知若爲？」國師曰：「此是普賢、文殊境界，非諸凡小而能信受，皆與大乘了義經合。故華嚴經云：『佛自充滿於法界，普現一切羣生前，隨緣赴感靡不周，而恒處此菩提座。』翠竹既不出於法界，豈非法身乎？又般若經云：『色無邊，故般若亦無邊。』黃華既不越于色，豈非般若乎？深遠之言，不省者難爲措意。」又華嚴座主問大珠和尚云：「禪師何故不許青青翠竹，盡是法身，鬱鬱黃華，無非般若？」珠曰：「法身無像，應翠竹以成形；般若無知，對黃華而顯相。非彼黃華翠竹而有般若法身。故經云：『佛真法身，猶若虛空，應物現形，如水中月。』黃華若是般若，般若卽同無情，翠竹若是法身，翠竹還能應用。座主會麽？」曰：「不了此意。」珠曰：「若見性，人道是亦得，道不是亦得，隨用而設，不滯是非；若不見性，人說翠竹著翠竹，說黃華著黃華，說法身滯法身，說般若不識般若。所以皆成諍論。」宗杲云：「國師主張翠竹是法身，直主張到底。大珠破翠竹不是法身，直破到底。老漢將一個主張底破底，收作一處，更無拈提，不敢動著他一絲毫，要你學者具眼。」余于前記嘗舉翠竹黄華二語，以謂與鳶飛魚躍之言絶相似，只是不同。據慧忠分析語，與大珠成形顯相二言，便是古德立言本旨。大珠所以不許之意，但以黄華翠竹非有般若法身爾，其曰「道是亦得」，卽前「成形顯相」二言，曰「道不是亦得」，卽後「非彼有般若法身」一言也。慧忠所引經語，與大珠所引經語皆合，直是明白，更無餘蘊。然則其與吾儒鳶飛魚躍之義，所以不同者，果何在邪？誠以鳶魚雖微，其性同一，天命也。飛躍雖殊，其道同一，率性也。彼所謂般若法身，在華竹之身之外；吾所謂天命率性，在鳶魚之身之内。在内則是一物，在外便成二物。二則二本，一則一本，詎可同年而語哉？且天命之性，不獨鳶魚有，華竹亦有之。程子所謂「一草一木，亦皆有理，不可不察者」，正惟有見於此也。佛氏祇緣認知覺爲性，所以於花竹上便通不去，只得以爲法界中所現之物爾。楞伽以四大種色爲虚空所持，楞嚴以山河大地咸是妙明真心中物，其義亦猶是也。余也向雖引而不發，今則舍矢如破矣。吾黨之士夫，豈無具眼者乎？

宗杲謂鄭尚明曰：「你只今這聽法說法一段，歷歷孤明底，未生已前，畢竟在恁麼處？」曰：「不知。」杲曰：「你若不知，便是生大。你百歲後，四大五蘊，一時解散，到這裏歷歷孤明底，却向甚麼處去？」曰：「也不知。」杲曰：「你既不知，便是死大。」又嘗示吕機宜云：「現今歷歷孤明，與人分是非、別好醜底，決定是有是無？是真是實是虚妄？」臨濟亦嘗語其徒曰：「四大身不解說法聽法，虚空不解說法聽法。」觀此數節，則佛氏之所謂性，亦何難見之有？渠道理只是如此，本不須苦求解悟，然而必以悟爲則者，只是要見得此歷歷孤明境界更親切爾。縱使見得親切，夫安知歷歷孤明者之非性，而性自有真邪？

杲答曾天游侍郎書曰：「尋常計較安排底是識情，隨生死遷流底亦是識情，怕怖慞惶底亦是識情。而今參學之人，不知是病，只管在裏許頭出頭没，教中所謂隨識而不隨智，以故昧却本地風光，本來面目。若或一時放下，百不思量計較，忽然失脚踏著鼻孔，卽此識情，便是真空妙智，更無别智可得。若别有所得，有所證，則又却不是也。如人迷時喚東作西，及至悟時卽西便是東，無别有東，此真空妙智與太虚齊壽。只這太虚中，還有一物礙得他否？雖不受一物礙，而不妨諸物于空中往來，此真空妙智亦然。凡聖垢染著一點不得，雖著不得而不礙生死，凡聖于中往來，如此信得及，見得徹，方是個出生入死得大自在底漢。」細觀此書，佛氏之所謂性，無餘藴矣。忽然失脚踏著鼻孔，便是頓悟之説。

頌云：「斷除煩惱重增病，趨向真如亦是邪，隨順世緣無罣礙，涅槃生死是空華。」嘗見杲示人有「水上葫蘆」言，此頌第三句，卽「水上葫蘆」之謂也。佛家道理真是如此。論語「無適無莫」，若非義之與比，何以異於水上葫蘆哉？

老子外仁義禮而言道德，徒言道德而不及性，與聖門絶不相似，自不足以亂真。所謂彌近理而大亂真，惟佛氏耳。

論學書

吾之有此身，與萬物之爲物，孰非出于乾坤？其理固皆乾坤之理也。自我而觀物，固物也；以理觀之，我亦物也。渾然一致而已，夫何分於内外乎？所貴乎格物者，正欲卽其分之殊，而有以見乎理之一。無彼無此，無欠無餘，而實有所統會，夫然後謂之知至，亦卽所謂知止，而大本于是乎可立，達道於是乎可行，自誠正以至於治平，庶乎可一以貫之而無遺矣。

「物者意之用也，格者正也，正其不正，以歸於正也。」此執事格物之訓也。來教云：「格物者，格其心之物也，格其意之物也，格其知之物也；正心者，正其物之心也；誠意者，誠其物之意也；致知者，致其物之知也。」夫謂格其心之物，格其意之物，格其知之物，凡其爲物也三，謂正其物之心，誠其物之意，致其物之知，其爲物也一而已矣。就三物而論，以程子格物之訓推之，猶可通也，以執事格物之訓推之，不可通也。就一物而論，則所謂物者，果何物耶？如必以爲意之用，雖極安排之巧，終無可通之日，不能無疑者一也。執事謂意在于事親，卽事親是一物，意在于事君，卽事君是一物，諸如此類，不妨說得行矣。有如川上之嘆，鳶飛魚躍之旨，試以吾意著于川之流、鳶之飛、魚之躍，若之何正其不正，以歸于正邪？不能無疑者二也。執事又云：「吾心之良知，卽所謂天理也，致吾心良知之天理于事事物物，則事事物物皆得其理矣。致吾心之良知者，致知也，事事物物各得其理者，格物也。」審如所言，則大學當云格物在致知，知至而後物格矣。且既言精察此心之天理，以致其本然之良知，又言正惟致其良知，以精察此心之天理。然則天理也，良知也，果一乎？果非一乎？察也，致也，果孰先乎？孰後乎？不能無疑者三也。以上與王陽明。

人之有心，固然亦是一物，然專以格物爲格此心，則不可。說卦傳曰：「觀變于陰陽而立卦，發揮于剛柔而生爻，和順于道德而理于義，窮理盡性以至于命。」後二句皆主卦爻而言，窮理者卽卦爻而窮之也。蓋一卦有一卦之理，一爻有一爻之理，皆所當窮，窮到極處，却止是一理。此理在人則謂之性，在天則謂之命。心也者，人之神明，而理之存主處也。豈可謂心卽理，而以窮理爲窮此心哉？良心發見，乃感應自然之機，所謂天下之至神者，固無待於思也，然欲其一一中節，非思不可，研幾工夫，正在此處。故大學之教，雖已知止有定，必慮而后能得之。若此心粗立，猶未及於知止，感應之際，乃一切任其自然，遂以爲卽此是道，其不至於猖狂妄行者幾希！答允恕弟。

寂然不動，感而遂通，高見謂非聖人不能，是以不能無疑于鄙說。愚以爲常人之心，亦有時而寂，但茫無主宰，而大本有所不立；常人之心亦無時不感，但應物多謬，而達道有所不行。此其所以善惡雜出，而常危也。既是人心，動靜如此，卽不容獨歸之聖人矣！

余所云「物格則無物」者，誠以功深力到，而豁然貫通，則凡屈伸消長之變，始終聚散之狀，哀樂好惡之情，雖千緒萬端，而卓然心目間者，無非此理，一切形器之粗迹，舉不能礙吾廓然之本體，夫是之謂無物。孟子所謂「盡心知性，而知天」，卽斯義也。以上答黃筠溪。

人之知識，不容有二，孟子但以不慮而知者，名之曰「良」，非謂別有一知也。今以知惻隱、知羞惡、知恭敬、知是非爲良知，知視、知聽、知言、知動爲知覺，是果有二知乎？夫人之視聽言動，不待思慮而知者，亦多矣，感通之妙，捷於桴鼓，何以異於惻隱羞惡恭敬是非之發乎？且四端之發，未有不關於視聽言動者，是非必自其口出，恭敬必形於容貌，惡惡臭輒掩其鼻，見孺子將入於井，輒匍匐而往救之，果何從而見其異乎？知惟一耳，而强生分別，吾聖賢之書，未嘗有也。惟楞伽經有所謂「真識現識及分別事識」三種之別，必如高論，則良知乃真識，而知覺當爲分別事識無疑矣。

天性之真，明覺自然，隨感而通，自有條理，是以謂之良知，亦謂之天理，賢契所得，在此數語。夫謂良知卽天理，則天性明覺只是一事，區區之見，要不免於二之。蓋天性之真，乃其本體，明覺自然，乃其妙用，天性正於受生之初，明覺發於既生之後，有體必有用，而用不可以爲體也。樂記所謂「人生而靜，天之性」，卽天性之真也；「感物而動，性之欲」，卽明覺之自然也。大傳所謂「天下之至精」，卽天性之真也；「天下之至神」，卽明覺之自然也。大雅所謂「有物有則」，卽天性之真也；「好是懿德」，卽明覺之自然也。諸如此類，其證甚明。孔子嘗言「知道、知德」，曾子嘗言「知止」，子思嘗言「知天知人」，孟子嘗言「知性知天」，凡知字，皆虛，下一字，皆實，虛實既判，體用自明，以用爲體，未之前聞也。

來書格物工夫，惟是隨其位分，修其實履，雖云與佛氏異，然於天地萬物之理，一切置之度外，更不復講，則無以達夫一貫之妙，又安能盡己之性以盡人物之性，贊化育而參天地哉？此無他，只緣誤認良知爲天理，於天地萬物上，良知二字，自是安著不得，不容不置之度外耳。聖人本天，釋氏本心，天地萬物之理，既皆置之度外，其所本從可知矣。若非隨其位分，修其實履，則自頂至踵，寧復少有分別乎？

以良知爲天理，則易簡在先，工夫居後，後則可緩。白沙所謂「得此欛柄入手，更有何事？自兹以往，但有分殊處，合要理會」是也。謂天理非良知，則易簡居後，工夫在先，先則當急，所謂「果能此道矣，雖愚必明，雖柔必强」是也。

以良知爲天理，乃欲致吾心之良知於事事物物，則是道理全在人安排出，事物無復本然之則矣，無乃不得於言乎？以上答歐陽少司成。

明儒學案卷四十八　諸儒學案中二

文莊汪石潭先生俊

汪俊字升之㊀，號石潭，弋陽人也。弘治癸丑㊁進士。選庶吉士，授翰林編修。正德初，忤逆瑾，調南工部員外郎。瑾誅，復還翰林，歷侍讀學士。嘉靖初，晉吏禮二部侍郎，禮部尚書兼國史副總裁。大禮議起，先生力主宋儒之議，上爲遷延者二年，先生終不變，於是上怒甚，罷其官。久之卒。隆慶改元，贈太子少保，謚文莊。先生之學，以程、朱爲的，然以陽動陰静、流行而不息者爲心，而其不易之常體則性也。性雖空無一物，而萬化皆從此出。故性體也，心用也，渾然不可分析。以造化言之，天高地下，萬物散殊，無處非氣之充塞也，天不得不高，地不得不下，物之本乎天者親上，本乎地者親下，亘萬古而不易，即是理也，亦渾然不可分析也。乃朱子謂性是心所具之理，若是乎心爲車也，性爲車所載之物也。岐心性而二之，猶之岐理氣而二之也，非程子之旨也。先生之不苟同如此。先生既知聖人之學，不失其本心，便是復性，則陽明之以心即理，若合符契矣，而謂陽明學不從窮事物之理，守吾此心，

㊀「升之」明史作「抑之」，賈本作「折之」。
㊁原作「癸未」。朱氏釋誤云汪俊係弘治六年進士，是年癸丑。據改。

未有能中於理者，無乃自背其說乎？楊止菴言先生發明道體，可謂獨見，以陽明言性不分理氣，著說非之，陽明過弋陽，寄四絶以示絶交。按陽明所寄二絶，非四絶也。序云：「僕兹行無所樂，樂與二公一會耳。得見閑齋，固已如見石潭矣，留不盡之興於後期，豈謂樂不可極耶？」「見說新居止隔山，肩輿曉出暮堪還。知公久已藩籬散，何事深林尚閉關？」「乘興相尋涉萬山，扁舟亦復及門還。莫將身病爲心病，可是無關却有關。」此正朋友相愛之情，見之於辭，以是爲絶交，則又何說？

濯舊

孟子道性善，論者猶紛紛也，至宋程、張闡明之，而孟子之說始白於天下。程子曰：「性卽理也，天下之理，原其所自，未有不善。」張子曰：「形而後有氣質之性，善反之，則天地之性存焉。故氣質之性，君子有弗性者焉。」夫所謂「性卽理也」者，必先有見於性之爲體，而後理可言也。猶曰「天卽道也」，亦必有見於天之爲體，而後可言其爲道也。二子之論，蓋皆卽氣而指其本體，未涉於有者爲言，其曰：「在天爲命，在人爲性，在義爲理，主於身爲心，其實一也。發於思慮，則有善有不善。」思慮則涉於有矣。又曰：「人生而靜以上不容說，才說性時便已不是性。」可說則涉於有矣。又有「二氣五行剛柔萬殊，聖人所由惟一理，人只要復其初」。其初則性也。朱子宗二子立說，似有未同者。

陽伸陰屈，發而爲春夏，動也；陽屈陰伸，斂而爲秋冬，靜也。此天地之化，運行而不已也。若天地之心，則所以主乎是者，不可以動靜言。邵子曰：「動靜之間，於復言之，於姤亦言之。」蓋謂於此可見，非以復、姤爲天地之心也。曰「天心無改移」，曰「太極不動，性也」。其指微矣。知此，則程門所論未發之中，及所謂「一日之間，萬起萬滅，而其心自若」，皆在是矣。

好惡情也，情有所自，出於性也。好善惡惡，人之性也，卽理也，義也，心之所同然也。好惡未形而其理已具，故曰「性卽理也」。

孟子論性曰：「我固有之，非由外鑠我也。」而又曰：「求則得之。」性待求而後得耶？有其誠，則有其神，無其誠，則無其神，洋洋如在，神何嘗無？無之者人耳！

「有理有氣，氣形而理性。」朱子之説也。程、張之論，蓋不如此。「道卽性也，若道外尋性，性外尋道，便不是性卽理也。」此程子之説也。朱子論性，自謂宗程、張立説，似非程、張本旨。

二氣五行，剛柔萬殊，所謂形而後有氣質之性也。聖人所由惟一理，人只要復其初，所謂「善反之，則天地之性存焉」者也。至誠盡其性，聖人事也。盡人物之性，不過因其氣質而裁成輔相之耳。曰其性，曰人之性，曰物之性，未可以一律言也。以上性説。

目能視，耳能聽，口能言，心能思，皆氣也，而心爲之主。性則心之體，有不涉於氣者。程子曰「性卽理也」，張子曰「性立乎氣之外，然實不外於心也」。世人以聞見爲心，但知囿於形氣者耳。聖人盡性，不以聞見梏其心，乃無外之天心也。朱子分理氣兩言之，曰「得氣以成形，得理以爲性」，恐非程、張本旨。程子有言「以體會爲非心，故有心小性大之説，不可將心滯在知識上求」。又曰「在天爲命，在人爲性，在義爲理，主於身爲心，其實一也。發於思慮，則有善有不善」。程子蓋以心性合言之。若張子

「心能盡性，性不知檢其心」，蓋分言之。學者究二説而能通之，則可以言性矣。

心性一物也，不可分，分而言之，則性乾道也，心坤道也。凡從心而出者，皆性之德也。臣之所行，皆君之令也，妻之所生，皆夫之子也，然非以天地君臣夫妻對立而言也。卽地之道，而天在其中，卽臣之道，而君在其中，卽妻之道，而夫在其中，卽心之道，而性在其中矣。故曰「一物不可分，分而言之可也」。

虛靈應物者心也，其所以爲心者，卽性也。性者心之實，心者性之地也。聖人之心，仁義而已矣。由仁義而散爲萬事，皆道也。仁義之心，乃其性也，得於天有也。在天爲命，在人爲性，主於身爲心，其實一也。性可以意會，而不可以象求。故曰「性卽理也」。若心則涉於有象而可言矣。程子有言：「自性之有形者謂之心，自性之能動者謂之情。」其旨微矣。

心有動静，一語一默，一寐一寤，動而陽，静而陰，若流行之用，而本體則性也。無聲無臭，寂然不動，無語默寤寐之間者也。程子論中書有謂「凡言心者，皆指已發而言」。蓋謂此也。既又自以爲未當，曰「心一也，有指體而言者」。自註云：「寂然不動是也」。「有指用而言者」。自註云：「感而遂通天下之故是也。惟觀其所見如何耳！」蓋合心性而一言之，與前説初不相戾也。正蒙「性者感之體，感者性之神」，以感言心，與程子一説。朱子謂「寂然者感之體，感通者寂之用」，其言是已。而繼之「人心之妙，其動静亦如此」，恐非程、張之旨。

心豈有出入？亦以操舍而言也。程子蓋謂心無形體，操存舍亡，猶言用舍行藏云耳，存亡猶隱顯也，此正孟子善論心處，言「范女識心，不識孟子」，蓋謂此也。又曰「放心是心本善而流於不善也」，言放心不足以言心，非心之本體也。他録有曰：「心則無出入矣，逐物者是欲合而究之。」則程子示人明且切之意彰矣。或曰：「子謂心無形體，乃其本體，則是所謂無體之體，亦可得而見乎？」程子有言，「學者莫若先理會敬」，能敬，則知此矣。以上心性説。

朱子云：「性卽心之所具之理也，知性則物格之謂。」於學者亦自有實地可據，然性之爲義則隱矣。好惡情也，好善而惡惡性也，好之惡之者心也。物至知之，好惡形焉，心之動而應乎外也；事物未至，好惡未形，心之靜而專於内也。若性者，則其不易之常體，不可以動靜内外言矣。心性情説。

「形而上爲道，形而下爲器，須著如此説。器亦道，道亦器，但得道在，不繫今與後，己與人」，此程子之説也。蓋謂天高地下，萬物散殊，凡有跡可指者皆器也，卽道也。天不得不高，地不得不下，物之本乎天者，則親上，本乎地者，則親下，亘萬古而不易，理定故也。器有成毁，而道則常在。以人事言之，文、武之政，布在方策，皆器也，卽道也。政有舉息，而道則常在。程子又曰：「一陰一陽之謂道，陰陽亦形而下者，而曰道者，惟此語截得上下最分明，元來只此是道，要在人默而識之。」

「運於無形之謂道，形而下者不足以明之；散殊可象爲氣，清通而不可象爲神」。此張子之説也。蓋謂太虛者氣之本體，爲性爲神，是謂形而上者；其聚而爲物，天地法象，皆神化之糟粕，是謂形而下者。與程子之説異。朱子宗程子立説，曰：「天地之間有理有氣，理形而上者，氣形而下者也。人之生，得理以爲性，得氣以成形，其推於人事，以事爲形而下之器，事之理乃道也。事不合理，則是有器而無道。」蓋歧而二之，又非程㊀子之説矣。程子曰：「視聽思慮動作皆天也，所謂器亦道也，但要識真妄，妄則不誠無物，何器之有？」

程子言：「凡物有本末，不可分本末爲兩段事。本道也，末器也，卽道也。」朱子解之曰：「非謂末卽是本，但學其末而本便在此。」竊以爲是，乃程子之本旨也。以上道器説。

「心，體也；事，用也。心外無事，事外無心，心跡未嘗判。」此程子一原之旨也。皆善事也，或主於立名，或主於爲利，無是二者，而或但出於一時之意氣，其用雖是，而其體非也。若主於義，曰「此吾之所當爲也」，則體用合矣。滯於用而不知養其所自出之原，俗學也。外於用以求真體之所在，異學也。無是二者之蔽，則得之矣。一原説。

原始以未生之前言，反終以既死之後言。終者復其始者也，始未嘗有，則終亦無有；始未嘗無，則終亦無無。以爲未嘗有者，未嘗有我也，復其始則無我矣。以爲未嘗無者，其所以爲我者，未嘗無也，安得隨死而亡乎？

静變而爲動，動變而爲静，兩也，易也，道也。時動而動，初未嘗有動也，時静而静，初未嘗有静也，動静合一，存夫神。神一而已，兩可言也，一不可言也，故曰：「易所以立道，窮神則無易矣。」

知事卽理，則無事矣，外不見物也；知理卽心，則無心矣，内不見己也。外物不接，内欲不萌，如是而止，乃得止之道，止於理而已。以上易説。

㊀「也事」至「非程」二十字，據賈本補。

今學者喜言正心，而不言誠意，喜言致知，而不言格物，汩於異學故耳。誠意所以正心，格物所以致知，内外一理，此乃大學之道也。大學說。

人之爲學，一心而已。蓋心主乎一身，而其體之虛靈，足以管乎天下之理；理散在萬事，而其用之微妙，實不外乎一人之心。故學貴於知要，求諸一心而已。學之道奈何？主敬以立其本，窮理以進其知，本立而知益明，知進而本益固，而心之體用全矣。他日語門人曰：「主敬所以存此心，格物所以明此心。」乃定論也。刪定或問。

道散於天下而具於人之一心，所謂性也。性非他，天命是矣。所謂天命，陰陽五行，化生萬物，天命之流行也。五殊二實，其本則一。維天之命，於穆不已，天之所以爲天也，所謂在天爲命也。受生於天，因各得是以爲性，所謂在人爲性也。循性而出，散爲萬事，皆道也。修道以立法於天下則教也。道形於日用，無物不有，無時不然，所謂不可離也，而其實體在我一性而已。是故君子之體道也，不求道於事，而嚴諸一心，戒慎恐懼乎其所不睹不聞，所以存天理之本然，無動静之間者也。不睹不聞，隱且微矣，而至著存焉，沖漠無朕，萬象森然已具，此體道之君子，所以必慎其獨也。蓋重言之，非二事也。喜怒哀樂情也，四者形而天下之事具，發而中節則道也。和所以狀情之德，道就事而言。四者未發則性也，謂之中。中所以狀性之德，道之體也。道不出於一中，而實性之德，故曰大本。君子嚴諸一心，而性得所養，則大本立矣。本立道行，所謂致中和也。程子曰：「致如致却太平之致。」蓋中和不可以力取，其要在慎獨而已。天地於此乎位，萬物於此乎育，此聖人之能事，學者之極功，而豈外於一心之妙用乎？

或曰：「子亦求異於朱子乎？」曰：「非敢爲異也，將求同於程子耳。中和之説，程門論説甚詳，似皆未領其旨。定性書言：『聖人之喜，以物之當喜，聖人之怒，以物之當怒，聖人之喜怒不繫於心，而繫於物。』蓋自其不繫於心而言，則未發之中，自其因物喜怒而言，則已發之和，不可析爲二處也。若以動静之時分體用，而以静存爲致中，動察爲致和，非程子之本旨矣。豈以其近於佛氏止觀空覺爲一之論，遂寧過於分析乎？程子云：『吾儒與釋氏，句句合，事事同，然而不同。』其謂此歟！喜怒哀樂未發謂之中。中也者，天下之大本也，指心之本體而言。大學言正心，曰有所忿懥恐懼好樂憂患，則不得其正，一物存焉，則累其空明之本體矣。名其無倚曰中，名其無妄曰誠，名其無私曰仁，一物也，是謂『天命之謂性』。『發而中節謂之和』，『和也者，天下之達道也』，指心之流行而言，是謂『率性之謂道』。『忠恕一以貫之』，忠者，無妄；恕者，所以行乎忠也。忠者體，恕者用，大本達道也。此程子之本旨也。」

常人有欲，順其欲則喜，逆其欲則怒，失其欲則哀，得其欲則樂，其所以爲心者，非喜則怒，非哀則樂，情而已。聖人無欲，渾然一性，何喜？何怒？何哀？何樂？故曰「只喜怒哀樂不發便是中也」。由是言之，聖人之心，未發之中也；赤子之心，發而未遠於中也，衆人之心，則皆已發者也。然則聖人無發乎？曰發而中節，物各付物，是皆未發者之所形，而其未發者固自若也。故曰「言和則中在其中，言中則含喜怒哀樂在其中矣」。中以無過不及爲義，過非道，不及非道，道者中而已。以事言，則各有中，以道言，則一中以蔽之矣。中者大本，言道之體也，安得謂有二義乎？如言心正則百事皆正，若中有二義，心亦可有二義乎？

或曰：「朱子論中和，其書成卷，子復有二論乎？」曰：「竊求諸程子而有疑焉。蓋程門指此爲傳授心法，故其門人論説最詳。龜山之南也，羅仲素、李延平，實世守之，至朱子始自立説，以未發已發分屬動静之時，學者但當因其時而各致其力，非復程子之説矣。周子圖説之主静，自註『無欲故静』。通書曰：『一者無欲，無欲則静虚動直。』則是主静之静，乃所謂一者，而非陽動陰静之静也。伊、洛源流，疑出於此。若張子之天德，邵子之天心，皆指是爲説也。」

君子之道費而隱，費，用之廣也；隱，體之微也。夫婦之所能知能行，聖人之所不能知不能行，語大語小，在上在下，萬有不齊，可謂費矣。語其體則一而已，道是也，不可得而見也。以聖人言之，動爲道，言爲法，行爲則，三千三百，萬有不齊，可謂費矣。語其體則一而已，心是也，不可得而見也。鳶飛魚躍，上下察也，明隱之不可掩也，猶贊鬼神之德曰「微之顯」云耳。中庸「始言一理，中散爲萬事，末復合爲一理，放之則彌六合，斂之則退藏於密」，卽其旨也。以上中庸説。

君子喻於義，義其心也；小人喻於利，利其心也。方其未形於事，初未有義利之可言，而其爲體固已判矣。義心天下之公，本於性者也，天也；利心一人之私，生於形者也，人也。故君子從天不從人。下學以所行言，上達以所見言，非二事也。下學而不能上達，由之而不知者也。窮理則盡性至命，下學而上達也。以上論語説。

必有事焉，以持志言；勿正者，猶言有事而未嘗有事云耳。勿忘，卽是有事；勿助，卽是勿正。故程子以鳶飛魚躍言之。孟子說。

仁者何？人之本心是也。求卽其本心之安，是爲仁也。然則求仁之方，但嘿以守吾此心可乎？曰「非也。視聽言動，出門使民，居處執事與人，以至事賢友仁，學問思辨，皆爲仁之地也。近世右象山而左朱子，曰吾心學也。好異者靡然趨之，惑世誣民，其罪大矣。」仁說。

道一本而萬殊，夫子之一貫是矣。以學言之，則必有事於萬殊，而後一者可幾也。曾子之隨事力行，子貢之多學而識，皆親受業於夫子之門者也。顏子之博文約禮，而後如有所立，易之知崇禮卑，而後成性存存，皆一說也。程子論學，曰：「涵養須用敬，進學則在致知。」朱子伸明之，曰：「主敬以立其本，窮理以致其知，本立而知益明，知進而本益固。」可謂盡矣。陸氏之學，蓋略有見於道體，遂欲單刀直入，以徑造夫所謂一者，又自以爲至簡至易，立躋聖域，故世之好異者靡然趨之，而不知其相率而陷於異端之說也。張子曰：「儒者窮理，故率性可以謂之道，釋氏不知窮理，而自謂之性，故其說不可推而行。」程子有言：「自物格而充之，然後可以至聖人，不知物格而先欲意誠心正者，未有能中於理者。」據此可以斷陸氏之學。

氣質之性，生於形者也，心爲形役，故惟氣質用事；天地之性，言性之本然，初不外於一心也，生乎形而不役於形，超然獨立，物我並照，則本性見矣。學者知求復性，而不知卽心以求，則未嘗讀孟子者也。性卽理也，窮理則盡性至命，以格物窮理爲外，爲末，而非之者，則未嘗讀程子也。

聖人之心，道也。言者心之聲，行者心之迹，六經之爲教，皆出於聖人之心，故曰心道也。常人之心，去道遠矣，於是乎有學必窮理讀書廣見聞，而後理可明，必克己治心强恕，而後性可復。學而至於成性，而後聖人之心可言也。今始學者，知習静以入德，亦一門徑，而遂曰「道在是，不假外求」，則妄説也。

道者，事物當然之理，所謂在物爲理也，而其實體在我，何事何物不出此心？所謂處物爲義也，故曰中。理在事，義在心，聞樂而樂，食旨而甘，居處而安，人之情也，理也。其居喪也，聞樂不樂，食旨不甘，居處不安，亦人之情也，理也。故君子之學，求不失其本心而已。

自誠明謂之性，誠則無不明矣。中庸論性而曰慎獨，曰篤恭，所以存誠也。自明誠謂之教，未至於誠者，必由明而後至。大學論學而首曰格物致知，所以求明也。程子論天論仁諸説，即中庸首章之旨，論窮理論進學諸説，即大學首章之旨，皆本乎一心而爲言也。

儒、釋皆從心地上做工夫，故有相似處，所謂以心役物，不以物役心，以理自勝，不爲事物所侵亂，夫豈不同？本末一貫，心跡合一，儒者之公而大也。釋氏離本末，判心跡，求以自私自利而已。以上學説。

動而陽，静而陰，相循於無窮者，是皆太極流行之用，而其體初未嘗動也。體用説。

通宇宙一氣也，氣之實，陰陽是已。自其未成形者而言，絪緼揉錯，相兼相制，欲一之而不能，虚也。自其成形者而言，天地法象，萬物形色，剛柔男女，粲然有分，實也。實者虚之所爲，形亦氣也，是皆可名之象耳。又自其本而言，未嘗有體，曰太虚，虚而妙應，曰神，神而有常，曰天，曰性，一物也。有天則有道，神天德，化天道，一於氣而已。自其存主而言，曰德，自其流行而言，曰道。知變化之道者，其知神之所爲乎？

耳目口體，氣之聚而成形者也；視聽言動，氣之虚而爲用者也。曰陰曰陽，可分屬也，而皆統於一心，則不可分矣。氣之神也合一，不測之謂也。由此而通於性與天道，君子之上達也，由此而梏於聞見，溺於物欲，小人之下達也。

客感客形，與無感無欲，惟盡性者一之，有無虚實，通爲一物者，性也，卽程子「道亦器，器亦道」之説。

知晝夜陰陽，則能一性命。陰陽晝夜，屈伸相感於無窮，所謂天，所不能自已者謂命，而感之體卽性也，故曰「一性命」。聖人之至誠無息，誠其性，不息其命也。鬼神常不死，誠而已。故曰「誠不可掩」。此之謂知性命，則知聖人，知鬼神。以上正蒙説。

曆家以日月星辰爲天體，其度數有可紀者，皆以地而言耳。地有形質，則有四極，天之大也莫禦，而其與地相爲依附而旋轉者，則猶可量也。是故象見乎上，體必應乎下，若形影然。讀程語。

儒者言性，釋氏亦言性，但彼認爲己有，所謂本以利心得來，故學者亦以利心向之。性者萬物之一原，非有我之得私也。惟大人爲能盡其性，蓋闢佛、老而爲言也。

朱子以後，學者知以理言性，不隨於釋氏之虚空矣。而未能識性者爲體，則立言者之過也。禪學直截心地上用功，却緣何用心粗？彼蓋自以爲道由我立，命由我出，其涉於跡者，可勿深較。

程子「不判心跡」，朱子「不向用時勤猛省，更於何處味真腴」，此儒、釋異處，學者要須識此。以上雜説。

詩

心非目不見，目自見之體。須知瞑目前，明明有先視。治心如治目，刮去膜與翳。目浄視能傳，心清性無際。胸中欲無事，須是必有事。敬則心自虛，乃照無物地。無物是何地？萬化從此出。程門費講論，此之謂未發。天理在何處？本心原不昧。乃知堯、舜心，千年至今在。以上論性。

萬法總歸一，一復何所歸？太極本無極，天心無改移。文中子意。

釋氏談實際，省心亦省事。聖人亦何心？萬事一天理。釋言理是障，此錯認理字。理卽是吾心，無生亦無死。管窺亦見天，只是不廣大。盡心而知天，乃見天無外。静中須有物，莫若理會敬。能敬則知此，此是天命性。戒懼一生心，卽此是慎獨。物欲遏將萌？乃是敬未足。閑邪則固一，主一不須閑。敬則自無已，天理本完全。主一謂之敬，一者謂之誠。一則無二三，何復言欲萌？此理最爲約，但恐不持久。既能體而樂，不患不能守。心懈則有防，敬則無間斷。存久體自明，天理一以貫。只要立個心，心卽是天理。此上有商量，應不出敬字。此心卽性天，京師是長安。當下便認取，須知未發前。言止不言定，須是止於事。和則中在焉，此理嘿而識。坐井而觀天，所見終不大。試出井欄行，却入井欄坐。堯、舜幾千年，其心至今在。道是堯、舜心，何嘗見道壞？以上述程語。

萬象無所隱，向明乃天理。如顧影壁間，區區一物耳。邵子之旨。

湛一氣之本，感生方有象。愛惡出太虛，末勝則本喪。張子之旨。

性是無物地，存心卽養性。何者是存心？不出誠與敬。

道心心是道，惟微道之體。人心乃私欲，已涉形與氣。以上漫述。

文敏崔後渠先生銑

崔銑字子鍾，一字仲鳧，號後渠，河南安陽人。弱冠舉鄉試，入太學，與四方名士馬理、呂柟、寇天敍輩相期許。登弘治乙丑進士第，改庶吉士，授編修。逆瑾竊政，朝士見者多屈膝，先生與何瑭長揖而已。瑾怒其輕薄，張綵曰：「此人有虛名，未可驟加之罪。」終出爲南京稽勳主事。瑾誅，召還翰林。時西涯以文藝籠絡天下，先生以爲非宰相所急，上書規之。侍講講經筵，每以親君子遠小人磨切武宗，指錢寧、廖鵬而言也，小人皆欲甘心之。晉侍讀，遂告歸。嘉靖改元，起原官，尋擢南京祭酒。大禮議起，上疏「勸聖學，辨忠邪，以回天變」。上以爲刺己也，勒令致仕。家居十六年，以皇太子立，選宮僚，起少詹事兼侍讀學士，轉南禮部右侍郎，入賀聖節，過家疾作而卒，辛丑歲也，年六十四。贈禮部尚書，謚文敏。

先生之學，以程、朱爲的，然於程子之言心學者，則又删之，以爲涉於高虛，是門人之附會，無乃固歟！至其言理氣無縫合處，先生自有真得，不隨朱子脚下轉是也。其詆陽明不遺餘力，稱之爲霸儒。孫鍾元曰：「文敏議象山、陽明爲禪學，爲異說。夫二人者，且不必論其學術，荆門之政，有體有用；寧藩之事，拚九死以安社稷。吾未見異端既出世而又肯任事者也。」此以其外而言也。先生以知能心之用也，愛敬性之實也，本諸天，故曰良。今取以證其異説，删良能而不挈，非霸儒與？此是以心爲知覺，以性爲理，不可以知覺卽是理之成説，頗與先生氣卽理之論自相反。且先生既言「本諸天故曰良」，孟子謂知能爲良，則知能本諸天者，卽是以愛敬之理，決不僅以此知覺本諸天也。陽明單提良知而不及愛敬，其非懸空之知覺明矣。孟子上節，知能並舉，下言「無不知愛其親也，無不知敬其兄也」，能字皆歸併知內。蓋知是性也，能是才也，言性則才自在其中矣。

士翼

造化流行，四時者氣乎？春當温，秋當涼者，理乎？理乃氣之條段，雖紛紜而不可亂者，温涼以時，聖人也。冬過寒，則春行其餘洌，夏過炎，則秋冒其餘熾，氣偏理亦滯，中人之性也。春必温，秋必涼，性善之譬也。故學修而性可返。若夫酷烈載沉，七年固旱，其下愚哉！非用湯之精誠弗回。

自求心習静之論興，竊見孔經之在世，猶襄、獻之王周、漢也，方伯連帥，雖曰同獎王室，然別出教令，自立社稷矣。夫心卽事也，事卽道也。事合於道則心存矣，事戾於道則心放矣，故動之不能亡静，猶静之不能亡動，各值其遇而已矣。静而無事，勿生妄念，勿從墮容；動而酬用，勿昧本心，勿狥外欲。動而狥欲，難以求静，静而雜念，胡以制動？今求静曰真空真識，抑何偏歟？

問：「伊川曰性卽理也，然乎？」曰：「然。性者仁義而已，曾謂仁義非理乎？仁義有不善歟？」問：「孔子何謂相近也？」曰：「別其所賦之等也。」問：「性何以有等？」曰：「氣也。」「然則氣卽理乎？」曰：「然。」「何以明之？」「今夫孩童知愛其親，仁也；知敬其長，義也。卽其喜笑慕戀謂之愛，卽其恭敬推遜謂之敬，是非氣乎？發於外，卽其在於中者也。理者氣之條，善者氣之德，豈伊二物哉？」問：「氣有原乎？」曰：「有之。易曰易有太極，詩曰有物有則，夫極者易之翕，則者物之能，故曰純粹精也。舍是而談理氣，支矣。」

陽有知而陰無知，是故質受神以爲運，魄資魂以爲識。陽有去而陰常居，是故炎火熄而灰存，花色落而朽貯。人生爲陽，志則宰而氣則從，氣爲陽中之陰。人死爲陰，氣則升而魄則止，氣爲陰中之陽。朱子謂「氣有聚散，理無聚散」，竊所未詳。蓋造化之原，理常聚而氣亦聚，人物之生，氣若散而理亦散。氣既散矣，理安所附？是故天地寒暑也，人物禾稼也，暑來禾生，寒來禾死，盡矣。明年又蕃其鮮者，故曰「日新之謂盛德」。

天命之謂性，故物之理卽吾心之理也。外之物格，則內之知致，見天下之物，各有則而不可易，卽此則以應之，故時措之宜矣。曰窮理，則隱而難求，曰格物，則顯而可據。格物者，修治其目，人倫其先也。若泛乎其務，則荒而靡節。故博非顏子之文，則約非不畔之道。亡氣外之形，亡神外之氣，亡理外之神，亡命外之理，亡心外之命，亡命外之心。心者，具萬理而出命也。

問：「古之祭天地山川不屋，謂棟宇不能囿其形也，乃以人之飲食薦之，夫豈知神之所嗜乎？」曰：

「祭也者，致其敬與禮也，故以人道之所重者奉之，盡其報本之誠已耳。若神之所嗜，夫惡知之？豺之祭獸，獺之祭魚，亦就其性之所能也夫！」

覺心之放，卽求也；知我之病，卽藥也。矜己之是，卽非也；妬人之長，卽短也。

性之所寓曰心，心之所具曰性。性者理也，心乃發用斯理者，孟子以四端驗之。夫自修身而齊家而治國平天下，斯謂盡心盡性也。精一道心者，用之執中也。中者，道心之極也。宋人以異端附會之，曰「道卽心也」，則人非心歟？

問：「性卽理也，有氣乎否？」曰：「氣也，惟其爲理，斯謂之性，猶夫純潔而温者，不謂之石而謂之玉也。理之訓有條也，古用以言一事，至宋儒而言道體也。」

程子云：「聖人本天，釋氏本心。」蓋天言其理也，心兼乎血氣也。釋氏以精靈知覺爲主，故迷則皆妄，悟則皆真，故曰心。聖人以仁義禮智爲主，故經綸大經；裁成大化，與物同體，故曰天。

心性固不離，亦非雜。知能心之用也，愛親敬長性也，好利惡害心之覺也，生可舍，死可取，性也。譬之物焉，生生氣也，穀之甘，杏之酸，桂之辣，性也。心靈而性活也，心移而性宰也。孟子曰：「仁人心也」，乃言所主也，非用爲訓也。心性之辨，一言而決之矣。

陽剛也，生也，陰柔也，成也，皆氣也，卽其理也。仁陽也，愛也，義陰也，敬也，皆氣也，卽其理也。古人曰陰陽，曰仁義，一而已。後人和合孔、孟之言性，乃立理氣之名，學者勿泥其詞而析其源，不可廢理而存氣也。

常人無中，小人無靜。

朱子論宋祧主，取諸商、周。夫湯、文興自諸侯，契、稷始封之君也，宗之固當。布衣而有天下，如宋太祖除亂救民，創業垂統，宜正東向之位，爲百代之祖。自宣祖而上，悉以親盡而祧。天子崩，臣子稱天以誄之，其祭也，奉天以配之。若曰先世積德而致，則大賢之後多湮，何乃棄赫赫之功，而求冥冥之報？若曰子孫不當自擇其先，則自一世二世，以至百世，皆不遷可也。

顏子之學，克己復禮，治怒改過，莊周謂之黜聰明，墮肢體，蓋肆爲饗言以譏孔氏之致知謹禮也。宋劉彦冲諸人，祖述爲文，則顏子乃孔門之達磨矣。

曾點言志，朱子許其天理流行。夫遇一事，必有一則，處之當而熟，則聖人矣，一以貫之也。豈有物見目前而可玩哉？水之流，鳶之飛，魚之躍，皆實體也；猶父之慈，子之孝，皆天命之性，人不率之，愧於物矣。豈若黄花般若爲禪機哉？

不格物而曰致知者，妄也；不履事而曰存心者，偷也。夫人不食而謂飽，即空而見花，非實也，乃病也。

觀諸造化，静多於動，雖陽氣畢達，萬有並作，本末固凝也。可以知德矣。

觀諸造化，動而無息，是故絶澗石壁，草蘚自生，冬冽地拆，薺麥自青。可以知仁矣。

大學一篇，皆明明德而已。仁者與物同體，遺一物，塗一民，非仁也。故新民即明明德。

中庸不指「仁義」爲性，而曰「喜怒哀樂」，蓋二者旨微而難言，四者常發而易見。夫仁義之訓，至宋而明，今卽田父市人，而語之曰「汝喜汝怒，性也」，皆曉然而領。四者卽仁義之用，考孟子之四端，則參得之矣。戒懼以體驗此中，使勿有所係而偏，大學所謂正心；愼獨以儆省此和，使勿有所逐而流，大學所謂修身。静立動之本，動達静之具，交養互發，非二事也。

其世治者，其論公於衆；其世興者，其論公於朝；其世衰者，其論公於野。上下不公，其世不可爲已。故黨錮息而漢亡，朋黨盡而宋亂。夫公論弗可一日而廢也。

關雎咏淑女以配君子，「間關」思德音以括其上。蓋幽王昏亂，法家拂士斥矣，所信惟婦言，故詩人冀其改德以親賢女爾。

心存則鑒物之理，氣和則識仁之象。

不言常而言變，異端皆然。申、韓之法，皆防人之欺，疑人之叛，夫將置秉彝於何地耶？

松牕寤言

夫正物之謂格，至理之謂物，今之異言也，則心當何正？而至善有別名乎？孟子曰「良知良能」，知能心之用也，愛敬性之實也，本諸天，故曰良。今取以證其異，删良能而不挈，非霸儒歟？

學者改過，追索其動念之故而除之，斯不萌於再。

孟子曰：「學問之道，求其放心而已矣。」條目不具，奚以求心？故曰：「居處恭，執事敬，與人忠，出門如見大賓，使民如承大祭。」其存心之方乎？夫心火屬也，火麗物而後有形，心宰物而後有造。異端之言異焉，曰「靜則心定，而理自見」，無待乎學矣。是猶舍耒耜而言耕也。

問：「程子有遺書矣，子述程志也何居？」曰：「伐僞存真也。高虛者異端則然，學者附之，斯人惑之，向使二夫子之道淆，其游、謝之罪歟？鮑氏而下無譏焉。是故夫子之道，仁也，敬其業也。」

明儒學案卷四十九　諸儒學案中三

文定何栢齋先生瑭

何瑭㊀字粹夫，號栢齋，懷慶武涉人。生而端重，不事嬉戲，人以爲呆。七歲時，入郡城見彌勒像，抗言請去之，人皆大駭。及爲諸生，慨然慕許文正、薛文清之爲人，索其遺書讀之。登弘治壬戌進士第，改庶吉士，歷編修、修撰。逆瑾召諸翰林，各贈川扇。翰林入見而跪，先生獨長揖，瑾怒，扇不及之。翰林謝扇復跪，先生從旁曰：「嘻！何跪而又跪也？」瑾大怒，詰其姓名，先生前對曰：「修撰何瑭。」知不爲瑾所容，累疏謝病，致仕歸。瑾誅，復職。無何，以經筵觸忌諱，謫同知開州，量移同知東昌府，又歸。嘉靖初，起山西提學副使，丁憂。改浙江，進南京太常少卿，本寺正卿，歷工户禮三部侍郎，謝病。陞右都御史，掌留臺，不就。家居十餘年。癸卯九月卒，年七十。贈禮部尚書，謚文定。先生以「儒者之學，當務之爲急，細而言語威儀，大而禮樂刑政，此物之當格而不或後者也。學問思辨，一旦卓有定見，則物格而知至矣。由是而發之以誠，主之以正，然而身不修，家不齊，未之有也。至究其本原爲性

㊀ 明史作「何塘」。

命，形於著述爲文章，固非二道，特其緩急先後，各有次第，不可紊耳。今曰『理出於心，心存則萬理備，吾道一貫，聖人之極致也，奚事外求？』吾恐其修齊治平之道，反有所畧，則所學非所用，所用非所學，於古人之道，不免差矣。」先生此論爲陽明而發也。蓋力主在心爲知覺，在物爲理之説，固無足怪，獨是以本原性命，非當務之急，若無與乎修齊之事者，則與清談何異？修齊之事，無乃專靠言語威儀、禮樂刑政與？真可謂本末倒置矣。先生與王浚川、許函谷辨論陰陽數千言，爲浚川所破者不一，其大指之差，在「以神爲無，以形爲有」，有無豈能相合？則神形已離爲二，神形既二，又豈待人死而後無知哉？

儒學管見

或問儒者之學。曰：「五經、四書之所載，皆儒者之道也。於此而學之，則儒者之學也。」問其要。曰：「莫要於大學。」請問其旨。曰：「人之有生，莫不有身焉，亦莫不有家焉，仕而在位，則又有國與天下之責焉。修齊治平，莫不有道，此則道之實體也。具此道於心神性情之間，明德也；行此道於家國天下之際，新民也。明德爲體，而實見於新民之用；新民爲用，而實本於明德之體。蓋内外合一者也，而莫不各有至善之所當止焉。然斯道也，非知之於先，則不能行之於後，故有知止能得之訓焉，此大學之要指也。」請問其詳。曰：「人之生也，莫不有心以爲此身之主，忿懥恐懼、好樂憂患，皆心之用也，情也，其未發則性也。方其未發也，必廓然大公，無所偏倚，心之本體，方得其正；一有偏倚，則不正矣，此善惡之根也。」或曰：「朱子謂心之未發，如鑑空衡平，無正不正之可言，必其既發，則正不正始有可見，故章句謂用之所行，或不能不失其正。今乃謂未發之時，心已不正，何也？」曰：「心之正不正，雖見於既發之後，實根於未發之前，如鑑之不明，衡之不平，雖未照物懸物，而其體固已不正矣。至於用之所行，或不能不失其正，則『修身』章内親愛五者之偏，正指此而言，所謂已發而爲情者也。若謂『正心』傳内不得其正，即指已發，則『修身』傳内五者之偏，又何指耶？朱子章句，蓋一時之誤也。」「其以正心次誠意之後，何也？」曰：「意不誠者，明知善之當行，而不能行；明知惡之當去，而不能去。蓋自欺之小人也，又何暇論其心之正不正哉？其或誠於好善而惡惡矣，而氣禀識見之偏，心有未正，則接人處事之際，往往隨其所偏而發，不復加察，則雖誠於好善惡惡，不免有時而失，此誠意之後，繼以正心，蓋欲其涵養省察，使其心未發之時，無少偏倚，感物而動之際，又加察焉。使情之所發，用之所行，無一不中乎理，此則儒者之極功焉。然五者之情，各行於接人處事之際，接家人、國人、下人，無不然也，而所接莫先於家人，故於『修身』、『齊家』傳内發之，非謂接他人不然也。格物致知云者，格修齊治平之道，而真知孰善孰惡也。誠意云者，行修齊治平之道，誠行其善而去其惡者也。至於天下之治亂，天命之得失，則善惡之效，而萬世之勸戒也。此儒學體用之大全也。」

學與政非二道也，學以政爲大，天下之政總於六部，以大學之傳考之，平天下之用人，吏兵之政也；理財，户工之政也；治國興仁讓之善，則禮之政也；禁貪戾之惡，則刑之政也。吏兵之用人，能同天下之好惡，而不狥一己之偏；户工之理財，能節用愛人，而不爲聚斂之計；禮刑能興善而禁惡，則謂之賢公卿有司可也。本之以大學之道而行之以國家之法，爲政之道，思過半矣。此儒者之正學也。或者舍而不由，徒從事於記誦詞章者，既不足道，而所謂道學者，又多用心於性與天道之間，及存心養性之說，名雖可觀，實則無補。其可歎者多矣！

語録

有問「一貫約禮」之説者，曰：「儒者未得游、夏之十一，而議論即過顔、曾，以聖賢心法爲初學口耳，此道聽塗説之最可惡者。」

門人請梓文集，曰：「聖賢之道，昭在六籍，如日星，後學愧不能知而行之。自宋以來，儒者之論，常苦太多，此吾之所深懼也。」

有言先生銖視軒冕，塵視金玉者，曰：「此後世儒者輕世傲物之論也。金玉自是金玉，如何塵視得？軒冕自是軒冕，如何銖視得？此何異老、莊芻狗飄瓦。」曰：「如是，孔子何以謂富貴如浮雲？」曰：「浮雲在不義，不在富貴也。」

陰陽管見

陰陽之論，予幼聞其名而未知其實，反覆乎周、程、張、邵之書，出入乎佛、老、醫、卜之説者，將二十年。至三十八歲，玩伏羲卦象而驗之以造化之道，乃若有得。惜諸儒之論，皆失其真也，欲著述以明之，以其非日用所急，且恐啓争端也，藏之中心，蓋十五年於今矣。間與一二知己談之，而杏東郭先生屬予筆之成書，因畧書數條告之。王浚川、許函谷復有所疑，且予著述之本指亦未明也，乃補書三條於內。嗚呼！性命之難言也尚矣，一己之見，安敢必他人之皆我從哉？引伸觸類，正誤糾失，蓋有待乎世之君子焉！嘉靖五年九月朔日敍。

造化之道，一陰一陽而已矣。陽動陰靜，陽明陰晦，陽有知陰無知，陰有形陽無形，陽無體以陰爲體，陰無用待陽而用。二者相合，則物生；相離，則物死。微哉，微哉！通於其説，則鬼神之幽，人物之著，與夫天文、地理、醫卜、方技、仙佛之藴，一以貫之而無遺矣。右第一章。

天爲陽地爲陰，火爲陽水爲陰，天，陽之陽也，故神而無形；地，陰之陰也，故形而不神；火，陽之陰也，故可見，然初無形也；水，陰之陽也，故能化，然終無知也。天變而爲風，地變而爲山，火變而爲雷，水變而爲澤，雨雪霜露，皆澤之類也。觀八卦之象，則可知矣。右第二章。

火陽也，其盛在天；水陰也，其盛在地。蓋各從其類也。何以明之？日爲火之精，月爲水之精。日近則爲温爲暑，火偏盛也；日遠則爲凉爲寒，水偏盛也。四時之變，於是乎主矣。地雖有火，而不能爲温暑，天雖有水，而不能爲寒凉，故曰其盛各有在也。右第三章。

或曰：「水陰也，流而不息，安在其爲靜乎？」曰：「流非水之本然也，水體凝而性靜者也。其融，火化之也；其流，天運之也。天火無形實爲陰樞，而人不能見也，故謂水爲動，悞矣。何以明之？水氣爲寒，寒甚則冰，非有待於外也，水自遂其性耳。然則水之爲靜也，昭昭矣。」右第四章。

或曰：「天有定形，故日月星宿之麗於天者，萬古不易。今謂天無形，殆未可乎？」曰：「此不難知也。既天有定形，日月五星，又何以有盈縮之異乎？若謂日月五星雖麗於天，而不爲天所拘，故有盈縮之異，不知上何所繫？下何所承？乃萬古而不墜乎？蓋天陽氣也，動而不息，其行至健，日月五星皆運於天者也。天行有常，故日月星宿，萬古不易，其有盈縮，則以象有大小，天運之有難易也。譬之浮物於水，小者順流而去，故疾；中者少遲；大者愈遲。其勢則然也。如此則謂天有定形者，其惑可解。謂天左旋，日月五星右轉者，其説不攻而自破矣。」右第五章。

或曰：「天地水火恐未足以盡造化之蘊，不如以陰陽統之。」予竊以爲陰陽者虚名也，天地水火者實體也，二而一者也。謂天地水火未足以盡造化之蘊，此特未之察耳。蓋人知水之爲水，而不知寒涼潤澤皆水也；人知火之爲火，而不知温熱光明皆火也。天宰之以神，地載之以形，水火二者交會變化於其間，萬物由是而生，由是而死，造化之能事畢矣。自此之外，豈復有餘蘊乎？右第六章。

或曰：「乾静專而動直，坤静翕而動辟，易大傳也。今謂天專爲動，地專爲静，何居？」曰：「易大傳之文，爲乾坤交不交而言也。乾有時而不交坤，故謂之静，然其本體之動者，自若也。坤有時而受乾之交，故謂之動，然其本體之静者，亦自若也。觀天地則可知矣，夫何疑乎？」右第七章。

或曰：「易大傳謂立天之道曰陰與陽，立地之道曰柔與剛。今謂天爲陽，地爲陰，不亦異乎？」曰：「乾，陽物也，其象爲天；坤，陰物也，其象爲地。兹非易道之彰彰者乎？」曰：「言若是之不同，何也？」曰：「各有指也。火，陽也，雖附於天而未嘗不行於地；水，陰也，雖附於地而未嘗不行於天。水火者，天地之二用也，故天有陰陽，地有柔剛，默識而旁通之，則並行而不悖矣。」右第八章。

或曰：「周子之太極何如？」曰：「非吾之所知也。其說謂太極動而生陽，動極而靜；靜而生陰，靜極復動。自今觀之，則天陽之動者也，果何時動極而靜乎？地陰之靜者也，果何時靜極而動乎？天不能生地，水不能生火，無愚智皆知之，乃謂陰陽相生，不亦誤乎？蓋天地水火，雖渾然而不可離，實燦然而不可亂。先儒但見其不相離，而未察其不可亂也，故立論混而無別。愚竊以爲陰之與陽，謂之相依則可，謂之相生則不可。」右第九章。

或曰：「何謂太極？」曰：「一陰一陽之謂道，道，太極也。」「周子之論何如？」曰：「似矣，而實非也。五行一陰陽，陰陽一太極，則固謂太極不外乎陰陽，而陰陽不外乎五行矣。自今論之，水，水也，火，火也，金木水火土之交，變也。土，地也，天安在乎？有地而無天，謂之造化之全，可乎？」一㊀曰：「天太極也，故朱子以上天之載釋太極，以天道流行釋陰陽，豈可謂之有地而無天乎？」曰：「易有太極，是生兩儀，兩儀生四象，四象生八卦，八卦之中有乾有坤，則天地皆太極之分體明矣。以天爲太極之全體，而地爲天之分體，豈不誤甚矣哉？太極圖爲性理之首，而其失有如此者，故不可不辨。」右第十章。

或曰：「張子之正蒙何如？」曰：「太虛卽氣，太虛不能不聚而爲萬物，萬物不能不散而爲太虛。聚則離明得施而有形可見，散則離明不得施而無形不可見。不可因其可見，始謂之有，因其不可見，遂謂之無。故謂聖人不言有無，言有無爲諸子之陋。此其書之大指也。殊不知造化之道，陽爲神，陰爲形，形聚則可見，散則不可見。神無聚散之迹，故終不可見。今夫人之知覺運動，皆神之所爲也，是豈有形

㊀「一」字賈本、備要本作「或」。

而可見乎？觀入則造化之妙可知矣。張子之論，蓋以意見窺測而未至者也。」右第十一章。

或曰：「邵子之經世何如？」曰：「元會運世之分，無所依據，先儒已有議其失者，今不贅論。天以日月星辰變而爲暑寒晝夜，地以水火土石化而爲雨風露雷。此其書之大指也。自今觀之，暑寒晝夜皆主，於日月星辰何有焉？風爲天所變，雷爲火所變，雨露皆水所變，其理甚明，少思則得之矣。火爲風，石爲雷，土爲露，豈不牽强之甚哉？且其取象，乾不爲天而爲日，離不爲日而爲星，坤反爲水，坎反爲土，與伏羲之易象大異。乃自謂其學出於伏羲之先天圖，吾不知其説也。」右第十二章。

或曰：「子自謂所論皆出於伏羲之易，其詳何如？」曰：「太極生兩儀，兩儀生四象，四象生八卦，此伏羲易象之本也。乾、離皆生於陽，故謂天火爲陽；坤、坎皆生於陰，故謂地水爲陰。乾變其初九爲初六，則爲巽，故謂風爲天之變，蓋天下交於陰也；坤變其六三爲九三，則爲艮，故謂山爲地之變，蓋地上交於陽也。離變其九三爲六三，則爲震，火爲陰伏則奮擊而爲雷，故謂雷爲火之變；坎變其初六爲初九，則爲兑，水與陽交則相和而爲澤，故謂澤爲水之變。坤、艮、離、震相比，從其類也。乾、兑、坎、巽相遠，無乃以乾爲陽，可下行於地之分，坎爲陰之陽，亦能上入於天之分，故兩易其位耶？若以兑爲巽，以巽爲兑，則陰陽之分，尤爲明順，然非後學所敢斷也。姑發此意，以俟再來之伏羲正焉。」右第十三章。

以伏羲之横圖，竪起觀之，則造化在目中矣。此易之太極圖也。

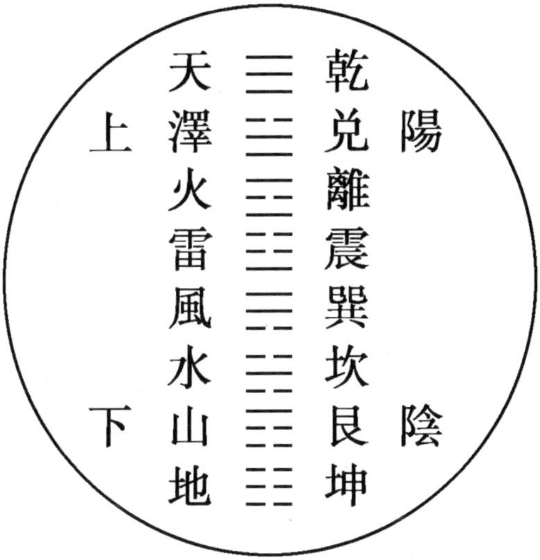

陰陽管見後語

造化之妙，先聖已有論者，見於易象及禮祭義、春秋左傳諸篇，可考也，但所言簡畧耳。蓋以其理微妙難明，恐學者知未及此，驟而語之，反滋其惑，故等閒不論。所謂「子不語神」、「子罕言命」、「夫子之言性與天道，不可得而聞」是也。但近世儒者，不察先聖之指，未明造化之妙，輒以己見立論，其說傳於天下，後世學習於耳目之聞見，遂以爲理實止此，而不知其謬也。予惜其失，故著管見以救之，而争辯紛然而起，蓋爲先入之言所梏耳。予不得已，乃著管見後語以發之。學者熟玩而細察焉可也。嘉靖甲午冬至後二日敘。

造化之道，合言之則爲太極，分言之則爲陰陽，謂之兩儀。陰陽又分之，則爲太陰、太陽、少陰、少陽，謂之四象。四象又分之，則爲天地水火風雷山澤之象，謂之八卦。天地水火常在，故爲體；雷風山澤或有或無，故謂之變。此皆在造化之中，而未生物也，其既合，則物生矣。右第一章。

陰形陽神，合則生人，所謂精氣爲物也；離則人死，所謂遊魂爲變也。方其生也，形神爲一，未易察也；及其死也，神則去矣。而去者初無形可見，形雖尚在，然已無所知矣。陽有知而無形，陰有形而無知，豈不昭然而易察哉？右第二章。

天動而無形，風亦動而無形，天不息，風有時而息，下交於陰，爲陰所滯也。高山之顛風猛，蓋去陰稍遠，不大爲所滯也；雲霄之上風愈猛，蓋將純乎天也。然則天變而爲風也明矣。春夏日近火氣盛，則雷乃發；秋冬日遠火氣微，則雷乃收。雷有電，火光也；雷所擊有燒痕，火所燎也。然則火變而爲雷也明矣。若地水之變，則有形易見，不待論也。周易謂「停水爲澤」，管見則以水之化而散者爲澤。蓋停水與流水無異，而水之化爲雨雪霜露者，於八卦遂無所歸。且澤有散義，先聖亦有雨澤之説，故不從周易所取之象。蓋於造化之道不合，雖文王之象，亦不敢從也。右第三章。

儒者論天道之陰陽，多指四時之變而言，而四時之變，陰陽消長，實指水火而言。而天之本體，則運行水火，在四時之外無消長也。地道之柔剛，則以形論。地火相結，爲火所煅者則剛，而火氣行於地者，人不敢犯，亦謂之剛。至於地水，本體至静而無爲，則謂之柔。此所謂地有柔剛，亦自水火而來也。右第四章。

周子所謂太極，指神而言，神無所不統，故謂太極，神無形，故謂無極而太極。朱子所註亦得其意，但不言神而言理，故讀者未即悟。朱註上天之載，蓋指神而言也，殊不知太極乃陰陽合而未分者也。陰形陽神，皆在其中。及分爲陰陽，則陽爲天火，依舊爲神，陰爲地水，依舊爲形。若太極本體，止有神而無形，則分後地水之形，何從而來哉？由此化生人物，其心性之神，則皆天火之神所爲也，其血肉之形，則皆地水之形所爲也。此理先聖屢有言者，但學者忽而不察耳。蓋有形易見，而無形難見，固無怪其然也。右第五章。

横渠論「氣聚則離明得施而有形可見，氣散則離明不得施而無形，故不可見」。夫地之上，虚空處皆天也，此儒者之所共言，亦横渠之所知也。盈虚空處皆天，氣可謂聚矣，是果有形而可見乎？天變爲風，風之猛者，排山倒海，亦可謂氣聚矣，謂之「離明得施有形可見」得乎？故曰神無聚散之迹，張子窺測而未至也。右第六章。

老子謂「有生於無」，周子謂「無極太極而生陰陽五行」，張子謂「太虚無形而生天地糟粕」，所見大畧相同。但老子、周子猶謂神生形，無生有，至張子則直謂虛無形，止爲氣之聚散，不復知有神形之分，此則又不同也。學者詳之可也。右第七章。

浚川謂鬼神無知覺靈應，凡經訓禍福祭享之類，皆謂止是聖人以神道設教，實無此理。此大誤也。人，血肉之軀爾，其知覺感應，孰爲之哉？蓋人心之神也。心之神，何自而來哉？蓋出於造化之神也。人有形聲可驗，則謂之有，神無形聲可驗，則謂之無，淺矣。右第八章。

明儒學案卷五十　諸儒學案中四

肅敏王浚川先生廷相

王廷相字子衡，號浚川，河南儀封人。弘治壬戌進士。改庶吉士，授兵科給事中。正德戊辰謫爲州判，稍遷知縣，復召爲御史，出按陝西。鎮守奄人廖鵬虐民，先生繩之以法，鵬大恨。已而視學北畿，有兩奄干請，先生焚其書，兩奄亦恨，未有以發也。鵬因上書搆之，兩奄從中主其奏，逮入詔獄。又謫爲縣丞，稍遷知縣、同知，擢四川僉事、山東副使，皆視學政。嘉靖初，歷湖廣按察使，山東左、右布政使，以右副都御史巡撫四川，入爲兵部左、右侍郎，轉南京兵部尚書，召爲左都御史，進兵部尚書兼掌院事，加太子太保。辛丑罷，又三年而卒，年七十一。隆慶初，贈少保，謚肅敏。

先生主張横渠之論理氣，以爲「氣外無性」，此定論也。但因此而遂言「性有善有不善」，並不信孟子之性善，則先生仍未知性也。蓋天地之氣，有過有不及，而有愆陽伏陰，豈可遂疑天地之氣有不善乎？夫其一時雖有過不及，而萬古之中氣自如也，此卽理之不易者。人之氣禀，雖有清濁强弱之不齊，而滿腔惻隱之心，觸之發露者，則人人所同也，此所謂性卽在清濁强弱之中，豈可謂不善乎？若執清濁强弱，遂謂性有善有不善，是但見一時之愆陽伏陰，不識萬古常存之中氣也。先生受病之原，在理字不甚分明，但知無氣外之理，以爲氣一則理一，氣萬則理萬，氣聚則理聚，氣散則理散，畢竟視理若一物，與氣相附爲有無，不知天地之間，只有氣更無理。所謂理者，以氣自有條理，故立此名耳。亦以人之氣本善，故加以性之名耳。如人有惻隱之心，亦只是氣，因其善也，而謂之性，人死則其氣散，更何性之可言？然天下之人，各有惻隱，氣雖不同而理則一也。故氣有萬氣，理只一理，以理本無物也。宋儒言理能生氣，亦只誤認理爲一物，先生非之，乃仍蹈其失乎？

雅述

學者始而用功，必須立敬存誠，以持其志，而後有進。久而純熟，動静與道爲一，則誠敬不待養而自存，志不待持而自定矣。程子論持志曰：「只此便是私。」此言亦過高，儒者遂以主敬存誠，以持志爲有意而不務，殊失下學上達之意，近禪氏之虛静矣。

冲漠無朕，萬象森然已具，此静而未感也。人心與造化之體皆然，使無外感，何有於動？故動者緣外而起者也。應在静也，機在外也，已應矣，静自如。故謂動以擾静則可，謂動生於静則不可，而況静生於動乎？

四時行，百物生，可以觀天；動作行事，可以觀聖人。内蘊不可知，而發外者可以概覩。天除却四時百物，聖人除却動作行事，則其道隱矣，將何以爲知天知聖之具？儒者好高，乃謂以動作言語求聖人爲末，過矣。推此意也，直欲枯禪白坐以見性乎？

世變有漸，若寒暑然，非寒而突暑，暑而突寒也。聖人拯變於未然，在平其勢而已矣。平其勢，在理其人情而已矣。故將怨者則德之，將渙者則萃之，將昂者則抑之，此聖人先幾之神也。悠悠坐視，養亂焉耳矣。

天地之先，元氣而已矣。元氣之上無物，故元氣爲道之本。

薛文清云：「中庸言明善，不言明性，善卽性也。」愚謂性道有善有不善，故用明，使皆善而無惡，何用明爲？聖人又何用强爲修道以立教哉？自世之人觀之，善者常一二，不善者常千百，行事合道者常一二，不合者常千百，昭昭雖勉於德行，而惰於冥冥者不可勝計，猶賴讀書以維持之。故謂人心皆善者，非聖人大觀真實之論也。

聖賢之所以爲知者，不過思慮見聞之會而已。世之儒者，乃曰思慮見聞爲有知，不足爲知之至，別出德性之知爲無知，以爲大知，嗟乎！其禪乎？不思甚矣。殊不知思與見聞，必由於吾心之神，此内外相須之自然也。

嬰兒在胞中自能飲食，出胞時便能視聽，此天性之知，神化之不容已者。自餘因習而知，因悟而知，因過而知，因疑而知，皆人道之知也。父母兄弟之親，亦積習稔熟然耳。何以故？使父母生之，孩提而乞諸他人養之，長而惟知所養者爲親耳，塗而遇諸父母，視之則常人焉耳。此可謂天性之知乎？由父子之親觀之，則凡萬物萬事之知，皆因習因悟因過因疑而然，人也，非天也。近儒好高之論，別出德性之知，以爲知之至，而卑學問思辨之知爲不足而不至。聖人雖生知，惟性善達道二者而已。其因習因悟因過因疑之知，與人大同。況禮樂名物，古今事變，必待學而後知者哉！

博粗而約精，博無定而約執其要，博有過不及，而約適中也，此爲學心法。世儒乃曰：「在約而不在博。」嗟乎！博惡乎雜者斯可矣！約不自博而出，則單寡而不能以折中，執一而不能以時措，其不遠於聖者幾希！

性生於氣，萬物皆然。宋儒只爲强成孟子性善之説，故離氣而論性，使性之實不明於後世。明道曰：「性卽氣，氣卽性，生之謂也。」又曰：「論性不論氣不備，論氣不論性不明，二之便不是。」又曰：「惡亦不可不謂之性。」此三言者，於性極爲明盡，後之學者，梏於朱子「本然氣質」二性之説，而不致思，悲哉！

諸儒於體魄魂氣皆云兩物，又謂魄附於體，魂附於氣，此卽氣外有神、氣外有性之説，殊不然。體魄魂氣，一貫之道也。體之靈爲魄，氣之靈爲魂，有體卽有魄，有氣卽有魂，非氣體之外，別有魂魄來附之也。氣在則生而有神，故體之魄亦靈，氣散則神去，體雖在而魄亦不靈矣。是神氣者，又體魄之主，豈非一貫之道乎？知魂魄之道，則神與性可知矣。

格物之訓，程、朱皆訓至字。程子則曰：「格物而至於物。」此重叠不成文義。朱子則曰：「窮至事物之理。」是至字上又添出一窮字。聖人之言直截，決不如此。不如訓以正字，直截明當，義亦疏通。

天之氣有善有惡，觀四時風雲霾霧霜雹之會，與夫寒暑毒厲瘴疫之偏，可覩矣。況人之生，本於父母精血之湊，與天地之氣，又隔一層。世儒曰：「人本天氣，故有善而無惡。」近於不知本始。老、莊謂道生天地，宋儒謂天地之先，只有此理。此乃改易面目立論耳，與老、莊之旨何殊？愚謂天地未生，只有元氣，元氣具，則造化人物之道理即此而在，故元氣之上無物、無道、無理。

易雖有數，聖人不論數而論理，要諸盡人事耳，故曰「得其義則象數在其中」。自邵子以數論天地人物之變，棄人爲而尚定命，以故後學論數紛紜，廢置人事，別爲異端，害道甚矣。

靜，寂而未感也；動，感而遂通也。皆性之體也。聖人養靜以虛，故中心無物，聖人慎動以直，故順理而應。此皆性學之不得已者。後儒獨言主靜以立本，而略於慎動，遂使克己復禮之學不行，而後生小子，以靜爲性真，動爲性妄，流於禪靜空虛矣。

人之生也，使無聖人修道之教，君子變質之學，而惟循其性焉，則禮樂之節無聞，倫義之宜罔察，雖稟上智之資，亦寡陋而無能矣。況其下者乎？

文中子曰：「性者五常之本，蓋性一也，因感而動爲五。」是五常皆性爲之也，若曰「性即是理」，則無感、無動、無應，一死局耳。文中子之見爲優。荀悅曰：「情意心志，皆性動之別名。」言動則性有機發之義，若曰理，安能動乎？

或謂「氣有變，道一而不變」，是道自道，氣自氣，岐然二物，非一貫之妙也。道莫大於天地之化，日月星辰有薄食彗孛，雷霆風雨有震擊飄忽，山川海瀆有崩虧竭溢，草木昆蟲有榮枯生化，羣然變而不常矣，況人事之盛衰得喪，杳無定端，乃謂道一而不變得乎？氣有常有不常，則道有變有不變，一而不變，不足以該之也。

太極者，道化至極之名，無象無數，而天地萬物莫不由之以生，實混沌未判之氣也，故曰「元氣」。儒者曰：「太極散而爲萬物，萬物各具一太極。」斯言誤矣。何也？元氣化爲萬物，萬物各受元氣而生，有美惡有偏全，或人或物，或大或小，萬萬不齊，謂之各得太極一氣則可，謂之各具一太極則不可。太極元氣混全之稱，萬物不過各具一支耳。

孟子之言性善，乃性之正者也，而不正之性，未嘗不在。其言「口目耳鼻四肢之欲，性也，有命焉，君子不謂性也」。豈非不正之性乎？是性之善與不善，人皆具之矣。宋儒乃直以性善立論，而遺其所謂不正者，豈非惑乎？

朱子答蔡季通云：「人之有生，性與氣合而已，卽其已合而析言之，則性主於理而無形，氣主於形而有質。」卽此數言，見先生論性，劈頭就差。人具形氣而後性出焉，今曰性與氣合，是性別是一物，不從氣出，有生之後相來附合耳。此理然乎？人有生氣則性存，無生氣則性滅，不可離而論者也。如耳之能聽，目之能視，心之能思，皆耳目心之固有者，無耳目心，則視聽與思，尚能存乎？聖人之性，亦自形氣而出，但以聖人之形氣純粹，故其性無不善。衆人形氣駁雜，故其性多不善耳。

人生而靜，天之性也，感於物而動，性之欲也。此非聖人語。靜屬天性，動亦天性，但常人之性，動以物者多，不能盡皆天耳。性者合內外而一之道也，動以天理者，靜必有理以主之，動以人欲者，靜必有欲以基之，靜爲天理，而動卽逐於人欲，是內外心迹不相合一矣。

佛氏教人任持自性。持自性者，執自己之本性也。言一切衆生，皆有本覺，謂本性之靈覺處，雖流轉六道，受種種身，而此覺性不曾失滅，故以此爲真性。儒者不達性氣一貫之道，無不浸浸然入於其中。朱子謂本然之性，超乎形氣之外，其實自佛氏本性靈覺而來，謂非依旁異端得乎？大抵性與氣離而二之，必不可得。佛氏養修真氣，雖離形而不散，故其性亦離形而不滅，以有氣即有性耳。佛氏既不達此，儒者遂以性氣分而爲二，誤後世之學甚矣。

慎言

有形亦是氣，無形亦是氣，道寓其中矣。有形生氣也，無形元氣也，元氣無息，故道亦無息。是故無形者，道之柢也；有形者，道之體也。

天内外皆氣，地中亦氣，物虚實皆氣，通極上下，造化之實體也。是故虚受乎氣，非能生氣也；理載於氣，非能始氣也。世儒謂理能生氣，即老氏道生天地矣；謂理可離氣而論，是形性不相待而立，即佛氏以山河大地爲病，而别有所謂真性矣。可乎？不可乎？

萬物巨細剛柔，各異其材，聲色臭味，各殊其性，閲千古而不變者，氣種之有定也。人不肖其父，則肖其母，數世之後，必有與祖同其體貌者，氣種之復其本也。

張子曰：「太虚不能無氣，氣不能不聚而爲萬物，萬物不能不散而爲太虚，循是出入，皆不得已而然也。氣之爲物，散入無形，適得吾體；聚而有象，不失吾常。聚亦吾體，散亦吾體，知死之不亡者，可與言性矣。」橫渠此論，闡造化之秘，明人性之原，開示後學之功大矣。而朱子獨不以爲然，乃論而非之。今請辨其惑。朱子曰：「性者理而已矣，不可以聚散言；其聚而生，散而死者，氣而已矣。所謂精神魂魄有知有覺者，皆氣所爲也。故聚則有，散則無，若理則初不爲聚散而有無也。」由是言之，則性與氣原是二物，氣雖有存亡，而性之在氣外者，卓然自立，不以氣之聚散而爲存亡也。嗟乎！其不然也甚矣。且夫仁義禮智，儒者之所謂性也，自今論之，如出於心之愛爲仁，出於心之宜爲義，出於心之敬爲禮，出於心之知爲智，皆人之知覺運動爲之而後成也。苟無人焉，則無心矣，無心則仁義禮智出於何所乎？故有生則有性可言，無生則性滅矣，安得取而言之？是性之有無，緣於氣之聚散，若曰超然於形氣之外，不以聚散而爲有無，卽佛氏所謂四大之外，別有真性矣。豈非謬幽之論乎？此不待智者而後知也。精神魂魄氣也，人之生也；仁義禮智性也，生之理也；知覺運動靈也，性之才也。三物者，一貫之道也。故論性也，不可以離氣；論氣也，不得以遺性。此仲尼相近習遠之大旨也。又曰：「氣之已散者，既散而無有矣，其根於理而日生者，則固浩然而無窮。」吁！此言也，窺測造化之不盡者矣。何以言之？氣游於虛者也，理生於氣者也，氣雖有散，仍在兩間，不能滅也，故曰：「萬物不能不散而爲太虛。」理根於氣，不能獨存也，故曰：「神與性皆氣所固有。」若曰「氣根於理而生」，不知理是何物？有何種子，便能生氣？不然，不幾於談虛駕空之論乎？今爲之改曰「氣之已散者，既歸於太虛之體矣，其氤氳相感而日生者，則固浩然無窮」，張子所謂死而不亡者如此，造化之生息，人性之有無，又何以外於是而他求哉？橫渠理氣辨。

「性之體何如？」王子曰：「靈而覺，性之始也，能而成，性之終也，皆人心主之。形諸所見，根諸所不可見者，合內外而一之，道也。」「氣質之性，本然之性。何不同若是乎？」曰：「此儒者之大惑也，吾惡能辯之？雖然，嘗試論之矣。人有生斯有性可言，無生則性滅矣，惡乎取而言之？故離氣言性，則性無處所，與虛同歸；離性論氣，則氣非生動，與死同塗。是性之與氣，可以相有而不可相離之道也。是故天下之性，莫不於氣焉載之。今夫性之盡善者，莫有過於聖人也。然則聖人之性，非此心虛靈所具，而爲七情所自發邪？使果此心虛靈所具，而爲七情所自發，則聖人之性，亦不離乎氣而已。性至聖人而極，聖人之性，既不出乎氣質，況餘人乎？所謂超然形氣之外，復有所謂本然之性者，支離虛無之見，與佛氏均也。可乎哉？」「敢問何謂人性皆善？」曰：「善固性也，惡亦人心所出，非有二本。善者足以治世，惡者足以亂世。聖人懼世紀弛而民循其惡也，乃取其性之足以治世者，而定之曰仁義中正，而立教焉，使天下後世，由是而行則爲善，畔於此則爲惡。出乎心而發乎情，其道一而已矣。」曰：「人之爲惡者，氣稟之偏爲之，非本性也。」曰：「氣之駁濁固有之，教與法行，亦可以善，非定論也。世有聰明和粹而爲不道者多矣。」曰：「此物欲蔽之爾。」曰：「請言其蔽。」曰：「人心之欲，奪乎道心之天也。」曰：「既謂之心，則非自外得者也，以爲由外而有之，內外心跡判矣，而可乎？夫善亦有所蔽者矣。且夫君臣之義，兄弟之仁，非人性之自然乎？臣弑君，弟殺兄，非惡乎？湯、武之於桀、紂，周公之於管、蔡，皆犯仁義而爲之，逆湯、武、周公之心，岌乎？怛乎？所終不忍以安者，不能無也。而聖人終不以畔於仁義非之，何耶？懼夫世之狗私心而害治矣，是故以義制情，以道裁性，而求通於治焉。湯、武、周公，仁義自然之性，亦不得以自遂矣。豈惟是哉！見孺子入井，必有怵惕之心，此何心耶？」曰：「人心之自然也。」曰：「己之子與鄰人之子，入井怵惕，將孰切？」曰：「切子。」「救將孰急？」曰：「急子。」曰：「不亦忘隣人之子耶？」曰：「父子之愛天性，而隣人緩也。」「由是言之，孺子怵惕之仁，已蔽於父子之愛矣，而人不以爲惡，何哉？以所蔽者，聖人治世之道，而不得以惡言之矣。較其蔽則一而已。夫緣教以守道，緣法以從善，而人心之欲不行者，亦皆可以蔽論矣。故曰仁義中正，聖人定之，以立教持世，而人生善惡之性，由之以準也。」性辨。

論性書答薛君采。

承駁究鄙論，足仞友益，多謝多謝。然有不得不嗣言者，望再救正，幸幸甚矣！性道之難言也，惟大聖上智，會人理達天道，乃可宗而信之。餘者知思弗神，詮擇未精，影響前人，傅會成論，自漢以來，此等儒者甚多。故余惟協於仲尼之論者，乃取之以爲道，否則必以論正之。雖不舉其誰何，而義則切至矣。今君采之談性也，一惟主於伊川，豈以先生之論，包羅造化，會通宇宙？凡見於言者，盡合道妙，皆當守而信之，不須疑乎？則余當不復更言矣。不然，脱去載籍，從吾心靈以仰觀俯察，恐亦各有所得，俟後聖於千載之下，不但已也。夫論道當嚴，仁不讓師。伊川，吾黨之先師也，豈不能如他人依附餘論，以取同道之譽？但反求吾心，實有一二不可强同者，故别加論列，以求吾道之是。其協聖合天，精義入神之旨，則固遵而信之矣。古人有言曰：「寧爲忠臣，不作諛僕。」其此之謂乎？請以來論繹之。

伊川曰：「陰陽者氣也，所以陰陽者道也。」未嘗卽以理爲氣，嗟乎！此大節之不合者也。余嘗以爲元氣之上無物，有元氣卽有元神，有元神卽能運行而爲陰陽，有陰陽則天地萬物之性理備矣。非元氣之外，又有物以主宰之也。今曰「所以陰陽者道也」，夫道也者，空虛無著之名也，何以能動静而爲陰陽？又曰：「氣化終古不忒，必有主宰其間者」，不知所謂主宰者，是何物事？有形色耶？有機軸耶？抑緯書所云「十二神人弄丸」耶？不然，幾於談虛駕空無著之論矣。老子曰「道生天地」，亦同此論，皆過矣！皆過矣！又曰「生之謂性」，程子取之，蓋指氣禀而言耳。其惟本天命之性，則卒歸於孟子性善之說。嗟乎！人有二性，此宋儒之大惑也。夫性生之理也，明道先生亦有定性之旨矣，蓋謂心性静定而後能應事爾，若只以理爲性，則謂之定理矣，可乎哉？余以爲人物之性，無非氣質所爲者，離氣言性，則性無處所，與虛同歸；離性言氣，則氣非生動，與死同塗。是性與氣相資，而有不得相離者也。但主於氣質，則性必有惡，而孟子性善之說不通矣。故又强出本然之性之論，超乎形氣之外而不雜，以傅會於性善之旨，使孔子之論，反爲下乘，可乎哉？不思性之善者，莫有過於聖人，而其性亦惟具於氣質之中，但其氣之所禀，清明淳粹，與衆人異，故其性之所成，純善而無惡耳，又何有所超出也哉？聖人之性，既不離乎氣質，衆人可知矣。氣有清濁粹駁，則性安得無善惡之雜？故曰：「惟上智與下愚不移。」是性也者，乃氣之生理，一本之道也。信如諸儒之論，則氣自爲氣，性自爲性，形性二本，不相待而立矣。韓子所謂「今之言性者，雜佛、老而言」者是也。君采試再思之，然乎？否乎？程子以性爲理，余思之累年，不相契入，故嘗以大易「窮理盡性」以證其性理不可以爲一，孝經「毁不滅性」，以見古人論性，類出於氣，固不敢以己私意自別於先儒矣。嘗試擬議言性不得離氣，言善惡不得離道，故曰「性與道合則爲善，性與道乖則爲惡，性出乎氣而主乎氣，道出於性而約乎性」，此余自以爲的然之理也。或曰：「人既爲惡矣，反之而羞愧之心生焉，是人性本善而無惡也。」嗟乎！此聖人修道立教之功所致也。凡人之性成於習，聖人教以率之，法以治之。天下古今之風，以善爲歸，以惡爲禁久矣。以從善而爲賢也，任其情而爲惡者，則必爲小人之流。静言思之，安得無悔愧乎？此惟中人，可上可下者有之。下愚之人不惟行之而不愧悔，且文飾矣，此孔子所謂不移也。君采請更思之，然乎？否乎？仲尼曰：「成性存存，道義之門。」伊尹曰：「兹乃不義，習與性成。」是善惡皆性爲之矣。古聖會通之見，自是至理，亦何必過於立異，務與孟子同也哉？又曰：「天命之生，則有善而無惡，以生爲性，則人性之惡，果天命之惡乎？天命有惡，何以命有德而討有罪？君子遏惡揚善，亦非所以順天休命也。」嗟乎！斯言近迂矣。性果出於氣質，其得濁駁而生者，自稟夫爲惡之具，非天與之而何哉？故曰「天命之謂性」。然緣教而修，亦可變其氣質而爲善，苟習於惡，方與善日遠矣。今曰「天命之性有善而無惡」，不知命在何所？若不離乎氣質之中，安得言「有善而無惡」？君采以天之生人生物，果天意爲之乎？抑和氣自生自長，如蟯蚘之生於人乎？謂之天命者，本諸氣所從出言之也，非人能之也，故曰「天也命德討罪」。聖人命之討之也，以天言者，示其理之當命當討，出於至公，非一己之私也。乃天亦何嘗諄諄命之乎？古聖人以天立教，其家法相傳如此，當然以爲真，非君采聰明之素矣。「喜怒哀樂未發，不足爲中，余今亦疑之。」君采之論誠是，但余所謂聖愚一貫者，以其性未發，皆不可得而知其中也。今曰「衆人亂於情而害於性，私意萬端，乍起乍滅，未有能造未發之域者」，是愚人未發，必不能中矣。中庸曰：「喜怒哀樂，未發謂之中。」余以爲在聖人則然，在愚人則不能然，向之所疑，正以是耳，故曰「無景象，可知其爲中，以其聖愚一貫也」。今曰「此心未發之時，本自中正」，望再示本自中正之象，以解余之惑。夫中者，無過不及之謂也，惟聖人「履道達順」，「允執厥中」，「涵養精一」，是以此心未發之時，一中自如，及其應事，無不中節矣。其餘賢不肖智愚，非太過則不及，雖積學累業，尚不能一有所得於中，安得先此未發而能中乎？若曰「人心未發，皆有天然之中」，何至應事便至迷瞀偏倚？此則體用支離，内外心跡判然不照，非理之所有也。若以此章上二節「君子能盡存養省察之功，則喜怒哀樂未發之前，可謂之中」，似亦理得，不然通聖愚而論之，則其理不通矣。嗟乎！理無窮盡者也，心有通塞者也，墳記之載，非吾心靈之會悟也，先入之言，梏吾神識之自得也。由是言之，道之擬議，安得同歸而一轍乎？惟自信以俟後聖可矣。昔者仲尼論性，固已備至而無遺矣，乃孟子則舍之而言善，宋儒參伍人性而不合，乃復標本然之論於氣質之上，遂使孔子之言視孟子反爲疏漏，豈不畔於聖人之中正乎？君采試思而度之，人性果一道耶？二道耶？此宇宙間之大差，非小小文義得失而已也。且夫揚子雲、韓昌黎、胡五峰諸賢，豈未讀孟氏之書乎？而復拳拳著論以詔世者，誠以性善之説，不足以盡天人之實藴矣，使守仲尼之舊，則後學又何事此之紛紛乎？望虚心觀理，無使葛藤掛乎舊見，斯正大真實之域可入，而傅會支離、畔聖之説，自不擾乎心靈矣。倘猶不相契，望更來復，幸幸！

陰陽管見辨

易有太極，是生兩儀。兩儀者陰陽也，太極者陰陽合一而未分者也。陰有陽無，陰形陽神，固皆在其中矣。故分爲兩儀，則亦不過分其本有者，若謂「太虛清通之氣爲太極」，則不知地水之陰，自何而來也？栢齋謂「神爲陽，形爲陰」，又謂「陽無形，陰有形」矣，今却云「分爲兩儀，亦不過分其本有者」，既稱無形，將何以分？止分陰形，是無陽矣。謂分兩儀，豈不自相矛盾？使愚終年思之而不得其説，望將陰陽有無分離之實，再爲教之。栢齋又謂「以太虛清通之氣爲太極，不知地水之陰，自何而來？」嗟乎！此栢齋以氣爲獨陽之誤也。不思元氣之中，萬有俱備，以其氣本言之，有蒸有濕。蒸者能運動爲陽爲火，濕者常潤靜爲陰爲水，無濕則蒸靡附，無蒸則濕不化，始雖清微，鬱則妙合而凝，神乃生焉，故曰「陰陽不測之謂神」。是氣者形之種，而形者氣之化，一虛一實皆氣也，神者形氣之妙用，性之不得已者也，三者一貫之道也。今執事以神爲陽，以形爲陰，皆出自釋氏仙佛之論，誤矣。夫神必藉形氣而有者，無形氣則神滅矣，縱有之，亦乘夫未散之氣而顯者，如火光之必附於物而後見，無物則火尚何在乎？仲尼之門論陰陽必以氣，論神必不離陰陽，執事以神爲陽，以形爲陰，愚以爲異端之見矣。

道體兼有無，陰爲形，陽爲神，神而無形者，其本體蓋未嘗相混也。釋、老謂自無而有，誠非矣。浚川此論出於横渠，要其歸，則與老氏無而生有者無異也。釋氏則實以有無並論，與老氏不同，此不可不知也。所未精者，論真性與運動之風爲二，及以風火爲形耳。陰陽管見中畧具此意，有志於道者詳之可也。浚川所見，出於橫渠，其文亦相似。

栢齋言「道體兼有無」，亦自神無形有來，此不須再辨。愚謂道體本有本實，以元氣而言也。元氣之上無物，故曰太極，言推究於至極，不可得而知。故論道體必以元氣爲始，故曰有虛卽有氣，虛不離氣，氣不離虛，無所始無所終之妙也。氣爲造化之宗樞，安得不謂之有？執事曰：「釋、老謂自無而有，誠非矣」，又謂余論出於橫渠，要其歸則與老氏合。橫渠之論，與愚見同否，且未暇辨，但老氏之所謂虛，其旨本虛無也，非愚以元氣爲道之本體者，此不可同論也，望再思之。

日陽精，蓋火之精也，星雖火餘，然亦有其體矣。陰止受火光以爲光者，如水與水精之類也，猶月之小者也。風雷雖皆屬陽，然風屬天之陽，雷屬火之陽，亦不可混。至於雲則屬陰水，今獨不可謂之陽也。

陰陽卽元氣，其體之始，本自相渾，不可離析，故所生化之物，有陰有陽，亦不能相離。但氣有偏盛，遂爲物主耳。星隕皆火，能焚物，故爲星，爲陽餘。栢齋謂雲爲獨陰矣，愚則謂陰乘陽耳，其有象可見者，陰也；自地如縷而出，能運動飛揚者，乃陽也。謂水爲純陰矣，愚則爲陰挾陽耳，其有質而就下者，陰也；其得日光而散爲氣者，則陽也。但陰盛於陽，故屬陰類矣。

天陽爲氣，地陰爲形，男女牡牝，皆陰陽之合也，特以氣類分爲陰陽耳。少男有陽而無陰，少女有陰而無陽也。寒暑晝夜，管見有論，至於呼吸，則陽氣之行，不能直遂，蓋爲陰所滯而相戰耳，此屈伸之道也。「凡屬氣者皆陽，凡屬形者皆陰。」此數語甚真。然謂之氣，則猶有象，不如以神字易之。蓋神卽氣之靈，尤妙也。愚嘗驗經星河漢位次景象，終古不移，謂天有定體，氣則虛浮，虛浮則動蕩，動蕩則有錯亂，安能終古如是？自來儒者謂天爲輕清之氣，恐未然。且包天地外，果爾輕清之氣，何以乘載？地水氣必上浮，安能左右旋轉？漢郄萌曰：「天體確然在上。」此真至論。智者可以思矣。

栢齋惑於釋氏地水火風之説，遂謂風爲天類，以附成天地水火之論，其實不然。先儒謂風爲天體旋轉蕩激而然，亦或可通。今云「風卽天類」，誤矣。男女牝牡，專以體質言，氣爲陽，而形爲陰，男女牝牡皆然也。卽愚所謂陰陽有偏盛，卽盛者恒主之也。栢齋謂「男女牝牡，皆陰陽相合」是也，又謂「少男有陽而無陰，少女有陰而無陽」，豈不自相背馳？寒暑晝夜，以氣言，蓋謂屈伸往來之異，非專陰專陽之説。愚於董子「陽日陰月」辨之詳矣。呼吸者氣機之不容已者，呼則氣出，出則中虛，虛則受氣，故氣入。吸則氣入，入則中滿，滿則溢氣，故氣出。此乃天然之妙，非人力可以强而爲之者。栢齋謂「陽爲陰滯而相戰」，恐無是景象，當再體驗之，何如？栢齋又謂愚之所言「凡屬氣者皆陽，凡屬形者皆陰，以下數語甚真」，此愚推究陰陽之極言之，雖葱蒼之象，亦陰，飛動之象，亦陽，蓋謂二氣相待而有離其一不得者，況神者生之靈，皆氣所固有者也，無氣則神何從而生？栢齋欲以神字代氣，恐非精當之見。

土卽地也，四時無不在，故配四季。木温爲火熱之漸，金凉爲水寒之漸，故配四時，特生之序不然耳。五行家之説，自是一端，不必與之辨也。火旺於夏，水旺於冬，亦是正理。今人但知水流而不息，遂謂河凍川冰，爲水之休囚，而不知冰凍爲水之本體，流動爲天火之化也，誤矣。

栢齋曰：「土卽地，四時無不在。」愚謂金木水火無氣則已，有則四時日月皆在。何止四季之月？今土配四季，金木水火配四時，其餘無配。時月五行之氣，不知各相退避乎？卽爲消滅乎？突然而來，抑候次於何所乎？此假象配合，穿鑿無理，甚較然者。世儒惑於邪妄而不能辨，豈不可哀！栢齋又曰：「五行家之説，自是一端，不必與辨。」愚謂學孔子者，當推明其道，以息邪説，庶天下後世崇正論行正道，而不至陷於異端可也。何可謂「自是一端，不必與辨」？然則造化真實之理，聖人雅正之道，因而蒙蔽晦蝕，是誰之咎？其謂水旺於冬，猶爲痼疾。夫夏秋之時，膚寸雲靄，大雨時行，萬流湧溢，百川灌河海，潮爲之嘯逆，不於此時而論水旺，乃於水泉閉涸之時，而强配以爲旺，豈不大謬？又謂：「今人但知水流而不息，遂謂河凍川冰爲水之休囚，而不知冰凍爲水之本體，流動爲天火之化。」嗟乎！此尤不通之説。夫水之始化也，冰乎？水乎？使始於冰，雖謂冰爲水之本體，固無不可矣。然果始於冰乎？水乎？此有識者之所能辨也。夫水之始，氣化也，陽火在内，故有氣能動；冰雪者，雨水之變，非始化之體也，安可謂之本？裂膚墮指，而江海不冰，謂「流動爲天火之化」，得乎哉？

人之神與造化之神一也，故能相動，師巫之類，不可謂無。浚川舊論天地無知，鬼神無靈，無師巫之術，今天地鬼神之説變矣，而師巫猶謂之無，如舊也，何哉？此三事一理也，特未思耳。神能御氣，氣能御形，造化人物無異，但有大小之分耳。造化神氣大，故所能爲者亦大，人物神氣小，故所能爲者亦小，其機則無異也。州縣小吏亦能竊人主之權以行事，此師巫之比也。行禱則求於造化之神也，設位請客，客有至不至，設主求神，神有應不應，然客有形，人見之，神無形，人不能見也，以目不能見，遂謂之無，淺矣。此木主土偶之比也。蒸水爲雲，灑水爲雨，摇扇起風，放炮起雷，皆人之所爲也，皆人之所共知也。此雖形用，主之者亦神氣也。師巫則專用神氣，而不假於形者也。通此，則邪術之有無可知矣。浚川論人道甚好，特天道未透耳。蓋其自處太高，謂人皆不及己，故謂己見不可易耳。吾幼時所見，與浚川大同，後乃知其非。吾料浚川亦當有時而自知其非也。

愼言此條，乃爲師巫能致風雲雷雨而言，故曰「雨暘風霆，天地之德化」，而師巫之鬼不能致耳。或能致者，偶遇之也。至於邪術，亦未嘗謂世間無此，但有之者，亦是得人物之實氣而成，非虛無杳冥，無所憑藉而能之也。如採生折割，如滌目幻視等類，與師巫之虛無杳冥，能致風雨不同，皆藉人物之實氣。栢齋又謂「造化之神氣大，故所能爲者亦大，人物之神氣小，故所能爲者亦小，其機則無異矣」，愚則謂天所能爲者人不能爲，人所能爲者天亦不能爲之。師巫若能呼風喚雨，何不如世俗所謂吹氣成雲，噀唾成雨，握手成雷，拂袖成風，頃刻之間，靈異交至，又何必築壇勅將，祭禱旬朔，以待其自來？豈非狂惑耶？俗士乃爲信之，悲哉！栢齋又謂「州縣小吏，亦能竊人主之權」，以爲師巫能竊天神之權，愚以爲過矣。小吏人主皆人也，所竊皆人事也，故可能。師巫人也，風雨天也，天之神化，師巫安能之？

投鐵於淵，龍起而雨，此乃正術，亦非冥祈，不可同也。又謂「設主請客，有至不至，如師巫求神，有應不應」，此皆爲師巫出脱之計。請客不至，或有他故，求神不應，神亦有他故邪？此可以發笑。又謂「蒸水爲雲，洒水爲雨，摇扇起風，放砲起雷，爲人之神氣所爲」，不知此等雲雨風雷真耶？假耶？若非天道之真，不過物象之似耳，與師巫以人求天，有何相類？且師巫專用神氣，而不假之以形，不知是何神靈，聽師巫之所使？抑師巫之精神耶？此類説夢，愚不得而知之。其謂愚「論人道甚好，持天道未透，蓋自處太高，謂人皆不及己，故執己見不可易」，又謂「向時所見，與浚川大同，後乃知其非，吾料浚川亦當有時自知其非」，此數言教愚多矣，但謂「自處太高」，謂「人不及己」，此則失愚之心也。夫得其實理則信，不得其理，此心扞格不契，何以相信？使蒭蕘之言會於愚心，卽躍然領受，况大賢乎？謂「人不及己，執所見而不易」，此以人爲高下，而不據理之是非者之爲也。愚豈如是？望體恕，幸甚！栢齋又云「神能御氣，氣能御形」，以神自外來，不從形氣而有，遂謂天地太虚之中，無非鬼神，能聽人役使，亦能爲人禍福，愚則謂神必得形氣而有，如母能生子，子能爲母主耳。至於天地之間，二氣交感，百靈雜出，風霆流行，山川冥漠，氣之變化，何物不有？欲離氣而爲神，恐不可得，縱如神仙尸解，亦人之神乘氣而去矣，安能脱然神自神，而氣自氣乎？由是言之，兩間鬼神，百靈顯著，但恐不能爲人役使，亦不能爲人禍福耳。亦有類之者，人死而氣未散，乃憑物以祟人，及夫罔兩罔象、山魈木魕之怪，來遊人間，皆非所謂神也。此終古不易之論，望智者再思之，何如？

讀禍福祭祀之論，意猶謂鬼神無知覺作爲，此大惑也。人血肉之軀耳，其有知覺作爲，誰主之哉？蓋人心之神也。人心之神，何從而來哉？蓋得於造化之神也。故人有知覺作爲，鬼神亦有知覺作爲，謂鬼神無知覺作爲，異於人者，梏於耳目聞見之驗，而不通之以理，儒之淺者也。程、張不免有此失，先聖論鬼神者多矣，乃一切不信，而信淺儒之説，何也？豈梏於耳目聞見之迹，而不能通之以理者乎？易曰：「積善之家，必有餘慶，積不善之家，必有餘殃。」語曰：「禍福無門，惟人所召。」故知人之爲善爲惡，乃得福得禍之本，其不順應者，幸不幸耳。故取程子答唐棣之論，乃爲訓世之正。今栢齋以禍福必由於鬼神主之，則夫善者乃得禍，不善者乃得福，鬼神亦謬惡不仁矣，有是乎？且夫天地之間，何虛非氣？何氣不化？何化非神？安可謂無靈？又安可謂無知？但亦窅冥恍惚，非必在在可求，人人得而攝之，何也？人物巨細，亦夥矣，攝人必攝物，强食弱，智戕愚，衆暴寡，物殘人，人殺物，皆非天道之常，性命之正。世之人物相戕相殺，無處無之，而鬼神之力，不能報其寃，是鬼神亦昧劣而不義矣，何足以爲靈異！故愚直以仲尼「敬鬼神而遠之」以爲至論，而祭祀之道，以爲設教，非謂其無知無覺而不神也。大抵造化鬼神之跡，皆性之不得已而然者，非出於有意也，非以之爲人也，其本體自如是耳。於此而不知，皆淺儒誣妄，惑於世俗之見，而不能達乎至理者矣。此又何足與辨！

先聖作易，見造化之妙，有有形無形之兩體，故畫奇耦以象之，謂之兩儀，見無形之氣，又有火之可見者，有形之形，又有水之可化爲氣者，故於奇之上又分奇耦，耦之上亦分奇耦，謂之四象，是畫易之次第，卽造化之實也。乃謂其局而謬，誤矣。

易有太極，是生兩儀，兩儀生四象，四象生八卦，此聖人推論畫易之原，非論天地造化本然之妙用也。函谷當時往往準易以論造化，愚嘗辭而病之。栢齋前謂太極爲陰陽未分，兩儀謂陰陽已分，似也。今於生四象，又謂聖人「見無形之氣，又有火之可見，有形之形，又有水之可化爲氣者，故於奇之上又分奇耦，耦之上亦分奇耦，謂之四象」。嗟乎！此論爲蛇添足，又豈自然而然之道哉？先儒謂四象爲陰陽剛柔，四少乃本易中之所有者，後人猶議其無據，今乃突然以形氣水火名之，於易戾矣。形氣，易卦未嘗具論，水火，卦有坎離，此而名之，豈不相犯？求諸要歸，大抵栢齋欲以易卦之象，附會於造化，故不覺其牽合穿鑿至此耳。嗟乎！易自邵、朱以來，如先天、後天、河圖、五行，任意附入者已多，及求諸六十四卦，何曾具此？後學自少至老，讀其遺文，迷而不省，又爲衍其餘説，日膠月固而不可解。使四聖之易，雜以異端之説，悲哉！

天地未生，蓋混沌未分之時也，所謂太極也，天神地形，雖曰未分，實則並存，而未嘗缺一也。太虛之氣，天也，神也，以形論之，則無也；地則形也，非太虛之氣也，以形論之，則有也。分爲天地，與未分之時無異也。謂儒者之道，無無，無空者，非也。神與形合，則物生，所謂精氣爲物也；神去形離，則物死，所謂遊魂爲變也。神存人心，性是也，無形也；形在人血肉是也，無知也。方其生也，形神混合未易辯也，及其死也，神則去矣，去者固無形也，形雖尚在，固已無知而不神矣。此理之易見者也。乃謂儒道無無、無空，何也？此説出於横渠，不足爲據。蓋横渠見道亦未真也。老氏謂「萬物生於有，有生於無」，誤矣。横渠力辨其失，及自爲説，則謂「太虚無形，氣之本體，其聚其散，變化之客形耳」。客形有也，生於無形，比與老氏有生於無者何異？是無異同浴而譏裸裎也。釋氏猶知形神有無之分，過於横渠，特未精耳。

太虚太極陰陽有無之義，已具於前，不復再論。但源頭所見各異，故其説遂不相入耳。愚以元氣未分之前，形、氣、神冲然皆具，且以天有定體，安得不謂之有？不謂之實？栢齋以天爲神，爲風，皆不可見，安得不謂之無？不謂之空？今以其實言之，天果有體邪？果止於清氣耶？遠不可見，故無所取證耳。若謂天地水火本然之體，皆自太虚種子而出，道體豈不實乎？豈不有乎？栢齋謂儒道有無有空，不過以天爲神，遂因而誤之如此。且夫天包地外，二氣洞徹萬有，莫不藉之以生，藉之以神，藉之以性，及其形壞氣散，而神性乃滅，豈非生於本有乎？栢齋以愚之論出於横渠，與老氏「萬物生於有，有生於無」不異，不惟不知愚，及老氏亦不知矣。老氏謂萬物生於有，謂形氣相禪者，有生於無，謂形氣之始本無也。愚則以爲萬有皆具於元氣之始，故曰：「儒之道本實、本有，無無也、無空也。」栢齋乃取釋氏猶知形神有無之分，愚以爲栢齋酷嗜仙佛，受病之源矣。

五行生成之數，誠妄矣。有水火而後有土之説，則亦未也。天地水火，造化本體，皆非有所待而後生也。木金則生於水火土相交之後，正蒙一段論此甚好，但中間各有天機存焉，天神無形，人不能見，故論者皆遺之，此可笑也。浚川所見，高過於函谷，函谷所見，多無一定，細觀之自見，今不暇與辯也。嘉靖甲午十月晦日，書於栢齋私居。

栢齋謂天地水火，造化本體，皆非有所待而後生。愚則以爲四者皆自元氣變化出來，未嘗無所待者也。天者氣化之總物，包羅萬有而神者也，天體成則氣化屬之天矣，故日月之精交相變化，而水火生矣。觀夫燧取火於日，方諸取水於月，可測矣。土者水之浮滓，得火而結凝者，觀海中浮沫久而爲石，可測矣。金石草木水火土之化也，雖有精粗先後之殊，皆出自元氣之種，謂地與天，與水火一時並生，均爲造化本體，愚切以爲非然矣。

老氏謂「有生於無」，周子謂「無極太極生二五」，横渠謂「太虚無形生天地糟粕」，所見大畧相同，但老氏、周子猶謂「神生形，無生有」，横渠則謂「虚與形」止由「氣之聚散」，無「神形」「有無」之分，又不同也。予竊謂論道體者，易象爲至，老子、周子次之，横渠爲下，蓋以其不知神形之分也。神形之分，魂升而魄降也，古今儒者，孰不知之？今謂老子、周子知之，横渠不知，豈不寃哉？大抵老氏、周子不以氣爲主，誠以爲無矣，與栢齋以神爲無同義，與横渠「氣之爲物，散入無形，適得吾體」，大相懸絶。夫同道相賢，殊軌異趨，栢齋又安能以横渠爲然？嗟乎！以造化本體爲空爲無，此古今之大迷，雖後儒扶正濂溪無極之旨，曰「無聲無臭，實造化之樞紐，品彙之根柢」，亦不明言何物之主？豈非談虚説空乎？但形神之分，能知陰陽果不相離，則升而上者氣之精也，降而下者氣之跡也，精則爲神、爲生、爲靈明，跡則爲形、爲死、爲糟粕。神之氣終散歸於太虚，不滅息也；形之氣亦化歸於太虚，爲腐臭也。則造化本體，安得不謂之有？安得不謂之實？老、釋之所謂有無，有空者，可以不攻而自破，世儒謂「理能生氣」者，可以三思而自得矣。望栢齋以意逆志，除去葛藤舊見，當自契合。

地上虚空處皆天，天氣可謂聚矣，是豈有形而可見乎？天變爲風，風之猛者，排山倒海，氣之聚益顯矣，謂之離明得施，有形可見，得乎？故曰陽爲神，無聚散之跡，終不可見，而張子之論未至也。予初著管見，多引而不發，蓋望同志深思而自得之也。忽而不察者皆是矣，因復引而伸之，然不能盡言也，其餘則尚有望於世之君子焉。甲午冬至前三日書。

地上虚空處謂之皆氣則可，謂之皆天則不可。天自有體，觀星象，河漢確然不移，可以測知。且天運於外，無一息停，虚空之氣，未嘗隨轉，謂地上皆天，恐非至論矣。風之猛者，排山倒海，謂氣之動則可，謂氣之聚則不可。夫氣之動，由力排之也。力之排，由激致之也。激之所自，天機運之也。此可以論風矣。謂天運成風則可，謂天卽風則不可。氣雖無形可見，却是實有之物，口可以吸而入，手可以摇而得，非虚寂空冥，無所索取者。世儒類以氣體爲無厥覩，誤矣。愚謂學者必識氣本，然後可以論造化，不然頭腦既差，難與論其餘矣。

陰陽不測之謂神，地有何不測而謂之神邪？若謂地之靈變，此是天之藏於地者耳，非地之本體也。

栢齋曰：「陰陽不測之謂神，地有何不測而謂之神？」愚則以爲后坤發育，羣品載生，山川藴靈，雷雨交作，謂地不神，恐不可得？又曰：「地有靈變，此天藏於地者，非地本體。」若然，則地特一大死物矣，可乎？愚則以爲萬物各有禀受，各正性命，其氣雖出於天，其神卽爲已有，地有地之神，人有人之神，物有物之神，謂地不神，則人物之氣亦天之氣，謂人物不能自神，可乎？此當再論。

張子謂：「太虚無形，氣之本體，其聚其散，變化之客形。」形生於無形，此與老子「有生於無」之説何異？其實造化之妙，有者始終有，無者始終無，不可混也。嗚呼！世儒惑於耳目之習熟久矣，又何可以獨得之意强之哉！後世有揚子者，自相信矣。

愚嘗謂天地水火萬物皆從元氣而化，蓋以元氣本體，具有此種，故能化出天地水火萬物，如氣中有蒸而能動者，卽陽，卽火；有濕而能静者，卽陰，卽水。道體安得不謂之有？且非濕則蒸無附，非蒸則濕不化，二者相須而有，欲離之不可得者，但變化所得有偏盛，而盛者嘗主之，其實陰陽未嘗相離也。其在萬物之生，亦未嘗有陰而無陽，有陽而無陰也。觀水火，陰陽未嘗相離可知矣。故愚謂天地水火萬物，皆生於有，無無也，無空也。其無而空者，卽横渠之所謂客形耳，非元氣本體之妙也。今栢齋謂神爲無，形爲有，且云「有者始終有，無者始終無」，所見從頭差異如此，安得强而同之？栢齋又云「後世有楊子雲，自能相信」，愚亦以爲俟諸後聖，必能辯之。

明儒學案卷五十一　諸儒學案中五

文裕黄泰泉先生佐

黄佐字才伯，號泰泉，廣之香山人。正德庚辰進士。改庶吉士，授編修，出爲江西提學僉事。棄官歸養，久之起右春坊右諭德，擢侍讀學士，掌南京翰林院事。卒，贈禮部右侍郎，謚文裕。先生以博約爲宗旨，博學於文，知其根而溉之者也。約之以禮，歸其根則千枝萬葉，受澤而結實者也。博而反約於心，則視聽言動之中禮，喜怒哀樂之中節，彝倫經權之中道，一以貫之而無遺矣。蓋先生得力於讀書，典禮樂律詞章，無不該通，故卽以此爲教。是時陽明塞源拔本論，方欲盡洗聞見之陋，歸併源頭一路，宜乎其不能相合也。然陽明亦何嘗教人不讀書？第先立乎其大，則一切聞見之知，皆德性之知也。先生尚拘牽於舊論耳。某幼時喜博覽，每舉楊用修集，韓孟郁上桂謂某曰：「吾鄉黄才伯，博物君子也。先子何不讀其集乎？」今爲泰泉學案，念亡友之言，爲之潸然。

論學書

德性之知，本無不能也，然夫子之教，必致知而力行，守約而施博，於達道達德，一則曰「未能一焉」，一則曰「我無能焉」，未嘗言知而廢能也。程子曰：「良能良知，皆無所由，乃出於天，不繫於人。」又曰：「聖人本天，釋氏本心。」蓋大學言致知，繫於人之問學者也，孟子言良知必兼良能，本於天命之德性者也。惟宋呂希哲氏，獨以致知爲致良知，而廢良能，則是釋氏以心之覺悟爲性矣。圓覺經以事理爲二障，必除而空之，則理不具於心，心不見於事，惟神識光明而已。反身而誠，似不如是。復林見素。

昨承教中和之説，謂陽明傳習録云：「不可謂未發之中，常人俱有之。蓋體用一源，有是體，即有是用，今人用未能有發而皆中節之和，則知其體亦未能得未發之中。」執事謂：「民受天地之中以生，其性無有不善，若無未發之中，則人皆可爲堯、舜，豈謬語哉？」蓋陽明之學，本於心之知覺，實由佛氏。其曰：「只是一念良知，徹首徹尾，無始無終，即是前念不滅，後念不生。」此乃金剛經不生不滅，入涅槃覺。安知所謂中和也？又曰：「無所住而生其心，佛氏曾有是言，未爲非也。」又曰：「不思善，不思惡時，認本來面目，即吾所謂良知。」又曰：「無善無惡者理之静，有善有惡者氣之動。不動於氣，即無善無惡，是謂至善。」此又畔孟子性善之説矣。既曰「無善」，安得又曰「是謂至善」？是自相矛盾也。又曰：「吾自幼篤志二氏，自謂既有所得，謂儒者爲不足學。其後居夷三載，見得聖人之學，若是其簡易廣大，始自悔悟，錯用三十年氣力。大抵二氏之學，其妙與聖人只有毫釐之間。」執事謂其「與佛、老汩没俱化，未嘗悔悟，但借良知以文飾之爾」，誠然！誠然！生謂中庸者，作聖之樞要，而精一執中之疏義也。明乎此，則佛、老之説，祇覺其高虚而無實，避去不暇，又何汩没之有哉？夫堯、舜始言中，孔子始言中庸之爲德，中不啻足矣，而言庸何也？蓋慮人以中難知難行，而不知人皆可以爲堯、舜，故又以庸言之。蓋謂無過不及之中,乃平常應用之理,降衷秉彝,人人所同也。故子思述孔子之意,以爲此篇,凡言及品節限制,而操存於内者,皆以防人心之危也;言及天地民物,皆以廓道心之微也。然道心之發,恒與人心相參,則察之不容以不精,守之不容以不一,必精而至一,則中可用於民,推之天下國家,而天地位萬物育矣,其用功以致中和也。俗儒皆以戒懼爲静而存養,慎獨爲動而省察,然章句、或問惟言存養省察,未嘗分言動静也。生愚以爲此乃默識天性,而操存涵養之學,以此訓人,以此修道立教,無非中庸之爲德,合内外之道,卽易所謂「默而成之,不言而信,存乎德行」。性既存於心,心自見於事,聖神功化之極,自有不疾而速,不行而至者矣。昨談及此,猶未之詳也,試更詳一得之愚可乎?蓋首章「戒慎不睹,恐懼不聞」,與末章「不動而敬,不言而信」,正是相應。聖學相傳,洪範五事,孔門四勿,皆從此用功,雖稠人廣坐之中,從事於此,惟恐少怠。記所云「哀樂相生」,正明目以視之,不可得而見也,傾耳以聽之,不可得而聞也。豈待感物而動哉?故又曰:「人生而静,天之性也。」默識天性之中,庶乎情發而皆中節。由此推極,則中和致矣。若待静時存養,則無有所謂「不睹不聞,不動不言」之時矣。嘗當中夜不接物時驗之,目睹隙光,耳聞更漏,或擁衣而動,呼童而言,未有無思無慮,如槁木者,故曰「纔思卽是已發」。惟内視返觀,則性如皎日,有過卽知,是謂明德。好惡本無一偏,豈非未發之中乎?若對客應酬亦然,一有偏處,卽静以待之,則喜怒哀樂之發,無不中節,而和自中出矣。涵養日久,便是默而成之,篤恭而天下平,不獨成己而已。若嘵嘵講學,各執一端,則自相乖戾,去中和遠矣。與徐養齋。世之談道箋詁者,聖經之翼也;諸子者,微言之遺也;史牒者,來今之準也;雜文者,藴積之葉也。

者，每謂心苟能明，何必讀書？吾夫子既斥仲由之佞矣，又謂皐、夔、稷、契何書可讀？然則三墳、五典之書，傳自上古者，胡爲誦法於刪述之前耶？十三經註疏中，多有可取者，如鄭氏釋道不可離，曰「道猶道路也，出入動作由之，離之惡乎從也？」其言似粗而實切，苟謂真儒不是康成，而顓求明心見性，則又入禪矣。荀、楊雖大醇小疵，而不敢擬經，其言亦有所見。近世乃有取於文中子，以爲聖人復起，不能易也。謂之何哉？執事曰：「二程謂老氏之言，無可闢者，惟釋氏之説，衍蔓迷溺至深，故宋儒多取道家言。如周茂叔自無而有，自有歸無，乃李筌之陰符也。張子厚清虚一大，乃莊周之太虚也。朱子之調息箴，乃老聃之玄牝也。矧又註參同契、陰符經，盛傳於世邪？」蓋去聖日遠，而内聖外王之學，老莊頗合吾儒，遂至此爾。近日金剛、圓覺及六祖壇經，爲講道學者所宗，陽儒陰釋，自謂易簡，不涉支離。如降氏其心，見自本性，有大定力者，謂之金剛；統衆德而大備，爍羣昏而獨照者，謂之圓覺。不思善、不思惡時，識自本心，見自本性，則又壇經兼定力獨照之藴者也。佐嘗取圓覺經觀之，其圓攝所歸，循性差别，有三種焉：一曰奢摩他，謂寂静輕安，於中顯現，如鏡中像；二曰三摩鉢提，謂除去根塵幻化，漸次增進，如土長苗；三曰禪那，謂妙覺隨順寂滅，不起浮想。此三種浄觀，隨學一事，故有單修、齊修、前修、後修之等，有二十五輪，是其支離，反不如老氏之簡易矣。與崔洹野。

所示卓小仙事，乃生所欲聞者。大抵人者，鬼神之會也。人道盛則鬼道衰，亦理也。辯論之詳，可以正人心息邪説矣。向者項甌東來言，曾會小仙，述其形貌之詳，與其作詩，報人禍福，竊疑其爲物鬼耳，暫時爲人，忽又化去，如貴郡九鯉湖何仙，亦其比也。人心趨向，務爲崇飾，則建祠祀之，遂傳於世。

如葛洪神仙傳，祖劉向列仙傳而附益之，久則人不復信。如九鯉湖祈夢所得吉凶，多不可明者，但人臆度，或有偶合者。周翠渠公昔守廣德，觀所紀祠山，其謬妄亦可見矣。周公作金縢，自謂多材多藝，能事鬼神。蓋陰陽二氣，屈伸往來於天地之間，無非鬼神也，而周公所謂鬼神，卽指三王，以魂魄言。詩曰「三后在天」，又曰「文王在上」，蓋没爲明神，上與天合，非但爲人鬼而已也。易象傳、文言亦同此義。而豐象尤明白，曰「日中則昃，月盈則食，天地盈虛，與時消息，而況於人乎？況於鬼神乎？」盈虛消息，乃造化之迹，而鬼神則人之魂魄也。合大傳、祭義而觀之，曰「精氣爲物，遊魂爲變」，曰「氣也者，神之盛也；魄也者，鬼之盛也。」魂氣歸於天，形魄歸於地，而神合精氣爲物，既没猶如生時，若魄雖降，而遊魂不散，則爲變矣。變則滯而不化，出爲妖怪，如伯有爲厲是已。故子産曰：「人生始化曰魄，既生魄，陽曰魂。用物精多則魂魄强，是以有精爽至於神明。夫匹夫匹婦强死與殤者，魂魄猶能憑依人以淫厲，況伯有乎？」僧道之爲仙佛，魄降魂遊，亦猶是也。周公制禮，大宗伯既興神鬼示之禮矣，末又曰：「凡以神仕者，掌三辰之法，以猶神鬼示之居，辨其名物。以冬日至，致天神人鬼。以夏日至，致地示物鬽。」辰者，日月星斗，各至於辰，躔次而畢見也。猶者，圖像也。居者，坐位也。報天主日及四望，其氣常伸，故謂之天神，而位於上。禮月及四瀆山川，顯以示人，其氣二而小，故謂之地示，而位於下。享五帝祖禰在陰陽之間，故謂之人鬼。名物則禮樂之器也。天神人鬼，以冬日至致之，應陽氣也。人鬼魂氣歸天，昭明於上，與天神爲類。地示物鬽，以夏日至致之，應陰氣也。物鬽則百物之精，如山林川澤諸示在幽陰者是也。豈非大合樂？分而序之，以降天神，出地示，格人鬼，爲成者與？樂記曰「大樂與天地同和，大禮與天地同節，和故百物不失，節故祀天祭地」者此也。小仙殆亦百物之精，使貴邑人或祠之，則與何仙類矣。老聃得長生久視之道，百有餘歲。朱子謂莊周明言老聃死，則人鬼爾。道家列爲三清，位於昊天上帝之上，何哉？據程子謂道家之說，無可闢者，以文王於昭于天例之，雖位於天神地示之中可也。生愚素不喜佛書，如姚秦時，五胡十六國，稱帝稱王，迭興迭滅，梵僧鳩摩羅什，從而附會之。其所譯法華經，謂佛說法時來聽受者，菩薩八萬人，天子七萬二千人，其餘天王鬼神之類，不可勝紀。又文殊師利於海中，宣說是經，娑竭龍女忽現於前，禮敬獻一寶珠，受之，卽變成男子。又觀世音普門品，復有十數變現，此則妄爲夸大，無從而猶其居，又與道家異矣。邇來學術分裂，立門户，尊德性者，厭棄聖經而喜誦佛書，如曰「佛氏之學，亦有同於吾儒，而不害其爲異者」，又曰「心隨法華轉，非是轉法華」，謂之何哉？謂之何哉？生今與後進講學，只博約二語而已。讀書以明之，聞見之知，研究此理，博文也；反身以誠之，德性之知，惇庸此理，約禮也。自媿淺薄，未見有謹信者爾。不能談禪，以應變現，奈何！奈何！與鄭抑齋。

羅整菴云：「氣本一也，而一動一静，一往一來，一闔一闢，一升一降，循環無已，積微而著，由著復微，爲四時之温涼寒暑，爲萬物之生長收藏，爲斯民之日用彝倫，爲人事之成敗得失，千條萬緒，紛紜膠轕，而卒不可亂，有莫知其所以然而然，是卽所謂理也。初非别有一物，依於氣而立，附於氣以行也。人物之生，受氣之初，其理惟一，成形之後，其分則殊。」因思孔子繫易，言性與天道，有統言天命率性之道，如曰「一陰一陽之謂道」，朱子釋之曰：「陰陽迭運者氣也，其理則所謂道。」嘗曰：「天下未有無理之氣，亦無無氣之理。」又曰：「人之所以爲人，其理則天地之理，其氣則天地之氣，理無迹不可見，故於氣觀之。」既以爲一矣。又曰：「未有天地之先，畢竟是理，有理便有氣，流行發育萬物。」此言理在氣先也。註中庸則曰：「天以陰陽五行化生萬物，氣以成形，而理亦賦焉。」則理又在氣後矣，是判理氣而爲二，乃未定之論也。然道之大原出於天，既曰「天積氣也」，又曰「天者理而已矣」，理氣判而爲二，豈天兼之與？抑理氣各有一天與？蓋人窮理於心，一氣自太極而生兩儀，兩儀生四象，土在其中，則爲五行。自此化生萬物，飛潛動植，皆人以文字名之爾。是則理由羲畫始也，而文字生焉，豈有理在天地之先，而乘氣以行，如人乘馬者哉？由此辨之，氣之有條不可紊者，謂之理，理之全體不可離者，謂之道。天生人物，靈蠢不同，實有主宰之者，惟得天命之正，而能存存無息，則可以配命同天，故詩、書言天又言帝，如曰「勑天之命，惟時惟幾」，勑敬而正之也。無一時無一事，而不敬慎以存養省察者，卽中庸所云也。如曰「惟皇上帝，降衷于下民，若有恒性」。不言天而言帝者，有主宰於其間，使靈而爲人者，其性異於蠢物，與牛犬之性不同，卽孟子所言也。説者謂心中之氣，寓理而靈，故曰「心神」。然太虛中亦有氣，靈如人心者，則曰「天神」，故紫微有星，謂之帝。人能學問涵養，充實其德，而有光輝，卽天也已。上下通徹，無有間隔，是故以性情謂之乾，以妙用謂之神，以形體謂之天，以主宰謂之帝。苟棄天焉，天亦棄人矣。書曰：「非天不中，惟人在命。」此之謂也。乃若形而上者謂之道，則以爻象所形而言，世儒一概論之，誤矣。與林兆泉上元。

試共分源論之，孔子翼易，言心性天道，有自卦爻取象言者，亦有自天人統言者，如習坎「有孚維心，亨」，此所謂心，乃剛中之象也；「聖人以此洗心，退藏于密」，此所謂心，乃聖人之心也。乾之利貞曰性情，復之見天地之心，皆象焉耳矣。「一陰一陽之謂道，繼之者善也，成之者性也」，統言天人之理。所謂陰陽，乃二氣流行於天地之間者，何與於取象哉？其曰「形而上者謂之道，形而下者謂之器」，道與器對，此則論卦爻陰陽而立是名也。後儒概以統言者混論之，則誤矣。程子曰「惟此語截得上下分明」，亦是象言也。蓋道非無形也，無形則與器離而不合，豈非窈冥昏默之説乎？夫卦爻陰陽之見於奇偶，猶有生之類肖形於天地者也。凡物象可見者，皆謂之形。然形非道也，自形以上卽謂之道矣，蓋其一陰一陽，動而無動，靜而無靜，不離乎形，而亦不雜乎形者也。道非器也，自形以下卽謂之器矣，蓋其囿於陰陽，靜而無動，動而無靜，所象之物，成形而滯於形者矣。不分道器，則混精粗於一矣；不知上下，則岐有無而二之矣。故曰：「道亦器，器亦道，體用一原，顯微無間。」今分源體要終發明，偶亦相合。與王分源任用。

生惟安於命而無欲速，蓋成周以詩、書造士，以三物賓興，自一年離經辨志，迨九年大成，而猶待强廼仕，若此其久者，何也？欲其多識而貫之以一，博文而約之以禮，畜德以潤身，而後能從政以澤民故也。三物者，其明明德於天下，本始於格致者乎？六德之先知仁也，六行之先孝友也，六藝之先禮樂也。知本也，其本治而末從之矣。是雖成而上下，然理一分殊，非聖言末由漸悟。盍觀於殖乎？溉其根者博也，歸其根者約也，千莖萬穗自根而出，食其實，散其羸，器其菑翳，緡其絲麻，日滋歲懋，用足而施普矣。不殖則將落，而奚普之能施？此生之所以安於命，而無欲速者也。與張蒙溪。

孔子之教人，博約而已矣。博文而約之以禮，卽多學而貫之以一者也。昔嘗談及尋樂，朱子曰：「不用思量顏子，惟是博文約禮後，見理分明，日用純熟，不爲欲撓，自爾快樂。」以佐觀之，論語言博約者凡三見，蓋從事經書，質問師友，反身而誠，服膺勿失，則此樂得諸心矣。樂善不倦，絕無私欲，天爵在我，不爲人爵所困役，天地萬物與吾同體，更無窒礙，隨時隨處，無入而不自得。然則寓形宇宙之內，更有何樂可以代此哉？莊誦執事餘冬序録終篇，啓發滋多，與向日京邸共談時，樂無以異。然則執事殆真得孔、顏之樂者哉！夫庖羲始造書契，治官察民，墳、典興焉，皐、夔、稷、契既讀其書矣，是卽博文也。得之於心，則天之敍秩我者，我得而惇庸之，同寅協恭和衷，如皐陶所云者，而能有行焉，是卽約禮也。今之道學，未嘗讀書，而索之空寂杳冥，無由貫徹物理，而徒曰致知，則物既弗格矣，無由反身而誠，則樂處於何而得哉？善乎！執事之論學也，其曰：「孔子後，斯道至宋儒復明，而濂溪實倡之。」先生令郴時，郡守李初平聞先生論學，欲讀書。先生曰：「公老無及矣，請爲公言之。」初平聽先生語，二年卒有得。此可見學必讀書，然後爲學，問必聽受師友，然後爲問。駕言浮談，但曰「學苟知本，則六經皆我註腳」，則自索之覺悟，正執事所謂野狐禪耳。呂希哲解大學曰：「致知，致良知也；物格，則知自至。堯、舜與人同者，忽然自見。」又作詩，癖元凱而俳相如，以莊周所言顏子心齋爲至。嗟乎！莊周不讀孔子魯論之書，又安知心齋由於博而後得於約邪？謝顯道見明道誦讀書史，明道稱顯道能多識，伊川見人靜坐以爲知學，蓋聖賢修習，必反躬內省，若徒誦其言而忘其味，六經一糟粕耳。又執事所謂口耳出入之間，言語文字之末，剪綵爲春，象龍救旱，抑竟何益哉？此周濂溪教二程尋樂之宗旨也。然世俗相傳，謂先生太極圖説得諸潤州鶴林寺僧壽涯者，其誣固不必辯。但此圖與通書相爲表裏，先生蓋讀書深造而自得，非索之空寂杳冥者。圖首曰：「無極而太極。」蓋無聲無臭之中，而實理存焉。天地人物，一以貫之，道爲太極，心爲太極，其實理同也，卽書「誠者，聖人之本也」。其言「動而生陽，静而生陰」，卽書「誠源誠復」也。其言「聖人主静，立人極」，卽書「聖學一爲要，一者無欲，無欲故静」也。静則至無之中，至有存焉，其渾然太極已乎！徵諸易與中庸，則易「無思也，無爲也，寂然而不動，感而遂通天下之故」，乃太極生兩儀，兩儀生四象之本也。不言四象而言五行者，河出圖，洛出書，聖人則之。圖、書皆以土生數五居中，而四象成焉，亦中正仁義之所由定也。至聖之德，本得諸至誠之道，蓋如此至誠無息，至聖有臨，則天地合德矣。既與天地合德，則與日月合明、四時合序可知。故言孔子立人極，傳自堯、舜、文、武，及與上律下襲，必譬諸四時日月焉。天地之大德曰生，若或濬之，而小德分殊。四時各一其氣，日月各一其明，萬物各一其性，如所濬之川，東則不入於西，南則不入於北，而往過來續，不舍晝夜，故曰：「小德川流。」萬物之所以並育者，無極之真，二五之精，妙合而凝，乾道成男，坤道成女，化生萬物也。四時日月之所以並行者，五氣順布，四時行也，孰綱維是？孰主張是？若有宰之而特不得其朕者矣，故曰：「大德敦化。」則此書五行陰陽，陰陽太極也。先生真積力久，融會貫徹，乃爲圖，又爲之説，自博而約，雖書不盡言，圖不盡意，豈非聞孔子之道，而知之者哉！與何燕泉。

指摘傳習録九條，如曰：「心之體，性也，性卽理也。故有孝親忠君之心，卽有忠孝之理，無忠孝之心，卽無忠孝之理矣。理豈外於吾心邪？」晦菴謂：『人之所以爲學者，心與理而已。心雖主乎一身，而實管乎天下之理，理雖散在萬事，而實不外乎人之一心。』是其一分一合之間，未免已啓學者心理爲二之弊，此後世所以有專求本心、遂遺物理之患，正由不知心卽理耳，此義外之説。」蓋朱子既謂理不外心，正自本體言，其格物傳「卽物而窮其理」，卽是我心卽之也，非義外也。書曰「以義制事」，語曰「聞義不能徙」，以與聞皆自心言，卽孟子所謂「理義之悦我心也」。理義不根於心，又何悦哉？然録中亦有嘉言，如曰「理無内外，性無内外，故學無内外。講習討論，未嘗非内也，反觀内省，未嘗遺外也。夫謂學必資於外求，是以己性爲有外也，是義外也，用智者也。謂反觀内省，爲求之於内，是以己性爲有内也，是有我也，自私者也。是皆不知性之無内外也。」是發明中庸合内外之道也。其辯「人謂『晦庵專以道問學爲事』，然晦庵之言曰『非存心無以致知』，曰『居敬窮理』，曰『君子之心常存敬畏，雖不見聞，亦不敢忽，所以存天理之本然，而不使離於須臾之頃也』。是其爲言，雖未盡瑩，何嘗不以尊德性爲事？而又烏在其爲支離乎？又恐學者之躐等，或失之妄作，使必先之以格致，而無不明；然後有自以實之於誠正，而無所謬。世之學者，苦其難而無所入，遂議其支離。不知此乃學者之弊，而當時晦菴之自爲，則亦豈至是乎」。此其最得者也。又曰：「聖人述六經，惟是存天理，去人欲。道問學時，就此心去人欲，存天理上講求至善，如事親温清，必盡此心之孝，惟恐有一毫人欲間雜此心。若無人欲，純是天理，自然思量父母寒熱，求盡温清道理。」此亦其最得者也。然亦有大弊，與孔孟相反者，如曰：「新民，從舊本作親民，孟子『親親仁民』之謂，親之卽仁之也。」此則弊流於兼愛，而不自知矣。如曰：「今人知當孝弟，而不能孝弟，此已被私欲隔斷，非知行本體。未有知而不行者，知而不行，只是未知。」此則是矣。

然講求既明，又焉肯爲不孝不弟之人乎？乃曰：「欲求明峻德，惟在致良知。」人喜其直截，遂以知爲行，而無復存養省察之功。資質高者，又出妙論以助其空疏，而不復談書以求經濟。此則弊流於爲我，而不自知矣。吾不知其於楊、墨爲何如也！執事所指摘者，謂陽明陷溺於佛氏三十年，然後以致良知爲學，本不過一圓覺耳。如曰：「目可得見，耳可得聞，口可得言，心可得思者，皆下學也。目不可得見，耳不可得聞，口不可得言，心不可得思者，皆上達也。」此則佛氏不可思議之説也，吾儒下學而上達，惟一理耳，豈可岐而二之哉？既以親親卽爲仁民，又以良知卽爲良能，至此則又不合而爲一，口給禦人，陽儒陰釋，誤人深矣。答汪方塘思。

講學之徒，惟主覺悟，而斥絶經書，自附會大學致知之外，不復聞見古今，連宇宙字義，亦所不識。蓋上下四方之宇，往古來今之宙，乃性分内事，必貫徹之，方可謂物格而後知至。羅念菴昔與唐、趙各疏請東駕臨朝，幾陷大僇，後得免歸，亦主覺悟而不讀書之所致也。今觀其集，首答蔣道林書「不展卷三閱月，而後覺此心中虛無物，旁通無窮，如長空雲氣，流行大海，魚龍變化」。豈非執靈明以爲用者耶？昔六祖聞師説法，悟曰：「何期自性？本自清浄。何期自性？本不生滅。何期自性？能生萬法。」楊慈湖倣之曰：「忽省此心之清明，忽省此心之無始末，忽省此心之無所不通。」可謂蹈襲舊套矣。然既曰「無物」，又有「魚龍」，而宇宙渾成一片，此卽野狐禪所謂圓陀陀光鑠鑠也。其與舊日冬遊等記更無二致。復何賓巖鏜。

論説

求仁者，求全其本心之天理也，得仁則本心之天理全矣。中庸曰「仁者人也」，孟子曰「仁人心也」，猶園有桃焉，桃之所以爲桃者，根榦、枝葉、華實，生理皆藏於核而爲仁。亦猶人之所以爲人者，親親、愛人、及物，生理皆具於心而爲仁也。核破於斲，傷於蛀，則生理不全。天理爲人欲所間，則惻隱之心所以生生者，亦無復全矣。故桃必栽培，去其害核者，以全其仁，亦猶人必存養克治，然後天理渾然而無間也。今匹夫匹婦斥人之不仁者，必曰「非人」，必曰「汝何其無人心也」。與訓釋如出一口，然則天理少有不全，雖爲君子，而未仁亦明矣哉！古之聖賢，憂勤惕厲，而後人心不死，一息不仁，斲之蛀之者至矣，奚其生？夫氣必充實，而後桃仁成焉，否則不空卽朽。人之自養，仁或不仁，亦何異哉？其生也，自萌芽至於結實，秩然不紊，雖大小參差不齊，然其爲桃則舉相似也。此又可見理氣無二，而性之相近也。至於核合皮肉而後爲果，猶心必有身以行仁而後爲道。故孟子又曰：「仁也者，人也；合而言之，道也。」嘗觀於易，惟乾、復言仁。蓋復之初，卽乾之元，碩果不食則生矣。復之所謂仁，承乎剥也。仁於五行爲木，而乾爲木果，在春爲仁發生也，在冬爲榦歸根也，生生不已，終而復始，其天地之心乎？問學一息少懈，則與天地不相似。是乾道也，故曰：「君子學以聚之，問以辯之，寬以居之，仁以行之。」夫仁主於行，子貢之問，乃其極功。然雖堯、舜之聖，其心猶有所不足於此，何哉？蓋博施濟衆，夫人之所不能也，求在外者也。己欲立達，夫人之所能也，求在我者也。在我則心之德，愛之理焉耳。非必人人而立之也，已欲卓立，此心卽及於人，亦欲其卓立，而不忍其傾頽，雖力不能周，然扶植之心，自不能已也。非必人人而達之也，已欲通達，此心卽及於人，亦欲其通達而不忍其抑塞，雖澤不能徧，然利濟之心，自不能已也。立如爲山，卓然不移，達如導水，沛然莫禦。試登高山而望遠海，岡阜丘陵，必聯其岫，無大無小，如聳如跱，立必俱立之象也。溝洫畎澮，必入於川，無小無大，如躍如鶩，達必俱達之象也。是故山之性立，水之性達，人之性仁。觀此則堯、舜性之之聖，亦體仁於心而已矣。學以入堯、舜之道者，行仁必自恕始，能近取譬，推其所欲，以及於人，則大學絜矩以平天下者，不待博施，自能濟衆，豈非要道哉？故孟子又曰：「强恕而行，求仁莫近焉。」或問曰：「顏子之學，體在爲仁，用在爲邦，用舍行藏之道俱矣。然仁人心也，其心三月不違仁，無乃二之與？」曰：「人之所以爲人者，生理存焉耳。心放而不知求，則生理日絶，其形雖在，其心已死。故心者涵此生理者也，仁者發此生理者也。五穀之種播於田，生生不已，是穮是蓘，少有間焉，疆埸侵而生理遏矣。詩曰『播厥百穀，實函斯活。驛驛其達，有厭其傑。厭厭其苗，緜緜其穮。』此之謂也。仁根於天，夫猶是也，心一息少放，則生理亦一息間歇而不相依矣。仁本與心一，而人自二之，是故服膺勿失，則相依之謂也。心惟仁是依，故不違仁，農惟稼是依，故不失稼，放其心而不求，亦猶舍其田而不芸也夫。」求仁論。

物理曷謂之天理也？本於賦予稟受，自然明覺，莫之爲而爲者也。如惻隱之心，非納交要譽，惡其聲而然是也。物欲曷謂之人欲也？不安於品節限制，而鑿以私智，非天之所以與我者也。如子貢貨殖，而必先言其不受命是也。去其所本無，而復其所固有，則萬物皆備於我矣。夫理雖可以觸類而長，而其出於天者，物物各有當然不易之則，自私用智，則違天而自賊，故詩曰「不識不知，順帝之則」，又曰「不僭不賊，鮮不爲則」，周禮曰「則以觀德，毀則爲賊」是也。則者，法也。自貌言視聽而達諸人倫，無非物也，而莫不有法焉，如恭從明聰，以及親義序別信之類是也。推之，盈天地間無一物而無理可法者，違其理則非天之法矣。易所謂「天則」，正以其出於天，當然不易者也。孟子亦曰：「君子行法以俟命而已矣。」豈敢毀之而自賊哉？將欲行之，必自致知始，致雖有推極之義，而説文原訓則曰：「送，詣也。」其文爲久至，觸類而推極之，久則天牖帝迪，送詣而至。性之本善，吾所固有者，明而通於心中矣。是故格物所以明善也，誠意所以誠身也。身主於心，心發於意，意萌於知，知起於物，曰「致知在格物」，不言先者，知與意雖有先後，其實非二事也。知之不至，則意不誠而無物。記曰：「物至知知，而後好惡形焉。」何者？好善惡惡，感於物理者也，好妍惡媸，好富惡貧，感於物欲者也。道不離物，物不離事，盈天地間，物物各有一理存焉，去欲求理，豈以空談悟哉？不曰理，而曰物者，踐其實耳。鄭玄曰：「格，來也。物，猶事也。」程子因言：「物來知起。」象山曰：「格至也，研磨考索，以求其至。」朱子因言：「窮至事物之理。」溫公曰：「扞格外物。」以物至爲外，非合内外之道。黄潤玉曰：「格，正也。」義取格其非心，心正矣，奚用誠意致知爲哉？是數説，皆因記而億者也。惟説文曰：「格，木長貌，從木各聲，取義於木，聲以諧之。」其訓精矣。今夫五行之各一其性也，水土金火匯萃鎔合，皆可爲一。惟木不然，挨接暫同，終則必異。理欲同行而異情，正如桃李荆棘共陌連根，始若相似，及至條長之時，形色別矣。荆棘必剪，猶惡之菑逮夫身者也，桃李必培，猶善之欲有諸己也。培其根而達其枝，則本各滋息而長矣，修其本而達其末，則物各觸類而長矣。是故耳目口體物也，心爲本，而視聽食息其末也。喜怒憂懼無節於内，胡爲物交物引之而去乎？必使心能爲身之本，明於庶物而後已。父子兄弟物也，自孝弟慈推之，則身爲本而絜矩其末也，好惡胡爲而偏乎？必使身能爲家國之本，至誠動物而後已。天下大矣，始乎格物，先事者也。理自理，欲自欲，則本根各異，物既格矣，至於天下平，後得者也。人人親其親，長其長，物各付物，則枝葉亦各不同焉。惟明也，辨物之理欲而至善存；惟誠也，成物之始終而人道得。孔子之誠身，不過乎物，孟子之萬物皆備，反身而誠，皆反本之謂也。或曰：「禮樂刑政之道，鳥獸草木之名，莫非物也，汎而格諸？」曰：「否，否！本則身，厚則倫，經不云乎？其本亂而末治者否矣，其所厚者薄，而其所薄者厚，未之有也。」格物論。

道也者，無有精粗、大小、遠邇、微顯，格天地，濟民物，日費而用之，不可得而盡也。正萬目以視之，而莫知其所繇也，故曰「君子之道，費而隱」。得之者，蓋或寡矣，必也敬乎？易以衣袽言戒，履霜言慎，目睹者也；以荐雷言恐懼，耳聞者也。不睹而亦戒慎焉，不聞而亦恐懼焉，雖青天白日之下，稠人廣坐之中，其暗處細事，必自知之。及其微有迹也，詩云「無曰不顯，莫予云覯」。韓嬰曰：「匹夫匹婦，會於牆陰，而明日有傳之者矣。男女大欲不正，則放辟邪侈，將靡不爲焉，天命不能須臾存矣。」是故君子慎獨，必造端乎夫婦，正其源也。朱子曰：「有天地後此氣常運，有此身後此心常發，要於常運中見太極，常發中見本性。」豈非顧諟之功邪？欲既遏矣，惟理是安，日用常行，念念精察，則此心全體虛明洞徹。天何言哉？昭昭於此。已發者往，未發者來，逝者如斯，澄渟於此。充滿流動，如川之不息，天之不窮，内外本末，體用動静，洞然無一毫之間，而鳶飛魚躍，觸處朗然也。存者存此而已，養者養此而已。必有事焉而勿正，心勿忘，勿助長也，至此則從容中道，浩然之氣其生於性矣乎？及其成功也，自其燦然時出者言，則謂之聖。聖則知命以盡性，故曰「如天如淵」。自其渾然真切者言，則謂之仁。仁則盡性以至命，故曰「其淵其天」。敬以達誠，斯其至矣。慎獨論。

孔、孟之言性也，一而已矣，而以爲有性氣之分者，二之，則不是也。孔子曰「性相近也」，衆人之性則近求、由矣，求、由之性則近游、夏矣，游、夏之性則近淵、騫矣，淵、騫之性則近夫子矣，性固相近也。又曰「習相遠也」，習於舜、禹則爲舜、禹之徒矣，習於盜蹠則爲盜蹠之徒矣，習固相遠也。以瞽叟、伯鯀爲父，而有舜、禹，習乎善而不習乎其父，以柳下惠爲兄，而有盜蹠，習乎惡而不習乎其兄。故曰「上智與下愚不移」。人惟習於利欲，旦晝之氣梏其性而亡之，爲放辟邪侈之事，在罟獲陷阱之中，曾莫之覺也。嚮晦定息至於中夜，而清明之體還焉，良心復萌，所謂「繼之者善」，其在是矣。誰無此心，豈非相近乎哉？孔、孟之後，周人世碩乃曰「性有善有惡」，荀卿則爲「性惡，其善者僞也」，則又甚於世碩矣。其論性惡，累數千百言，至援引堯、舜問答之詞以爲證，其出於堯、舜與否，吾不得而知也。曰「妻子具而孝衰於親」，則是妻子未具之先，嘗有孝矣；曰「爵禄榮而忠衰於君」，則是爵禄未榮之先，嘗有忠矣。由是言之，則性固本善，而無惡也。性習説。

性命於天道之隱也，道弘於人性之顯也，聖人之道天命之流行，一而已矣。天何言哉？吾無隱乎爾！自鄉黨朝廷宗廟，以至起居飲食經曲禮節，其卽發育峻極之分乎？子思子論至誠無息，而及天地山川，生物無窮，可謂聞道者矣。是故夫子之文章，鳶飛魚躍，顯焉者也，顯則聖人不得而隱之也。夫子之言性與天道，無聲無臭，隱焉者也，隱則聖人不得而顯之也。子思之聞，其猶子貢之聞乎？朝聞道夕死可矣，夫豈外性而有聞乎哉？不睹不聞，人之所不見，隱也，性也；參贊化育，察乎天地，顯也，道也。故費隱以前，言學則用在其中，費隱以後，言用則學在其中。大舜、文、武、周公，文章功業，豈在性與天道外哉？性外求道，道外求天，雖聞善言而不爲己有，道聽而塗説，德之棄也。吾能屏絶利欲，一於理義，自費而隱，不須臾離，則德性完備，隨在發見。譬則持壺深汲，水漸充滿，滋溉取足，在吾壺矣。至德之凝至道，何以異此？道之在天地也，猶水之在海也，口耳之徒，亡得於心，則亦五石之瓠，泛泛焉者耳，其何凝之有？是故流水之瀾，卽在源中，日月容光，卽在明中，天地之德，川流卽在敦化之中，聖人之德，達道卽在大本之中，堯明卽在欽中，舜哲卽在濬中。故子周子曰：「中也者，和也，中節也，天下之達道也。」天道與人，理一分殊，苟截本末而二之，斯支離矣。故子程子又曰：「冲漠無朕之中，萬象森然已具，已應不是先，未應不是後。」凝道説。

理一而分殊，統之在道者也。夫子贊易，始言窮理。理不可見也，於氣見之。易曰：「一陰一陽之謂道。」朱子曰：「陰陽迭運者氣也，其理則所謂道。」確哉言乎？理卽氣也，氣之有條不可離者謂之理，理之全體不可離者謂之道。蓋通天地亘古今，無非一氣而已。氣本一也，而分陰分陽，則一動一靜，一往一來，一闔一闢，一升一降，循環無已。積微而著，由著復微，爲四時之温凉寒暑，爲萬物之生長收藏，爲斯民之日用彝倫，爲人事之成敗得失，千條萬緒，紛紜膠轕而卒不可亂，有莫知其所以然而然，是卽所謂理也。初非別有一物，依於氣而立，附於氣以行也。或者因「易有太極」一言，乃疑陰陽之變易，類有一物主宰乎其間者，是不然。夫易乃兩儀、四象、八卦之總名，太極則衆理之總名也。云易有太極，明萬殊之原於一本也，因而推其生生之序，明一本之散爲萬殊也。斯固自然之機，不宰之宰，夫豈可以形迹求哉？自心之所同然者窮之，存乎人爾。周子爲圖以明易，與川上之嘆，一貫之旨，同條共貫。蓋理卽氣也，一氣渾淪，名爲太極，二氣分判，名爲陰陽，陰陽分老少，四象非土不成，又名爲五氣，皆自吾心名之。所謂窮理也，非謂未有天地之先，早有是理，而理在氣先；亦非氣以成形，理亦賦焉，而理在氣後。嘗近取諸身，則耳目視聽，有聰明之理，自吾心名之也，非聰明之理，在未有耳目之先，出於視聽之後也。口體言貌之恭從，以至萬理皆然。此天地人物之各具者，雖欲紊之，吾心自能窮究，惡得而紊諸？說文原訓曰：「理，治玉也。」治玉者，既琢而復磨之，極其精研，則玉之渾然者，粲然可見。民受得其理以修身而無欲，則乾以易知，坤以簡能，皆在於我。何則？道之大原出於天，而地順承之。天地之中以生，德性之知本無不能也，守之則德可久，行之則業可大，廓之則配天地，未有難且繁者，故曰：「易簡而天下之理得矣。」天下之理得，而成位乎其中矣。彼以覺悟爲道者，豈夫子窮理之旨哉？祇見其支離爾。斯論也，吾聞諸羅整菴氏而益明云。原理。

天命流行不已，而人物生生無窮，可謂仁矣。其本則藏諸用焉，蓋人自有生卽有知覺，事物交接，念念遷革，失其恒性，則反中庸矣。故君子必自未發之中而豫養之。夫未發云者，非燕居休息，夙興夜寐，絶無聞見之謂也。日用常行，事物在前，凡感之而通，觸之而覺，聞見不及，而有渾然全體，應物不窮者在焉，是乃天命流行，生生不已之機也。但喜怒哀樂之情，則未動耳，於此而戒懼以存其心，常爲動静語默之主，則物至能知，自敬身、惇倫、尊師、取友，以至酬酢萬變，情雖迭用，而發皆中節，一日之間，雖萬起萬滅，而其大本未嘗不寂也。是故寂而未嘗不感，感則必顯諸仁。仁始於親親，自孝友睦婣之殺以至匪親，義始於尊賢，自賢德忠良之等以至匪賢。等殺章而爲敍秩命討，則經綸自立本出矣。問學以明之，是謂知天。蓋人心之虚靈知覺，主乎理義而無一息之不察也。非粲然者達渾然者於外乎？感而未嘗不寂，寂則復藏諸用，用則德性常爲中節之本。必也涵泳其良知，知日至，則義日精；以川流栽培其良能，禮日崇，則仁日熟。以敦化經曲，合而爲發育峻極，則大本與化育一矣。問學以誠之，是謂事天。蓋此心之周流貫徹，絶乎利欲，而無一息之不仁也。非渾然者函粲然者於中乎？故堯、舜、禹、皐陶，所以必言天者，大本卽天也，人自違之，則亦恭敬之不篤焉耳。嗟乎！天命流行之禮，不全具于吾身哉？未發之前，已發之際，一念不善，覺其非禮，恭敬自持，私意立消，真積功深，中和不難致矣。是故恭敬則心主乎動静語默，而自不放，此知與禮相爲用，而後仁始成也。仁之爲道大矣，其盡性至命之樞要乎？中庸原道於天，而折諸聖，曰「修身以道，修道以仁」，道固天下之大經也，誠能修之以成仁，則性盡，性盡，則命斯至矣。故又終之曰「肫肫其仁，淵淵其淵，浩浩其天。」雖然仁固難能也，人得之以爲心，則天地之大德存焉。但放其心而不知求耳，求則得之，欲盡理還，藏而必顯，人皆見之，見諸其行也。故夫子曰：「仁遠乎哉？我欲仁，斯仁至矣。」其贊易也，惟乾、復言仁，蓋復之初，反對則剥之終也，碩果不食，乾元生意存焉。顔淵博文，學以聚之，既能且多，而又問於不能與寡，則辨之至明矣。有若無，實若虛，寬以居之，犯而不校，不遷怒，不貳過，則行之至健矣。此所以不遠復而能不違仁與？故曰「有不善，未嘗不知，知之未嘗復行」也。知幾由己，其惟獨乎？慎獨則能敬以入誠，誠無不敬，乾健故也。未誠者必敬而後誠，坤順故也。安焉之謂聖，其學一，一則誠。勉焉之謂賢，其學二，主乎一則敬。顏淵幾於安焉者乎？大體具矣，辟如碩果，解其蔓藤而生意復，其爲仁也，得乾道焉，克己復禮，猶之閑邪存誠也。仲弓則下顏淵矣，其勉焉者乎？具體而微，方培灌敏樹者也。其爲仁也，得坤道焉，主敬行恕，猶之直內方外也，合內外而一焉，則亦誠也矣。故曰：「坤道其順乎？承天而時行。」司馬牛諸弟子，各因其材而篤，樊遲三問，而所告三不同者，隨日月至焉，而發育以成其材，何往而非生生之道哉？故曰：「聖人如天覆萬物。」原仁。

堯、舜之世，道德事功，見於典謨者，無非學也。雖不言學，而其言皆知本，此其所以爲萬世法與？自成湯言性後，傅説始言學，説命之告王也，始之曰：「人求多聞，時惟建事，學於古訓乃有獲。事不師古，以克永世，匪説攸聞。」蓋求多聞，式古訓，則理日明，苟無言語文字以爲學，則非吾之所謂學矣。次之曰：「惟學遜志務時敏，厥修乃來，允懷于茲，道積于厥躬。」蓋遜其志，敏其學，則道日積，苟不勉強學問以爲道，則非吾之所謂道矣。終之曰：「惟斆學半，念終始典于學，厥德修罔覺。」蓋斆學兼全，終始克命，則德日修，苟執圓明覺悟以爲德，則非吾之所謂德矣。自有書契，治百官，察萬民以來，不可一日廢也。雖言語文字日繁，仲尼删述六經，則已簡易矣。是故古之王者取士，爲其多聞也，爲其賢也。士之待聘者，博學而不窮，篤行而不倦，聞識雖多，而貫諸一心，則道明德立，丕建事功，而堯、舜之治，有不復者哉？然好高欲速，厭常喜新，是己非人，黨同伐異，學者之通患也，雖堯、舜在上，文章焕然，而言由其心，文見於行，命德亮工之外，蓋鮮見焉。故驩兜黨共工之象恭也，靖言庸違，反以爲功；有苗效伯鯀之方命也，昏迷侮慢，自以爲賢。而况孔子春秋之時乎？蓋道家者流起，自黄帝、伊、吕歷記成敗之道，而書成於管仲，惟守清虚，持卑弱，以用兵權。孔門弟子，蓋有惑於異端，違離道本，而畔博約之教者，雖子路之勇，猶曰「何必讀書然後爲學」，故教人一則曰「攻乎異端，斯害也已」，二則曰「君子博學於文，約之以禮，亦可以弗畔矣夫」！時則老子之學，無欲無爲，自然而民化，其要存乎致虚極，守静篤，萬物並作，吾以觀其復，而守中保盈，所寶者三：曰慈、曰儉、曰不敢爲天下先。以禮文爲亂之首，道之華，則是執三皇之治，以御季世也。孔子嘗問禮而知其意，夫道德仁義既失，則禮無本矣，此所以從先進與？及蕩者爲之，則欲絶去禮學，兼棄仁義，曰「聖人不死，大道不止，剖斗折衡，而民不争」，莊周之言也，豈老氏以正治國之意哉？時至孟子，楊朱、墨翟興焉，朱有言曰：「行善不以爲名，而名從之，名不與利期，而利歸之，利不與争期，而争及之，故君子必慎爲善。」其爲我也，有類於「不敢爲天下先」。翟之言其節用非儒，述晏嬰之毁孔子曰：「盛容修飾以蠱世，絃歌鼓舞以聚徒，當年不能究其禮，積財不能瞻其樂」，其兼愛上同，則有類於慈儉者焉，然未嘗一言及於老氏以爲宗也。司馬遷則引墨識儒，崇黄、老而薄六經，謂經傳以千萬數，博而寡要，勞而少功。殊不知吾儒之學，自本貫末，雖孔子之聖，猶資聞見，以次德性之知而擴充之，詩、書執禮，皆其雅言，而欲卒以學易，可謂念終始典于學者矣。故曰：「多聞擇其善者而從之，多見而識之，知之次也。」觀於攝相事，得邦家綏來動和之化，則其所擴充者，莫非道德事功，彼老氏焉能有以致此哉！矧六經藉孔子删述，要而不繁。漢文帝旁求治之者，田何、伏生、孟喜，僅數人爾。迄武帝時，安得有千萬數哉？是遷之誣也。自是黄、老大行於漢矣。佛雖興於晉、宋、齊、梁之間，然六經猶未泯也。自晚宋「學苟知本，則六經皆我註」之言出，禪學大昌，其徒心狹而險，行僞而矜，言妄而誕，氣暴而餒，則六經之道晦矣。嗟乎！傅説之言學之原也，士之志於「道積厥躬，德修罔覺」者，當何如？曰「學於古訓乃有獲」，此其教學兼全，終始克念，當篤信而力行之，不可一日廢者也。後世學尚超異，凡經傳皆以爲古人糟粕，一切屏之，惟讀佛、老書，雖數千卷，則未嘗厭，故予詳説而贅爲之辭。原學。

明儒學案卷五十二　諸儒學案中六

文定張甬川先生邦奇

張邦奇字常甫，號甬川，浙之鄞人也。弘治中舉進士高第，改庶吉士，授翰林检討。逆瑾竊政，先生著張騫乘槎賦，以瑾喻西域，騫喻附瑾者。乞便地以養親。出爲湖廣提學副使。尋乞致仕。嘉靖初，起提學，歷四川、福建，召還，爲春坊庶子，國子祭酒，南吏部右侍郎。丁外艱，終喪，起吏部右侍郎，轉左。時太宰汪鋐與霍兀厓相訐，先生以和衷解之，不得，因不欲居要地，乃徙翰林學士，掌院事。又加太子賓客，掌詹事府事。陞禮部尚書。以母老，上書乞骸骨，弗允。改南京吏部，以便養。又改南兵部而卒，甲辰歲也。年六十一。贈太子太保，謚文定。

陽明贈先生序云：「古之君子，有所不知，而後能知；後之君子，惟無所不知，是以容有不知也。」則先生當日固汎濫於詞章之學者也。後來知爲己之功，以涵養爲事，其受陽明之益多矣。謂載道之文，始於六畫，大備於周、程、朱子之書，莫非是道之生生而不已也。由博文之學，將遡流而求源，舍周、程、朱子之書，焉適哉？今之爲異論者，直欲糟粕六經，屏程、朱諸子之説，置而不用，猶欲其通而窒之竅也。所謂異論者，指陽明而言也。夫窮經者，窮其理也，世人之窮經，守一先生之言，未嘗會通之以理，則所窮者一先生之言耳。因陽明於一先生之言，有所出入，便謂其糟粕六經，不亦冤乎？此先生爲時論所陷也。

語要

凡物交於前，有所溺之謂放。無所溺而弗之省也，滯其情於物焉之謂放。無所滯，尸居惕如也，而不知其所如之謂放。心放矣，孰求之？曰心求之。心求之者，非人有二心，心有二用也。夫心至明而至剛，固足以自求自復，而不假乎其他也。求放心者，非有所索而取之也，察之而已矣；非有所追而獲之也，斂之而已矣；於其惕然不自知者，惕然自省之而已矣。於是收斂於至密之地，而兢畏以持之，不使一毫外物，得容乎其中，是之謂一而不二。孰非其至明至剛，自求而自復哉？易曰：「不遠復。」孔子以顏子當之，曰：「有不善未嘗不知，知之未嘗復行也。」明剛之至也。故夫不精則不免於放，不一則不免於放，而莊周乃曰：「罔象可以得之。」夫罔象所以失之耳！求放心說。

大學言心，以無所忿喜憂懼，謂之正。中庸言性，以喜怒哀樂未發謂之中。此心法也。心之發動者，意也；視聽飲食者，身也。正心之功，非屬於意，非屬於身者也。事物未交，恂慄而已，凝然中居而萬誘不敢干也。忿喜憂懼，一無所有，而吾心之本體翼如也。易曰「艮其背」，曰「介于石」，曰「寂然不動」，曰「退藏于密」，皆心之義也。後之儒者，以靜歸佛，以虛歸老，譬則舉家珍而委之地也；言及靜虛，則以爲疑於老、佛而避之，譬則家珍爲人所竊，欲復之而以爲嫌於盜也，瞬目而不敢一盻。豈不悲乎？

吾何敢言知乎哉？至神者天也，至明者人也，至微者心也，吾皆未得而知之。夫天之道，明善天下而無視，聰善天下而無聽，是故天之道微顯而闡幽。非微顯而闡幽也，天於天下，無顯無幽也。有聲天聞之矣，無聲天聞之矣，有形天見之矣，無形天見之矣，其何顯微之間之有？人之限於耳目者，自其所不見聞，而謂之幽，天惡其若此也？故從而闡之而微之，斯其損益盈虛之理也。何謂至明者人？曰其以耳目見聞者，愚人也。達者之見聞，則同乎天矣。是故是非善惡，愚者疑而達者覺矣，覺者辨而疑者釋矣，疑者釋而天下皆覺矣。是故天下之事，久而無不定。何謂至微者心？曰慮萌乎中，非至精者弗察也，弗察則不能知吾心，不能知吾心則不能知人，不能知人則不能知天。不知天則不知所以畏天，不知人則不知所以畏人，不知心則不知所以畏心。心吾之心也，而畏之猶未也，況又不知所以畏，吾何敢不知乎哉？顏氏之子，有不善未嘗不知，其自知若是之明也。唯孔子知之，曰：「其心三月不違仁。」其知人若是之微也。古之君子，曷爲其無不知？若此知遠之近也，知風之自也，知微之顯也，是知之始也。及其至也，質諸鬼神而無疑，百世以俟聖人而不惑。答陽明。

中庸一書，子思反復推明，許多道理，只説得「不知不慍」四字。觀其由「尚絅之心」，推而至於「無聲無臭」可見矣。而其要只在乎時習而不已，便可到純亦不已，至誠無息事也。

宋儒苦仁之難識，悉録論語所言仁者，時誦而思之。然或以公言仁，或以愛言仁，或以覺言仁，雖各見其一隅，亦足以互相發也。孝弟爲仁之本，孝弟立而仁道自生，蓋親親而仁民，仁民而愛物，一以貫之者也。且以公言之，父母兄弟之間，或不免於形骸之隔，甚則至於好貨財私妻子，則至近且不能公，而況能擴其民胞物與之心乎？以愛言之，父母兄弟之間，或未能致其親愛之情，甚則至於一言不合，怨懟生焉，則至近且不能愛，而況能以一身體天下之休戚乎？以覺言之，父母兄弟之間，或未能盡其察識之心，甚則至於私欲固蔽，如槁木頑石，痾癢疾痛，漠然若不相關，而況能於天下之怨愁呻吟之聲，感之卽應，觸之卽動乎？是爲仁之根，不能立於至近之地，其道何由而充大也？物理自然，人不得以一毫私智，容乎其間。易曰「易簡」，中庸曰「篤恭」，周子曰「誠無爲」，皆是此意。象山云：「天下本無事，庸人自擾之。」私智是也。

行者，酬酢克中人心，行將去，更無違拂之謂，然不可求之於人，但當反之於己。言行者，君子立世之樞機也。一言或不忠信，便起人疑，一行或不篤敬，便起人慢，疑我慢我，怎生行得去？蓋人之見信，由我之自信也，人之見敬，由我之自敬也，行有不得者，皆當反求諸己而已矣。

人之心志，得於天者，本自精明，本自純粹，何有疚病？但鄙詐之念一萌，卽乖戾之私戕其和粹之氣，便有疚病。既有疚病，則必歉焉而不自安，惡焉而畏人知，便是有惡於志。

天地之間，雨暘寒燠，少乖於度，則灾沴見；人之身，榮衞脉理，少失其平，則疾疢作。是故剛柔緩急或過而行必疚焉，寬猛弛張稍愆而物必病焉。夫是以有執中之允，而後有協和之積，故曰：「中也者，和也，中節也，天下之達道也。」夫所謂達道者，萬化不中不行，萬物不中不生，萬事不中不成。禮不立則樂不興，易之道可一言而盡也，中焉止矣。

襄惠張淨峰先生岳

張岳字維喬，號淨峰，福之惠安人。正德丁丑進士。授行人。邸寓僧舍，與陳琛、林希元閉户讀書，出則徒步走市中，時稱「泉州三狂」。武宗寢疾豹房，上書請内閣九卿輪直嘗藥，不報。已諫南巡，罰跪五日，杖闕下，謫官。世宗卽位，復行人。歷南武選員外、祠祭主客郎中。出爲廣西提學僉事。調江西，尋謫廣東提舉。先生爲郎時，上議禘祭，推求所自出之帝。中允廖道南議禘顓頊，永嘉議禘德祖。貴溪謂德祖在大祫已爲始祖，不宜又爲始祖之所自出，當設虛位南向，而以太祖配享。第未知虛位之書法，宗伯李時以問先生。先生請書皇初祖位，議上，而上從之。永嘉因忌而出之外。又坐以選貢非其人，謫之轉守廉州。時方有征交之議，廉相隔一水，先生言其六不可。上遣毛伯温視師，先生以撫處之策語伯温。伯温既用其言，交人莫登庸亦信向先生。事未畢，而陞浙江提學副使、參政。登庸將降，問廉州大守安在。於是以原官分守欽、廉，始受其降。擢右僉都御史，撫治鄖陽，轉江西巡撫，以副都御史督撫兩廣。討封川賊，平之。加兵部右侍郎，再征柳州，破其巢。又平連山、賀縣諸賊，召爲兵部左侍郎，陞右都御史，掌院事。先生在邊，不通相府一幣，故不爲分宜所喜。湖廣苗亂，初設總督，以先生當之，至則斬捕畧盡。宣慰冉玄陰爲苗主，苗平，懼誅，乃嗾龍許保、吴黑苗掠恩州，行金嚴世蕃，使罷先生。華亭執不可，止降兵部侍郎。已而生擒龍許保，而黑苗尚匿玄所。先生劾玄，發其通賄事。世蕃益怒，然而無以難也。未幾黑苗就擒，三省底定，先生亦卒。復右都御史，贈太子少保，謚襄惠。

先生曾謁陽明於紹興，與語多不契。陽明謂「公只爲舊說纏繞，非全放下，終難湊泊」。先生終執先入之言，往往攻擊良知。其言：「學者只是一味篤實向裏用功，此心之外，更無他事。」是矣。而又曰：「若只守箇虛靈之識，而理不明，義不精，必有誤氣質做性，人欲做天理矣。」不知理義只在虛靈之内，以虛靈爲未足，而別尋理義，分明是義外也。學問思辨行，正是虛靈用處，舍學問思辨行，亦無以爲虛靈矣。

論學書

良知之言，發於孟子，而陽明先生述之，謂「孝弟之外，無良知」，前無是言也。迨雙江以其心所獨得者創言之，於愚心不能無疑。亦嘗面質雙江矣，尚未盡也。子思之言曰「天命之謂性，率性之謂道，修道之謂教」，而又申之「喜怒哀樂之未發謂之中，發而皆中節謂之和」，夫以性道之廣矣，大矣，無不備也，而指其親切下手處示人，不越乎喜怒哀樂已發未發之間，所謂戒懼者，戒懼乎此而已，所謂慎獨者，慎獨乎此而已。至孟子又發出四端之旨，而特舉夫赤子入井，嘑爾蹴爾，睨視顙泚，以驗良心之不容泯滅者，亦可爲深切痛快，無餘蘊矣。學者只依此本子做去，自有無限工夫，無限道理，固不必別尋一二事，以籠絡遮蓋之也。明德新民之說，往歲謁陽明先生於紹興，如知行博約精一等語，俱蒙開示，反之愚心，尚未釋然。最後先生忽語曰：「古人只是一箇學問，至如明明德之功只在親民，後人分爲兩事，亦失之。」慺然請問，先生曰：「民字通乎上下而言，欲明孝之德，必親吾之父，欲明忠之德，必親吾之君，欲明弟之德，必親吾之長，親民工夫做得透徹，則己之德自明，非親民之外，別有一段明德工夫也。」某又起請曰：「如此則學者固有身不與物接時節，如戒慎乎其所不睹，恐懼乎其所不聞，相在爾室，尚不愧於屋漏。又如禮記九容之類，皆在吾身，不可須臾離者，不待親民，而此功已先用矣。先生謂明德工夫只在親民，不能無疑。」先生曰：「是數節雖不待親民時已有此，然其實所以爲親民之本者在是。」某又請曰：「不知學者當其不睹不聞之必戒慎恐懼，屋漏之必不愧於天，手容之必恭，足容之必重，頭容之必直等事，是著實見得自己分上，道理合是如此，工夫合當如此，則所以反求諸身者，極於幽顯微細，而不敢有毫髮之曠闕焉。是皆自明己德之事，非爲欲親民而先此以爲之本也。如其欲親民而先此以爲之本，則是一心兩用，所以反身者必不誠切矣。故事父而孝，事君而忠，事長而弟，此皆自明己德之事也。必至己孝矣、忠矣、弟矣，而推之以教家國天下之爲人子、爲人臣、爲人弟者，莫不然矣，然後爲新民之事。己德有一毫未明，固不可推以新民，苟新民工夫有毫髮未盡，是亦自己分上自有欠缺，故必皆止於至善，而後謂之大學之道，非謂明德工夫只在新民。必如先生之言，則遺却未與民親時節一段工夫，又須言所以爲親民之本以補之，但見崎嶇費力，聖賢平易教人之意，恐不如是也。」先生再三鐫誨曰：「此處切要尋思，公只爲舊説纏繞耳，非全放下，終難湊泊。」夫以陽明先生之高明特達，天下所共信服者，某之淺陋，豈敢致疑於説？顧以心之所不安者，又次爲書於名公，而不明辨以求通焉，則爲蔽也滋甚矣。與郭淺齋。

格物之説，古人屢言之，及陽明而益詳，然鄙滯終不能釋然者。蓋古人學問，只就日用行事上實下工夫。所謂物格者，只事理交接，念慮發動處，便就辨别公私義利，使纖悉曲折，昭晰明白，足以自信不疑，然後意可得而誠，心可得而正。不然一念私見，横據于中，縱使發得十分懇到，如適越北轅，愈騖愈遠。自古許多好資質，志向甚正，只爲擇義不精，以陷於過差而不自知者有矣，如楊、墨、釋氏，豈有邪心哉？其流至於無父無君，此其病根所在，不可不深究也。來教云：「格物者，克去己私，以求復乎心之體也。」某謂一部大學，皆是欲人克去己私，以求復乎心之體也。但必先辨乎公私之所在，然後有以克而復之。此其節級相承，脈絡相因，吾學之所定叠切實，異於異教之張皇作用者，只這些子。且如讀書，講明義理，亦是吾心下元有此理，知識一時未開，須讀古人書以開之。然必急其當讀，沉潛反覆，使其滋味浹洽，不但理明，即此就是存養之功，與俗學之支離浮誕者，全不同。豈有使之舍切己工夫，而終日勞於天文地理，與夫名物度數，以爲知哉？無是事也。數年來，朋友見教者甚多，終是胸中舊根卒難掃除，而私心習之既久，又不忍遽除之也。以下與聶雙㊀江。

今之論文章者，必曰秦、漢，蓋以近時之軟熟餖飣爲可厭也。講讀者，必曰自得，亦以傳注之拘滯支離，學之未必有得也。夫真能以秦、漢之文發其胸臆獨得之見，洋洋乎通篇累牘，而於根本淵源之地，未必實有得焉，君子未敢以作者歸之也。況所謂秦、漢者，乃不出晚宋之尖新，稍有異於今之軟熟

㊀「雙」原作「隻」，據賈本、備要本改。

者爾，實亦無以異也。暗鬱而不章，煩複而無體，奔走學者於譎誕險薄之域，反不若淺近平易，猶得全其未盡之巧之爲愈也。秦、漢之文，見於班、馬氏，所載多矣。其深厚醇雅之氣，明白正大之體，曾有一言一事譎誕乎哉？今之自託爲秦、漢者，恐未必於班、馬之書有得也。有得於中，則其發也必不掩矣。乃欲厚自與而疑學者，其亦可悲也夫！自得之言，出於孟子，其意亦曰漸漬積纍，自然有得爾，夫豈必於排擯舊說，直任胸臆所裁，而謂之自得哉？三代而下，數聖人之經，秦火之後，人自爲說，至程、朱始明矣。雖其言或淺或深，或詳或畧，然聖人遺意，往往而在。學者不讀之則已，如其讀之也，豈可不深造而致其詳？詳讀古人之書，而有得其淺深詳畧之所存，意有未安，姑出己見爲之說，期於明是理以養心而已矣，不在創意立說，以駭人耳目也。有是心而言又或未當，其自蔽也甚矣。嗚呼！學之不講久矣，文章議論，古人講學不以爲先也。今也窮日力以從事於此，猶不得其要領，況其遠且大者乎？此類得失，本無足辨，然場屋去取，學者趨向繫焉。新學小生，心目譾薄，一旦驟見此等議論，必以爲京師好尚皆如此。其弊將至詭經叛聖，大爲心術之害，有不可不深憂而豫防者，故一伸其拳拳之喙。

出院習禮，蓋將使學者知舉業之外，有此一段本領工夫。若於此信得及，做得是，日積月纍，滋味深長，外面許多淺俗見解，自然漸覺輕小矣。此學不講已久，今聚八郡之士，終日羣居，若不就日用最親切處，指示下手工夫，使之有所持循據守，以文相勸勉，漸次有得，而但務爲渾淪籠統之語以詔之，則恐聽者未悉吾意。其材質高者，未必實用其力，先已啓其好高助長之心；其下者又隨語生解，借存養之目，以爲談說之資。此其病痛面目證候，雖與俗學不同，而其根於心術隱微，反有甚焉者，不可不察也。昔夫子之教，以求仁爲先，仁卽心也，心卽理也，此心所存，莫非天理，默而成之，而仁不可勝用矣。此數言者，以夫子之聖，七十子之賢，提耳而教之，可以不終食而頓悟者。而夫子則不然也，顏淵問仁，告之以「克己復禮」，而其目在視聽言動。仲弓問仁，告之以「出門如見大賓，使民如承大祭；己所不欲，勿施於人」。樊遲問仁，告之以「居處恭，執事敬，與人忠」。司馬牛問仁，告之以「其言也訒」而已。顏子所問者，仲弓不得而與聞也；仲弓所問者，樊遲不得而與聞也；至樊遲所問者，司馬牛又不得而與聞也。聖門之教，因人成就如此。其曰「視德言動」，曰「出門使民」，曰「居處執事與人」，皆就日用最親切處，指示人下手工夫，故曰「勿視勿聽勿言勿動」，曰「恭」，曰「敬」，曰「忠」，曰「訒」，真如漢廷之法，較若畫一，使人卽此目下，便有持循據守。才質高者，不得躐此，而不及者，亦可以企此以有爲。所謂非僻之心，惰慢之氣，自將日銷月化於冥冥之中，而不自覺。此所謂聖門之學也，無他，只是有此實事實功而已矣。夫豈在別尋一個渾淪之體，以爲貫內外，徹幽顯，合天人，使人愛慕玩弄，而後謂之心學也哉？且就講禮一節言之，如士相見、冠昏、鄉射、飲酒之禮之類，不講之則已，如欲學者之講之也，則不但告之曰：「禮者理也，理者性也，性者心也，心存則性存，而禮在其中矣。」必使治其文也，習其節也，而又求之其義也，則必據經傳質師友，而反求於心，然後有以得其節文意義之不可苟者而敬從之，夫然後謂之善學。顧其中間，自始至終，皆以實欲行禮之心主之，爲有異剽竊狥外、以欺人者爾。易曰：「同歸而殊途，百慮而一致。」此言理本自然，人不可私意求之爾。既曰殊途，既曰百慮，不可謂全無分別也。故心也，性也，天也，一理也。然至論心自是心，性自是性，天自是天，如人之父子祖孫，本同一氣，豈可便以子爲父，而祖爲孫哉？昔之失之者，既以辨析太精，而離之使異；今欲矯其失，必欲紐捏附會，而强之使同。可謂均亡其羊矣。不如釋同異之論，令學者且就日用切己，實下工夫。如讀書不必泛觀博覽，先將學、庸、語、孟，端坐叠足，澄心易氣，字字句句，反覆涵泳，務使意思昭晰，滋味泛溢，反之吾心，實有與之相契合處。如習禮，則冠、射、相見等，用之有時，日識其節文大義，亦當必求其所謂不可須臾去身者，如曲禮、少儀、玉藻中所記動容威儀之節，逐條掇出，相與講明而服行之。坐時、行時、立時、拜跪時、獨處時，至應事接物時，提掇精神，常常照管，使其容色無時而不莊敬，動作無事而不節守。少有放肆失禮，則朋友又得指其失而箴規之。如是，雖於學問之淵源統紀未能深造，然就此著實規矩，安頓身心，資質高者，能自循此上達；其下者，亦有以養其端慤醇篤之性，不至於道聽塗説，揣度作用，重爲本體之害矣。

所喻物則云云，此是文公教人下手窮理工夫，十分親切處，真能見得事事物物上，各有義理，精微不差，則所謂人心道心，氣質天性，亦各有著落，以爲省察存養之端。今之學者，差處正是認物爲理，以人心爲道心，以氣質爲天性，生心發事，縱横作用，而以良知二字飾之，此所以人欲横流，其禍不減於洪水猛獸者此也。若老、釋外事物以求理，其學雖差，要於虚空中實有所見，豈若今人之恫疑虚喝？其高者入於奸雄，以下殆類俳優。此風不息，不知將何止極也！與黄泰泉。

爲學之道，以心地爲本，若真見所謂心者而存養之，則其本體固自正。然非體察精密，義理明晰，有以備天下之故於寂然不動之中，而曰心得其正者，未之有也。近時不察乎此，紐捏附會，恫疑虚喝，既不知有義理工夫之實，而亦安識所謂心體也哉？其團合知行，混誠正於修齊治平，而以心字籠罩之，皆謾爲大言者也。某之疑此久矣，朋友間一二有志者，皆相率而入於此，無可與開口者。又恐徒爲論辨，而未必有益，故於門下每傾心焉。又思近時所以合知行於一者，若曰「必行之至，然後爲真知」，此語出於前輩，自是無弊；其曰「知之真切處卽是行」，見傳習録。此分明是以知爲行，其弊將使人張皇其虚空見解，不復知有踐履。凡精神之所運用，機械之所橫發，不論是非可否，皆自謂本心天理，而居之不疑。其相唱和而爲此者，皆氣力足以濟邪説者也。則亦何所不至哉！此事自關世運，不但講論之異同而已。答張甬川。

草堂學則

古之教者，家有塾，黨有庠，術有序，國有學。其所以立教之法，則内自一心，以至身之動作威儀，莫不各有其養焉。聖賢教人之目多矣，未有不先得於此，而能進乎其餘者也。後世家塾之法既壞，父兄所以教子弟者，不過責以記覽之富，綴述之工，以爲足以應有司之求，則亦已矣。然學者材質不同，亦有終身不得至者焉。方且仡仡焉，爲之不厭。若反其本而責之身心之間，則其心固能思，耳目口鼻四肢固能視聽而運動，特因其思而使之存之，因其視聽運動而約之使入規矩，非有品節分限，不可必至者。學者顧乃爲彼而不爲此，其亦無以是語之而弗思邪？今故掇取孟子所論存養之功，與夫動作威儀之則，見於曲禮、少儀諸篇，尤近易守者數條，列於草堂北壁，使諸弟子輩，朝夕觀誦，深體而服行之。

雖其規模條理，不若古人廣大詳密，然以存其良心，伐其邪氣，收斂端嚴，培植深厚，由是而讀書窮理，以充拓其體，應事接物，以發揮主諸用，隨其材質分量之所及以進之，亦不患於無其本矣。不知務此，徒以記問綴述爲事，雖使聖賢訓典，充腹盈紙，猶不得謂之善學，而況今人無用之空言邪？嗚呼！小子念之，斯古人切己之實學也。由此而學之，則爲君子；背此而學之，雖有學焉，猶不學也，亦陷於小人而已矣。汝不欲爲君子則已，如其欲爲君子，舍是吾無以教汝矣。念之哉！

孟子曰「仁人心也」章。

孟子曰「牛山之木嘗美矣」章。

公都子曰「鈞是人也」章。

孟子曰「養心莫善於寡欲」章。

右存養之要。凡四條。

仁者此心之本體也，心而無仁，則非心矣，故孟子以人心目之。然心之所以放者，旦晝之爲，有以害之也。旦晝之害，莫甚於耳目之欲，先立乎其大者，不爲耳目之欲所奪，則心於是乎得所養矣，故曰「養心莫善於寡欲」。大抵孟子發此數章示人，語意既明白而痛快，工夫亦直截而易簡。而其言之先後，互相發明，有不暇訓説而自解者，學者誠反覆玩味，而有得乎其言焉，則所謂「立其大者」，所謂「操存」，所謂「求放心」，皆有以實用其力，非强爲揣度把捉，以冀此心之或存矣。

記曰：「無不敬，儼若思，安定辭，安民哉！」

人之所以爲人者，禮義也。禮義之始，在於正容體，齊顔色，順辭令。容體正，顔色齊，辭令順，而後禮義備。

君子姦聲亂色，不留聰明，淫樂慝禮，不接心術，惰慢邪僻之氣，不設於身體，使耳目口鼻心知百體，皆由順正以行其義。

君子之容舒遲，見所尊者齊整，足容重，手容恭，目容端，口容止，聲容静，頭容直，氣容肅，立容德，與得通，謂立則磬折，如人授物于己，己受得之形也。色容莊，坐如尸，立如齋，燕居告温温。燕居，謂私居；告，謂教使。

凡行容惕惕。凡行，謂道路也；惕惕，疾直貌。

立容辨卑，無讇，頭頸必中，山立時行，盛氣顛實，揚休玉色。辨讀爲貶，貶卑，謂磬折也。顛讀爲闐，揚讀爲陽，休讀爲煦。心無愧怍，則氣盛不餒，而常闐滿塞實，如陽之蒸煦乎物也。玉色，謂温潤不變。

凡視，上於面則傲，下於帶則憂，傾則姦。傾，邪視也。

坐視膝，立視足，應對言語視面，立視前六尺而大之。

古之君子必佩玉，右徵角，左宫羽，趨以采齊，行以肆夏，周還中規，折還中矩，進則揖之，退則揚之，然後玉鏘鳴也。故君子在車則聞和鸞之聲，行則鳴佩玉，是以非辟之心，無自入也。右佩陰也，左佩陽也，徵角宫羽，謂玉聲所中也。門外謂之趨，門内謂之行。齊當爲薺，采薺，路門外之樂節；肆夏，登堂之樂節。周還，反行也宜圜；折還，曲行也宜方。揖之，謂小俛，見于前也。揚之，謂小仰，見于後也。

帷薄之外不趨，堂上不趨，執玉不趨，堂上接武，堂下布武，室中不翔，並坐不横肱。行而張足曰趨，行而端拱曰翔。武，跡也，中人之跡尺二寸。接武，謂每移足半躡之；布武，各自成跡，不相躡也。

毋側聽，毋噭聽，毋淫視，毋怠荒，遊毋倨，立毋跛，坐毋箕，寢毋伏，斂髮毋髢，冠毋免，勞毋袒，暑毋褰裳。凡人宜正立，不得傾欹側聽人之語。噭，謂嚮聲高急，如噭之號呼也。淫視，謂流移邪眄也。跛，偏任也。伏，覆也。髢，髮也，謂垂餘髮也。免，去也。褰，袪也。以上皆言其不敬也。

將上堂，聲必揚；將入門，問孰存。將入戶，視必下；戶外有二屨，言聞則入，言不聞則不入。入戶奉扃，視瞻毋回，戶開亦開，戶闔亦闔，有後入者，闔而勿遂。毋踐屨，毋踖席，摳衣趨隅，必慎唯諾。聲必揚，至不入，皆不欲于人之私也。扃，閉戶外之木，當入戶之時，必兩手向扃而奉之，今入戶雖不奉扃，以手對戶，若奉扃然，言恭敬也。開闔不以後來變先。勿遂，示不拒人。踐，踏也。踖，躐也。趨，猶向也。隅，角也。既不踖席，當兩手提裳之前，徐徐向席之下角而升。

將卽席，容毋怍，兩手摳衣，去齊尺，衣毋撥，足毋蹶；先生書策，琴瑟在前，坐而遷之，戒勿越；虛坐盡後，食坐盡前；坐必安，執爾顏，長者不及，毋儳言；正爾容，聽必恭，毋勦說，毋雷同，必則古昔稱先王。此謂弟子請問之法，衣裾之撥，足之搖動，皆失容也。坐亦跪也，虛坐非飲食也。盡後，謙也，盡前，恐汙席也。儳，攙先也。勦者，取人之說以爲說。雷者，聞人之說而和之。則者，有所依據也。

執虛如執盈，入虛如有人。此執事將敬之功。

禮不踰節，不侵侮，不好狎，不竊密，不旁狎，不道舊故，不戲色，毋拔來，毋報往，毋瀆神，毋循枉，毋測未至，毋訾衣服成器，毋身質言語。密，隱處也，不竊密，嫌聞人之私也。旁，泛及也，泛與人狎，不恭敬也。報讀爲赴疾之赴，拔赴皆疾。訾，猶計度也。

容經曰：「周頤正視，平肩正背，臂如抱鼓，足間二寸，端面攝纓，端股整足，體不摇肘曰經立，因以微磬曰共立，因以磬折曰肅立，因以垂佩曰卑立，立容也。坐以經立之容，肘不差而足不趺，視平衡曰經坐，微俯視尊者之膝曰共坐，仰首視不出尋常之内曰肅坐，廢首低肘曰卑坐，坐容也。行以微磬之容，臂不摇掉，肩不下上，身似不則，從然而任，行容也。趨以微磬之容，飄然翼然，肩狀若沂，古流字。足如射箭，趨容也。旋以微磬之容，其始動也。穆如驚倏，其因復也，旄如濯絲跸，旋之容也。跪以微磬之容，揄右而下，進左而起，手有抑揚，各尊其紀，跪容也。拜以折磬之容，吉事上左，凶事上右，隨前以舉，項衡以下，寧速無遲，背項之狀，如屋之元，拜容也。拜而未起，伏容也。」若夫立而跛，坐而蹁，體怠懈，志驕傲，趍視數顧，容色不比，動静不以度，妄咳唾，疾言嗟，氣不順，皆禁也。

右威儀動作之節。凡十七條。

古人自起居飲食，事親敬長，以至應事接物，莫不各有其法，然隨事著見，應用有時，惟動作威儀之節之在人身，有不可以須臾離者。故學者内既知所存心矣，又必致謹乎此，使一身之動，咸中節文，則心體之存乎内者，益以純固矣。此内外交相養之法，惟實用其力，漸見功效者，然後有以深信其必然，非空言所能喻也。

雜言

上下四方曰宇，往古來今曰宙，此二句於先天圓圖求之。上下四方，以對待之體言，所謂乾坤定上下之位，坎離列左右之門也。往古來今，以流行之用言，自震至乾，易中謂之數往，往者，往古之謂也；自巽至坤，易中謂之知來，來者，來今之謂也。然則古之言宇宙者，其義如此，故曰：「天地設位，而易行乎其中，乾坤毀，無以見易。」宇宙之義深矣。

邵子曰：「先天之學，心學也，陰陽消長之理，吾心寂感之機。」妙哉！妙哉！胸中須是光光静静，流動圓轉，無一毫私意障礙，方與天地合一，萬事萬理，只要就心上體驗。

心之體固該動静，而静其本體也，至静之中，而動之理具焉，所謂體用一源者也。先儒每教人主静，静中須有一個主始得。

心纔定，便覺清明，須是静時多，動時少，雖動也，而心未嘗不静焉，方是長進。

喜怒哀樂未發時，最好體驗，見得天下之大本，真個在此，便須莊敬持養。然必格物窮理以充之，然後心體愈明，應事接物，毫髮不差。若只守個虛靈之識，而理不明，義不精，必有誤氣質做性，人欲做天理矣。此聖賢之教，格物致知所以在誠正之先，而小學之教，又在格致之先也。

虛靈知覺，則心也，性則心之理也。學者須先識性，然後可以言存心，不然只認昭昭虛靈者爲性，而不知自然之理，此所以陷於作用之非，而不自覺也。

黄後峰書室對：「誠自不妄語始，學從求放心來。」

凡學莫先辨其誠僞之分，所謂誠者無它，只是一味篤實，向裏用功，此心之外，更無他事。功夫專一積久，自然成熟，與鹵莽作輟，務外自欺者，大有間矣。

一念到時，鬼神皆通。

聖賢千言萬語，無他，只教人求其放心而已。心纔收斂，便覺定静清明，然後讀書，講明義理，方有頓放處。若此心已先馳騖飛揚，不能自制，而血氣乘之以動，乍盈乍怯，乍作乍止，凡百所爲，卒皆無成，其患有不可究言者已。

既知此，而猶以格物窮理在誠意之先，何也？心不放，便是誠意。

聖賢所以立教，使人不失其本心而已。平居暇日，當操存體驗，使此心之體常清明定静。至於講學窮理，皆所以培養此心。講學之功，讀書爲要，而所讀之書，又必先經後史，熟讀精思，掃去世俗無用之文，不使一字入於胸中，然後意味深遠，義理浹洽，而所得益固矣。

客慮不必純是人欲，凡泛思皆客慮也。天下之理，有精粗本末之殊，吾身之應事接物，亦有緩急先後之序，要擇其最切己者而精思之，漸次積累，久後心體自明，應接自無礙矣。若舍近思遠，舍卑思高，非惟不得其理，適所以汩亂其心體之真，而深有害，又不若不思之爲愈也。

見處貴透徹，行處貴著實。

知崇禮卑是。

聖賢教人爲學，緊關在一敬字，至程、朱發明之，可謂極其親切矣。今考其言，既曰「主一無適」，又必曰「只整齊嚴肅，則心便一，一則自無非僻之干」，曰「只動容貌，整思慮，則自然生敬」，曰「未有貌箕倨而心敬者」，曰「嚴威儼恪，非敬之道，但致敬須從此入」。蓋心體難存易放，初學工夫，茫然未有下手處，只就此威儀容貌，心體發明最親切處，矜持收斂，令其節節入於規矩，則此心自無毫髮頃刻得以走作間斷，不期存而自無不存矣。近時學者，動言本原頭腦，而忘却檢身密切之功。至其所謂頭腦者，往往錯認別有一物流行活動，可以把持玩弄，爲貫通萬事之實體。其於敬之一字，蓋有視若徽纆桎梏，不肯一用功者。不知許多道理皆凝聚於此，舍此而別求本源頭腦，其不爲精神作用，而流入於狂譎也者幾希！

自古聖賢教人，不過使之致謹於言語動静、事親從兄、隆師親友之間，養其恭敬惻怛之心，以爲田地根本，而時將聖賢言語，反覆詳讀，切己體認，使其行著習察，不昧所向而已。初未有簡徑捷法，可以直下頓悟，亦未嘗使人安於支離淺陋，如俗學之無用也。

百物所需，皆天理也，只不可分一片心去那上頭計較。人之一心，所藴畜關係者何事？而令此區區者，役使不得少休，哀哉！

凡事物未至，而先立個心，以預待之，此便是逆詐，鮮有不差者。故心不可以無主，尤不可以有私主，天理自然，何容私之有？須是虛心以待事物之來。敬便一，一便虛，有時心不如此，而發言之際，不覺如此者，是此心不宰，而氣反挾之以動也。

凡與人議論，務要色和詞暢，非臨時可勉强，大抵養定者色自和，理定者詞自暢，義理雖是，而誠意未著，亦未能動人。

莊裕徐養齋先生問

徐問字用中，號養齋，常之武進人。弘治壬戌進士。除廣平推官，召爲刑部主事，歷車駕郎中，出知登州。調臨、江二州，多盗，擒獲畧盡。築江堤七十二處，以才畧見稱。積官至廣東布政司。以右副都御史巡撫貴州，平蒙鉞之亂。召爲兵部侍郎，謝病歸。起南京禮部，進户部尚書。卒，贈太子少保，謚莊裕。

先生爲舊論纏繞，故於存養省察，居敬窮理，直内方外，知行，無不析之爲二，所謂支離之學，又從而爲之辭者也。其讀書劄記㊀第二册，單闢陽明，廣中黄才伯促而成之。嗚呼！其何損於陽明哉！

讀書劄記

孟子茅塞之論，深切學者病痛。天理良心，虚明自在，坦然平道，若大路然。人心一動，即七情交雜，遂茀如也。充塞既久，些子虚明透露不出，與茅塞何異？則運動作爲，皆爲形氣物欲所使，真無別於禽獸矣。極力芟夷，開除荊棘，以還大路，學者宜自勉哉！

㊀「記」原作「説」，據賈本改。

閒思妄想，既往復來，客感得以㊀乘隙而突入也。病在中養不固，而門户闊疎，斜徑滑習耳。其原在好善惡惡，未能真切，故坐悠悠忽忽，養成此患，而不自知也。若欲去之，其幾只要誠意，誠意即慎獨，慎獨即是敬，扃鑰斷不可少，而防閑次之。

端居無事時，且不要留心世事，遇不平有動於中，則失自家中和氣象，此君子所以思不出其位也。人爲心害者，不獨富貴飲食男女之欲，凡山水書畫，古今事蹟，與夫將迎顧慮，往來於懷，未能遣去，其爲害一也。大抵廣大寬裕，盡置外境，而休心自如，方見本性。

草木有氣質而無知，鳥獸有知而無覺。覺乃聰明顯悟處，知此當然之理，幾微畢見者也。故伊尹以先覺自任，而孔子亦以先覺爲賢。可見若但知飲食男女富貴，求遂其欲，而不覺其當然，則孟子所謂無是非之心，非人也。

萬物形於有，而生乎無，成於實，而本乎虛，故制器者，尚其象，崇其虛，所以制用也。人之於物也，耳遇之而成聲，目遇之而成色，雖聖賢猶夫人之耳目也。其所默會心通，窮神知化，固不在於形聲也。詩「無聲無臭」，蓋言形而上之道，天德至矣。

近世言大學格物義，議論尤多，或以格爲正，如孟子「格君心之非」之格，正與非對，下云「一正君而國定」，彼以爲正，是也。此於正物無意義。或以爲如云正是義，正，當也，又於物字不照應。或以爲格者揆正之也，格物知本也，如孟子言「權然後知輕重，度然後知長短」。又如大學絜矩之義，且謂朱註以

㊀「客感得以」原作「由客感易皆得以」，據賈本改。

格物而謂之窮理，古未之聞也。如此言，意雖近，而於本文義，恐未盡會通，終有支節窒礙處。愚觀書贊堯「敬德之光」，曰「格子上下」。舜典言「巡狩，至於北岳，歸格于文祖」。又「禹征有苗，三旬逆命。舜乃誕敷文德，舞干羽于兩階。七旬，有苗格」。詩言「魯侯允文允武，照假烈祖」。皆有誠意感通之義。夫我之格人，人之格我，皆以理通，其實一也。朱註謂「窮至事物之理」，與易「知至至之」義同，本亦無害，但於感通之義稍殊，故至後議日紛如也。易曰：「寂然不動，感而遂通天下之故。」彼固聖人之事，而學未有不由是而得也。原格字義本扞格，有未通求通之義，猶古治爲亂，以治亂而曰亂也。蓋萬事萬物，盈於宇宙，而備於人，原於天，而具於吾之心。惟於氣稟物欲，或有偏蔽扞格，故於明處無由可通，只以吾心當然之理，精思熟玩，引伸觸類，曲暢旁通，易所謂「精義入神，觀其會通」是也。如是則向之齟齬扞格於吾前者，皆將渙然氷釋，怡然理順，活潑潑然而來，種種皆化，物物皆理，萬物皆歸一太極也。知豈有不致？意豈有不誠者乎？

非禮勿言之訓，程子之箴確矣。大抵中守義理，自不至於妄言；言行相顧，自不敢爲多言。況有悖入興戎損氣之爲害哉？抑嘗驗之人，有喜怒意向，則其言易乘之而出，故制情乃所以謹言也。

爲學作事，忌求近功，一求近功，則自晝氣阻，淵源莫極。楊、墨、告子之徒，霸者之功業是也。聖人無近功，故至誠無息。孔子不知老之將至，若顏子未見其止，孟子深造之以道，是不求近功法則。參前倚衡，及勿忘勿助諸篇，則又其步級也。

程子論易：「生之謂性，人生而靜以上不容說。」蓋謂天命流行而生人物，始有性。人生而靜，道理藴而未感，故爲天之性，感於物而動，爲性之欲。欲卽喜怒哀樂之情也。若以静推而上之，則爲造化未形時，只是一團氣涵理在，故不可言性。言性卽墮形氣中，非復性之本體矣。

孟子説「存心養性」，四字精密，二者雖開説而義實相因。性本天賦仁義禮智信純粹真實的道理，而寓於心。有感則情動，隨物而遷，心有存焉者寡矣。心既不存，則人欲日長，天理日消，故存心所以養性，養性所以奉若乎天之所以與我之理，卽子思子所謂「尊德性」，易所謂「成性存存」是也。良心既存，物不擾動，大學之「有定」，易之「艮其背，不獲其身」時也。定而虚，虚而明，一真自如，中庸之謂中，大學之謂静，易「敬以直内」時也。由感而動，出皆常理，易動以天爲無妄，中庸之謂「和」時也。由是仁之於父子，義之於君臣，五常百行及於仁民愛物，而萬物各得其所，孔子所謂「一以貫之」時也。故存心養性工夫，其效甚大。

性字訓義心生，以人心具此生理，而實不外乎氣也。程子以爲性出於天，才出於氣，然才亦根於性之理，必於氣以發之，故高辛子八元之才，忠肅恭懿，宣慈惠和，蓋以德性用事，是何等才也。若專以氣用事，則闇於理義，爲剛狠給惠，而非所謂禀受之才矣。孟子所謂「非天之降才爾殊」，言不能盡其才者也可見。

明道答横渠定性書，大意動静皆定，不留將迎，不系内外，此性所以恒定也。次言無情者定之本，順應者定之用，既無情順應，自不須除外誘，除則增一套事。易所謂「至賾而不可惡」也，引易艮止爲内定，孟語不鑿爲外定，故兩忘無事，静而明通，如聖人順應喜怒之常在於物，而中無所係也。後言忘怒觀理，乃學者求定工夫，而用力之要，莫切於此。

或謂人心本無静，氣化流行，亦無静時。愚觀易繫辭曰：「夫乾，其静也專，其動也直，是以大生焉。」又曰：「寂然不動，感而遂通天下之故。」蓋非静無翕其動，非動無闢其静，乾爲至健，而有動静，故曰：「人生而静，天之性也。」以爲無静，非也。

人生存養不厚，則德不聚，出皆支離，未能順理。易以「尺蠖之屈，龍蛇之蟄」，皆自外而内，「退藏於密」之事。下言精義入神，窮理入於微妙，如中庸之盡精微，乃爲致用之本。利用安身，順而利往，如易義以方外，乃爲崇德之資，此正是内外交相養之道。

蘇季明問「喜怒哀樂未發前求中」。程子曰：「不可求，求卽是思，思卽已發，不可謂之中也。」又問：「呂學士言當求之於喜怒哀樂之前，何如？」曰「不可。既有知覺，却是動也，怎生言静？」後來羅豫章師龜山，李延平師豫章，皆以静坐觀喜怒哀樂未發前氣象爲何如，而求所謂中者。想其觀字，亦如言聖人之能反觀，非費思求索之謂，必有默會自得處。孟子言平旦好惡，雖是動，亦於本心未梏之際觀之。學者於此二者，交用其功，則天理常存，善端呈見，日用動静，蓋有渾合自得而不自知矣。

易無妄，心有天人兩端而已。天理渾然處，自有泛應端緒出來，無思無爲，所謂道心也。若感物而動，爲性之欲，既與物涉，便有計較安排，雖善惡不同，均爲人心也。道心動皆天理真實，故爲無妄，人心稍涉計較安排，雖善亦妄矣。察則決之之方，敬則守之之法也。

程子謂艮其止，止其所也。人多不能止，各因其心之所重者，更互而出。愚謂如人欲立功業，便有功業事出來，欲求名譽，便有名譽事出來，至於出處顯晦皆然。心逐事，亂也。聖人不逐事，故出處久速皆止其所矣，何動之有？

世俗上下相接之間，一套儀文，皆所謂非禮之禮矣。蓋其中無主，只管從時徇俗，又爲利害誘奪，不能自信，隨氣盈歉，遂以成習，所以中間尋不出真實辭讓禮來。

程子謂人心不可二用，用於一事，則他事不能入者，事爲之主也。若主於敬，又焉有紛擾之患乎？主一之謂敬，無適之謂一，且欲涵泳主一之義，不一則二三矣。至於不敢欺，不敢慢，尚不愧于屋漏，皆敬之事矣。

主一無適之謂敬，學者涵泳其義，泥爲專主，故好事者從而議之，若與六經所載敬義迥別。蓋道心本純一不雜，中無妄動，則不歧雜於二三，心要在腔子裏，畏懼收斂，則不放[一]逐於物欲。故無妄動斯一矣，有畏懼斯不妄適矣，人所以易動而恒不得制其欲者，只緣無有畏心。能内尊天命之性，而不敢放失，外懼物欲之患，而先意防閑，則敬自從此起矣。敬則私欲退聽，而天理之心常存，是謂涵養。涵養之義，如程子所謂：「菜子中許多生意，只須培壅澆灌，方才得成。」所以成之者敬也，故兢兢業業，小心翼翼，嚴恭寅畏，克自抑畏，瑟兮僩兮，與戒慎恐懼，同是一箇意。學者要以畏爲主。

畏字有分別，常人之畏，只是畏事，便差千里。

孔子答子張問行，以「言忠信，行篤敬」，蓋忠敬本心上工夫，而欲於言行上求之，恐其僞爲於外，而

[一]「放」原作「孜」，據備要本改。

不由夫心之實也。如告顏子「克己復禮爲仁」，而其目乃在於視聽言動。蓋心本無私，恐爲物欲牽引而蔽之也，故須以志克制。如戰而勝，人欲負而退聽，所以全夫中之理也。意亦畧同。

忠信篤敬，則言行自出於本心。

學者知心上有公私，便知事上有義利，張南軒、許魯齋謂學莫先乎義利之辨，比之程、朱論學，已是第二件工夫，然於世態沈冥中，要識此，便能卓然有立。

朱子答張南軒書曰：「以天理觀之，動之不能無靜，猶靜之不能無動也。靜之不能無養，猶動之不可不察也。但見得一動一靜，互爲其根，敬義夾持，不容間斷，則雖下靜字，無非此物，至靜之中，蓋有動之端焉，是所以見天地之心者。先王以至日閉關，安靜以養乎此耳，固非遠事絶物，閉目兀坐而偏於靜之謂。但未接物時，便有敬以主乎其中，則事至物來，善端昭著，而所以察之者，益精明耳。伊川於已發之際觀之，正謂未發止有存養而已，發則有可觀也。」此語甚精確，而猶不安於靜觀未發之論，愚恐終不能遺於反觀也。

孟子謂氣動志，如蹶者趨者，蓋顛越急趨，在氣而欲速，則亦由乎心。又如人鬬狠是氣，然忿懥則發於心。驅僕鬬狠，僕固爲氣，然其主翁爲心。若心操得其中，則氣自平，主得其理，則僕不亂。故曰志動氣者十九，言其時常多，氣動志者十一，言其少也。

心具性，先儒以爲郛郭，於人雖資環衞，而終爲二物。惟穀種之譬爲得之，蓋其渾一之妙，難以言語形容，只得如此名狀，欲人之易曉耳。夫水本淡，滴之五味而後和，然其相投之分，不可離也。故孟子以爲良心，又曰良知良能，正以其有性之德，渾合得在。

孔子以不爲周南、召南爲面牆，蓋不務本原尋路頭，而欲施之家國天下，自是通透推行不去。

或謂「知行只是一個工夫，不可分作兩段事」，與易「知至至之」，大學「知止，而后有定」，孔子「知之不如好之」，意相背。又曰「敬即無事時義，義即有事時敬，兩句合說一件」，與「敬以直內，義以方外」意相背。大抵聖賢說道理，有本原，有作用，理無二致，而用功則有先後，故其次序如此，如四時之不可易。若欲打滾一處，或倒做了工夫，恐於道難入也。

或謂「居敬即是窮理，就窮理專一處說，便謂之居敬，就居敬精密處說，便謂之窮理」。是以中庸「尊德性、道問學」頭緒，混爲一處。又謂「戒懼慎獨只是一個工夫，無事時固是獨知，有事時亦是獨知，省察是有事時存養，存養是無事時省察」。若意念未萌，善惡之幾未兆，原無照慮，須安靜以存養之，何用省察？及其感而幾動，則宜省察以決之，何用存養？人心動静，隨處可以用工，若打混一處，尤難得力也。

世學或謂心中不須用一個敬字，且病宋儒程、朱「主敬」及「主一」之說。不知敬非別物，只是尊德性，常以心爲天、爲君、爲嚴師，翼若有臨而不敢怠放。聖人純一無僞，有自然之敬，齋戒以神明其德，所謂「齊莊中正」是也。賢人嚴恭寅畏，有固守之力，操存涵養，不敢放置，所謂「整齊嚴肅」是也。其用功則不妄動之謂誠，弗岐二之謂一，不偏倚之謂中，止紛擾之謂静，無邪曲之謂直，中有主之謂實，去物欲之謂虛，其實一也。外則踐履，執事使民，常整思慮，斯須不忘，正衣冠，尊瞻視，非禮不動是也。舍此則靈扃無主，人心客氣交病於内，耳目口鼻四肢，富貴利達諸欲攻奪於外，譬如所居藩籬不固，中之所藏，寇竊得與我共之。我方在外奔走，救急不暇，雖有良知，亦將爲所昏塞而無所用其明矣。考易、詩、書所稱，曰「敬直」，曰「敬德」，曰「聖敬」，曰「敬止」，曰「毋不敬」，曰「修己以敬」，聖人以此洗心，其言若出一口，而謂盡非乎哉？

商書咸有一德云：「德無常師，主善爲師。」舜「察邇言」，詩「詢芻蕘」，孔子問禮問官是也。「善無常主，協于克一」，又曰「一哉王心」，舜之「執中惟一」，孔子之「一貫」是也。尹、湯一德，其傳尚矣。程子以敬爲主一，蓋天理渾具於良心，不爲物欲之雜，可以統會萬殊，而貞天下之動以歸於一。而或謂主一之非，至謂一心在好貨好色上，亦可以爲主一，不知要誠意之功何用？夫乃未之思乎？

論學書

前日中和之論，執事不以爲然，蓋爲天下學者習見已定，驟聞此，似爲異說，宜其惑也。然以大旨觀之，中庸爲率性修道而作，故上二篇云君子戒懼慎獨，此言中和，則固疑爲君子事矣。且以性情言之，則爲中和，以德行言之，則曰中庸，朱子已明註之。又註云：「此言性情之德。」德固行道而有得於心者也。孔門以德歸顏、閔，自餘諸子皆不與，況可泛及於庸衆人乎？此其可信者一也。又以下章觀之，則曰：「君子中庸，小人反中庸。」又以道之不明不行，爲賢知之過，愚不肖者之不及，則賢知固不能爲中庸事，而況爲愚不肖爲小人？則益難能矣。此其可信者二也。至答子路問强曰：「南方之强，北方之强」，皆有過不及之弊，而惟君子則和而不流，中立不倚，始可以言中庸。此其可信者三也。朱子述李延平言曰：「『人固有無所喜怒哀樂之時，然謂之未發，則不可言無主也。』又如『先言慎獨，然後及中和』，此意亦嘗言之，但當時既不領畧，後又不深思，遂成蹉過，孤負此翁耳。」此朱子未言之意，而愚之所信悟者也。蓋心統性情，必有主而後可以存性，以立其中，如孟子言「必有事焉心勿忘」是也，程子亦言「有主則虚」，正與此意互相發耳。後言致中和處，亦是前篇「君子已存此中，發此和，到一理渾然，泛應曲當處，一神兩化，故位天地，育萬物，自然此理，聖人之能事，中庸之極功也」。如此恐不爲鑿説，惟再體味之。答高太和論中和。

執事謂喜怒哀樂，自然之中，人人所同，是説天命之性，孟子所謂性善者也。至謂小人愚不肖，類多氣染習汙而失之，是中之體已不能存，而發亦不能和矣。亦兼孔子所謂氣質與習而言之，與區區論議亦合，但不須説君子小人同此中，與反中庸不類。蓋中和二字，是子思抽出性情中純粹無雜之義，率性君子入道存養之始功；而又列於戒懼慎獨二條之後，其意可見，恐不可與愚不肖小人並許之也。大率用此議論，亦似無方㊀，特恐説到總與大處，於吾人用功處無味，而所謂喫緊精實，稍可致力，便當以是求之耳。又近世爲學習見，多立高論，務以勝人，而卒無其實，而執事虚謙真直，有過人者，但於性情中和二字，正吾人今日要義，一見稍異，即成乖違，而忽忽中年，老景催迫，某常以是懼，幸知己與共勉焉。又答太和。

㊀「方」字，朱氏釋誤云當從徐問山堂萃稿作「妨」。

所論静專静翕之功，真畜德養身之切務，卽老子所謂專氣致柔，道流之所謂修養，吾儒之所謂静存，同旨異趨者也。蓋吉凶悔吝生乎動，而氣勝亦能動志，志動氣交，始有不得其理者。故志定而氣順，心一而神安，樞紐開闔，以役百體，制羣動，易所謂「其静也專，其動也直，天下之動，貞夫一者也」。一者不二不雜，敬之本也。中年以來，平居及多病中，時亦見得此氣象，但或爲事勝不能守，守而不能常耳。執事親得其味，復以見諭，敢不祇領，以無忘規切乎。答黄才伯。

書來承示敬義，引據發揮，益加詳密，知公晚年得力之地，實在於此，敬服！敬服！但易之敬義，本是一理，卽猶有可講者，恐爲近學以易傳言敬義，學者分説支離，爲此言耳。義爲四德之一，而所以裁制在心，敬則提醒歛肅，操而不放之意，乃静時存養之功，恐不可謂之理也。在理則仁義禮智，皆誠而已，不可謂之敬也。人心易動，出入無時，其動以天者，易爲无妄，故一，以人者爲妄，故二。書曰：「德惟一，動罔不吉，德二三，動罔不凶。」程子曰：「動容貌，整思慮，則自然生敬。」夫整思慮，正思慎其妄動，齊其不齊，合二三之德，以貞於一者也。又曰：「主一之謂敬，無適之謂一。」又曰：「敬只是持己之道，義便知有是非，順理而行，是爲義也。」故敬所以樞紐於動静之間，爲提醒操存要訣，固不可使此心逐物放失爲邪曲，而後收歛，則外之，所失多矣。執事所謂「嚴肅收歛此心，而復其本然者」甚是，本然者一也，一則私意無所投其隙而爲妄動、爲二三，則本心所具之性，自渾然在中，無少偏陂，而内自直矣。以此制事，則如規矩權衡，稱量事物皆中其長短方圓之則，而外自方矣。朱子謂「如兩脚立定是敬，行是義」，蓋已立定，於當行處便行，甚明白。惟決定是，決定不是語，猶若持以剛果決驟之體，而少從容和順之用，其於中庸所謂發而中節之和，易謂利者義之和處，似少渾融。然學者能如此，亦可自立矣。愚嘗與諸生論敬以直内，義以方外，易以發明坤道大數，是聖賢見成工夫。至於學者用功入道，則當如大學次第規模，所謂先正其心，存養主敬之事也；先誠其意，省察克治之事也；先致其知，致知格物，盡心窮理之事也。若徒知有敬，而不先之窮理，則於天下萬事萬物，不能灼知其所以然，心之知識，容有未盡，而孔子所謂罔殆之敝，必將扞格於其間。心之所發爲公私邪正，恐不能自別其誠與否，而決機於所舍之際，又安知義之所在？而使泛應各得其宜哉！若使初無定見，事至方纔求義於轇轇擾擾之中，參以得失利害之較，未必無鹵莽將就，而有義非其義者矣。故主敬窮理，不可偏廢，二者交致其力，則内本可立，外境昭融，加以省察克治，使人欲幾微，無所容其隙。所謂方外之義，不須隨處體驗，而天理亦無不合。所謂反躬踐實工夫，亦不外乎此矣！又嘗答學者曰：「先儒曰靜，言其時也，直言其體數也。中言其所存主處也，正言其用功也。敬則操存之樞紐，而正之事也。義以方外，如大學絜矩，而絜處稍用力，若恕之事，所謂『己所不欲，勿施於人』者是也。孔子告仲弓，不言窮理，蓋專以求仁而言，孔門弟子，身通六藝，博文之訓，平日用功，窮之熟矣。」又嘗語學者以存心之要，只用太甲「顧諟天之明命」一句，甚的確。蓋心具五常，以繫五倫，畀於人以爲性，明明交付如命令然，常目在之，非是比喻，真欲使目常視其心，而不敢忘此命令也。古人視，每㊀上於面，下於帶，視於面則傲，視於帶則憂。若視不離乎袷帶之間，則此心之方寸是也。常視此者，敬畏常存，此心無少間斷。中庸之尊德性，顏子之服

㊀「每」，朱氏釋誤云當從徐問山堂萃稿作「毋」。

膺，孟子之心勿忘，皆是此意，均爲主敬工夫。人能執此一句，儘有把捉，而又於道問學交致其力，則道理自當浹洽滋潤，而有居安資深，左右逢原之妙，可不必求諸紛紛之説矣。因并候参校，以爲何如？答毛式之論敬義。

前日偶論及文王不識不知，與易何思何慮義同，兄尚有疑意，且謂無意必固我，若可以勉歸而繹緒□義，雖旨趣各别，而實則相同。蓋以天地間事物，皆有定理，一毫思慮著不得，故引日月寒暑，往來屈伸，以見其自然，人受賦於天，具於心，一樣自然實理，停停當當，稍著思慮，便出安排，翻覆横生，態度雜出，如梗楠大木，加以匠人雕琢繪畫之巧，非吾性本智之罪也，用私智之過也。聖人渾成德性，静與天合，動與天行，何知識之有？非惟不暇知，亦無所用其知矣。易思慮卽是知識，字皆出人心，而非動以天者也。若夫意必固我，門人見得聖人無此四字，不知聖人無意，則必固我三者，自然不萌。若常人有意，則三者自然不斷。愚謂無意二字，足以盡之，卽文王之不識不知，易之何思何慮，亦豈易能乎哉？先儒謂「無口過易，無身過難，無身過易，無心過難」，過卽有意之私，其害不小。人心萌動，客感物欲，便來乘之，沈冥固蔽，些子虚明，透露不出。吾人苟知性分爲吾物，百年易過，天理當還，如老將麾兵，三軍克敵，力求蕩掃盡去。或未盡而後來者逐漸去之，去盡爲大賢，去半盡爲君子，全不去則爲小人。可不懼哉！與吴亞夫㊀。

王氏之學，本諸象山緒餘，至今眩惑人聽，雖有高才，亦溺於此。借如所稱「致良知」一句，亦只是

㊀ 賈本、備要本作「與吴亞夫論學」。

大學「致知」二字，又上遺了格物工夫，則所致者或流於老、佛之空寂，而於事物全不相干。故其師友相承，率多夸大浮漫，而闊畧於躬行之實力。且號於人曰：「是能百世以俟聖人而不惑。」嗚呼！其可以欺天下後世哉？此意甚不難知，尚有聰明堅持而不解者，抑亦道心不明，仁義否塞，而世道污隆之幾也。生竊憂之，而讀書劄記第二策㈠前，實闢其説，蓋以廣中侍讀黄才伯促而成之。其人持守端慤，蓋士林不易得者也。答羅整菴先生。

大抵吾人所以少能自立者，患在中養不定，而處世實難，中定，則無難處矣。故敬以直內，則便義以方外，內外照應，如影隨形，非有異也。若根基不固，則世間萬事，一切利害，皆能震撼摇奪其中，顧吾無以處之，如蘇氏所謂隙中之觀鬬者也。答熊南沙别駕。

程、朱論議本諸六經、四書緒餘，未敢謂其盡得先聖賢心術精微，如出一口，而路徑步驟，亦自不差。學者能會通於博約之中，循途以進，終無所失。新學謂其凡近未足以動人也，立爲高闊汗漫之談，以震眩人耳目，天下聰明之士，靡然聽之，師友相承，自謂前無古人矣。不知內少忠信之基，中虧踐履之實，則所謂下梢頭無著落者也。向與黄司成泰泉，近得羅整庵先生書，每念及此，而執事又秉衡軸，當世道學術之機，轉運於上，若於此而明示之以好惡，天下士習有不翕然丕變者乎？答熊太宰北原公。

㈠「策」，賈本、備要本作「册。」

諸生李大經先生經綸

李經綸字大經，建昌南豐人。生而有文在手，墳起如方印，讀書好深湛之思，以理學自負。爲諸生，值鄉舉，上書當道，言當待士以禮，無制士以苛法。藉令峻制苛法，盡革懷挾之弊，而使志行之士，如吴康齋、陳布衣者，睥睨其間，避匿而不肯出，無寧疎於防檢，使志行士或由以進也。當道得其言而韙之。久之，棄舉子業，精心著述，以詩三百篇，非夫子之舊，漢儒雜取逸詩以足其數，故無益於天德王治之粹者，削之，作詩教考。以禮有三：曰儀，曰曲，曰官。見諸動止食息日用倫常者，謂之曲，行之吉凶軍賓嘉者，謂之儀，朝廷之制度，謂之官。三禮考註昧於經曲制度之節，混三爲一，今爲之分别，作禮經類編。王、湛二家之學盛行，先生弗以爲是，作衞道録，作大學稽中傳。念時無知者，聞羅整菴著困知記，辨心性之異，以闢王、湛，大喜，上書以質所學。整菴方自貴重，懲兩家之聚生徒，各立門户，故少所容接。而先生之辭又過侈，遂沮抑之。先生乃大失望，走南都，謁祭酒黄泰泉。泰泉深契之，而與之講樂律，然亦未遑張其學術也。其後東南中倭，天下頗洶洶，先生以爲是司兵者不知兵也，條事務七事，詣撫按藩臬獻之，竟不遇。中暍，卒於越道。

先生與王、湛異者，大旨只在窮理二字。然先生之所謂理者，制度文爲，禮樂刑政，皆是枝葉邊事，而王、湛之所謂理，則是根本。根本不出一心，由一心以措天地萬物，則無所不貫，由天地萬物以補湊此心，乃是眼中之金屑也。先生之誠意，原以意非心之發也，是主宰乎知覺之中者也，頗與子劉子之言意相合。第子劉子之所謂主宰者，知覺中自有主宰，先生謂主宰乎知覺之中者，則又立意以爲之，仍是困知之餘論也。

大學稽中傳

聖賢之學，其主曰思誠，其志可立也，其道不可强也。命齊而氣五，性齊而質五，盈虧相形，而質之强弱生焉，虚實相乘，而氣之昏明異焉，故學先之於窮理，而後性可得而盡也。然必充萬物之説，則古今書傳累千萬卷，海水形色累千萬種，胡可悉辨？通神明之德，類萬物之情，卽上智且難之，以此爲教，是天下之絶學。謂心之静定虚靈卽道，謂身造物理爲格物，謂致吾良知，正天下之事物爲格物，無庸積漸，徑迪光弘乃至人人自聖，信心任情，陰宗禪説，以陷溺高明，援儒入墨，以蔑棄經典，是天下之罪學。不知先王之教，盡人道而已矣。意心身家國天下者，物之名；其誠正修齊治平者，物之理。物有本末者，是物也，窮理者，窮是物之理也。行主知資者，學之本；知漸行漸者，學之法；行熟知精，知明行至者，學之效。是故意物也，窮乎其所以誠之者，而意之物格矣；心物也，窮乎其所以正之者，而心之物格矣；身物也，窮乎其所以修之者，而身之物格矣；家國天下物也，窮乎所以齊治平者，而家國天下之物格矣，物格而知至矣。故聖人之立教也，誠正修齊治平之外，無餘學，君子之致知也，誠正修齊治平之外，無餘格。其理盡於禮、樂、詩、書，其用通於中才上下。蓋上之而幽明、今古、靈蠢、動植之神窮，則上智之能而先王之所不貴；下之而誠正、修齊、治平之事缺，則下愚之陋而先王之所不齒；逃焉去之，爲左道怪行，以譸張民聽，則先王之所必誅者也。是天下之中學也。今晦菴之論格物也，大而寡要，是見條自知行之分，而不見綱領知行之合也。經文不言敬，而敬之理備焉。主一無適之謂敬，其好惡之誠一者乎？常惺惺法之謂敬，其心之静正者乎？整齊嚴肅之敬，其修身之始事乎？以歛天人，以攝動静，以篤倫理，其修身之終事乎？合之以敬，是徒知主敬之先於致知，而不知誠正修之即敬也。然其主之以敬也，立本者也，其言窮理者，致精者也，謂非孔、孟中學之正傳不可也。乃若象山之學則不然，謂求放心，卽可以擴充知識，則信己不求中庸之病根也。猶未以明善爲非也。再傳而爲白沙，則知一已矣，守一已矣，聖人之教，事物之理，不明言矣。三傳而爲陽明子、甘泉子也，則趨中而未盡者也。陽明子曰：「知行合一者也，推吾心之良知，以正事物，良知卽明德，正物卽親民也。」是知致力於實矣，然信心而不求中。甘泉子曰：「格物者，至其理也，知行並進，隨處體認，天理至之而已矣。」是知言明善矣，知求中而不信心矣。然不以至善爲事理之極，而謂「爲吾心中正之體」。人心未必皆中正也，亦歸於信心而已矣。蓋昔者聖人既竭目力焉，制宫室以奠民居，制冠裳以文人體，制稼穡以養人腹，制舟車以利人行，制干支曆法以經天，導川畫野以緯地，範金合土斵木以利器，嘗草木金石之劑以制醫，而天下之民用備矣。是聖人之能事也。傳是以教人者謂之師，效是以覺其事謂之學。夫其能傳能學也，固人之良知也。謂天下之人，率其良知，而可以自能其事，則天下之妄言也。聖人既竭耳力焉，審清濁以辨五聲，定高下以制十二律，備八音以極旋宫之變，而天下之和氣宣矣，是聖人之能事也。傳是以教人者謂之師，效人以覺其事謂之學。夫其能傳能學也，又人之良知也。謂天下之人，率其良知，而可以自能其事，又天下之妄言也。聖人既竭心思焉，通乎天人之故，而知曰命，曰性，至精而不可遁也，曰道曰德，至純而不可瑕也。其設中於心也，則定静虚明以立性之體；其執中於事也，則盡己盡人盡物以達性之用。是故通神明之德，類萬物之情，於是乎造爲典謨，爲訓誥，爲禮樂文章，以化成天下，使天下後世之修身齊家治國平天下者，皆由是取法焉。若是者，尤聖人之能事也。傳是以教人者，謂之師，效是以覺其道謂之學。夫其能傳能學也，亦人之良知也。謂天下之人率其良知，不窮理而可以自能，尤天下之妄言也。夫人心之良，孰不有知？但所謂良知者，不中而不全耳。夷、惠雖聖，君子不由，楊、墨雖賢，君子所惡，謂其不中也。仲子知廉而不知孝，王祥知孝而不知忠，謂其不全也。今曰良知卽聖也，吾心之中正卽天理也，徒使人猖狂妄誕，亂德迷心而已耳。且夫六經之言學，自説命始，而言知行者，亦自説命始，傳説曰：「人求多聞，時惟建事，學於古訓，乃有獲。」夫求多聞者，於古訓而學之也，以建事而有獲者，得至善之理也，則多聞在建事之先矣。又曰：「知之非艱，行之爲艱。」言君子行之爲貴，而徒知不足以爲行也。知行雖有輕重，而先後之分又明矣，故大舜之言曰：「稽于衆，舍己從人，惟帝時克。」其戒禹曰：「無稽之言勿聽，弗詢之謀勿庸。」夫堯、舜、禹天下之大聖也，而必察衆，必舍己，必不可以弗稽弗詢者，誠不敢信一己之聰明，而壞天下之中正也。夫然後道備全美，允執厥中，而可以爲天下後世法。今之言曰：「人心自有良知也，聞見知之次也。求理於萬物是義外也，是蹈襲也。」則堯、舜之稽詢，傳説之多聞學古，非歟？

三原

意非心之發也，心之發則情也。意從立㊀從曰從心。心立欲爲之意，而非爲之意，而必爲之主宰乎知覺之中也。寂者心之體，而主忠以爲之根。知天之德，即我之德，而意專主乎天德，立心以的之，閑邪以存之，是寧静之中，而精神之有所注者也。感者心之用，則主信以爲之幹。知人之道，即我之道，而意專主乎人道，定其向，決其趨，蓋攻取之中，而精神之有所守者也。無事而靈根植焉，畫一無二而好色惡臭之幾明，有事而美幹達焉，致命遂志，而好色惡臭之幾決，故不知意爲身心之幹，則視之也輕，不知幾爲萬事之本，則其功也畧，我圖聖功，莫先誠意，作誠意原。

心也者，神明之舍，心不可以專神，而神則寓宅於心者也。神貴静，静則性全而仁義之體立，神貴明，明則思睿而仁義之用行。曰寂，曰明，而心之本體正矣。欲多則蕩，動極則昏。事物無形，虛静以養中可也，而常情有無故之感。事爲之著，安而和行可也，而常情有物勝之動。於是乎昏蕩生，而寂明者失矣。此固無主之心，而心失其正者也。若夫意存於天理，而私妄難以絶其根，意存乎王道，而利害得以衡其志，其爲昏蕩一也。邪妄絶矣，而可爲之事，不免生心以繫事；利害妄矣、而欲爲之事，不免持心以必爲。非邪妄利害之私，而終留喜怒之形聲，亦不可得而寂明也。然則寂明無累者，其惟聖人之心正乎？方其静也，物之未感，我之無情，至虛獨覺，而影響俱無也；及其動也，妍媸在物，精凝在

㊀「立」原作「心」，據賈本、備要本改。

我，至靈常止，而好惡不作也；其復而之静也，與化俱往，賓去主存，而又影響之俱無也，是正心之義也。或曰：「何思何慮，聖人無故而不感，忘食以思，豈有故之感乎？寂然不動，聖人有心而無爲，不思則罔，豈無爲之心乎？」聖人之心，所不累者身之情，所欲察者天之理，無思無爲者洗心以神德，思睿作聖者精義以窮神。累情之心，爲意必，意必則私，私則動；精義之心，爲性命，性命則公，公則平，何動之有哉？朱子曰：「静而常覺，動而常止，此人心之妙。」明道曰：「所謂定者，動亦定，無將迎，無内外，正心之謂也。」心與意，誠與正，相似而難辨也，作正心原。

君子之動也，通萬物於一身，則理一而仁存，散一理於萬物，則分殊而義盡。是故恩者當親，而美者可愛也；下者當賤，而惡者可惡也；貴者當畏，而尊者當敬也；死者可哀，而窮者可矜也；横者當敖，而卑者可惰也。以忿懥恐懼好樂憂患之情，而行乎五事之中，修其辭，則有温有厲，有緩有速，有語有默，有予有奪，而謂之仁義之聲。動其儀，則有嚴有泰，有張有弛，有止有作，有操有縱，而謂之仁義之形。八聲八形之用，行乎五事之中，有輕重長短，兼施並用之妙，不是之察，有任情任氣而失之者矣。故度乎輕重長短之則，有本然之權度焉。恩以爲主者，必義以裁之，而後止；義以爲主者，必仁以和之，而後行，是修身之義也。易曰：「立人之道曰仁與義。」孟子曰：「充無欲害人之心而仁義不可勝用。」此之謂也。故致知誠意正心特傳者，見工夫之並用，修身齊家治國繫傳者，見功用之相因，修身以上，聖人之學，猶可傳也，齊家以下，聖人之道，不可行也。學可傳，故道明可冀，道不行，故善治無由，舉而措之，存乎人耳。是故興孝興弟之心，今之民猶古之民也，絜矩公平之道，古之法獨非今之法乎？

禮樂教化，治之具也，賢才治之幹也，生養治之基也。有凍餒之民，治具無所措，何以爲基？有憸壬之士，治具不可張，何以爲幹？皐陶曰：「在知人，在安民。」嗚呼！知人則哲，而九德之旁求，務莫先焉者也；安民則惠，而府事之修和，用莫急焉者也。傳大學者，先之以仁讓孝敬，以終之用人理財，其旨深乎！修身原。

明儒學案卷五十三　諸儒學案下一

中丞李谷平先生中

李中字子庸，吉水人。谷平，其所居里名也。正德甲戌進士。授刑部主事。上疏諫武宗西僧出入禁内，宦官用事，謫通衢驛丞。文成起兵誅濠，使參軍事，擢廣東僉事，轉廣西左參議，尋以副使提督其省學校。丁内艱。再任陞浙江右參政、廣東按察使。外艱。起復，轉右布政使，不肯逢迎撫按，降四川右參政，移浙江按察使，以右僉都御史巡撫山東，先謁闕里。曲阜三氏學生，舊無廩，至先生始給之。曰：「使東土人知天子敬學，庶其興乎？」晉右副都御史，總督南京糧儲。嘉靖壬寅十一月卒官，年六十五。

先生受學於楊玉齋之門，玉齋名珠，其學自傳註以遡濂、洛，能躬理道，不苟榮勢，貧老而無子，横經授徒，未嘗見戚容。弟子出其門者，以解釋考據爲名家，然自謂所學不在是也。晚得先生與語，喜曰：「吾學其有傳人乎？吾本之明道，明道其醇者也，而吾未嘗輕語人，驗其資皆不足多也。聖人與人何異？亦爲之而已矣。子勉之。」先生資質清苦，入仕十餘年，俸入不足以供朝夕。嘗留門人飯，貸米乏薪，至爨家具，日暮矣，竟不及飯而別。故其所言，皆是得力處。以爲「學只有存養，省察是存養内一件。儒者之學，理一而分殊，分不患其不殊，所難者理一耳」。若非工夫親切，不敢如此道也。夫理不患其不一，所難者分殊耳。此李延平之言也。蓋延平以救儱侗之失，而先生反之者，欲其事事從源頭而出，以救零星裝合之非。兩家各有攸當，非與先儒爲翻案耳。

谷平日録

古之學者，只是誠實；今之學者，只是遷就。

存天理，只爲始學者論，語其極，則心卽理，理卽心，何以言存天理哉？凡言存天理，心尚與理爲二。

復其見天地之心乎？人得是心以爲心，人之心天地之心也，但私則與天地不相似，一去其私，則我之心卽天地之心，聖人之爲聖人，全此心而已。

識得此心，則真是天下之廣居，非形容之言。

薛文清公言：「人與天地，本無二理，惟無私貫之。」此真見得。又曰：「孟子曰『夫仁亦在乎熟之而已』。蓋凡爲善爲學，皆貴乎熟，不獨仁也。」此語又差却。聖人之學，爲仁而已，爲仁之外，又何爲學爲善乎？學必見得到一處，方是真見。

下學而上達，蓋下學者事。上達者理，理外無事，事外無理，學者要思而得之。

人須是有遯世無悶、不見是而無悶底心，到此地位，道在我矣。學者須自考，若有些子悶底意思在，即是有我，便與天地不相似。

人之目視耳聽手持足行，氣自如此，吾人之學，只是約之於中正，不大段費力，到視明聽聰手恭足重，即仁也。

先儒曰：「中人以下，乃以命處義，賢者求之有道，得之有義，不必言命。」是固然矣，然命字亦不可輕看，孔子曰：「道之將行也與，命也；道之將廢也與，命也。」彌子曰：「孔子主我，衛卿可得。」孔子亦曰：「有命。」孟子因臧倉之阻，曰：「吾之不遇魯侯，天也。」推而言之，堯、舜之禪，湯、武之征伐，皆命也。但不肆縱欲之心，只是處貧賤安於貧賤，處富貴安於富貴，當生則生，當死則死，到安命處，便是道義，非有二也。君子思不出其位，安命也。若待不得已然後言命，非安命也。

或問：「復其見天地之心，在人心如何看？」曰「孟子所謂人皆有不忍人之心，今人乍見孺子將入於井，皆有怵惕惻㊀隱之心，便是復其見天地之心。齊宣王謂吾甚慙於孟子，便是復其見天地之心。盜牛恐王彥方知，便是復其見天地之心。」

或問：「程子謂道無精粗，言無高下，是否？」曰：「然。」曰：「夫子謂中人以上可以語上，中人以下不可以語上，如何？」曰：「理外無事，事外無理，就如教此皂隸，不可嚇人取錢，不可過重打人，此便是仁恕之理。若教知學之人，便只論仁恕之理。語上語下，要之無二理。」

㊀「惻」原作「憶」，據賈本改。

思慮紛擾，是何勞擾？必除去之，才知天理真樂。世人役役於富貴聲色之間，怪他不得，舍此無可樂。果能閑邪，則天理之樂在我，其妙有難以語人。孔子曰：「好仁者無以尚之」，近畧見得。伊川先生曰：「易之艮，言止之義，曰『艮其止，止其所也』，人多不能止。蓋人萬物皆備，遇事時各因其心之所重者，更互而出，纔見得這事重，便有這事出。若物各付物，便自不出來。」此亦可見理一分殊，莫非自然也。

知覺之外無心，焉有死灰槁木之理？只是知覺常存乎正，卽是敬以直內工夫。寂然不動，只是渾然天理，無纖毫私欲，非謂無知覺也。若無知覺，如何曉得是天理，無人欲？不知心之貴者，未必不樂於涉躐汗漫，博學者，亦是多欲。天下之道，公而已矣，易曰：「艮其背，不獲其身，行其庭，不見其人。」不獲其身，無我也；不見其人，無人也。如是則全體是道，無他，公而已。若有一毫有我有人之意在，卽是私己，便與道不相似。

聖學之功，只是一個存養爲本，省察是存養內一件。常時存此本心不失，便是存養。或有一念之動，少有非僻，省察之，卽與克去，此本心依舊存而不失。聖學之功，存養爲本，思無邪者，存養之全功也。

往歲去何處，起身時，便有速到之心；近時此念絶無。

作善獲福，作惡獲禍，此理自然如此，要人自理會。人之由大路，泰然行將去，何利如之？若由曲徑，穿林莽，未有無所損傷，此自可見，若求之報應之説，惑之甚矣。其亦怠於善也夫！其亦流於惡也夫！

天運而不已，日往則月來，寒往則暑來，水流而不息，物生而不窮，此仁也。

聽言可以觀人，小人當未遇之時，見君子所爲，亦有尊重興起之意，是尚無利禄之深迷，而本心之明，有不可掩者。及稍得利禄之謀，便志得意滿，雖明知君子所爲之是，恐其不便於己，必作爲一種説話，以寓沮抑之意，寧欺己欺人不顧，此之謂失其本心。

後世論學論人物者，多無實見，或有依阿説者，只是憑藉古人先儒力争。頓悟之説，以吾夫子「我欲仁，斯仁至」之説証之，恐亦是如此。人得天地之心以爲心，此本心也，放而不求，則若失之；一操之，便存而不失，要之不從外得，此分明是頓悟。但是無間斷爲難，所以君子之學，自强不息，聖人之學，純亦不已。

薛文清謂：「孟子之後，學不傳，只是性不明。」此亦是想像之言。周子曰：「動而正曰道。」其語道也明矣。中亦曰：「動而正曰仁。」

人處於天地之間，其所行處皆權也。小人流於遷就，而權之用失；君子未免偏執，而權之用滯；惟學聖人周旋中禮，泛應曲當，而權之用始盡。

晦翁謂：「象山常説宇宙，但他説便只是這箇，又不用裏面許多節拍，却只守得箇空蕩蕩底中，以爲道體本是空蕩蕩底。」

某曰：儒者之學，理一而分殊，分不患其不殊，所難者理一耳。各親其親，各子其子，常人皆可能也。視天下爲一家，中國爲一人，非聖人不能也。儒者之學，所以明理一以希聖也，故曰「一日克己復禮，天下歸仁焉」。

孔子謂易有聖人之道四焉，則易不可專指卜筮言明矣。坤卦主利，必以伊川「利萬物則主於坤」之說，爲千古不易之定論。若曰「陽主義，陰主利」，是導人於利矣。爲人臣者，懷利以事其君，爲人子者，懷利以事其父，爲人弟者，懷利以事其兄，是何等時耶？豈聖人開物成務之意耶？當以道觀易可也。

聖人之道，理一而分殊，分不患其不殊，所難者理一耳。孔子曰：「吾道一以貫之。」此明夫理一也。子貢問：「有一言而可以終身行之者乎？」子曰：「其恕乎？己所不欲，勿施於人。」此教子貢推行乎理一也。曾子曰：「夫子之道，忠恕而已矣。」此明乎理一也。大學曰：「是以君子有絜矩之道也。」此教平天下推行乎理一也。宇宙只一理，本公也，人之有身，則有自私之蔽，聖人之教，所以去天下後世自私之蔽也。自私之蔽一去，則廓然大公，公則理一無間矣。是故君子親親而仁民，仁民而愛物。

陳北溪曰：「夫子之道，其精微在易，而所以語門人者，皆日用常道，未嘗及易也。」此語未有見於道，日用常道之外，又豈別有所謂易哉？

文公云：「尹彦明見伊川後，半年間，方得大學、西銘看，此意也好，也有病。蓋天下有許多書，若半年間都不教他看一字，幾時讀得天下許多書？某以爲天之生人，人之有生，只是一個明德而已，明德即仁也。聖人之學，只是明此理以全之而已。學者苟於大學、西銘之旨而有得焉，則六經可不治而明矣。」文公之言，或早年未定之見。

人胸中除去一切閑思量，則天理自在，多少快活。

自安命上，便可到天下何思何慮。

學之得與不得亦易見，此心灑然，而勢利出脱，了無所係，此實得也。雖曰講學，而勢利纏繞，瞻前顧後，此無所得，只是説話。

孔子曰：「朝聞道，夕死可矣。」會得此意，則必終日乾乾，學惟爲己而已，何處著得絲髮爲人之意哉？

袁燮曰：「人心與天地一本，精思以得之，兢業以守之，則與天地相似。」可謂得象山之意矣。

此心平平時，可以默觀道理。

或曰：「理統於一心，散於萬事。」此非真見，論其極，只是理無外。爲學要以心爲本，涵養須用敬，所以養此心也；進學在致知，所以明此心也。

凡看經傳，皆以明此心爲務，觀一物，處一事，皆有以驗此心之所形，則無往而非養心之學矣。心外無物，物外無心，心無内外也，要人自理會。

范氏謂：「守約則足以盡博。」此語亦獨見也。

廣大寬平，胸中常覺有此氣象，是甚麽快活？

尋常間，只從容自在，便是坦蕩蕩氣象。

學而不思則罔，思而不學則殆，於此可見理外無事，事外無理，萬古聖人之正學，昭灼平實，無有餘說。

惡念易去，妄念難去，人心無一念之妄，純乎道矣！

歷觀往古來今，天下有一定之命，只是人自勞攘。

學者至約工夫，只是常常提醒此心。

學者遇事，一以天理處之，不可少有顧忌，而存恐懼之心。一有恐懼之心，非知命也。

呂東萊曰：「義理無窮，才智有限，非全放下，終難湊泊。」放下政非易事也。

生生之謂仁，存存之謂學。

本心却是天下之大本，動皆從心中流出，卽爲達道，一不從本心所發，便是私意，非道也。

不見不聞，只是虛，虛者心之本，實者心之質，可見者也。心也者，虛而實，君子之道，費而隱。

四端在人本無增添，孟子所謂擴充者，只是無間斷耳。

聖人用功，與學者一般，但有生熟之異，謂聖人不用功者非也。蓋人之心，猶舟之有柁，心一不存，則惡生，柁一不持，則舟覆。聖人卽老於行船者，進退推移自然，而柁亦未嘗離也。學者卽學行船者，未免有把持著力之功，非自然而然也。一生熟之異，卽盡聖人學者用功之說。

今人乍見孺子將入於井，皆有怵惕惻隱之心，此便是善端發見處，人人皆有，但有間斷，則若存若亡，不爲己有。學者有此心，須充之到淵深塞實，方是有諸己。譬如栽一小樹，恐牛羊牧之，大風摇之，須從四圍作牆垣，以防牛羊，又時培土灌水，以備風日，則此樹漸大，根漸深且實，雖無垣牆，牛羊風日且如之何？如人善端發見，欲使之常存，必要去閑邪，邪閑則天理自存，存之之久，便到淵深塞實處，到此地位，則本體已復，實有諸己，彼富貴、貧賤、生死、禍福、得喪、夷狄、患難，若無與於己，豈能有以介吾意乎？學者須如此用力，方可閑邪，非如何去閑，只是心正則邪自閑了，邪閑則誠存矣。閑邪存誠，是一件，非有二也。右門人王龜年記。

大學格物、致知、誠意、正心、修身，只說明明德的明字，中庸明善誠身，擇善固執，只説得誠之者的誠字，元來誠則明，明則誠，非有二也。故論學拘泥字不得，會得時横來竪説，只是此理。

人得天地之心爲心，仁也，其用，則義也。孔子於易曰：「立人之道曰仁與義」。孟子曰：「仁，人心也。義，人路也。」終之以「學問之道無他，求其放心而已」。此求仁之説也。體用一原，顯微無間，立其體，則寂然不動，渾然天理；及其感而遂通天下之故，則致用各異，所謂義也。聖賢之正脈，其在是乎！

從心所欲不踰矩，矩者方也。大學絜矩，亦是此義。若此義便圓神，只從此心所欲行出事去，自是方了。蓋此心固無方無體，到外方有體。右門人羅洪先記。

嘉靖甲午夏五月，予卧病隨州報恩寺，一日學子請問曰：「朱子之學，何學也？」予曰：「聖人之學也。」曰：「何如？」「朱子詩云：『玄天幽且默，仲尼欲無言。動植各生遂，德容自清温。彼哉夸毗子，呫囁徒啾喧。但騁言辭好，豈知神鑒昏？曰予昧前訓，坐此枝葉繁。發憤永刊落，奇功收一原。』曰『神鑒』，曰『一原』，朱子之學旨可知矣。」曰：「或疑其釋大學，何如？」曰：「此學必論大頭腦處，如明德，此大學大頭腦也。朱子以虛靈釋明德，不可易也。明之功，則曰『因其所發而遂明之，以復其初』，此工夫至簡易也，何疑之有？」曰：「或疑其格致求於外也，何如？」曰：「此不得朱子之精也。朱子曰：『本明之體得之於天，終有不可得而昧者，是以雖甚昏蔽之極，而介然之頃，一有覺焉，則卽此空隙之中，而其本體已洞然矣』。當時有問：『介然之頃，一有覺焉，則其本體已洞然矣，須是就這些覺處，便致知充廣將去？』朱子曰：『然。如擊石之火，只是些子，纔引著，便可以燎原。蓋介然之覺，一日之間，其發也無時無數，只要人識認得，操持充養將去。』此朱子之精，孔門求仁之學也。學者當默而識之。」學子曰：「然。」遂記之。朱學問答。

嘉靖甲午秋七月，予遊大洪山，張子叔平從焉。一日張子問學，予曰：「求仁。」問仁，曰：「主一。」曰：「孔子之學，惟以仁爲訓，何也？」曰：「天地之一動一靜，人心之一動一靜，一本也，仁也。求仁之學，萬古聖賢之正脈也。」曰：「仁之體何如？」曰：「仁道至大，不可求之言語，不可求之訓詁，吾夫子在川上曰：『逝者如斯夫！不舍晝夜。』此仁之體也。蓋一動一靜，天命之流行也，惟其動靜，此所以不窮。顏子之見卓爾，孟子之謂『必有事焉而勿正』，是皆有見於一動一靜之妙也。非知道者，孰能識之？孟氏之後，千有餘歲，惟伊、洛得聞之，此道明之會也。明道先生曰：『天地之間，只有一個感與應而已，更有甚事？』又曰：『天地萬物之理，無獨必有對，皆自然而然，非有安排也。每中夜以思，不知手之舞之，足之蹈之。』此是『天理二字，自家體貼出來』者也。伊川先生曰：『有感必有應，凡有動皆爲感，感則必有應，所應復爲感，所感復有應，所以不已也。』程夫子兄弟所謂感應，亦有見於一動一靜之妙也。一動一静，生生不已，仁之體在我矣。」張子曰：「唯。」乃書以授之。求仁問答。

問嘗讀明道行狀曰：「聞汝南周茂叔論道，慨然有求道之志，未知其要，汎濫於諸家，出入於老、佛者幾十年，反求諸六經，而後得之。」晦翁解太極，謂「周子手是圖以授之」，此可謂要矣。不知其所謂「未知要」者何事？而又汎濫諸家，出入老、佛，直待反求六經，而後得之，以爲伊川尊明道之言乎？伊川恐非苟言也。宋史載明道與伊川入成都，聞箍桶者説易，兄弟涣然有所省，後門人問易，伊川曰「易學在蜀」。至著易傳，必曰：「斯義聞之成都隱者。」每讀至此，嘆曰：「此聖賢至公至平之心，無一毫自廣狹人之念，此所以繼千載之絶學也。」於箍桶者有一論，尚欲表顯之，況於其師乎？此深可疑也。南軒與晦翁書，謂：「程先生與門人講論，未嘗一言及太極圖。」晦翁謂：「此書詳於性命之原，而畧于進爲之目，有不可驟而語者。」中思之，門人固有不可驟而語者，若伊川易傳之言，以教萬世，胡安定有言則引之，箍桶者有言則引之，何於周之圖，素未嘗一語及之乎？此深可疑也。晦翁與象山論無極太極，往復争辨，其書有曰：「周子灼見道體。」又曰：「此老真得千聖以來不傳之秘。」至序大學，以二程接孟子之傳，序中庸，又曰：「程夫子兄弟者出，得有所考，以續夫千載不傳之緒；得有所據，以斥夫二家似是之非。微程夫子，則亦莫能因其語而得其心也。」信斯言也，則二程之學，似無與於周子矣，此深可疑也。夫宇宙間只有一箇理，在易曰「太極」，在大學曰「明德」，在中庸曰「中」，一也。論太極既以周子真得千聖以來不傳之秘，而序大學、中庸又以二程續千載不傳之緒，此深可疑也。

佛氏曰定，明道亦曰定，佛氏曰惺惺，上蔡亦曰惺惺，何也？忘己耳。若灼然有以實見得吾心之體，有在于此，設以佛氏所嘗語，反規規然而避之，是反涉於較計偏倚之私，而累其廣大光明之量，其於斯道無我無物之體，不無有害。已上答湛甘泉。

今之以學自命者，人皆議其行事之謬，謂平日講道學而行事如此，其僞也。愚以爲不然。平日講學，只成一個自私，而自以爲天理，故其行事之謬者，非僞也，學術之差也。

大學孔氏之訓，明道先生兄弟表顯之，以覺後學者也。慈湖一切掃之，如定静安慮，彼則曰：「此膏肓之病也。」如格物致知誠意正心，彼則曰：「何其支也？取人大中至正之心，紛然而鑿之，豈不爲毒？」信斯言也，則大學在所屏絶矣，其可乎？開口説毋意，毋意是也，然有取乎主忠信，而以一爲未離乎意，此爲毋意乎？有意乎？不可不察也。聖功之要，曰存，曰思，任意削去。當時象山先生已見其微，故戒之曰：「若茫然而無主，泛然而無歸，則將有顛頓狼狽之患。」信然矣，其蔽之本指。其於「心不在焉」，則以爲心如何曰「在正；舍之則亡」，則以爲聖人未嘗貴操而賤舍。此説若行，是率天下貿貿焉，莫知所之，不至於槁木死灰不已也。其爲學術之害，可勝言哉！已上答羅達夫。

文敏霍渭厓先生韜

霍韜字渭先，始號兀厓，後更渭厓，廣之南海人。目有重瞳，始就小學，卽揭「居處恭」三字于壁，力行之。日誦數千言，一二歲間，諸經皆遍。登正德甲戌進士第。告歸，讀書西樵山中，無仕進意。嘉靖初，起爲兵部職方主事，仍謝病歸山。丙戌陞少詹事兼侍讀學士，丁亥進詹事，戊子陞禮部右侍郎、禮部尚書，皆辭免。庚寅丁母憂。服闋起吏部侍郎，丙申出爲南京禮部尚書，己亥改禮部尚書，加太子少保，掌詹事府事。庚子十月卒於位，年五十四。贈太子太保，謚文敏。

先生以議大禮，與張、桂俱爲上所寵眷。然張、桂賦性傾險，既躐取大位，仇視不同議之人。而先生舉動光明，於不同議之人，如豐熙、楊慎、徐文華、唐樞、陸粲，皆極力薦舉。其所論列，動關安危大計，在吏部則銓政爲之一清，在禮部則南中體統肅然，風俗爲之一變。爲舉主不認門生，居鄉不喜㊀治生，直行其道，不顧是非恩怨。魏莊渠曰：「兀厓之亡，於世道有大關係。」非虚語也。今以先生與張、桂同類並稱，是先生爲張、桂所掩也。獨是與遼菴、桂洲相訐，皆以意氣用事，乏中和之義，所謂豪傑而不聖賢者也。

先生薦文成，謂「臣不如也」，而於文成之學不能契。大意以知有聖人之知，有下愚之知，聖人之知則可致，下愚之知則無所不至矣。夫文成之所謂良知，即人人所同賦之性也，性之靈處，即是知，知之不息處，即是性，非因下愚而獨無也，致者致此也。先生之所謂知，乃習染聞見之知也，惡得良？故聖人與下愚，相去倍蓰無算，如何致之哉？此真千里之謬矣。

文敏粹言

嚴威儼恪不懈，則不言敬而敬在其中矣。

㊀「喜」原作「書」，據備要本改。

或問明道先生如何是道，曰：「於君臣父子兄弟朋友夫婦上求。」此道學正路。世之淫於老、佛，謂老、佛上一截與吾儒同，又謂佛與聖賢只差毫釐，此千古名教之罪人也。

人於食息之間，放過多少。

初學刻勵工夫，安得便自在快活？亦須勉强持守，習熟自別。

初學勿憂助長，只憂忘了，到有助長之病，又自有藥。

學知爲己真味，則知接人處事，有一毫不盡其心者，皆切己實病。

今人說操心，只是懸空捕影。

思不出於私，便是天理，從天理上思，便是窮理盡心知性，再不消說主一，不消說涵養，但不可太急迫爲心病。

說能存心，而容貌詞氣不管，乃自欺爾。

只中無主而静坐，且認静坐作工夫，便有許多病痛。

須知窮理，卽所以養心。

吾人有一息天理純全處，亦天道流行也，豈惟吾人，鳶飛魚躍，活潑潑地。

世有苟賤無恥之流，多借忍耐之說以自蒙臭惡，可憐也，乃且曰道學如是。

丙申秋，某與致齋、甬川日集伺朝所，致齋講陽明之學，曰致良知，曰知行合一，與甬川異，辨說棼拏，莫相一也。某曰：「聖人位育，皆心性事，謂良知非聖與？非也。然而有聖人之知，有下愚之知，率下愚之知，認欲爲理，認利爲義，曰吾良知，吾致吾良知，是聖跖混，故人心道心之辨，貴精一也。知行合一，矯學者口耳之〔一〕敝也，要之知行亦自有辨，過矯反敝。君子自立，不求同於時，竢後世耳。」

惟孜孜不敢少懈，只求不得罪天理而已。

居處恭之目何如？曰非禮勿視也，非禮勿聽也，非禮勿言也，非禮勿動也，四者，居處恭之目也。聖賢實學，淺深高下，一以貫之者也。世儒不實用力，以居處恭爲粗淺，不屑言，以四勿爲精深，不敢言，求所謂主敬之説，求所謂格致之説，求所謂戒慎之説，惟費口耳，全無實力。

今之人耳目口鼻猶夫古之人也，聲音笑貌猶夫古之人也，何獨於心而疑之？堯、舜所以聖，純天理，絶人欲而已矣；學者希聖，擴天理遏人欲而已矣。擴天理遏人欲，不在乎他，覺悟之間而已矣。

公議所在，係國家元氣，係天下治亂。

未有天地，一氣而已矣。清而上覆，天由生焉；凝而下奠，地由生焉。一翕一闢，氣化流行焉。時其翕也，秋冬生焉；時其闢也，春夏生焉。譬諸人焉，吹氣而寒，唇所翕也；呵氣而煖，唇所闢也。一氣而已矣。謂陰陽有二氣，亦謂吹呵有兩人也，可乎？陽生祀天，陰生祀地，則陰陽判矣，陰陽判而氣化滯矣，氣化滯而鬼神之機息矣。

君子之於學也，太和元氣灌注一身，斯其學之醇；君子之於治也，太和元氣灌注天下，斯其治之極。

〔一〕「之」原作「敝」，據備要本改。

有袂交者其辭情，道義交者其辭理。其辭情者損，其辭理者益。

天下一氣也，舟車所至，人力所通，天地所覆載，日月霜露所照墜，高極無極，深極無極，太極無極，一氣也。然而有山谿之險，内外之限焉，何也？地之形爲之也。人也者，天地之心也，所以贊天之能，理地之紀，完合宇宙於一氣者也。仁也者人也，合宇宙爲一氣者也。

陽明之學，一言蔽之曰「致良知」，析曰「格物」，曰「知行合一」，均之致良知也。然有聖哲之知焉，有下愚之知焉。聖哲之知致焉，位育參贊良知也；下愚之知致焉，飲食男女亦良知也。今夫犬之狾狾，狐之綏綏，鶉之奔奔，鴟之擈擈，良知也。下愚奚擇焉？致下愚之知，禽獸羞伍，是故修道之教，不可已也。

考功薛西原先生蕙

薛蕙字君采，號西原，亳州人。正德甲戌進士。授刑部主事。武廟南巡，抗疏諫。已，調吏部。大禮之議起，先生撰爲人後解、爲人後辨，奏入，下獄。尋復官，歷考功司郎中而罷。嘉靖辛丑正月卒，年五十三。

先生初好養生家言，自是絶去文字，收斂耳目，澄慮默照，如是者若干年，而卒未之有得也。久之，乃悟曰：「此生死障耳，不足學。」然因是讀老子及佛書，得其虚静慧寂之説，不逆於心，已而證之六經及濂、洛諸説，至於中庸「喜怒哀樂未發之謂中」，曰：「是矣！是矣！」故其學以復性爲要。未發之中，卽性善也，情則始有善不善。聖人盡性，則寂多於感，衆人私感不息，幾於無寂。此言似是而非。夫性不可以動静言，濂溪之主静，無欲故静。又曰：「一者，無欲。」其非動静之静可知矣。孟子言性，多以情言，蓋舍情無以見性，與諸子專向人生而静以上説性者不同。若止靠静中覺性，以爲情發之張本，則一當事變紛紜，此體微薄，便霍然而散矣。一真一切真，無晝夜，無古今，無寂感，方可言性也。

約言

太虚之中，一理旁薄，寧有二乎？幽明人鬼，未始不一，上帝固曰天，吾心亦天也；鬼神固曰神，吾心亦神也。及世愈衰，小人自智其愚，妄意神道爲茫昧，故肆其惡而無忌憚，謂天爲弗知，而吾心已知矣；謂神爲可欺，而吾心已不可欺矣。書曰：「天聰明，自我民聰明。」民之聰明，卽天之聰明也。非是故也，億兆至衆，天將竭聰明以伺之，不亦勞乎？

寂然不動，本一理耳，感而遂通，乃散爲萬事。雖散爲萬事，正是一理，因物感之不同，故應之亦不同，千變萬化，皆是物也。

卜筮之感應，理也，理卽神也，非二物也。感則以類而應之，未感則隱而不可見，天人之道一也。觀人心之同，可以知天矣；觀人心之感應，可以知神矣。

吾心之理，與宇宙之理，非有二也。知此者，宇宙非大，吾心非小，由人自小，故聖人示此引諸廣大之域。其實此理非大非小，若厭小欣大，則又失之矣。

人心之神，與天之神，非有二也。天之神盈乎天地，吾心之神盈乎天地，非滯於塊然之軀而已。故人能格於天地者，以此理本同一體，充塞而無不在也。若心專滯在形體，何由格於天地乎？亦非心往至於天地，心未嘗動也，蓋天地之間，心無不在。

論見聞之知，則今有而昔無，論知覺之本體，則今非益而昔非損也。見聞之知，非德性之知者以此。夫能知者心也，其所知者物交而知爾。心無所不知，物交之知，必有窮也。學者徇物以爲知，方自多其博也，執知以爲心，方自是其智也，何異窺蔀屋之容光，而不覩日月之大明者乎？

寂感者，心之理也。惟聖人能盡其理，寂多於感，亦其理然也。衆人亂於嗜欲，故私感不息，幾於無寂。易曰：「憧憧往來，朋從爾思。」謂之爾思，出於私己，非感應之正理也。

知止而后有定，用心不一者，未知止也。

未發之中，即性善也。發而有不善，惑於物而遷其性耳。知其性而不累於物，則其情無有不善者，然情之不善者，其性善亦豈遂亡哉？物往而情息，其本無不善者，復自若也。世儒因人之不善，而謂性有不善，是不知未發之性，乃以情而言性也。欲其不謬，可得乎？

君子所寓在是，所樂在是，何寓而無樂？是以不願乎其外也，有願乎外，由所寓之內無樂耳。辟之居齊不樂，思楚之樂，其何與之有？由如是也，終身居可樂之位，而其心戚戚焉。此夫子所以與點也。

君子以誠身爲貴，實有於身謂之誠身。夫天下之物，可以實有於身者，惟善爲然，由其爲固有之實理，故可以實有焉耳。彼取諸外者，夫豈可得而有之耶？學非主於誠身，雖博學多能，卒非己有，所謂不誠無物也。

涵養本源，窮理在其中矣，存久自明，心學之要也。

學貴知約，約必無所不通，有不通者非約也。

寂然之時，物物本不相礙，及其感也，雖物各付物，而己不與焉。誠如是也，從容萬物之間，夫何爲哉？今無事則不免將迎之病，臨事則以己而必物，膠膠擾擾，患其多事。而不思所以致是者，皆私意之自累，非事累之也。

静中有物，指主宰而言，居敬則心中無物，指私欲而言。

朱子曰：「心一也，有指體而言者，有指用而言者。」伊川此語，與横渠心統性情相似。」愚謂程子之説，蓋謂凡言心者，有主性而言，此則主體而言也；有主情而言，此則指用而言也。主性而言，此心字卽是性；主情而言，此心字卽是情。非謂性情之外，復有所謂心者，而統乎性情也。故謂性統動静則可，謂心統性情則不可。性卽太極也，太極之上，不當復有物。五峰心妙性情之德，與横渠之失同。朱子極稱此二言，殆未然也。

言理者，率以大言之而遺其小，如是，則理有所偏，非大矣。包大小而不遺，此其所以爲大也。

方士之言養生者，往往穿鑿於性命之外，不知養生之道，不越乎養性。世儒率言知性知天，而斥小養生，不知養其性者，卽同乎天道而不亡。老子集解序。

昔程子謂司馬子微坐忘論爲坐馳，其言曰：「未有不能體道而能無思者，故坐忘是爲坐馳，有忘之心，乃思也。」曰：「程子之説，誠善矣。第其議子微者，殆不然也。夫無思者無忘也，惟聖人者能明之，非夫學者之事也。凡學者必始於操心，終於無忘，漸習則可致，欲速則不達。雖大賢之資，未有越操心而至無忘也。天下之理本同末異，所以異者，由人之用心不一也。二家之學，皆以無私心爲極，苟無私心，異安從出？人生而静，是謂一體，先聖後聖，同復其初而已矣。奚道宗儒學之辨乎？今儒學卽事以治心，其蔽也，流宕而忘本；道宗屏事以安心，其蔽也，固滯而不該於用。非二宗之學本然也。」坐忘論序。

文節舒梓溪先生芬

舒芬字國裳，號梓溪，江西進賢人。正德丁丑進士第一人。授翰林修撰。孝貞太皇太后崩，上假視山陵之名，將微行宣府。先生上疏，謂諒闇之内，當深居九重，無復外出。孝貞主入，先生又言當從午門，不當從長安門。以春秋公薨書地不書地之法求之，則孝貞有不得正終之疑矣。己卯上欲南巡，先生率同院諸公連名入諫。上怒，令跪門五日，杖三十，謫福建市舶副提舉。嘉靖初，復原官。大禮議起，先生執爲人後者爲之子，不得顧私親，三疏争之不得，乃偕同諫者哭於武廟。上震怒，杖如前。明年，母喪歸。丁亥三月卒，年四十四。萬曆中，贈左諭德，謚文節。

先生以濂溪得斯道之正脈，故於太極圖説爲之繹義。然視太極若爲一物，岐陰陽而二之，所以有天之太極，人之太極，物之太極，蓋不勝其支離矣。於是將夫子之所謂習相遠者，俱誤認作性，以爲韓子三品之論，言性庶爲近之，是未窺濂溪之室者也。先生曾請文成書「拱把桐梓」一章，文成書至「至於身而不知所以養之者」，顧先生而笑曰：「國裳讀書，中過狀元來，豈誠不知身之所以當養，還須讀此乎？」周海門遂言，庚辰先生見文成於南昌，與論樂之元聲，躍然起拜，稱弟子。按先生答周汝和書云：「陽明盛心，欲稍進生高明之域，固所卒願，第今爲罪斥人，而千里往返無忌，似忘悔懼，在生雖滿朝聞之願，而或累於陽明，則不能不慮及也。」此是先生官市舶閩中書也。先生以己卯入閩，至次年九月以父憂始歸，計庚辰卒歲在哀毀之中，無見文成之理。若九月以前，則先生之書可據。庚辰之見，真爲烏有。逮至辛巳秋，文成居越，隨卽居憂。丁亥九月，文成出山，而先生已於三月不禄矣。其非弟子可知。仲尼之門，考以四科，回、賜之徒，不稱官閥。一狀元何足以重文成，而必欲牽引之乎？

太極繹義

濂溪、考亭皆吾道正統，而爲天地之心者，病儒者不知明體適用，爲聖賢之學。故濂溪建圖發主静之説，而考亭於圖解，亦便以陰陽動静分體用，蓋亦本乎主静之説，欲人求之未發之中，以立太極之體耳。試以吾儒體用論之，正心誠意，所以立極，治國平天下，所以致用。王道之大，一天德之純也。伊尹之事業，本顏淵之學問也。方其本體時，亦必讀書窮理，致知格物，孜孜焉而有所事，非一于默坐静齋也，然自是静底事。及其致用時，亦必篤恭莊涖，論道經邦，休休焉而無所事，非一于鞅掌奔走也，然自是動底事。由是言體無不静，用無不動，而陰静爲太極之體，陽動爲太極之用，昭昭矣。若不以太極言，則動爲陽之體，静爲陰之體，如論語「知者動，仁者静」，註云「動静以體言」是也，若并以五行言，則動爲陽之用，静爲陰之用，如圖説陽變陰合而生水火木金土是也。故曰「動静無端」，又曰「體用一原」，學者不可不察。

夫太極不離乎陰陽五行之中，則亦有質有氣之可接矣，窮其本原，所以妙二五而無不在者，乃天道之至微，而氣泯於質，雖聲臭亦不可得而接也，豈非性之本體哉？

人之生者曰理，曰氣，曰質，曰數，四者而已。性之善惡，出乎理，神之清濁，出乎氣，才之優劣，出乎質，壽之短長，出乎數，四者同出於太極。若未始有四也，然相爲乘除，而推盪不齊，人之生遂因以異。是又未始無四也。理出於無極，理無不善，氣動於陰陽，則陽一氣，而陰二氣以奇偶言。也。

此氣有正偏，而理因之有全缺，生之所受，有不同也。是何也？以形相禪也，故子之子，不必肖父，女之女，不必肖母，誠以陽同而陰不同也。子必感於父，女必應於壻，子感於婦，則甥烏必其如舅？孫烏必其如祖哉？

自太極而論人，則人性宜無不善。自乾男坤女而論太極，則太極萬有不同。又自物而論太極，則與人、太極又相遠矣。是何也？太極形而上者，人物形而下者也。人又人，物又物，所謂源遠而末益分，其終烏得不稍異？或譬之嘉穀之爲種也，一歲而有粃粒焉，再歲而色粟異焉，再歲而形味或且異焉，雖其中之美者，固自若也。執其粃粒白穗赤粟，告人曰：「是非此種也。」孰信之哉？則知始同終異，雖以造化之工，其勢亦必至此。況乎男女之形化，信其理氣之自成者哉？

問：「水生木而水無所虧，木生火而木遂以滅。」曰：「水之生木以氣，氣則屈伸往來之無窮，故氣至而木榮，氣返而木枯。木之生火以體，體則一定而不可損益，故體盛而火亦盛，體微而火亦微。體燥則近於火性，故其燄燃，體潤則猶存水性，故其燄鬱。體存而火存，體滅而火滅矣。或曰水智也，智者行其所無事，木仁也，仁者不自私己，故能殺身以成天下之事。或曰水假土以生，木不自用而取諸人也。木不假物而自用，是以勞身焦思而至於斃也。故孔子以木爲近仁，必示以好仁不好學，其蔽也愚，然則天下之善事，豈一人之才所能辦哉？知乎此，則知所以主静立極矣。」

問：「儒者皆言火生土，土生金。」曰：「土之體，博厚無疆，非火所能生。今湖蕩之中，或浮沙成洲，平地之上，或積壤成丘，火何所用其力耶？但火之精氣行於地中，土因是而成金，故金之明在內，則金乃火之所生，土之所成也。」

孟子之言性善，指仁義禮智而言者也。仁義禮智，烏有不善？但以人之稟受言之，則或全或缺，或有此而無彼，如「仁者見之謂之仁，知者見之謂之知」之類，此韓子性有三品之説，優于荀、楊，然自予言之，雖謂性有萬品可也，豈特三品而已哉！

以五行之生言之，則金生於火也，火性烈而金性剛，木生於水也，水性緩而木性柔，此則一理之賦，所謂性相近也。然水行也而向於下，木止也而向於上，火散也而向於無，金遒也而向於有，此則土之所爲，所謂氣稟之拘也。

氣以理行，故理之在天者，若有知覺，在人爲此心之靈也。聖人有教，以覺庸愚，謂之「爲天地立心，爲生民立命」者以此。

人心最靈，是心卽太極也。心之動便有善惡萬殊，則太極之流行賦予於人者，又安得而盡同耶？天之太極主乎動，聖人之太極主乎靜，所謂動而生陽，動極而靜，靜而生陰，靜極復動者。蓋復者還其舊之謂也，以見太極原只是動，又謂陽變陰合，又謂五氣布四時行，曰變，曰合，曰布，曰行，皆是動，故考亭之解曰：「太極之有動靜，是天命之有流行也。」蓋亦有以識之矣。易曰：「天行健。」詩曰：「維天之命，於穆不已。」則是陰陽之運，豈有一息之停哉？雖曰動極而靜，亦不過如程子所言翕聚耳。子在川上曰：「逝者如斯夫！不舍晝夜。」其旨深哉！

問：「小人悖之，是庶民乎？是學者乎？」曰：「是學者。如孔子之所謂佞人，孟子所謂鄉愿，大學之閒居，中庸之無忌憚，皆是也。若夫庶民盜賊之違理犯義，則非其性之滋僞，由於上之人不能立極，使之無道，而教之無素也。書曰：『惟皇上帝，降衷於下民，若有恒性，克綏厥猷惟后。』荀卿子曰：『天下有道，盜賊其先變乎？』由是推之，則知庶民之違禮，盜賊之犯義，特以極之不立耳，非庶民盜賊之罪也。」

徵君來瞿塘先生知德

來知德字矣鮮，號瞿塘，川之梁山人。十歲通舉子業，舉嘉靖壬子鄉試，以終養不上公車。親歿，廬墓六年，遂無宦情，至萬縣山中，潛心三十年，以求易象，著錯綜圖，一左一右曰錯，六爻相反，如乾、坤是也，一上一下曰綜，反對如屯、蒙是也，以觀陰陽之變化。著黑白圖以驗理欲之消長。萬曆壬寅，司馬王象乾、中丞郭子章交薦，除授翰林院待詔，疏辭，令以原銜致仕。年八十卒。

先生之學，與程子、陽明有異同者二端：謂格物之物，乃物欲之物，物格而后知至；克己復禮爲仁；養心莫善於寡欲。此三句話，乃一句話也。何也？物也，己也，欲也，皆有我之私也。格也，克也，寡也，皆除去有我之私也。紫陽是説前一步工夫，陽明是説後一步工夫。謂明德即五達道也，自其共由於人謂之道，自其實得於己謂之德，自其通於天下曰達，自其昭於天下曰明，非有二物也，即敬止仁敬孝慈信之德也。言齊家，孝弟慈之德也，言治國，宜家人宜兄弟父子足法之德也，言平天下，老老長長恤孤之德也。一部大學綰結於此二字，不言道而言德者，有諸己而後求諸人也。此正五帝三皇以德服人之王道耳，若以人之所得乎天，而虛靈不昧爲明德，則尚未見之施爲，以何事明明德於天下哉？思按以物爲欲，或問中孔周翰已有是説，但孔以爲外物之誘，先生以爲有我之私，雖稍不同，然有我之私，未有不從外誘者也。夫格物爲初下手工夫，學者未識本體，而先事於防欲，猶無主人而逐賊也。克己之主腦在復禮，寡欲之主腦在養心，格物即識仁也，即是主腦，不可與克己寡欲相例耳。明德爲虛靈不昧，無一象之可言，而萬象森然，此體不失，而行之君臣父子兄弟夫婦朋友之間，自無隔閡，故謂之達。故謂五達道在明德中則可，謂明德即五達道，則體用倒置矣。其論心學晦明，天實囿之，若是一陰一陽之道，繼之者未必善矣。嗚呼！人自囿之，而歸咎於天，可乎？

心學晦明解

心學之一晦一明，天實囿之也。心學常明於天下，則世多聖人，麒麟鳳凰不能出走獸飛鳥之類矣。即今書者，吾儒所治之業也，天下無不讀書之聖人，賢者識其大，不賢者識其小，此古今聖人之常，大舜邇言且察，況書乎？蓋天忌尤物，聖人之經，不使人見其全經，聖人之傳，不使人見其全傳，縱醫家之靈方，卜術之奇數，藏之秘府者，亦不肯久留於人間，書可知矣。夫書與天地，本無忌礙，且有興有廢，而況於生人乎？觀天不以全書與人，則知天不以全聰明與人矣，故心學不常明，聖人不常生，皆天有以囿之。孔子之聰明，千古一人而已，信乎子貢以爲天縱也。孔子之後，門弟子多者，莫如鄭康成，一時相信者，以爲孔子復生矣。自宋有程、朱，而鄭公之業遂廢，可見天惜聰明，不肯盡歸於一人也。程、朱在宋爲名儒，然大學首章頭腦工夫未免差誤，他可知矣。王陽明以大學未曾錯簡，又可見天惜聰明，不肯盡歸於一人也。陽明之説是矣。然又以格物之物，認爲事字，教人先於良知，而明德二字，亦依朱子，又不免少差，又可見天惜聰明，不肯盡歸於一人也。故天下有治有亂，心學有晦有明，皆天以聰明囿之，人力不得而與也。某少壯之時，妄意聖賢，山林中近三十年，所著有易經集註、大學古本、入聖工夫字義、理學辨疑諸書，與程、朱、陽明頗有異同。昨友人致書，以天下義理程、朱説盡，陽明不必議之。將程、朱之註取科第，而復議之，非儒者之用心也。此言蓋爲某而發，非爲陽明也。殊不知理者天下之公理，人人皆能言之，不反復辨論，豈得爲儒？且議者議其理也，非議其人品也。若論程、朱、陽明之人品，俱千載豪傑，泰山北斗，皆某之師範也，豈敢議之？陽明亦未嘗議朱子之人品也，亦議其理而已。使前人言之，後人再不敢言之，則墳、典古聖人之書，孔子不敢刪矣，春秋列國侯王之史，孔子不必修矣，傳註有前儒，程、朱不可出一言矣。言之者，不得已也，蓋天囿世人之聰明，入聖之工夫，稍認不真，則其用功之先後，不免以緩爲急，以急爲緩。古人有言，黄河之源不揚黑水之波，桃李之根不結松柏之實。名儒言之，門徒千人，從而和之，後學晚進，差毫釐而謬千里，所以不得已而辯論也。

語録

仁義禮智信之理一也，自天命而言謂之性，自率性而言謂之道，自物則而言謂之理，自無偏倚過不及而言謂之中，自有諸己而言謂之德，自極至而言謂之太極。譬如起屋相似，性字自根基上説，道字自道路上説，理字自尺寸不可易上説，中字自規矩上説，得字自畜積上説，極字自關門一掃統括微妙上説。

凡處不要緊之人，與不要緊之事，不可狎侮忽畧，通要謹慎細密，就是聖人不泄邇工夫，吉凶悔吝都在此上面生。

世間千條萬緒，消不得我一箇理字，千思萬想，消不得我一箇數字，千横萬逆，消不得我一箇忍字。

明儒學案卷五十四　諸儒學案下二

盧冠巖先生宁忠

盧宁忠字獻甫，號冠巖，嶺南人也。曾守東平，不詳其所至官。先生受學於黄泰泉。泰泉議王、湛之學，而先生以不得及陽明之門爲憾，於甘泉則書札往來，求教不一也。先生謂「天地間有是氣，則有是性，性爲氣之官，而綱維乎氣者」，是矣。然不知此綱維者，即氣之自爲綱維，因而名之曰性也。若別有一物以爲綱維，則理氣二矣。又以「誠意之意，是生理之初萌，純粹至精，即周子誠神幾之幾也」。其視意爲有善有惡者，加功密矣，頗與子劉子之言意同。然子劉子以意藴於心，知藏於心意中最初之機，則知善知惡之知，是意爲存主，知爲初萌。先生之所謂意，乃子劉子之所謂知也。雖同在未發之中，而其先後之序有不容紊亂者。

獻子講存

夫物猶事也，事在心不在外，凡吾心所著之事即是物，格者，隨此心所著之事，而格其善惡一定之理也。夫事之在心，是非善惡必有當然一定之則，於是以吾心本然之明覺而是正之，則何者爲善而當爲，何者爲惡而當去，舉不能外吾心之聰明，與吾身之踐履矣。是能格物。

陽明子謂：「無善無惡者心之體，有善有惡者意之發，知善知惡者知之良，爲善去惡者物之格。」蓋學未知孰善孰惡，必不能爲善而去惡，如所云是先爲善去惡，而後求知善惡，大學當以誠正居先，而格物在致知之後矣。此所以起學者之疑也。陽明之學主致良知，故只格物便一了百當，然此上智之事，非可概中才以下也。後學推演其義者，則曰：「致良知也，虛靈不昧，天之性也。致者充極其虛靈之本體，不以一毫意欲自蔽，而明德在我也。物格者，感而遂通天下之故，而修齊治平一以貫之，明明德於天下也。」是以致知爲體，格物爲用，致知在先，格物反居後，未免於大學條次不倫，且既無一毫意欲之蔽，而充極乎天命之性，卽無事矣，又何勞誠意於好善惡惡也耶？至以鏡譬之，謂「知如鏡之明，致則磨鏡，格則鏡之照物」。夫鏡必磨而後照，今格以照之，而後致以磨之，是先用之照，而後磨也。大學曷不言致知而後格物耶？

性者天之命，心者性之宅。性只是天地之性，無所謂氣質之性，性無不善，其爲不善，氣雜之也。心只義理之心，無所謂利欲之心，心無不正，其爲不正，習移之也。天地間有是氣，則有是性，性爲氣之官而綱維乎氣者。氣或時得而拘之，不可得而泯之，氣有不美，性固能轉移之也。人之所不慮而知者，是爲良知，知卽性也。良知之發，無有不善，或流爲邪妄，心亦無不自知之，但習於利欲，而不能反正耳。而謂其本心之不正者，否也。

常戒慎，則心體自明，務平恕，則物宜自順。

問「生之謂性」。曰：「此古語也，非始於告子也。此語説得最是，蓋生卽氣，氣便寓性。孟子道性善，以生爲氣，而深闢之，是氣之外，又別有所謂理者，不分理氣爲二乎？至宋儒，又有天地之性，氣質之性之説，遂使性亦有二，而萬物無復統體一太極矣。夫理者氣之綱，氣者理之迹，氣卽寓理。古未有以理氣並言者，易曰『一陰一陽之謂道』，釋之曰『陰陽迭運者氣也，其理則所謂道』，理氣並言，蓋昉諸此。夫陰陽五行萬物，氣也，而各一其性，理也。在人則耳目手足，氣也，而聰明持行，理也。程子曰『性卽氣，氣卽性』，蓋懼人二之也。性卽太極，氣只是氣，不可復言有氣質之性。説著個性，卽無不善，其爲不善，氣有雜糅，而性爲所累耳。氣之付畀，得其貴者爲人，得其賤者爲物，得其清而純者爲賢爲智，得其濁而駁者爲愚爲不肖，曷能齊一？而性則未嘗不一也。孟子始終不能服告子之心，爲其論未及此。」

問：「中庸説天命之性，又説未發之中，卽孟子言性善否？」曰：「民受天地之中以生，故性無不善，而偏者非性也。易稱繼之者善，成之者性，繼而曰善，則成其有不善乎？若乃陰陽變合，而氣之流布，不無清濁純駁之異，故物之遇之，自有通蔽邪正之殊。其在天，日月星辰已不無明暗，其在地，山川土石已不無柔剛，而況於人乎？況於物乎？而其本然之性，則未嘗不善也。是故學問之道，惟在變化氣質，易其惡而致其中。所謂未發之中，非以日用應務者爲已發，而指夫退然休息，未與事接時爲未發也。蓋事物未來，念慮未動，要之必有主宰於其內，渾然全體，至靈而至寂，不測而不倚，是以虛無不受，感之即通，雖紛華盛麗，萬變起滅，而其寂然之本體，則無時不寂然焉，所謂未發之中，非是之謂乎？於此而得養，則物欲無所蔽，而發皆中節，大本達道，貫通流行，此盛德之所以日新，天命之所以不已也。」

致良知之旨，非始於陽明也。朱子謂康炳道曰：「致得吾心本然之知，豈復有所陷溺？」本然之知，非良知乎？心不爲物欲所陷溺，不可入聖乎？但朱子止就一義說，陽明認得十分端的，故執此一說，左來右去，直窮到底，累千萬而不離。

道心者，天然自有之義理，而非出於人心之外也。人心者，天然自有之情才，而道心之用，所以顯行也。寂感之際，茫然不知體察，則其流而爲邪妄，直易然耳，所謂危也。然雖蔽於物欲，流于邪僻，而其本然之良，隨處發見，能察識而操存之，固甚危而甚安也。

由其靈明嘗覺也，故謂常發；由其虛涵不倚也，故謂未發。

天命之性，無聲無臭，不睹不聞，不可得而言也，故以仁義禮智明之。而性之本體，因之可見。所謂因用以明體也。

陽明先生之致良知，當先辯於知也。夫知有知覺之知，有意見之知，有本然之知，昧者均以爲良知。夫知覺之知，人與物一也，有真率，無節制。意見之知，萌於念慮，善惡幾焉。雖[一]本然之知出於性天之靈覺，不待學習，童而知愛親，長而知敬兄，感觸而應，孺子入井而怵惕，見嘑蹴之食，無禮義之

[一]「雖」字賈本、備要本作「惟」。

萬鍾，而辭讓，此謂本然之良知，所當致焉者也。致吾愛與不忍之知，卽無一念一事之非仁，而萬物育矣。致吾敬與辭讓之知，卽無一念一事之非義，而萬民正矣。

知行一，中人以上事也。知而行，中人以下事也。

君子之道，雖費而實隱，以見求道者，但當於隱求之，正不必泛求於費，使有遠人爲道之過也。隱者無聲無臭之謂，卽莫見乎隱之隱，言道之本體也。道之本體，不睹不聞，卽之無朕，而萬物萬事萬象隨在各足。

伐柯之遠，無他，二故也。二則徒費瞻忽，無益於求也。及若反而求之，則吾心自有一箇天則，不落格式，不煩比度，所謂一也。心外無道，道不遠人也。人之爲道而遠人，是遠心以爲之，故失之逾遠也。丘未能一焉，謂未能以心之所以教人致一也。求事父之理於其子，求事君之理於其臣，求朋友之理於其先施之友，求在外者也，執柯以伐柯者也，是二之也。乃若心也者，天之所以與我，其一念至誠，惻怛之意常一乎子臣弟友之間，卽忠恕也。以此[一]事父，則夔夔齊慄者在我，不必求事之之則於舜也。以此心事君，則周之至德者在我，不必求事之之則於文王也。以此心施之友，則惠及朋友者在我，不必求先施之則於武公也。所謂一也。

心之本體，渾然中涵，不落方體，若虛而甚實，似寂而甚神，纔放下便沉滅昏雜，纔提起便知覺靈明，自非私欲蔽錮，梏之反覆，其眞體固在也。此處正要體認，不知體認，却無倚著，便落想像，遇事感

[一] 朱氏釋誤云「此」下當有「心」字。

應，愈加昏雜，然則何妨于炯炯，而欲常止止也。但既體認得真，却要存養得密，常令在中，勿致放失，庶幾全體呈露，大用顯行耳。其謂知覺常止常定，不可落念者，爲意必固我之私也。其謂感應常運常化，不可成念者，爲好樂憂患之不得其正也。

初用功者，不怕忘，只怕不知忘。既用功者，不怕助，只怕不曾助。

語其本體，謂之未發，語其感通，謂之發。若此心之靈，則非待有所感發，而後有知也。

學者涵養，須於静中覺得有物，動時却自無事，乃不偏著。

悟非意見想像之謂，此心生機也。生機發動，則有自然之明覺，惟澄心凝慮，生機潛通，是自然有得。自然有得，然後無思而無不通。

問：「大學於誠意以下皆有傳，獨格致之義闕焉，何也？」曰：「物也，知也，意也，物也。格也，致也，誠也，一事也。由心之感曰物，由心之靈曰知，由心之萌曰意，非異也。蓋心一也，即其感通之物而格之，以致吾本然之知，就吾意所知之物而好惡之，必無自欺之蔽，是謂格物致知誠意耳。聖門之學内求，故三者爲一，後人之學外求，故三者支焉。以三者各自爲義，則其以爲闕也固宜。記曰：『人生而静，天之性也，感於物而動，性之欲也，物至知知，然後好惡形焉。』釋者以爲心之知因物生，意從知起，無内外，無先後，其致一焉者也。記之物至，非大學所謂物乎？記之知知，非大學所謂知乎？記之好惡，非大學所謂意乎？可好可惡，物也；識其可好可惡，知也；好之惡之，意也。今如人之心，其卒然以可好之物感也，則心之靈，雖不與物謀，而即知其可好矣，何者？心之好之之理，與物之可好者遇也。

如此則所以好之者，當盡其知而止也。而好之不如好好色，是謂不致好之知，不致好之知，是謂不格物之善矣。今如人之心，其卒然以可惡之物感也，則心之靈，雖不與物謀，而卽知其可惡矣，何者？心之惡之之理，與物之可惡者遇也。如此則所以惡之者，當盡其知而止也。而惡之不如惡惡臭，是謂不致惡之知，不致惡之知，是謂不格物之惡矣。故格物非他也，格吾知之物也，格吾意之物也；致知非他也，致吾物之知也，致吾意之知也，誠意非他也，誠吾物之意也，誠吾知之意也。雖然要之在於此心欺否之間耳，故曰所謂誠其意者，毋自欺也。毋自欺，則如好好色，如惡惡臭，此謂之自慊矣。夫是之謂物格，夫如是之謂知致，夫如是之謂意誠。孟子曰：『萬物皆備於我矣，反身而誠，樂莫大焉。』惟萬物之理，備於吾心，故德性之知，周於萬物，反身而誠，則萬物之備於我者格，而德性之知致矣，此之謂自慊。蓋言樂也，然則如之何？亦於獨知之地，謹之而已。蓋德性之知，我自有之，有感之頃，我自知之，於此不用其謹，惡乎用其謹哉？」

問：「意者云何？」曰：「天地之大德曰生，心則其生之理也，意則其生理之初萌也。天性純粹中，此爲最先端倪，絕無一毫夾雜，少頃卽有許多計較遷就之私矣。少有計較遷就，卽純粹端倪便不能直遂矣。故大學教人誠意，只是要人實養得端倪在，隨地生幹生枝，吐華吐實，無非此一生理貫徹耳。故身心國家天下者，非他也，誠意之枝幹花實也。」

天地雖閉塞，而化未嘗息，日月雖沉晦，而明未嘗息，江河雖隱伏，而流未嘗息，故人心不可以動靜言，纔說静已是動。

喜怒哀樂率吾性曰道，視聽言動行吾敬曰德。

飢欲食，渴欲飲者，人心也；不以飢渴之害爲心害者，道心也。欲生惡死者，人心也；欲惡有甚於生死而不爲苟得者，道心也。

侍郎呂心吾先生坤

呂坤字叔簡，號心吾，河南寧陵人。隆慶辛未進士。授襄垣知縣，調大同，有人命坐抵，王山陰家屏欲緩其獄，不聽。山陰入爲吏部，語人曰：「天下第一不受請托者，無如大同令也。」特疏薦之。陞吏部主事，轉至郎中，出爲山東參政，歷山西按察使、陝西布政使，以右副都御史巡撫山西，入協理院事，陞刑部右侍郎，轉左。每遇國家大議，先生持正，不爲首鼠，以是小人不悅。先生嘗爲閨範圖説，行之坊間，神宗頗喜小説院本及出像諸書，内侍陳矩因以閨範進覽。神宗隨賜皇貴妃鄭氏。貴妃侈上之賜，製序重刊，頒之中外。時國本未定，舉朝方集矢於鄭氏，而不悅先生者，謂可藉手中以奇禍。給事中戴士衡劾先生假托閨範圖説，包藏禍心。好事者又爲憂危竑議，言先生以此書私通貴妃，貴妃答以寶鏹五十，采幣四端，易儲之謀，不幸有其迹矣。戚臣鄭承恩上疏辯寃，戍士衡。先生亦致仕不起，家居四十年。年八十三卒，贈刑部尚書。

先生資質魯鈍，少時讀書不能成誦，乃一切棄之，澄心體認，久之了悟，入目卽不忘。年十五讀性理書，欣然有會，作夜氣鈔、擴良心詩。一生孜孜講學，多所自得，大抵在思上做工夫，心頭有一分檢點，便有一分得處，蓋從憂患中歷過，故不敢任情如此。

呻唫語

乾坤是毀底，故開闢後必有混沌，所以主宰乾坤，是不毀底，故混沌還成開闢。主宰者何？元氣是已。元氣亘萬億歲年，終不磨滅，是形化氣化之祖也。天地。

先天之氣，發洩處不過毫釐；後天之氣，擴充之必極分量。其實分量極處，原是毫釐中有底，若毫釐中合下原無，便一些增不去。萬物之形色才情，種種可驗也。形氣。

道者，天下古今公共之理，人人都有分底。道不自私，聖人不私道，而儒者每私之，曰聖人之道；言必循經，事必稽古，曰衛道。嗟夫！此千古之大防也，誰敢決之？然道無津涯，非聖人之言所能限，事有時復，非聖人之制所能盡。後世苟有明者出，發聖人所未發，而嘿契聖人欲言之心，爲聖人所未爲，而脗合聖人必爲之事，此固聖人之深幸，而拘儒之所大駭也。

或問：「中之道，堯、舜傳心，必有至玄至妙之理。」余嘆曰：「只就我兩人眼前説，這飲酒不爲限量，不至過醉，這就是飲食之中。這説話不緘嘿，不狂誕，這就是説話之中。這作揖跪拜，不煩不疏，不疾不徐，這就是作揖跪拜之中。就是一事的堯、舜，推之萬事皆然，到那安行處，便是十全的堯、舜。」

形神一息不相離，道器一息不相無，故道無精粗，言精粗者妄也。因指案上樽俎言，其位置恰好處，皆是天然自有的道理。若説神化性命不在此，却在何處？若説這裏有神化性命，這個工夫還欠缺否？推之耕耘簸揚之夫，炊爨烹調之婦，莫不有神化性命之理，都能到神化性命之極。學者把神化性命，看得太玄，把日用事物，看得太粗，只因不曾理會。理會得，横竪推行，撲頭蓋面，脚踏身坐的，都是神化性命。

無萬則一何處著落？無一則萬誰爲主張？此二字一時離不得。得一只在萬中走，故有正一無邪萬，有治一無亂萬，有中一無偏萬，有活一無死萬。

或問：「子之道何如？」曰：「飢食渴飲，倦眼醒起，冬爐夏扇，喜歌悲哭，如此而已矣。」曰：「如此之道，其誰不能？」曰：「我有終身不能者在。」以上道體。

今人不如古人，只是無學無識，學識須從三代以上來，纔正大，纔中平。今只將秦、漢以來見識，抵死與人争是非，已自可笑，況將眼前聞見，自己聰明，翹然不肯下人，尤可笑也。

今人無事不苟且，只於虚套搪塞，竟不咀嚼真味。

不從學問中來，縱有掀天揭地事業，都是氣質作用。氣象豈不炫赫可觀？一入聖賢秤尺，坐定不妥貼。學問之要如何？隨事用中而已。

學問二字，原自外面得來，蓋學問之理，雖全於吾心，而學問之事，則皆古今名物，人人而學，事事而問，攢零合整，融化貫串，然後此心與道，方浹洽暢快。若怠於考古，恥於問人，聰明自己出，可憐可笑，不知怎麽叫做學者。

「無所爲而爲」五字，是聖賢根源，學者入門念頭，就要在這上做。今人説話，第二三句便落在有所爲上，只爲毁譽利害心脱不去，開口便是如此。

人才不甚相遠，只看好學不好學，用心不用心耳。以粗疏心看古人親切之語，以煩燥心看古人静深之語，以浮汎心看古人玄細之語，以淺狹心看古人博洽之語，字意未解，句讀未真，便加評騭，真孟浪人也。

一門人向予數四窮問：「無極太極，及理氣同異，性命精粗，性善是否？」予曰：「此等語，予亦能勦先儒之説，及一己之謬見，以相發明，然非汝今日急務。假若了悟性命，洞達天人，也只於性理書上添了『某氏曰』一段言語，講學門中多了一宗卷案，後世窮理之人，信彼駁此，服此闢彼，百世後，汗牛充棟，都是這椿話説，不知於國家之存亡，萬姓之生死，身心之邪正，見在得濟否？我只有個粗法子，汝只把存心、制行、處事、接物、齊家、治國、平天下，大本、小節，都事事心下信得過了，再講這話不遲。」曰：「理氣性命，終不可談耶？」曰：「這便是理氣性命顯設處，除了撒數没總數。」以上問學。

人各有抵死不能變之偏質，慣發不自由之熟病，要在有痛恨之志，密時檢之功，總來不如沉潛涵養，病根久自消磨。然涵養中須防一件，久久收斂，衰歇之意多，發强之意少，視天下無一可爲之事，無一可惡之惡，德量日以寬洪，志節日以摧折，没有這個，便是聖賢涵養，著了這個，便是釋道涵養。

涵養不定的，自初生至蓋棺時，凡幾變，即知識已到，尚保不定畢竟作何種人。所以學者要德性堅定，到堅定時，隨常變窮達生死，只一般，即有難料理處，亦能把持。若平日不遇事時，儘算好人，一遇個小小題目，便考出本態，假遇著難者、大者，知成個甚麽人？所以古人不可輕易笑，恐我當此，未便在渠上也。

涵養要九分，省察只消一分，若没涵養，就省察得，也没力量降伏那私欲。

平居時有心訒言還容易，只是當喜怒愛憎時，發當其可，無一厭人語，才見涵養。

天地萬物之理，皆始於從容，而卒於急促。急促者，盡氣也，從容者，初氣也，事從容，則有餘味，人從容，則有餘年。以上涵養。

心要有個著落，不著落到好處，便向不好處。與慶陽李克菴通宵談，非天德則王道，因相謂曰：「卽此便是不放心。」

心放不放，要在邪正上説，不在出入上説，且如高卧山林，遊心廊廟，身處衰世，夢想唐、虞，遊子思親，貞婦懷夫，這個是放心否？若不論邪正，只較出入，却是禪定之學。

一善念發，未説到擴充，且先執持住，此萬善之囮也。若隨來隨去，更不操存，此心如驛傳然，終身無主人住矣。

只是心不放肆，便無過差，只是心不怠忽，便無遺忘。

只一事不留心，便有一事不得其理，一物不留心，便有一物不得其所。

一事不從心中出，便是亂舉動，一刻心不在腔子裏，便是空軀殼。以上存心。

愼言動於妻子僕隸之間，檢身心於食息起居之際，這工夫便密了。

此身要與世融洽，不見有萬物形跡，六合界限，此之謂化。然中間却不模糊，自有各正的道理，此之謂精。

天地人物，原來只是一個身體，一個心腸，同了便是一家，異了便是萬類，而今看著風雲雷雨，都是我胸中發出，虎豹蛇蝎，都是我身上分來，那個是天地？那個是萬物？以上修身。

或問「敬之道」。曰：「外面整齊嚴肅，內面齊莊中正，是静時涵養的敬；讀書則心在於所讀，治事則心在於所治，是主一無適的敬；出門如見大賓，使民如承大祭，是隨事小心的敬。」或曰：「若笑談歌咏，宴息造次之時，恐如是則矜持不泰然矣。」曰：「敬以端嚴爲體，以虛活爲用，以不離於正爲主。齋日衣冠而寢，夢寐乎所祭者也。不齋之寢，則解衣脫冕矣。未有無衣冕而持敬者也。然而心不流於邪僻，事不詭於道義，則不害其爲敬矣。若專去端嚴上求敬，則荷鋤負畚，執轡御車，鄙事賤役，古聖賢皆爲之矣，豈皆日日手容恭足容重耶？大端心與正依，事與道合，雖不拘拘於端嚴，不害其爲敬。苟心遊千里逐百欲，而此身却兀然端嚴在此，這是敬否？」

懶散二字，立身之賊也，千德萬業，日怠廢而無成，千罪萬惡，日横恣而無制，皆此二字爲之。以上居敬。

静中看天地萬物，都無些子。

學者萬病，只一個静字治得定，静中境界，與六合一般大，裏面空空寂寂，無一個事物，纔問他索時，般般足，樣樣有。千紛百擾中，此心不亂，千撓百逆中，此氣不動，此之謂至静。以上主静(一)。

(一) 以上三條，底本分段與標注出處有誤，茲據萬有文庫本改正。

喜來時一點檢，怒來時一點檢，怠惰時一點檢，放肆時一點檢，此是省察大條欵。人到此多想不起，顧不得，一錯了，便悔不及。若養得定了，便發而中節，無用此矣。

聖狂之分，只在苟不苟二字。以上省察。

天下難降伏難管攝的，古今人都做得來，不爲難事。惟有降伏管攝自家難，聖賢做工夫，只在這裏。克治。

天德之良知，是千聖一心，萬古一道，坐斗室而通於六合的，纔落聞見，便有偏倚駁雜世俗氣味矣。是以聖賢將聞見來證心，不以心狥聞見。致知。

字到不擇筆處，文到不修句處，話到不檢口處，事到不苦心處，皆謂之自得者與天遇。力行。

夫一言之發，四面皆淵阱也。喜言之，則以爲矯；戚言之，則以爲懦；謙言之，則以爲諂；直言之，則以爲陵；微言之，則以爲險；明言之，則以爲浮；無心犯諱，則謂有心之機；無爲發端，則疑有爲之説。簡而當事，曲而當情，精而當理，確而當時，一言而濟事，一言而服人，一言而明道，是謂修辭之善者。其要有二：曰澄心，曰定氣。

世人喜言無好人，此孟浪語也。今且不須擇人，只於市井稠人中，聚百人而各取其所長，人必有一善，集百人之善，可以爲賢人；人必有一見，集百人之見，可以決大計。恐我於百人中，未必人人高出之也。而安可忽匹夫匹婦哉？

清議酷於律令，清議之人酷於治獄之吏。律令所寃，賴清議以明之；清議所寃，萬古無反案矣。

是以君子不輕議人，懼冤之也。故此事得罪於天甚重。

對左右言，四顧無媿色，對朋友言，臨别無戒語，可謂光明矣，胸中何累之有？

在邪人前正論，不問有心無心，此是不磨之恨，故位在，則進退在我，行法可也。位不在，而情意相關，密諷可也。若與我無干涉，則箝口而已。禮，入門而問諱，此亦當諱者。

天下事，最不可先必而預道之，已定矣，臨時還有變更，況未定者乎？故寧有不知之名，無貽失言之悔。以上慎言。

近世料度人意，常向不好邊説去，固是衰世人心，無忠厚之意。然士君子不可不自責，若是素行孚人，便是别念頭，人亦向好邊料度。何者？所以自立者足信也。

以患難視心居安樂，以淵谷視康莊，以疾病視强健，以不測視無事，則無往而不安穩。

常看得自家未必是，他人未必非，便有長進。再看得他人皆有可取，吾身只是過多，便有長進。

胸中情景，要看得春不是繁華，夏不是發暢，秋不是寥落，冬不是枯槁，方爲我境。以上反己。

有天欲，有人欲。吟風弄月，傍花隨柳，此天欲也。天欲不可無，無則寂，人欲不可有，有則穢。天欲即好的人欲，人欲即不好的天欲。

愈進修，愈覺不長，愈點檢，愈覺有非。何者？不留意作人，自家儘看得過，只日日留意向上，看得自家都是病痛，那有一些好處？初頭只見得人欲中過失，久久又見得天理中過失，到無天理過失，則中行矣。又有不自然，不渾化，著色喫力過失，走出這個邊境，纔是聖人，能立無過之地。以上理欲。

爲善去惡，便是趨吉避凶，惑矣，陰陽異端之説也。祀非類之鬼，禳自致之災，祈難得之福，泥無損益之時日，宗趨避之邪術，悲夫！愚民之抵死而不悟也。則悟之者，亦狃於天下皆然，而不敢異。至有名公大人猶極信尚，反經以正邪慝，復誰望哉？

凡人之爲不善，其初皆不忍也，其後忍不忍半，其後忍之，其後安之，其後樂之，至於樂爲不善，而後良心死矣。

精明也要十分，只須藏在渾厚裏作用，古人得禍，精明人十居其九，未有渾厚而得禍者。今之人惟恐精明不至，乃所以爲愚也。以上善惡。

別録

宋儒有功於孟子，只是補出個氣質之性者，多少口吻，不動氣，事事好。

每日點檢，要見這願頭自德性上發出，自氣質上發出，自習識上發出，自物欲上發出，如此省察，久久自識得本來面目。

孝子之於親也，終日乾乾，惟恐有一毫不快事到父母心頭，無論貧富貴賤，常變順逆，只是以悦親爲主。蓋悦之一字，乃事親第一傳心口訣。

明道受用處，陰得之佛、老，康節受用處，陰得之莊、列。然作用自是吾儒，蓋能奴僕四氏，而不爲其所用者。此語人不敢道，深於佛、老、莊、列者，自嘿識得。

忠節鹿乾岳先生善繼

鹿善繼字伯順，號乾岳，北直定興人。萬曆癸丑進士。授户部主事。遼左缺餉請帑，疏皆不行。會廣東解金花銀至，先生與司農議劄，納太倉，轉發遼左，而後上聞。上怒，降級調外任。先生因移疾去。金花銀者，國初以備各邊之緩急，俱解太倉，其後改解内府，宫中視爲私錢矣。光廟御極，復官。改兵部主事。司馬王象乾行邊，請用廢弁之以贓敗者，耿職方不覆，司馬又請旨，命司官不得違阻。先生寓書福清争之，無以奪也。高陽以閣臣督師，先生轉員外郎中，皆在幕府。高陽解兵柄，先生亦罷歸。家居四年。崇禎初，起爲尚寶司卿，陞太常寺少卿，未三載，復請告。九年七月，先生堅守定興，城破死之。贈大理寺卿，謚忠節。

先生讀傳習録，而覺此心之無隔礙也。故人問其何所授受，曰：「卽謂得之於陽明可也。」先生與孫奇逢爲友，定交楊忠愍祠下，皆慨然有殺身不悔之志。嘗寄周忠介詩云：「寰中第一非吾事，好向椒山句裏尋。」首善書院之會，先生將入，聞其相戒不言朝政，不談職掌，曰：「離職掌言學，則學爲無用之物，聖賢爲無用之人矣。」遂不往。先生之學，頗近東林諸子，一無攙和夾雜，其斯謂之狂狷與？

論學語

吾輩讀有字的書，却要識没字的理，理豈在語言文字哉？只就此日此時此事，求一個此心過的去，便是理也。仁義忠孝，名色萬千，皆隨所在而强爲指稱也，奈何執指稱者求理乎？指稱種種，原爲人覿面相違，不得不隨在指點，求以省悟，而人復就指點處成執滯，談玄説妙，較量一字之間，何啻千里！

此理不是人做作的，天生萬物，而人得其生物者以爲生，四海一天，萬里一天，人心與天並大，只就乍見孺子一端推之，上下四方，往古來今，觸無不覺，叩無不應，偌大宇宙，都呼吸一氣之中，故宇宙中物皆性中物，宇宙内事皆分内事也。大學之明德，中庸之性，論語之仁，皆是物也，乃合下生成本來面目也。

此理不是涉懸空的，子臣弟友，是他着落。故學以爲己也，而説個己，就在人上；學以盡心也，而説個心，就在事上。此知仁與莊涖不得分也，修己與治人不得分也，博文與約禮不得分也，文章與性道不得分也。不然，日新顧諟，成湯且爲枯禪矣。

天地萬殊，總是一本，要識得把柄，纔好下手。而形與性分不得，仁與人分不得，忠恕一貫原非借言，敦化川流豈容分指？學須是莫知，下學上達分不得。教何嘗有隱？文章性道分不得。看來爲學只在當下，學術事功亦分不得也。

從來文人概稱學者，識得孔子之意，誦詩則乍歌乍哭，欲鼓欲舞，詩亦是學。讀史則其事若親，其人若生，史亦是學。屬辭則行乎其所當行，止乎其所不得不止，文亦是學。總之，天地萬物皆此生意，生意在我，法象俱靈，吟風弄月，從容自得，孔、顔樂處，意在斯乎！

禮樂不是鐘鼓玉帛，儀節不是聲容制度，全在日用間應事接物上，討求應節。其當然而然，極其中的去處，叫做禮；其自然而然，極其和的去處，叫做樂。兩個字，又却是一個理，未有不合禮而得成樂，不合樂而得成禮者，細體之自見。

總憲曹貞予先生于汴

曹于汴字自梁，號貞予，平陽安邑人。登進士第。授淮安府推官，擢給事中。萬曆辛亥京察，先生以吏科都給事中，與太宰孫丕揚主其事。是時崑、宣傳四明之衣鉢，收召黨與，皆以不謹坐罷，其黨金明時、秦聚奎起而訐之，先生與太宰皆去，而朝中之朋黨遂興。光宗立，起太常少卿，屢遷僉都御史、吏部左侍郎。其推少宰也，先生陪馮恭定以上，而點用先生。蓋小人知君子難進易退，一顛倒而兩賢俱不安其位矣。崇禎初，召爲左都御史。庚午致仕。卒於家，年七十七。

先生與馮應京爲友，以聖賢之學相砥礪，講求兵農錢賦、邊防水利之要。其耳目大概見之實用編。所言仁體，則是西銘之註疏也。木則不仁，不木則仁，即上蔡之以覺言仁也。以覺言仁，本是不差，朱子却以爲非，謂知覺不可以求仁，仁然後有知覺。夫知覺猶喜怒哀樂也，人心可指，只是喜怒哀樂，喜怒哀樂之不隨物而遷者，便是仁體。仁是後起之名，如何有仁方有知覺耶？且上蔡之言知覺，覺其天地萬物同體之原也。見得親切，故又以痛痒言之。朱子强坐以血氣之性。血氣之性，則自私自利矣，恐非上蔡之所指也。

論講學書

夫道無之是非㈠，無人弗足，講學以明道，士農工賈，皆學道之人，漁牧耕讀，皆學道之事。隆古無講學之名，其人皆學，故無名也。國家以文學取士，天下學校，無慮千百，章縫之士，無慮萬億，蓋令其日講所謂時習，所謂孝弟，所謂性命仁義，而以淑其身，待天下之用也。乃人心不古，遂有口耳活套，掇拾粉飾，以爲出身之媒，師以是教，上以是取，恬不爲異，非其質矣。而於立身行政，毫無干涉。於是君子厭薄其所爲，而聚徒講道，人遂以道學目之。若以爲另是一種，豈不惑哉？然講學之中，亦或有言然而行不然，而藉是以干貴人，捷仕徑者，而其名爲道學也，是有口耳活套之實，而更美其名，人誰甘之？則羣起而相攻，而講者益寡，道益晦矣。太抵所學出於實，則必闇然自修，不論大節細行，一一不肯放過，雖力量不同，未必盡無疵，而不自文以誤人也。所學出於名，則有張大其門面，而於其生平未純處，亦曲爲言説，而謂其爲道。夫夷之隘，不害其清；惠之不恭，不害其和，然亦何必曰此隘，此不恭，正道之所在，而陋孔子於下風乎？羅近溪逢人問道，透徹心體，豈不可尚？而闊畧處，亦誠其病，乃學者得其闊畧以爲可，便其私也。而或多不羈，誠有如止菴疏所謂賄賂干請，任情執見等説，是其坐女子於懷而亂之，而猶侈然薄魯男子不爲也，而可乎？但今因止菴之疏而遂禁其講，是因噎廢食。夫此學乃乾坤所由不毀，何可一日廢也？似更當推廣，而俾千百學校，億萬章縫，無不講，以及農工商賈，無不講，

㈠「無之是非」，賈本作「本無淺深」。朱氏釋誤以爲當從曹氏仰節堂集作「無之非是」。

才是。而其機則自上鼓之。若得復辟召之典，羅致四方道學，倣程子學校之議，布之天下，以主道教，於一切鄉學社學之衆，漸次開發，而申飭有位之士，以興學明道爲先圖。其學則以躬行實踐爲主，隨其人之根基，引之入道，或直與天通，或以人合天，或真臻悟境，或以修求悟。夫天人合一，修悟非二，舍天而言人，舍悟而言修，則淺矣。近時學者，知皆及此，然言天矣，而人尚未盡，言悟矣，而修且未能，世豈有能致中而不能致和，能正心而不修身者哉？則不可不戒也。大抵果能合天，則必益盡其人事，果能真悟，則必益盡其真修。堯、舜、文王、孔子，何人也？而兢兢業業，望道未見，徙義改過，没齒以之也。答李贊宇。

仁體策

仁人之用心，舉諸我以加諸彼乎？曰非然也。有彼我，則有封域，有封域，則有急緩，有急緩，則有校量，其卑者，易入於納交聲譽之僞，其高者，亦曲而不直，滓而不粹，暫而不恒，虧而不滿。夫湛然而仁具，油然而仁興，奚暇校量哉？昔先哲之談仁也，曰仁，心之德也。而泥之者，乃於心之内更求德焉，似非德不足以見仁也者。不知心，焉知仁？故曰仁，人心也，言心而不言德。而泥之者，乃於人之内更求心焉，似非心不足以見仁也者。不知人，焉知仁？故曰仁者，人也，言人而不言心。嘻！至矣，若理若氣，若形若性，若身若心，貫通矣，渾合矣，天也，地也，萬有不齊之物也，我也，其生之所自一也。鴻濛未闢之始，有合而無分，形象既判之後，似分而實合。故靈明各具，天不獨豐，人不獨嗇，人不獨得，物不獨闕，其中通也。一陰乍動，一陽來復，倏忽彌漫，周於天地，貫於萬物，亦其中通也。疾疴痛癢，相連相關，不但父母兄弟，推之一切，莫不皆然，亦以其中通也。而或者乃曰：「母齧子痛，則常聞之，焉有物痛而亦痛？」嗟乎！母齧子痛，世未必皆其人也，然則父母非一體耶？此其體之木也，木則無不木也，不木則無所木也。入其室，父母兄弟環向而處，不知其暱也。出則遊闤闠之中，遇其父母兄弟，則暱之。之郡城焉，遇其邑之人，則暱之。之會城焉，遇其郡之人，則暱之。之都城焉，遇其省之人，則暱之。之海外異邦焉，遇中國之人則暱之。之壙洋之水，木石鹿豕之爲叢，遇似人者而暱之矣。方其未暱也，木也，及其既暱也，不木也。且光風霽月，何與於我而忻？狂飈陰霾，何與於我而慘？水光山色，何與於我而喜？荒原頹壁，何與於我而悽？則風月水石，固有通於我者，我乃忻之、慘之、喜之、悽之耳。奈何日日周遊，時時茂對，人忻亦忻，人慘亦慘，以目爲賞，以目爲惜。語云：「我乃行之，不得我心。」不自察耳。察則不木，不察則木。顧華裔之界限，人物之差等，仁人未嘗無別，此以別之者體之也。華得其所，裔亦得其所也，盡人之理，亦盡物之理也。分殊者脈絡之分也，理一者公溥之量也。然征伐可廢乎？刑誅可弛乎？仁人未嘗不嚴此，以嚴之者體之也。仁與不仁，辨之以心，不辨之以迹。除莠剔蠹，以殺機爲生，織花綴鶴，以生機爲殺。故貶灼不廢於肌膚，夏楚不靳於愛子，虞廷四罪，魯國肆眚，周王一怒，宋公不阨。孰一體？孰非一體？必有分矣。夫以天地萬物爲體，則體大，以四體爲體，則體小，以天地萬物之體爲人，則人大，以四體之體爲人，則人小。大體者能卷能放，流衍於衆小體之中，而衆小體不能隔也。四體之木，則知療之，天地萬物之體之木，則不知療，弗思故也。夫千萬世之上，此天地也，有萬物焉；千萬世之下，此天地也，有萬物焉。天道無窮，地道無窮，物生無窮，吾心亦無窮。往聖之絶學，未輟於命，而萬世之太平，輒營於中。仲尼之生，千古不疚；堯、舜之心，至今猶存。卽其體存也。故曰會人物於一身，通古今於一息，區區補葺於百年之間，君子以爲猶木也。故仁以爲己任，古之成仁者如此。

忠節吕豫石先生維祺

吕維祺字介孺，號豫石，河南新安人。萬曆癸丑進士。除兖州推官，入爲吏部主事。光、熹之際，上疏請慎起居，擇近侍，防微杜漸，與楊左相唱和也。累轉郎中。告歸。崇禎初，起尚寶卿，再轉太常卿。庚午，陞南京户部右侍郎，兼右僉都御史，總督糧儲。時邊餉既借支，而納户逋欠又多，積弊難清，上特勅，侵欺者五品以下就便提問。先生悉心籌畫，解支有序。乃曰：「昔人有言，人至察則無徒，第思國家多故，君父焦勞，爲臣子者豈能自已。」陞南京兵部尚書。賊犯鳳陵，南京大震。先生尋以臺省拾遺落職爲民。辛巳正月，雒陽陷，先生爲賊所執。道遇福王，昂首謂王曰：「死生命也，名義至重，無自辱。」已而賊害王，酌其血，雜鹿醢飲之，曰：「此福禄酒也。」先生大罵死之。贈太子少保，謚忠節。逆奄之時，拆天下書院，以學爲諱，先生與張抱初方講於芝泉書院，幾中危禍。在南都立豐芑大社。歸又立伊雒社，修復孟雲浦講會，中州學者多從之。嘗言：「一生精神，結聚在孝經，二十年潛玩躬行，未嘗少怠。曾子示門人曰：『吾知免夫！』非謂免於毁傷，蓋戰兢之心，死而後已也。」若先生者，其見道未可知，庶幾講學而不僞者歟？

論學書

天下萬世所以常存而不毁者，只爲此道常存，此道之存，人心之所以不死也。使人心而死，則天地之毁也久矣。人心不死，而人人未能操存之，便厭厭無生意。所以持世之人，力爲擔任，將一副精神，盡用之於此道。而卑者祇役役於富貴功名，意見蹊徑。其高者又耽入於懸虚，以爲道更有在也。不知此道至平至易，見前卽是，轉疑卽非，卽入世之中，亦自有出世之法，非必盡謝絶人世而後爲學也。世不難於出而難於入，出而不入，出而乃欲入，此幻與僞之爲也。入而能出，此吾儒學問之所以異於二氏也。年兄㊀云：「卽今亦自可學。」識哉！卽今亦自可學也。弟有聯云：「人只此人，不入聖，便作狂，中間難站脚。學須就學，昨既過，今又待，何日始回頭？」故曰：「纔説姑待明日，便不可也。」自古聖賢，何人不由學問涵養？而必曰生知云云，則自棄甚矣。只要認定一路，一直硬肩做去，日新不已，卽吾儕自有聖諦，彼程、邵諸先覺非人也乎哉？彼何以與天地不朽？而我輩空没没也。思念及此，有不愧汗浹趾者，豈人哉？然老兄之所以遲疑於其間者，得無謂今天下講學者多僞也？不則謂講學與不講者，多分一畛域，恐吾涉於一邊？噫！豈其然哉！講學之僞，誠有之，然真者必於此出，以其僞而廢真，何異於因噎廢食。且天下之貪官甚多也，未聞以廢仕進也。至於講學之家，多分畛域，亦自有説，吾只見

㊀「年兄」原作「老兄」，據賈本、備要本改。

得吾身，非此無以爲人，安身立命，的的在此。世自有世之講學，吾自有吾之講學，所謂天淵懸隔者也。今天下禁講學，而學會日盛，學會雖盛，而真實在此間做者甚少，弟之修復孟先生會，原自修復，不沾帶世間一塵。近日敝邑及鄰邑遠近之士，覺彬彬興起。今世風之壞也久，而人心日不古矣。以老兄之識力，辨此最易，如有意於此，固無事遲疑。孟子云：「奚有於是，亦爲之而已矣。」與蘇抑堂。

天下第一等事，是何人做？天下第一等人，是從何事做起？可惜終身憧憧擾擾，虚度光陰，到雨過庭空，風過花飛時，究竟攜得甚物去？以此思之，何重何輕？何真何幻？何去何從？自有辨之者。然而眼界不開，由骨力不堅，骨力不堅，所以眼界愈不開，以此思之，學問下手處，可味也。而世往往目學問爲僞，爲迂，某謂世之學者，豈無僞哉？而真者固自真也。以僞爲非，去其僞而可矣，至於學問不足經世，又何學之爲？以此思之，學力事業非兩事也。與友人。

弟維祜問：「講學爲人所非笑，何以處之？」曰：「講學不爲世俗非笑，是爲鄉愿；講學不到使非笑我者終心服我，是爲鄉人；講學必別立崖岸，欲自異於世俗，是爲隱怪；講學不大昌其道於天下後世，以承先啓後自任，以爲法可傳自勵，是爲半途之廢。」答問一則。

明儒學案卷五十五　諸儒學案下三

給事中郝楚望先生敬

郝敬字仲輿，號楚望，楚之京山人。萬曆己丑進士。知縉雲縣，調永嘉，入爲禮科給事中，改户科。上開礦稅，奄人陳增陷益都知縣吴宗堯，逮問。先生劾增，申救宗堯。稅奄魯保、李道，請節制地方有司，先生言：「地方有司，皇上所設以牧民者也，中使，皇上所遣以取民者也。今既不能使牧民者禁禦其取民者已爲厲矣，而更使取民者箝制其牧民者，豈非縱虎狼入牢，而恣其搏噬哉？」又劾輔臣趙志皐，力主封貢，事敗而不坐，鼠首觀望，謀國不忠。於是内外皆怨。己亥，大計京朝官，以浮躁降宜興縣丞，量移江陰知縣。不爲要人所喜，考下下，再降。遂掛冠而歸，築園著書，不通賓客。五經之外，儀禮、周禮、論、孟各著爲解，疏通證明，一洗訓詁之氣。明代窮經之士，先生實爲巨擘。先生以淳于髡先名實者爲人，是墨氏兼愛之言，後名實者自爲，是楊氏爲我之言。戰國儀、秦、鬼谷，凡言功利者，皆不出此二途。楊、墨是其發源處，故孟子言：「天下之言，不歸楊，則歸墨。」所以遂成戰國之亂，不得不拒之。若二子徒有空言，無關世道，孟子亦不如此之深切也。此論實發先儒所未發。然以某論之，楊、墨之道，至今未熄。程子曰：「楊、墨之害，甚於申、韓，佛、老之害，甚於楊、墨。佛、老其言近理，又非楊、墨之比。」夫無所爲而爲之之爲仁義，佛氏從死生起念，只是一個自爲，其發願度衆生，亦只是一個爲人，恁他說玄說妙，究竟不出此二途。其所謂如來禪者，單守一點精魂，豈不是自爲？其所謂祖師禪者，純任作用，豈不是爲人？故佛氏者楊、墨而深焉者也，何曾離得楊、墨窠臼？豈惟佛氏？自科舉之學興，儒門那一件不是自爲爲人？仁義之道，所以滅盡。某以爲自古至今，只有楊、墨之害，更無他害。揚子雲謂古者楊、墨塞路，孟子辭而闢之，廓如也。豈非夢語？今人不識佛氏底藴，將楊、墨置之不道，故其闢佛氏，亦無關治亂之數，但從門面起見耳。彼單守精魂者，不過深山之木石，大澤之龍蛇，無容闢之；其純任作用，一切流爲機械變詐者，方今彌天漫地，楊、墨之道方張而未艾也。嗚呼！先生之學，以下學上達爲的，行之而後著，習矣而後察，真能行習，未有不著察者也。下學者行也，上達者知也，故于宋儒窮理主静之學，皆以爲懸空著想，與佛氏之虚無，其間不能以寸。然按先生之下學，即先生所言之格物也，而先生於格物之前，又有一段知止工夫，亦只在念頭上，未著於事爲，此處如何下學？不得不謂之支離矣！

知言

學以性善爲宗，以養氣爲入門，以不動心爲實地，以時中爲妙用。

性即至善，不待養而其體常定，不定者氣動之也，故其要只在養氣。

性者静也，無爲之先，本無不善，桀、紂、幽、厲，有爲之後也，氣習勝也。天道於穆，本無不善，灾沴乖戾，毒草猛獸，有爲之後也，氣化勝也。

志，氣之帥也，此乃天然妙用，人心起一念，氣卽隨念而動。真宰凝定，氣自蟄伏，中心坦坦，氣自舒暢，所以養氣又在調心。

浩然之氣，與呼吸之氣，只是一氣。

一點虚靈内照，自然渣滓銷鎔，以是益信人性本善。若非性善，何以性現，衆欲便消？今人疑性有不善，蓋認情識爲元神耳，不是性之本體，何怪乎不善！

一點靈知，時時刻刻，事事物物，寂照不昧，便是有事。的的真功，行時知行，坐時知坐，呼吸語默細微，無不了了自知，自然性常見而氣聽命，此謂性善，此謂知止，此謂止於至善。

日間寧静時多則性見，鬧攘時多則氣雜。要之塵勞喧嘩中，自有安身立命處。氣常運，性常定，何動不静？

木戇人念頭，常方方硬硬，以此認不動，非也。念頭若不圓活，觸著便惱，磕著便摇，須放教和平，滿腔春意，則氣不調而自調，心不定而自定。

習氣用事，從有生來已慣，拂意則怒，順意則喜，志得則揚，志阻則餒，七情交逞，此心何時安寧？須猛力斡轉習氣，勿任自便。機括只在念頭上挽回，假如怒時覺心爲怒動，卽返觀自性，覓取未怒時景象，須臾性現，怒氣自平。喜時覺心爲喜動，卽返觀自性，覓取未喜時景象，須臾性現，喜氣自平。七情之發，皆以此制之，雖不如慎之未萌省力，然既到急流中，只得如此挽回。

喜怒雖大賢亦不免，但能不過其則耳。若順亦不喜，拂亦不怒，則是性死情灰，感之不應，觸之不動，木石牆壁，皆聖賢矣。

有事只是一個乾知。

心所以大者，以其虛也。若滯在一處，只與司視司聽者無別。有礙則小，無礙則大。

但得閒時，則正襟默坐，體取未發氣象，事至物來，從容順應，塵勞旁午，心氣愈加和平，不必臨事另覓真宰。但能平心定慮，從容順應，卽此順應者，卽是主宰，多一層計較，多一番勞擾。

性體至静而明，静故寂寂，明故生生，顯微無間，仁智一體，動静一源，此天命之本然也。天命不已處，卽是於穆處。盈兩間，四時日月，寒暑晝夜，來而往，往而來，草木苗而秀，秀而實，人物幼而壯，壯而老，刻刻流行，時時變易，俄傾停滯，卽不成造化矣。人性若斷滅枯槁，豈是天命之本然？故曰：「離動非性，厭動非學。」

無事端默凝神，内外根境，一齊放下，有事儘去思量，儘去動作，只要傀儡一線不放，根蒂在手，手舞足蹈，何處不是性天？

約禮只是主敬，以敬履事之謂禮，以禮操心之謂敬。儒道宗旨，就世間綱紀倫物上著脚，故由禮入，最爲切近。其實把柄，只一點靈性，惺惺歷歷，便私欲浄盡，天理流行，日用倫物，盡是真詮。但聖人下學上達，不如此説得玄虛。子思後來提出未發之中，教人戒懼慎獨，直從無始窟中，倒底打迸出來，刀刀見血矣。

乾元資始，萬物化育流行，窮歷不變，只緣太虛中有一個貞觀作主，自屈自伸，自往自來，無心而成化，故曰：「乾以易知。」曰健，曰專，曰直，皆易知之妙用也。人心一念虛靈，惺惺内照，自與天道同運並行。今人念頭無主，膠膠擾擾，精明日消，乃禽乃獸，是謂背天。

論語「思無邪」，禮記「儼若思」二語，爲聖功之本。不思之思，爲儼若思，不偏之思，爲正思。孟子曰：「心之官則思。先立乎其大者。」一片虛靈，静而常照，與宇宙同體，萬象森羅，故曰大，非計較分别之思謂之大也。計較分别之思，皆謂之邪。一有所著，卽非中體，非必放縱而後謂之邪也。

不學則殆之思，終日終夜無益之思，皆是揣摩妄想，非儼若無邪之本體。若是真思，卽是真學，豈得殆而無益？

養心先要識心體，孟子曰：「苟得其養，無物不長。」先儒謂先有個物，方去養，方會長。白沙詩云：「存心先要識端倪。」此之謂也。吾儒謂喜怒哀樂未發時氣象，禪門謂之本來面目，玄門謂之五行不到處。白沙詩「須臾身境俱忘却，一片圓融大可知」，卽此境界。是萬物皆備，仁之全體也，便是端倪。識此方去日用上護持，工夫纔有下落，先輩謂如鷄伏卵，如龍養珠，先要有珠有卵，方去抱養，非茫茫泛用其心也。

日用感遇，情識牽纏，千頭萬緒，如理亂絲。昔人有環中弄丸之喻，胸次何灑然也。環中者，於此去彼來，交繼之間，圓轉平等，無牽强湊合之跡也。弄丸者，因一彼一此，各正之理，隨物應化，無凝滯留難之苦也。上士以應用爲樂，下學以酬酢爲苦，但十分苦中得一二分輕省，卽是討著把柄，直到無意必固我，從心所欲，發而中節地位，方是最上頭。

爲仁在養氣，心氣和平，自然與萬物相親。

今人血氣運動，卽謂之生，都不知自己性命，安頓何處，故云：「百姓日用而不知。」

天道只一個乾知作主，更無第二知，所以亘元會運世，時行物生，貞常不變。若有第二知，便費搬弄安排，必然生出許多怪異，時序都要顛倒錯亂。人心多一個念頭，便多一番經營。

大道不分體用，治人卽是修己，士君子待人接物處事，一有差謬，卽是心性上欠圓融。試隨處返照，自當承認。

萬物若非一體，天下無感應矣。

爲人子弟，日用問安視饍，温凊定省，唯諾進趨，隅坐徐行，奉杖進履，種種小節，在家庭父母兄長之前行之，絲絲都是性命精髓流洩出來，所以爲至德要道。

有目能見，無目卽無見；有耳能聞，無耳卽無聞；有血肉軀便有我，無血肉軀卽無我；有計較思量便有心，無計較思量卽無心。此凡夫局於形氣，所謂顛倒迷惑，沉淪生死，爲可悲憫者也。悟中人須不假五官四肢，閉明塞聰，兀然枯朽，而光熒朗鑑，到處空明，冲漠無朕之中，萬象森羅，方爲知者。

形氣有生死，性無生死，性自太虛來，與太虛同體，附形氣而爲性，形從太虛中結聚，故不離太虛之本然。譬如冰從水生，不離溼，所以性體與虛合也。形毀氣散之後，一點虛明不被情識牽纏，復還太虛去。若被情識牽纏，展轉汩没，依舊化形化氣，少不得太虚本然仍在。如金雜銅中，白劫不壞，直待銅質銷盡，金體復現。

今人病痛，只爲心不在軀殼内，所以形空氣散，日趨朽敗。若心在身中，食知食，視知視，聽知聽，一切運動喘息，無不了了自知，則神常凝，氣常聚，精常固，昔賢所以言心要在腔子内也。

天地元氣，只在兩間内運用，保合不泄，所以天長地久。日月只在兩間内代明，所以久照。今人精氣神識，渾在外面，發洩無餘，安得不敗漏銷竭，以至死亡？

老子曰：「載營魄抱一，能無離乎？」營義訓明，亦訓動，卽魂也，動而明者爲魂。淮南子曰：「大氣爲魂，地氣爲魄。」註曰：「魂，人陽神也；魄，人陰神也。」魂魄具而成人，二者相守。魂日也，魄月也。天道，日月相推而明生；人身，魂魄相守而靈發。月附日而生光，魄附魂而生靈，晝陽勝，白日動作，魂用事也，魄卽伏其間，陰不離陽也。夜陰勝，向晦晏息，魄用事也，魂卽守其宅，陽不離陰也。魄精重濁，離魂則沉，在夜則爲厭寐，在晝則爲昏惰頑冥，一切貪著不仁之患。魂神輕清，離魄則浮，在晝則爲散亂馳逐，在夜則爲驚悸狂呼，展轉不寧之患。故攝生者以魂爲主，魂勝而魄受制，則志氣清明，神宇光朗，爲賢爲聖。魄勝而魂受制，則私欲横行，邪暗蔽塞，爲狂爲愚。魂不守魄，則官曠宅空，神外馳而形無檢，破耗銷竭，爲病爲死。故曰：「載營魄抱一。」載者，並畜同處之意；抱一者，渾合不離之法也。

四書攝提

凡事君者，盡忠謀國，以求必濟，不可輕棄其身。處困者，畏天凝命，以求遂志，不可輕棄其命。如是，則君事無不終，而己志無不遂。至於萬不可已，舍身殞命，良非得已，豈謂凡事君者，先意其必亡，遂委身棄之乎？世儒不達於爲臣，輒云「不有其身」，於處困，輒云「不有其命」，但求塞責，不顧委托。無濟困之才，適以自喪其軀，豈聖人教人之本意哉？夫道貴通變，易戒用剛，儒者固執用剛，舉天下國家之重，祇以供吾身之一擲，經術不明，身世兩誤，可不慎歟！

不求安飽，朱註：「志有在而不暇及，所以敏於事。」其實飲食居處，亦便是事，恒情，食輒求飽，居輒求安，所謂有事而正也。見小欲速，傖父習氣，學道者𨖍一毫習氣不得，著一毫私意不得，穿衣喫飯，都是事。

博士家，終日尋行數墨，靈知蒙閉，没齒無聞，皆沿習格物窮理，先知後行，捕風捉影，空談無實。學者求真知，須躬行實體，行之而後著，習矣而後察，向日用常行處參證，自然契合。

人情所謂好惡者，好他人，惡他人耳。聖人所謂好仁惡不仁者，自好自惡也。世所謂好仁，惡不仁，見可好之在仁，可惡之在不仁耳。聖人所謂好仁，卽是爲仁，所謂惡不仁，卽是去不仁。

論語無空虛之談，無隱僻之教，言性卽言習，言命卽言生死興廢，言天卽言時行物生，言仁卽言工夫效驗，言學卽言請事條目。境不離物，心不離境，理不離事，學不離文，道不離世，天不離人，性天不離文章，故曰下學而上達。高卑一也，遠邇一也，道器一也，形性一也，理氣博約知行皆一也，一卽貫，貫卽一，故曰一以貫之。後儒事事物物，分作兩段，及其蔽也，遂認指爲月，畫地爲餅，蹠虛爲實，貴無而賤有，離象而索意，厭動而貪静，遠人而爲道，絶俗以求真，清虛寂滅之教盛，而規矩名法蕩然矣。

人性雖善，必學習而後成聖賢。赤子雖良，養之四壁中，長大不能名六畜。雖有忠信之資，不學不成令器。荀卿疑人性爲惡以此。夫性本虛靈，人之生理，何有不善？如五穀果實，待人栽培，委之閒曠，其究腐敗耳，可謂五穀果實，本無生理乎？浮屠稱無學以求見性，所以荒宕馳騁，敗常亂俗也。

聖人於道，但教人行，不急責人知，禮儀三百，威儀三千，使民由之而已。知則存乎賢者，縱不知能由，亦有所範圍，而不及於亂。如天下仁人孝子少，養生喪祭之禮不廢，卽賊子亦少。必若責養生者以深愛和氣，責居喪者以三年不言，責祭祀者以七日戒、三日齋，洋洋如在，不惟孝子慈孫不多得，并將奉養衰麻奠享以爲難行。故聖人制禮，因人情而節文，小大由之，正以此。二氏執途之人，責以明心見性，致虛守静，未可得，反使世人迷謬，不知所趨，故道者卑近平常，人情而已。

道不離宇宙民物，二氏言道，出宇宙民物之外，理學言道，藏宇宙民物之中，聖人禮樂卽道，四科卽學。二氏以民物爲幻，以空寂爲真，故道出於世外，理學以有形爲氣，以無形爲理，故道藏於世中。二氏不足論，儒者學爲聖人，分理氣爲二，舍德行言語政事文學，别求主静窮理，豈下學而上達之本教？

養身者，將天地萬物，無邊光彩，一齊收攝向身來醖釀停毓，然後發生。有身而後有天地萬物，無己是無天地萬物也。故己重於天地萬物，尋常行處，常知有己，卽是放其心而知求。

「下學而上達」一語，爲學的。世儒與二氏教人先知，聖人教人先行，故學習爲開卷第一義。學習即行也。悦則自然上達，悦即知，知即好且樂，故悦。蓋由之而後知之也。孟子謂「行不著，習不察」者，彼爲終身由之而不知者發也。終身由之而不知，猶然不行不習，不由也。真能行習，未有不著察者也。故道以行爲本，聖人教諸子，不過尋常踐履躬行實地，其所謂正心誠意盡性知命者，已即在其中矣。

知與識異，知者太虚之元神，即明德之真體。太極初分，陽明爲知，陰暗爲識。暗中亦有明，浮屠謂之陰識。在天日爲陽魂，猶知也，月爲陰魄，猶識也。在人旦晝魂用事，爲知，昏夜魄用事，爲識。識附知生，還能蔽知，知緣識掩，還以宰識。故旦晝亦不能離識，夢寐亦不能離知。知爲主，勿爲識奪，即知即止也。知不能爲主，隨識轉移，雖知不能自止。學者但使明德常主，便是知止。

自欺最是雜念妄想爲甚，未有可好可惡之物，空想過去未來，此是念頭上虚妄，未見施行，不爲欺人，祇自欺也。及事物到前，蒙蔽苟且，不能致知格物。惡惡不能如惡臭，好善不能如好色，自家本念，終成欠缺，是謂不自慊，較自欺加顯矣。自欺，在未有好惡前，不止不定，不静不安，不可與慮，而戒之之法，全在知止。自慊，在既有好惡後，能絜矩，能忠信，加諸家國天下身心無歉，而求慊之功，在致知格物。故中庸言誠，必兼物我，始終純一，乃爲至誠，與大學誠意在致知格物正同。大抵恒人意不誠，由妄念多，所以勿自欺爲始，始於知止有定也。欲意誠，必待擴充，所以自慊爲終，終於物格知至也。

宇宙間惟物與我，意在我，物在天下，往來應感，交涉之端，在知致。吾知往及物，謂之格，格至也，推吾之知至彼物邊，攝天下之物歸吾意邊，故曰致知在格物。意惟惡念，知其非而任之，是自欺。若善念何嫌往來？禪家并善念掃除，乃至夢寐，亦欲自主，與覺時同。如夢覺可一，則晝夜亦可一，生死亦可一，其實晝夜生死焉可一？惟生順死安，便是生死一；晝作夜息，便是晝夜一；善則思行，惡則思止，便是行止一；意苟無邪，便是有意無意一。勿自欺者，不專在止念，在知是知非，知其所當止而止之，止，固不自欺也；知其所不必止而不止，不止，亦非自欺也。蓋思者心之官，聖功之本。禪家必以不起念爲無礙，儒者襲其旨，刻勵操心，乃至旋操旋舍，忽存忽亡，反以知止爲難，失之遠矣。禪寂無念，但念起不分善惡，皆自欺。聖教善是善，惡是惡，覺是覺，夢是夢。苟夢覺不一，在人卽謂自欺，將晝夜不同，在天地亦是自欺乎？不通之論也。

近代致良知之學，祗爲救窮理支離之病，然矯枉過直，欲逃墨而反歸楊。孟子言良知，謂性善耳。是非之心，人皆有之，然自明自誠，先知先覺者少，若不從意上尋討，擇善固執，但渾淪致良知，突然從正心起，則誠意一關虛設矣。致知者，致意中之知，無意則知爲虛影，而所致無把鼻。須意萌然後知可致。人莫不有良心，邪動膠擾於自欺，必先知止定靜，禁止其妄念以達於好惡，然後物可格，知可致，意可誠。若不從知止勿自欺起，胡亂教人致良知，妄念未除，自欺不止。鶻突做起，卽禪家不起念，無緣之知，隨感輒應，不管好醜，一超直入，與中庸擇執正相反，既有誠意工夫，何須另外致良知？不先知止勿自欺，以求定靜安慮，那得良知呈現，致之以格物乎？

中之一字，自堯、舜開之，曰「允執厥中」，然未明言其所謂中也。大舜執其兩端，用其中於民，執兩端，卽執中也。易曰「一陰一陽之謂道」，卽兩端也。孟子云「執中無權」，猶執一也，權卽兩端，兩端者，執而無執，是謂允執。後儒以不偏不倚，無過不及之間爲中，是執一也。中有過時，自有不及時，過與不及，皆有中在。如冬有大寒，亦有熱，夏有大暑，亦有凉，不可以其不及，而謂之非冬夏，不可以其太過，而謂之非寒暑也。

中卽性也，性含舒慘，喜怒哀樂未發混同，所以爲不測之神。發皆中節，植本於此。若但有喜樂無哀怒，有哀怒無喜樂，則偏方一隅，不活潑，何以中節而爲和？必言和者，中不可見聞，和卽可見聞之中，中無思爲，和卽思爲之中。無和則中爲浮屠之空寂耳。聖人言中，向用處顯，所以爲中庸，教人下學而上達。微之顯，隱之見，誠之爲貴也。

未發在未有物之先，所謂一也，神也，形而上也。無過不及在既有爲之後，器也，形而下也。無過不及者，形象之迹，未發者，不睹聞之神，不可相擬。

有圓融不測之神，而後可損益變通以用中。未用只是兩端。兩端者，無在無不在，所謂圓神也，一而非一，二而非二，故曰兩端。合虛實有無而一之。

不論已發未發，但氣質不用事，都是未發之中。

知行合一，離行言知，知卽記聞，離知言行，行皆習氣。道由路也，共由爲路。日用常行，實在現成，無論微顯内外，但切身心人物事理，可通行者皆道，是謂之誠。無當於身心人物事理，雖玄妙，無用不可行，皆是虛浮，不可以爲道。卽切身心事物，人苟昏迷放逸，氣質用事，雖實亦虛也。故聖人教人，擇善固執，只在人倫庶物間。神明失照，則荆棘迷路，神明作主，則到處亨通。舍此談玄説妙，捕風捉影，盡屬虛浮。故曰明則誠矣，誠則明矣。著實便是誠，惺覺便是明，誠明而能事畢矣。

問「天地不二不測」。曰：「太極未判，渾渾沌沌，太極初判，一生兩分。兩抱一立，以爲一而兩已形，以爲兩而一方函，不可謂一，不可謂二，第曰不二。不二者，非一非二之名。陽動陰静，翕闢相禪，一以貫之，是曰不測。在人心，惟已發之和，與未發之中交致，而萬感萬應，所謂一而二，二而一。譬如作樂，樂器是一，中間容戛擊搏拊，連器成兩；音是一，中間有輕重緩急，曲折空歇處，連音成兩。此一陰一陽之道，參天兩地之數，事物巨細皆然，是謂不測。」

朱子以存心爲尊德性，以致知爲道問學。存心者，操存静養之謂，致知者，格物窮理之謂。德性原不主空寂，今以存心當尊德性，則墮空寂矣。問學原不止窮理，今以致知當道問學，則遺躬行矣。德性實落，全仗問學，離問學而尊德性，明心見性爲浮屠耳。離德性而道問學，尋枝摘葉，爲技藝耳。除却人倫日用，别無德性。一味致知窮理，不是實學。學，效也，其要在篤行。道，由也，道問學者，率由之，非記聞之也。

夫無思無爲，寂然不動，德性之虛體也；感而遂通天下之故，問學之實地也。論感應之迹，人心一日之間，無思無爲者，不能斯須；而論存主之神，自幼至老，其寂然不動者，百年常住，故曰：「不睹不聞，莫見莫顯。」豈徒操存静養，無思無爲，謂之尊德性乎哉？若是，則所謂道問學者，亦風影耳。

身無邪動卽心正，心無欺詐卽意誠，意無曖昧卽知至，事事物物，知明處當卽物格。

世教衰，道術裂，日事浮華，粉飾鋪張，不識道體本初，故子思微顯㊀闡幽，示人以不覩不聞，無聲無臭之真，使人斂華就實，返本歸元，非專教人遺事物，静坐觀空，如禪寂也。且如論語言敬，只是謹慎，無敢慢之意，不外修己事上。而理學家必曰「主一無適乃爲敬」，使學人終日正襟危坐，束縛桎梏胸臆，以爲操心，曰「戒慎不睹，恐懼不聞，君子慎獨，當如此」。畢竟張皇隉杌，如捕風繫影，徒費商量，終無所得。何如卽事就境，隨處隨時，恂恂規矩，從容和順，自然内外渾融矣。

禮曰：「體魄則降，知氣在上。」知與氣非二，知卽氣也，無氣卽無知，太虚渾是氣，所以能神。氣卽理之實處。

剛大充塞者，氣之分量，所以稱浩然者也。要其善養，不在剛大充塞處，只在幾微存主中。集義自然氣和，心廣體胖，上下同流。世儒錯向剛大充塞處求，謂易道貴剛，與時中妙用迴隔。大抵氣質不用事，卽是養氣，德性常主，卽是集義。

學養氣，卽氣是事，但不可著於氣；平常執事，凡事皆事，但不可著於事，著事便是勿求於心。事在卽心在，心爲主，事不得爲主，便是心勿忘。心勿忘，則卽事是心，不必更於事外覓心，如心上添心，卽是助長。體用一原，顯微無間，事理圓通，心境不二，求放心之要領也。

養氣是徹上下、合内外之道，天地時行物生，人身動作威儀，皆氣也。天命無聲無臭，於四時百物上調停，人心不睹不聞，於動作威儀上培養。偏外則支離，偏内則空寂，聖學所以養未發之中於已發之

㊀「微顯」各本同。朱氏釋誤云：以理義斷之，當作「顯微」。

和也。

儀禮親喪三日，成服，杖，拜君命及衆賓，不拜棺中之賜。禮凡尊者有賜，厥明日必往拜。惟喪禮，孝子不忍死其親，棺中之賜，衣衾含襚之類，拜於既葬之後。孟子爲齊卿，母卒，王以卿禮賻之。臧倉所謂後喪踰前喪，衣衾棺槨之美，皆王之賜。路中論棺槨之美，其故可知。反於齊，拜王賜也。止於嬴，止境上不入國也。衰絰不入公門。大夫去國，於境爲壇位而哭親，至齊境拜賜，卽返魯終喪也。俗儒譏孟子不終母喪，不考禮文之故也。

道之大原出於天，假使人性本無此道，雖學亦不能。洪荒至今，不知幾億萬載。習俗緣染，斧斤戕伐，此理常新，苟非性善，絶學無傳久矣，豈書册所得而留哉！由學而能者，萬不敵天生之一，由不學而壞者，一喪其天生之萬，故學爲要。

七篇大抵與楊、墨辯，然七國時，二子死久矣，當世爲害者，非盡楊、墨。二子亦未嘗教人無父無君也。要之楊子爲我，墨子爲人，當時遊士，無父無君，皆起於自爲爲人，故曰天下之言，不歸楊，則歸墨。淳于髡曰「先名實者爲人」，此墨氏兼愛之言也；「後名實者自爲」，此楊氏爲我之言也。千萬世功利之媒，不出此兩途，皆是無君父，害仁義者也。仁義者立人之道，人知孟子爲楊、墨辨，不知爲當世不仁不義者辨也。

孔子之道，時中而已，隨處適中，包三才，貫古今，化育所以流行，人物所以生成，千變萬化，所謂滄海之濶，日月之光，觀波瀾浩蕩，然後知天下莫大於水，觀光輝普照，然後知明莫大於日月。若但窮源於山下，涓涓耳，仰觀懸象，規規耳，求本於聖心，幾希耳。故善觀水者，於波瀾洶湧處，善觀日月者，於光明普照處，善觀聖道者，於萬象森羅處。説者顧謂觀瀾知水之本，觀容光知明之本。夫水之本天一也，日月之本二氣也，觀者不於實而於虛，不於顯而於微，不於費而於隱，何以觀？何以見大？觀天載於無聲無臭，不於時行物生；觀聖人於不睹不聞，不於經綸變化。所以世之學道者，澄心默坐，不於人倫庶物躬行實踐，則二氏之觀空無相，爲無量大千者而已。以此言道，豈孔子下學上達之旨？

諫議吴朗公先生執御

吴執御字朗公，台州人也。崇禎間，由進士擢刑科給事中。初入考選，宜興令其私人李元功邀致之，先生不往。御史袁弘勳、金吾張道濬，搏擊善類，太宰王永光主之。先生劾其誨貪崇墨，宜避賢路，永光尋罷。上憂兵餉缺額，先生言：「今日言餉，不在創法，而在擇人。誠令北直、山西、陜西，凡近邊州縣，罷去遢茸之輩，敕吏部精擇進士，盡行改選，畀以本地錢糧，便宜行事，各隨所長，撫吾民，練土兵，餉不取償於司農，兵不借援於戍卒，計無便於此。」不聽。又劾宜興「塘報、奏章，一字涉盜賊，一字涉邊防，輒借軍機，密封下部，明畏廷臣摘其短長，他日敗可以捷聞，功可以罪按也。詞臣黄道周，清嚴不阿，欲借試録處之，未遂其私，則遷怒儀部黄景昉楚録，箴砭異同，必欲斥之。李元功、蔣福昌等夙夜入幕，私人如市，此豈大臣壁立千仞，不邇羣小之所爲哉？」奏上，上切責之。先生再劾三劾，俱留中。凡先生所言，皆時局小人之深忌。已而先生奏薦劉忠端、曹于汴，并及御史遲大成所舉之姜曰廣、文震孟，中允倪元璐所舉之黄道周。上責其狥濫。御史吴彦芳言：「正人螻伏尚多，邪類鴟班半據。」薦曹于汴、李邦華、李瑾，劾吕純如、章光岳。上以朋比，下先生與彦芳於刑部，坐奏事上書，詐不以實律，杖徒三年。兵部員外郎華允誠，劾「温體仁與閔洪學，同邑相依，驅除異己，而吴執御之處分，遂不可解矣」。未幾，先生亦卒。有江廬獨講一編。其學大都以立誠爲本，而以坤二爻爲入門，因合之乾三爻，深佩宋儒居敬窮理之説，至海門言求己處，亦篤信不疑。故于克己閑邪，謂不當作去私説，雖未洞見道體，獨契往聖，而一種擔當近理之識，卓然躬行君子也。

江廬獨講

克復工夫，是一了百當，其餘出門使民，都是逐件做工夫。假如出門時，聚起精神，這出門時，便是仁；使民時，聚起精神，這使民時，便是仁。

子劉子曰：「精神只是一箇，這能出門的精神，便是能使民的精神，此理月落萬川，不分江河沼沚，只人所見有不同。然此語自是從親切體貼來者。」

祭祀感格，乃生者之氣，非死者之氣，朱子「人死未盡散」之説，尚從佛學來，然難説只是生者之氣。氣本無間，屈伸有無，皆氣也。雖散而盡，仍是死者之氣。故曰返而歸者爲鬼。

天無時不動，而天樞則不動。

子劉子曰：「是動静判然二物也。天樞之動甚微，如紡車筦一線，極渺忽處，其動安可見？故謂之『居其所』。其實一線之微，與四面車輪，同一運轉，無一息之停，故曰：『維天之命，於穆不已。』此可以悟心體之妙，故曰『幾者動之微，吉之先見者也』。此學不明，遂令聖真千載沉錮，而二氏之說，得以亂之。」

兩間可求，惟己；七尺可問，惟心。

喜怒哀樂，稍有盈溢，便是氣。

常存此心，不爲氣動，卽是無終食之間違仁。

明儒學案卷五十六　諸儒學案下四

忠烈黄石齋先生道周

黄道周字幼玄㊀，號石齋，福之鎮海衛人。家貧，時時挾策遠遊，讀書羅浮山，山水暴漲，墮澗中，泝流而入，得遇異人，授以讀書之法，過目不忘。登天啓壬戌進士第，選庶吉士，散館補編修，即以終養歸。尋丁内艱，負土築墓，終喪丙舍。

崇禎庚午，起原官。小人恨錢龍錫之定逆案，借袁崇焕邊事以陷之，下獄論死。先生抗疏頌寃，詔鐫三級。陛辭，因言易數，皇上御極之元，當師卦上六，「開國承家，小人勿用」，以諷首輔温體仁，削籍爲民。丙子，起右中允，上言慎喜怒，省刑罰，即如鄭鄤杖母之獄，事屬曖昧，法不宜坐。奉旨切責。丁丑進左春坊左諭德，大學士張至發選東宫官屬，不及先生。楊廷麟等之直講讀者以讓先生。至發曰：「道周意見不無少偏，近日疏三罪，四恥，七不如，有不如鄭鄤之語，蔑倫杖母，明旨煌煌，鄤何如人？而自謂不如，是可爲元良輔導乎？」給事中馮元颷言：「道周忠足以動聖鑒，而不能得執政之心，恐天下

㊀「幼玄」明史作「幼平」。

後世，有以議閣臣之得失也。」

戊寅，進少詹事，兼翰林院侍講學士。上御經筵，問：「保舉考選，孰爲得人？」先生對：「樹人如樹木，須養之數十年，始堪任用。近來人才遠不及古，况摧殘之後，必須深加培養。」上又問，對曰：「立朝之才，存乎心術，治邊之才，存乎形勢。先年督撫未講形勢要害，浪言勦撫，隨寇團走，事既不效，輒謂兵餉不足。其實新舊餉約千二百萬，可養四十萬之師，今寧、錦三協，兵僅十六萬，似不煩别求，以供勦寇之用也。」未幾楊嗣昌奪情入閣，陳新甲奪情起宣、大總督，方一藻以遼撫議和。先生具三疏，一劾嗣昌，一劾新甲，一劾一藻。七月己巳，上召先生至平臺，問曰：「朕自經筵，畧知學問。無所爲而爲之，謂天理，有所爲而爲之，謂人欲。爾疏適當枚卜之後，果無所爲乎？」對曰：「臣無所私。」上曰：「前月二十八日，推陳新甲，何不拜疏？」對曰：「御史林蘭友，給事何楷，皆有劾疏，以同鄉恐涉嫌疑耳。」上曰：「今遂無嫌乎？」曰：「天下綱常，邊疆大計，失今不言，後將無及矣。臣所惜者，綱常名義，非私也。」上曰：「知爾素有清名，清雖美德，不可傲物遂非。唯伯夷爲聖之清，若小廉曲謹，不受餽遺，此可爲廉，未可爲清也。」對曰：「伯夷全忠孝之節，孔子遂許其仁。」上以爲强説。嗣昌出辯曰：「臣不生於空桑，豈遂不知父母？臣嘗再辭，而明旨敦迫甚至，臣父而在，且不敢自有其身，况敢有其子乎？道周學行人宗，臣實仰企之。今乃謂不如鄭鄤，臣始太息絶望。鄤之杖母，行同梟獍，道周又不如鄤，何言綱常耶？」先生曰：「臣言文章不如鄭鄤。」上責其朋比，對曰：「衆惡必察，豈得爲比？」先生又曰：「古人對仗讀彈文，嗣昌身爲大臣，理宜待罪，豈得出而角口？」於是嗣昌引退。上曰：「爾不宜誹謗大臣。」對曰：「臣與嗣昌比肩事主，何嫌何忌，而不盡言？」上曰：「孔子誅少正卯，當時亦稱聞人，惟以心逆而險，行僻而堅，言僞而辯，順非而澤，記醜而博，不免孔子之誅。今之人率多類此。」對曰：「少正卯心在欺世盜名，臣之心在明倫篤行。」上以褊激恣口，叱之去。先生曰：「臣今不盡言，則臣負陛下，陛下今日殺臣，則陛下負臣。」上曰：「爾讀書有年，祇成佞口。」先生又爲上辯忠佞者久之，上怒甚，然亦奪於公議，止謫江西布政司知事。蓋上素知先生清苦無私。第三疏在枚卜之後，小人中之者，謂當枚卜之時，隱忍不言，睥睨宣麻，宣麻不得，由是發憤耳。上入此間，亦遂疑先生平生言行之出于僞也。先是五月間，先生草劾一藻、新甲二疏，俾長班投會極門，長班恐疏上必敗枚卜，乃駕言會極門中官索錢，先生無以應。至會推旨下，長班絶望，始並投三疏，故小人有此揣摩。彼小人之識見，亦猶夫長班之識見也。

庚辰，江西巡撫解學龍疏薦地方人才，謂先生堪任輔導。上怒其朋比，逮先生及解撫，廷杖之，下刑部獄。户部主事葉廷秀、太學生涂仲吉，上書頌先生，皆廷杖。先生在獄中，同獄者多來問學，偵事者上聞，詞連黄文焕、陳天定、文震亨、孫嘉績、楊廷麟、劉履丁、董養河、田詔。上使鎮撫司雜治之，連及者既不承，至有戟手而詈者，諸人皆返刑部，而先生改下北寺。當是時，告訐公行，小人創爲福黨之説，以激上怒，必欲殺先生而後已。司寇劉澤深擬烟瘴遣戍，再奏不允。宜興出山，天下皇皇，以出先生望之。辛巳十二月，戍辰州衛。一日上御經筵，嘆講官不學，宜興進曰：「惟黄道周，識雖偏而學則長。」次輔蔣八公因言道周貧且病，乞移近戍。宜興曰：「皇上無我之心，有同天地，既道周有學，便可徑用，何言移戍？」上笑而不言。既退，卽御書原官起用。未上而京師陷。南渡，起禮部尚書，掌詹事府事。尋以祭告禹陵出，棲遲浙水。

國亡之後，奉思文入福，遂首政府。是時政由鄭氏，祭則寡人。賜宴大臣，鄭氏欲居第一，先生謂祖制武職無班文官右者，相與爭執。鄭氏辭屈，嫌隙遂成。先生視鄭氏殊無經畧之志，自請出關，然不能發其一甲，轉其斗粟，徒以忠義激發，旬月之間，揭竿雲集。先生親書告身獎語，給爲公賞，得之者，榮於誥勑。從廣信抵衢州，爲其門人所紿，至婺源明堂里見執，繫尚膳監，絶粒十四日不死，引磬又不殊。丙戌三月七日兵解，年六十二。

先生深辨宋儒氣質之性之非，氣有清濁，質有敏鈍，自是氣質，何關性上事？性則通天徹地，只此一物，於動極處見不動，於不睹不聞處見睹聞，著不得纖毫氣質。宋儒雖言氣質之性，君子有弗性焉。畢竟從夾雜中辨別精微，早已拖泥帶水去也。故知先生之說爲長，然離心之知覺，無所爲性，離氣質亦無所爲知覺，如此以求盡性，未免易落懸想。有先生之學，則可；無先生之學，尚須商量也。

榕壇問業

千古聖賢學問，只是致知；此知字，只是知止。試問止字的是何物？象山諸家說向空去，從不聞空中有個止宿。考亭諸家說逐物去，從不見卽事卽物止宿得來。此止字，只是至善，至善說不得物。畢竟在人身中，繼天成性，包裹天下，共明共性，不說物不得。此物粹精，周流時乘，在吾身中，獨覺獨知，是心是意。在吾身對照過，共知共覺，是家國天下。世人只於此處不明，看得吾身内外有幾種事物，著有著無，愈去愈遠。聖人看得世上只是一物，極明極親，無一毫障礙。以此心意，澈地光明，纔有動處，更無邪曲，如日月一般，故曰明明德於天下。學問到此處，天地皇王，都於此處，受名受象，不消走作，亦更無復走作那移去處，故謂之止。自宇宙内外，有形有聲，至聲臭斷處，都是此物貫澈，如南北極，作定盤針，不由人安排得住。繼之成之，誠之明之，擇之執之，都是此物指明出來，則直曰性，細貼出來，則爲心爲意，爲才爲情。從未有此物不明，可經理世界，可通透照耀。說此話尋常，此物竟無著落。試問諸賢，家國天下，與吾一身可是一物？可是兩物？又問吾身有心，有意，有知，夢覺形神，可是一物？兩物？自然谺然摸索未明，只此是萬物同原，推格不透處。格得透時，麟鳳蟲魚，一齊拜舞；格不透時，四面牆壁，無處藏身。此是古今第一本義，舍是本義，更無要說，亦更不消讀書做文章也。

問：「格物之物，若果有物，致知之知，應别有知。夫子直說知之爲知之，不知爲不知，是知也。此知字，豈有物在？」某云：「夫子平生說無知，中庸都說有物，佛家極要說無物，諸乘都說有知。此是玄黄之判。然是夫子對子路說得不同，曰：『由，知德者鮮矣！』彼知字，若是無物，則此德字，亦是無知了。此處參透，於本始工夫定無疑誤。」

問：「前說萬物一體，未免是籠統說話。周、程說敬，延平說静，唐、虞說中，此中皆不著一事一物，如要静觀未發氣象，又放不得胞與源頭。」某云：「賢說極好，未發前，不看得天地萬物。已發後，必爲天地萬物所倒。此處格透，縱有蔽虧，是天地萬物影光相射。」

問：「已信格物是個明善，再不復疑。只是一個學字，晦翁謂明善復初，陸説是自然有覺，將覺先於學，抑學後乃覺耶？有學便有習，將覺果是性？學果是習耶？」某曰：「此則不曉格物是知去格他，抑知至是物通至此耶？聖賢只是如此學問，猶天上日月，東西相起，決不是舊歲星辰，教今年風雨，亦不是今歲晦朔，覺去歲光明。吾人只此一段精魂，上天下地，無有定期，温故便知千歲，知新便損益百代，切勿爲時師故紙，蔽此晶光。」

問：「時時守中，與時措之宜，是一是二？」某云：「聖門喫緊入手處，只在慎獨，自不睹聞，自未發以至已發，隱微顯見，何時離得中字？何時分破得中字？聖門不把和字硬對，正是聖門明眼明手，如小人便要通方，隨時變化，以此於中庸上看粗了。」

大抵戒慎則時時做得，不戒慎則時時做不得，擇乎中庸，不能朞月者，畢竟於隱微去處，工夫不到。如要刻刻致精，自然無朞月終身之别。隨他説時中變化，我只管是刻刻獨知，再勿隨他横生手脚。

某生平謂人心頭學地，須積精而成。如一片日頭，晃赤赤無一點昏昧，團團天中，只一片日子。日北則晝長氣熱，萬物皆生；日南則晝短氣寒，萬物皆死。觸鹵而出，則爲雷霆；迫氣而行，則爲風雨；餘光所照，以爲星辰；餘威所薄，以爲潮水；爆石爲文，融金爲液，出入頂踵，照于心繫。如此，世間無一物一事不是日頭串透。人生學問精誠，常如此日，然後能貫串六虚，透徹上下，千里萬里，無有障隔。如此便到十世百世，更無芥礙了。稍不如此，雖杵針鐵線，穿鑽不來，何況鋼城千重内外？

問：「上下四方，覆仰圓成，如何説一矩字？既是矩字，如何貫去？」某云：「此事只有管仲曉得，曾參用得。管子云：『大圓生大方，大方生規，規生矩；矩自四方，從大圓中五變出來，生人生物，生四肢百節，禮樂疇象，無人曉得。顔子問目，夫子把四勿與他，版版整齊，他人一毫用不得。曾子以忠恕兩字代之。漢初儒者，把大學、中庸置禮書中，是聖門奧義。今人抽出，以爲心學，如一方磚，磨作圓錢，又于矩中再變回去。是樂律中，自黄鍾子聲五變之後，再起清音也。古人爲學，立一字有千種奧義，追尋將來，所以發憤爲得不厭。今人爲學，極好是賣弄得去，所以自家亦厭薄了。今如賢看到矩字，此是管子所謂大圓初生時，如一印璽，千聖相傳，尚有手法。孟子所謂功力，一聖難傳。譬如一物渾圓，勾而股之，此之謂絜，絜是絜而使方；一物四方，率而圓之，此之謂率，率是率而得圓；一物方圓，徑而通之，此之謂貫，貫是貫而得一。聖人只此三法，提挈天地，裁成萬物。舉其形跡，似云準繩規矩，推其巧力，其便是挩摶兩造，創立精光。三千年來，無人解得，但恐言之又生許多口涎，費人砭剥，不如溷溷，大家看四書去也。」

問：「性體穆然無思無爲，中庸便説戒慎恐懼，此是後天存省之功，是先天流行之體？」某云：「人須曉得，人不是天，性不是道。人若是天，便亦蒼蒼茫茫，遠無紀極。性若是道，便亦隨人函裹，弘闡不來。所賴聖人居敬存誠，時時看得人卽是天，性卽是道，所以禮樂文章，節次生來，成個變化昭明。外道大錯，只説天字，更不看地看人，更不知天地日月星辰，如何安頓？天上有個日月星辰，人面上有個耳目口鼻，只此便須戒慎，豈得無思無爲？如是未生以前，何消探討？程伯子所云：『極上更不須説也。』成周盛時，公卿士夫，個個知學，如頌云：『維天之命，於穆不已。』雅云：『天生蒸民，有物有則。』夫子乃云：『乾道變化，各正性命，保合太和，乃利貞。』吾儒著眼，只在各正不已，中間未到於穆變化上去，切勿云毛髮骨節，俱是虛空也。」

問：「中庸以性明道，揭一誠字，即如老氏所謂其中有物者。窈冥之內，信有此物，則玄素所求，差別不遠，如何刊落兩家？且如所論退藏寂感，何思何慮，難道無存省流行之別？」某云：「洗心退藏，此中更爲何物？寂感遂通，此外亦有何物？只如憧憧往來，此時戒懼，已爲晚矣。人身自牀几上下，何處不空？頂踵豎來，何處不實？空實兩事，切不須說，只看日方出地，萬象昭明，雷在澤中，萬物宴息。泛泛說虛中實藏，猶入古廟中，見鳴蛙以爲精怪也。如是至誠人，只管肅衣冠，一揖而退耳。」

讀書人莫苦紛囂，莫喜空寂，只是不驕不諂，不淫不濫，如駕安車，導坎過橋，常覺六轡在手，鷄犬放時，亦在家園，何須建鼓。

問：「聖門之學，不過博文約禮，如是禮者三千三百，包舉詩、書。夫子自少到老，定奪不盡，如是無文之禮，此是入手，便當尋求，豈容留爲後著？」某云：「賢看一部禮記，纔信得儼若思，抑先信得儼若思，然後去看一部禮記耶？真讀書人，目光常出紙背，往復循環，都有放光所在。若初入手，便求要約，如行道人，不睹宮牆，妄意室中，是亦穿窬之類也。」

聖門體道，在鄙夫面前說孝說弟，說敬說誠，說仁說義，得了一個，個箇貫得，只是學便不同也。如要學孝學弟，學敬學誠，學仁學義，亦何處貫串不得？試問諸賢，周公仰思待旦，夫子發憤忘食，此豈謂恕字擬議不透耶？讀書人再不要傍聲起影，如夢蕉鹿，無一是也。

問：「一是何物？多是何物？多一相生，又是何物？易曰：『動貞夫一。』此一字，與貞觀、貞明，何處貫串？」某云：「凡天地貞觀，此是氣象凝成，在學識中做體幹自在；日月貞明，此是精神所結，在學識中做意思回環。有此兩樣，理義萬千，費千古聖賢多少言論，唯曉得兩極貫串，貞一而動，天地日月，東西循環，總此一條，走閃不得。四顧星河，烟雲草木，都是性道，都是文章，至此便有要約。」

問：「如此體會，猶在太虛空際。如何探討自家消息？如要事事物物求個太極，雖舌敝齒落，做不得學識漢子，如何會到一貫田地？」某云：「賢看兩極，果落空虛，天地日月，何由不能傾倒？須信兩極，只是一條，控持天地，轆轤日月，覩是此觀，明是此明，不須就他顯求形象，細認聲香。」

問：「如此看一貫，到有一物貫串中間，如轂之與輻，四旁中央，等是一物，何由能得終古無敝，萬物同原？」某云：「吾生在天地中間，盡天地中事，何須恠天地有物也？」

問：「陰陽變化，離不得多，二五絪緼，説不得一，生初既不須説，復命又不容談，何苦於一多上往返辨折？譬如西銘數行，該括許大，曉得此意，亦省多少言語，豈有聖門諸賢，當日未解西銘意思也？」某云：「西銘極好，然如一詩六義，春秋三微，禮、樂五起，中間變現，千億無涯，如何包裹得住？籠統話再勿説，如且學識，看他後來，終是綏綆穿石，如要把柄，體會詩、書，終是傀儡線子也。」

問：「此道只須静觀，久當自徹。古人嘗説外照終年，不見一身，内照移時，能見天下。聖人學問，只是致知。致知前頭，又要格物，如看萬物果是萬物，此與未嘗格物，有何分別？如看萬物不殊一物，此知豈復萬物所量？譬如鏡子，十分光明，自然老來老照，少來少照，豈必豫先料理而孔耶？」某云：

「從來論說，唯有此徹。聖人一貫，只是養得靈湛，看得無限名象，從此歸遊，首尾中間，同是此路。如信得盤古世界，便有詩、書，亦信得周公制作，初無文字也。只爲此處浩瀚落空，要原本擇執，與人持循，便說天下言無多子，行無多子，使天下文人，回頭捫心，與初讀書人，了無分別耳。」

問：「學識原頭，果是格物，此物條貫，初甚分明，聖人教人先知後慮，如此知字，定是不慮之知。若知便有慮，便膠擾一番，何由静定得來？想此止字，卽是静定本領，知字卽是静定法門，静定生安，靈晃自出，百千學識，俱就此處發亮銷光也。」某云：「累日來說此，唯此說得透。一貫如大法樹，萬葉千枝，不離此樹，學識如花葉，隨風映日，不離初根。卽此是本末條貫，不爲鳥語蟬啼所亂。」問：「此一貫處，初不說出本末，既有本末，是一樹身，如何貫得萬樹？且如格物，物格可是就身心意知看出家國天下，纔有下手？抑是把情性形體，與飛走草木，揉做一團，纔有識路也？」某云：「只要知至。知至者，物不役心，知不至者，以心役物，貫不貫在此。」

問：「教卽學識，性卽一貫，教不過明性，學識亦不過明一貫而已。中庸稱誠明合體，此明字，與博聞强記殊科，何不直就誠處教人下手，翻說學識，令人終身在言語文字上推求？」某云「不說言語文字，安得到無言語文字上去。譬如一性，便有二五氤氳，健順保合，千聖萬賢，詮譯不透，莫說无妄兩字，空空貫串，便與天命相通也。」

某少時初到郡中，在張太沃齋頭，蔣先輩以册使抵家，一日過訪，便問：「山下有天，取象大畜，如何講論？」某時空疎，但以臆對云：「山下有天，想是空洞，如乾與咸合成玄谷，以此興得寶藏，應出神聲，如是實然，亦生成一物不來，把前言往行藏在何處？」先輩亦謂有理。及後歸家，見輔嗣舊説云：「天降時雨，山川出雲，此便是大畜之象。」爲此慚懊，至于累日。今見人講論，輒想此語，見有學問處，便想此事。如精氣自是山川，游魂自是雲雨，山川不變，雲雨時興，人與鬼神同是一物，夢寐云爲，同是一變，遡他源頭，精游之際，學識同歸。若條段看去，精氣亦貫得游魂也。易説尺蠖龍蛇，同是精義，莫於此處分人分鬼。曹秋水説：「鬼神聽人，猶人聽鳥。」只此兩語，十倍分明。

吾人本來是本精微而來，不是本混沌而來。如本混沌而來，只是一塊血肉，豈有聰明官竅？如本精微而來，任是死去生還，也要窮理讀書。夫子自家説「發憤忘食，樂以忘憂」，又説「不知老之將至」，一語下頭，有此三轉，如是爲人，自然要盡人道，如是好學，自然要盡學理。孟子説「盡其心」者，只是此心難盡，每事只領三分，知不到好，好不到樂，雖有十分意量，亦只是二三分精神。精神不到，滿天明月，亦是襆被身意量。欲窮四處雷霆，自有一天風雨，切勿説雲散家家，春來樹樹也。

性道與仁，如何言説，鼓舞不倦，只是文章。孟子亦説樂善不倦。古今多少聖賢，不敢於江、漢源頭，酣歌鼓掌，奈何動指蚤虱，以爲車輪也。

諸賢都問：「生而知之者，好古敏以求之者，中間實指何物？」某亦未嘗分註，子貢有言：「夫子之言性與天道，不可得而聞也。」既有好古敏求四字，豈患空岐，錯下心目？

問：「孔、顔得力，發憤忘食，是何事？欲罷不能，又是何事？不過此一點知光包天括地，自家本性與萬物相盪，併力趕上，教休不休，工夫淨時，覺日朗天空，任飛任躍，無論敏求博約，俱著不得，自有一段活潑的地。孟子説『萬物皆備，反身而誠』，正是知至的光景。今人不識致知入門，空把孔、顏樂處，虚貼商量，無論拾級循途不得，卽兀坐静參亦不得也。」某云：「如賢説都不須疑難。昔湖州問程叔子，直以誠正立論，於此知字，尚隔一層。伯子見濂溪，重證所學，亦未嘗一口道破。今日説是性光無量，與萬物相映，從此更尋實義，不落慧空，始信曲肱疏食，不是黄虀數根，弄月吟風，亦不在頭巾話下也。」

天命兩字，如何是命之於天？率性兩字，如何是率之於人？天人中間，承接一路，有覺有知，果是何物？從此推求，覺造化之跡，二氣良能，皆是誤認了。

問：「齊明盛服，算得未發大本，抑看作已發達道耶？」某云：「此處喜怒哀樂，都無著處，直是挖摶天地，屈伸萬物，宇宙形聲，一出一歸，了無覔處，算作陰陽頭腦，極處藏身。」

上智下愚，俱是積習所成，積習既成，遷改不動，如他性初，何曾有上知下愚之别？

學問致知格物，物不曲不直，易稱「龍蛇之屈，精義入神」，禮稱「物曲本天殺地，鬼神體物，聖人曲成」，正在此勾萌處，實實致力。此處隱微，未顯未見，然到顯見，却無復致力之處。正在獨知處，衷曲自語，事事見得自己不是，有一兩處鬱崒未達，盡力托出，便是誠明路頭。克治與存養，非有兩樣工夫。

此道初無繆巧，但就日用平實細心，今看夫子言終日，言造次顛沛，富貴貧賤，是何等平實，何等綿細，更要想他前頭，便是懸空理會也。

問：「陽明先生云：『致知各隨分量所及，如樹有些小萌芽，只把些水灌溉，不要浸壞了他。』論此良知，根芽與草木不同，落地光明，貫天徹地，聖愚之分，只有保喪而無增減，豈有只此端倪，怕人浸灌的道理？」某云：「説則如此説，何嘗見有良知，落地光明，陀陀爍爍也？學者如提燈，燈亮時，自謂眼力甚明，燈滅時，雖一身手足，亦不能自信也。要須學得此光與日月同體，低頭内照，不失眉毛。」

賁者仁之色，素者仁之地也。有此素地，隨他繪出富貴、貧賤、患難、造次、顛沛，如一大幅山川、草木、鳥獸、蟲魚，屈折動静，姿態横生，只見可樂，不見離異耳。學人無此素心，便每每出位。出位者，如借人倩盼，作我笑目，纔動此想，便是哇淫。

問：「性從心生，中庸言性不言心，此何以故？人身中靈覺便是天，又説知性了纔知天，此中豈有分别乎？」某云：「盡處則無分别，若不盡者，勺水海性，隙照天光，終難説得分明也。有意思人，再勿傍影起形，牽扯字義。」

問：「紫陽云『知性即窮理之事，窮理便向外去，知性祇從中尋此理』。如何理會？」某云：「紫陽學問得力在此，自濂溪以來，都説性是虚空，人受以生耳。紫陽始於此處討出二五合撰，事事物物，皆從此出。如曉得事事物物，皆禀於天，自然盡得心量，盡得心量，自然性靈無遺。」

問：「天性在人，猶水性之在冰，此語如何？」某云：「横渠不作此説。作此説者，猶程門氣質之論耳。横渠云：『氣質之性，君子不謂性也。』又云：『海結爲冰，冰散爲水，水泡聚散，而海不與焉。』此處説冰才水性，亦猶外道説石火電光，非實論才性也。」又問：「五行於陰陽各有偏屬，則禀受不同，自有善惡，何謂無耶？」某云：「此如五吏之才，何關帝天之命？」

問：「如文、箕之蒙難，孔、顔之阨窮，似皆理不勝數，不知兩者，孰爲有權？抑豈並行不得軒輊與？」某云：「吉凶生大業，陰陽奇偶，窮達壽夭，總是德業必經之路，如使聖賢都要富貴，都要壽考，則爻象無陰，蓍筴無奇也。夷、齊、顏、冉、龍、比、由、賜，八人生死，天下窮奇，然無八人，盜跖、彭籛比屋而是也。吾門以數明理，以理明數，除却理數，性地自明，不干管、郭之事。」

約到不二，約到不遷，便把一生博文工夫，納於無文上去。吾輩過失不多，只在浩博一路，收拾不下。如實見不貳不遷，卓可藏神立命，雖百國寶書，九千絃誦，何能滓人見聞？顏子屢空，又聞爲邦，直要何物？夫子無端説出夏時四事，淫佞二端，直是何故？以此認聖賢，實有不空不竭所在，纔有學誨默識來往路頭。譬如虛寂不動，感而遂通，又有應問如響，叠叠變化，豈可説天生神物，亦有虛閒，不干人事耶？易本虛寂，説出吉凶同患，孔、顏、禹、稷本是空洞，説出飢溺由己，此是空中所藏，竭復歸空。

某少時初讀論語，問先生云：「頭一葉書，孔子只教人讀書，有子如何教人孝弟？孔子只教人老實，曾子如何教人省事？」聞者大笑。某今老來所見，第一件猶是讀書，第二件猶是老實。凡人人自是聖賢，自有意思，只要致思。學者如鑿井，美泉難遇，見人讀書，長年啖土，若不致思，泉脈何來？

命中不著一物，本來自足，初無空殖可言。無空殖，故無得失；無得失，故無億無忘。只是清虛澹薄，則與命較親；卜度經營，則與貨較親耳。世人言命，都在得失一邊，所以有殖有億，有氣數人事之差；哲人言命，在清虛一邊，所以無殖無億，無得失當否之慮，日往月來，寒往暑來，明推歲成，此即見天之命。

受天之命，便有心、有性、有意、有知。有物難格，有知難至，物理未窮，性知難致，定後之慮，去億一丈，去空一尺。空是物格無物，天命以前上事，億是因意生知，人生以後下事。屢空是天人隔照之間，屢中是物理隔照之間。譬如一事當前，有是有非，有得有失，屢空人，只説我生以來，與物平等，初無是非，初無得失。屢中人，便説某處是非，某處得失。至人看來，安慮之中，萬物畢現，空亦不空，中有不中，是非得失，如天命然，一絲一毫，洞見難逃。如此便説屢字不得，説無不中不得，無不空不得，所以説空。

問：「先正嘗言道如覆盂，本空無有，射者卽言無有，未嘗不中，然却多一射。」某云：「此言近似，却不是也。豈是顏子射覆，自一至十，常説出空，子貢射覆，自二至一，常無不中耶？道該萬有，還未嘗有。空者得他還元一路，十中八九，億者得他發生一路，十中二三。子貢於萬有路上，見得七八，只是格物，物還未格。顏子於元無路上，見得八九，已是物格，與知至爲隣耳。他們常説世儒只曉得格物，不曉得物格，正是此樣。」又問：「億爲格物，空爲物格，則格物物格，中間亦距千里耶？」某云：「箭開時萬里同觀，箭到時只一鏃地。巧箭不射，高棊莫著，射是巧力所生，億是明聰隙現，難道静觀動照，不是一樣神靈？只是静觀無礙，動照易窮耳。」

命之有理與氣，如人之有形與神，合下併受，無有分層，順則都順，逆則都逆。善作家人，説他餓死，他亦要仰拾俯掇；善讀書人，縱有頑鈍，他亦要旁稽博覽。有此一途，纔見工夫，爲道教之本。如論天命原始，則只是饑食渴飲，不學不慮，清明在躬，志氣若神，人如看得名利亦澹，才情亦澹，自是理氣兩路俱清。如看得名利亦不濽，才情亦不濽，自是理氣兩路俱濁也。

人生只此精神，先要拿得堅定，在堅定裏充拓得鬆，便是得力，受用只是點點滴滴，在聖賢理路，辨其生熟耳。一日之間，心眼拿定，不走錯路，不放工夫，不趕枝葉，又不枯寂作事，使他精神在在灌注，隨其所見，在在會心，便是絶大成就。

人有己便不仁，有己便傲，傲便無禮，無禮便與天下間隔。無己便細，細便盡禮，盡禮便與天下相通。克己者，只把己總明才智，一一竭盡，精神力量，一一抖擻，要到極細極微所在，事事物物俱從理路鍊得清明，視聽言動，無一是我自家氣質，如此便是格物物格，致知知至耳。所以天下更無間隔，更無人説我無禮，便是天下歸仁。

天下事物，稍稍著色，便行不去，只是白地，受采受裁，如水一般，色味聲文，一毫不著，隨地行去，無復險阻江河之礙。富貴、貧賤、患難，一毫著心，便是不素，便行不去。素字只是平常戒慎恐懼，喜怒哀樂，一切安和，常有處濽處簡之意。

凡意不誠，總由他不格物，不格物所以不格理，謂萬物可以意造，萬理可以知破，如到不造不破去處，生成一個龍蟠虎踞，不得支離，漸漸自露性地，所以説是物格知至。

濂溪云：「動而無静，静而無動，物也。動而無動，静而無静，神也。物則不通。神妙萬物。」如濂溪此語，猶是未嘗格物。天下無無動無静之物，有常動常静之神。中庸一部，説天地夫婦鬼神，通是此物。知獨者該萬，知萬者還獨，知一者該兩，知兩者還一，如是格物工夫，只從兩端細别，立剛與柔，立仁與義，原始要終，知終知至，只此知能，便是聖人之所斂衽，鬼神之所彈指矣。

性涵動静，只是中和，任他萬物，無情無識，有氣有知，都是中和生聚得來，蕃變得去。中和臧處，只是一獨，如萬物歸根蟄伏時候，個個有戒慎恐懼的意思。中和顯處，只是一節，如萬物旉條生育時候，個個有識度數、制德行的意思。無過不及，不驚不怪，雖虎兕龍蛇，蜂蠆鬼蜮，於君子性上，有何隔礙？此理極是尋常，只自家性地，看不明白耳。自家性地，看得明白，比人照物，動静一般，自然喜怒不傷，哀樂得度，萬物伏藏，與他共獨，萬物蕃變，與他同節。雖有氣質情識，種種㊀不齊，都爲性光收攝得盡。

作用是性光，包羅是性體，如説中和，則無復體用分處㊁。

問：「萬物看來，只是好生惡死，天地亦是生物之性。孟子説盡心知性，想此好生之心，充拓得盡，便是性體，與天地一般。」某云：「此處極是，但是不同。凡物有性有情有命。好生惡死，是萬物之情；方生方死，是萬物之命；或得偏而生，或得偏而死，是萬物之性。虎豹之有慈仁，蜂蟻之有禮義，魚鼈草木之有信智，具種種性，與人一般，只是包羅充拓，全藉吾人。大壯説『天地之情』，无妄説『萬物之性』，天地乘時，無一非禮之動，萬物純質，無一詐僞之萌，人能盡此兩端，便是參贊手段。」

情是性之所分，性是情之所合，情自歸萬，性自歸一。古今惟有周、孔、思、孟識忤字，楊、荀、周、程

㊀「種種」原作「種積」，據賈本、備要本改。

㊁此四句各本均自作一條。朱氏釋誤云，據榕壇問業卷十，此四句當屬之上條。

只識得質字，告子亦錯認質字耳。易云「繼之者善，成之者性」，善繼天地，性成萬物。繼天立極，是性根上事，範圍曲成，是性量上事，善是萬物所得以生，性是萬物所得以成。猿靜狙躁，貓義鼠貪，鷹直羔馴，雁序雉介，此皆是質上事。如性者，自是伊得以生，伊得以成，入水入林，能飛能躍的道理，此是天地主張，不關品彙，能盡得天地主張道理，何患萬物陶鑄不成！

問：「未發以前，性在天地之心，已發以後，性在萬物身上。自家胸中，有何生成安頓天地萬物去處？」某云：「未發前，性亦不落天地，已發後，性亦不落萬物。只是自家看得天地缺陷，萬物顛踣，便惕然如墜性傷生一樣，此是我自家繼成本色。」問：「如此，則是心也，云何是性？」某云：「若無心，如何認性得出？」

問：「性得天地之始，不假思慮，纔會中和，如心動便著物，便費操存，猶之分晝便有陰陽，如何更以太極陶鑄萬象？」某云：「意自分陰陽，心自包太極，性是爻象全圖，從心起手，從意分義耳。」

身心原無兩物，著物便是妄意。意之與識，識之與情，情之與欲，此類者附身而起，誤認爲心，則心無正面，亦無正位，都爲意識情欲誘向外去。若論格致源頭，要曉得意識情欲，俱是物上精魄，不是性地靈光也。

天備二氣五行，留不得一點雲霧，雲霧盡净，經緯盡呈，纔見天之正面，風雨晦冥，日光常在，入夷出晉，明體自存，此便是盡存正在的消息。人曉得天之與日，纔曉得性之與心，曉得盡存正在，纔曉得本體工夫。不已無息，格得此物，十倍分明，始信得意識情欲，是心邊物，初不是心；風雨雲雷，是日邊物，初不是日。性之與天，皆備萬物，不著一物；心之與日，不著一物，乃照萬物。只此兩端，原無二物，知此一事，更無他知。

必有事焉而勿正。正字，説文反正爲乏，篆書正與已相近，當是乏與已之誤也。有事勿乏，如不乏祀之乏，有事勿已，如純亦不已之已，則義暢而語順矣。

問：「忿懥等項，皆由身起，則是正心又先要修身了，如何是正心要著？」某云：「如從心起，則是要著，如從身起，則是後著也。知見覺聞，皆從心起，情欲畏惡，皆從身起，人從此處看不分明，所以顛倒。如看得分明，則腑臟官骸，個個是性光所攝，身心修正，豈有兩路工夫？」

人從身上求心，如向國中覓王，終爲權貴所亂。從心上求身，如坐王位覓國，只覺殿宇隨身。忿懥等項，所不得其正者，只是從身覓心，修簡不上；戒慎恐懼，所能得其正者，只是從心覓身，隱顯分明也。外道七處徵心，只説得意邊諸路，未曾就心中看得入夷出晉，赫赫如常。

須就夢寐中間，認出神之非形，情之非識。情形動處，其實非心，神識静中，未必是性。再破神識，以納心端，重合形情，以歸性始。如此十年，洞見天地日月星辰，纔有定静田地。

聖人仰觀俯察，遠近類物，都是坤道。所以必用坤道者，人生托足，便在裏面，開口便是學習。只有敬義直方，不消學習，亦要從静辨中來。不從静辨中來，便有無數風霧，遮蓋上面，冰霜之禍，都由學者自爲。豪傑處心不學，積漸所成，有此不屑下學一念，直至亂臣賊子，亦做得去。有此專意下學一念，直至天地變化草木蕃，亦做得去。草木托根於地，一曲一直，禽獸孚化於𣪘，載飛載翔，當其用力，只是本色，一日變化，皆不自知。江水就下，河源出山，匹夫厲志，星虵變天，此事豈人思想所到？釋、老只是不學，無尊道工夫，便使後來譸張爲幻。如當時肯學，踐跡入室，豈得貽害至於今日？

問：「不知人在敦化中間，抑在川流裏去？」某云：「如此問亦希奇。察天察地，不礙飛躍，是敦化上事；鳥以空爲實，魚以水爲空，是川流上事也。聖人以天地觀身，以事業觀夫地作用。凡世間有形象者，都是吾身文字，有文字者，都是吾身文字註脚，過此以往，只是魚鳥事業。」

太極與陰陽，總是一個，動極處正是不動所在，曉得此理，所以隨寓能安，入羣不亂，不要光光在靜坐處尋起生義。

問：「人不能如仲尼，都在小德中，沿流赴海而已。西漢以來，文章人才，各不相似，恐別有氣化在裏面，吾輩囿之，而不自知耳。」某云：「氣化山川，皆能囿人，只有心思，通徹天地。仲尼在未學前，只是忠信美質，加五十年學問，便在堯、舜、文、武前頭。只恐忠信無基，爲有無約泰盈虛所蕩耳。」

問：「認得初體分明，只一主靜便了，如何又著敬字？」某云：「純公亦言靜坐獨處不難，居廣居、應天下爲難。人都於靜處著動，天都於動處見靜，除是木石，纔得以靜爲體。」問：「若看誠字，直於靜中看得分明。」某云：「不是敬了，那看得出上下、鳥獸、蟲魚、草木，個個是誠，個個與鬼神同體？要就靜中看他根胎，只得百分之一。」問：「如是敬者，却把上下、鳥獸、蟲魚、草木，都作天地鬼神看耶？」某云：「自然是如此。」問：「釋家可有此意思否？」某云：「他看作石火電光，那得有此意思？」

鬼神兩字，只是不睹不聞中有睹聞，只此便是致知，便是格物，却借祭祀來說耳。大學首傳，便說

「此謂誠於中，形於外」，這個鬼神，去剔小人之肺肝。中庸下段，又説「誠則形，形則著」，這個鬼神，去贊聖賢之功德。世間只此兩種鬼神，皆在不睹不聞，有共睹共聞之妙，在與知與能，有不可知不可能之秘。算來只是人心實有此理，動而爲意，此意不誠，便有許多邪魔陰慝，變現手目，此意一誠，便有許多神明聖賢，當身顯現。知之者，以爲天命人性，不知者，以爲精氣游魂。

問：「中庸不於君臣、父子、夫婦、昆弟、朋友言誠，不於天地、鳶魚言誠，獨於鬼神言誠，果如程子所謂天地功用造化之迹乎？」某云：「程、張所説鬼神，是天地以上事，中庸所説鬼神，是人身以上事。心如火也，火輒有影。天地以生物爲心，物生便有屈伸，人身以交物爲心，物交便有隱見。都是實形取影，或正或倒，或遠或近。在天爲災祥，在人爲寤寐，在日用爲聽睹形聲，極奇極怪，極平極常。心力大者看鬼神亦大，心力小者看鬼神亦小，精者看精，粗者看粗。善言鬼神者，莫過于易，括之一言，曰『以齋戒神明其德』，其實只是誠字。不誠的人，看子弟臣友，天地鳶魚，亦無一物；誠者看天下無形無聲、無手目、無肺肝，所在個個是我心光所照，所以能酬酢一世，變化天下。」問：「如此看來，祭祀之鬼神，是爲人心寫照，卜蓍之鬼神，是爲人心傳響，有形寫照者，見之於祭祀，有聲傳響者，見之於蓍龜，何處是性命所在？」某云：「此無形聲者，便是性命所在。」問：「若此者都是意，意生想，想生妄，如何得到至誠所在？」某云：「如此纔要誠，誠意只是慎獨。慎獨者，自一物看到百千萬物，現來承受，只如好色惡臭，感目觸鼻，自然曉會，不假推求，所謂知至。知至便是明誠。」

問：「易稱何思何慮，聖人不慮而知，要此能慮何用？」某云：「極星不動處，纔能轉。爲它能轉，使天下星辰河嶽，都有奠麗。如不能轉，日月經緯，如發車釘，何處得明亮來？」

人都説獨中無物，曾子説獨中有十目十手；人都説皮面相覷，夫子獨説肺肝如見。以此見肚皮蓋屋，都是晶亮東西，容隱不得一物半物。好色惡臭，自是人間第一大件，物知相觸，萬法緣由俱從此起。人如曉得峻血交心，聞香捫鼻，便曉得四體百骸，個個有知，不從物來，不從意起；如曉得屋漏透光，肝腸掛面，便曉得瓦礫皮膚，更無一物。細不能掩，大不能藏，只此誠意一章，更無餘義。

氣有清濁，質有敏鈍，自是氣質，何關性上事？如火以炎上爲性，光者是氣，其麗于木而有明暗，有青赤，有燥濕，是質，豈是性？水以潤下爲性，流者是氣，其麗于土而有重輕，有晶淖，有甘苦，是質，豈是性？天地之大德曰生，生是天地之性，亦就理上看來，故曰：「天生蒸民，有物有則，民之秉彝，好是懿德。」不曾以二氣交感者稱性也。就形色看出天性，是聖人盡性之妙。看天下山川草木，飛潛動植，無一不與吾身相似，此從窮理格物來。

問：「天之有氣數，亦猶人之有氣質，性無所麗，麗於氣質，命無可見，見于氣數。故言氣質，而心性卽在其中，言氣數而天命卽在其中。不可分天命爲理，氣數爲數，猶不可分性爲理，氣質爲質也。」某云：「説合一處，何嘗不合？説精微處，自然要條段分明。説氣數，則有災沴之不同；説天命，則以各正爲體；説氣質，則有智愚之異等；説人性，則以至善爲宗。氣數猶五行之吏，分布九野，與晝夜循環，猶人身之有脈絡消息。天命猶不動之極，向離出治，不與斗柄俱旋，卽人身之心性是也。心性不與四肢分咎，天命不與氣數分功。天有福善禍淫，人有好善惡惡，中間寂然，感而遂通，再著不得一毫氣質氣數。不睹不聞，無聲無臭，只是性命宅子，於不睹聞處見睹聞，于無聲臭處斷聲臭，纔是宅子上認著主翁。凡説性命，只要盡心者，不欺本心，事事物物，當空照過，撞破琉璃，與天同道，四圍萬里，不見浮雲。」

萬物都有個真源，知所由起，知所由止，知擴知充。此一路火光，如從電來，則是隔山雷影，不是本光；如從燈來，則是竈下吹灰，不成獨照。只此一物，通透萬物，要在意識情欲邊頭認他，如借電、燈，以準刻漏也。

天下只是一物，更無兩物，日月四時，鬼神天地，亦只是一物，更無兩物。説是兩物者，人所不知，龜亦不知，蓍亦不知了。説是一物者，何以人所不知，龜又能知，蓍又能知？只是人多思慮，如泛海洋，泛看流星，無復南北，到有一定東西，範圍不過，曲成不遺，兩膝貼地，一日一夜，周行十三萬里。若竟此言，只恐世人吐舌也。要知天地，只是殼子，日往月來，寒往暑來，只是脈絡，周行丈數，無數聖賢，只爲天地，療得心痛。

問：「物來觸心，知以虛應，知往接物，意緣觸生。虛觸之間，依然無物，豈應心裏有物藏知？」某云：「如此則天地間盡數是物，何獨爾心無意、無知？爾身的有自來？又知爾心的有自受，止涵萬物，動發萬知，函蓋之間，若無此物，日月星辰，一齊墜落。譬如泓水，仰照碧落，上面亦有星光，下面亦有星光，照爾眼中，亦有星光，若無此心，伊誰別察？又如璇臺，四臨曠野，中置安牀，日起此亦不起，月落此亦不落，漢轉斗廻，此不轉廻，依然自在。打破大地二萬一千里，這個心血，正在中間，爲他發光，浮在地面，要與山川動植，日月星辰，思量正法也。此處看不明白，禮、樂、詩、書，都不消說。」

知意心身，生千萬物，此千萬物各印爾知，此是博約路頭，通天徹地。

月自不殊，因眼異色，既有異眼，亦生異舌。孟子說不動心，告子亦說不動心，同一輪車，有生有死。詩說皇皇后帝，佛說衆鬼夜叉，同一空中，有精有怪。吾儒戒懼，只是仁人孝子事親事天之常。如無此心，只是鬼奴風犢之具。畏敬有所恐懼，正是明淨天中，辨出雷根雹子，如是無風無雨，何人不說天晴。

或問云：「虞廷說人心道心，已犯兩路，何處是太極定鍼？」某云：「人心道心，猶之天道人道。天道極微，難得不思不勉，只要人涵養，漸到從容田地，使微者自弘。人道極危，難得便精便一，只要人擇執，漸到誠明去處，使危者自平。不是此一心，便有理欲善惡，俱出性地也。」或問云：「如此中原無兩路，何爲又著擇執，費許多圖維？」某云：「都是向善一路，但須擇執乃中，中乃精，精乃一，如不到精一執中，猶近遠路頭，如何立命立教？」或問云：「如夫子說性相近，便還有周、程意思。」某云：「不然。譬如桀、紂，無羣小青藍，其初亦近於堯、舜，此處便是性善，決說不得堯、舜無禹、臯護持，必至於桀、紂也。繼善成性，是天命合人的道理，繼志述事，是人道合天的道理。譬如祖父遺下辱業，此都是極好意思，到其間田土佳惡，物產精粗，便是肥磽氣質上事，如何說祖父意有善惡也？」

劉器之嘗說格物，反覆其手，曰：「只是此處看不透，故須格物。」此是從克己處入手，於形色看到天性上，是直捷頭路。邵伯温亦說格物，云：「先子內外篇，只是萬物皆備於我，學者格物，只看易、詩、書、春秋。」此是從博文處入手，於理義看到至命上，是漸次路頭。古今學者，只是此兩路。顏子喟然之初，才情未竭，夫子誘他於文禮上作工夫，及至才情既竭，鑽仰莫從，仁義禮樂，漸成墮黜，看一身聰明，都無著處，此是復見天心時候。學者須兼此兩路工夫，莫作南頓北漸，誤墮禪門也。以上二段大滌問業。

明儒學案卷五十七　諸儒學案下五

忠節㊀金伯玉先生鉉

金鉉字伯玉，其先武進人，後籍順天。崇禎戊辰進士。就揚州教職，轉國子博士，陞工部主事。奄人張彝憲總理户工二部，欲以屬禮待同官。先生累疏争之，遂引疾歸。彝憲奏彈落職。讀書十二年，甲申二月，起補兵部主事，巡視皇城。賊陷大同，先生請徹宣府監視中官，恐於中掣肘，不無僨事之虞，耑任撫臣，賊騎未便窺宣也。不報。已而宣之迎賊者，果中官杜勳也。京城失守，先生朝服拜母而哭曰：「職在皇城，他非死所。」至御河投水而死，年三十五。母夫人章氏，亦投井死。初先生巡視，每過御河，輒流連不能去，嘗歸以語弟，至是而驗。先生卒後，家人簡其書籍，壬午七月晦日，讀邵子，記其後曰：「甲申之春，定我進退，進雖遇時，外而弗内，退若苦衷，遠而弗滯。外止三時，遠不卒歲，優哉游哉！庶没吾世。」先生未必前知，然真識所至，自能冥契後來，不足異也。先生曾問學於蕺山先師，某過其家，門巷蕭然，殘杯冷炙，都中縉紳之士，清修如先生者，蓋僅見耳。

㊀明史又謚忠潔。

語録

言動便要濟人利物，静中中正和平之意爲之根，不得自淪枯寂。

每事思退，易三百八十四爻，未聞有退凶者。乾乾不已，惟進德修業爲然。

周子曰：「動而無動，静而無静，神也。」余謂戒懼於不睹聞，静而無静也。言行之謹信，動而無動也。然則戒慎恐懼也，謹信也，其皆神之所爲乎？其卽所謂天理乎？

敬之至便是仁，其心收斂，不容一物，卽萬物皆備於是矣。

存養省察四字，盡了聖學，致知力行，總在此四字中矣，外此而他求，不支離便懸遠。

湛然無一物時，大用在中也，宜存養而勿失。萬物各得其所時，全體在外也，宜省察而不著。所謂一以貫之者也。

事來我應，皆分所當爲，此不可生厭棄心，至於本無一事，我心强要生出事來，此便是憧憧往來。有一毫從軀殼起念，雖參天贊地之事，咸是己私，不必功名色貨。有一毫物我隔膜，卽知玄知妙之胸，亦錯認本體，馴致害物傷人。

境遇艱苦時，事物勞攘時，正宜提出主宰，令本體不爲他物所勝，此處功夫，較之平常百倍矣。不然平常工夫，亦未到妥貼處。

一事不可放過，一念不可放過，一時不可放過，勇猛精進，處處見有善可遷，有過可改，方是主一工夫。

中丞金正希先生聲

金聲字正希，徽之休寧人。崇禎戊辰進士。改庶吉士。己巳十一月，京師戒嚴，上焦勞失措。先生新被知遇，不忍坐視，因言：「通州、昌平，爲京師左右翼，宜以重兵犄角。天津漕糧湊集，防禦尤急。未敢謂見將足任也。草澤義士，曰申甫，朝士多知之，屢薦未用，願仗陛下威靈，用申甫練敢戰之士，以爲披亢擣虛之舉。」疏入，立召申甫，授都指揮僉書副總兵，以先生兼山東道御史，監其軍。申甫本游僧，嘗夜觀乾象，語朝士云：「木星入太微垣帝座前，患在踰旬。」未幾而兵動，故先生信之。申甫造戰車，既倉卒取辦，而所給軍士，又多募自街兒丐户。十二月丁卯，以七千人戰於蘆溝橋，大師繞出車後，車不得轉，全軍覆没。先生亦遂謝歸。流賊震驚，先生團練義勇，以保鄉邦。癸未春，鳳督馬士英調黔兵勦寇，肆掠新安。先生率鄉勇盡殲之。士英劾奏，有旨逮問。先生於道上疏，言士英不能節制兵卒，上直先生，召復原官。會母卒，未上而國變。南渡，陞右僉都御史，先生不出。士英深忌之。凡馬、阮所仇之君子，多避地焉。國亡後，先生城守如故，及新安破，執至白下刃之。賦詩云：「九死靡他悲烈廟，一師無濟負南陽。」讀者悲之。南陽乃思文初封地也。

先生精于佛學，以無心爲至，其除欲力行，無非欲至於無心也。充無心之所至，則當先生所遇之境，隨順萬事而無情，皆可以無心了之。而先生起爐作竈，受事慷慨，無乃所行非所學歟？先生有言，

「不問動静，期於循理」，此是儒家本領，先生雜之佛學中，穿透而出，便不可爲先生事業純是佛家種草耳。然先生畢竟有葱嶺習氣者，其言逆境之來，非我自招，亦是天心仁愛之至，未嘗不順之，而順乃不過爲「無可奈何而安之若命」作一註疏。聖門之學，但見一義字，義當生自生，義當死自死，初不見有生死順逆也。

天命解

譬之水焉，性猶水也，道猶江河也，性之於道，猶水之必就下而行地中爲江河也。言本天命，猶歸大海也。無以壅水而自行地，非率性之道乎？有以濬地而後達水，非修道之教乎？功績爲水，而用力在治地，教指爲性，而用力乃在修道。

天命也，性也，道也，一而已矣。不能必天下無不離道之人，而能定天下有必不可離之道。道有時而可離，則性有時而可不率也。性有時而可不率，則天有時而不命也。維天之命，於穆不已，天有時而不命，則萬物或幾乎息矣。然則中庸曷不曰「性也者，不可須臾不率也？」可不率，非性也。書曰：「天有顯道，厥類惟彰。」天命之性，人所不睹所不聞也，立乎所睹所聞之地，而達於所不睹所不聞之天者，則爲道。衡之乎此，而後其離合之故，可得而自見也，其於天命順逆之故，可得而自明也。其言亦猶之曰「天命也者，不可須臾離也」云爾。

董子曰：「道之大原出於天，天不變，道亦不變。」蓋爲虛位，非有實體也。道之爲言，猶云「萬物各得其所焉」爾，物有萬變，而必隨時變易，以咸若吾天命之性，此卽不變之道也。水無分於東西，以及萬方，而必不能無分於上下，其所謂下，必至於海而後息。物無分於剛柔陰陽仁義，繇兩端以及萬變，而必不能無分於道與非道，其所謂道，必至於天命而後已。人可須臾離道，是水亦可須臾而不行於地中也。須臾離道，是則須臾而自絶於天，自隕厥命也，而安得不戒慎恐懼？此所不睹所不聞，人以爲隱微耳，而不知其顯見也。卽謂之顯見矣，以爲天下固有本顯見者，而此隱微亦與之俱顯見，以並立於宇宙之間也。卽以爲此隱微者實顯見矣，而此隱微之外，亦尚有別能顯見者，得與之相參於耳目之前也。不知天下固莫有見於斯顯於斯者也。惟此隱微爲至顯至見也，且自此隱微而外，無復有見焉顯焉者也。惟此隱微爲獨顯獨見也，如鏡現象，全體一鏡，離鏡體別無影象可得，故君子慎之。慎之何也？人之於天命，有若無睹焉者矣，若無聞焉者矣。進而求之戒慎焉，其將睹所未睹，恐懼焉，其將聞所未聞。而未也，惟此一實，餘二非真。瞪目而視之，無非是也，傾耳而聞之，無非是也，無別睹也，無別聞也。有別睹焉，有別聞焉，卽謂悖天而褻命也。天無二日，民無二王，以此爲慎其獨也。

易有太極，是生兩儀，兩儀生四象，至於四而大變備矣。寒熱燥溼，物之情也，春夏秋冬，天之時也。人具一天命之性，而感於物，有受有不受。受之爲好，不受爲惡，故大學舉好惡，繇是而析焉。喜者好之初也，樂者好之竟也，怒者惡之初也，哀者惡之竟也，於是有四。四性舉，而性之大變亦備矣。故中庸舉喜怒哀樂，人之所以靈於萬物者，以其喜怒哀樂之性能自主而自繇也。其所不受，物莫能强納，其所受，物莫能强奪也。所喜所怒所哀所樂之事，雖因乎物，而能喜能怒能哀能樂之具，實係乎我；忽喜忽怒忽哀忽樂之態，雖存乎人，而應喜應怒應哀應樂之則，實本乎天。本乎大者，惟其本無喜本無怒本無哀本無樂，是故可以喜可以怒可以哀可以樂。故其於未發也，則謂之中，而於其發而中節也，則謂之和。

喜怒哀樂之用於天下也，大之爲生殺，次之爲予奪，又其下者爲趨避。蓋自天子以至庶人，其大小不同，無不皆有以用之也。喜天下之所喜，怒天下之所怒，哀天下之所哀，樂天下之所樂，如此則其所喜樂必其有便於天下者也，其所哀怒必其有害於天下者也，而天地位矣，萬物育矣。

形而上者謂之天，形而下者謂之地。故其神明之屬，求其所自而不得，則舉而名之爲天；體質之屬，原其所自，則總而名之爲地。故夫可睹可聞者，皆地之屬也，其所不睹所不聞而爲睹聞者，則曰天也。人之生也，稱受命於天，而不稱受命於地，極德之至也；稱上天之載，而不并稱天地之覆，裁命無二，受尊無二，上也。論量，陽全而陰半，易稱「坤元統於乾元」。朱子曰：「天包乎地之外，而氣常行乎地之中。」天不獨職覆，亦具兼載。論分天尊地卑，乾坤定矣。惟乾道變化，首出庶物，至於坤厚，雖德合無疆，不過順承而已。先則迷矣，後則得主而利矣，此謂定位。故以地從天則治，以天從地則亂。內而心身，外而君臣，君子小人，無不各有等焉，而天地之位，乃得初象也。天地者，萬物之大界限也。號物之數有萬，其分位之差等，亦不啻有萬。世必無兩類物可相等者，相等則必相凌奪，而不得安。故世亦必無兩類物可并位者。故古人有言，必曰「萬物各得其所」，各得其所，而後一物各有一類，一類各有一位，極而萬之，亦萬位焉。然而天之與地，乃其兩大位也，兩大位尤其兩相懸絶者也。兩大位定，而後可以定萬物之位，定萬物之位，而後萬物可以各得其所而育。是故定天之位，而人之生，乃莫不受命于天，受命于天，而後役使萬物，而宰制之。置此身于萬物中，作平等觀，而天叙，叙之天秩，秩之皆其相與並育於地上者也，而自天以下，無不舉矣。是故學莫先於知天，莫大於事天。

詮心

論體物而不可遺，有二語，曰：「心原非物，云何離物無體？心既非物，云何離物有體？」心不附物而行，故不隨物爲存亡，而超生死之外，了不干涉；心亦不對物而立，故不與物角勝負，而入死生之中，初無罣礙。故曰：「實際理地，不染一塵，佛事門中，不捨一法。」又曰：「真如不變，而隨緣起信。」曰：「謂言説之極，以言遣言，此真如體無有可遣，以一切法悉皆真故；亦無可立，以一切法悉同如故。是真不變如隨緣也。惟不變故非因緣性，惟隨緣故又非自然性。」千方萬説，無踰二義。雖然，衆生方順生死流而没溺有海，諸凡後義，其所樂其相似，而以爲無傷者也。故每竪義，則前義當先。

才見有物，卽失心矣；才見有心，卽所見者亦全是物而非心矣。今人多謂暗處是物，明處是心，周子所謂「物則不神」，「神妙萬物」，二語是也。殊不知其所認明處，必有所明。若無所明，則無明處。既有所明，則所明全體是物耳，豈心耶？若謂我初不認所明之物，而認能明之者，此之謂心。殊不知前若無所明，則此亦無能明。楞嚴所謂「所既妄立，生汝妄能」，是汝能又全體倚前所，而與之角立。既倚前所而與之角立，全是物也，又豈心耶？此處須妙語㊀始得。故古人每曰「拍盲」；又曰「向上一路，黑洞洞去」；又曰「瞎却眼，卸却符」。雖然，却又不是教人全認暗處。若認暗處，全是所有，又與前明處有何殊勝耶？有一人說，明暗亦是兩頭，我此不屬明，不屬不明，而却有所明時，我能與之明，無所明時，我又能與之不明。如此等說，豈不謂之滴水不漏？雖然，生死到來，畢竟作何結煞？能如是說，如是見，生死關頭，得倒斷否？嗚呼！天下孰有難言如此心者乎？盡一物之變，戛戛乎其難之，而況心乎？天下孰有難相應如事心之學者乎？善一事之始末，亦戛戛乎其難之，而況事心乎？

古人云：「無一法可當情」，又云：「擬心爲犯戒，得味爲破齋。」信知此事，真容纖毫不得，金屑雖貴，落眼成翳。才有一法當情，須知此心全體已被障却，故知諸法無論細大精粗，究其極處，無一而不爲心害者也。故事心者，必須見心，見心者，亦初不必別求心見，去其害心者而已。

才見有心，便非心。心盡處，心體露，故往往曰「盡其心」。今學者每曰學道，學無心。無心境界，豈是如今掩耳偷鈴？死兜兜地，百不思，百不想，百不知，百不會，而自以爲無心耶？會須此心實實盡却，欲覓一心，了不可得耳！今人誰不曰「我學無心，我今百思想不起矣。」但一遇緣，千種萬狀，殊形異體，紛紜而來，莫知其所自，豈能望古人之反欲覓一心，而了不可得者耶？

古人之至於覓心而了不可得者，誠哉！其心盡也。何以心盡？此心與諸世出世，明若聖、若凡、若染、若淨，無一法可爲我愛，無一法可爲我憎，無一法而可爲我愛而取，無一法而可爲我憎而舍者也。

㊀「妙語」，朱氏釋誤云：金中節公語録作「妙悟」，是。

到此境界，何處不自得？何人不可與？何事不可爲？不貪生，却亦未嘗不得生；不怖死，却亦未嘗必得死；不求利，未嘗定失利；不避害，未嘗定遇害。死生利害之隨緣順受，其無一不與人同，而我却落得做宇宙世出世間一安閒自在、無爲無事、大解脱得便宜之人，此之謂道人，此之謂正人。

或問：「盡心者爲無一法而可爲愛憎也，有如順吾心之法，如之何而遂能不愛？逆吾心之法，如之何而遂能不憎？縱欲强不愛不憎，而吾心已實愛之憎之矣。」應之曰：「爾之愛，亦有生於逆？憎，亦有生於順者乎？」曰：「無之。」曰：「誠哉！其愛必生於順吾心，憎必生於逆吾心也。既生於順逆吾心矣，然天下亦果有法定爲順吾心而必不可使逆？果有法定爲逆吾心而必不可使順者乎？」曰：「亦無之。」曰：「既無有法定爲順吾心而必不可使逆，則今之偶順吾心者可逆也；既無有法定爲逆吾心而必不可使順，則今之偶逆吾心者亦可順也。如是則逆順固係於吾心矣，而吾又何憂焉？故學道之人，須先見心，見心者知吾之所有，莫尊貴於此，而不忍一物厭於其上；知吾之所有，莫要緊於此，而雖有萬物不以相易。故於天下之法，無有一法而可以定爲吾順、定爲吾逆者也。既有見于心法之不可定爲順逆，而即以於法一無所順逆爲吾本心。若少有順逆，即物而非心。故法之順逆，不足以動君子之愛憎，而但以此心之一無愛憎爲可愛，以此心之但有愛憎爲可憎云耳。何也？愛憎非心也，但有愛憎，即順外境法，不順吾本心也。不順吾本心，即逆吾本心也。故君子於天下之法，非能强其愛而使不愛，强其憎而使不憎，但順吾本心實無愛憎也，實不忍于無可愛憎中而特地生一愛憎，以自害其心也。盡天下之可愛可憎，而無一能動其心之愛憎，故曰其心盡。其心盡，故究竟曰無心。至哉無心！豈今之假爲百不思、百不會者，足以冒認而承當乎？」

「心既以一無愛憎爲盡矣，爲無心矣。然則遇境逢緣，一無鑑別，而與爲模稜，與爲浮沉，夢夢以終其身乎？」曰：「是不然。惟真無愛憎之人，而後可以鑑别天下之法，而用其愛憎。雖終日熾然用其愛憎，而實無所愛憎。於我無所愛也，爲萬物之所愛，萬物此時之所不得不愛，吾乃隨順而與之爲愛；於我無所憎也，爲萬物之所憎，萬物此時之所不得不憎，吾乃隨順而與之爲憎。故愛憎一物，而萬物服愛憎一物于當時，而萬世以爲當然，而要根本於此心之自一無愛憎之爲貴也。使其心之愛憎，初有一毫之不盡，則於萬物之所愛憎，萬物此時之所不得不愛憎者，反有所不見，而不能直應其愛憎，以合萬物之心。惟無心而後可以爲萬物立心；惟無心，而後可以見萬物之心故也。見萬物之心，而後可以爲自見其心。見萬物之心爲見心，但自見其心，不可以爲見心也。故必至於不自見其心而後爲見心。故覔心了不可得，至哉！弗以易矣。」

應須打疊，教此心净盡，無往不利，無處不得用。只爲此心不净盡，向來及今空過了許多好時光，錯了許多好事件。

動静者物也，心不屬動静。雖不屬動静，而未嘗不動，未嘗不静。役其心於芸芸，而不知此心行所無事之常住也；灰其心於寂寂，而不知此心周旋萬變之如珠走盤也。有曰：「精太用則竭，氣太用則敝。」又有曰：「流水不蠹，户樞不朽。」大抵心法無所不有，于天下之物，雖至粗至惡，無不可以喻心者；於天下之物，雖至精至美，無一可以盡喻此心者。

應事

問曰：「愚今時學問，大約只是讀書窮理，静坐居敬，逼迫得心路稍覺開通，神氣稍覺清明。於此等時，遇事當前，平日所棘手疑難者，爾時殊有歷歷楚楚、清順恬適之意，不知向時之於此處，何故格滯也？然事務之來，與讀書静坐之時相稱，則所獲足供所用。有如紛紜沓至，又不支矣。爲之奈何？」或曰：「工夫無間於動静。陽明先生有言：『不問有事無事，總是幹辦此一件事。不可以静坐讀書時，作精神之獲入來，應事作務時，爲精神之用出去。』若誠如陽明先生所云，則於應事作務，盡算得收拾整頓精神進入之時矣，又何供應不支之足云？請得更疏暢其説。」曰：「人情莫不違苦而就樂，故樂則生矣。樂之所在，不問動静，期於循理，雖日在嘈雜場中，油油然也。雖境有順逆，事有難易，而吾所以待之者，順亦如是，逆亦如是，難亦如是，易亦如是，恬如帖如，未嘗有變易也。精神以樂且日生，而更不支之是患與？」

問曰：「精神之應務，譬則力之舉重，百鈞之力，不能舉千鈞，千鈞之力，不能舉萬鈞。豈惟百千萬之相懸，且使百鈞之力，加百鈞焉，將有絶脈之虞矣。精神之應務，其逢境順逆，觸事難易，大較量力所受，安可强之分毫？又安得一一如是，毫無變易？無論大小力懸殊，即大力之人，其舉千鈞與百鈞時，喫力不喫力，亦有差别也，胡可齊與？」曰：「心是神物，非世間形氣之物可況。故心有神力，較之血肉軀中氣力，萬萬不相侔。故氣力有度數，即有算量，若此心神力，取而度之，如度虚空，畫而算之，如畫水面，本非一物，何有度數？此心既非度數，則凡境之順逆，事之難易，亦無度數。心順亦順，心逆亦逆，難亦心難，易亦心易，順之則順，逆之則逆，難之則難，易之則易。易曰：『順性命之理。』又曰：『易簡。』是誠在我，何須受强？何容受强？」問曰：「順逆難易，空談道理，誠哉如所言矣。請亦驗之事乎？先以順逆境言之，所云逆境，如恥辱在乎幾微，可以不顧；進之唾罵惡聲入於吾耳，可以不聽；又進之而飢寒迫於肌膚；又進之而箠杖及於體骨；又進之而刀鋸絶命；又進之而鼎鑊糜沸，令之必死，而又不令即死。當恁麼時，此心能道一句順之則順乎否？又進之而縛我一柱，挣脱不得，挫割我骨肉於前，令我覿面觀之；又進之而千魔萬狀，惱亂我修行必需之事，破壞我修行必守之戒，令我決不得自遂初志。當恁麼時，此心又能道一句順之則順乎否？至於事之難易，其最難者如大兵壓境，萬賊臨城，事在旦夕，危於呼吸，君父簡命，誼不得辭。當恁麼時，又能道一句易之則易乎否？」或曰：「此處正所謂順之則順，易之則易者也。凡順逆境之來，必有所自，萬無無因而至者。且如我行一事，本無大過，且是善行，而即此一事，遂以得禍。此似無因，殊不知我此事縱不相招，我生平寧遽無一念一事足以相招者？苟我生平有一事一念足以相招，則即此一禍，正適應此一事一念。此我自知此一禍正適應此一事一念，則此一禍，正我此一事一念之藥石矣。即我生平果潔浄之至，無一事一念足以招此禍者，則必我此一事或可謂善而實未必盡善，或事善，此中未必純善，如精金一塊，内尚微雜礦氣，則此一禍者，又適爲我一爐精金之猛火矣。故逆境之來，庸俗人盡以爲適然，而智者莫不以爲固然也。且不但以爲固然，而實見其有所由然。不但以爲有所由然，而實見其爲天心仁愛之至。所謂欲報至德，昊天罔極者，當恁麽時，夫安得而不順以實順？故以天地之大德曰生，原不忍一毫投人以逆故。若乃事勢之難，如大兵壓境，萬賊臨城時，若我平時曾膺此任，則定思患預防爲先事之計，所不必言。若壞於前人，今我以局外之身，爲人所推，則必先外度其敵，内度其國，上度其君，下度其身，實據己見所及，告人以今日所當爲者；而又實據己力所能，告人以今人所必不可爲者。可以辭，則推舉所知之賢能實勝己者，以濟國家之事；不可辭，而後以身當之。其當事也，不可以自用，自用則孤；不可以任人，任人則危。不問其見出於人，見出於己，見出於智，見出於愚，而要其事情之確然有據，可以信心而不疑者，則斷而行之，不俟終日，疑則闕焉。若其疑而不決，而其事又不可以闕焉置之者，則姑權於利害輕重大小之間，以爲行止焉，其亦庶乎其不至於大失矣！若其事有萬不可知，則鞠躬盡瘁，死而後已，成敗利鈍，非所逆覩。古之君子嘗言之矣，其極不過如前所云，逆境之至，至於絶命而止也。天下事雖至重、至大、至深、至遠，其必以次第而見，次第而成，如持斧析薪，爇火熟食，循理則治，燦然指掌，輕若反手。可行則行，可止則止，將此身交付造物，大光明海中，任他安置，聽我成就，不留絲毫牽枝蔓葉，拖泥帶水，夫又安得而不易乎？」問者曰：「孟子曰『至大至剛，以直養而無害，則塞乎天地之間』。害者，逆之也，難之也；直養者，順而易也。」非曰能之，敬識其意，願從事以終身焉。

輔臣朱震青先生天麟

朱天麟字震青，吴之崑山人。崇禎戊辰進士。其鄉試出先忠端之門。授饒州府推官，選爲翰林院編修，從亡，司票擬，罷官而卒。先生耑志讀書，好深湛之思，以僻書怪事，子虛烏有詮易，讀之汗漫恍惚，而實以寓其胸中所得，有蒙莊之風焉。與人言，蟬聯不自休，未嘗一及世事。明末，士大夫之學道者，類入宗門，如黄端伯、蔡懋德、馬世奇、金聲、錢啓忠皆是也。先生則出入儒、釋之間。諸公皆以忠義垂名天壤。夫宗門無善無不善，事理雙遣，有無不著，故萬事瓦裂。惡名埋没之夫，一入其中，逍遥而便無媿怍。諸公之忠義，總是血心，未能融化宗風，未許謂之知性。後人見學佛之徒，忠義出焉，遂以此爲佛學中所有，儒者亦遂謂佛學無礙於忠孝，不知此血性不可埋没之處，誠之不可掩。吾儒真種子，切勿因諸公而誤認也。

論學書

盡心存心兩語，尊旨劈提盡心一句，撇倒存心下截，弟瞿然疑之。鄙見心只是一，若處囂不雜，居静不枯，作止垢净，有無斷常，泯然銷化者，卽西竺古先生湼不生、槃不滅之妙心也。在我夫子，卽意必固我四絶者是。猶龍氏亦云：「真常應物，常應常静。」此不待擬議，不假思維，如如不動，一了百了，所謂能盡其心者與？大資性人一喝放下，直見本來，朝聞道夕死可矣。凡夫肉團，未遽能爾，所以上士教之曰：「曉得起滅去處，生死大事方決。」又轉一語曰：「果見得起滅的是誰？滅亦由汝，不滅亦由汝。」或卽盡其心，不必存其心之意與？弟又以見得起滅的是誰，仍是不起不滅者。然一時偶識得，而隨緣放曠，恐錯認本來。或逐處發憤尋求，又虞非觀自在法門。故鄙見亟欲以存心爲渡筏。乃尊旨又以

「著一存心，便同存意，譬之水上削波，波何能平？」説得極切隱病。然顧其存心何如，若把一心去存，屬意何辯？卽曰我存心在這裏，執著還類放馳，皆由未識其心耳。所云其心者，意生不順生，意滅不隨滅，一切聲塵感觸，遞有去來。此心初何去來？祇緣結習之久，染著意念聲塵，汩汩興波，波摇水動，漸失妙明。是以學者要當去來現在，心不可得時，認出元本真靈，存存又存，不在内外中間，亦毫無起滅來去。先儒强名之曰：「湛然虚明氣象。」雖然，隔境想及，信口説到易耳，試參十二時中，稍得一刻平衡，不失昏散而冷，便失拘檢而燥。所以存心比之養火，温温得中，良非易易。若念起卽除，又存心中照了消磨緊著，非一味向意根上扒平，如以掌按波之謂也。至於未發不爽其惺，已發不遷其寂，頭頭現成，處處灑脱，則又知性知天，動静不失其時。本等頑鈍如弟，雖遇上智，伸拳樹拂，不啻隔靴，卽一棒一痕，非關真痛。故欲從存其心上，勉强從事，殊見爲難。若直揭盡心一句，固是頂門一針，然謂事理二障，種種難盡，何以一識認其心，便能了當？且其心何以當下便識認得？噫！中庸不可能也。與金正希。

虔中偶語

山川草木，皆有明神，若將我殼子罩他頭上，依舊是人。

外邊色響投胸，皮肉闌之不住，内裏情思赴物，門壁隔之不能，凡夫内外尚合，而況聖心？

痛癢卽知，知實不曾痛癢。

當念起時，憬然無起，於不起處，亦不求滅，其惟静照有恒乎？

鬼神不瞰人之形，專測人之意。毋意則鬼神莫知。陰陽能束我以氣，難縛我於虚，致虚則陰陽莫治。

問：「身當天崩地坼，我在何處？」曰：「今天地完好時，那便是汝。」

每日事事相乘，一事偶歇，旋又無事討事做矣。此際須要常省，便不多事，不失事，纔得事事見個性靈耳。

事到頭來，拚將頭頂著做去，反得自由。

我欲築室深山，視花木開謝爲春秋，不問甲子。或曰：「每年一本曆書，何嘗擾汝？」

徵君孫鍾元先生奇逢

孫奇逢字啓泰，號鍾元，北直容城人。舉鄉書。初尚節俠，左忠毅、魏忠節、周忠介之獄，先後爲之頓舍其子弟，與鹿忠節之父，舉旛擊鼓，斂義士之錢以救之。不足，則使其弟啓美，匹馬走塞外，求援於高陽。逆奄之燄，如火之燎原，先生焦頭爛額，赴之不顧也。燕、趙悲歌慷慨之風久湮，人謂自先生而再見。家有北海亭，名稱其實焉。其後一變而爲理學，卜居百原山，康節之遺址也。其鄉人皆從而化之。先生家貧，遇有宴會，先時蕭然一榻耳，至期則椅桌瓶罍不戒而集。北方之學者，大概出於其門。先生之所至，雖不知其淺深，使喪亂之餘，猶知有講學一脈者，要不可泯也。所著大者有理學宗傳，特表周元公、程純公、程正公、張明公、邵康節、朱文公、陸文安、薛文清、王文成、羅文恭、顧端文十一子爲宗，以嗣孟子之後，諸儒别爲考以次之，可謂别出手眼者矣。歲癸丑，作詩寄羲，勉以蕺山薪傳，讀而愧之。時年九十矣，又二年卒。

歲寒集

自渾朴散而象數之繁，異同之見，理氣之分，種種互起爭長，然皆不謬於聖人，所謂小德之川流也。有統宗會元之至人出焉，一以貫之，所謂大德之敦化也。學者不能有此大見識，切不可專執一偏之見，正宜於古人議論不同處著眼理會，如夷、尹、惠不同，微、箕、比不同，朱、陸不同，豈可相非？正借有此異以證其同，合知廉勇藝而文之以禮樂，愈見冶鑄之手。

忠孝節義，道中之一節一目，文山以箕子自處，便不亟亟求畢旦夕之命。此身一日不死，便是大宋一日不滅，生貴乎順，不以生自嫌，死貴乎安，不以死塞責。

處人之道，心厚而氣和，不獨待君子，卽待小人亦然。

問做人。曰：「飢餓窮愁困不倒，聲色貨利侵不倒，死生患難考不倒，而人之事畢矣。」

問陽明「無善無惡心之體」。曰：「陽明初亦言至善，其所謂無善無惡者，無善之可言，亦猶之乎至善也，非告子之所謂無善也。」

人者天地之心也，人失其爲人，而天地何以清寧？故爲天地立心，爲生民立命者，聖賢之事也。明王不作，聖人已遠，而堯、舜、孔子之心，至今在此，非人也，天也。

問：「理與氣是一是二？」曰：「渾沌之初，一氣而已，其主宰處爲理，其運旋處爲氣，指爲二不可，混爲一不可。」

問：「性也有命，命也有性，性命是一是二？」曰：「性也有命，是就見在去尋源頭，不得認形骸爲塊然之物；命也有性，是就源頭還他見在，不得以於穆爲窈然之精。盡性立命，不容混而爲一，亦不容截而爲二。」

或曰：「士不可小自待，不惟不宜讓今人，并不宜讓古人。」予謂：「士不宜過自恃，不惟宜讓古人，并宜讓今人。無一人不在其上，則無一人不出其下矣；無一人不在其下，則無一人不出其上矣。十年不能去一矜字，此病不小。」

問處事之道。曰：「水到渠成，不必性急，天大事總平常事。」

成缺在事不在心，榮辱在心不在事。

「五十守貧即是道」一語，罔敢失墜，邇聞志是其命，甚覺親切。子曰：「匹夫不可奪志也。」蓋志不可奪，便是造命立命處。

問：「道何在？」曰：「無物不有，無時不然，堯、舜後雖無堯、舜，堯、舜之心至今在，孔子後雖無孔子，孔子之心至今在，亦見之於無物不有，無時不然而已矣。其消息總得之於天。」

念菴云：「戒慎不睹，恐懼不聞，此孔門用工口訣也。」白沙云：「戒慎恐懼，所以防存之而非以爲害也。」白沙是對積學之人說，念菴是對初學之人說。徒飾于共見共聞之際，而隱微未慊，祇自欺之小人，致謹於十目十手之嚴，而跼蹐太甚，終非成德之君子。二公各有對症之藥。

連日取文清「静坐觀心，閒中一樂」八字作功課，客曰：「心何用觀？」曰：「爲其不在也。」客曰：「不在而何以觀？」曰：「一觀之而卽在矣。時時觀則時時在，到得不待觀而無不在，則無不樂，非誠意君子，未可語此。」

人生在世，逐日擾攘，漫無自得，尋其根源，除怨天尤人，別無甚事。

骨肉之間，多一分渾厚，便多留一分天性，是非正不必太明。

問：「士當今日，道應如何？」曰「不辱身」。問「不辱」。曰：「薛文清有言，劉静修百世之師也。」

明儒學案卷五十八　東林學案一

今天下之言東林者，以其黨禍與國運終始，小人既資爲口實，以爲亡國由於東林，稱之爲兩黨，卽有知之者，亦言東林非不爲君子，然不無過激，且依附者之不純爲君子也，終是東漢黨錮中人物。嗟乎！此寱語也。東林講學者，不過數人耳，其爲講院，亦不過一郡之内耳。昔緒山、二溪，鼓動流俗江、浙南畿，所在設教，可謂之標榜矣。東林無是也。京師首善之會，主之爲南皐、少墟，於東林無與。乃言國本者謂之東林，爭科場者謂之東林，攻逆奄者謂之東林，以至言奪情姦相討賊，凡一議之正，一人之不隨流俗者，無不謂之東林，若似乎東林標榜，遍於域中，延於數世，東林何不幸而有是也？東林何幸而有是也？然則東林豈真有名目哉？亦小人者加之名目而已矣。論者以東林爲清議所宗，禍之招也。子言之「君子之道，辟則坊與」，清議者天下之坊也。夫子議臧氏之竊位，議季氏之旅泰山，獨非清議乎？清議熄而後有美新之上言，媚奄之紅本，故小人之惡清議，猶黃河之礙砥柱也。熹宗之時，龜鼎將移，其以血肉撐拒，沒虞淵而取墜日者，東林也。毅宗之變，攀龍髯而蓐螻蟻者，屬之東林乎？屬之攻東林者乎？數十年來，勇者燔妻子，弱者埋土室，忠義之盛，度越前代，猶是東林之流風餘韻也。一堂師友，冷風熱血，洗滌乾坤，無智之徒，竊竊然從而議之，可悲也夫！

端文顧涇陽先生憲成

顧憲成字叔時，別號涇陽，常之無錫人。父學，四子。先生次三，其季允成也。先生年十歲，讀韓文諱辯，遂宛轉以避父名，遇不可避者，輒鬱然不樂。父謂之曰：「昔韓咸安王命子勿諱忠，吾名學，汝諱學，是忘學也。」年十五六，從張原洛讀書。原洛授書不拘傳註，直據其所自得者爲説，先生聽之，輒有會。講論語至「問禘」章，先生曰：「惜或人欠却一問，夫子不知禘之説，何以知知其説之於天下乎？」講孟子至「養心莫善於寡欲」，先生曰：「寡欲莫善於養心。」原洛曰：「舉子業不足以竟子之學，盍問道於方山薛先生乎？」方山見之大喜，授以考亭淵源録曰：「洙泗以下，姚江以上，萃於是矣。」萬曆丙子舉鄉試第一，庚辰登進士第。授户部主事。時江陵當國，先生與南樂魏允中、漳浦劉廷蘭，風期相許，時稱爲三解元。上書吴縣，言時政得失，無所隱避。江陵謂吴縣曰：「聞有三元會，皆貴門生，公知之乎？」吴縣以不知對。江陵病，百官爲之齋醮，同官署先生名，先生聞之，馳往削去。壬午轉吏部，尋告歸。丙戌除驗封司主事。明年大計京朝官，左都御史辛自修剛方，爲婁江所忌。工部尚書何起鳴在拾遺中。或甚之曰：「公何不訐辛，與之同罷，相君且德公矣。」起鳴如其甚，給事並論辛、何，辛、何果同罷。先生上疏，分别君子小人，刺及執政，謫桂陽州判官。柳子厚、蘇子瞻、莊定山曾謫桂陽，先生以前賢過化之地，扁所居曰愧軒。戊子移理處州，明年丁憂。辛卯補泉州，尋擢考功司主事。三王並封，詔下，先生率四司争之，疏九不可，得止。癸巳内計，太宰孫清簡、考功郎趙忠毅，盡斥小人，朝署爲之一清。政府大恚。忠毅降調外任。先生言：「臣與南星同事，南星被罪，臣獨何辭以免？」不報。轉稽勳司。適鄒忠介請去，婁江言文書房傳旨放去。先生曰：「不然。若放去果是，相國宜成皇上之是，該部宜成相國之是；若放去爲非，相國不宜成皇上之非，該部不宜成相國之非。」婁江語塞。自嚴嵩以來，内閣合六部之權而攬之，吏部至王國光、楊巍，指使若奴婢，陸五臺始正統均之體，孫清簡守而不變。婁江於是欲用羅萬化爲冢宰，先生不可，卒用陳恭介。婁江謂先生曰：「近有怪事知之乎？」先生曰：「何也？」曰：「内閣所是，外論必以爲非；内閣所非，外論必以爲是。」先生曰：「外間亦有怪事。」婁江曰：「何也？」曰：「外論所是，内閣必以爲非；外論所非，内閣必以爲是。」相與笑而罷。陞文選司郎中。當是時，推用君子，多不得志，婁江一切歸過於上。先生乘婁江假沐之閒，悉推君子之久詘者，奏輒得可。婁江無以難也。會推閣員，婁江復欲用羅萬化，先生又不可。與太宰各疏所知七人，無不合者，太宰大喜，上之。七人者多不爲時論所喜，而召舊輔王山陰，尤婁江之所不㊀便也。遂削先生籍。

戊戌，始會吴中同志於二泉。甲辰，東林書院成，大會四方之士，一依白鹿洞規。其他聞風而起者，毘陵有經正堂，金沙有志矩堂，荆溪有明道書院，虞山有文學書院，皆捧珠盤，請先生涖焉。先生論學，與世爲體。嘗言官輦轂，念頭不在君父上；官封疆，念頭不在百姓上；至於水間林下，三三兩兩，相與講求性命，切磨德義，念頭不在世道上，卽有他美，君子不齒也。故會中亦多裁量人物，訾議國政，亦冀執政者聞而藥之也。天下君子以清議歸於東林，廟堂亦有畏忌。四明亂政，附四明者多爲君子所彈

㊀「不」原作「爲」，據賈本改。

射，四明度不能留，遂計挈歸德同去，以政授之朱山陰。山陰懦且老，不爲衆所憚。於是小人謀召婁江，以中旨下之。而于東阿、李晉江、葉福清亦同日拜焉。晉江獨在京師，得先入。婁江方引故事，疏辭。先生爲文二篇，號夢語、寐語，譏切之。江西參政姜士昌，以慶賀入，遂疏「錫爵再居相位，偏愎忌刻，摧抑人才，不宜復用」。語連廷機，大抵推先生旨也。東阿以拜官之日卒，不與政。福清素無根柢於舊相，特爲東林所期許，得入。戊申，詔起先生南京光禄少卿，乞致仕。時考選命下，新資臺諫，附和東林者十八九，益相與咀嚼婁江。山陰、晉江不得在位，其黨斥逐殆盡，而福清遂獨秉政。海内皇皇，以起廢一事望之，福清度不能請，請亦不力也。未幾而淮撫之争起。淮撫者，李三才，以豪傑自許，一時君子所屬望爲冢宰總憲者也。小人畏之特甚，遂出奇計攻之。先生故友淮撫。會富平復起爲太宰。富平前與沈嘉禾争丁右武計事，分爲兩黨。先生移書勸之，欲令灑濯嘉禾，引與同心，則依附者自解，且宜擁衛淮撫，勿墮壬人計。富平不省。而好事者遂録其書傳天下，東林由是漸爲怨府。辛亥内計，富平斥崑、宣黨魁七人，小人唁唁而起。儀部丁長孺抗言七人宜斥，救者非是。儀部又先生之門人也。壬子五月，先生卒，年六十三。先生卒後，福清亦罷相。德清用事，臺諫右東林者並出，他傍附者皆以爲法，謫向之罪申、王、沈、朱者，不復口及，而東林獨爲天下大忌諱矣。天啓初，諸正人稍稍復位。鄒忠介請録遺賢，贈太常寺卿。逆奄之亂，小人作東林點將録、天鑒録、同志録以導之，凡海内君子，不論有無干涉，一切指爲東林黨人。以御史石三畏言，削奪先生。崇禎二年，贈吏部右侍郎，謚曰端文。

先生深慮近世學者樂趨便易，冒認自然，故于不思不勉，當下即是，皆令究其源頭，果是性命上透得來否？勘其關頭，果是境界上打得過否？而于陽明無善無惡一語，辨難不遺餘力，以爲壞天下教法，自斯言始。按陽明先生教言：「無善無惡心之體，有善有惡意之動，知善知惡是良知，爲善去惡是格物。」其所謂無善無惡者，無善念惡念耳，非謂性無善無惡也。有善有惡之意，以念爲意也；知善知惡，非意動于善惡，從而分別之。爲知好善惡惡，天命自然，炯然不昧者，知也，卽性也。陽明於此，加一良字，正言性善也。爲善去惡，所謂有不善未嘗不知，知之未嘗復行也。良知是本體，天之道也；格物是工夫，人之道也。蓋上二句淺言之，下二句深言之，心意知物只是一事。今錯會陽明之立論，將謂心之無善無惡是性，由是而發之爲有善惡之意，由是而有分別其善惡之知，由是而有爲善去惡之格物，層層自内而之外，使善惡相爲對待，無善無惡一語，不能自別於告子矣。陽明每言：「至善是心之本體。」又曰：「至善只是盡乎天理之極，而無一毫人欲之私。」又曰：「良知卽天理。」其言天理二字，不一而足，乃復以性無善無不善，自墮其說乎？且既以無善無惡爲性體，則知善知惡之知，流爲粗幾，陽明何以又言良知是未發之中乎？是故心無善念、無惡念，而不昧善惡之知，未嘗不在此至善也。錢啟新曰：「無善無惡之說，近時爲顧叔時、顧季時、馮仲好明白排決不已，不至蔓延爲害。」當時之議陽明者，以此爲大節目。豈知與陽明絕無干涉。嗚㊀呼！天泉證道，龍谿之累陽明多矣。

㊀「嗚」原作「不」，據賈本改。

小心齋劄記

程子每見人静坐，便嘆其善學。羅豫章教李延平於静中看喜怒哀樂氣象。至朱子又曰：「只理會得道理明透，自然是静，不可去討静坐。」三言皆有至理，須參合之始得。

識仁説曰：「仁者渾然與物同體」，只此一語已盡，何以又云「義禮智信皆仁也」？及觀世之號爲識仁者，往往務爲圓融活潑，以外媚流俗，而内濟其私，甚而蔑棄廉恥，決裂繩墨，閃爍回互，誑己誑人，曾不省義禮智信爲何物，猶偃然自命曰「仁」，然後知程子之意遠矣。性卽理也，言不得認氣質之性爲性也。心卽理也，言不得認血肉之心爲心也。皆喫緊爲人語。

或問：「致良知之説何如？」曰：「今之談良知者盈天下，猶似在離合之間也。盍徵諸孟子之言，孩提之童，無不知愛其親也，及其長也，無不知敬其兄也。親親仁也，敬長義也。竊惟仁義爲性，愛敬爲情，知愛知敬爲才，良知二字，蓋通性情才而言之者也。乃主良知者，既曰吾所謂知是體而非用，駁良知者，又曰彼所謂知是用而非體，恐不免各墮邊見矣。」曰：「有言良知卽仁義禮智之智，又有言分别爲知，良知亦是分别，孰當？」曰：「似也，而未盡也。夫良知一也，在惻隱爲仁，在㊀羞惡爲義，在辭讓爲禮，在分别爲智，非可定以何德名之也。只因知字與智字通，故認知爲用者，既專以分别屬之；認知爲體者，又專以智屬之。恐亦不免各墮邊見矣。性體也，情用也，曰知曰能才也，體用之間也。是故性無

㊀「在」原作「爲」，據賈本、備要本改。

爲而才有爲，情有專屬而才無專屬。惟有爲，則仁義禮智，一切憑其發揮，有似乎用，所以説者謂之用也。惟無專屬，則惻隱、羞惡、辭讓、是非，一切歸其統率，有似乎體，所以説者謂之體也。陽明先生揭致知，特點出一個良字，又曰『性無不善，故知無不良』，其言殊有斟酌。」

性太極也，知曰良知，所謂乾元也；能曰良能，所謂坤元也；不慮言易也；不學言簡也。故天人一也，更不分别。自昔聖賢論性，曰「帝衷」，曰「民彝」，曰「物則」，曰「誠」，曰「中和」，總總只是一個善。告子却曰「性無善無不善」。便是要將這善字打破。自昔聖賢論學，有從本領上説者，總總是個求於心；有從作用上説者，總總是個求於氣。告子却曰「不得於言，勿求於心；不得於心，勿求於氣」。便是要將這求字打破。善字打破，本體只是一個空，求字打破，工夫也只是一個空，故曰告子禪宗也。

「許行何如？」曰：「其並耕也，所以齊天下之人，將高卑上下，一切掃去；其不二價也，所以齊天下之物，將精粗美惡，一切掃去。總總成就一個空，與告子一般意思。但告子深，許行淺。許行空却外面的，告子空却裏㊀面的。」

告子仁内義外之説，非謂人但當用力於仁，而不必求合於義，亦非因孟子之辨，而稍有變也。正發明杞柳桮棬之意耳。何也？「食色性也」，原未有所謂仁義，猶杞柳原未有所謂桮棬也；「仁内也，非外也；義外也，非内也」。各滯方所，物而不通，是故仁義成而性虧，猶桮棬成而杞柳虧也。始終只是一説。

㊀「裏」原作「棄」，據賈本改。

「食色性也」，當下卽是，更有何事？若遇食而甘之，遇色而悦之，便未免落在情境一邊，謂之仁，不謂之性矣。若於食而辨其孰爲可甘？於色而辨其孰爲可悦？便未免落在理路一邊，謂之義，不謂之性矣。故曰動意則乖，擬心則差，告子之旨，蓋如此。

訟卦義，有君子之訟，有小人之訟。君子之訟，主於自訟，九五是也；小人之訟，主於訟人，餘五爻是也。

勿謂今人不如古人，自立而已；勿謂人心不如我心，自盡而已。董仲舒曰：「仲尼之門，五尺童子羞稱五霸。」此意最見得好。三千、七十，其間品格之殊，至於倍蓰，只一段心事，個箇光明，提著權謀術數，便覺忸怩，自然不肯齒及他非，故擯而絶之也。

性太極也，諸子百家，非不各有所得，而皆陷於一偏，只緣認陰陽五行爲家當。

丙戌，余晤孟我疆，我疆問曰：「唐仁卿伯元何如人也？」余曰：「君子也。」我疆曰：「何以排王文成之甚？」余曰：「朱子以象山爲告子，文成以朱子爲楊、墨，皆甚辭也，何但仁卿？」已而過仁卿，述之。仁卿曰：「固也，足下不見世之談良知者乎？如鬼如蜮，還得爲文成諱否？」余曰：「大學言致知，文成恐人認識爲知，便走入支離去，故就中間點出一良字。孟子言良知，文成恐人將這個知作光景玩弄，便走入玄虛去，故就上面點出一致字。其意最爲精密。至於如鬼如蜮，正良知之賊也，奈何歸罪於良知？獨其揭無善無惡四字爲性宗，愚不能釋然耳。」仁卿曰：「善。早聞足下之言，向者從祀一疏，尚合有商量也。」

無聲無臭，吾儒之所謂空也；無善無惡，二氏之所謂空也。名似而實遠矣。是故諱言空者，以似廢真，混言空者，以似亂真。

人須是一個真，是非之心，人皆有之，只以不真之故，便有夾帶。是非太明，怕有通不去、合不來的時節，所以須要含糊。少間，又於是中求非，非中求是，久之且以是爲非，以非爲是，無所不至矣。

異教好言父母未生前，又好言天地未生前，不如中庸只説個喜怒哀樂之未發，更爲親切。於此體貼，未生前都在其中矣。

一日遊觀音寺，見男女載道，余謂季時曰：「卽此可以辨儒佛已。凡諸所以爲此者，一片禍福心耳。未見有爲禍福而求諸吾聖人者也。佛氏何嘗邀之使來？吾聖人何嘗拒之使去？佛氏何嘗專言禍福？吾聖人何嘗諱言禍福？就中體勘，其間必有一段真精神，迥然不同處。」季時曰：「此特愚夫愚婦之所爲耳，有識者必不然。」曰：「感至於愚夫愚婦，而後其爲感也真；應至於愚夫愚婦，而後其爲應也真。真之爲言也，純乎天而人不與焉者也。研究到此，一絲莫遁矣。」

知謂識其事之當然，覺謂悟其理之所以然。朱子生平極不喜人説個悟字，蓋有懲於禪門耳。到這裏，又未嘗諱言悟也。

心活物也，而道心人心辨焉。道心有主，人心無主。有主而活，其活也天下之至神也；無主而活，其活也天下之至險也。

或問：「魯齋、草廬之出仕何如？」曰：「在魯齋則可，在草廬則不可。」曰：「得非以魯齋生於其地，而草廬故國人嘗舉進士歟？」曰：「固是。亦尚有説。考魯齋臨終謂其子曰：『我生平爲虚名所累，不能辭官，死後慎勿請謚，但書許某之墓四字，令子孫識其處足矣。』此分明表所仕之非得已，又分明認所仕爲非，媿恨之意，溢于言表，絶不一毫文飾也。乃草廬居之不疑，以爲固然矣。故魯齋所自以爲不可者，乃吾之所謂可；而草廬所自以爲可者，乃吾之所謂不可。自其心論之也。」

唐仁卿痛疾心學之説，予曰：「墨子言仁而賊仁，仁無罪也；楊子言義而賊義，義無罪也；世儒言心而賊心，心無罪也。」仁卿曰：「楊、墨之於仁義，只在跡上模擬，其得其失，人皆見之。而今一切托之于心，無形無影，何處究詰？二者之流害孰大孰小，吾安得不惡言心乎？」予曰：「只提出性字作主，這心便有管束。孔子自言從心所欲不踰矩，矩卽性也。」季時曰：「性字大，矩字嚴，尤見聖人用意之密。」仁卿曰：「然。」

佛法至釋迦一變，蓋迦葉以上有人倫，釋迦無人倫矣。至達磨再變，釋迦之教圓，達磨之教主頓矣。至五宗三變，黄梅㊀以前猶有含蓄，以後機鋒百出，傾囊倒篋，不留一錢看矣。此雲門所以無可奈何，而有「一拳打殺，喂却狗子」之説也。或曰：「何爲爾爾？」由他們畢竟呈出個伎倆來，便不免落窠臼，任是千般播弄，會須有盡。

孔、孟之言，看生死甚輕。以生死爲輕，則情累不干，爲能全其所以生，所以死。以生死爲重，則惟規規焉軀殻之知，生爲徒生，死爲徒死。佛氏之謂生死事大，正不知其所以大也。

㊀「梅」原作「悔」，據賈本改。

人身之生死，有形者也；人心之生死，無形者也。衆人見有形之生死，不見無形之生死，故常以有形者爲主；聖賢見無形之生死，不見有形之生死，故常以無形者爲主。

邇來講識仁説者，多失其意。仁者渾然與物同體，義禮智信皆仁也，此全提也。今也於渾然與物同體，則悉意舉揚，於義禮智信皆仁也，則草草放過。識得仁體，以誠敬存之而已，不須防檢，不須窮索，此全提也。今也於不須防檢，不須窮索，則悉意舉揚，於誠敬存之，則草草放過。若是者非半提而何？既於義禮智信放過，卽所謂渾然與物同體者，亦只窺見儱統意思而已。既於誠敬存之放過，卽所謂不須防檢窮索者，亦只窺見脱灑意思而已。是并其半而失之也。

康齋日録有曰：「君子常常喫虧，方做得。」覽之惕然有省，於是思之曰：「夫子之道，忠恕而已矣，忠恕之道，喫虧而已矣；顔子之道，不校而已矣，不校之道，喫虧而已矣；孟子之道，自反而已矣，自反之道，喫虧而已矣。」

朱子之釋格物，其義甚精，語物則本諸「帝降之衷，民秉之彝」，夫子之所謂「性與天道」，子思之所謂「天命」，孟子之所謂「仁義」，程子之所謂「天然自有之中」，張子之所謂「萬物一原」。語格則約之以四言：「或考之事爲之著，或察之念慮之微，或求之文字之中，或索之講論之際。」蓋謂「内外精粗，無非是物，不容妄有揀擇于其間」。又謂「人之入門，各各不同，須如此收得盡耳」。議者獨執「一草一木，亦不可不理會」兩言，病其支離，則過矣。

惟危惟微，惟精惟一，是從念慮事爲上格；無稽之言勿聽，勿詢之謀勿庸，是就文字講論上格。卽聖人亦不能外是四者。朱子所云，固徹上徹下語也。

不學不慮所謂性也，説者以爲由孩提之不學而能，便可到聖人之不勉而中，由孩提之不慮而知，便可到聖人之不思而得。此猶就聖人孩提分上説。若就性上看聖人之不勉而中，恰到得孩提之不學而能，聖人之不思而得，恰到得孩提之不慮而知耳。雖然，猶二之也。原本只是一個，没些子界限，故曰「大人者不失其赤子之心」者也。

耳目口鼻四肢，人見以爲落在形骸，塊然而不神。今曰「性也，有命焉」。是推到人生以上不容説處，以見性之來脈，極其玄遠，如此不得丢却源頭，認形骸爲塊然之物也。仁義禮智天道，人見以爲來自於穆，窈然而不測。今曰「命也，有性焉」。是直反到愚夫愚婦可與知與能處，以見命之落脈，極其切近，如此不得丢却見在，認於穆爲窈然之物也。

書言「人心惟危，道心惟微」，直是八字。打開太極圖説，言「無極之真，二五之精，妙合而凝」，即人心道心，又不是截然兩物也。孟子之論性命，備發其旨。「性也，有命焉」，蓋就人心拈出道心，以爲舍無極没處尋二五也；「命也，有性焉」，蓋就道心攝入人心，以爲舍二五没處討無極也。所謂妙合而凝，蓋如此。

道者，綱常倫理是也。所謂天叙有典，天秩有禮，根乎人心之自然而不容或已者也。有如佛氏之説行，則凡忠臣孝子，皆爲報夙生之恩而來，凡亂臣賊子，皆爲報夙生之怨而來。反諸人心之自然而不容或已處，吾見了不相干也。於是綱常倫理，且茫焉無所繫屬，而道窮矣。法者，黜陟予奪是也。所謂天命有德，天討有罪，發乎人心之當然而不容或爽者也。有如佛氏之説行，則凡君子而被戮辱，皆其自作之孽，而戮辱之者，非爲傷善；凡小人而被顯榮，皆其自貽之體，而顯榮之者，非爲庇惡。揆諸人心之當然而不容或爽處，吾見了不相蒙也。於是黜陟予奪，且貿然無所憑依，而法窮矣。

周子主静，蓋從無極來，是究竟事。程子喜人静坐，則初下手事也。然而静坐最難，心有所在則滯，無所在則浮。李延平所謂看喜怒哀樂未發氣象，正當有在無在之間，就裏得個入處，循循不已。久之氣漸平，心漸定，獨居如是，遇事如是，接人如是，卽喜怒哀樂紛然突交於前，亦復如是，總總一箇未發氣象，渾無内外寂感之别，下手便是究竟處矣。

程叔子曰：「聖人本天，釋氏本心。」季時爲添一語：「衆人本形。」

史際明曰：「宋之道學，在節義之中；今之道學，在節義之外。」予曰：「宋之道學，在功名富貴之外；今之道學，在功名富貴之中。在節義之外，則其據彌巧；在功名富貴之中，則其就彌下。無惑乎學之爲世詬也。」

或㊀問佛氏大意，曰：「三藏十二部，五千四百八十卷，一言以蔽之曰：『無善無惡。』試閲七佛偈，便自可見。」曰：「永嘉證道歌謂：『棄有而著無，如舍溺而投火。』恐佛氏未必以無爲宗也。」曰：「此只就『無善無惡』四字翻弄到底，非有别義也。棄有，以有爲惡也；著無，以無爲惡也。是猶有善有惡也。無亦不著，有亦不棄，則無善無惡矣。自此以往，節節推去，掃之又掃，直掃得没些子剩，都是這箇

㊀「或」原作「惑」，據賈本改。

意思。」

有駁良知之説者，曰：「分別爲知，良知亦是分別。」余曰：「分別非知，能分別者知也。認分別爲知，何啻千里！」曰：「知是心之發竅處，此竅一發，作善由之，作不善由之，如何靠得他作主？」余曰：「知善知惡是曰良知，假令善惡雜出，分別何在？」曰：「所求者既是靈明，能求者復是何物？如以靈明求靈明，是二之也。」余曰：「卽本體爲工夫，何能非所？卽工夫爲本體，何所非能？果若云云，孔子之言操心也，孰爲操之？孟子之言存心也，孰爲存之？俱不可得而解矣。」曰：「傳習録中一段云：『蘇秦、張儀，也窺見良知妙用，但用之於不善耳。』陽明言良知卽天理，若二子窺見妙用㊀，一切邪思枉念都無栖泊處。如之何用之於不善乎？揆諸知善知惡之説，亦自不免矛盾也。」余曰：「陽明看得良知無善無惡，故如此説，良知何病？如此説良知，未能無病。陽明應自有見，恨無從就正耳。」

按秦、儀一段，係記者之誤，故劉先生將此删去。

問：「孟子道性善，更不説性如何樣善，只道乃若其情，則可以爲善矣。乃所謂善也。可見性中原無處著個善，卽今反觀，善在何處？」曰：「我且問卽今反觀，性在何處？」曰：「處處是性，從何拈出？」曰：「如此我且不問性在何處，但問性與善是一是二？」曰：「是一非二。」曰：「如此却説恁著不著？」

羅近溪以顏山農爲聖人，楊復所以羅近溪爲聖人，李卓吾以何心隱爲聖人。何心隱輩，坐在利欲膠漆盆中，所以能鼓動人者，緣他一種聰明，亦自有不可到處。耿司農擇家僮

㊀「但用之」至「妙用」二十二字，據賈本補。

四人，每人授一百金，令其生殖，内一人從心隱問計，心隱授以六字曰：「一分買，一分賣。」又益以四字曰：「頓買零賣。」其人用之起家，至數萬。試思兩言，至平至易，至巧妙，以此處天下事，可迎刃而解。假令其心術正，固是有用才也。

喫緊只在識性，識得時，不思不勉是率性，思勉是修道；識不得時，不思不勉是忘，思勉是助。總與自性無干。

謂之善，定是不思不勉；謂之不思不勉，尚未必便是善。

伍容菴曰：「心既無善，知安得良？」其言自相悖。

朱子云：「佛學至禪學大壞。」只此一語，五宗俱應下拜。

羲謂至棒喝而禪學又大壞。

余弱冠時好言禪，久之，意頗厭而不言，又久之，恥而不言，至於今，乃畏而不言。羅近溪於此最深，及見其子讀大慧語録，輒呵之。卽管東溟亦曰：「吾與子弟並未曾與語及此。」吾儒以理爲性，釋氏以覺爲性。語理則無不同，自人而禽獸，而草木，而瓦石，一也。雖欲二之，而不可得也。語覺則有不同矣。是故瓦石未嘗無覺，然而定異乎草木之覺，草木未嘗無覺，然而定異乎禽獸之覺，禽獸未嘗無覺，然而定異乎人之覺，雖欲一之，而不可得也。今將以無不同者爲性乎？以有不同者爲性乎？

史際明曰：「天下有君子有小人，君子在位，其不能容小人，宜也。至於并常人而亦不能容焉，彼且退而附於小人，而君子窮矣。小人在位，其不能容君子，宜也。至於并常人而不能容焉，彼且進而附於君子，而小人窮矣。」

義㈠謂：常人附於君子，亦君子之窮也。常人未必真能爲君子，則小人并疑君子之爲常人，而得以藉口矣。此東林君子往往爲依附者所累也。

玉池問：「念菴先生謂：『知善知惡之知，隨發隨泯，當於其未發求之。』何如？」曰：「陽明之於良知，有專言之者，無知無不知是也。有偏言之者，知善知惡是也。陽明生平之所最喫緊只是良知二字，安得遺未發而言？只緣就大學提宗，並舉心意知物，自不得不以心爲本體。既以心爲本體，自不得不以無善無惡屬心。既以無善無惡屬心，自不得不以知善知惡屬良知。參互觀之，原自明白。念菴恐人執用而忘體，因特爲拈出未發。近日王塘南先生又恐人離用而求體，因曰：『知善知惡，乃徹上徹下語，不須頭上安頭。』此於良知並有發明，而於陽明全提之指，似均之契悟未盡也。」

近世喜言無善無惡，就而卽其旨，則曰：「所謂無善，非真無善也，只是不著于善耳。」予竊以爲經言無方無體，是恐著了方體也；言無聲無臭，是恐著了聲臭也；言不識不知，是恐著了識知也。何者？吾之心，原自超出方體聲臭識知之外也。至於善，卽是心之本色，說恁著不著？如明是目之本色，還說得個不著于明否？聰是耳之本色，還說得個不著于聰否？又如孝子，還可說莫著于孝否？如忠臣，還可說莫著于忠否？昔陽明遭寧藩之變，日夕念其親不置，門人問曰：「得無著相？」陽明曰：「此相如何不著？」斯言足以破之矣。

㈠「義」原作「羲」，形近而譌。

管東溟曰：「凡説之不正，而久流於世者，必其投小人之私心，而又可以附於君子之大道者也。」愚竊謂無善無惡四字當之。何者？見以爲心之本體，原是無善無惡也，合下便成一個空。見以爲無善無惡，只是心之不著于有也，究竟且成一個混。空則一切解脱，無復掛礙，高明者入而悦之，於是將有如所云：以仁義爲桎梏，以禮法爲土苴，以日用爲緣塵，以操持爲把捉，以隨事省察爲逐境，以訟悔遷改爲輪廻，以下學上達爲落階級，以砥節礪行，獨立不懼，爲意氣用事者矣。混則一切含糊，無復揀擇，圓融者便而趨之，於是將有如所云：以任情爲率性，以隨俗襲非爲中庸，以閹然媚世爲萬物一體，以枉尋直尺爲捨其身濟天下，以委曲遷就爲無可無不可，以猖狂無忌爲不好名，以臨難苟安爲聖人無死地，以頑鈍無恥爲不動心者矣。由前之説，何善非惡？由後之説，何惡非善？是故欲就而詰之，彼其所占之地步甚高，上之可以附君子之大道。欲置而不問，彼其所握之機緘甚活，下之可以投小人之私心。即孔、孟復作，亦奈之何哉！

問：「本朝之學，惟白沙、陽明爲透悟，陽明不及見白沙，而與其高弟張東所、湛甘泉相往復，白沙靜中養出端倪，陽明居夷處困，悟出良知，良知似即端倪，何以他日又闢其勿忘勿助？」曰：「陽明目空千古，直是不數白沙，故生平並無一語及之。至勿忘勿助之闢，乃是平地生波。白沙曷嘗丢卻有事，只言勿忘勿助㊀？非惟白沙，從來亦無此等呆議論也。」

語本體，只是性善二字；語工夫，只是小心二字。

㊀「之闢」至「勿助」二十二字，據賈本補。

問也。」

商語

丁長孺曰：「聖賢無討便宜的學問，學者就跳不出安飽二字。猶妄意插脚道中，此討便宜的學問也。」

博文是開拓功夫，約禮是收斂功夫。

乾坤，一闔一闢也；坎離，一虚一實也；震艮，一動一静也；兑巽，一見一伏也。皆可作博約註疏。

王龍谿問佛氏實相幻相之説於陽明，陽明曰：「有心俱是實，無心俱是幻，無心俱是實，有心俱是幻。」龍溪曰：「有心俱是實，無心俱是幻，是本體上説工夫；無心俱是實，有心俱是幻，是工夫上説本體。」又陽明曰：「不睹不聞是本體，戒慎恐懼是工夫。」又曰：「戒慎恐懼是本體，不睹不聞是工夫。」予曰：「凡説本體，容易落在無一邊。陽明所云『無心俱是幻』，景逸所云『不做工夫的本體』也。今曰『戒慎恐懼是本體』，卽不睹不聞原非是無，所云『有心俱是實』，此矣！凡説工夫，容易落在有一邊。陽明所云『有心俱是幻』，景逸所云『不識本體的工夫』也。今曰『不睹不聞卽工夫』，卽戒慎恐懼原非是有，所云『無心俱是實』，此矣！」

喜怒哀樂之未發謂之中，是所空者喜怒哀樂也，非善也。上天之載無聲無臭，是所空者聲臭也，非善也。夫善者，内之不落喜怒哀樂，外之不落聲臭，本至實，亦本至空也。又欲從而空之，將無架屋上之屋，疊牀下之牀也！

金玉瓦礫之喻，殊覺不倫。夫善者，指吾性之所本有而名之也；惡者，指吾性之所本無而名之也。

金玉瓦礫，就兩物較之，誠若判然。若就眼上看金玉瓦礫，均之爲惡也，非善也，以其均之爲眼之所本無也。取所本無喻所本有，非其類矣。

孟子曰：「乃若其情，則可以爲善矣。乃所謂善也。」蓋因用以顯體也。愚作一轉語曰：「乃所謂性，則無不善矣。乃所以善也。」蓋因體以知用也。

或謂：「性體虛明湛寂，善不得而名之。以善名性，淺之乎其視性矣！」竊意善者萬德之總名，虛明湛寂，皆善之別名也。名曰清虛湛一則得，名曰善則不得，十與二五，有以異乎？將無淺之乎其視善也？

孟子不特道情善，且道形善，所謂形色天性是也。情之虛明湛寂不待言，形則不免重滯矣。由孟子言之，都是虛明湛寂的。何者？以肉眼觀，通身皆肉，以道眼觀，通身皆道也。象山每與人言「爾目自明，爾耳自聰」，亦是此意。

陽明之無善無惡，與告子之無善無惡不同，然費個轉語，便不自然。假如有人於此，揭兼愛爲仁宗，而曰「我之兼愛，與墨氏之兼愛也不同」，揭爲我爲義宗，而曰「我之爲我，與楊氏不同也」，人還肯之否？

古之言性者出于一，今之言性者出于二。出于一，純乎太極而爲言也；出于二，雜乎陰陽五行而爲言也。書曰：「惟皇上帝降衷于下民。」詩曰「天生蒸民，有物有則。」皆就陰陽五行中，拈出主宰。所謂太極也，以其渾然不偏曰衷，以其確然不易曰則，試于此體味，可謂之無善無惡乎？可謂之有善有惡乎？可謂之能爲善，亦能爲惡乎？是故以四端言性，猶云是用非體，即以四德言性，猶云是條件非統體，其善還在可疑可信之間。惟知帝衷物則之爲性，不言善而其爲善也昭昭矣。

形有方所，是極實的物事，易于凝滯。要其所以爲形，本之天命之散而成用也。其亦何嘗不虛也？耳順，則有方所者，悉歸融化。實而能虛，不局于有矣。心無方所，是極虛的物事，易於走作。乃其所以爲心，本之天命之聚而成體也。其亦何嘗不實也？從心所欲，不踰矩，則無方所者，悉歸調伏。虛而能實，不蕩于無矣。

鄧定宇秋游記有：「天也不做他，地也不做他，聖人也不做他。」龍溪極賞之。新本删去此三語，是此老百尺竿頭進步，惟恐發人之狂，預爲掃蕩也。

高景逸曰：「果是透性之人，卽言收攝，不曾加得些子。若未透性，卽言自然，不免加了自然的意思。況借自然，易流懶散；借收攝，可討入頭。故聖賢立教，必通上下，照古今。若以今日禪家的話頭，去駁孔子，語語是病。不知聖賢所以至今無病者，正在此也。」陽明之良知至矣，暨其末流，上者益上，下者益下，則非陽明本指也。江右先達如羅念菴，于此每有救正，王塘南于此每有調停，便俱受不透性之譏矣。

心之所以爲心，非血肉之謂也，應有個根柢處，性是已。舍性言心，其究也必且墮在情識之內，粗而不精。天之所以爲天，非窈冥之謂也，應有個著落處，性是已。舍性言天，其究也必且求諸常人之外，虛而不實。

論學書

陽明先生曰：「求諸心而得，雖其言之非出于孔子者，亦不敢以爲非也；求諸心而不得，雖其言之出于孔子者，亦不敢以爲是也。」此兩言者，某竊疑之。夫人之一心，渾然天理，其是天下之真是也，其非天下之真非也，然而能全之者幾何？惟聖人而已矣。自此以下，或偏或駁，遂乃各是其是，各非其非，欲一一而得其真，吾見其難也。故此兩言者，其爲聖人設乎？則聖人之心，雖千百載而上下冥合符契，可以考不謬，俟不惑，無有求之而不得者。其爲學者設乎？則學者之去聖人遠矣，其求之或得或不得，宜也。於此正應沉潛玩味，虛衷以俟，更爲質諸先覺，考諸古訓，退而益加培養，洗心宥密，俾其渾然者，果無媿于聖人。如是而猶不得，然後徐斷其是非，未晚也。苟不能然，而徒以兩言橫于胸中，得則是，不得則非，其勢必至自專自用，憑恃聰明，輕侮先聖，註脚六經，無復忌憚，不亦誤乎？陽明嘗曰：「心卽理也。」某何敢非之？然而言何容易！孔子七十從心不踰矩，始可以言心卽理。七十以前，尚不知如何也！顏子其心三月不違仁，始可以言心卽理。三月以後，尚不知如何也！若漫曰心卽理也，吾問其心之得不得而已。此乃無星之秤，無寸之尺，其于輕重長短，幾何不顚倒而失措哉！與李見羅。

心在人欲上便是放，在天理上便是收。天理本內也，因而象之曰在內，人欲本外也，因而象之曰在外，非有方所可求。知此，則知把柁之所在矣。今曰著意收也，恐收卽成礙，任其走作，腔子裏何物把柁？似只在方所上揣摩，而不於理欲關頭討個分曉，將來恰成一弄精魂漢，乃放心，非求放心也。復唐大光。

南昌有朱以功布衣，行修言道，慥慥君子也，足與章本清布衣，頡頏後先，暇中可物色之。

佛學三藏十二部，五千四百八十卷，一言以蔽之曰：「無善無惡。」第辯四字於告子易，辨四字于佛氏難。以告子之見性粗，佛氏之見性微也。辨四字於佛氏易，辨四字於陽明難。在佛自立空宗，在吾儒則陰壞實教也，夫自古聖人教人爲善去惡而已，爲善爲其固有也，去惡去其本無也，本體如是，工夫如是，其致一而已矣。陽明豈不教人爲善去惡？然既曰「無善無惡」，而又曰「爲善去惡」，學者執其上一語，不得不忽其下一語也。何者？心之體無善無惡，則凡所謂善與惡，皆非吾之所固有矣。皆非吾之所固有，則皆情識之用事矣。皆情識之用事，皆不免爲本體之障矣。將擇何者而爲之？未也。心之體無善無惡，則凡所謂善與惡，皆非吾之所得有矣。皆非吾之所得有，則皆感遇之應迹矣。皆感遇之應迹，則皆不足爲本體之障矣。將擇何者而去之？猶未也。心之體無善無惡，吾亦無善無惡已耳。若擇何者而爲之，便未免有善在；若擇何者而去之，便未免有惡在，若有善有惡，便非所謂無善無惡矣。陽明曰：「四無之說，爲上根人立教，四有之說，爲中根以下人立教。」是陽明且以無善無惡，掃却爲善去惡矣。既已掃之，猶欲留之，縱曰爲善去惡之功，自初學至聖人，究竟無盡，彼直見以爲是權教，非實教也，其誰肯聽？既已拈出一個虛寂，又恐人養成一個虛寂，縱重重教戒，重重囑咐，彼直見以爲是爲衆人說，非爲吾輩說也，又誰肯聽？夫何故欣上而厭下，樂易而苦難？人情大抵然也。投之以所欣，而復困之以所厭，畀之以所樂，而復攖之以所苦，必不行矣。故曰惟其執上一語，雖欲不忽下一語，而不可得；至於忽下一語，其上一語雖欲不弊，而不可得也。羅念菴曰：「終日談本體，不說工夫，纔拈工夫，便以爲外道。」使陽明復生，亦當攢眉。」王塘南曰：「心意之物，皆無善無惡。使學者以虛見爲實悟，必依憑此語，如服鴆毒，未有不殺人者。」海内有號爲超悟，而竟以破戒負不韙之名，正以中此毒而然也。且夫四無之說，主本體言也，陽明方曰是接上根人法，而識者至等之鴆毒；四有之說，主工夫言也，陽明第曰是接中根以下人法，而昧者遂等之外道。然則陽明再生，目擊玆弊，將有摧心扼腕，不能一日安者，何但攢眉已乎？以上與李孟白。

當下繹

當下者，卽當時也。此是各人日用間，現現成成一條大路，但要知有個源頭在。何也？吾性合下具足，所以當下卽是合下。以本㊀體言，通攝見在過去未來，最爲圓滿；當下以對境言，論見在不論過去未來，最爲的切。究而言之，所謂本體，原非於對境之外，另有一物，而所謂過去未來，要亦不離於見在也。特具足者，委是人人具足，而卽是者，尚未必一一皆是耳。是故認得合下明白，乃能識得當下，認得當下明白，乃能完得合下。此須細細參求，未可率爾也。

平居無事，不見可喜，不見可嗔，不見可疑，不見可駭，行則行，住則住，坐則坐，卧則卧，卽衆人與

㊀「本」原作「合」，據賈本改。

聖人何異？至遇富貴，鮮不爲之充詘矣；遇貧賤，鮮不爲之隕穫矣；遇造次，鮮不爲之擾亂矣；遇顛沛，鮮不爲之屈撓矣。然則富貴一關也，貧賤一關也，造次一關也，顛沛一關也。到此直令人肝腑具呈，手足盡露，有非聲音笑貌所能勉强支吾者。故就源頭上看，必其無終食之間違仁，然後能於富貴貧賤造次顛沛處之如一；就關頭上看，必其能於富貴貧賤造次顛沛處之如一，然後算得無終食之間違仁耳。

予謂平居無事，一切行住坐卧，常人亦與聖人同，大概言之耳。究其所以，却又不同。蓋此等處，在聖人都從一團天理中流出，是爲真心；在常人則所謂日用而不知者也，是爲習心。指當下之習心，混當下之真心，不免毫釐而千里矣。昔李襄敏講學，諸友競辨良知，發一問曰：「堯、舜、孔子，豈不同爲萬世之師？今有人過堯、舜之廟而不下車者，則心便安；過孔子之廟而不下車者，則心便不安。就下車孔廟而言，指曰良知，則分明是個良知；就不下車堯、舜廟而觀，則安於堯、舜廟者，固是個習心，而不安於孔廟者，亦祇是個習心耳。良知何在？」衆皆茫然無對。

忠憲高景逸先生攀龍

高攀龍字存之，别號景逸，常州之無錫人。萬曆己丑進士。尋丁嗣父憂。服闋，授行人。時四川僉事張世則上疏，謂程、朱之學不能誠意，壞宋一代之風俗。進所著大學古本初義，欲施行天下，一改章句之舊。先生上疏駁之，寢其進書。婁江再入輔政，驅除異己六十餘人。以趙用賢望重，示意鄭材、楊應宿訐其絶婚，去之。先生劾錫爵聲音笑貌之間，雖示開誠布公之意，而精神心術之微，不勝作好作惡之私。謫揭陽，添註典史，半載而歸。遂與顧涇陽復東林書院，講學其中。每月三日，遠近集者數百人，以爲紀綱世界，全要是非明白。小人聞而惡之，廟堂之上，行一正事，發一正論，俱目之爲東林黨人。天啓改元，先生在林下已二十八年，起爲光禄寺丞，陞少卿署寺事。孫宗伯明春秋之義，劾舊輔方從哲。先生會議，持之益力。轉太常、大理，晉太僕卿。乞差還里，甲子，卽家起刑部侍郎。逆奄魏忠賢亂政，先生謂同志曰：「今日之事，未能用倒倉之法，唯有上下和衷，少殺其毒耳。」其論與先忠端公相合。總憲缺，先忠端公上速推憲臣慎簡名賢疏，意任先生也。陞左都御史，糾大貪御史崔呈秀，依律遣戍。亡何，逆奄與魏廣微合謀，借會推晉撫一事，盡空朝署。先生遂歸。明年，三朝要典成。坐移宫一案，削籍爲民，毁其東林書院。丙寅，又以東林邪黨逮先生及忠端公七人。緹帥將至，先生夜半書遺疏，自沉止水，三月十七日也。年六十有五。疏云：「臣雖削奪，舊係大臣，大臣受辱，則辱國。故北向叩頭，從屈平之遺則。君恩未報，結願來生。」崇禎初，逆奄呈秀伏誅。贈太子少保、兵部尚書，賜祭葬，蔭子，謚忠憲。

其自序爲學之次第云：「吾年二十有五，聞令公李元冲名復陽。與顧涇陽先生講學，始志于學。以爲聖人所以爲聖人者，必有做處，未知其方。看大學或問，見朱子説『入道之要，莫如敬』，故專用力于肅恭收斂，持心方寸間，但覺氣鬱身拘，大不自在。及放下，又散漫如故，無可奈何。久之，忽思程子謂『心要在腔子裏』，不知腔子何所指？果在方寸間否耶？覔註釋不得，忽於小學中見其解曰：『腔子猶言身子耳。』大喜。以爲心不耑在方寸，渾身是心也，頓自輕鬆快活。適江右羅止菴名懋忠。來講李見羅修身爲本之學，正合於余所持循者，益大喜不疑。是時，只作知本工夫，使身心相得，言動無謬。己丑第後，益覺此意津津。憂中讀禮讀易。壬辰，謁選。平生恥心最重，筮仕自盟曰：『吾于道未有所見，但依吾獨知而行，是非好惡無所爲而發者，天啓之矣。』驗之，頗近於此。畧見本心，妄自擔負，期於見義必爲。冬至朝天宮習儀，僧房静坐，自見本體。忽思『閑邪存誠』句，覺得當下無邪，渾然是誠，更不須覔誠，一時快然如脱纏縛。癸巳，以言事謫官，頗不爲念。歸嘗世態，便多動心。甲午秋，赴揭陽，自省胸中理欲交戰，殊不寧帖。在武林與陸古樵、名粹明。吴子往名志遠。談論數日，一日古樵忽問曰：『本體何如？』余言下茫然，雖答曰：『無聲無臭。』實出口耳，非由真見。將過江頭，是夜明月如洗，坐六和塔畔，江山明媚，知己勸酧，爲最適意時。然余忽忽不樂，如有所束。勉自鼓興，而神不偕來，夜闌别去，余便登舟。猛省曰：『今日風景如彼，而余之情景如此，何也？』窮自根究，乃知于道全未有見，身心總無受用。遂大發憤曰：『此行不徹此事，此生真負此心矣。』明日，于舟中厚設蓐席，嚴立規程，以半日静坐，半日讀書。静坐中不帖處，只將程、朱所示法門，參求於几，『誠敬主静』，『觀喜怒哀樂未發』，『默坐澄心』，『體認天理』等一一行之。立坐食息，念念不舍，夜不解衣，倦極而睡，睡覺復坐，於前諸法，反覆更互，心氣清澄時，便有塞乎天地氣象，第不能常。在路二月，幸無人事，而山水清美，主僕相依，寂寂静静。晚間，命酒數行，停舟青山，徘徊碧澗，時坐磐石，溪聲鳥韻，茂樹修篁；種種悦心，而心不著境。過汀州，陸行至一旅舍，舍有小樓，前對山，後臨澗，登樓甚樂。偶見明道先生曰：『百官萬務，兵革百萬之衆，飲水曲肱，樂在其中。萬變俱在人，其實無一事。』猛省曰：『原來如此，實無一事也。』一念纏繇，斬然遂絶，忽如百斤擔子，頓爾落地。又如電光一閃，透體通明，遂與大化融合無際，更無天人内外之隔。至此見六合皆心，腔子是其區宇，方寸亦其本位，神而明之，總無方所可言也。平日深鄙學者張皇説悟，此時只看作平常，自知從此方好下工夫耳。乙未春，自揭陽歸，取釋、老二家參之，釋典與聖人所争毫髮。其精微處，吾儒具有之，總不出無極二字；弊病處，先儒具言之，總不出無理二字。觀二氏而益知聖道之高，若無聖人之道，便無生民之類，卽二氏亦飲食衣被其中而不覺也。戊戌，作水居，爲静坐讀書計。然自丙申後數年，喪本生父母，徙居婚嫁，歲無寧息，只於動中練習，但覺氣質難變。甲辰，顧涇陽先生始作東林精舍，大得朋友講習之功，徐而驗之，終不可無端居静定之力。蓋各人病痛不同，大聖賢必有大精神，其主静只在尋常日用中。學者神短氣浮，須數十年静力，方得厚聚深培。而最受病處，在自幼無小學之教，浸染世俗，故俗根難拔。必埋頭讀書，使義理浹洽，變易其俗腸俗骨，澄神默坐，使塵妄消散，堅凝其正心正氣，乃可耳。余以最劣之質，卽有豁然之見，而缺此一大段工夫，其何濟焉！所幸呈露面目以來，纔一提策，便是原物。丙午，方實信孟子『性善』之旨。此性無古無今，無聖無凡，天地人只是一個。惟最上根，潔清無蔽，便能信入。其次全在學力，稍隔一塵，頓遥萬里。孟子所以示瞑眩之藥也。丁未，方實信程子『鳶飛魚躍，與必有事焉』之旨。謂之性者，色色天然，非由人力。鳶飛魚躍，誰則使之？勿忘勿助，猶爲學者戒勉。若真機流行，瀰漫布濩，亘古亘今，間不容息，于何而忘？于何而助？所以必有事者，如植穀然，根苗花實，雖其自然變化，而栽培灌溉，全非勉强學問。苟漫説自然，都無一事，卽不成變化，亦無自然矣。辛亥，方實信大學『知本』之旨。壬子，方實信中庸之旨。此道絶非名言可形。程子名之曰『天理』，陽明名之曰『良知』，總不若中庸二字爲盡。中者停停當當，庸者平平常常，有一毫走作，便不停當，有一毫造作，便非平常，本體如是，工夫如是，天地聖人不能究竟，況于吾人，豈有涯際？勤物敦倫，謹言敏行，兢兢業業，斃而後已云爾。」此先生甲寅以前之功如此，其後涵養愈粹，工夫愈密，到頭學力，自云「心如太虛，本無生死」。子劉子謂：「先生心與道一，盡其道而生，盡其道而死，是謂無生無死。」非佛氏所謂無生死也。先生之學，一本程、朱，故以格物爲要。但程、朱之格物，以心主乎一身，理散在萬物，存心窮理，相須並進。先生謂「纔知反求諸身，是真能格物者也」，頗與楊中立所説「反身而誠，則天下之物無不在我」爲相近，是與程、朱之旨異矣。先生又曰：「人心明，卽是天理。窮至無妄處，方是理。」深有助乎陽明「致良知」之説，而謂：「談良知者，致知不在格物，故虛靈之用，多爲情識，而非天則之自然，去至善遠矣。吾輩格物，格至善也，以善爲宗，不以知爲宗也。」夫善豈有形象？亦非有一善從而知之，知之推極處，卽至善也。致良知正是止至善，安得謂其相遠？總之，致知格物，無先後之可言。格物者申明致之一字，格物卽在致之中，未有能致而不謂之格物者。先生謂有不格物之致知，則其所致者何事？故必以外窮事物之理爲格物，則可言陽明之致知不在於格物。若如先生言，人心明卽是天理，則陽明之致知，卽是格物，明矣。先生之格物，本無可議，特欲自别於陽明，反覺多所扞格耳。

語

有物必有則，則者至善也，窮至事物之理，窮至於至善處也。

格物是隨事精察，物格是一以貫之。

人心之靈，莫不有知，良知也；因其已知而益窮之，至乎其極，致良知也。

纔知反求諸身，是真能格物者也。

格物愈博，則歸本愈約，明則誠也。

窮理者格物也，知本者物格也。窮理，一本而萬殊；知本，萬殊而一本。

學者以知至爲悟，不悟不足以爲學，故格物爲要。

無工夫則爲私欲牽引於外，有工夫則爲意念束縛於中，故須物格知至，誠正乃可言也。

朱子曰：「致知格物，只是一事。格物以理言也，致知以心言也。」由此觀之，可見物之格卽知之至，而心與理一矣。今人說著物，便以爲外物，不知不窮其理，物是外物，物窮其理，理卽是心。故魏莊渠曰：「物格則無物矣。」

學者無窮工夫，心之一字乃大總括；心有無窮工夫，敬之一字乃大總括。

心無一事之爲敬。

無適自然有主，不假安排。

不知敬之卽心，而欲以敬存心，不識心，亦不識敬。

無妄之謂誠，無適之謂敬，有適皆妄也。

主一之謂敬，無適之謂一，人心如何能無適？故須窮理，識其本體。所以明道曰：「學者須先識仁，識得仁體，以誠敬存之而已。」故居敬窮理，只是一事。

朱子立主敬三法，伊川整齊嚴肅，上蔡常惺惺，和靖其心收斂，不容一物。言敬者總不出此。然常惺惺，其心收斂，一著意便不是。蓋此心神明，難犯手勢，惟整齊嚴肅，有妙存焉，未嘗不惺惺，未嘗不收斂，内外卓然，絶不犯手也。

人心放他自由不得。

心中無絲髮事，此爲立本。

理不明，故心不静，心不静而别爲法以寄其心者，皆害心者也㊀。人心戰戰兢兢，故坦坦蕩蕩，何也？以心㊁中無事也。試想臨深淵，履薄冰，此時心中還著得一事否？故如臨如履，所以形容戰戰兢兢，必有事焉之象，實則形容坦坦蕩蕩，澄然無事之象也。

真知天，自是形體隔不得。觀天地則知身心，天包地外，而天之氣透于地中，地之氣皆天之氣。心天也，身地也，天依地，地依天，天地自相依倚。心依身，身依心，身心自相依倚。

㊀「也」字據賈本補。

㊁「心」下原有「也」字，據賈本删。

心即精神，不外馳即内凝，有意凝之，反梏之矣。

朱子曰：「滿腔子是惻隱之心。」是就人身上指出此理充塞處，最爲親切。蓋天地之心，充塞於人身者，爲惻隱之心；人心充塞天地者，即天地之心。人身一小腔子，天地即大腔子也。

孟子：「心之官則思。」思則虚靈不昧之謂。思是心之睿，於心爲用。著事之思，又是思之用也。

一念反求，此反求之心，即道心也。更求道心，轉無交涉。

須知動心最可恥。心至貴也，物至賤也，奈何貴爲賤役？

何以謂心本仁？仁者生生之謂，天只是一個生，故仁即天也。天在人身爲心，故本心爲仁。其不仁者心蔽於私，非其本然也。

人身内外皆天也，一呼一吸，與天相灌輸。其死也，特脱其闔闢之樞紐而已，天未嘗動也。

理静者理明欲浄，胸中廓然無事而静也。氣静者定久氣澄，心氣交合而静也。理明則氣自静，氣静理亦明，兩者交資互益，以理氣本非二。故默坐澄心，體認天理，爲延平門下至教也。若徒以氣而已，動即失之，何益哉？

默坐澄心，體認天理，謂默坐之時，此心澄然無事，乃所謂天理也，要於此時默識此體云爾，非默坐澄心，又别有天理當體認也。

朱子曰：「必因其已發而遂明之，省察之法也。」吾則曰：「必因其未發而遂明之，體認之法也。其體明，其用益明矣。」

龜山曰：「天理卽所謂命，知命卽事事循天理而已。」言命者惟此語最盡，其實無一事，不要惹事。窮理者，天理也，天然自有之理，人之所以爲性，天之所以爲命也。在易則爲中正，聖人卦卦拈出示人，此處有毫釐之差，便不是性學。

人心明，只是天理。既得後，須放開。蓋性體廣大，有得者自能放開，不然還只是守，不是得。蓋非有意放開也。

道性善者，以無聲無臭爲善之體。陽明以無善無惡爲心之體。一以善卽性也，一以善爲意也，故曰：「有善有惡者意之動。」佛氏亦曰：「不思善，不思惡。」以善爲善事，以惡爲惡事也。以善爲意，以善爲事者，不可曰明善。

龜山門下相傳「静坐中觀喜怒哀樂未發前作何氣象」，是静中見性之法。要之，觀者卽是未發者也，觀不是思，思則發矣。此爲初學者引而致之之善誘也。

佛氏最忌分別是非，如何綱紀得世界？紀綱世界只是非兩字，亘古亘今，塞天塞地，只是一生機流行，所謂易也。

大易教人息息造命，臣弑其君，子弑其父，其所由來者漸也。既已來矣，寧可逃乎？辨之於蚤，如地中無此種子，秧從何來？

繼之者善，是萬物資始；成之者性，是各正性命。元特爲善之長耳，元而亨，亨而利，利而貞，貞而復元，繼之者皆此善也。

利貞者性情也，成這物，方有這性。故至利貞，始言性情。

伊川說游魂爲變，曰既是變，則存者亡，堅者腐，更無物也。此殆不然，只說得形質耳。游魂如何滅得？但其變化不可測識也。聖人卽天地也，不可以存亡言。自古忠臣義士，何曾亡滅？避佛氏之說，而謂賢愚善惡，同歸於盡，非所以教也。況幽明之事，昭昭於耳目者，終不可掩乎？張子曰：「大易不言有無，言有無，諸子之陋也。」

天地間感應二者，循環無端，所云定數莫逃者，皆應也。君子盡道其間者，皆感也。應是受命之事，感是造命之事。聖人祈天永命，皆造命也。我由命造，命由我造，但知委順，而不知順道，非知命者也。

人想到死去，一物無有，萬念自然撇脱。然不知悟到性上一物無有，萬念自無繫累也。一日克己復禮，無我也。佛氏曰「懸崖撒手」，近儒亦曰「拚」。皆似之而實非。何者？以非聖人所謂復禮也。或曰：「真爲性命，人被惡名，埋没一世，更無出頭，亦無分毫挂帶。」此是欲率天下入於無忌憚，其流之弊，弑父與君，無所不至。

政事本於人才，舍人才而言政者，必無政。財用本于政事，舍政事而言財者，必無財。

有問錢緒山曰：「陽明先生擇才，始終得其用，何術而能然？」緒山曰：「吾師用人，不專取其才，而先信其心。其心可托，其才自爲我用。世人喜用人之才，而不察其心，其才止足以自利其身已矣，故無成功。」愚謂此言是用才之訣也。然人之心地不明，如何察得人心術？人不患無才，識進則才進，不患無量，見大則量大，皆得之於學也。

劄記

心無出入，所持者志也。

道無聲臭，體道者言行而已。

人心纔覺，便在腔子裏，不可著意。

有憒便有樂，不知手之舞之，足之蹈之，平日無憒無樂，只是悠悠。

天然一念現前，能爲萬變主宰，此先立乎其大者。

當下卽是此默識要法也。然安知其當下果何如？朱子曰：「提醒處，卽是天理，更別無天理。」此方是真當下。

易之本體，只是一生字，工夫只是一懼字。

窮至無妄處，方是理。

說

靜坐之法，喚醒此心，卓然常明，志無所適而已。志無所適，精神自然凝復，不待安排，勿著方所，勿思效驗。初入靜者，不知攝持之法，惟體帖聖賢切要之言，自有入處。靜至三日，必臻妙境。

靜坐之法，不用一毫安排，只平平常常，默然靜去。此平常二字，不可容易看過，卽性體也。以其清淨不容一物，故謂之平常。畫前之易如此，人生而靜以上如此，喜怒哀樂未發如此，乃天理之自然，須在人各各自體帖出，方是自得。靜中妄念，强除不得，真體既顯，妄念自息。昏氣亦强除不得，妄念既淨，昏氣自清。只體認本性原來本色，還他湛然而已。大抵著一毫意不得，著一毫見不得，纔添一念，便失本色。由靜而動，亦只平平常常，湛然動去。靜時與動時一色，動時與靜時一色，所以一色者，只是一個平常也。故曰「無動無靜」，學者不過借靜坐中，認此無動無靜之體云爾。靜中得力，方是動中真得力，動中得力，方是靜中真得力。所謂敬者此也，所謂仁者此也，所謂誠者此也，是復性之道也。以上靜坐說。

前靜坐說，觀之猶未備也。夫靜坐之法，入門者藉以涵養，初學者藉以入門。彼夫初入之心，妄念膠結，何從而見平常之體乎？平常則散漫去矣。故必收斂身心，以主於一，一卽平常之體也。主則有意存焉，此意亦非著意，蓋心中無事之謂，一著意則非一也。不著意而謂之意者，但從衣冠瞻視間，整齊嚴肅，則心自一，漸久漸熟平常矣。故主一之學，成始成終者也。書靜坐說後。

凡人之所謂心者念耳，人心日夜繫縛在念上，故本體不現，一切放下，令心與念離，便可見性。放下之念亦念也，如何得心與念離？放退雜念，只是一念，所謂主一也，習之久，自當一旦豁然。

古人何故最重名節？只爲自家本色，原來冰清玉潔，著不得些子污穢。纔些子汙穢，自家便不安，此不安之心，正是原來本色，所謂道也。以上示學者。

爲善必須明善，善者性也，性者人生而静是也。人生而静時，胸中何曾有一物來？其營營擾擾者，皆有知識以後，日添出來，非其本然也。卽是添來，今宜減去，減之又減，以至于減無可減，方始是性，方始是善。何者？人心湛然無一物時，乃是仁義禮智也。爲善者，乃是仁義禮智之事也。爲善說。

今人所謂天，以爲蒼蒼在上者云爾，不知九天而上，九地而下，自吾之皮毛骨髓，以及六合内外，皆天也。然則吾動一善念而天必知之，動一不善念而天必知之，而天又非屑屑焉，知其善而報之善，知其不善而報之不善也。凡感應者，如形影然，一善感而善應隨之，一不善感而不善應隨之，自感自應也。若夫曰自感自應，何以爲之天？何以爲天必知之也？曰自感自應，所以爲天也，所以爲其物不貳也。若曰有感之者，又有應之者，是二之矣。惟不二，所以不爽也。知天說。

昔朱子初年，以人自有生卽有知識，念念遷革，初無頃刻停息。所謂未發者，乃寂然之本體，一日之間，卽萬起萬滅，未嘗不寂然也。蓋以性爲未發，心爲已發。未發者卽在常發中，更無未發時也。後乃知人心有寂有感，不可偏以已發爲心。中者，心之所以爲體，寂然不動者也，性也。和者，心之所以爲用，感而遂通者情也。故章句云：「喜怒哀樂情也，其未發則性也。」二語指出性情如指掌矣。王文成復以性體萬古常發，萬古常不發，以鐘爲喻，謂未叩時原自驚天動地，已扣時原自寂天寞地。此與朱子初年之說相似，而實不同。蓋朱子初年，以人之情識逐念流轉，而無未發之時。文成則以心之生機流行不息，而無未發之時，文成之説微矣，而非中庸之旨也。中庸所謂未發，指喜怒哀樂言，夫人豈有終日喜怒哀樂者？蓋未發之時爲多，而喜怒哀樂可言未發，不可言不發。文成所謂發而不發者，以中而言。中者天命之性，天命不已，豈有未發之時？蓋萬古流行，而太極本然之妙，萬古常寂也，可言不發，不可言未發。中庸正指喜怒哀樂未發時，爲天命本體，而天命本體則常發而不發者也。情之發，性之用也，不可見性之體，故見之於未發。未發一語，實聖門指示見性之訣，靜坐觀未發氣象，又程門指示初學者攝情歸性之訣，而以爲無未發時者，失其義矣。（未發說。）

聖人之學，所以異於釋氏者，只一性字。聖人言性，所以異于釋氏言性者，只一理字。理者，天理也。天理者天然自有之條理也。故曰天叙、天秩、天命、天討，此處差不得針芒。先聖後聖，其揆一也。明道見得天理精，故曰：「傳燈録千七百人，若有一人悟道者，臨死須尋一尺布裹頭而死，必不肯削髮僧服而終。」此與曾子易簀意同。此理在拈花一脈之上，非窮理到至極處，不易言也。（心性說。）

老氏氣也，佛氏心也，聖人之學，乃所謂性學。老氏之所謂心，所謂性，則氣而已。佛氏之所謂性，則心而已。非氣心性有二，其習異也。性者天理也，外此以爲氣，故氣爲老氏之氣；外此以爲心，故心爲佛氏之心。聖人氣則養其道義之氣，心則存其仁義之心，氣亦性，心亦性也。或者以二氏言虛無，遂諱虛無，非也。虛之與實，有之與無，同義而異名，至虛乃至實，至無乃至有，二氏之異，非異於此也。性形而上者也，心與氣形而下者也，老氏之氣極于不可名，不可道，佛氏之心，極于不可思，不可議，皆形而上者也。二氏之異，又非異于道器也。其端緒之異天理而已。（氣心性說。）

伊川曰：「在物爲理，處物爲義。」此二語關涉不小，了此卽聖人艮止心法。胡廬山以爲心卽理也，舍心而求諸物，遺內而狥外，舍本而逐末也。嗚呼！天下豈有心外之物哉？當其寂也，心爲在物之理，義之藏於無朕也；當其感也，心爲處物之義，理之呈於各當也。心爲在物之理，故萬象森羅，心皆與物爲體；心爲處物之義，故一靈變化，物皆與心爲用。體用一源，不可得而二也。物顯乎心，心妙乎物，妙物之心無物於心，無物於心而後能物物。故君子不從心以爲理，但循物而爲義。不從心爲理者公也，循物爲義者順也。故曰「廓然大公，物來順應」。故曰「聖人之喜怒在物不在己」。八元當舉，當舉之理在八元，當舉而舉之義也；四凶當罪，當罪之理在四凶，當罪而罪之義也。此之謂因物付物，此之謂艮背行庭，内外兩忘，澄然無事也。彼徒知昭昭靈靈者爲心，而外天下之物，是心爲無矩之心，以應天下之物，師心自用而已，與聖賢作處，天地懸隔。理義說。

張子曰：「形而後有氣質之性。」天地間性有萬殊者，形而已矣。以人物言之，人形直而靈，獸形横而蠢；以人言之，形清而靈，形濁而蠢。故史傳所載，商臣、伯石之類皆形也，形異而氣亦異，氣異而性亦異。非性異也，弗虛弗靈，性弗著也。夫子曰：「性相近也。」習染未深之時，未始不可爲善，故曰相近。然而質美者，習於善易，習於惡難；質惡者，習於惡易，習於善難。上智下愚，則氣質美惡之極，有必不肯習于善，必不肯習于惡也。故有形以後，皆氣質之性也。天地之性，非學不復，故曰：「學以變化氣質爲主。」或疑天地之性，氣質之性，不可分性爲二者，非也。論性於成形之後，猶論水於净垢器中，道著性字，只是此性，道著水字，只是此水，豈有二耶？或又疑性自性，氣質自氣質，不可混而一之者，亦非也。天地之道，爲物不貳，故性卽是氣，氣卽成質，惡人之性，如垢器盛水，清者已垢，垢者亦水也。明乎氣質之性，而後知天下有自幼不善者，氣質而非性也，故曰「氣質之性，君子有弗性者焉。」氣質說。

凡了悟者皆乾也，修持者皆坤也。人從迷中忽覺其非，此屬乾知；一覺之後，遵道而行，此屬坤能。皆乾、坤之倪而非其體，乍悟復迷，乍作復止，未足據也。必至用力之久，一旦豁然，如大畜之上九，畜極而通，曰何天之衢，乃如是乎？心境都忘，宇宙始闢，方是乾知。知之既真，故守之必力，細行克矜，小物克謹，視聽言動，防如關津，鎮如山岳，方是坤能。譬之于穀，乾者陽，發生耳，根苗花實皆坤也。蓋乾知其始，坤成其終，無坤不成物也，故學者了悟在片時，修持在畢世。若曰「悟矣」，一切冒嫌疑，毀藩籬。曰「吾道甚大，奈何爲此拘拘者」，則有生無成，苗不秀，秀不實，惜哉！乾坤說。

真放下，乃真操存，真操存，乃真放下。心存誠敬，至於生死不動，更有何物不放下耶！若謂心存誠敬，胸中有誠敬，則拳拳服膺，胸中有一善乎？本體本無可拈，聖人姑拈一善字，工夫極有多方，聖人爲拈一敬字。鄒顧請益。

辨

大學致知在格物，物格而後知至。陽明曰：「所謂致知格物者，致吾心之良知於事事物物也。致吾心良知之天理於事事物物，則事物各得其理矣。事物各得其理，格物也。」是格物在致知，知而後格物也㊀。又曰：「物，事也；格，正也。但意念所在，卽要去其不正以全其正。」又曰：「格物者，格其心之

㊀「知而後格物也」，備要本作「知至而後物格也」。

不正，以歸于正。」是格物在正心誠意，意誠心正，而後格物也。

凡人之學，謂之曰「務外遺内」，謂之曰「玩物喪志」者，以其不反而求諸理也。求諸理，又豈有内外之可言哉？在心之理，在物之理，一也。天下無性外之物，無心外之理，猶之器受日光，在彼在此，日則一也，不能析之而爲二，豈待合之而始一也？以上陽明辨。

論學書

平日自認，以此心惺然常明者爲道心，惟知學者有之，蚩蚩之氓無有也。卽其平旦幾希，因物感觸，倏明倏晦，如金在鑛，但可謂之鑛，不可謂之金；如水凝冰，但可謂之冰，不可謂之水。而先生乃曰：「僮僕之服役中節者，皆道心也。」初甚疑之，已而體認，忽覺平日所謂惺然常明之心，乃是把捉之意。而蚩蚩之民，有如鳶飛魚躍，出于任天之便者，反有合于不識不知之帝則，特彼日用不知耳。然則無覺非也，有意亦非也，必以良心之自然者爲真，稍涉安排，卽非本色矣。與許敬菴。

佛氏所爲善，念中善事也，與聖人言善絶不相干。韓子曰：「彼以煦煦爲仁，孑孑爲義，其小之也固宜。」如佛氏所謂善，其無之也亦宜。

格物之功非一，其要歸于知本。知修身爲本而本之，天下無餘事矣。蓋格來格去，知得世間總無身外之理，總無修外之工，正其本，萬事理，更不向外著一念。如此自然純乎天理，而無一毫人欲之私，豈不是止至善也？程、朱錯認此謂知本是闕文，而謂格致別有傳，遂令「修身」、「爲本」二節無歸著。後世知得此謂知本是原文，而謂格物只格本末，又令格物致知之工無下手。假令一無知識之人，不使讀書講論，如朱子四格法，而專令格本末，其有入乎？

諸老之中，塘南可謂洞澈心境者矣。然以愚見窺之，尚有未究竟在。何則？聖人之學，上下一貫，故其表裏精粗，無不兼到。舉要而言，循理而已。循理便無事，卽無思無爲之謂也。今徒曰無思無爲，得手者自不至遺棄事物，然已啓遺棄事物之弊矣。如曰「止於至善」，有何名相倚著之可言？至矣，極矣！今必曰「無善無惡」，又須下轉語曰：「無善無惡，乃所以爲至善也。」明者自可會通，然而以之明心性者十之一，以之滅行檢者十之九矣。無思無爲者，卽無善無惡之謂也。未離知解，則未離門户，未離門户，則未離倚著，倚著易知，而無倚著之倚著難知也。故曰「尚有未究竟在」。聖人之道，至易至簡，無可名言，故曰「予欲無言」。惟其無可言，故其可言者，人倫日用之常而已。所以愈淺而愈深，愈卑而愈高，愈顯而愈微，然則如之何而可使人見本體也？曰「此在人之信」，而非可以無思無爲，無善無惡，轉令人走向别處去也。如易曰：「乾，元亨利貞。」如言人仁義禮智之謂也。停停當當，本體如是而已。信得及者，别無一事，日用常行，人倫事物，無令少有汙壞而已。此所以爲至易至簡也。以上答顧涇陽。

善卽生生之易也，有善而後有性，學者不明善，故不知性也。夫善洋洋乎盈眸而是矣，不明此，則耳目心志，一無著落處，其所學者，僞而已矣。然其機竅在於心，人心反復入身來，故能向上尋去，下學而上達也。答馮少墟。

方寸卽宇宙也，世人漫視爲方寸耳。顧非窮究到名言不立之地，爲名言而已，非存養于思慮未發之先，爲思慮而已。名言思慮，爲憧憧之方寸而已。

理者心也，窮之者亦心也，但未窮之心，不可爲理，未窮之理，不可爲心，此處非窮參妙悟不可。悟則物物有天然之則，日用之間，物還其則，而己無與焉，如是而已。

心一也，粘於軀殼者爲人心，卽爲識；發于義理者爲道心，卽爲覺。非果有兩心。然一轉則天地懸隔，謂之覺矣，猶以爲形而下者，乘于氣機也。視聽持行皆物也，其則乃性也。佛氏以擎拳竪拂，運水搬柴，總是神通妙用。蓋以縱橫竪直，無非是性，而毫釐之差，則于則上辨之。凡事稍不合則，必有不安，此見天然自有之中，毫髮差池不得。若觀佛氏於彝倫之際，多所未安，彼却不顧也。

敬者絶無之盡也，有毫釐絲忽在便不是，有敬字在亦不是。以上答劉念臺。

存養此心純熟，至精微純一之地，則卽心卽性，不必言合；如其未也，則如朱子曰：「虛靈知覺，一而已矣。」而所以爲知覺者不同，不嫌於分剖也。與錢啓新。

貨色二字，落脚便成禽獸。與揭陽先生。

自昔聖賢兢兢業業，不敢縱口說一句大膽話，今却不然，天下人不敢說底話，但是學問中人說，以心性之虛見，爲名教罪人者多矣。與管東溟。

某洗心待益，但見本性，本無常變，變動他不得，一切變幻，皆銷歸於此。候趙儕鶴師(一)。

嘗妄意以爲今日之學，寧守先儒之說，拘拘爲尋行數墨，而不敢談玄說妙，自陷于不知之妄作。寧

(一)「候趙儕鶴師」原作「候儕鶴趙師」，據賈本乙正。

稟前哲之矩，硜硜爲鄉黨自好，而不敢談圓説通，自陷于無忌憚之中庸。積之之久，倘習心變革，德性堅凝，自當恍然知大道之果不離日用常行，而步步蹈實地，與對塔説相輪者遠矣。答葉臺山。

學必須悟，悟後方知痛癢耳。知痛癢後，直事事放過不得。與羅匡湖。

戒懼慎獨，不過一靈炯然不昧，知是必行，知非必去而已。所以然者何也？此件物事，不著一毛，惟是知是必行，知非必去，斬斬截截，潔潔浄浄，積習久之，至于動念必正，方是此件。不然只是見得他光景，不爲我有。試體行不慊心之時，還是此件否耶？答耿庭懷。

不患本體不明，只患工夫不密，不患理一處不合，惟患分殊處有差，必做處十分酸澁，得處方能十分通透。

知危者便是道心。

人心一片太虚，是廣運處，此體一顯卽顯，無漸次可待，澈此則爲明心。一點至善，是真宰處，此體愈窮愈微，有層級可言，澈此方爲知性。或曰：「至善，是現成天則，有何層級？」曰：「所謂層級，就人見處言，身到此處，見到此處，進一層又一層，見到天然，停停當當處，方是天則。此卽窮理之謂也。」或曰：「虚到極處，便見至善，豈虚是虚，善是善？」曰：「只看人人處何如？從窮理入者，卽虚是理，虚是知覺，便是仁義禮智；不從窮理入者，卽氣是虚，仁義禮智只是虚靈知覺。緣心性非一非二，只在毫芒眇忽間故也。」以上復錢漸菴。

某與李先生見羅稍異者，以格物致知而知本，以知本爲物格知至耳。至於主意，則在知止，工夫則在知本,一也。吾人日用,何曾頃刻離著格物?開眼便是,開口便是,動念便是。善格物者,時時知本,善知本者,時時格物,格透一分,則本地透一分,止地透一分耳。與徐匡岳。

復元聖質也,見在已是康齋等輩矣。説者謂康齋不及白沙透悟,蓋白沙于性地上窮研極究,以臻一旦豁然;康齋只是行誼潔修,心境静樂,如享現成家當者。然其日漸月摩,私欲浄盡,原與豁然者一般。卽敬軒亦不見作此樣工夫。至其易簀之詩「此心惟覺性天通」,原是此樣境界,不可謂其不悟。復元再肯進此一步,大儒矣。但恐其質妙行敦,身心已定疊得去,日用已灑落得去,不信有此一步。只有一試法,須自知之,有妄想否?有倚靠否?若有妄想,卽樂亦是假物,如讀書亦假借也;若有倚靠,卽敬亦是倚靠,如以敬直内,便不是直也。論辛復元(名全,河汾人)。

辛全字復元,家貧,十七八纔知讀書,卽有志聖學。三十不娶,友人勸之,始有室。不赴試,當事挽之,廩于學宫。崇禎時以薦舉入朝,所著有樂天集、養心録。然其人胸中憒憒,急欲自見。蕺山先師曰:「辛復元,儒而僞者也,馬君謨,衢州人,林增志師之。禪而僞者也。」

聖學全不靠静,但各人禀賦不同,若精神短弱,決要静中培擁豐碩,收拾來便是良知,散漫去都成妄想。

人生處順境好過,却險;處逆境難過,却穩。世味一些靠不著,方見道味親切;道味有些靠不著,只是世味插和。兩者推敲,儘有進步。若順境中,一切混過矣。以上答吴安節。

接教言,連日精神不暢,此不可放過。凡天理自然通暢和樂,不通暢處皆私欲也。當時刻喚醒,不令放倒。

心體無有形體，無有邊際，無有内外，無有出入，停停當當，直上直下，不容絲髮人力。但昏雜時畧綽唤醒，一醒即是本體昭然。現前更不待認而後合，待認而合，則與道爲二，反成急迫躁擾矣。静中不可空持硬守，必須涵咏聖賢之言，使義理津津悦心，方得天機流鬯。

此道既爾充塞，形色即是天性，但隨有所在，一切整齊嚴肅，許大乾坤，樞紐在此，總無餘事矣。以上與吴子徵。

居平日取聖賢書，循循而讀之，内體諸身而合，外應之事而順，自不覺其篤信而深好之。故自學、庸、語、孟、周、程、張、朱諸書而外，不敢泛有所讀。確守師説，亦不敢自立所見。出而應世，一秉其所信，亦不敢有所委曲求濟於其間。

爲己之根未深，怒於毁者必喜於譽，却似平日所爲好事，不過欲人道得一個好，于自己的性分都無干涉。以上答史玉池。

躬行君子，聖人所謂未得者，要形色純是天性，聲爲律，身爲度，做到聖人亦無盡處，所以爲未得。故不悟之修，止是粧飾；不修之悟，止是見解。二者皆聖人所謂文而已，豈躬行之謂哉！答蕭康侯。

某自甲午年赴謫所，從萬山中盤石上，露出本來面目，修持十五年，祇覺一毫尚在。去年一化，方知水窮山盡處耳。雖然，聖解一破立盡，凡情萬叠難銷，古德牧之爲牛，某則奉之爲君，夫何爲哉？恭己正南面而已。

廊廟山林，俱各有事。在山林者一念不空，即非真體；有民社者一念不實，亦非真空。以上答瞿洞觀。

人生只有一箇念頭最可畏，全憑依他不得。精察天理，令這念頭，只在兢業中行，久之純熟，此個念頭即是天理。孔聖七十方到此地位，吾輩何敢說大話也！與丁子行。

足下契禪獨深，而好觀程氏遺書，先入之言，主張于內，爲力甚難。倘于高明未合，願姑舍之，萬勿援釋合儒，爲孔門大罪業。今之陽崇儒而陰從釋，借儒名以文釋行者大熾，足下才高力强，尤太可慮。與其似是亂真，則不若静守禪宗。答劉直洲。

李先生獨揭止修之旨，自項至踵，皆爲實地頭，無動無静，皆爲實工夫。其意微矣，其功大矣。善學者得之，則凡聖賢之言，皆見下落，如五味之相濟，而不相爲病；不善學者，舉一廢百，亦有不覺其相爲牴牾者。何也？聖人之言，寬而不迫，雖至于千變萬化，而道則一也。李先生提綱挈領之教，説近于執，執則迫矣。故某以爲既得其大本，則宜益涵咏聖賢之言，而寬以居之，斯爲不失李先生之意也。與羅止菴。

談良知者，致知不在格物，故虚靈之用，多爲情識，而非天則之自然，去知善遠矣。吾輩格物，格至善也，以善爲宗，不以知爲宗也。故「致知在格物」一語，而儒禪判矣。答王儀寰。

陽明先生於朱子格物，若未嘗涉其藩者。其致良知，乃明明德也，然而不本于格物，遂認明德爲無善無惡。故明德一也，由格物而入者，其學實，其明也即心即性。不由格物而入者，其學虚，其明也是心非性。心性豈有二哉？則所從入者，有毫釐之辨也。答方本菴。

體卽是用，用卽是體，雖不容分，然用寂是體，體發是用，亦不容混。一觀而用寂矣，所謂觀未發者如是，若徒觀其氣象，何啻千里？人能知用寂之體，只于此立本，乃真復也。

寂卽是易，發卽是爻。以上與吳觀華。

此事凝之甚難，散之甚易，道豈有聚散乎？正欲凝此無聚散者，故本體本無散，工夫只是凝。

學問只要一絲不挂，其體方真。體既真，用自裕，到真用工夫時，卽工夫一切放下，方是工夫。以上與周季純。

身心之事，當汲汲求之，不可丟在無事甲中，一切求閒好静，總是無事生事。與卞子静。

學問在知性而已，知性者明善也。孟子道性善，而言必稱堯、舜者，何也？性無象，善無象，稱堯、舜者象性善也，若曰如是如是。言上會者淺，象上會者深，此象在心得其正時識取，心得其正，心中無事時也。與陳似水。

於穆之真，絶無聲無臭，安得有富貴貧賤夷狄患難？是刀鋸鼎鑊之所不能及，安得有死生？但在日用煉習，純是此件，卽真無死生耳。與孫淇澳。

都下近傳姑蘇詞林，作六君子弔忠文，想如丈教，正實其說矣。此何異公子無忌約賓客入秦軍乎？杜門謝客，正是此時道理，彼欲殺時，豈杜門所能逃？然卽死是盡道而死，非立巖牆而死也。大抵現前道理極平常，不可著一分怕死意思，以害世教；不可著一分不怕死意思，以害世事。想丈於極痛憤時，未之思也。與劉念臺。

雜著

默而識之曰悟，循而體之曰修。修之則彝倫日用也，悟㊀之則神化性命也。聖人所以下學而上達，與天地同流，如此而已矣。今之爲悟者，或攝心而乍見心境之開明，或專氣而乍得氣機之宣暢，以是爲悟，遂欲舉吾聖人明善誠身之教，一掃而無之。決隄防以自恣，滅是非而安心，謂可以了生死，嗚呼！其不至於率禽獸食人而人相食，不止矣。近思録序。

聖人言道，未嘗諱言無也。曰「上天之載，無聲無臭」，無聲無臭者，不可言，言人倫庶物而已。「天生蒸民，有物有則」，故典曰「天序」，禮曰「天秩」，命曰「天命」，討曰「天討」，是之謂天則。聖人之學，物還其則，而我無與焉。萬變在人，實無一事，無之極也。是故言天下之至賾，而不可惡也；言天下之至動，而不可亂也。彼外善以爲性，故物曰「外物」，窮事物之理曰「狥外」，直欲一掃而無之。不知心有未盡，不可得而無也；理有未窮，心不可得而盡也。今以私欲未淨之心，遽遺之使無，其勢必有所不能，則不得不別爲攝心之法，外人倫庶物而用其心。至於倫物之間，知之不明，處之不當，居之不安，將紛擾滋甚，而欲其無也，愈不可得矣。是故以理爲主，順而因之，而不有者，吾之所謂無也。以理爲障，逆而掃之，而不有者，彼之所謂無也。許敬菴語要序。

㊀「悟」原作「性」，據上下文義改

陽明先生所謂善，非性善之善也，何也？彼所謂「有善有惡者意之動」，則是以善屬之意也。其所謂善，第曰善念云爾，所謂無善，第曰無念云爾。吾以善爲性，彼以善爲念也；吾以善自人生而静以上，彼以善自吾㊀性感動而後也。故曰非吾所謂性善之善也。吾所謂善，元也，萬物之所資始而資生也，烏得而無之？故無善之説，不足以亂性，而足以亂教。善一而已矣，一之而一元，萬之而萬行，爲物不二者也。天下無無念之心，患其不一于善耳。一于善卽性也。今不念于善，而念于無，無亦念也。若曰患其著焉，著于善，著于無，一著也。著善則拘，著無則蕩，拘與蕩之患，倍蓰無算。故聖人之教，必使人格物，物格而善明，則有善而無著。今懼其著，至夷善于惡而無之，人遂將視善如惡而去之，大亂之道也。故曰足以亂教。古之聖賢，曰「止善」，曰「明善」，曰「擇善」，曰「積善」，蓋懇懇焉。今以無之一字，掃而空之，非不教爲善也，既無之矣，又使爲之，是無食而使食也。方本菴性善繹序。

至日閉關，關，心關也，其紛念爲商旅，其真宰爲后。商旅不行則内固，后而省方則外馳。闔乾坤之門，而爲關，斯爲關乾坤之户，而爲盛德大業。三百八十四畫，一畫縮之。點朱吟序。

諸賢之登斯堂也，有不雝雝肅肅者乎？此雝雝肅肅之時，有喜乎？有怒乎？有哀樂乎？抑有思慮乎？無有也。所謂未發也，善之體也，一反觀而明矣。此反觀者何物也？心也，明德也。性寂而静，心能觀之；情發而動，心能節之。此心之所以統乎性情，而明德之所以體用乎至善也，格致之法也。桐川會續記序。

㊀「吾」原作「五」，據賈本改。

姚江之弊，始也掃聞見以明心耳，究而任心而廢學，於是乎詩、書、禮、樂輕，而士鮮實悟；始也掃善惡以空念耳，究且任空而廢行，於是乎名、節、忠、義輕，而士鮮實修。崇文會語序。

論語二十篇，不言心。第兩言之，曰「其心三月不違仁」，曰「從心所欲不踰矩」，是則固有違仁、踰矩之心矣。自致良知之宗揭，學者遂認知爲性，一切隨知流轉，張皇恍惚，其以恣情任欲，亦附于作用變化之妙，而迷復久矣。尊聞録序。

耳目手足者形也，視聽持行者色也，聰明恭重者性也，本來如是，復還其如是之謂工夫也。修而不悟者，狥末而迷本，悟而不澈者，認物以爲則。不知欲修者正須求之本體，欲悟者正須求之工夫。無本體無工夫，無工夫無本體也。馮少墟集序。

感應所以爲鬼神，非有鬼神以司感應。聖人以天理如是，一循其自然之理，所以爲義。佛氏以因果如是，懾人以果報之説，所以爲利。感應篇序。

今人欽欽焉，目明耳聰，手恭足重，心空空而無適，於斯時也，徹内外非天乎？天非性乎？性非善乎？以其爲人之本色，無纖毫欠缺，無纖毫汙染，而謂之善也。循是而動，不違其則之謂道，故學莫難于見其本色，見本色斯見性矣。程子以學者須先識仁，而謂不須防檢，不須窮索。夫學豈可廢防檢窮索？欲人識防檢窮索之非本色，辨其非本色者，卽知其本色，知其本色，則防檢窮索皆本色也。曹貞㈠予集序。

㈠「貞」原作「真」，據曹貞予傳改。

學欲其得之心而已。無所得諸其心，則物也者物也，有所得諸其心，則物也者知也。物自爲物，故物不關于性，物融爲知，則性不累于物，如此而已矣。塾訓韻律序。

古之至人，以變易成其不易，以不易貞其變易。夫人自少壯而老，身體髮膚，日遷日謝，變易矣，而心不易也。夫人之心思營爲，萬起萬滅，變易矣，而性不易也。吾萬起萬滅者，注之於是而不二焉，是爲以變易成其不易。久之而熟，道義成性，向之萬起萬滅者，轉而爲萬變萬化之妙，是爲以不易貞其變易。夫人之夢也，其遊魂能視能聽能言能動，無質無體，與有質有體者不異。然遊魂爲變，變而不可知者，以其昧而不靈。至成性而遊魂始靈，故大人通晝夜，而知守其不易也。王應峰壽序。

人之率然而動皆欲也，惕然而慮皆理也。欲動而慮止，則得失之分，而安危存亡治亂之機也。慮得集序。

太極者，理之極至處也。其在人心，湛然無欲，即其體也。先儒云「心即太極」，此語須善會。無欲之心，乃真心，真心斯太極矣。若但見其無形無方無際而已，是見也，有所見便是妄。書悟易篇。

凡人而可至於聖人者，只在慎獨。獨者本然之天明也，人所不知，而己所獨知也，是即知其爲是，非即知其爲非，非由思而得，非由慮而知。即此是天，即此是地，即此是鬼神，無我無人，無今無古，總是這個。知得這個可畏，即便是敬。不欺瞞這個，即便是誠。一一依這本色，即便是明。

覺者心也，敬者身也，今人四體不端，見君子而後肅焉端焉。所以不安者，非由見君子而然，其性然也，見君子而性斯顯耳。故心覺而身敬者，坤承乾也，乾坤合德，則形性渾融，久而熟，凡而聖矣。以上書扇。

陸古樵曰：「只要立大本，一日有一日之力，一月有一月之力，務要静有定力，令我制事，毋使事制我。」陸粹明號古樵，廣東新會人。從潮㈠陽蕭自麓學，以主静爲宗。余深喜其言。聞其謂子徵曰：「静後覺真氣從丹田隱隱而生。」予又懼其誤認主静之旨也。

明月臨江，不能飲酒，亦覺幽蘊内攻，不暢諸外，篷牕隱坐，深自克省㈡，知前功之不切，手勢一轉。李見羅書云：「果明宗，果知本，真有心意知物，各止其所，而格致誠正，總付之無所事事的光景矣。」又曰：「格致誠正，不過就其中缺漏處，照管提撕，使之常止。常止則身常修，心常正，意常誠，知常致，而物自格矣。」余則以大學格致，即中庸明善，所以使學者辨志定業，絶利一源，分剖爲己爲人之界，精研義利是非之極，透頂徹底，窮穴擣巢。要使此心光明洞達，直截痛快，無毫髮含糊疑似於隱微之地，以爲自欺之主。夫然後爲善，而更無不爲之意拒之於前；不爲惡，而更無欲爲之意引之于後。意誠心正身修，善之所以純粹而精，止之所以敦厚而固也。不然非不欲止欲修，而氣稟物欲拘蔽萬端，恐有不能實用其力者矣。且修身爲本，聖訓昭然千古，誰不知之？只緣知誘物化，不能反躬，非欲能累人，知之不至也。何以旦晝必無穿窬之念？夜必無穿窬之夢？知之切至也。故學者辨義利是非之極，必皆如無穿窬之心，斯爲知至。此工夫喫緊沉著，豈可平鋪放在？説得都無氣力。且條目次第，雖非

㈠「潮」原作「湖」，據賈本、備要本改。
㈡「省」原作「者」，據賈本改。

今日致，明日誠，然著個先後字，亦有意義，不宜如此儱侗。此不過先儒舊說，見羅則自謂孔、曾的傳，恐決不入也。

余觀文成之學，蓋有所從得。其初從鐵柱宮道士得養生之說，又聞地藏洞異人言周濂溪、程明道是儒家兩個好秀才，及婁一齋與言格物之學，求之不得其說，乃因一草一木之說，格及官舍之竹而致病，旋卽棄去。則其格致之旨，未嘗求之，而於先儒之言，亦未嘗得其言之意也。後歸陽明洞習靜導引，自謂有前知之異，其心已靜而明。後謫龍場，萬里孤遊，深山夷境，靜專澄默，功倍尋常，故胸中益灑灑，而一旦恍然有悟，是其舊學之益精，非于致知之有悟也。特以文成不甘自處于二氏，必欲篡位于儒宗，故據其所得，拍合致知，又粧上格物，極費工力，所以左籠右罩，顛倒重複，定眼一覷，破綻百出也。後人不得文成之金針，而欲强繡其鴛鴦，其亦誤矣。蕭自麓臨別謂曰：「公當潛養數年，不可發露，先輩皆背地用一陣堅苦工夫，故得成就耳。」余深然之。

或曰：「至善自性體，宋儒如何認作極功！」予曰：「公自認作極功，朱子未嘗如此說。門人問曰：『至善是各造其極，然後爲至否。』朱子曰：『至善是自然的道理，如此說不得。』又曰：『至善是些了恰好處，天理人心之極致也。』公且看人心，若純乎天理，而無一毫人欲之私，此何等境界？還算不得性體否？」曰：「一草一木，皆要格，如何？」余曰：「公看上下文否？聖賢之言，隨人抑揚，人欲專求性情，故推而廣之曰：『性情固切，草木皆有理，不可不察。』人欲泛觀物理，則又曰：『致知當知至善所在，若徒欲泛觀物理，恐如大軍之遊騎，出太遠而無所歸也。』一進一退，道理森然，何嘗教人去格草木？」曰：「今日格一物，明日格一物，如何？」曰：「自是問者疑一物格則萬物皆通，故云：『雖顔子亦未至此，惟今日而格，明日又格，積習多，然後有貫通處耳。』此于道理何疑？豈曾限定公一日只格一物耶？」

許敬菴先生之學，以無欲爲主，自是迥别世儒，不必以大學論離合也。當時濂溪無欲之學，大學未經表章，反覺潔淨。今日人人自爲大學，執此病彼，氣象局促耳。以上三時記。

講義

自有知識以來，起心動念，俱是人欲。聖人之學，全用逆法，只從矩，不從心所欲也。立者立于此，不惑者不惑于此，步步順矩，故步步逆欲。到五十而知天命，方是順境，故六十而耳順矣，七十而心順矣。「不踰矩」章。

人生有身必有所處，不處約，便處樂。不仁之人，約也處不得，樂也處不得，此身無一處可著落也。約者收斂之義，樂者發舒之義。不仁者愈約愈局，更無過活處；愈樂愈放，更無收煞處。「約樂」章。

所謂一，不是只説一個心，是説這個心到至一處。譬之于金，當其在鑛時，只可謂之鑛，不可謂之金。故未一之心，只可謂之心，惟精之心，方可謂之一。「一貫」章。

人果能見得天理精明，方見得人欲細微，一動于欲，便礙于理，如兩造然，遂内自訟。一訟則天理常伸，人欲消屈，而過不形于外矣。故曰見性斯能見過，見過斯能復性。「見過」章。

忠信是天生人的原來本色，聖賢好學，不過是還他本色。若不學，便逐日澆散，非是把忠信做箇基本，忠信之外，又有甚學問也。「十室之邑」章。

人生何處有一毫不停當？何處有一毫不圓滿？自家做得不停當，覺得不圓滿，皆是有生以後，添出來勾當，添出來念頭，原初本色，何曾有此？但一直照他本色，終日欽欽，不迷失了故物，便到聖人地位，也只如此。「人之生」章。

中卽吾之身心是也，庸卽吾之日用是也。身心何以爲中？只潔潔浄浄，廓然大公便是；身心不是中，能廓然無物，卽身心是中也。日用何以謂之庸？只平平常常，物來順應便是；日用不是庸，能順事無情，卽日用是庸也。到這裏一絲不挂，是個極至處，上面更無去處了。「中庸」章。

仁是生生之理，充塞天地，人身通體都是，何曾有去來，有内外？自人生而靜以後，誘物爲欲，遂認欲爲心，迷不知反耳。若一念反求，此反求者卽仁也，別尋個仁，卽誤矣。曰：「如此不幾認心爲性乎？何以言心不違仁？」曰：「心性不是兩箇，程子謂人心反復入身來，自能尋向上去，下學而上達也。」心是形而下者，仁是形而上者，達則卽心卽仁，不達則心只是心，看人自得何如。「仁遠」章。

孔門心法極難看，不是懸空守這一箇心，只隨時隨處隨事隨物，各當其則。蓋心不是別物，就是大化流行，與萬物爲體的，若事物上差失，就是這個差失。學者不知本領，只去事物上求，却離了本；知是本領，要守住這個心，又礙了物。皆謂之不仁。「學如不及」章。

生生之謂易，無刻不生，則無刻不易，無刻不易，則無刻不逝。但不可得而見，可見者無如川流，此是人的性體。自有生以來，此個真體，變做憧憧妄念一般，流行運用，不舍晝夜，遂沉迷不反。學者但猛自反觀，此憧憧者在何處，了不可得，妄不可得，卽是真也。緣真變妄，故轉妄卽真，如掌反覆。朱子欲學者時時省察，不使毫髮間斷，不是教人將省察念頭接續不間斷，此真體原自不舍晝夜，人間斷他不得，但有轉變耳。時時省察，不令轉變，久之而熟，乃爲成德也。「川上」章。

今人錯認敬字，謂纔説敬，便著在敬上了，此正不是敬。凡人心下膠膠擾擾，只緣不敬，若敬，便豁然無事了。豈有敬而著個敬在胸中爲障礙之理？「修己」章。

除却聖人全知，一徹俱徹，以下便分兩路：一者在人倫庶物，日知日踐去；一者在靈明知覺，默識默成去。此兩者之分，孟子于夫子微見朕兆，陸子于朱子遂成異同。本朝文清、文成，便是兩樣。宇內之學，百年前是前一路，百年來是後一路，兩者遞傳之後，各有所弊。「知及」章。

人只有這一點明察，是異於禽獸處。明察者何也？乃知覺運動中之天則，仁義禮智中之靈竅。然這個明察，人人具足，知誘物化以後，都變作私智小慧，在世情俗見中，全不向人倫庶物上來，所以不著不察。然一轉頭，私智小慧，又都作真明真察。這一轉亦惟人能之，禽獸不能也。「人之所以異」章。

孟子拈出情字才字，證性之善。然人之爲不善，畢竟從何而來？爲卽才也，非才之罪，是誰之罪歟？曰：「不思之罪也。」思非今人泛然思慮之思，是反觀也。吾輩試自反觀，此中空空洞洞，不見一物，卽性體也。告子便認作無善無不善，不知此乃仁義禮智也。何者？當無感時，故見其無；及感物而動，便有惻隱四者出來，所謂「乃若其情，則可以爲善」，隨順他天然本色，應付而去，是可以爲善者乃才也。若不思，則人是蠢然一物，信著耳目口鼻四肢，逐物而去，仁義禮智之才，皆爲耳目口鼻四肢之用，才非性之才矣。然則爲不善，豈才之罪？「乃若其情」章。

心之所同然，不是輕易説得的。只看口之於味，必須易牙之味，天下方同；耳之於聲，必須師曠之音，天下方同；目之於色，必須子都之姣，天下方同。不然，畢竟有然有不然者，説不得同嗜同聽同美也。心之理義，何以見得天下同然？須是悦心者方是。卽如今人説一句話，處一件事，到十分妥當的，方人人同然，稍有不到，便不盡同。所以理必曰窮理，義必曰精義，不到至處，喚不得理義，不足以悦心，不足以同於天下。「富歲」章。

天地間渾然一氣而已。張子所謂「虛空卽氣」是也。此是至虛至靈，有條有理的。以其至虛至靈，在人卽爲心；以其有條有理，在人卽爲性。澄之則清，便爲理；淆之則濁，便爲欲。理是存主于中，欲是梏亡于外，如何能澄之使清？一是天道自然之養，夜氣是也；一是人道當然之養，操存是也。

氣之精靈爲心，心之充塞爲氣，非有二也。心正則氣清，氣清則心正，亦非有二也。養氣工夫在持志，持其志，便不梏于物，是終日常息也。息者止息也，萬念營營，一齊止息，胸中不著絲毫，是之謂息。今人以呼吸爲息，謬矣！以上「牛山」章。

放如流放竄殛之放，必有個安置所在，或在聲色，或在名利，才知得放便在這裏。「放心」章。

會語

凡事行不去時節，自然有疑，有疑要思其所以行不去者，卽是格物。

人要於身心不自在處，究竟一個著落，所謂困心衡慮也。若於此蹉過，便是困而不學。

聖學正脉，只以窮理爲先，不窮理便有破綻。譬如一張桌子，須要四面皆見，不然，一隅有汙穢不知也；又如一間屋，一角不照，卽躲藏一賊不知也。

問：「靜中何以格物？」曰：「格物不是尋一個物來格，但看身心安妥，稍不安妥，格其因甚不安妥是也。」問：「既安妥如何？」曰：「體認此安妥，亦格物也。」

學問先要知性，性上不容一物，無欲便是性。

無爲其所不爲，是孟子道性善處。性中原無物，因其所本無，故不爲不欲，若只在不爲不欲上求，吾人終日，除不爲不欲之時，須有空缺。此空缺時，作何工夫？

問「言性則故而已矣之故」。曰：「故者，所謂原來頭也。只看赤子，他只是原來本色，何嘗有許多造作？」

心氣分別，譬如日，廣照者是氣，凝聚者是心，明便是性。

學者于理氣心性，須要分析明白。延平默坐澄心，便明心氣，體認天理，便明理性。

問「近覺坐行語默，皆瞞不得自家」。曰：「此是得力處，心靈到身上來了，但時時默識而存之。」

天只是天，一落人身，故喚做命，命字卽天字也。

易言：「利用出入，民咸用之謂之神。」吾輩一語一默，一作一息，何等神妙！凡民不知，胡亂把這神都做壞了。學者便須時時照管，胸中無事，則真氣充溢于中，而諸邪不能入。

整菴云：「氣聚有聚之理，氣散有散之理，氣散氣聚而理在其中。」先生曰：「以本原論之，理無聚散，氣亦無聚散。如人身爲一物，物便有壞，只在萬殊上論，本上如何有聚散？氣與埋，只有形上形下之分，更無聚散可言。」

敬字只是一個正字，伊川整齊嚴肅四字，恰好形容得一個正字。

顯諸仁，卽是藏諸用。譬如一株樹，春風一動，枝葉蔚然。枝葉都是春發出，是顯諸仁。然春都在枝葉，卽藏諸用。夫子言仁，曰恭寬信敏惠，可見仁都在事上，離事無仁。

薛文清、呂涇野語録中，無甚透悟語，後人或淺視之，豈知其大正在此。他自幼未嘗一毫有染，只平平常常，脚踏實地做去，徹始徹終，無一差錯，既不迷，何必言悟？所謂悟者，乃爲迷者而言也。

氣節而不學問者有之，未有學問而不氣節者，若學問不氣節，這一種人，爲世教之害不淺。

問：「康齋與白沙透悟處孰愈？」曰：「不如白沙透徹。」「胡敬齋如何？」曰：「敬齋以敬成性者也。」「陽明、白沙學問如何？」曰：「不同。陽明、象山是孟子一脈，陽明才大于象山，象山心粗于孟子。自古以來，聖賢成就，俱有一個脈絡，濂溪、明道與顏子一脈，陽明、象山與孟子一脈，橫渠、伊川、朱子與曾子一脈，白沙、康節與曾點一脈，敬齋、康齋與尹和靖、子夏一脈。」又問：「子貢何如？」曰：「陽明稍相似。」

問：「告子是强持否？」曰：「他倒是自然的。」問：「近于禪乎？」曰：「非也。告子之學，釋氏所呵者也。謂之自然外道。」

問：「整菴、陽明俱是儒者，何議論相反？」曰：「學問俱有一個脈絡，宋之朱、陸亦然。陸子之學，直截從本心入，未免道理有疎畧處。朱子卻確守定孔子家法，只以文行忠信爲教，使人以漸而入。然而朱子大能包得陸子，陸子粗便包不得朱子。陸子將太極圖、通書及西銘俱不信，便是他心粗處。學問並無別法，只依古聖賢成法做去，體貼得上身來，雖是聖賢之言行，即我之言行矣。曹月川看他文集，不過是依了聖賢實落行去，將古人言語畧闡發幾句，並無新奇異說，他便成了大儒。故學問不貴空談，而貴實行也。」

問：「劉誠意先仕元，而後佐太祖，何如？」曰：「焉有天生真主，爲天下掃除禍亂，既抱大才，而不輔之者乎？誠意之差，差在主前之輕出。」

問：「王龍溪辭受不明，必良知之學誤之也？」曰：「良知何嘗誤龍溪，龍溪誤良知耳。」又問：「龍溪之差，恐亦陽明教處未加謹嚴。」曰：「陽明未免有放鬆處。」

一向不知象山、陽明學問來歷，前在舟中，似窺見其一斑。二先生學問，俱是從致知入，聖學須從格物入，致知不在格物，虛靈知覺雖妙，不察于天理之精微矣。豈知有二哉？有不致之知也。毫釐之差在此。

敬義原非二物，假如外面，正衣冠，尊瞻視，而心裹不敬，久則便傾倚了。假如内面主敬，而威儀不整，久則便放倒了。聖人所以説敬義立而德不孤。難久者，只是德孤。德孤者，内外不相養，身心不相攝也。

明儒學案卷五十九　東林學案二

御史錢啓新先生一本

錢一本字國端㊀，別號啓新，常州武進人。萬曆癸未進士。授廬陵知縣。入爲福建道御史，劾江西巡按祝大舟，逮之，貪風始衰。又劾時相假明旨，以塞言路。請崇祀羅文毅、羅文恭、陳布衣、曹學正。已而巡按廣西。皇太子册立改期，上言：「自古人君，未有以天下之本爲戲，如綸如綍，乃展轉靡定如此者。一人言及，卽曰此激擾也，改遲一年。屆期而又有一人言及，又曰此激擾也，復遲二三年。必使天下無一人敢言，庶得委曲遷延，以全其昵愛之私，曾不顧國本動摇，周幽、晉獻之禍，可以立覩。」疏留中。踰四月，給事中孟養浩，亦以國本爲言，内批廷杖，并削先生籍。歸築經正堂以講學。東林書院成，與顧端文分主講席。黨禍起，小人以東林爲正鵠，端文謡諑無虚日，而先生不爲弋者所篡。先生之將殁也，豫營窀穸，掘地得錢，兆在庚戌。賦詩曰：「庚戌年遥月易逢，今年九月便相衝。」又曰：「月朔初逢庚戌令，共行應不再次且。」如期而逝。蓋丁巳年九月，月建爲庚戌也。天啓二年壬戌，贈太僕

㊀「國端」明史作「國瑞」。

寺少卿，予祭一壇。

先生之學，得之王塘南者居多。黴一時學者喜談本體，故以「工夫爲主，一粒穀種，人人所有，不能凝聚到發育地位，終是死粒。人無有不才，才無有不善，但盡其才，始能見得本體，不可以石火電光，便作家當也。」此言深中學者之病。至謂「性固天生，亦由人成，故曰成之者性」。夫性爲自然之生理，人力絲毫不得而與，故但有知性，而無爲性。聖不能成，愚不能虧，以成虧論性，失之矣。先生深于易學，所著有像象管見、象鈔、續鈔。演九疇爲四千六百八爻，有辭有象，占驗吉凶，名範衍。類儒學正脈，名源編、匯編。録時政名邸鈔。語録名黽記。

黽記

聖門教人求仁，無甚高遠，只是要人不壞卻心術，狂狷是不壞心術者，鄉愿是全壞心術者。

稜角多，全無渾涵氣象，何以學爲？

毋信俗耳庸目，以是非時事，臧否人物。

人分上是非好醜，一切涵容，不輕發露，卽高明廣大氣象。朱子曰：「人之情僞，固有不得不察，然此意偏勝，便覺自家心術，亦染得不好了也。」

在聖人分上説，無二而非一；在凡人分上説，無一而非二。時時處處，因二以求其一，便是學的頭面。

性體不現，總是血氣用事之夫。

聖賢所謂無，無聲臭耳，非無天載也；無思無爲耳，非無易也；無伐無施耳，非無善勞也。

操有破有載之心，以立於世，何時滚出太極圈來？

動而未形，有無之間，不是未形與形交界處，亦不是有無過接處，動之著爲已形，爲念爲慮；動之微爲未形，爲意爲幾。誠意研幾慎獨，異名而一功。

必有事焉而勿正心，心事無兩，不於事外正心，不於心外有事，心事打成一片，此所以爲集義。必有事焉而又正心，必無事焉而唯正心，皆襲皆取。

心，三才主宰總名。天地之心，天地之主宰；人心，人之主宰。只單以人言心，一而不三，便危。通天地人以言心，一而三，三而一，便微。别無兩心。謂人心道心，八字打開，謂道心爲主，人心聽命。

謂性是先天太極之理，心兼後天形氣，性是合虚與氣，心是合性與知覺，俱要理會通透。

以三才言，生理性也；以三才言，主宰心也。一而不三無主，心非其心矣；一而不三不生，性非其性矣。君子所性，仁義禮智，根于心，心性不合一，都無根。其心三月不違仁，心與仁不合一，都是違。

七十而從心所欲不踰矩，心矩不合一，都是踰。

君子以仁存心，以禮存心。仁則心存，不仁則亡。禮則心存，無禮則亡。若曰存之於心而不忘，仁禮皆心中之魂礧物矣。

同此一息之時，同此一息之氣，有以之生，有以之死，有以之存，有以之亡，便見生死存亡，只一氣恁地滚出不窮的，又見物各一極，斷然不相假借的。

聖學率性，禪學除情，此毫釐千里之辨。

聖賢教人下手，樹藝五穀，五穀熟而民人育。異端教人下手，芟柞荑稗，謂了妄卽真，恐天下並無荑稗去，就有五穀熟之理。

卦必三畫，見得戴天履地者人。非是以一人爲人，必聯合天地而後爲人。

藏身于恕，身藏恕顯，身化爲恕。藏心于密，心藏密顯，心化成密。藏恕中有身可藏，是恕又有内，安得爲恕？若密中有心可藏，是密又有内，安得爲密？

迦文丐首也，坐談虚空，誰爲生養？只得乞。以乞率人，廉恥喪盡。是以凡涉足釋途者，廉隅都無可觀。

不可以知爲識，亦不可以偏物之知爲格物。

告子曰「生之謂性」，全不消爲，故曰：「以人性爲仁義，猶以杞柳爲桮棬。」此卽禪宗無修證之說，不知性固天生，亦由人成。故曰「成之者性」，又曰「成性存存」。世儒有專談本體，而不說工夫者，其誤原于告子。

萬物皆備，我也；體物不遺，心也。離物言我，失我遺物，認心失心，單言致知，亦是無頭學問，須從格物起手。

不見頭腦之人，儘饒有定静工夫，如池沼之水，澄静無汩，豈不號爲清泉？然終不稱活水。

朱子於四書集註，悔其誤己誤人不小，又欲更定本義而未能。後人以信守朱說爲崇事朱子，此徒以小人之心事朱子耳。

孟子説求放心，求仁也，不仁則心放，仁則心存。後學忘源失委，以心爲心，而不以仁爲心，知所以求心，而不知所以求仁，卽念念操存，頃刻不違，衹存得一箇虛腔子耳。豈所以爲心哉？

本物於身之謂格，性地有覺之謂學。

惟聖人然後可以踐形，學不在踐履處求，悉空談也。

如不長以天下國家爲一物，卽此混然中處之身，皆絕首截尾之朽株，斷枝殘柯之末枿已，而安得謂之有本，而能以自立？

寂然之先，陰含陽意，與知爲一。感物之後，陽分陰意，與知爲二。若是真意運行，卽意卽知，卽運行，卽明照。若是妄意錯雜，意自意，知自知，意雖有妄，知定不昧。意屬陰，知屬陽，陽主得知，陰主得意，此欲誠其意，所以必先致其知。

先須開闢得一箇宇宙匡郭，然後可望日月代明，四時錯行于其中，故不格物，而求致知意誠者無之。

心意纔暴戾，便似于乾坤毀傷了一番，便似于父母忤逆了一番，只此便是莫大罪惡了。

全其生理之謂生，戕其生理之謂死，人實有生死，不得謂之無生死。

際天蟠地，皆人道也，特分幽明而謂之人與鬼神耳。

擊而火出，見而惻生，皆凡庸耳，非所以論君子。

喜怒哀樂，平常只從情上生來，卽未喜未怒未哀未樂，全是偏，全是倚，不得謂之中，此處切須體究明白。

後生小子，但有向上根器，直須忘年下交，以致誘掖獎與之意。若要羅致門下，便屬私心，不足道也。

四端只是果芽，若不充長，立地成朽。

常人，耳目汩於睹聞，性體汩於情識，如病瘧漢，只爲未發是病，故發時皆病。

凡任情狥情之夫，別無所謂未發之中，以喜言，如喜在功名，眠裏夢裏俱功名；如喜在富貴，眠裏夢裏俱富貴。卽寂然泯然之中，固不勝其偏於喜，倚於喜，安有所謂喜之未發乎？喜怒哀樂之未發，太虛之天體也，學者殊未易有之于己！

不知性，無心可盡；不養性，無心可存。

養得血氣極和極平，終血氣也，除是重新鑄造一過。把陰陽五行俱抹殺光，光要尋得太極出來，天下無如此學問。徒遏欲，非所以存理，長存理，乃所以遏欲。

不從格上起程，俱岐路也。種樹尋根，疏水尋源，其格乎？

思慮未起，鬼神莫窺，與天下莫破同意。有可破，則有可窺，而鬼神之所不佑，已在此矣！

有涵養未發工夫，立脚在太極上，未發已發，雖千路萬路，只是一路。故曰獨。無涵養未發工夫，立脚在二五上，未發已發，俱不是一路了。未發陰陽雜揉，已發善惡混淆，已不得謂之獨矣。又安所致其慎乎？

十二時中，看自家一念從何處起，卽檢點不放過，便見功力。

古人爲宗廟以收魂氣，死亡且然，矧于生存？一無所收，則放逸奔潰。釋收于空，老收于虛，與博弈類。聖人本天，天覆地載，天施地生，心之所也。學以聚之，收于學也。故曰「悠久無疆」。

外面只管要粧點得好看，便是的然而亡的路頭。

仁義禮智，孤行偏廢，皆屬氣質，君子有弗性焉。

主宰心也，道理性也，主宰無非道理，道理以爲主宰，言心更不消言性，言性亦不必言心。若但能爲主宰，而有非其道理，其何可以爲心？此聖賢心性雙提，言性必根心，言心必合性之大旨。人知由男女搆精而生，不知由天地絪緼而生，是以多以人爲心，而不克以天地爲心。所謂人心道心者，人心以人爲心也；道心以天地爲心也。天人無二，不學便都岐而二之。

開闢得一個天覆地載規模，心量方現；充拓得一個天施地生氣象，性量方現。

程、朱一脈相承，在居敬窮理。居敬本中庸之以戒慎恐懼爲始，窮理本大學之以格物致知爲先。

識者坤藏之記性，坤畫☷；知者乾君之靈性，乾畫☰。人皆有識有知，識以知爲主，如坤必以乾爲主。識從知，坤從乾，此卽一之頭面；識不從知，坤不從乾，此卽不一之頭面。異教轉識成智說，無了坤，但有了乾，宇宙無此造化，人亦無此心體。

就一人言心，都喚做人心；就一人言性，都喚做氣質之性。以其只知有一己者，爲心爲性，而不知有天下之公共者，爲心爲性也。惟合宇宙言心，方是道心，合宇宙言性，方是天地之性。

虚知都無用，惟致乃實。

怠惰放肆心，卽人欲，多端多岐；戒慎恐懼心，卽天理，只一路。謂卽慎爲獨可，所謂做得工夫是本體，合得本體是工夫。

朱以功曰：「事事肯放過他人，則德日弘；時時不肯放過自己，則學日密。」

盈天地間皆化育流行，人試自省化不化？育不育？但有不化，直是頑礫；有不育，直是僵塊。于此不知，知于何致？

仁義禮智，人所固有，只不曾根之于心，便不生色者，心符故曰生色。今人乍見惻隱之生，但是端不是根，譬如五穀，豈不是美種？謂人無是種不得。然同有是種，不會種，只喚做死粒，不喚做生粒，株守這幾粒，一人生育不來，況推之天下國家？

後世小人，動以黨字傾君子，傾人國，不過小人成羣，而欲君子孤立耳！或有名爲君子，好孤行其意，而以無黨自命者，其中小人之毒亦深。

仁，人心，卽本體；義，人路，卽工夫。故舍其路而不由，便是放其心而不知求。章本清曰：「世之求心者，止欲守其默照之體，存其圓虛之神，好静惡動，而于日用間親疏厚薄，是非可否，一切失其宰制化裁之宜，縱使恩怨平等，而于親親仁民愛物混然無别，謂之爲仁可乎？謂爲心不放可乎？」可見由義正以居仁，充類至義之盡，卽所以爲仁之至也。

面孔上常要有血。

只看當下一念，稍任耳目，役聰明，不從天命赫赫中流出，便不是戒慎不睹，恐懼不聞。雖如此密修，這一念發來，稍浮不隱，稍粗不微，稍二三不一路，亦無獨可慎，而萬有之欛柄，卒難湊手。只要安頓這一個形軀之身在好處，早已不是士的路頭了。故曰：「士而懷居，不足以爲士。」

近有石經大學，虞山瞿元立考辨至爲精核，其爲僞造之書無疑。而管登之崛强不服，真所謂師不必賢於弟子。

禮生自仁，如枝生自根，若以禮爲仁，如以枝爲根，便與復義無交涉。

放其心，謂失其仁義之良心也。是個仁義之心，卽常遊于千里之外，正謂之存，不謂之放。不然，卽常斂于徑寸之内，正謂之放，不謂之存。

硜硜然小人哉！爲庶民百姓等，以分位言，謂之小人。如庶民百姓而信果，硜硜然庶民百姓哉，亦可以稱士。若今之從政者，寧不軒然以大人君子自命，求小人之信果反無有，不可以其分位而算之爲士。

乍見怵惕，嘑蹴，弗屑，弗受，此人人之真心，非誠而何？這點真心，分分明明，當怵惕自怵惕，當羞惡自羞惡，一毫瞞昧他不得，互混他不得，非明而何？自誠明謂之性，謂此，他無謂也。就這分分明明，一點真心，擴充以滿其量，何人不做至誠至聖？自明誠謂之教，謂此，他無謂也。

有性無教，有天無人，如穀不苗，如苗不秀，如秀不實。不是有一般天道，又有一般人道，有一般不勉而中，不思而得，從容中道之㊀聖人，又有一般擇善而固執之賢人。如無人道之擇執，其所中所得，不過電光石火之消息，天道且茫如，而惟聖罔念立狂矣。

孟子據才以論性，人所爲才，既兼三才，又靈萬物，人無有不才，才無有不善。以體謂之才性，以用謂之才情。以各盡其才，各成其才。其全謂之才德、才賢、才品、才能，其偏亦謂之才質、才氣、才智、才技、才調，並無有不可爲善之才。告子不知有所謂才，故其論性，或等之梗直之杞柳，或比之無定之湍水，或以爲不過食色，而夷之物欲之中，或并欲掃除仁義，而空之天理之外，但知生之謂性，而不知成之爲性，卽同人道于犬牛，而有所弗顧。孟子辭而闢之，與孔子繼善成性之旨，一線不移。宋儒小異，或遂認才稟於氣，又另認有一個氣質之性，安知不𣈆必爲堯、舜之志？此憂世君子不容不辨。

周子太極圖說，于孔子「易有太極」之旨，微差一線。程、張「氣質之性」之說，于孟子「性善」之旨，亦差一線。韓子謂軻之死，不得其傳，亦千古眼也。

率從誠始，修從明始。自誠明，人人本體之明，故曰性；自明誠，人人工夫之誠，故曰教。

愚不肖可與知能行，見在都有下手處，及其至而聖人不知不能，到底都無歇手處。

習性，習慣成自然，以習爲性，原非性也。氣質之性，一向使氣任質慣了，誤認以爲性，原非性也。

孔子四十而不惑，心理一。孟子四十不動心，心氣一。志壹則動氣，氣壹則動志，不特氣壹動志爲

㊀「之」字據賈本補。

動心，志壹動氣亦總是動心。清明在躬，志氣如神，心氣工夫一體成，天君泰然，百體從令，氣動卽心動也。

生知之生字，人人本體，學知之學字，人人工夫。謂生自足而無待於學，古來無如此聖人。鋪天徹地，橫來堅去，無非天命散見流行，卽此是性，別無性也。孟子「莫非命也，順受其正」，譬如親造子命，喜怒惟親，而喜不忘，怒不怨，則子之順受其正。君造臣命，進退惟君，而進以禮，退以義，則臣之順受其正。天造人命，順逆惟天，生死惟天，興廢修短惟天，而修身以俟，則人之順受其正。天無妄命，卽氣數，卽義理，無氣數之非義理，中庸天命之謂性，亦如此。

道之廢行皆命，譬時之晝夜皆天，要有行無廢，是有晝而無夜也。只晝裏也是這個天，而處晝底道理不同于夜，夜裏也是這個天，而處夜底道理不同於晝。晝應有爲，宵應有得，日出宜作，嚮晦宜息。今或晝裏要做夜裏事，夜裏要做晝裏事，小人不知天命者，便如此。

中庸其爲物不貳，哀公問仁人不過乎物，孝子不過乎物，天地人物總爲一物。卽物卽理，大學格物，不消物上又生枝節，而添出理。

只是這個身子，頓放得下，是謂克己；提掇得起，又謂由己。

太極性也，兩儀質也，形色天性，聖人踐形。性質合而爲道也，性質畧有纖毫罅縫，斯謂之離。子思發明率性修道兩項工夫，一在耳目覩聞上，較勘離與不離，一在心術隱微上，較勘離與不離，到渾融合一而獨體露，斯卽情卽性，卽吾身，卽天地萬物，卽中和，卽位育。

故者以利爲本，小之無以利用出入，大之無以利天下，遠之無以利萬世。這故亦死粒已耳。學重温故，一粒化成千百粒，五穀熟，民人育，是爲孟子以利爲本大旨。

求在我者，天不在心外求，命不在身外求。求在外者，求天于心之外，求命于身之外。

隱微二字，朱子訓作幾字，本易傳知幾，孟子幾希來。

譬如一粒穀種，人人所有，只難得萌芽，既萌芽，又須萬分保護，培養到苗而秀，秀而實，方有收成。君子慎獨慎此。

性，靈明也；慎，真情也。率以誠落脈，修以明入門。

禪本殺機，故多好爲鬬口語。儒者每染其毒而不自覺，何哉！

文介孫淇澳先生慎行

孫慎行字聞斯，號淇澳，常之武進人。萬曆乙未進士第三人。授翰林院編修。四明挾妖書起大獄，先生以國體争之。累遷至禮部侍郎。癸丑署部事，時福王已下明春之國之旨，然神宗故難有司，莊田給四萬頃。先生謂祖宗朝未有過千頃者，且潞王爲皇上之弟，豈可使子加於其弟？皇貴妃又求皇太后止福王行，謂明年七十壽誕，留此恭祝。於是上傳改期。路人皆知福王必不肯行，但多爲題目，以塞言者之口。先生謂福清曰：「此事不了，某與公皆當拚一死。」福清曰：「何至是？」先生曰：「非死何足以塞責？」乃集九卿，具公疏，待命闕下者二旬。先生聲淚俱迸，達于大内。福清亦封還内降。神宗爲之心動。十二月二十二日，從皇貴妃索所藏文書，不肯出。明日又索，至酉刻，皇貴妃不得已出之。文書者，神宗許立貴妃之子，割臂而盟者也。至是焚于神前，二十八日遂降旨之國。代藩廢長立少，條奏改定；庚戌科場之弊，題覆湯賓尹、南師仲罰處；宋儒羅豫章、李延平從祀孔廟；釋楚宗高牆二十三人，閑宅二十二人，皆先生署事所行也。甲寅八月回籍，小人中以京察。天啓初，召爲禮部尚書。先生入朝，首論紅丸事，劾奸相方從哲，下九卿科道議。議上，奪從哲官，而戍李可灼。未幾，告歸。逆奄起大獄，以三案爲刑書。梃擊王侍郎爲首，移宮以楊忠烈、左忠毅爲首，紅丸則以先生爲首。兩案皆逮死，先生方戍寧夏，烈皇立，得不行。崇禎改元，用原官，協理詹事府，未上。後八年，有旨擇在籍堪任閣員者，先生與劉山陰、林鶴胎同召。至京而卒，年七十一。賜謚文介。

先生之學，從宗門入手，與天寧僧静峰，參究公案，無不了然。每從憂苦煩難之境，心體忽現。然先生不以是爲得。謂：「儒者之道，不從悟入。君子終日學問思辨行，便是終日戒懼慎獨，何得更有虚閒，求一漠然無心光景？故舍學問思辨行，而另求一段静存動察工夫，以養中和者，未有不流于禪學者也。」其發先儒所未發者，凡有數端：世説天命者，除理義外，別有一種氣運之命，雜糅不齊，因是則有理義之性、氣質之性，又因是則有理義之心、形氣之心，三者異名而同病。先生謂：「孟子曰：『天之高也，星辰之遠也，苟求其故，千歲之日至，可坐而致也。』是天之氣運之行，無不齊也。而獨命人于氣運之際，顧有不齊乎哉？」蓋一氣之流行往來，必有過有不及，故寒暑不能不錯雜，治亂不能不循環。以人世畔援歆羨之心，當死生得喪之際，無可奈何而歸之運命，寧有可齊之理？然天惟福善禍淫，其所以福善禍淫，全是一段至善，一息如是，終古如是，不然則生理滅息矣。此萬有不齊中，一點真主宰。先生之所謂齊也。先生謂性善氣質亦善，以麰麥喻之，「生意是性，生意默默流行，便是氣；生意顯然成象，便是質。如何將一粒分作兩項，曰性好，氣質不好？」蓋氣稟實有不齊，生而愚知清濁，較然分途，如何説得氣質皆善？然極愚極濁之人，未嘗不知愛親敬長，此繼善之體，不以愚濁而不存，則氣質之非不善可知。先生之所以爲善也。先生謂：「人心道心，非有兩項心也。人之爲人者心，心之爲心者道，人心之中，只有這一些理義之道心，非道心之外，別有一種形氣之人心也。」蓋後人既有氣質之性，遂以發于氣質者爲形氣之心，以爲心之所具者，此些知覺，以理義實之，而後謂之道心。故須窮天地萬物之理，不可純是己之心也。若然，則人生本來祇有知覺，更無理義，只有人心，更無道心，卽不然，亦是兩心夾雜而生也。此先生之説長也。三者之説，天下浸淫久矣，得先生而雲霧爲之一開，真有功于孟子者也。陽明門下，自雙江、念菴以外，總以未發之中，認作已發之和，謂工夫只在致和上，却以語言道斷，心行路絶上一層，喚作未發之中。此處大段，著力不得，只教人致和著力後，自然黑窣撞著也。先生乃謂從喜怒哀樂看，方有未發。夫人日用間，豈必皆喜怒，皆哀樂？卽發之時少，未發之時多，心體截得清楚，工夫始有著落。自來皆以仁義禮智爲性，惻隱羞惡辭讓是非爲情，李見羅道性編欲從已發推原未發，不可執惻隱羞惡辭讓是非之心而昧性，自謂提得頭腦。不知有惻隱而始有仁之名，有羞惡而始有義之名，有辭讓而始有禮之名，有是非而始有智之名，離却惻隱羞惡辭讓是非，則心行路絶，亦無從覓性矣。先生乃謂孟子欲人識心，故將惻隱之心指爲仁之端，非仁在中而惻隱之心反爲端也。如此則見羅之説不辨而知其非矣。蕺山先師曰：「近看孫淇澳書，覺更嚴密。謂自幼至老，無一事不合于義，方養得浩然之氣，苟有不慊，則餒矣。」是故東林之學，涇陽導其源，景逸始入細，至先生而集其成矣。

困思抄

止卽仁敬孝慈信，是至善也。豈惟道當止？抑亦人不能不止處。人不能舍倫之外別爲人，亦不能舍倫之外別爲學。日用人倫，循循用力，乃所謂實學，故特稱止。學者誰不識有人倫？但覺人倫外，尚復有道，盡倫外，尚復有學，卽不可謂知止。卽一出一入，精神終不歸歇，思致終不精詳，擾擾茫茫，如何有得止時？三代以下，道術不明久矣，只節義一途，尚在人倫内，然已多不合道者。至説道德，卽未〔一〕免悠悠空曠，若功利辭章，更夢想不到人倫地位。嗚呼！何不於知止求之？知止。

獨非獨處也，對面同堂，人見吾言，而不見吾所以言，人見吾行，而不見吾所以行，此真獨也。且慎獨亦不以念初發論，做盡萬般事業，毫無務外爲人夾雜，便是獨的境界。歛盡一世心思，不致東馳西騖走作，便是慎獨的精神。自慊。

舉世非之而不顧，擎拳撐脚，獨往來於天地之間，夫到得焉有所倚地位，方是慎獨。

夫以天之浩蕩，竟不知何處津涯？何從湊泊？直揭之斯昭昭，而天可括。且天道無窮，而曰及其

〔一〕「未」原作「夫」，據賈本改。

無窮，豈真有積累乎？無窮者斯昭昭也，所謂爲物不貳者也。夫吾之心，不有昭昭存耶？一念如是，萬念如是，一息如是，終古如是。蓋不盈寸而握天地之樞焉。昭昭。

昭昭非小，無窮非大，猶之火然，一星之火，與燎原之火，無小大之可言。

哀與傷辨，哀性也，傷特情之私也。情㊀愈用而日新，情一沉而立敗，卽樂淫何莫不然！關雎。

世間人不誠，只爲有思有勉。吾人立下要見得不思而得，不勉而中的實理，真切明白，是爲擇善。擇久分明，將從前思勉心，一切放下，日用云爲，純是性真運用，是爲固執。或謂思勉，何可不用？曰窮天地，亘古今，惟此一點，不容思勉處，默相感動，如何却要思勉？古來忠孝節義，儘有殺身同，而精神光彩與不光彩，風聲磨滅與不磨滅，只一獨知獨覺之中，從容與勉强者，微不同耳。博學、審問、慎思、明辨、篤行，種種工夫，正爲思勉猝難去耳。曰：「若是，則世人俱不合思勉耶？」曰：「卽世人亦何處用得思勉？譬如見入井惻隱，豈嘗思入井之可哀，而後勉爲惻隱否？孩提愛敬，豈嘗思父兄之爲親，而後勉爲愛敬否？夫四海之當保，獨何異于孺子？天下之可達，豈獨遜于孩提？嗚呼！此可與知性者道也。」不思勉。

余嘗驗之，若思嗜欲，未思而中若燔矣。思詞章，久之亦有忡忡動者。倘思道理，便此心肅然，不搖亂。若思道理，到不思而得處，轉是水止淵澄，神清體泰，終日終夜，更不疲勞，不知何以故？且思到得來，又不盡思的時節，不必思的境路，儘有静坐之中，夢寐之際，遊覽之間，立談之頃，忽然心目開豁，

㊀「情」字，朱氏釋誤云：玄晏齋困思抄原文作「性」，是。

覺得率性之道，本來元是平直，自家苦向煩難搜索，是亦不思而得一實證。慎思。

天理人情，原無兩項。惟循天理，卽人情自安，所以爲君子。中庸若狥人情，未免扳附天理。所以爲小人反中庸。小人中庸。

人徒説戒愼恐懼是工夫，不知卽此便是眞性。丟却性，別尋一性，如何有知性時？謂所不睹所不聞是天命，我要戒愼恐懼他，是天命與我身終粘連不上，一生操修，徒屬人爲，又如何有至于命時？朱子云：「所以存天理之本然。」天理，天命之性也，卽是戒愼恐懼。君子戒愼恐懼，便爲存，非是別有他物，而將此存之也。以上愼獨。

大凡運用無形，而純然有以自養者，謂之道，功能稍著，而灼然有以自見者，謂之事。今人之事，不知道，卽畢力劻勷，蓋世猷爲，總謂之籩豆事耳。當時魯秉周禮，三家亦有學禮于夫子者。故曾子直欲奪其平生所最愼重者，而反之道，至比於有司四惡之科，其言絶痛。貴道。

告子以生言性，執已發而遺未發，便是無頭學問。且以天命言性，正所謂凡聖同然，理義説心，而形體不與焉。言生則未免涉形體矣，烏可謂性？夫人之與禽獸異也，以形體觀，不啻相千萬矣，而孟子特謂之幾希，可見形體之異，聖賢不謂之異也。惟是義理之説，惟人有之，而禽獸不能，所謂幾希者也。今若以形體言性，則犬牛人同有生，便同有性。正如以色言，白之謂白，只一白，白羽、白雪、白玉亦同一白，而所謂幾希者，惡從見之？説者謂生非形體，特生機。夫既有生機，非無可指，既有可指，便非未發，正白之謂白之説也。然則生終不可言歟？曰性未嘗不生也，而實不可以生言也。如天地之大德曰生，德與性固有辨，曰大生，曰廣生，皆天地之用，用卽已發，不可偏執爲性也。且時行物生，天地位，萬物育，聖賢亦何嘗不言生？但從生言性，雖性亦生，從性言生，雖生亦性。雖性亦生，必至混人性于犬牛，雖生亦性，方能別幾希於禽獸。生說。

孟子性善，○。可使爲不善，●。上圈卽性相近，下圈乃習相遠。

告子無分，善，○。不善，●。兩者不存，并性亦不立。

宋儒○性卽理。才稟于氣，氣有清濁。○清賢，●濁愚。

右言性圖。

如此並衡，便把真性來做兩件。孟子說「性善」，卽習有不善，不害其爲性善。後人既宗「性善」，又將理義氣質並衡，是明墮「有性善、有性不善」，與「可以爲善、可以爲不善」之說了。且告子說「無分」，雖不明指性體，而性尚在。後人將性參和作兩件，卽宗性善而性亡。

孟子謂「形色天性也」，而後儒有謂「氣質之性，君子有弗性者焉」。夫氣質獨非天賦乎？若天賦而可以弗性，是天命之性，可得而易也。孟子謂「爲不善，非才之罪也」，而後儒有謂「論其才，則有下愚之不移」。夫使才而果有「下愚」，是「有性不善」與「可以爲不善」之說是，而孟子之言善非也。孟子謂「故者以利爲本」，而荀子直謂「逆而矯之，而後可以爲善」。此其非人人共知。但荀子以爲人盡不善，若謂清賢濁愚，亦此善彼不善者也。荀子以爲本來固不善，若謂形而後有氣質之性，亦初善中不善者也。夫此既善，則彼何以獨不善？初既善，則中何以忽不善？明知善既是性，則不善何以復繫之性？然則二説，又未免出入孟、荀間者也。荀子矯性爲善，最深最辨。唐、宋人雖未嘗明述，而變化氣質之説，頗陰類之。

今若説富歲凶歲，子弟降才有殊，説肥磽雨露，人事不齊，而謂麰麥性不同，人誰肯信？至所謂氣質之性，不過就形生後説，若稟氣于天，成形于地，受變于俗，正肥磽，雨露，人事類也，此三者，皆夫子所謂習耳。今不知其爲習，而强繫之性，又不敢明説性，而特創氣質之性之説，此吾所不知也。如將一粒種看，生意是性，生意默默流行，便是氣，生意顯然成像，便是質。如何將一粒分作兩項，曰性好，氣質不好。故所謂善反者，只見吾性之爲善而反之，方是知性。若欲去氣質之不善，而復還一理義之善，則是人有二性也。二之，果可謂性否？

孟子諄諄「性善」，爲當時三説，亂吾性也；又諄諄「才無不善」，恐後世氣質之説，雜吾性也。夫氣質既性生，卽不可變化；與性一，亦無待變化。若有待變化，則必有不善。有不善，則已自迷于性善，其説可無論矣。獨無善無不善，今人尚宗述之，而以出自告子，又小變其説，以爲必超善不善乃爲善。嗚呼！此亦非孟子所謂善也。子曰：「人之生也直。」夫不待超而無不善，此則孟子所謂善也。易云：「繼之者善也，成之者性也。」詩云：「天生蒸民，有物有則，民之秉彝，好是懿德。」此則孟子所謂「道性善」也。

或疑：「既性善，氣質又同是善，下愚何以獨不移？」曰：「此自賊自暴自棄之過，非氣質之過也。」「然則生知、學知、困知，又何不同？」曰：「此孔子所謂『性相近』者也，相近便同是善中，亦不可一律而齊。」「然則性之反之可謂同乎？」曰：「孟子蓋以湯、武合堯、舜，非以堯、舜劣湯、武也。正所謂同是善中，不可一律齊者也，終不害爲知之一。辟如水有萬派，流性終同，山形萬狀，止性終同。故人人可爲堯、舜，同故也。或相倍蓰而無算，不能盡其才，此則異耳。聖賢見其異，而知其同；諸説迷其同，而執其異；後儒既信其同，又疑其異。故其言性也，多不合。」以上氣質辨。

告子言性，曰「杞柳」，柳最易長；曰「湍水」，水最易動；曰「生之謂性」，生其活機；曰「食色性也」，食色其實用。而合之無善無不善，益不可指著。使庸常者由之，而日見吾心之感應，其宜人情者此言。使賢智者知之，而默見吾性之流行，其超人情者亦此言。蓋以圓活教人，自謂見性極真，不知誤天下愈甚。流俗既以濟其私，迷不知檢防，高明益以神其見，蕩無所歸著。嗚呼！舍善無性，舍明善無率性，宋儒之直提此者，吾得「立本」之説焉，明儒之直提此者，吾得「良知」之説焉。

告子之「兩不得勿求」，非真任之不得也，其宗旨當在不得之先，不使至于不得耳。只是聖賢之道，存心兢業，當在預養，惟恐一不得也。及其不得，則皇皇焉，困心衡慮，而亟爲自反之圖。夫其皇皇焉，困心而衡慮者，正告子之所謂「動心而深弗欲」者也。不知惟動于不得，而後不動于其無不得者真。以上告子。

孟子只非義外，並不曾説義内，何則？義原不專内也。告子既墮外一邊，我若專墮内一邊，二者均屬偏見。義外。

必有事而正，此徒正事耳。心慊，則行事自能合義。若止正事，補東缺西，得此失彼，恐非集義之道。且心不先慊，縱外事雖正，中可勿餒乎？恐亦非浩然之路。勿正。

中和尚可分説，致中和之功，必無兩用。未發一致中和，已發一致中和，辟如天平有針爲中，兩頭輕重鈞爲和，當其取鈞，非不時有斟酌，到得針對來，煞一時事。且鈞而相對，是已發時象。如兩頭無物，針元無不相對，更是未發時象。看到此，孰致中？孰致和？何時是致中？何時是致和？君子只一戒懼不忘，便中和，默默在我，便是致字，無兩條心路。致中和。

凡學問最怕拘板，必有一種活動自得處，方能上達。天地間之理，到處流行，有可見，有不可見；有所言，有所不能言。不是以心時時體會，有活動機括，焉能日進日新？故須時習。若止認作服習重習，專有人工，絶無天趣，即終身從事，轉入拘板。時習。

人心道心，非有兩項心也。人之為人者心，心之爲心者道，人心之中，只有這一些理義之道心，非道心之外，別有一種形氣之人心也。孟子曰：「人之所以異於禽獸者幾希。」幾希，微孰甚焉！人之所以異於禽獸者，僅此幾希，危孰甚焉！惟精者精察此微，惟一者緊守此微。中即喜怒哀樂未發之謂也，非天下之至中，不能持天下之至危，然非天下之至微，不足言天下之至中。戒慎恐懼，危微也；慎獨，精一也；致中和，允執中也。若謂心有兩，而以人心與道心對，則將以一去一而爲中乎？將盡脱二者之外而爲中乎？抑亦參和二者之間而爲中乎？吾勿敢信。今以人心爲形氣之心，若屬邪妄一邊，殊不知心原無有邪妄的。如論語一書，有四心字，自許以「從心」，許回以「其心」，荷蕢稱「有心」，戒人以「無所用心」是也。大學言「正心」，只云「心不在焉」。孟子言「放其良心」，又「陷溺其心」，並未嘗言心有不好的。至于正與不正，便只説胸中，不言及心；小人不善，便只説如見肺肝。後人惟見有氣質之性，故因生出一種形氣之心，與孔、孟心性處頓異。中。

格字諸家訓釋頗異，若以爲格非心，則侵誠，且不先知，如何辨得非心出？若以爲格式，則侵正修，且不先知，却認何者是格式？若以爲感格，則侵齊治平，且不先知，豈能念得我所以感格人，人所以感格于我的道理？故知格物是大學實功，窮理是格物定論。易曰：「君子窮理盡性」，窮理即窮吾性之理也。陽明説致良知，纔是真窮理。格物。

「利義如何辨？」曰：「不爲不欲，此義之善也。反是卽利。」「不爲不欲，又如何辨？」曰：「無爲元吾所不爲，無欲元吾所不欲，此所謂性善也。吾人只有這一些可以自靠，反求而卽得。」義利。

孟子説「人皆有不忍人之心」，欲人識心，故將惻隱之心指爲仁之端，非仁在中，而惻隱之心反爲端也。孟子又説「仁義禮智根于心」，若仁在中，而惻隱之心反爲端，是應言心根于德，不應言德根于心也。若心根于德，則百方求德，心恐有不真之時；惟德根于心，則一味求心，德自無不真之處。故曰「學問之道無他，求其放心而已矣」。孟子一書㊀，專爲性善説也。然則仁義禮智，可謂非性乎？曰：中庸言性之德也，謂之德則可，謂之卽性則不可。于文生心爲性，惟性善，故心善，心善，故隨所發無不善，而有四端。端者倪也，有端倪不可不窮分量，故須擴充，故曰「盡其心者，知其性也」，擴而充之，便是盡心。知仁義禮智之根于心，便是知性，若仁在中，而惻隱之心反爲端，是應言反求，不應言擴

㊀「書」原作「處」，據賈本改。

充也。四端。

天理之流行卽氣數，元無二也。故善降祥，不善降殃，正「莫之爲而爲，莫之致而至」者也。若小人不知天命，則妄意爲之，而未必爲，妄意致之，而未必至，而不免行險以僥倖。

萬有不齊之內，終有一定不移之天。天無不賞善者也，無不罰惡者也，人無不好善惡惡者也。故曰「天命之謂性」。以上知命解。

常人不知禍福，只爲見善不明。至誠旣明善，辟如天下百工技藝，苟一造其至，卽成敗得失分數，便可以逆計，無不審。致誠盡民物，窮古今，貫幽明，洞天地，不過若民情日用之在目前，最是了了，又何不先知？

道者至誠知之，人人亦可以與知之者也。非知人所不能知，而以爲異也。人不共知，便知到極頭，終是有隔礙處。以上先覺辨。

大學一書，無非格物也，豈必另言所謂致知？只是知修身爲本，更無別有知處。誠意者，知修身爲本，卽實修身，爲善去不善，如好好色，如惡惡臭方是。人之一身，意爲主，今人不把知修身作致知，却視明明德於天下之外，尚別有一種學術，一番見解，方爲致知，所以大學不明。大學。

世間人凡有所爲，便可見；凡有所言，便可聞。且當其爲時，無不欲人見者；當其言時，無不欲人聞者。夫卽此欲見欲聞心腸，并可見可聞的事業，其于世能斡〔一〕旋幾何鬼神？世間伎倆功能，一切超

〔一〕「斡」原作「幹」，形近而譌。

越，而于天載無聲無臭者冥合幽贊。所謂誠者，善是也。人之仰鬼神，只爲能福善禍淫，鬼神之所以福善禍淫，全是一段至善。故福而不敢喜，禍而不敢怨，祈福免禍，而終凛凛不敢必。倘一出乎誠，便入乎僞，僞則感格幾關，自然阻礙，縱有功用，總不出向來見聞窠臼。故德到鬼神作用，纔無踪跡；至誠到合鬼神精神，纔無滲漏。鬼神。

至誠，誠也；至聖，明也。致曲所以誠，崇禮所以聖也。曲者何？禮儀三百，威儀三千是也。發育峻極皆此也。凡禮到委曲至處，便充周布濩，君子以致曲爲實心，以崇禮爲能事，卽覆物、載物、成物之業，俱不出議禮、制度、考文之外也。故聖誠，禮之至也；戒慎恐懼，禮之精也；無忌憚，禮之反也。致曲。

與知之知，卽聖人之知；能行之行，卽聖人之行。特言愚不肖者，見人人皆可以爲聖也。大約聖賢所謂知能，從本根上論，不從枝葉上論，若以枝葉論，而愚不肖有時窮矣。惟以本根論，而率性固未嘗不同也。與知。

昔人言中，第以爲空洞無物而已，頗涉玄虛。但言未發，不及喜怒哀樂，卽所謂未發者，亦屬影響。至謂人無未發之時，纔思便屬已發，以予觀之，殊不然。夫人日用間，豈必皆喜怒？皆哀樂？卽發之時少，未發之時多。若今人物交私梏，卽發之時少，未發而若發之時多矣。然謂人無未發，則終不可。今無論日用間，卽終日默坐清明，無一端之倚著，有萬端之籌度，亦便不可謂之發也。但所謂未發者，從喜怒哀樂看，方有未發。夫天地寥廓，萬物衆多，所以感通其間，而妙鼓舞之神者，惟喜怒哀樂。如風雨露雷，造化所以鼓萬物而成歲；慶賞刑威，人主所以鼓萬民而成化也。造化豈必皆風雨露雷之時？

人主亦豈必皆慶賞刑威之日？故説有未發之中，正見性之實存主處。今若以爲空洞無物而已，是將以何者爲未發？又將以何者爲中？而大地萬物之感通，其真脈不幾杳然無眹耶？且所謂致中者，又從何著力？毋乃兀坐閉目，以求玄妙，如世之學習静者乃可耶？夫惟君子知未發之非空虛，方見性之實知，人生未發之時多，而所謂慎獨立本者，無時無處不可致力，方見盡性之爲實。延平每教人静坐觀中，但入門一法，非慎獨本旨也。慎獨者居處應酬日用間，無在非是。子曰：「居處恭，執事敬，與人忠。」若静坐觀中，止是居處一義。未發解。

古來未有實言性者，中和是實言性處，後人求之不得，往往虛言性，以爲無可名。獨禮記云「人生而静，天之性也」一句，儒者多宗之。周子作太極圖，以爲聖人主静，立人極。至豫章、延平，每教人静坐觀中，看未發氣象。予用工久之，覺得求未發之中，是至誠立大本真學問要領，然將一静字替中字，恐聖學與儒學便未免于此分別。宋儒只爲講一静字，恐偏著静，故云：「静固静也，動亦静也。」苦費分疏幇補。聖學説中，便無偏静氣象，不必用動字幇補。凡學問一有幇補，則心思便有一半不滿處，費了籌度；躬行便有一半不穩處，費了調停。聖賢卽率性而行，便爲道，故云：「致中和不于中處調和，亦不于和處還中，徹始徹終，要在慎獨。」性説。

平旦之氣、夜氣，二者皆就常人身上説，聖賢便善養浩然之氣，何止平旦與夜？卽日夜之所息，亦就常人説，君子便自强不息。且平旦之氣與夜㊀氣，尚有辨。平旦是人已覺之時，自家做得一半主了；

㊀「夜」原作「氣」，據賈本改。

至夜氣乃沉沉熟睡之時，自家做不得主，全是靠天的。故有平旦之氣，尚是清明一邊人，至無平旦之氣，方纔説夜氣，可見人縱自絶，而天尚未嘗深絶之也。若夜氣足以存，猶不失爲可與爲善的，可見氣善是才善處。氣説。

孟子曰：「天下之言性也，則故而已矣。」夫世變江河，新新無盡，而惟是本真固有，純粹至善，聖人之所不能獨，愚不肖之所不能無，故曰故也。故。

慎獨義

所不睹所不聞者，終日睹聞，未嘗睹聞；終身睹聞，無可睹聞。此是心體，未是獨也。惟君子戒慎恐懼，一乎是所，絶無他馳，一敬爲主，百邪不生，一念常操，萬用畢集，真覺有隱有微，時時保聚，有莫見，有莫顯，種種包涵，繼善成性之所，正富有日新之所，乃名爲君子慎獨。不睹不聞。

有千萬其心思，而不失爲獨；有孤寂其念慮，而不名爲獨。是在戒慎不戒慎之間，不問㊀其應酬與靜居也。凡人不過妄臆寸心影響之爲獨，君子直是終身率性保合之爲獨，故知慎獨難也。蓋人一心之隱見微顯，便是萬事之隱見微顯，萬事之隱見微顯，便是萬物之隱見微顯，並從所不睹所不聞中流注獨也。若不識戒慎恐懼真脈者，則何知有隱？何知有見？何知有微？何知有顯？此中多岐百出，不可勝原，萬事萬物都無歸著，我心亦總無歸著已矣。故知慎獨難也。莫見。

㊀「問」原作「間」，形近而譌。

中和之名可分也，中和之實不可分也，卽致中和之功，更無可分也，總歸之一戒懼愼獨。惟戒懼則不睹不聞之所，而天地爲昭，萬物同體，隱見微顯之獨，爲主持者，明明矣。此中和所爲致也。夫君子之喜以天下，怒以天下，哀以天下，樂以天下，豈虛爲見而已哉！吾中心當其默覺其然，而覺民之無不共此同然者，是之爲大本達道，是之謂愼獨。中和。

戒愼恐懼與忌憚，未可並視也。戒愼恐懼者，操持之至性，非君子不純。而忌憚者，天性之真心，雖衆人無不動者也。衆人之真心，便是君子之大道。無忌憚。

凡學道者，多從空墮，如鳥欲高飛，而罟則網之，獸欲奔趨，而阱則錮之，此皆妄逐于空，而不知道之有實也。夫天實有是命，故吾性實有是善，吾性實有是善，故吾道須實行是善。善只有一，更無他也，有他卽空，一念不實，則萬念皆空，吾心又安復有獨？罟獲。

仰之彌高，蓋言天也；鑽之彌堅，蓋言地也；瞻之在前，忽焉在後，蓋言四方也。求之于天地四方而不得，則所謂握天地四方之極者何？中也。此所謂擇乎中庸，不睹不聞之所之爲戒懼也。得一善，博文約禮也。文王之爲文，君子之崇禮，蓋隱見微顯之會諸此也。常人多以無形無象索中，顏子并以有形有象觀中，故於高堅前後中，指出文禮。卽夫子亦決不欲以無形無象言中，故曰「不踰矩」，矩者方而不易，卽文禮之可循循者也。若虛圓彷彿，豈惟不知從心之矩，亦不知卓爾之立之所。回之爲人。

若以爲我心卽道，道卽我心，則執己而不化，其於道也，不啻千里違矣。此乃後世人之言道，非夫子之視道也。故曰「不遠人」，人與道俱，概言其在人者也。曰「違道不遠」，惟恐有違，專言其在己者也。忠恕。

凡言子者，不在其爲子，而在其能事父；凡言臣者，不在其爲臣，而在其能事君。故曰「道不遠人」。人者對我而言，惟我能以人之心爲人，方能以我事人之心爲道。未有遠於事父而可言子者也，未有遠於事君而可言臣者也。道由我，不睹不聞處戒慎，知人心卽道。不見幾微間隔，方爲不遠。大學說爲人君，爲人臣，爲人父，爲人子，與國人交，詳言人者，見仁敬孝慈信，非我自爲也，是不遠人之義也。不願。

有餘不足，聖人非從言行參酌，戒慎恐懼，直從不睹不聞之所參酌，覺少不合此心之中，便不合人心之庸，而性命乖。不足。

失諸正鵠，反求諸其身，此以道爲懸，而身趨之如不及者也。的然而日亡，此以己㊀爲懸，而欲人趨之如不及者也。故云有常儀的則，羿、逢蒙以五寸爲巧，無常儀的則，以妄發而中秋毫爲掘。大天命之中有常，卽吾率性之正鵠，自有常，庸德庸言，素位昭然，分寸不可踰越。君子戒慎恐懼，兢兢難爲湊合，不敢妄發。彼行險之小人，蓋妄發而自命秋毫之中者也。正鵠。

人之爲道，道行于世，須盡合諸人人。鬼神之爲德，德藏乎心，獨有鬼神可合。鬼神。

凡作爲于外陰一邊，屬地道，敏政極之順親，順㊁地道也。主宰于中陽一邊，屬天道，誠身極之明

㊀「以己」原作「己以」，據賈本、備要本改。

㊁朱氏釋誤云：「順」下依文意當有「親」字。

强，明强天道也。人道。

凡世之有形有色者，誰非目可睹、耳可聞者耶？中庸獨于所不睹、所不聞中，抽出一點戒慎恐懼真心，以成吾慎獨之實，而謂之率性修道，故曰「惟聖人然後可以踐形」。夫孟子所謂踐形，中庸所謂修身也。形不踐，則天性爲虚，身不修，則形色爲妄。因知中庸凡言知者，皆知性也。所謂生知者，乃心爲主，而一見形色，卽知天性者也；所謂學知者，乃心不爲主，而先求天性，方知形色者也；所謂困知者，又追逐形色，而苦苦求心，乃還見天性者也。總以戒慎恐懼操心，則性自無不知。世人縱有不易知之性命，乃有不可操之本心耶？生知。

戒慎恐懼，齊也；不睹不聞，而洞隱見微顯之幾，明也。齊明者，一而無他雜者也。齊明。

天下之大本，無可指名，儒者遂有主静之説。夫主静者，依然存想别名耳。而於中心之静，何如主也？以爲常惺惺是一法，毋乃涉于空虚無著乎？細繹中庸「誠身有道」，明善終是入門。明善者，全體爲明，非偏智之明也；誠身者，全德爲誠，非偏信之誠也。夫聖人未有不以誠合道者也，則未有不以明合誠者也。君子戒懼，卽勤勤學問思辨行，總爲求明用，其與抱一空虚無著之心，而號爲常惺惺者，不大有間乎？況惺惺亦知覺一邊，則何如明善之爲確也？天然之明覺，定從研窮之明覺而開，研窮之明覺，實由天然之明覺而融，是爲明善，是爲誠身。明善。

中庸工夫，只學問思辨行，用力首戒慎、恐懼、慎獨，只要操此一心，時時用力，時時操心，原非空虚無實。如世説戒懼是静而不動，慎獨是未動而將動，遂若學問思辨行外，另有一段静存動察工夫，方養得中和出。不知是何時節？又不知是何境界？只緣看未發與發，都在心上，以爲有漠然無心時，方是未發，一覺纖毫有心，便是發，曾不于喜怒哀樂上指著實。不知人生決未有漠然無心之時，而却有未喜怒、未哀樂之時，如正當學問時，可喜怒、可哀樂者未交，而吾之情未動，便可謂之發否？是則未發時多，發時少。君子戒懼慎獨，惟恐學問少有差遲，便于心體大有缺失，決是未發而兢業時多，發而兢業於中節、不中節時少。如此看，君子終日學問思辨行，便是終日戒懼慎獨，何得更有虚閒求一漠然無心光景？夫中和爲大本達道，並稱天下，正欲以天下爲一身，不欲外一身於天下也。博學。

洗心者，戒慎恐懼也。心本純一，愈戒懼則愈無疵者也。退藏者，所不睹不聞也。心本内歛，愈戒慎則愈不放者也。心猶近前，洗之而退以藏則後，故云密。如神。

今人説天命者，多以理義氣數並言。夫首言天命，而繼以率性修道，謂理義也。俟命受命，疑兼氣數，乃俟必居易，受必大德成德，謂理義也。維天之命，於穆不已，疑理義氣數渾言，而曰「文王之德之純，純亦不已」，則亦專言理義，而未嘗兼氣數也。夫所謂不已者，何也？理義立，而古今旦暮，相推相盪其間，而莫之壅閼者，氣也；理義行，而高下長短，日乘日除其間，而莫之淆混者，數也。故曰「至誠無息」，謂理義之純而無息，而氣數爲之用也。君子爲善，禀授如是，受成亦必如是，是謂戒慎恐懼。而不然者，初以雜糅誣性，而理義不能主持，繼以參錯無命，而氣數得爲推諉。真所謂不知命，無以爲君子也。於穆不已。

不戒懼，則隱見微顯之獨，若疑有，若疑無，而精微終涉想像；能戒懼，則不睹不聞之所，爲常存，爲常運，而精微覺實可操持。盡精微。

人何嘗不望新知，但不識吾故。引水不導其源，則必塞；植木不沃其根，則必蹶。培造化生機，祇有一温；暢人心生理，祇有一知。温故。

人惟卽乎心之安者爲中，由乎中之節者爲道，任情起見，便有過不及。崇禮。

乾動坤靜，而易言乾之靜專動直，坤之靜翕動闢，動靜合言者何？説者以爲北辰居所，是天之靜。予以爲主宰之靜，非運行之靜也。中庸曰「不思而得，不勉而中」，是運行之靜，所以合主宰之靜也。説者以爲逝者如斯，不舍晝夜，是地之動。予以爲運行之動，非主宰之動也。中庸曰「地道敏樹」，是運行之動，所以合主宰之動也。天地之德，不分動靜；君子戒慎恐懼，原未嘗分動靜。天地。

睹聞起念，聰明便不固。大約聰明不固處，是賢處，是智處，是愚處，是不肖處。近世之欲固聰明者，非不内歛心思，而不知所謂戒慎恐懼，真屏其耳目，使不聰明，又何固焉？固聰明。

不睹不聞，有隱，隱而有見，見而有微、有顯，乃心路中遞相次第。萬物未生爲隱，初出爲見，端倪爲微，盛大爲顯，實不睹聞爲骨子，故總謂之獨。君子慎獨，如物栽根時生意潛藏，後來包畜無窮景象。闇然。

經綸立本，原非兩事。惟戒慎以立大本，則凡所經綸，皆其不睹中實事也。惟恐懼以立大本，則凡所經綸，皆其不聞中實事也。若欲先立本，後經綸，則先有一道以棲其心于寧靜之地，復有一道以調其心于日用之紛，是將以道爲二，以心爲二，而仁淵天不得，還爲一也。何名獨？立大本。

傳㊀云：「國將興聽於民，國將亡聽於神。」則是恃鬼神之道，反不免廢人之道；惟盡人之道，便可合鬼神之道。人之道廢，鬼神未有應者也；人之道盡，鬼神未有不應者也。其有爲處，卽鬼神之爲；其才能處，實鬼神牖之才能，在事事各有檢防，各有靈嚮。鬼神論。

易云：「利貞者，性情也。」又云：「各正性命。」夫性其命者，所以合天，性其情者，所以坊人。其本則所謂剛健中正，純粹精也。而世説天命者，若除理義外，別有一種氣運之命，雜糅不齊者。然因是則有理義之性、氣質之性。又因是則有理義之心、形氣之心。三者異名而同病。總之不過爲爲不善者作推解説。夫世之爲善者少，而不爲善者多，則是天之生善人也少，而生不善人也多，人之得性情之善于天也少，而得性情之不善於天也多。誣天誣人，莫此爲甚，以是有變化氣質之説。夫氣質善，而人順之使善，是以人合天，何極易簡？若氣質本有不善，而人欲變化之使善，是以人勝天，何極艱難？且使天而可勝，卽荀子矯性爲善，其言不異，而世非之何哉？孟子曰：「天之高也，星辰之遠也，苟求其故，千歲之日至，可坐而致也。」是天之氣運之行，無不齊也。而獨命人于氣運之際，顧有不齊乎哉？中庸曰：「文王之所以爲文也，純亦不已。」夫使天果不齊，是純獨文之所有，而舉世性情之所無也。又非獨舉世性情之所無，而亦天命之所本無也。將所謂純粹精者，何在乎？命㊁説。

㊀「傳」原作「傅」，據賈本改。
㊁「命」原作「合」，據賈本改。

人心爲嗜欲所迷障，昏昏無返還處，故不到煩惱痛切，卽本心不出。若口説做好念好，尚隔幾層影響。以此悟儒者欲主静，方見心體，猶是入門法。凡余所爲恍惚臆見者，皆日中煩惱時也。自記。

心盡則心正，心正則道明，若祇論道之明不明，不論心之盡不盡，而旁皇出入間，毋乃反鏡索照。論楊墨。

學問思辨行，時時用力，一而有宰，密而不疎，是所以爲戒懼慎獨，所以爲居敬。決無抱一空虛無著之心，爲常惺惺事。

仁屬愛，愛卽煦煦姑息之見，未免乘焉而溺。一切妻妾宫室，得我之私心，爲之惑亂。其所以自愛，適所以自戕賊，何況愛人？孟子故將舍生取義，決斷關頭，而求放心之一脈始清。

朱子云：「悟之一字，聖門殊未嘗言。」予思夫子默識，蓋别之學與誨也。凡事物見其當然，卽知其爲當然，故默識卽多見而識也，非悟之謂也。近世賢達多從悟入，陸子之直言大道，蓋亦天質之然。真聖人之體，而非從悟入者也。朱子師延平，而未嘗述静坐爲教，以爲指訣。自龜山至老，若存若亡，終無一的實見也。蓋朱子力肩聖書，專以聖門多聞多見用力，而未嘗以悟爲學如此。

夫吾之喜以天下喜，怒以天下怒，哀樂以天下哀樂，直與天地同流，萬物同趣者，此真性也。卽未發時，常薰然盎然，有一段懇至不容已處，中也。所謂天下之大本也，卽肫肫、淵淵、浩浩，在至誠功用之極固然，而凡民稟賦之初，亦未有不然者也。卽今人陷溺之後，亦未有不可還其固然者也。以上讀語録。

伊川論性，謂惡亦性中所有，其害不淺。論莊。

明儒學案卷六十　東林學案三

主事顧涇凡先生允成

顧允成字季時，別號涇凡，兄則涇陽先生也。與涇陽同遊薛方山之門。萬曆癸未，舉禮部。丙戌廷對，指切時事，以寵鄭貴妃、任奄寺爲言。讀卷官大理何源曰：「此生作何語？真堪鎖榜矣。」御史房寰劾海忠介，先生與諸壽賢、彭遵古合疏，數寰七罪，奉旨削籍。久之，起南康府教授。丁憂。服闋，再起保定府教授。歷國子監博士、禮部主事。詔皇太子與兩皇子並封爲王，先生又與岳元聲、張納陛上疏極諫，責備婁東。已而趙忠毅掌計，盡黜政府之私人。婁東欲去忠毅，授意給事中劉道隆，謂拾遺司屬不宜留用，因而忠毅削籍，太宰求去。先生又與于孔兼、賈岩、薛敷教、張納陛抗疏，犯政府，皆謫外任。先生判光州。是時政府大意在遏抑建言諸臣，尤遏抑非臺省而建言者。先生上書座師許國，反覆「當世但阿諛、熟軟、奔競、交結之爲務，不知名節行檢之可貴，聖怒可攖，宰執難犯。言路之人襲杜欽、谷永附外戚而專攻上身之故智，以是而禁人之言，猶爲言路不塞哉」！布衣瞿從先，爲李見羅頌冤，進唐曙臺禮經，先生皆代爲疏草，惟恐其不成人之美也。光州告假歸，十有四年，所積俸近千金，巡撫檄致之，先生不受。丁未五月卒，年五十四。

平生所深惡者鄉愿道學，謂：「此一種人，占盡世間便宜，直將弒父與君種子，暗佈人心。學問須從狂狷起脚，然後能從中行歇脚，近日之好爲中行，而每每墮入鄉愿窠臼者，只因起脚時，便要做歇脚事也。」鄒忠介晚年論學，喜通融而輕節義，先生規之曰：「夫假節義乃血氣也，真節義即義理也。血氣之怒不可有，義理之怒不可無。義理之節氣，不可亢之而使驕，亦不可抑之而使餒。以義理而誤認爲血氣，則浩然之氣，且無事養矣。近世鄉愿道學，往往借此等議論，以銷鑠吾人之真元，而遂其同流合污之志。其言最高，其害最遠。」一日，喟然而嘆，涇陽曰：「何嘆也？」曰：「吾嘆夫今之講學者，恁是天崩地陷，他也不管，只管講學耳。」涇陽曰：「然則所講何事？」曰：「在縉紳只明哲保身一句，在布衣只傳食諸侯一句。」涇陽爲之慨然。涇陽嘗問先生工夫，先生曰：「上不從玄妙門討入路，下不從方便門討出路。」涇陽曰：「須要認得自家。」先生曰：「妄意欲作天下第一等人，性頗近狂，然自反尚是硜硜窠臼，性又近狷。竊恐兩頭不著。」涇陽曰：「如此不爲中行，不可得矣。」先生曰：「檢點病痛，只是一個粗字，所以去中行彌遠。」涇陽曰：「此是好消息，粗是真色，狂狷原是粗中行，中行只是細狂狷。練粗入細，細亦真矣。」先生曰：「粗之爲害，亦正不小，猶幸自覺得，今但密密磨洗，更無他說。」涇陽曰：「尚有說在，性近狷，還是習性，情近狂，還是習情。若論真性情，兩者何有？于此參取明白，方認得自家。既認得自家，一切病痛都是村魔野祟，不敢現形于白日之下矣。」先生遲疑者久之，而後曰：「豁然矣。譬如欲適京師，水則具舟楫，陸則備輿馬，徑向前去，無不到者。其間倘有阻滯，則須耐心料理，若因此便生懊惱，且以爲舟楫輿馬之罪，欲思還轉，別尋方便，豈不大誤！」涇陽曰：「如是！如是！」先生嘗曰：「吾輩一發念，一出言，一舉事，須要太極上著脚，若只跟陰陽五行走，便不濟事。」有疑其拘者，語之曰：「大本大原，見得透，把得住，自然四通八達，誰能拘之？若于此糊塗，便要通融和會，幾何不墮坑落塹，喪失性命。」故先生見義必爲，皆從性命中流出。沈繼山稱爲「義理中之鎮惡，文章中之辟邪」，洵不虛也。

小辨齋劄記

學者須在暗地裏牢守介限，不可向的然處鋪張局面。

逆詐億不信五字，入人膏肓，所謂殺機也。億逆得中，自家的心腸，亦與那人一般；億逆得不中，那人的心腸，勝自家多矣。

人心惟危，王少湖曰：「危之一字，是常明燈，一息不危，卽墮落矣。」

朱子嘗曰：「孟子一生，費盡心力，只破得枉尺直尋四字。今日講學家，只成就枉尺直尋四字。」愚亦曰：「孟子一生，費盡心力，只破得無善無惡四字。今日講學家，只成就無善無惡四字。」

三代而下，只是鄉愿一班人，名利兼收，便宜受用，雖不犯手弑君弑父，而自爲忒重，實埋下弑父弑君種子。

無善無惡，本病只是一個空字，末病只是一個混字。故始也，見爲無一之可有，究也，且無一不可有。始也等善于惡，究也且混惡于善，其至善也，乃其所以爲至惡也。

離九三曰：「日昃之離，不鼓缶而歌，則大耋之嗟，凶。」歌爲樂生者也，嗟爲憂生者也，言人情憂樂只在軀殼上起念，不如此則如彼。不知人生世間如日昃之離，有幾多時節，何爲靠這裏尋個憂樂？凶之道也。

自三代以後，其爲中國財用之蠹者，莫甚于佛、老，莫甚于黄河。一則以有用之金，塗無用之像；一則以有限之財，填無限之壑。此所謂殺機也。

發與未發，就喜怒哀樂説，道不可須臾離，何言發未發也？程子曰：「寂然不動，感而遂通，此言人分上事；若論道，則萬物皆具，更不説感與未感。」最爲的當。

炎祚之促，小人促之也；善類之殃，小人殃之也；紹聖之紛更，小人紛更之也。今不歸罪於小人，而反歸罪於君子，是君子既不得志于當時之私人，而仍不得志於後世之公論。爲小人者，不惟愚弄其一時，仍并後世而愚之也。審如其言，則將曰「比干激而亡商，龍逢激而亡夏，孔子一矯而春秋遂流爲戰國，孟子與蘇秦、張儀分爲三黨，而戰國遂吞于吕秦」，其亦何辭矣！

南臯最不喜人以氣節相目，僕問其故，似以節義爲血氣也。夫假節義乃血氣也，真節氣卽理義也。血氣之怒不可有，理義之怒不可無。理義之節氣，不可亢之而使驕，亦不可抑之而使餒。以義理而誤認爲血氣，則浩然之氣，且無事養矣。近世鄉愿道學，往往借此等議論，以銷鑠吾人之真元，而遂其同流合汙之志，其言最高，其害最遠。以上論學書。

心學之弊，固莫甚于今日，然以大學而論，所謂如見肺肝者也，何嘗欺得人來？卻是小人自欺其心耳。此心蠹也，非心學也。若因此便諱言心學，是輕以心學與小人也。咸九四不言心，而彖曰「感人心」，則咸其心之義也。艮六四不言心，而象曰「思不出其位」，則艮其心之義。其曰貞吉，則道心之謂，曰「憧憧」，則人心之謂也。「艮其身」，亦猶大學之揭修身，蓋心在其中矣。何諱言心之有？乃曰：「心意可匿，身則難藏。」其不本正心誠意，而本修身，殆有精義，不免穿鑿附會矣。

近言調攝血氣，喜怒不著，自有調理。此知足下心得之深，直透未發前氣象，卽六經且爲註脚矣。但恐此意習慣，將來任心太過，不無走作，其害非細。足下必曰：「聖賢之學，心學也，吾任吾心，何走作之有？」不知道心可任也，心不可任也，道心難明，人心易惑。弟近來只信得六經義理親切，句句是開發我道心，句句是喚醒我人心處。學問不從此入，斷非眞學問；經濟不從此出，斷非眞經濟。

陽明提良知，是虛而實；見羅提修身，是實而虛。兩者如水中月，鏡中花，妙處可悟而不可言。所謂會得時，活潑潑地；會不得，只是弄精魂。

昔之爲小人者，口堯、舜而身盜跖；今之爲小人者，身盜跖而罵堯、舜。

名根二字，眞學者痼疾。然吾輩見得是處，得做且做，若每事將此個題目光光抹摋，何處開得口？轉得身也？

根原枝委，總是一般，大趨既正，起處既眞，信目所視，信口所哦，頭頭是道，不必太生分別。

平生左見，怕言中字，以爲我輩學問，須從狂狷起脚，然後能從中行歇脚。凡近世之好爲中行，而每每墮入鄉愿窠臼者，只因起脚時便要做歇脚事也。以上與彭旦陽。

太常史玉池先生孟麟

史孟麟字際明，號玉池，常州宜興人。萬曆癸未進士。官至太常寺少卿，三王並封旨下，先生作問答上奏。乙卯，張差之變，請立皇太孫，詔降五級，調外任。先生師事涇陽，因一時之弊，故好談工夫。夫求識本體，卽是工夫，無工夫而言本體，只是想像卜度而已，非真本體也。卽謂先生之言，是談本體可也。陽明言無善無惡心之體，先生作性善說闢之。夫無善無惡心之體，原與性無善無不善之意不同，性以理言，理無不善，安得云無？心以氣言，氣之動有善有不善，而當其藏體于寂之時，獨知湛然而已，安得謂之有善有惡乎？其時楊晉菴頗得其解，移書先生，謂錯會陽明之意是也。獨怪陽明門下解之者，曰「無善無惡，斯爲至善」，亦竟以無善無惡屬之于性，真索解人而不得矣。

論學

今時講學，主教者率以當下指點學人，此是最親切語。及叩其所以，卻說飢來喫飯、困來眠，都是自自然然的，全不費工夫，學人遂欣然以爲有得。見學者用工夫，便説多了，本體原不如此，却一味任其自然，任情從欲去了，是當下反是陷人的深坑。不知本體工夫分不開的，有本體自有工夫，無工夫卽無本體。試看樊遲問仁，是向夫子求本體，夫子却教他做工夫。曰：「居處恭，執事敬，與人忠。」凡是人於日用間，那個離得居處、執事、與人境界？第居處時，易於寬舒縱肆，若任其自然，都只是四肢安逸便了。卽此四肢安逸，心都放逸了，那討得仁來？一恭了，則胸中惺然不昧，一身之四肢、百骸，血脈都流貫了，吾心自然安安頓頓，全沒有放逸的病痛。這不是仁是恭，卻是居處的當下。執事時，易於畏難苟安，若任其自然，都只是苟且忽畧便了，卽此苟且忽畧，心都雜亂了，那討得仁來？一敬了，則胸中主一無適，萬事之始終條理，神理都貫徹了，吾心自然停停當當，全沒有雜亂的病痛。這不是仁是敬，却是執事的當下。與人時，易生形骸爾我，若任其自然，都只是瞞人昧己去了，卽此瞞人昧己，心都詐僞了，那討得仁來？一忠了，則胸中萬物一體，人己的肝膽肺腸，精神都淪洽了，吾心自然無阻無礙，全沒有詐僞的病痛。這不是仁是忠，却是與人的當下。故統體是仁，居處時便恭，執事時便敬，與人時便忠，此本體卽工夫。夫學者求仁，居處而恭，仁就在居處了；執事而敬，仁就在執事了；與人〔一〕而忠，仁就在與人了，此工夫卽本體。是仁與恭敬忠，原是一體，如何分得開？此方是真當下，方是真自然。若飢食困眠，禽獸都是這等的，以此爲當下，却便同于禽獸，這不是陷人的深坑？且當下全要在關頭上得力，今人當居常處順時，也能恭敬自持，也能推誠相與，及到利害的關頭，榮辱的關頭，毀譽的關頭，生死的關頭，便都差了，則平常恭敬忠都是假的，却不是真工夫。不使真工夫，却沒有真本體，沒有真本體，却過不得關頭。故夫子指點不處不去的仁體，却從富貴貧賤關頭。孟子指點不受不屑的本心，却從得生失死關頭。不處而不處之，不去而不去之，欲惡都不見了，此方是遇嘑爾蹴爾時當下。若習俗

〔一〕「人」原作「仁」，據文義改。

心腸掩過真心，欲富貴便處了，惡貧賤便去了，好生惡死、嘑蹴之食，便食了，却叫不處不去，不受不屑，多了這心，此是當下否？此是自然否？故富貴不淫，貧賤不移，威武不屈，造次顛沛必於是，舍生取義，殺身成仁，都是關頭時的當下，故曰：「雖之夷、狄，不可棄也。」夷、狄地方，全是不恭不敬不忠地方，是關頭盡處。此處不棄，則富貴貧賤、造次顛沛、威武死生時候，決不走作了，纔是真工夫，纔是真本體，纔是真自然，纔是真當下。其實不異那飢食困眠，然那飢食困眠的自然處，到此多用不著了，如何當下得來？往李卓吾講心學于白門，全以當下自然指點後學，説箇個人都是見見成成的聖人，纔學便多了。聞有忠節孝義之人，却云都是做出來的，本體原無此忠節孝義。學人喜其便利，趨之若狂，不知誤了多少人。後至春明門外，被人論了，纔去拿他，便手忙脚亂，没奈何，卻一刀自刎。此是殺身成仁否？此是舍生取義否？此是恁的自然？恁的當下？恁的見見成成聖人？自家且如此，何況學人！故當下本是學人下手親切工夫，錯認了却是陷人深坑，不可不猛省也。

言心學者，率以何思何慮爲悟境。蓋以孩提知能，不學不慮，聖人中得，不思不勉。一落思慮，便非本體，豈不是徹上語？不知人心有見成的良知，天下無見成的聖人。聖人中得，原是孩提愛敬，孩提知能，到不得聖人中得。故孩提知能，譬如礦金，聖人中得，譬如精金，這精金何嘗有分毫加于礦金之初？那礦金要到那精金，須用許多淘洗鍛鍊工夫，不然脱不得泥沙土石。故不思不勉，只説個見成聖人，非所爲聖人也。

問：「告子之『勿求』，亦有根歟？」曰：「有，外義故也。夫義與氣一流而出，求氣卽集義也。告子外視乎義，夫且以義爲障矣，何求焉？」

理氣合而爲心，孟子以義爲心，集義而氣自充，氣充而心自慊，則心以自慊而不動。告子第以氣爲心，而離義以守氣，則定氣所以定心，心亦以能定而不動。夫天地之塞吾其體，天地之帥吾其性，天下有性外之氣乎？故浩然之氣，卽吾心之道義，不可得而二之也。吾身體充之氣，卽塞天地之氣，亦不可得而二之也。故行有不得之心，告子不能異孟子焉，天命之性也。孟子直以養之，則不愧不怍之真，卽高明博厚之體，而體充之氣，浩然塞天地之氣矣。告子逆而制之，固不以蹶趨之氣動心，亦不以道義之氣慊心，則氣非塞天地之氣，而充體之氣矣。故告子守在氣者也，孟子守在義者也。孟子之於義，根心而生，是以心爲主者也。告子之於義，緣物而見，是以物爲主者也。義無内外，緣物以爲義，則内外分爲兩截，義自義，心自心，始猶覺其遺用而得體，究則并其體而忘之矣。譬之水然，孟子之心若清水之常流，而告子之心則止水之能清耳。始而澄之，止水之清易，而流水之清難，至於後，而流水之清者常清，止水之清者臭敗矣。

釋氏「不思善，不思惡，是汝本來面目」，則告子性無善、外義之根宗也。其曰「心生心死，心死心生」，死心之法，則告子之勿求也。其曰「一超直入如來地」，超入之頓，則告子之助長也。

問「格物」。曰：「各人真實用功便是。」

宋之道學在節義之中，今之道學在節義之外。

天下有君子有小人，君子在位，其不能容小人宜也，至於並常人而亦不能容焉，彼且退而附于小人，而君子窮矣；小人在位，其不能容君子宜也，至于并常人而亦不能容焉，彼且退而附于君子，而小人窮矣。

古人以心爲嚴師，又以師心自用爲大戒，於此參得分明，當有會處。

職方劉静之先生永澄

劉永澄字静之，揚州寶應人。八歲讀正氣歌、衣帶贊，卽立文公位，朝夕拜之。年十九，舉于鄉。飲酒有妓不往。登萬曆辛丑進士第，授順天學教授，北方稱爲淮南夫子。遷國子學正。雷震郊壇，先生上疏：「灾異求直言，自漢、唐、宋及祖宗，未有改也。往萬安、劉吉惡人言灾異，鄒汝愚一疏，炳烈千古。今者一切報罷，塞諤諤之門，務容容之福，傳之史册，尚謂朝廷有人乎？」滿考將遷，先生喟然嘆曰：「陽城爲國子師，斥諸生三年不省親者，況身爲國子師乎？」遂歸，杜門讀書。壬子起職方主事，未上而卒，年三十七。先生與東林諸君子爲性命之交，高忠憲曰：「静之官不過七品，其志以爲天下事莫非吾事。若何而聖賢吾君，若何而聖賢吾相，若何而聖賢吾百司庶職。年不及强而仕，其志以爲千古事莫非吾事。生前吾者，若何揚搉之，生當吾者，若何左右之，生後吾者，若何矜式之。」先師劉忠端曰：「静之尚論千古得失，嘗曰：『古人往矣，豈知千載而下，被静之檢點破綻出來？安知千載後，又無檢點静之者？』其刻厲自任如此。」大概先生天性過於學問，其疾惡之嚴，真如以利刃齒腐朽也。

緒言

今有人焉，矜矜於簞食豆羹之義，木頭竹屑之能。至於攖小人之忌，觸當世之網，而上關國是，下關清議者，則惟恐犯手撩鬚，百不一發。雖事任在躬，亦不過調停兩家，以爲持平之體。此其意何爲哉？得失之念重耳。

巧宦之法，大率趨承當路，不可稍失其意，雖己之吏胥，亦不肯稍失其意，蓋知吏胥亦能操吾之短長也。清夜自思，此一種是何等心事？豈可使人知！

物來順應，順者順乎天理也，非順乎人情也。

三代而上，黑白自分，是非自明，故曰「王道蕩蕩，王道平平」。後世以是爲非，指醉爲醒，倒置已極。君子欲救其弊，不得不矯枉，蓋以不平求平，正深于平者也。

有一等自是的人，動曰「吾求信心」，不知所信者，果本心乎？抑習心乎？

假善之人，事事可飾聖賢之迹，只逢著忤時抗俗的事，便不肯做。不是畏禍，便怕損名，其心總是一團私意故耳。

謙謙自牧，由由與偕，在醜不爭，臨財無苟，此居鄉之利也。耳習瑣尾之談，目習徵逐之行，以不分黑白爲渾融，以不悖時情爲忠厚，此居鄉之害也。夫惡人不可爲矣，庸人又豈可爲乎？惡人不當交矣，庸人又豈足交乎？

尋常之人，慣苛責君子，而寬貸小人，非君子仇而小人暱也。君子所圖者大，則所遺者細，世人只檢點細處，故多疵耳。小人所逆者理，則所便者情，世人只知較量情分，故多恕耳。

愛人則加諸膝，惡人則隕諸淵，此譏刺語，其實愛惡之道無如此。大學如好好色，如惡惡臭，好好色之心，何啻加膝乎？惡惡臭之心，何啻隕淵乎？聖賢只在好惡前討分曉，不在好惡時持兩端。如盧好惡未必的當，好不敢到十分好，惡不敢到十分惡，則子莫之中，鄉愿之善耳！

與君子交者，君子也；小人交者，小人也；君子可交，小人亦可交者，鄉人也。鄉人之好君子也不甚，其惡小人也亦不甚，其用情在好惡之間，故其立身也，亦在君子小人之間。天下君子少，小人亦少，而鄉人最多，小人害在一身，鄉人害在風俗。

李卓吾曰：「有利于己，而欲時時囑托公事，則稱引萬物一體之説；有害于己，而欲遠怨避嫌，則稱引明哲保身之説。」使君相燭其奸，不許囑托，不許遠嫌避害，又不許稱引，則道學之情窮矣。

如愛己之心愛人，先儒必歸之窮理正心；如治己之心而治人，先儒必以强於自治爲本。蓋未能窮理正心，則吾之愛惡取舍，未必得正，而推己及物，亦必不得其當。然未能强于自治，則是以不正之身爲標的，將使天下之人，皆如吾之不正，而淪胥以陷。

説心、説性、説玄、説妙，總是口頭禪，只把孟子集義二字較勘身心。一日之内，一事之間，有多少不合義處，有多少不慊于心處，事事檢點，不義之端漸漸難入，而天理之本體漸漸歸復，浩然之氣不充于天地之間者鮮矣！

學正薛玄臺先生敷教

薛敷教字以身，號玄臺，常之武進人。方山薛應旂之孫也。年十五爲諸生，海忠介以忠義許之。登萬曆己丑進士第。南道御史王藩臣劾巡撫周繼，不白掌憲，耿廷向、吴時來相繼論列。先生言「是欲爲執政箝天下也。言官風聞言事，從古皆然。若必關白長官，設使彈劾長官，更須關白乎？二三輔臣，故峻諸司，共繩庶采，憲臣輒爲逢迎，自喪生平，竊所不取。」疏奏，當路大恚。主考許國以貢舉非人自劾。奉旨回籍省過。壬辰起鳳翔教授，尋遷國子助教。有詔並封三王，上疏力争，又寓書責備婁江，事遂得寢。未幾，趙忠毅佐孫清簡，京察，盡黜當路之私人。内閣張洪陽、王元馭憤甚。給事中劉道隆，承風旨以争拾遺，鐫忠毅三秩。先生復與于孔兼、陳泰來、賈巖、顧允成、張納陛合疏，言考功無罪。内閣益憤，盡奪六君子官。而先生得光州學正。丁母憂，遂不復出。甲辰，顧涇陽修復東林書院，聚徒講學，先生實左右之。作真正銘，以勉同志。曰：「學尚乎真，真則可久；學尚乎正，正則可守。真而不正，所見皆苟；正而不真，終非己有。君親忠孝，兄弟恭友，禔身以廉，處衆以厚。良朋切劘，要於白首，鄉里謗怨，莫之出口。毋謂冥冥，内省滋疚，毋謂瑣瑣，細行匪偶。讀書學道，係所禀受，精神有餘，窮玄極趣。智識寡昧，秉哲省咎，殊途同歸，勞逸難狃。世我用兮，不薄五斗，世不我用，徜徉五柳。無貴無賤，無榮無朽，殞節逢時，今生諒否？必真必正，夙所自剖，寄語同心，各慎厥後。」年五十九而卒。

先生持身孤峻，筮仕以來，未嘗受人一餽。垢衣糲食，處之泰然，舍車而徒，隨行一蒼頭而已。執喪不飲酒食肉，服闋遂不食肉。故其言曰：「脚跟站定，眼界放開，静躁濃淡間，正人鬼分胎處。」又曰：「道德功名，文章氣節，自介然無欲始。」又曰：「學苟不窺性靈，任是皎皎不污，終歸一節。但世風衰微，不憂著節太奇，而憂混同一色，托天道無名以濟其私，則中庸之説誣之也。」嘗有詩曰：「百年吾取與，留作後人箴。」其自待不薄如此。賦性慈祥，蠕動不忍傷害，俗客傖父亦無厭色，然疾惡甚嚴，有毁其知交葉園適者，先生從稠人中奮臂而起，自後其人所在，先生必避去，終身不與一見也。

侍郎葉園適先生茂才

葉茂才字參之，號園適，無錫人也。萬曆己丑進士。授刑部主事，以便養改南京工部。榷税蕪關，除雙港之禁，商人德之。歷吏、禮二部郎，尚寶司丞少卿，南大理寺丞。卧病居半。壬子，陞南太僕寺少卿。黨論方興，抗疏以劾四明、崑、宣，小人遂集矢於先生。先生言：「臣戇直無黨，何分彼此？孤立寡援，何心求勝？内省不疚，何慮夾攻？鷄肋一官，何難勇退？」遂歸。天啓初起用，遷太常寺卿。甲子，擢南京工部右侍郎，履任三月，先幾引去，故免遭削奪。崇禎辛未卒，年七十二。

先生在東林會中，於喁無間，而晰理論事，不厭相持，終不肯作一違心語。忠憲殁，先生狀之。其學之深微，使讀者恍然有入頭處。又喜爲詩，以寓時事。云：「還宣侍講王昭素，執易螭頭取象拈。」傷經筵之不舉也。云：「三黨存亡宗社計，片言曲直咎休占。」刺門户也。云：「乾坤不毁只吾心。」哀毁書院也。老屋布衣，倜若寒畯，於忠憲何愧焉？

孝廉許静餘先生世卿

許世卿字伯勳，號静餘，常州人。萬曆乙酉舉于鄉，放榜日與同志清談，竟夕未嘗見其有喜色也。揭安貧五戒曰：「詭收田糧，干謁官府，借女結婚，多納僮僕，向人乞覔。」省事五戒曰：「無故拜客，輕赴酒席，妄薦館賓，替人稱貸，濫與義會。」有强之者，輒指其壁曰：「此吾之息壤也。」一日親串急贖金，求援於先生，先生鬻婢應之，終不破干謁戒也。守令罕見其面。歐陽東鳳請修郡志，先生曰：「歐公，端人也。」爲之一出。東林之會，高忠憲以前輩事之，飲酒吟詩，終日不倦，門屏落然，不容一俗客。嘗曰：「和風未學油油惠，清節寧希望望夷。」勑其子曰：「人何可不學？但口不説欺心話，身不做欺心事，出無慚朋友，入無慚妻子，方可名學人耳。」疾革，謂某逋未償，某施未報，某券未還，言畢而逝。

耿庭懷先生橘

耿橘字庭懷，北直河間人。不詳其所至官。知常熟時，值東林講席方盛。復虞山書院，請涇陽主教，太守李右諫、御史左宗郢先後聚講于書院。太守言：「大德小德，俱在主宰處看。天地間只有一個主宰，元神渾淪，大德也；五官百骸，無一不在渾淪之内，無一不有條理之殊，小德也。小德卽渾淪之條理，大德卽條理之渾淪，不可分析。」御史言：「從來爲學無一定的方子，但要各人自用得著的，便是學問。只在人自肯尋求，求來求去，必有入處，須是自求得的，方謂之自得。自得的，方受用得。」當時我意云何喜欲狂？一葉扁舟二千里，幾聲嚶鳥在垂楊。」亦一證也。

詩云：「孔宗曾派亦難窮，未悟如何湊得同？慎獨其嚴四個字，長途萬里視君踪。」「人傳有道在東揚，

皆以爲名言。涇陽既去，先生身自主之。先生之學頗近近溪，與東林微有不同。其送方鳴秋謁周海門

論學

賢友不求所以生死之道，而徒辯所以生死之由，不於見在當生求了畢，欲于死後再生尋究竟。千言萬語，只是落在一個「輪廻」深坑裏，不見有超出的意思。千古只在今時迷了，第決當下，若云姑待，是誣豪傑。賢友謂人生穎異，必其前生參悟之力，結爲慧根。又輕看了那生萬物的，他既會生萬物，便不會生一個穎異的人？有一個穎異的人，便是前生參悟來者，則自古及今，只生了些愚癡鈍根而已，是誣天地。若謂自古及今，只是這些愚智在天地旋轉，則初生愚智時，是誰來者？況旋轉來，智者必益智，愚者亦漸智，何乃今人不及古人遠甚？是誣聖賢。賢友又問死後光景作何狀？死者必有一著落處爲家。余卻問賢友見今光景作何狀？目前著落豈無家？如徒以耳目手足，飲食男女，喚作生時光景，宜乎其復求死後之光景也。況以生爲客、爲寄，而以死爲歸、爲家，則生不如死矣，是誣生死。蓋佛氏輪廻之教，原爲超出生死而設，再生之說，乃其徒敗壞家風的說話，何故信之深？勿論儒道，禪已荒矣！

夫所謂漫天漫地，亘古亘今者，是何物？天地古今，尚在此内，而此必欲附麗一物乎？所謂神理綿

綿，與天地同久者，亦必有神理之真體，而曰附麗，則獨往獨來者，果安在也？不隨生存，果附麗于生乎？不隨死亡，猶有所附麗乎？生而附麗于生，是待生而存也；死而必再生以求所附麗，是隨死而亡也。待生而存，生已死矣；隨死而亡，焉能再生？且謂今之頭腹手足，耳目鼻口，塊然而具者，是生耶？生者活也，喜笑瑳然，啼哭愴然，周旋運轉惺然，而有覺者，乃謂之生。一旦喜泯啼銷，運止覺滅，雖頭腹手足，耳目鼻口之仍在，則謂之死。故生死形也，形生形死，總謂之形，而形豈道乎哉？道也者，形而上之物也。形而上也者，超乎生死之外之謂也。生死是形不是道，道非形即非生死，既已非生死矣，果且有生死乎哉？既已無生死矣，果且有附麗乎哉？既已無附麗矣，果不可朝聞而夕死乎哉？生死了不相干，朝夕於我何與？味賢友所謂附麗云者，似指今之頭腹手足，耳目鼻口，塊然之物；所謂漫天漫地，亘古亘今，神理綿綿，不隨生存㈠死亡云者，似指今之瑳然、愴然、惺然之物。徇生而爲生，執有而爲知，何謂知生？生之不知，何謂知死？生死之不知，何謂知道？正恐賢友所以發願再生者，亦不在了此公案，而在貪此形生也。欲不貪生，非知生不可；欲知生，非知道不可；知道則知吾與賢友，今日雖生，而實有一個未嘗生者在這裏，這裏方喚做漫天漫地，亘古亘今，神理綿綿，不隨生存死亡的真體也。以上答邵濂輪迴生死問。

自其未發者而觀之，行于喜怒哀樂之中，而超于喜怒哀樂之外，獨往獨來，不可名狀，强名曰中。明道曰「且喚做中」，是也。自其發而中節也觀之，混乎可喜可怒可哀可樂之場，而合乎共喜共怒共哀

㈠「存」原作「死」，據賈本改。

共樂之心，應用無滯，如水通流，故謂之和也。中庸大段，只是費隱顯微有無六字，六字根柢，只一性字。費可見而隱不可見，顯可見而微不可見，有可見而無不可見。隱微無，未發也，費顯有，發而中節也。隱卽之費中而在，微卽之顯時而在，無卽之有者而在，未發卽之發而中節者而在，體用一原也。非隱孰爲費？非微孰爲顯？非無孰爲有？非未發而孰爲發而中節？一以貫之也。費卽是隱，顯卽是微，有卽是無，發而中節卽是未發，下學上達也。學者徒于喜怒哀樂上求和，而不于喜怒哀樂上求中，狥迹遺心矣。不于有喜有怒有哀有樂時，認未發之真體，欲于無喜無怒無哀無樂時，觀未發之氣象，離形求神矣。吾故曰喜怒哀樂情也，中和性也，費隱顯微有無，一性也。答中和問。

獨無色，故睹不得；無聲，故聞不得。睹不得聞不得，卻有一箇獨體在，非謂不睹不聞之時，是獨也。獨體本自惺惺，本自寂寂，而卻有不惺惺不寂寂之物欲。獨體本自無起，本自無滅，而却有常起常滅之人心。這裏所以用著戒愼恐懼四箇字，能於惺惺寂寂中持此四箇字，而後不惺惺不寂寂之物欲可滅；能於無起無滅中持此四箇字，而後常起常滅之人心可除。此是有著落的工夫，所謂本體上作工夫者是也。

荀子曰：「養心莫善于誠。」周子曰：「荀子元不識誠，既誠矣，心安用養耶？」到得心不用養處，方是誠。」答歸紹隆問。

下學上達，原是一理。天地間無不下，卽無不上者，以親親長長爲下，人人親其親長其長而天下平爲上，則不可。天下平亦是下，親親長長亦是上，只在悟不悟之間。下學可以言傳，上達必由心悟。

這個德性，却莫於杳冥恍惚裏覔，就是這個禮而已。

中庸一書，全于費處見隱。以上答湯衡問。

求心所在，不若求心所不在，大學「心不在焉」，此四字是點化學人的靈丹。「身有所忿懥」四句，是鍛鍊學人的鼎鑊。蓋四者實生于身而役乎心，心何以有不在？在乎四者之中，爲形骸所役，而不自知爾。如今日口受味、目受色、耳受聲、鼻受臭、四肢受安逸，欣羡求取，能盡無乎？但有一絲心，便不在。不在者，非不在腔子裏之謂也，倒是這腔子裏成了一塊味色聲臭安逸、美衣廣屋、肥田佳園、貴顯世路名高的鬧場，此心受役鬧場之內，而不自知。故曰不在也。答童子徐璘問心在何處。

自性是頭腦，自性上起念，是真念，念上改過，是真改過，但要賢友認得自性而已。一切言行無差無錯處，皆性之用也，而必有其體。假若散而無體，則亦蕩而無用矣。認得此體，自然認得此用。念亦用也，而於體爲近。從本體上發念，從念上省改，少有差錯，卽便轉來，總是本體上工夫。從本體發念，卽是本體，從念上轉來，卽轉卽是本體。一念離了本體，一念卽成差錯，一轉不到本體，卽千轉都無實益。文過怙終，遂成大錯，皆起於轉之過也。此無他，離了本體，便屬形體，一著形體，便落惡道，毫釐千里，端在於此。答葉文奎問。

秋問：「喜怒哀樂未發氣象何如？」師反詰之。對曰：「衆人之情，憧憧擾擾，安得未發？意者養成之後乎？」師曰：「中卽性也，必待養成而後爲中，然則衆人無中遂無性乎？」秋以至善爲對。師曰：「喜怒哀樂終日離他不得，豈爾終日間通無此中？不自反求，牽合附會，益見支離。」秋被逼迫通身流汗，忽聞蟬聲，因省曰：「此聲之入，吾何以受之而知爲蟬也？聲寂矣，知何以不隨之而去也？」乃對曰：「意者吾身中目能視、耳能聽、鼻能嗅、口能言，其中有主之而不著于此者，是謂中乎？」師首肯曰：「近之矣，從此體驗亦得。」秋又曰：「意者君子而時中，無時不有，無方可執，無處不滿，見得此中，則天地位，萬物育，天下歸仁，直在眼前乎？」師舉手曰：「可矣，可矣！由此以進，聖人不難學矣。」曰：「然則可以把持乎？」師曰：「爾不把持，彼從何處去？」秋曰：「然則何以用功？」師曰：「離天地萬物不得，日從此處用功，而位育自在其中，最要緊處，在内省不疚，無惡於志。」秋於是怡然順適，泮然冰解。方鳴秋問答。

立教須名至善，修學本自無爲，要知真性是我，明明天命爲誰？不離喜怒哀樂，超然獨抱圓規。有耳誰能聽得？有眼窅焉難窺。本來巍巍堂堂，古今一毫無虧，動中漠然不動，生生化化無遺。謾道一切中節，一切本無追隨，但要自明自覺，三德五道不回。三德五道由一，從君開眼伸眉，但能此中不疚，天地萬物皆歸。勗方鳴秋。

光禄劉本孺先生元珍

劉元珍字伯先，别號本孺，武進人。萬曆乙未進士。歷官禮部、兵部郎。乙巳大計，四明庇其私人，盡復臺省之黜者，察疏留中，人心憤甚，不敢發。先生抗疏刺其奸，削籍歸。而四明亦罷。庚申起光禄寺少卿。時遼、瀋初破，贊畫劉國縉，擁衆欲從登萊南濟。先生謂國縉爲寧遠義兒，扶同賣國，今又竄處内地，意欲何爲？國縉遂以不振。未幾，卒官，年五十一。

先生家居講學，錢啓新爲同善會，表章節義，優恤鰥寡，以先生爲主。有言非林下人所宜者，先生痌瘝一體，如救頭目，惡問其宜不宜也。先生每以子路自任，不使惡言入于東林，講論稍涉附會，輒正色斥之曰：「毋亂我宗旨！」聞謗講學者，曰：「彼訾吾黨好名以爲口實，其實彼之不好名，乃專爲決裂名教地也。」疾小人不欲見，苟其在側，喉間輒如物梗，必吐之而後已。當東林爲天下彈射，先生謂高忠憲曰：「此吾輩入火時也，無令其成色有減，斯可矣！」

明儒學案卷六十一　東林學案四

忠端黃白安先生尊素

黃諱尊素，字真長，號白安，越之餘姚人。萬曆丙辰進士。授寧國府推官。强宗歛手，避其風裁。時崑、宣之燄，足以奔走天下，先生未嘗稍假借也。入爲山東道御史。神宗以來，朝中分爲兩黨，君子小人遞爲勝負，無已時。天啓初政，小人之勢稍絀，會奄人魏忠賢，保姆客氏，相結以制冲主，盡收宮中之權，思得外庭以助己，小人亦欲乘此以一網天下之君子，勢相求而未合也。先生惕然謂同志曰：「兄弟鬩於牆，外禦其侮，吾儕其無鬩牆以召外侮乎？」無何，阮大鋮長吏垣，與桐城、嘉善不睦，借一去以發難。先生挽大鋮，使毋去，大鋮意亦稍轉，而無奈桐城之踈彼也。趙太宰不由咨訪，改鄒新昌於銓部，同鄉臺省起争事權，先生爲之調人。江右遂謂新昌之見知于太宰由先生。二憾交作。而給事中傅櫆，故與逆奄養子傅應星稱兄弟，私懼爲清議所不容。挺險者乃道之以首功，借中書汪文言，以劾桐城嘉善，逆奄主之，以興大獄。先生授謀於鎮撫劉僑，獄得解。於是而有楊副院二十四大罪之疏。疏之將上，副院謂同志曰：「魏忠賢者，小人之城社也，塞穴薰鼠，固不如墮城變社耳。」先生曰：「不然。除君側者，必有内援，公有之乎？一擊不中，凶愎參會矣。」疏入，副院既受詰責，而且杖萬郎中，杖林御史，震恐廷臣。先生謂副院曰：「公一日在朝，則忠賢一日不安，國事愈決裂矣。不如去以少衰其禍。」副院以爲然，而遷延不能決也。南樂由逆奄入相，然惟恐人知，使燕、趙士大夫以魏氏爲愧。嘉善因其大享不至，將糾之。先生曰：「不可。今大勢已去，君子小人之名，無徒過爲分別，則小人尚有牽顧，猶有一二分之救也。」嘉善鋭意欲以擊外魏，與楊副院擊内魏爲對股文字，不深惟先生之言。南樂喟然嘆曰：「諸公薄人於險，吾能操刀而不割哉？」遂甲乙其姓名于宦籍之上，惎其宗人魏忠賢曰：「此東林黨人，皆與公爲難者也。」逆奄奉爲聖書，終熹宗之世，其竄殺不出于此。晉人争巡撫，先生語太宰曰：「秦、晉、豫章，同舟之人也，用考功而豫章之人心變，參郿典而關中之人心變，再使晉人心變，是一鬨而散之局也。」陳御史果劾嘉善，以會推徇其座主，中旨一出，在朝無留賢矣。凡先生憂深慮遠，彌縫於機失謀乖之際，皆先事之左券也。先生三疏劾奄：第一疏在副院之先，第二疏繼副院而上，第三疏萬郎中杖後。清言勁論，奄人髮指，則曰：「此諫官職分事，不以爲名高也。」乙丑出都門，曹欽程㈠論之，削籍。其冬訛言繁興，謂三吴諸君子謀翻局，先生用李實爲張永，授以秘計。逆奄聞之大懼，刺事至江南四輩，漫無影響。沈司寇欲自以爲功，奏記逆奄曰：「事有跡矣！」逆奄使人日譙訶李實，取其本去，而七君子被逮。蓋汪文言初番之獄，羣邪定計，即欲牽連左、魏二公，相隨入獄，不意先生能使出之，故于諸君子中，意忌惟先生，以爲必爲吾儕患。訛言之興，亦以是也。丙寅閏六月朔，賦詩而卒，年四

㈠「程」字賈本作「臣」。

十三。

先生未嘗臨講席，首善之會，謂南皐曰：「賢奸雜沓，未必有益於治道。」其風期相許者，則蕺山、忠憲、忠節。萬里投獄，蕺山慟哭而送之，先生猶以不能濟時爲恨。先生以開物成務爲學，視天下之安危爲安危。苟其人志不在弘濟艱難，沾沾自顧，揀擇題目以賣聲名，則直鄙爲硜硜之小人耳。其時朝士空疎，以通記爲粉本，不復留心於經學。章奏中有引繞朝之策者，一名公指以爲問，先生曰：「此晉歸隨會事也。」凡五經中隨舉一言，先生卽口誦傳疏，瀾倒水決，類如此。

懷謝軒講義

格物是格出至善所在，若作名物象數，則是借外以廓内矣。知原是性中一點睿體，但因格物而開拓融化，無纖毫遮塞處便是。

天豈有命？生而炯炯不昧者是，合下生來箇箇是聖賢，再沒有命之以凡庸者。從此率之，不加不損，只依他出來。蓋天命之體，貞而静，率者不起知，故不生紛擾，這便是貞静之妙。戒懼慎獨，便著主静率性之工夫也。修者就自家做出來的，將來做法程，非另有修也。

未發之中，渾淪無際，停毓無窮，此卽水涸木落，無聲無臭之地，神明變化，都不外此橐籥。已發者，天下而此一性，天下而此一率，夫婦猶是，聖人猶是，更無假詭變幻於其間，豈不謂達道？中者未發之性，和者已發之性，性無動静，中和之名，因動静而分。若言未發爲性，已發爲情，分明性有動静矣。

世風日下，如江河競注，而自古至今，此理猶在人心，「維天之命，於穆不已」，蓋謂此也。

問「天地位，萬物育」。曰：「天地無日不位，萬物無日不育，只爲人心失却中和之體，天地雖大，若容不得我，萬物雖衆，只覺多我一人，知此則知位育。」

不是欺人方是僞，凡所行而胸中不能妥貼，人不見其破綻處，豈不是僞？

一貫不必説得玄遠，淺言之，如世之機械變詐，亦有時節通行得去，便有時節不可通行得去，如何貫得？是故一貫者，其惟誠乎？

觀過知仁，故知其不善，所以明善。

孟子知言，全將自己心源，印證羣迷。吾心止有一常，人自去分立門户，分蹊别徑，都從常心中變出許多鬼魅魍魎相。知言者，但把常心照証，變態無不剖露。知得人心，亦止知得自己心，知得羣心之變，亦止養得吾心之常。

心不受變，而術則變，如學術流爲申、韓，此心不得不歸于慘酷，治術流爲雜霸，此心不得不向於殺伐。戰國時人，學皆刑名，治皆誅殺，都被術所弄壞，乃轉而歸咎仁之不若人。故孟子特地拈出本來此心，人人圓滿，但是一日之造端，便判終身之趨向，即夫子「習相遠」之説也。

説箇信果，定是未言未行之先，先著一番心了。大人未言，那見有當信之理？未行，那見有當果之事？任他危言遜言，旁行正行，再没有不中于則者。義有准而心無著也。

感遇聚散，佛氏視之，皆太虚中游氣紛擾，與性體一毫不相妨礙，儒者則皆是我本根發出枝葉，無一件是假。

心體無盡，凡天地間所有之事，古今來所有之功，聖賢接續盡之，豈能盡得？

陽明先生答陸元靜，無妄無照之論，蓋本之佛書。佛書言妄心卽真心影像，妄本無妄，以有感故，感亦無感，以能照故。若是，則照妄之心，卽是無妄之心，云何復得有妄心？心本無妄，以無照故謂之妄。今指爲真心之影像，畢竟影是形生，像隨鏡見，推不得是鏡以外事。今欲卻妄而完真，安得逃影而滅像乎？

佛氏言心無常，爲無所住而生其心，念念生滅不停也。此儒者之所謂妄心也。而佛氏正以顯此心之性空妙理，卽謂之真如不動。此蓋有見於流行，無見於主宰，以其常動而謂之不動，非真不動也。中庸曰：「苟不至德，至道不凝焉。」佛氏所缺者，至德也。公都子所言「性無善無不善」，「性可以爲善，可以爲不善」，「有性善有性不善」三說，總是一說。不觀之佛書云：「性無善惡，能生善惡。」又云：「善惡同以心性爲性，若斷性惡，則斷心性。」性不可斷，故性善性惡皆不可斷，既不可斷，則是性有善惡也。若云「性本無性，性亦非性」，畢竟有箇生善生惡者在，則是可以爲善，可以爲不善也。

佛法先要人信心，蓋佛法示人本是種種可疑，於此教人盡行奪下，整身跳入其中，豈不立地成佛？何必更假修爲？若吾儒亦是穿衣喫飯，夏葛冬裘，見成道理，伸手便見，率之卽是，體之卽存。故不必言信，無疑非信；不必言悟，無修非悟。

釋氏言宗心，言妄心，謂常住不動之真心爲宗，緣起者爲妄。其實所謂常住不動者，空而已矣；緣起而流行者，天地萬物皆野馬塵埃也。但不足以礙我空體，與空體截然不相粘合。吾儒則就此野馬塵埃之中，流行而不失其則者，乃是常住不動之真心，故其名則同，而所指實異也。

宗伯吴霞舟先生鍾巒

吴鍾巒字巒穉，號霞舟，武進人也。崇禎甲戌進士。先生弱冠爲諸生，出入文社、講會者四十餘年，海内推爲名宿。以貢教諭光州學。從河南鄉舉登第，時年已五十八矣。授長興知縣。閹人崔璘榷鹺，以屬禮待郡縣，先生不往。降紹興照磨，量移桂林推官。南渡，陞禮部主事，未上而國亡。閩中以原官召之，上書言國事，時宰不悦。先生曰：「今日何等時？如某者更説一句不得耶？」出爲廣東副使。未行而國又亡。遁跡海濱，會㈠時自浙至中左建國，以一旅奉之。二三人望，皆觀望不出。先生曰：「吾等之出，未必有濟；然因吾等之不出，而人心解體，何以見魯、衛之士？亦惟以死繼之而已。」起爲通政使。及返浙海，先生以禮部尚書扈蹕，所至録其士之秀者爲弟子員，率之見于行朝。僕僕拜起，人笑其迂，先生曰：「此與陸君實舟中講大學『正心』章一例耳。」後退處補陀，聞滃洲事亟，先生曰：「昔者吾友李仲達死奄禍，吾尚爲諸生，不得請死；吾友馬君常死國難，吾爲遠臣，不得從死；閩事之壞，吾已辭行，不得驟死。吾老矣，不及此時此土，死得明白乾浄，卽一旦疾病死，何以謝吾友，見先帝於地下哉？」復渡海入滃洲。辛卯八月末，于聖廟右廡設高座，積薪其下，城破，捧夫子神位，登座危坐，舉火

㈠「會」字賈本、備要本作「是」。朱氏釋誤則云：「會」下當有「魯王」二字。

而卒，年七十五。

先生受業於涇陽，而于景逸、玄臺、季思皆爲深交，所奉以爲守身法者，則淇澳困思抄也。在長興五載，以爲差足自喜者三事：一爲子劉子弔丁長孺至邑，得侍杖履；一爲九日登烏膽山；一爲分房得錢希聲。所謂道德文章山水，兼而有之矣。先生嘗選時文名士品，擇一時之有品行者，不滿二十人，而某與焉。其後同處圍城，執手慟哭，某别先生，行三十里，先生復棹三板追送，其語絶痛。薛諧孟傳先生所謂「嗚咽而赴四明山中之招者」，此也。嗚呼！先生之知某如此，今抄先生學案，去之三十年，嚴毅之氣，尚浮動目中也。

霞舟隨筆

人生只君親兩大本，凡日用應酬，宗族眷屬，無不本于親，本此之謂仁。凡踐土食毛，事上臨下，無不本于君，本此之謂義。

人只除了利根，便爲聖賢，故喻利喻義，分别君子小人。小人所以喻利，只爲遂耳目口鼻之欲，孟子所以説「養其小體爲小人」㈠。試想此天之所以與我者八字，直將此身立在千仞岡上，下視養口體物交物一班人，渺乎小哉！真蠛蠓一世矣。

有伊尹之志則可仕，不則貪位慕禄之鄙夫而已矣，不可與事君也；有顔子之樂則可處，不則飽食

㈠ 孟子告子原文爲「養其小者爲小人。」

閒居之小人而已矣，未足與議道也。

士大夫爲盜賊闢説者，是卽盜賊，爲倡優闢説者，是卽倡優。

或問：「當此之時，何以自處？」答云：「見危臨難，大節所在，惟有一死。其他隨緣俟命，不榮通，不醜窮，常養喜神，獨尋樂處，天下自亂，吾身自治。履之九二：『履道坦坦，幽人貞吉。』象曰：『幽人貞吉，中不自亂也。』玩之可得守身法。」

當此之時，惟見危授命，是天下第一等事。不死以狥社稷，成敗尚聽諸天，非立命之學也。

當此之時，避世深山，亦天下第一等事。徼幸以就功名，禍福全聽諸人，非保身之道也。

錢啓新先生云：「後生小子，但有向上根器，須忘年以交，接引入道，不必羅致門下。」

張二無至京師，宜興餽以人參，不受，宜興不悅。二無告以籌邊禦寇，宜興詣之曰：「但主心一轉，天下自治，他可置勿道也。」二無遂力求去。

顏壯其爲孝廉時，里人有跪訴者。既去移晷，追還爲下一跪。里人駭問「何故」，曰：「頃汝下跪，我立而扶之，思此終覺不安，故跪還汝耳。」

友云：「求長生當除妄想。」曰：「求長生獨非妄想耶？」

君子小人之辨，在人臣當泯其圭角，在人主當見得分明。

天地之間，只有陰陽二氣，動靜兩端，循環不已，更無餘事，此之謂易。天地間一切，目可得見，耳可得聞，言可得傳，躬可得行者，皆道之用也，皆象也，數也。故聖人立象以盡意，極其數，遂定天下之變。然則聖人之意，其不可見乎？不可得而見，不可得而聞者，道之體也。立象而意盡於其中，故曰「君子之道費而隱」者，用也。隱者體，聖人惟恐人索之于隱，只言用不言體。易之六爻皆用也，故曰「用九」，曰「用六」。用九而六其體，故曰「見羣龍無首」，天德不可爲首，用六而九其體，故曰「利永貞」，「以大終」。

天地只有一乾，伏羲原初只有一畫，坤之偶卽一畫而分之，非另有第二畫也。坤之中斷處，正是坤之虛處，所以順承天也。乾貫乎中矣，敬以直內，義以方外，一直撐天柱地，一方周徧四隅。中字從直從方口，可兼內外二義。

他卦之上，爲極爲變，惟鼎與井，終爲成功。井以養民，鼎以養賢，井以水，鼎以火，水火飲食之道也。

故觀喜怒哀樂未發時氣象，須將喜怒哀樂發而不中節處克盡，纔觀得。

子貢聞道，顏子以下一人，只文章性道二語，括盡中庸費隱之旨。

問：「朝聞道，所聞何道？」答：「只看下句。」

入道者，當於天親一脈不可僞爲處竭情，此文介真實見道語。人情之同處，卽本心。人謂隨處體認天理，愚謂隨處體貼人情。靜虛二字上，不容加一道字，一念不起時，一物不著處，參得消息，當是朝聞。

人身常定常靜常安，氣息自調，每有意調息，反覺氣息轉粗，可見正助之害。

見危授命，不要害怕，見利思義，却要害羞。

事父母能竭其力，一生之力，無一毫不爲父母用者，而今而後，吾知免夫，此力纔竭。

君子一生，汲汲皇皇，只這一件事，故曰好學。

北辰是天之樞紐，中間些子不動處，仍不是不動，只動處還在元處。

今日會講，各人須細細密察，爲文學而來乎？爲理學而來乎？爲道學而來乎？爲文學來，不過學業上討些悟頭，這不中用；爲理學來，研窮意義，亦是訓詁學究伎倆，也不中用；爲道學來，實踐躬行，纔有中用。這便是所安。又爲先生而來乎？爲聖賢而來乎？爲自己而來乎？爲先生而來，先生有出山時節，這靠不得；爲聖賢而來，聖像有不懸時節，聖人之書有不對面時節，亦靠不得；爲自己而來，立志在身心命，遺纔靠得。這便是所安。此是君子小人親筆供狀。

言顧行，行顧言，今人之言，大抵勦襲之言，今人之行，大抵趨逐之行，自己一毫不與其間，此之謂不相顧。

知只在心地上明白，不在義理見聞上誇張。

張二無云：「無諂無驕，未免在境上打點，自己未有實受用在。一經夫子指點，便覺本地風光，時時現前，非心地上打掃十分潔淨，何以有此切磋琢磨？正是樂與好禮得力處。子貢見到此，直能因苗辨種，飲水知源，三百篇皆無字之經矣。故夫子許以言詩，告往知來，正與大易數往知來，不隔一線。」

二無云：「詩之爲用，自閨房静好，以至郊廟登歌，其人自耕夫游女，以至藎臣哲后，其事自隱括蟲魚草木，以至感格天地神明，真是無隱不披，無遠不屈，却只人人一點不容已之思耳。思起處，原無邪，緣染而後有邪，只用此無緣染之思，抽引不盡，何止充天塞地？」

心本是仁，非是二物，私欲引去，心便違仁，私欲既無，心原是仁。

郎中華鳳超先生允誠

華允誠字汝立，別號鳳超，無錫人。天啓壬戌進士。授工部主事，告歸。崇禎己巳補任，轉員外郎，調兵部。上疏言：「國家罷設丞相，用人之職，吏部掌之，閣臣不得侵焉。今次輔温體仁，冢臣閔洪學，同邑朋比，驅除異己，閣臣操吏部之權，吏部阿閣臣之意，庇同鄉則保舉逆案，排正類則逼逐講官。」奉旨回話，因極言其罪狀。又言：「王化貞宜正法，余大成在可矜。」上多用其言。體仁、洪學雖疏辨，無以難也。尋以終養歸。南渡，起補吏部〔一〕，署選司事，隨謝去，在朝不滿一月。改革後，杜門讀易。越四年，有告其不薙髮者，執至金陵，不屈而死。

先生師事高忠憲，忠憲殉節，示先生以末後語云：「心如太虛，本無生死。」故其師弟子之死，止見一義，不見有生死，所以云本無生死。若佛氏離義而言無生死，則生也爲罔生，死也爲徒死，縱能坐脫立亡，亦是弄精魂而已。先生居恒未嘗作詩，蒙難之春，爲二律云：「緬思古則企賢豪，海外孤臣嘯雪毛，眼底兵戈方載路，静中消息不容毫。默無一事陰逾惜，愁有千端枕自高，生色千秋青史在，自餘誰

〔一〕「部」原作「郎」，據賈本改。

數卻勞勞。」「振衣千仞碧雲端，壽殀由來不二看，日月光華宵又旦，春秋遷革歲方寒。每爭毫髮留詩禮，肯逐波流倒履冠，應盡只今祈便盡，不堪回首問長安。」是亦知死之一證也。

中書陳幾亭先生龍正

陳龍正字惕龍，號幾亭，浙之嘉善人。崇禎甲戌進士。授中書舍人。戊寅，熒惑守心，先生一言「民間死罪，細求疑情」，一言「輔臣不專票擬，居恒則位置六卿，有事則謀定大將」。己卯十月，彗星見，先生進言曰：「事天以實不以文，臣更進之曰：事天以恒不以暫。何爲實？今日求言恤刑之實是也。何言恒？自今以後弗忘此求言恤刑之心也。」其年十一月，上將郊天，先生請正郊期。「古帝王郊天，不用至日，家語孔子對定公曰：『周之始郊，其月以日至，其日以上辛。郊特牲曰：『郊之用辛也，周之始郊日以至。』王肅曰：『周之郊祭于建子之月也。用辛日者，以冬至陽氣新用事也。』臣謹按上辛，謂日至之月，第一辛日，如冬至在十一月下旬，則用仲辛，冬至在十一月初旬，本月無辛，則用十月下旬。如崇禎十二年十一月二十八日辛巳冬至，宜十八日辛未郊㊀也。」上命諸臣議。先生又上郊祀攷辨，上從之以辛巳南郊。明年乞休，不允。壬午上言：「勦寇不在兵多，期於簡練，殲渠非專恃勇，藉于善謀。所云招撫之道，則更有説，曰解散，曰安插。解散之法，仍屬良將，安插之法，專委有司。賊初淫殺，小民苦賊而望兵，兵既無律，民反畏兵而從賊，至於民之望賊，而中原不可收拾矣。」及墾荒之議起，先生

㊀ 各本同。朱氏釋誤考以國榷，謂此處當作「辛未冬至」、「辛巳郊」，是。

曰：「金非財，惟五穀爲財。興屯不足以生穀，惟墾荒可以生穀。起科不可以墾荒，惟不起科可以墾荒。五穀生則加派可罷，加派罷然後民生可安。」上以先生疏付金之俊議之。甲申正月，左遷南京國子監丞。國變後，杜門著書。未幾卒。先生師事吳子往志遠、高忠憲，留心當世之務，故以萬物一體爲宗，其後始湛心于性命，然師門之旨又一轉矣。

學言

最初最簡最盡，一盡于太極，再盡于陰陽，三以下不能無遺矣。羲㈠畫最盡，發揮其最初也。後聖有言，皆發揮於圖畫之後者也，故曰：「言不盡意。」聖人欲使反其初，觀其盡者，又曰：「予欲無言。」人心惟寂然不動，斯太極矣乎？寂無不藏，感無不通，彼空虛者，其以爲有，不能生陰陽萬物之太極也。質無常存，氣無常分，開非始有，混非終無，有無從不相離，故不言二之。是以言之有無二，視天下之物無不二，人我二矣，心迹二矣，體用二矣，切而生死亦二，浮而得喪毀譽亦二，二之所從來遠矣。

日無定中，月無定滿，人無定强，方至卽行，長極卽消，斯須不得留，畱則有息矣。人形氣不得不衰也，心不得不自强也。形氣似月，心似日。

天地自不滿，生天地之中者疇能滿？諸山川無全吉，人形無全美，世福無全享，極之唐、虞，不能使朝無孔壬，野無矜人，古今亦無全治，惟堯、孔心德居其全爾。不可全者物，而衆求之，可全者德，而莫

㈠「羲」原作「義」，據賈本改。

之求，惑矣夫！

天授人性，其有形以後，天人疏而親，隔而通之際乎？天，主上也；人，臣庶也，性，職事也。奉職循理，謂之忠良，曠厥職而朝夕致禮焉，明主聞之，以爲忠乎？媚乎？

止者心之常，艮背亦止，行庭亦止；静者太極之常，生陰亦静，生陽亦静。主静者，艮止之義乎？心合于艮之謂太極矣！

心載性而宰身，然性視心則心奇矣，惟性最庸，故學不從心而從性。身視心則心微矣，惟身斯顯，故學不本正而本修。其從性也，照異端之病也；其本修也，坊百世之逃也。

返百慮於何慮，學問之道；不知其道，反益其慮。化有事爲無事，經濟之道；不知其道，反生其事。聞道以無妄念爲候。妄念因于嗜慾，嗜慾因於有身。嗜慾無味，無足想矣；物物有然，無容想矣。忽若有見，而念起不禁者，悟與？思誠者，自反之謂也。主于自得，不期誠而誠，主于得名，不期僞而僞。

不信天則學無柄，小毁小譽，小得小失，目前相遇，莫不旁皇焉。學至於惟有天知，則陟降于帝庭，與太極存矣；功至於惟有天知，則朝市屢變，傳家之事不變矣。一得焉，恐人不知；微勞焉，恐人不感，是誠何心哉？

凡人者，自爲一人而已矣；仁人者，天下之心。心覺一身之痾癢，仁人覺天下之痾癢。覺之故安之。未能安天下，且安目前，無安之之權，且使有權者動念于求安。安之心不可不自我存，安之績不必自我成。

法今傳後，其與人爲善之心乎？天下法之，天下皆善人矣；後世傳之，後世皆善人矣。舜之所樂，其在茲乎？我可法，我可傳，則品尊而名貴，是雖有懿行，猶已私也，去鄉人幾何？憂不如舜，憂不能使天下後世同歸于善也，詎憂無舜之令名。

司馬徽有言，「識時務者，在乎俊傑。」天下先務，時時各異，孰爲大本？孰爲大端？遡觀往事，人所既爲，我則瞭焉。方當吾世，從何入手？而茫然不識者，皆是也。

取四三年來之治機，治今之天下，未必合者，而況遠昔哉！

成心之去難矣哉，成心之害深矣哉，一懷成心，所觀得失，皆不復中，非必愛之憎之也。力除愛憎，設爲虛衷，而成心隱隱據其中而主之，我自以不關成心也，其實推之不能去也。

立言有六禁：不本至誠勿言，無益于世勿言，損益相兼勿言，後有流弊勿言，往哲已言勿襲言，非力所及勿輕言。

我與天下後世之感通，猶兩人相覿爾。我愛彼，彼亦愛我否？即覿面交疏，我惟見有身，天下亦烏知有我？鄉人之所以草木同腐也。我孜孜爲後世計，後世孰能忘之？聖賢所以長生于人心也。

有明之盛，道至醇深者，薛、高二子而已。薛子危而免，高子遂及。不以時耶？不以爵耶？宋六子，其一不受爵，其五不居高爵。

國朝人才，自王文成而下，無若楊忠愍，養其身以有爲，六律可明可制。問「三楊」。曰：「文貞德業最盛，孳孳爲民，無赫赫功，是足貴也。」「弘治三臣。」曰：「弇州記允矣。」「周忠介。」曰：「介矣哉！手綰銓衡，居不蔽風雨，田數十畝，其死也，則幾傷勇乎？其有恥不與黨之心乎？規免而忠介不免，命也夫。」問「楊忠烈」。曰：「烈矣哉！然激寺禍者，夫夫也。自昔狐鼠以格主去，以慧術去，有一疏顯攻之而去者乎？不去禍斯烈矣。」

上士貞其身，移風易俗；中士自固焉爾矣；下士每遇風俗，則身爲之移。

堯、舜以來，只說教字，從不曾說著學，至傅說乃極說個學之益出來。尼、思以前，只說性字，從不曾說著理。至孔子方言「窮理」，孟子又云「心所同然者理」，說個理字出來。此二字，便爲千萬世宗主。

言生生，可以該冲漠無朕；言冲漠無朕，或反以晦生生。儘有恬静之士，談及民生利病，即俏然不顧，非惟不顧，且將阻人。蓋其恬静中，與世間痛癢全相隔斷。豈知所謂冲漠無朕，正欲于一相不立之處，體認出萬物一體端倪耶！若人我隔絶，則其養高習静，反隱隱養成一段殺機。古來那有此秦、越學問？今日言學，只提箇生字。

學者須得爲萬世開太平意思，方是一體，方有隱居工夫。不然，一生巖居川觀，豈便無事可做？但云獨善其身，亦覺與世隔絶。須識獨善中，原有兼善事業，但目前不甚著明，只觀百世而下，所法所傳，總是堯、舜、仲尼意思。大行窮居，當時事業，畧有分別，久久決無分別。有分別之日短，無分別之運長。念頭從萬物一體處起，工夫只在修身。

「天地之大德曰生」，「人皆有不忍人之心」，此二語是孔、孟提出道學大原，恐人不知如何用力，所以又説「明明德」許多條目。然只看「欲明明德於天下」一句，已將念頭工夫合總説完。後世學問，不本諸好生之心，許多清高静寂，長厚儉朴，一切盛德芳名，都只從一身上起，縱做得完完全全，無些子破綻，終非知道。無他，念頭起于自身，工夫反在外面，總只顛倒了。

一部論語，皆説學問事，惟是知也，直指出心體來。皆説做工夫事，惟天何言哉，直指出道體來。皆説生前事，惟朝聞夕可，直指出到頭結果處來。説心體，明是不倚見聞矣，終不教人廢學問；説道體，明是節節現成矣，終不教人不做工夫；説到頭結果，明是心同太虚，事業皆浮雲矣，終不教人虚想像死後光景。步步踏實，乃得絶塵而奔。斯人爲徒，乃得侔天而遊。味此三則，任是特地靈慧，無礙辯才，劈空提醒，未有出於其外者也。異端拈出神奇妙理，在聖人止是平常；異端喝出驚怖大事，在聖人止是作息。故使驚者不解，解者不驚。

「在人身，如何是天載？」曰：「不思而得，不勉而中，此人身中無聲無臭處也。但于義理熟之，莫從天載上虚想，要犯好知不好學之蔽。」

所性分定，人人盡然。仁義禮智根于心，惟君子能之。栽植非一日矣，若以不加損獨歸君子，便不識所性。

曾子傳一貫，不言一貫，而言絜矩，其義一也。在道則言一貫，在天下則言絜矩，此矩卽「從心所欲」之矩。聖人不必言絜，絜之則是忠恕，其於學者最有把捉。湯、武反之，亦是絜矩。

道一而已矣，中一而已矣，中不可見，見之于和。自昔聖人之作用，舉八元，屏四凶，皆和也。何事是中？惟和則發揮出中字來。中無可言，言之以庸。自昔聖人之日用，勉不足，慎有餘，皆庸也。何物是中？惟庸則形狀出中字來。博厚高明，結以天之所以爲天，不及地也；溥博淵泉，結以配天，不及地也；知化育，結以浩浩其天，不及地也。無他，天一而已矣，地止是天中之凝聚處，在彼則觀和與庸而中見，在此則言天而地見，指點之法，相反而通。

大舜所至成都，孔、孟育英才，太丘、幼安之徒，鄉里薰其德，士善其身，未有以獨善終者也。對天下而云耳，德不孤，人必有以應我，善無獨，我必有以成人。

朱子知行並進，何嘗不重覺悟？只似多刦推駁象山一番。然非自爲，爲後世也。象山立身實無可議，陽明大類之，無忝躬行君子，只多刦推駁朱子一番。顏、曾、木、卜，同在聖門，親領德旨，其用功得力處，何嘗不小異？使當時必欲相同，亦成聚訟矣。大抵學問，只怕差，不怕異。入門不妨異，朝聞夕可，歸宿必同。用力不妨異，設誠致行，起念必同。

問：「聖賢效法天地，亦有時拗過天地否？」曰：「夷、齊不食周粟，當時天運悉已歸周，兩人欲以隻身撐住乾坤。元時，上天命之入主中國，而金華四子没身泉壤。一則拗之於天運之初遷，一則拗之於天運之久定，此太極之不隨陰陽者，故人心爲太極。」

孔子憂學之不講，不知是如何講法？孟子直發揮出來，有箇詳説，有個反説。詳卽如今辯論，反則是體認天理，躬行亦反説也，默識亦反説也。古人辯論，惟恐體認或誤，故須辯之。今人雖反説到至精至微處，只是說話。然則且莫講學，先體貼孔、孟講說二字。

理欲並竅於人心，飢食渴飲，非其一端乎？知味得正，斯理矣；甘而失正，或醉飽溢量，斯私欲矣。一事一念莫不有利善介于其間。危如之何？凡言危者，得失存亡之關也，若以私欲爲人心，則已失已亡，豈直危而已哉？道心卽人心之得其正者，與不正止争些子，非必如一黑一白，相反而易辨也，故曰「惟微」。

明儒學案卷六十二　蕺山學案

今日知學者，大概以高、劉二先生，並稱爲大儒，可以無疑矣。然當高子遺書初出之時，羲侍先師於舟中，自禾水至省下，盡日翻閱。先師時摘其闌入釋氏者以示羲。後讀先師論學書，有答韓位云：「古之有朱子，今之有忠憲先生，皆半雜禪門。」又讀忠憲三時記，謂：「釋典與聖人所争毫髮，其精微處，吾儒具有之，總不出無極二字；弊病處，先儒具言之，總不出無理二字。」其意似主于無，此釋氏之所以爲釋氏也。」即如忠憲正命之語，本無生死，亦是佛語。故先師救正之，曰：「先生心與道一，盡其道而生，盡其道而死，是謂無生死。非佛氏所謂無生死也。」忠憲固非佛學，然不能不出入其間，所謂大醇而小疵者。若吾先師，則醇乎其醇矣。後世必有能辯之者。戊申歲，羲與惲日初同在越半年。日初，先師高第弟子，其時爲劉子節要，臨別拜於河滸，日初執手謂羲曰：「知先師之學者，今無人矣，吾二人宗旨不可不同。但於先師言意所在，當稍渾融耳。」羲葢未之答也。及節要刻成，緘書寄羲，曰：「子知先師之學者，不可不序。」嗟乎！羲豈能知先師之學者？然觀日初高劉兩先生正學説云：「忠憲得之悟，其畢生黽勉，祇重修持，是以乾知統攝坤能；先師得之修，其末後歸趣，亟稱解悟，是以坤能證入乾知。」夫天氣之謂乾，地質之謂坤，氣不得不凝爲質，質不得不散爲氣，兩者同一物也。乾知而無坤能，則爲狂慧；坤能而無乾知，則爲盲修。豈有先後？彼徒見忠憲旅店之悟，以爲得之悟，此是禪門路徑，與聖學無當也。先師之愼獨，非性體分明，愼是愼個何物？以此觀之，日初亦便未知先師之學也。使其知之，則於先師言意所在，迎刃而解矣。此義不序節要之意也。惜當時不及細論，負此良友。今所録，一依原書次第，先師著述雖多，其大概具是。學者可以無未見之恨矣。

忠端劉念臺先生宗周

劉諱宗周，字起東，號念臺，越之山陰人。萬曆辛丑進士。授行人。上疏言國本，言東林多君子，不宜彈射。請告歸。起禮部主事，劾奄人魏忠賢、保姆客氏，轉光禄寺丞。尋陞尚寶少卿、太僕少卿，疏辭，不允。告病回籍。起右通政，又固辭。内批爲矯情厭世，革職爲民。崇禎己巳，起順天府尹。上方綜核名實，羣臣救過不遑，先生以爲此刑名之術也，不可以治天下，而以仁義之説進，上迂濶之。京師戒嚴，上疑廷臣謀國不忠，稍稍親向奄人。先生謂：「今日第一宜開示誠心，爲濟難之本，皇上以親内臣之心親外臣，以重武臣之心重文臣，則太平之業，一舉而定也。」當是時，小人乘時欲翻逆案，遂以失事者，牽連入之東林。先生曰：「自東林之以忠義著，是非定矣。奈何復起波瀾？用賢之路，從此而窮。」解嚴後，上祈天永命疏：「上天重民命，則刑罰宜省，請除詔獄；上天厚民生，則賦斂宜緩，請除新餉。相臣勿興大獄，勿贊富强，與有祈天永命之責焉。」上詰以軍需所出，先生對曰：「有原設之兵，原設之餉在。」上終以爲迂濶也。請告歸。上復思之，因推閣員降詔，召先生入對文華殿。上問人才、糧餉、流寇三事，對曰：「天下原未嘗乏才，止因皇上求治太急，進退天下士太輕，所以有人而無人之用。

加派重而參罰嚴，吏治日壞，民生不得其所，胥化爲盜賊，餉無從出矣。流寇本朝廷赤子，撫之有道，寇還爲吾民也。」上又問兵事，對曰：「臣聞禦外亦以治内爲本，此干羽所以格有苗也。皇上亦法堯、舜而已矣。」上顧温體仁曰：「迂哉！劉某之言也。」用爲工部左侍郎。乃以近日弊政，反覆言之。謂：「皇上但下尺一之詔，痛言前日所以致賊之由，與今日不忍輕棄斯民之意，遣廷臣賫内帑，巡行郡國，爲招撫使，以招其無罪而流亡者，陳師險隘，聽其窮而自解歸來，誅渠之外，猶可不殺一人，而畢此役也。」上見之大怒。久之而意解，諭以「大臣論事，須體國度時，不當效小臣圖占地步，盡咎朝廷耳」。先生復言：「皇上已具堯、舜之心，惟是人心道心，不能無倚伏之機，出於人心，而有過不及者，授之政事之地，即求治而過，不免害治者有之，惟皇上深致意焉。」三疏請告，上允之。行至德州，上疏曰：「今日之禍，己巳以來釀成之也；後日之禍，今日又釀之矣。己巳之變，受事者爲執政之異己，不難爲法受惡，概寘之重典；丙子之變，受事者爲執政之私人，不難上下蒙蔽，使處分之頓異。自古小人與中官氣誼一類，故天下有比中官之小人，必無合於君子之小人，有用小人之君子，終無黨比中官之君子。八年之間，誰秉國成？臣不能爲首輔温體仁解矣。」有旨革職爲民。然上終不忘先生，臨朝而嘆，謂：「大臣如劉某，清執敢言，廷臣莫及也。」壬午起吏部左侍郎。先生以爲天下治亂，決不能舍道而别有手援之法，一涉功利，皆爲苟且。途中上書，以明聖學。未至，陞左都御史。召對，上問：「職掌安在？」對曰：「都察院之職，在于正己以正百僚，必其存諸中者，上可以對君父，下可質天下士大夫，而後百僚則而象之。至於責成，巡方其首㊀務

㊀「首」原作「守」，據賈本、備要本改。

也，巡方得人，則吏治清，吏治清則民生安矣。」已又戒嚴，先生言：「皇上以一心爲天地神人之主，鎮静以立本，安詳以應變，此第一義也。其施行次第，旌盧象昇，戮楊嗣昌。」上曰：「責重朕心，是也。請卹追戮，何與兵機事？」召對中左門。御史楊若僑言火器，先生劾之曰：「御史之言非也，邇來邊臣於安攘禦侮之策，戰守屯戍之法，概置不講，以火器爲司命，不恃人而恃器，國威所以愈頓也。」上議督撫去留，先生對：「請自督師范志完始，志完身任三協，平時無備，任其出入，今又借援南下，爲脱卸計，從此關門無阻，決裂至此。」上曰：「入援乃奉旨而行，何云脱卸？」先生對：「十五年來，皇上處分未當，致有今日敗局，乃不追原禍始，更絃易轍，欲以一切苟且之政，牽補罅漏，非長治之道也。」上變色曰：「從前已不可追，今日事後之圖安在？」先生對：「今日第一義，在皇上開誠布公，先豁疑關，公天下以爲好惡，則思過半矣。」上曰：「國家敗壞已極，如何整頓？」先生對：「近來持論者，但論才望，不論操守。不知天下真才望，出於天下真操守。自古未有操守不謹，而遇事敢前者；亦未有操守不謹，而軍士畏威者。」上曰：「濟變之日，先才而後守。」先生對：「以濟變言，愈宜先守，即如范志完操守不謹，用賄補官，所以三軍解體，莫肯用命。由此觀之，豈不信以操守爲主乎？」上始色解。先生更端曰：「皇上方下詔求言，而給事中姜埰、行人司副熊開元，以言得罪，下之詔獄。皇上度量卓越，如臣某累多狂妄，幸寬斧鑕。又如詞臣黄道周，亦以戇直獲宥。二臣何獨不蒙一體之仁乎？」上曰：「道周有學有守，豈二臣可比？」先生對曰：「二臣誠不及道周，然朝廷待言官有體，即有應得之罪，亦當勅下法司定之，遽寘詔獄，終於國體有傷。」上怒曰：「朕處一二言官，如何遂傷國體？假有貪贓壞法，欺君罔上，俱可不問乎？」先生對：「即皇上欲問貪贓壞法，欺君罔上者，亦不可不付之法司也。」上大怒曰：「如此偏黨，豈堪憲職？候旨處分。」先生誠罪。文武班行各申救，遂革職歸。

南渡，起原官。先生上言：「今日宗社大計，舍討賊復讐，無以表陛下渡江之心。非陛下決策親征，亦何以作天下忠臣義士之氣？江左非偏安之業，請進圖江北。鳳陽號稱中都，東扼徐、淮，北控豫州，西顧荊、襄，而南去金陵不遠，親征之師，駐蹕於此，規模先立，而後可言政事。」一時亂政，先生無不危言。閣臣則劾馬士英，勳臣則劾劉孔昭，四鎮則劾劉澤清、高傑。先生本無意於出，謂：「中朝之黨論方興，何暇圖河、洛之賊？立國之本計已疎，何以言匡扶之畧？」當是時，奸人雖不利先生，然恥不能致先生，反急先生之一出。馬士英言先生「負海内重名，自稱草莽孤臣，不書新命，明示以不臣也」。朱統鑕言先生「請移蹕鳳陽，鳳陽，高牆之所，蓋欲以罪宗處皇上」。四鎮皆言先生「欲行定策之誅，意在廢立」。先生在丹陽僧舍，高傑、劉澤清遣刺客數輩迹之，先生危坐終日，無惲容，客亦心折而去。詔書敦迫再三，先生始受命。尋以阮大鋮爲兵部侍郎，先生曰：「大鋮之進退，江左之興衰繫焉。」内批：「是否確論？」先生再疏請告，予馳驛歸。先生出國門，黄童白叟聚觀嘆息，知南都之不能久立也。浙省降，先生慟哭曰：「此余正命之時也。」門人以文山、疊山、袁閬故事言，先生曰：「北都之變，可以死，可以無死，以身在削籍也。南都之變，主上自棄其社稷，僕在懸車，尚曰可以死，可以無死。今吾越又降，區區老臣，尚何之乎？若曰身不在位，不當與城爲存亡，獨不當與土爲存亡乎？故相江萬里所以死也。世無逃死之宰相，亦豈有逃死之御史大夫乎？君臣之義，本以情決，舍情而言義，非義也。父子之親，固不可解于心，君臣之義，亦不可解于心。今謂可以不死而死，可以有待而死，死爲近名，則隨地出脱，終成一貪生畏死之徒而已矣。」絶食二十日而卒，閏六月八日，戊子也，年六十八。

先生起自孤童，始從外祖章穎學，長師許敬菴，而砥礪性命之友則劉静之、丁長孺、周寧宇、魏忠節、先忠端公、高忠憲。始雖與陶石梁同講席，爲證人之會，而學不同。石梁之門人，皆學佛，後且流於因果。分會于白馬山，羲嘗聽講。石梁言一名臣轉身爲馬，引其族姑證之。羲甚不然其言，退而與王業洵、王毓蓍推擇一輩時名之士，四十餘人，執贄先生門下。此四十餘人者，皆喜闢佛，然而無有根柢，於學問之事，亦浮慕而已，反資學佛者之口實。先生有憂之，兩者交譏，故傳先生之學者，未易一二也。

先生之學，以慎獨爲宗，儒者人人言慎獨，唯先生始得其真。盈天地間皆氣也，其在人心，一氣之流行，誠通誠復，自然分爲喜怒哀樂、仁義禮智之名，因此而起者也。不待安排品節，自能不過其則，卽中和也。此生而有之，人人如是，所以謂之性善，卽不無過不及之差，而性體原自周流，不害其爲中和之德。學者但證得性體分明，而以時保之，卽是慎矣。慎之工夫，只在主宰上，覺有主，是曰意，離意根一步，便是妄，便非獨矣。故愈收斂，是愈推致，然主宰亦非有一處停頓，卽在此流行之中，故曰「逝者如斯夫！不舍晝夜」。蓋離氣無所爲理，離心無所爲性。佛者之言曰：「有物先天地，無形本寂寥，能爲萬象主，不逐四時凋。」此是其真贓實犯。奈何儒者亦曰「理生氣」，所謂毫釐之辨，竟亦安在？而徒以自私自利，不可以治天下國家，棄而君臣父子，强生分别，其不爲佛者之所笑乎？先生大指如是。此指出，真是南轅北轍，界限清楚，有宋以來所未有也。識者謂五星聚奎，濂、洛、關、閩出焉；五星聚室，陽明子之説昌；五星聚張，子劉子之道通，豈非天哉！豈非天哉！

語録

湛然寂静中，當見諸緣就攝，諸事就理，雖簿書鞅掌，金革倥偬，一齊俱了，此静中真消息。若一事不理，可知一心忙亂在。用一心，錯一心，理一事，壞一事，卽豎得許多功能，亦是沙水不成團，如喫飯穿衣，有甚奇事？纔忙亂，已從脊梁過。學無本領，漫言主静，總無益也。

知行自有次第，但知先而行卽從之，無間可截，故云一。後儒喜以覺言性，謂一覺無餘事，卽知卽行，其要歸于無知。知既不立，一亦難言。噫！是率天下而禪也。

有不善未嘗不知，是謂良知；知之未嘗復行也，是謂致知。盈天地間皆道也，學者須自擇乎中庸。事之過不及處，卽爲惡事，則念之有倚著處，卽爲惡念。擇善非擇在事上，直證本心始得。識仁一篇，總是狀仁體合下如此，當下認取，活潑地不須著纖毫氣力，所謂我固有之也。然誠敬爲力，乃是無著力處，蓋把持之存，終屬人僞，誠敬之存，乃爲天理。只是存得好，便是誠敬。存，正是防檢，克己是也；存，正是窮索，擇善是也。若泥不須防檢窮索，則誠敬之存，當在何處？未免滋高明之惑。以上庚申前録。

凡人一言過，則終日言皆婉轉而文此一言之過；一行過，則終日行皆婉轉而文此一行之過。蓋人情文過之態如此，幾何而不墮禽獸也！

日用之間，漫無事事，或出入閨房，或應接賓客，或散步迴廊，或静窺書册，或談説無根，或思想過去未來，或料理藥餌，或揀擇衣飲，或詰童僕，或量米鹽，恁他捱排，莫可適莫。自謂頓無大過，杜門守拙，禍亦無生。及夫時移境改，一朝患作，追尋來歷，多坐前日無事甲裏。如前日妄起一念，此一念便下種子，前日誤讀一册，此一册便成附會。推此以往，不可勝數，故君子不以閒居而肆惡，不以造次而違仁。以上癸亥。

此心放逸已久，纔向内，則苦而不甘，忽復去之。總之，未得天理之所安耳。心無内外，其渾然不見内外處，卽天理也。先正云：「心有所向，便是欲。」向内向外，皆欲也。

釋氏之學本心，吾儒之學亦本心，但吾儒自心而推之意與知，其工夫實地，卻在格物，所以心與天通。釋氏言心，便言覺，合下遺卻意，無意則無知，無知則無物。其所謂覺，亦只是虛空圓寂之覺，與吾儒體物之知不同；其所謂心，亦只是虛空圓寂之心，與吾儒盡物之心不同。象山言心，本未嘗差，到慈湖言無意，分明是禪家機軸，一盤托出。

道本無一物可言，若有一物可言，便是礙膺之物；學本無一事可着，纔有一事可着，便是賊心之事。如學仁便非仁，學義便非義，學中便非中，學靜便非靜，止有誠敬一門，頗無破綻。然認定誠敬，執著不化，則其爲不誠不敬也，亦已多矣。夫道卽其人而已矣，學如其心而已矣！

此心絶無湊泊處，從前是過去，向後是未來，逐外是人分，搜裏是鬼窟，四路把絶，就其中間，不容髮處，恰是此心真湊泊處。此處理會得分明，則大本達道，皆從此出。

心無物累，便是道，莫於此外更求道，此外求道妄也。見爲妄見，思爲妄思，有見與思，卽與消融去，卽此是善學。以上乙丑丙寅。

延平教人「看喜怒哀樂未發時作何氣象」，此學問第一義工夫。未發時有何氣象可觀？只是查檢自己病痛到極微密處，方知時雖未發，而倚著之私，隱隱已伏；纔有倚著，便易橫決。若於此處查考分明，如貫虱車輪，更無躲閃，則中體恍然在此，而已發之後，不待言矣。此之謂善觀氣象者。

問：「未發氣象，從何處看入？」曰：「從發處看入。」「如何用工夫？」曰：「其要只在慎獨。」問：「兼動静否？」曰：「工夫只在静，故云主静立人極，非偏言之也。」「然則何以從發處看入？」曰：「動中求静，是真静之體；静中求動，是真動之用。體用一原，動静無端，心體本是如此。」以上戊辰。

動中有静，静中有動者，天理之所以妙合而無間也。静以宰動，動復歸静者，人心之所以有主而常一也。故天理無動無静，而人心惟以静爲主。以静爲主，則時静而静，時動而動，卽静卽動，無静無動，君子盡性至命之極則也。

游思妄想，不必苦事禁遏。大抵人心不能無所用，但用之於學者既專，則一起一倒，都在這裏，何暇及一切游思妄想？卽這裏處不無間斷，忽然走作，吾立刻與之追究去，亦不至大爲擾擾矣。此主客之勢也。以上甲戌。

正諦當時，切忌又起爐竈。

無事時得一偷字，有事時得一亂字。

程子曰：「無妄之謂誠。」無妄亦無誠。

心以物爲體，離物無知，今欲離物以求知，是張子所謂反鏡索照也。然則物有時而離心乎？曰：「無時非物。」心在外乎？曰：「惟心無外。」

獨字是虚位，從性體看來，則曰莫見莫顯，是思慮未起，鬼神莫知也；從心體看來，則曰十目十手，是思慮既起，吾心獨知時也。然性體卽在心體中看出。

心之官則思，思曰睿，睿作聖。性之德曰誠，誠者不勉而中，不思而得，從容中道，聖人也。此心性之辨也。故學始於思，達於不思而得。又曰：「誠者，天之道也；思誠者，人之道也。」

「致知在格物，中庸明有疏義，曰明善是也。然中庸言五者之目，而大學止言格致，不言所以格且致者，何也？」曰：「此五者之目，已括大學二字内，此直言其所謂道耳。故曰如切如磋者，道學也。此格物之功也。」

人心惟危，道心惟微，道心卽在人心中看出，始見得心性一而二，二而一。然學者工夫不得不向危處做起，是就至粗處求精，至紛處求一，至偏倚處求中也。

擇善固執，正是從氣質上揀擇德性來，所以至精。

纔認己無不是處，愈流愈下，終成凡夫；纔認己有不是處，愈達愈上，便是聖人。

獨體只是個微字，慎獨之功，亦只在於微處下一著子，總是一毛頭立不得也，故曰「道心惟微」。心一也，合性而言，則曰仁；離性而言，則曰覺。覺則仁之親切痛癢處，然不可以覺爲仁，正謂不可以心爲性也。又統而言之，則曰心；析而言之，則曰天下、國家、身、心、意、知、物。惟心精之合意知物，粗之合天下國家與身，而後成其爲覺。若單言心，則心亦一物而已。凡聖賢言心，皆合八條目而言者也，或止合意知物言。惟大學列在八目之中，而血脈仍是一貫，正是此心之全譜，又特表之曰「明德」。大學之言心也，曰忿懥、恐懼、好樂、憂患而已。此四者，心之體也。其言意也，則曰好好色，惡惡臭。好惡者，此心最初之機，卽四者之所自來，故意蘊於心，非心之所發也。又就意中指出最初之機，則僅有知善知惡之知而已，此卽意之不可欺者也。故知藏於意，非意之所起也。又就知中指出最初之機，則僅有體物不遺之物而已，此所謂獨也。故物卽是知，非知之所照也。大學之教，一層切一層，真是水窮山盡，學問原不以誠意爲主，以致良知爲用神者。

有善有惡者心之動，好善惡惡者意之靜，知善知惡者是良知，有善無惡者是物則。一性也，自理而言，則曰仁義禮智；自氣而言，則曰喜怒哀樂。一理也，自性而言，則曰仁義禮智；自心而言，則曰喜怒哀樂。

或曰：「君子既常戒懼於睹聞矣，又必及其所不睹聞，方是須臾不離道否？」曰：「如此則是判成兩片矣。且人自朝至夕，終無睹聞不著時，卽後世學者，有一種瞑目杜聰工夫，亦是禪門流弊，聖學原無此教法。」

無極而太極，獨之體也。動而生陽，卽喜怒哀樂未發謂之中，靜而生陰，卽發而皆中節謂之和。纔動於中，卽發於外，發於外，則無事矣，是謂動極復靜；纔發於外，卽止於中，止於中，則有本矣，是謂靜極復動。一動一靜，互爲其根，分陰分陽，兩儀立焉。若謂有時而動，因感乃生，有時而靜，與感俱滅，則性有時而生滅矣。蓋時位不能無動静，而性體不與時位爲推遷，故君子戒懼於不睹不聞，何時位動静之有？

問：「人心既無喜怒哀樂時，而藏發總一機矣，若夫氣機之屈伸，畢竟有寂感之時。寂然之時，四者終當冥於無端；感通之時，四者終當造於有象。則又安得以未發爲動，而已發反爲静乎？」曰：「性無動静者也，而心有寂感，當其寂然不動之時，喜怒哀樂未始淪于無，及其感而遂通之際，喜怒哀樂未始滯于有。以其未始淪于無，故當其未發，謂之陽之動，動而無動故也；以其未始滯于有，故及其已發，謂之陰之静，静而無静故也。動而無動，静而無静，神也，性之所以爲性也；動中有動，静中有静，物也，心之所以爲心也。」

體認親切法：

身在天地萬物之中，非有我之得私；
心在天地萬物之外，非一膜之能囿。
通天地萬物爲一心，更無中外可言；
體天地萬物爲一本，更無本心可覔。以上丙子京邸。

先生有詩云：「只卷圓相形容似，纔點些兒面目肥。」卽此可以辨儒、釋。

或曰：「慎獨是第二義，學者須先識天命之性否？」曰：「不慎獨，又如何識得天命之性？」

只此喜怒哀樂而達乎天地，卽天地之寒暑災祥達乎萬物，卽萬物之疾痛疴癢。

伊、洛拈出敬字，本中庸戒慎恐懼來，然敬字只是死工夫，不若中庸説得有著落。以戒慎屬不睹，以恐懼屬不聞，總只爲這些子討消息，胸中實無個敬字也。故主静立極之説，最爲無弊。

小人只是無忌憚，便結果一生。至大學止言閒居爲不善耳，閒居時有何不善可爲？只是一種懶散精神，漫無著落處，便是萬惡淵藪，正是小人無忌憚處，可畏哉！

陽明先生言良知，即物以言知也。若早知有格物義在，即止言致知亦得。朱子言獨知，對覩聞以言獨也。若早知有不睹不聞義在，即止言慎獨亦得。

離獨一步，便是人僞。

主静之説，大要主於循理。然昔賢云道德，言動，皆翕聚爲主，發散是不得已事。天地萬物皆然，則亦意有專屬，正黄葉㊀止兒啼，是方便法也。

喜怒哀樂，雖錯綜其文，實以氣序而言。至殺而爲七情，曰喜怒哀懼愛惡欲，是性情之變，離乎天而出乎人者，故紛然錯出而不齊。所爲感於物而動，性之欲也。七者合而言之，皆欲也。君子存理遏欲之功，正用之於此。若喜怒哀樂四者，其發與未發，更無人力可施也。

後人解中和，誤認是七情，故經旨晦至今。

古人恐懼二字，嘗用在平康無事時，及至利害當前，無可迴避，只得赤體承當。世人只是倒做了。

九容，分明畫出有道形容氣象，然學者一味學不得，吾病其狥外而爲人也。

㊀「葉」原作「藥」，據賈本改。

本體只是這些子，工夫只是這些子，并這些子仍不得分此爲本體，彼爲工夫。既無本體工夫可分，則亦并無這些子可指。故曰「上天之載，無聲無臭」，至矣。以上丙子獨證編。

盈天地間一氣而已矣。有氣斯有數，有數斯有象，有象斯有名，有名斯有物，有物斯有性，有性斯有道，故道其後起也。而求道者，輒求之未始有氣之先，以爲道生氣，則道亦何物也，而遂能生氣乎？或曰：「虛生氣。」夫虛卽氣也，何生之有？吾遡之未始有氣之先，亦無往而非氣也。當其屈也，自無而之有，有而未始有；及其伸也，自有而之無，無而未始無也。非有非無之間，而卽有卽無，是謂太虛，是謂太極。

天者，萬物之總名，非與物爲君也；道者，萬器之總名，非與器爲體也；性者，萬形之總名，非與形爲偶也。

一心也，而在天謂之誠，人之本也；在人謂之明，天之本也。故人本天，天亦本人。離器而道不可見，故道器可以上下言，不可以先後言。有物先天地，異端千差萬錯，從此句來。一氣之變，雜然流行，類萬物而觀，人亦物也。而靈者不得不靈，靈無以異于蠢也。故靈含蠢，蠢亦含靈，類萬體而觀，心亦體也。而大者不得不大，大無以分於小也。故大統小，小亦統大。

人心徑寸耳，而空中四達，有太虛之象。虛故生靈，靈生覺，覺有主，是曰意。此天命之體，而性道教所從出也。

覺有主，是先生創見。

天樞轉於於穆，地軸亘於中央，人心藏於獨覺。

理即是氣之理，斷然不在氣先，不在氣外。知此，則知道心即人心之本心，義理之性，即氣質之本性，千古支離之説，可以盡掃。而學者從事于入道之路，高之不墮于虛無，卑之不淪于象數，道術始歸于一乎？

天命流行，物與无妄，言實有此流行之命，而物物付畀之，非流行之外，另有個无妄之理。

乾坤合德而無爲，故曰「一陰一陽之謂道」，非迭運之謂也。至化育之功，實始乎繼體之長子，而長女配之，成乎少男，而少女配之。故曰：「繼之者善也，成之者性也。」今曰「繼静而動」，亦非也。以斯知人心之獨體，不可以動静言，而動静者，其所乘之位也，分明是造化之理。

心無善惡，而一點獨知，知善知惡。知善知惡之知，即是好善惡惡之意，好善惡惡之意，即是無善無惡之體，此之謂無極而太極。意者心之所存，非所發也。或曰：「好善惡惡，非所發乎？」曰：「意之好惡，與起念之好惡不同。意之好惡，一機而互見，起念之好惡，兩在而異情。以念爲意，何啻千里！」

自濂溪有主静立極之説，傳之豫章、延平，遂以「看喜怒哀樂未發以前氣象」爲單提口訣。夫所謂未發以前氣象，即是獨中真消息，但説不得前後際耳。蓋獨不離中和，延平姑即中以求獨體，而和在其中，此慎獨真方便門也。後儒不察，謂「未發以前，專是静寂一機」，直欲求之思慮未起之先，而曰「既思即是已發」，果然心行路絶，語言道斷矣。故朱子終不取延平之説，遂專守程門主敬之法，以教學者。特其以獨爲動念邊事，不爲無弊。至湖南中和問答，轉折發明，内有以心爲主，則性情各有統理，而敬之一字，又所以流貫乎動静之間，庶幾不謬於慎獨之説，最後更以察識端倪爲第一義爲誤，而仍歸之涵養一路。可爲善學延平者，然終未得中庸本旨。

陽明子言良知，每謂「個個人心有仲尼」，至於中和二字，則反不能信，謂「必慎獨之後，方有此氣象」。豈知中和若不是生而有之，又如何養成得？中只是四時之中氣，和只是中氣流露處，天若無中氣，如何能以四時之氣，相禪不窮？人若無中氣，如何能以四端之情，相生不已？故曰：「哀樂相生，循環無端，正目而視之，不可得而見，傾耳而聽之，不可得而聞，戒懼於所不睹聞。」其旨一也。

性情之德，有卽心而見者，有離心而見者。卽心而言，則寂然不動，感而遂通，當喜而喜，當怒而怒，哀樂亦然。由中道和，有前後際，而實非判然分爲二時。離心而言，則維天於穆，一氣流行，自喜而樂，自樂而怒，自怒而哀，自哀而復喜。由中道和，有顯微際，而亦非截然分爲兩在。然卽心離心，總見此心之妙，而心與性不可以分合言也。故寂然不動之中，四氣實相爲循環，而感而遂通之際，四氣又迭以時出，卽喜怒哀樂之中，各有喜怒哀樂焉。如初喜屬喜，喜之暢屬樂，喜之斂屬怒，喜之藏屬哀，餘做此是也。又有遂感而見者，如喜也而溢爲好，樂也而溢爲樂，怒也而積爲忿懥，一哀也而分爲恐爲懼，爲憂爲患，非樂而淫，卽哀而傷。且陽德衰而陰慘用事，喜與樂之分數減，而忿懥恐懼憂患之分數，居其偏勝，則去天愈遠，心非其心矣。

陽明子曰：「語言正到快意時，便翕然能止截得；意氣正到發揚時，便肅然能收斂得；嗜欲正到沸騰時，便廓然能消化得。此非天下之大勇不能。然見得良知親切，工夫亦自不難。」愚謂：「語言既到快意時，自能繼以止截；意氣既到發揚時，自能繼以收斂；嗜欲既到沸騰時，自能繼以消化。此正一氣之自通自復分明，喜怒哀樂相爲循環之妙，有不待品節限制而然。卽其間非無過不及之差，而性體原自周流，不害其爲中和之德。學者但證得性體分明，而以時保之，則雖日用動靜之間，莫非天理流行之妙，而於所謂良知之見，亦莫親切於此矣。若必借良知爲鑒察官，欲就其一往不返之勢，皆一一逆收之，以還之天理之正，則心之與性，先自相讐，而杞柳桮棬之説，有時而伸也必矣。」

中庸言喜怒哀樂，專指四德而言，非以七情言也。喜，仁之德也；怒，義之德也；樂，禮之德也；哀，智之德也；而其所謂中，卽信之德也。故自四者之存諸中言，謂之中，不必其未發之前，别有氣象也。卽天道之元亨利貞，運于於穆者是也。此[一]四者之發於外言，謂之和，不必其已發之時，又有氣象也。卽天道之元亨利貞，呈於化育者是也。惟存發總是一機，故中和渾是一性，如内有陽舒之心，爲喜爲樂，外卽有陽舒之色，動作態度，無不陽舒者。内有陰慘之心，爲怒爲哀，外卽有陰慘之色，動作態度，無不陰慘者。推之一動一靜，一語一默，莫不皆然。此獨體之妙，所以卽微卽顯，卽隱卽見，卽慎獨之學，卽中和，卽位育，此千聖學脈也。

心意知物是一路，不知此外何以又容一念字？今心爲念，蓋心之餘氣也。餘氣也者，動氣也，動而遠乎天，故念起念滅，爲厥心病，還爲意病，爲知病，爲物病。故念有善惡，而物卽與之爲善惡，物本無善惡也。念有昏明，而知卽與之爲昏明，知本無昏明也。念有真妄，而意卽與之爲真妄，意本無真妄

[一]「此」字，賈本、備要本作「自」。

也。念有起滅，而心卽與之爲起滅，心本無起滅也。故聖人化念還心，要於主静。

心之官則思，一息不思，則官失其職。故人心無思，而無乎不思，絶無所謂思慮未起之時。惟物感相乘，而心爲之動，則思爲物化，一點精明之氣，不能自主，遂爲憧憧往來之思矣。又如官犯贓，乃溺職也。

思卽是良知之柄。

知無不良，只是獨知一點。

朱子以未發言性，仍是逃空墮幻之見。性者生而有之之理，無處無之。如心能思，心之性也；耳能聽，耳之性也；目能視，目之性也；未發謂之中，未發之性也；已發謂之和，已發之性也。博而躍之，可使過顙；激而行之，可使在山。勢之性也。

程子曰：「惡亦不可不謂之性。」如麟鳳梟獍，其性之仁暴，皆生而有之。假令易梟獍而仁，易麟鳳而暴，則非其性矣。水清則明，清之性也；水濁則暗，濁之性也。千古性學不明，只因將做一好題目看，故或拘于一處，或限於一時，而不能相通，以類萬物之情，使性善之旨反晦。

性卽理也，理無定理，理亦無理。

張子曰：「論性不論氣不備，論氣不論性不明。」是性與氣，分明兩事矣。卽程子之見，亦近儱侗。凡言性者，皆指氣質而言也。或曰：「有氣質之性，有義理之性。」亦非也。盈天地間，止有氣質之性，更無義理之性。如曰「氣質之理」卽是，豈可曰「義理之理」乎？

周天三百六十五度四分度之一，曰一歲，一周天。而天以一氣進退平分四時，温涼寒燠，不爽其則。一歲如此，萬古如此。卽其間亦有愆陽伏陰，釀爲災祥之數，而終不易造化之大常。此所謂「大哉乾乎，剛健中正，純粹精也」。

鐘虚則鳴，叩之以大則大鳴，叩之以小則小鳴，以爲别有一物主所以鳴者，非也。盈天地間，道理不過如此，正爲虚而能應之理，物物皆然，非鐘所得而私也。此可以明性體矣。

古今性學不明，只是將此理另作一物看，大抵臧三耳之説。佛氏曰「性空也」，空與色對，空一物也。老氏曰「性玄也」，玄與白對，玄一物也。吾儒曰「性理也」，理與氣對，理一物也。佛、老叛理，而吾儒障於理，幾何而勝之。

朱子於獨字下補一知字，可爲擴前聖所未發，然專以屬之動念邊事，何耶？豈静中無知乎？使知有間於動静，則不得謂之知矣。

心無存亡，但離獨位便是亡。

滿腔子皆惻隱之心，以人心八萬四千毫竅，在在靈通，知痛癢也。只此知痛癢心，便是惻隱之心。凡乍見孺子感動之心，皆從知痛癢心一體分出來。朱子云：「知痛是人心，惻隱是道心。」太分析。惻隱是知痛表德。

慈湖宗無意，亦以念爲意也，只是死念法，若意則何可無者？無意則無心矣。龍溪有「無心之心則體寂，無意之意則應圓」，此的傳慈湖之衣鉢也。文成云：「慈湖不免著在無意上。」則龍溪之説，非師門定本可知。若夫子之毋意，正可與誠意之説相發明，誠意乃所以毋意也，毋意者毋自欺也。以上丁丑。

子絶四，毋意，聖人心同太虚，一疵不存，了無端倪可窺，卽就其存主處，亦化而不有，大抵歸之神明不測而已。自意而積成爲我，纔説得是私意，若竟以意爲私，是認念爲意也。日用之間，動静云爲，莫不各有自然之理，苟能順以應之，如飢食渴飲，夏葛冬裘，不起一見，則亦無往而非道矣。纔起一見，便屬我見，强我合道，動成兩胖㊀。

格物，是格其有善無惡之物。以上戊寅。

存其心，養其性，存得恰好處，便是養。本是一個工夫，却須兩句説，正如宋人言「涵養須用敬，進學則在致知」。己卯。

人心如穀種，滿腔都是生意，欲錮之而滯矣。然而生意未嘗不在也，疏之而已耳。又如明鏡，全體渾是光明，習染薰之而暗矣。然而明體未嘗不存也，拂拭而已耳。惟有内起之賊，從意根受者不易除，更加氣與之拘，物與之蔽，則表裏夾攻，更無生意可留、明體可覿矣，是爲喪心之人。君子惓惓于慎獨，以此。

省察二字，正存養中喫緊工夫。如一念於欲，便就此念體察，體得委是欲，立與消融而後已。

聖人之所謂道者，率性而已矣。盈天地間皆性也，性一命也，命一天也，天卽心，卽理，卽事，卽物，而渾然一致，無有乎上下、精粗之岐，所以謂中庸之道也。後之言道者，妄意所謂形而上者，而求之虚

㊀「胖」原作「胖」，形近而譌。

無，既遁有而入無，又遁無而入有，有無兩遣，善惡不立，其究也，歸之斷滅性種，而猶謂之見性，何哉。以上庚辰。

身無妄動可乎？無妄動易，無妄念難。無妄念可乎？曰無妄念易，無妄心難。

心是鑒察官，謂之良知，最有權，觸著便碎。人但隨俗習非，因而行有不慊，此時鑒察，仍是井井，却已做主不得。鑒察無主，則血氣用事，何所不至！一事不做主，事事不做主，隱隱一竅，托在恍惚間，擁虛器而已。

語次多詭隨，亦見主心之不一。

小人閒居爲不善，只爲惹却些子。聖人勘之曰：「無所不至。」

主静，敬也。若言主敬，便贅此主字。

如在性情上理會，但有過，更無不及可商。如出手太粗，應手太急，便是過，不必到分數上爭饒減也。然間有太軟太弱時，總向廓然處討消息。

人心一氣而已矣，而樞紐至微，纔入粗一二，則樞紐之地，霍然散矣。散則浮，有浮氣，因以有浮質；有浮質，因以有浮性；有浮性，因以有浮想。爲此四浮，合成妄根。爲此一妄，種成萬惡。嗟乎！其所由來者漸矣。

本心湛然無思無爲，爲天下主，過此一步，便爲安排。心有安排，因以有倚著；有倚著，因以有方所；有方所，因以有去住；有去住，因以有轉換。則機械變詐，無所不至矣。以上壬午淮上。

莫非命也，順而受之，正也。莫之爲而爲，莫之致而致，如斯而已矣。受制焉，僥倖苟免焉，一爲桎梏，一爲巖牆矣。莫非性也，率而由之，真也。無爲其所不爲，無欲其所不欲，如斯而已矣。安排焉，知過造作焉，一爲湍水，一爲杞柳矣。

人有恒言曰：「性命由一念之起滅，一息之呼吸，一日之晝夜，推之以至百年之生死。時然而然，不期然而然，莫非性也，則莫非命也。」今人專以生死言性命，蓋指其盡處言也。而漸易以七尺之成毀，則性命之説，有時而晦矣。

心放自多言始，多言自言人短長始。

後之學者，每於道理三分之：推一分於在天，以爲天命之性；推一分於萬物，以爲在物之理；又推一分於古今典籍，以爲耳目之用神。反而求之吾心，如赤貧之子，一無所有，乃日夕乞哀於三者。而幾乎其來舍焉，客子之過逆旅，止堪一宿，所謂疎者，續之不堅也。當是時，主人貧甚，尚有一點靈明，可恃爲續命之膏，又被佛氏先得之。則益望望然恐，曰：「我儒也，何以佛爲？」并其靈明而棄之。於是天地萬物，古今典籍，皆闞亡，而返求其一宿而不可得，終望門持鉢以死。寧爲牛後，無爲鷄口，悲夫！

或問：「孰有以一念爲萬年者乎？」曰：「無以爲也。往者過，來者續，今日之日，豈非昨日之日乎？學貴日新，日日取生手，一日剥換一日，方不犯人間烟火食。」以上壬午京邸。

大學首言「明德」，又繼之曰：「止於至善」。蓋就明德中指出主宰，有所謂至善者，而求以止之，止之所以明之也。然則學問工夫，固不止就一靈明處結果可知。

陽明先生曰：「無善無惡者理之靜，有善有惡者氣之動。」理無動靜，氣有寂感，離氣無理，動靜有無，通一無二。以理爲靜，以氣爲動，言有言無，則善惡之辨，轉展悠謬矣。

心且是無善無惡，其如動而爲好惡，好必善，惡必惡，如火之熱，水之寒，斷斷不爽，乃見其所爲善者。孟子性善之說本此，故曰：「平旦之氣，其好惡與人相近者幾希。」此性善第一義也。大學之好惡，正指平旦之好惡而言。故欺曰自欺，慊曰自慊。自之爲言，由也；自之爲言，獨也。

朱子曰：「人心之靈，莫不有知。」卽所謂良知也。但朱子則欲自此而一一致之於外，陽明則欲自此而一一致之於中。不是知處異，乃是致處異。

大學言明德，則不必更言良知，知無不良，卽就明德中看出。陽明特指點出來，蓋就工夫參本體，非全以本體言也。又曰：「良知卽天理，卽未發之中。」則全以本體言矣，將置明德於何地？至後人益張大之，搬弄此二字，愈晦原初立言之旨。

佛氏之學，只主靈明，而抹去善惡二義，故曰：「不思善，不思惡時，見本來面目。」本來面目，仍只是一點靈明而已。後之言大學者本之，豈大學之義乎？

胡敬齋曰：「心有專主之謂意。」朱子釋訓蒙詩曰：『意是情專所主時。』近之。大學章句以心之所發言，恐未然。」愚謂敬齋亦近之，而未盡也。心有專主，蓋言有所專主也。有所專主，仍是逐物心，卽朱子情專所主之說。然讀大學本傳，如惡惡臭，如好好色，方見得他專主精神，只是善也。意本如是，非誠之而後如是，意還其意之謂誠，乃知意者心之主宰，非徒以專主言也。

天一也，自其主宰而言，謂之帝；心一也，自其主宰而言，謂之意。天有五帝，而分之爲八節十二辰，故曰帝出乎震，齊乎巽，相見乎離，致役乎坤，説言乎兑，戰乎乾，勞乎坎，成言乎艮，卽主宰，卽流行也。此正是體用一原，顯微無間㊀處。今言意爲心之所發，亦無不可，言所發而所存在其中，終不可以心爲所存，意爲所發。意者心之所發，發則有善有惡，陽明之説有自來矣。抑善惡者意乎？好善惡惡者意乎？若果以好善惡惡者爲意，則意之有善而無惡也，明矣。然則誠意一關，其止至善之極則乎？

如㊁惡惡臭，如好好色，蓋言獨體之好惡㊂也。元來只是自好自惡，故欺曰自欺，慊曰自慊。既是自好自惡，則好在善，卽是惡在不善，惡在不善，卽是好在善。故好惡雖兩意而一幾，若以所感時言，則感之以可好而好，感之以可惡而惡，方有分用之機。然所好在此，所惡在彼，心體仍只是一個。一者誠也，意本一，故以誠體還之，非意本有兩，而吾以誠之者一之也。

古本聖經而後，首傳誠意，前不及先致知，後不及欲正心，直是單提直指，以一義總攝諸義。至末又云「故君子必誠其意」，何等鄭重。故陽明古本序曰：「大學之道，誠意而已矣。」豈非言誠意而格致包與其中，言誠意而正心以下，更無餘事乎？乃陽明宛轉歸到致良知，爲大學本旨，大抵以誠意爲主意，以致良知爲工夫之則。蓋曰「誠意無工夫，工夫只在致知」，以合於明善是誠身工夫，博文是約禮工

㊀「間」原作「聞」，據賈本、備要本改。
㊁「如」原作「好」，據賈本改。
㊂「惡」原作「也」，據賈本改。

夫，惟精是惟一工夫，豈不直截簡要？乃質之誠意本傳，終不打合。及攷之「修身」章，好而知其惡，惡而知其美，只此便是良知。然則致知工夫，不是另一項，仍只就誠意中看出。如離却意根一步，亦更無致知可言。余嘗謂好善惡惡是良知，舍好善惡惡，無所謂知善知惡者，好即是知好，惡即是知惡，非謂既知了善，方去好善，既知了惡，方去惡惡。審如此，亦安見所謂良者？乃知知之與意，只是一合，相分不得精粗動静。且陽明既以誠意配誠身，約禮惟一，則莫一於意，莫約於誠意一關。今云「有善有惡意之動」，善惡雜揉，向何處討歸宿？抑豈大學知本之謂乎？如謂誠意，即誠其有善有惡之意，誠其有善，固可斷然爲君子；誠其有惡，豈有不斷然爲小人？吾不意當良知既致之後，只落得做半個小人。若云致知之始，有善有惡，致知之後，無善無惡，則云「大學之道，正心而已矣」，始得。前之既欲提宗於致知，後之又欲收功於正心，視誠意之關，直是過路斷橋，使人放步不得，主意在何處？

濂溪曰「幾善惡」，即繼之曰「德愛曰仁，宜曰義，通曰禮，知曰智，守曰信」。此所謂德幾也。道心惟微也。幾本善而善中有惡，言仁義非出於中正，即是幾之惡，不謂忍與仁對，乖與義分也。先儒解幾善惡多誤。

「有善有惡意之動，知善知惡知之良」，二語，決不能相入，則知與意分明是兩事矣。將意先動而知隨之耶？抑知先主而意繼之耶？如意先動而知隨之，則知落後著，不得謂良。如知先主而意繼之，則離照之下，安得更留鬼魅？若或驅意於心之外，獨以知與心，則法惟有除意，不當誠意矣。且自來經傳無有以意爲心外者，求其説而不得，無乃即知即意乎？果即知即意，則知良意亦良，更不待言。

幾者動之微，不是前此有個静地，後此又有動之著在，而幾則界乎動静之間者。審如此三截看，則一心之中，隨處是絶流斷港，安得打合一貫？余嘗謂周子誠神幾非三事，總是指點語。大學正辨公私義利，而不分理欲天人；中庸只指隱微顯見，而不分前後動静。此是儒門極大公案，後人憒憒千載於今。

如惡惡臭，如好好色，全是指點微體。過此一關，微而著矣。好而流爲好樂，惡而流爲忿懥，又再流而爲親愛之僻，爲賤惡之僻，又再流而爲民好之僻，民惡之僻。濫觴之弊，一至於此，總爲不誠意故。然則以「正心」章視誠意，微著之辨彰彰，而世儒反以意爲粗根，以心爲妙體。

後儒格物之説，當以淮南爲正。曰：「格知身之爲本，而家國天下之爲末。」予請申曰：「格知誠意之爲本，而正修齊治平之爲末。」陽明云：「意在於事親，則致吾良知于事親之物。」只意在於事親，便犯個私意了。當晨昏則定省，當冬夏則温清，何處容得意在於事親耶？

朱子表章大學，於格致之説，最爲緊要，而於誠意，反草草。平日不知作何解，至易簀乃定爲今章句，曰「實其心之所發」，不過是就事盟心伎倆，於法已疎矣。至慎獨二字，明是盡性喫緊工夫，與中庸無異旨，而亦以「心之所發」言，不更疎乎？朱子一生學問，半得力於主敬，今不從慎獨二字認取，而欲掇敬於格物之前，真所謂握燈而索照也。

予嘗謂學術不明，只是大學之教不明。大學之教不明，不争格致之辨，而實在誠正之辨。蓋良知與聞見之知，總是一知，良知何嘗離得聞見？聞見何嘗遺得心靈？水窮山盡，都到這裏，誠正之辨，所關甚大。辨意不清，則以起滅爲情緣；辨心不清，則以虛無落幻相。兩者相爲表裏，言有言無，不可方物，即區區一點良知，亦終日受其顛倒播弄，而不自知，適以爲濟惡之具而已。視聞見支離之病，何啻霄壤！一誠貫所性之全，而工夫則自明而入，故中庸曰「誠身」，曰「明善」，大學曰「誠意」，曰「致知」，其旨一也。要之，明善之善，不外一誠，明之所以誠之也；致知之知，不離此意，致之所以誠之也。本體工夫，委是打合。

意根最微，誠體本天，本天者至善者也。以其至善，還之至微，乃見其真。止、定、静、安、慮次第俱到，以歸之得，得無所得，乃爲真得。禪家所謂向一毛孔立脚是也。此處圓滿，無處不圓滿，此處虧欠，無處不虧欠，故君子起戒於微，以克完其天心焉。欺之爲言欠也，所自者欠也，自處一動，便有夾雜。因無夾雜，故無虧欠。而端倪在好惡之地，性光呈露，善必好，惡必惡，彼此兩關，乃呈至善。故謂之如好好色，如惡惡臭。此時渾然天體用事，不着人力絲毫，於此尋個下手工夫，惟有慎之一法，乃得還他本位，曰獨。仍不許動亂手脚一毫，所謂誠之者也。此是堯、舜以來相傳心法，學者勿得草草放過。

心體本無動静，性體亦無動静，以未發爲性，已發爲情，尤屬後人附會。喜怒哀樂，人心之全體，自其所存者，謂之未發；自其形之外者，謂之已發。寂然之時，亦有未發已發；感通之時，亦有未發已發。中外一機，中和一理也。若徒以七情言，如笑啼怒駡之類，畢竟有喜時，有不喜時，有怒時，有不怒時，以是分配性情，勢不得不以斷滅者爲性種，而以紛然雜出者爲情緣，分明有動有静矣。

周子主静之静，與動静之静，迥然不同。蓋動静生陰陽，兩者缺一不得，若於其中偏處一焉，則將何以爲生生化化之本乎？然則周子何以又下個静字？曰只爲主宰處著不得註脚，只得就流行處討消息。亦以見動静只是一理，而陰陽太極只是一事也。

先儒之解大學者，以意爲心之所發，而以所發先所存，故於中庸亦有「致和以致中」等語。近時鄒吉水有曰：「舍已發之和，而欲求未發之中，雖孔子不能。」總爲不能出脱一意字，故其説種種悠謬。信如此，只合和爲天下之大本矣。

問：「雖不見聞，亦不敢忽，如何？」曰：「此除是閉耳合眼也。心不在焉，始有視而不見，聽而不聞時。若静中工夫愈得力，則耳目聰明，亦愈加分曉，可見人生並無不睹不聞時也。若謂戒懼工夫，不向睹聞處著力則可。」

知在善不善之先，故能使善端充長，而惡自不起。若知在善不善之後，無論知不善無救於短长，勢必至遂非文過，即知善反多此一知，雖善亦惡。今人非全不知，只是稍後耳，視聖人霄壤。知只是良知，而先後之間所争，致與不致也。

起一善念，吾從而知之，知之之後，如何頓放此念？若頓放不妥，吾慮其剜肉成瘡。起一惡念，吾從而知之，知之之後，如何消化此念？若消化不去，吾恐其養虎遺患。總爲多此一起，纔有起處，雖善亦惡，轉爲多此一念，纔屬念緣，無滅非起。今人言致良知者如是。

國家將興，必有禎祥，國家將亡，必有妖孽，此興亡之先兆也。蓋人心亦有兆焉，方一念未起之先，而時操之以戒懼，即與之一立。立定，不至有岐路相疑之地，則此心有善而無惡。即有介不善于中，而吾且擇之精，而守之一，若明鏡當空，不能眩我以妍媸。此所謂善必先知之，不善必先知之，吾之言致知之學者如是。

就性情上理會，則曰涵養；就念慮上提撕，則曰省察；就氣質上消鎔，則曰克治。省克得輕安，卽是涵養；涵養得分明，卽是省克。其實一也，皆不是落後着事。

知無先後，但自誠而明，便占先手，故曰「至誠之道，可以前知」。若自明而誠，尚得急着，離誠言明，終落後着。卽明盡天下之理，都收拾不到這裏來，總屬狂慧。

天命之性，不可得而見，卽就喜怒哀樂求之，猶以爲粗幾不足據也。故又就喜怒哀樂，一氣流行之間，而誠通誠復，有所謂鬼神之德者言之，德卽人心之德，卽天命之性。故不睹不聞之中，而莫見莫顯者存焉。是以君子之戒慎恐懼，真若或使之如所謂「小心翼翼，昭事上帝，上帝臨汝，無貳爾心」者。故特以祭法推明之，一切工夫，總是一誠。乃信陽明先生「戒慎恐懼是本體」之説，非虛語也。本體此誠，工夫亦此誠，相逼成象，洋洋復洋洋，凡以見鬼神之爲德如此。

本心之學，聖學也，而佛氏張大之，諱虛而言空。空故無所不攝，攝一切有無而皆空，一切有無不受也。又離一切有無而不空，其所空自在也。看來只是弄精魂，語下而遺上者歟？

誠者不思而得，良知不慮而知，良知一誠也，致知誠之者也。此文成秘旨。

太極本無極，是直截語。如後人參解，乃曰「太極本於無極」耳。信如此，豈不加一重障礙？宜象山之听听而訟也。

孟子曰：「乃若其情，則可以爲善矣。」何故避性字不言？只爲性不可指言也。蓋曰：「吾就性中之情蘊而言，分明見得是善。」今卽如此解，尚失孟子本色，況可云以情驗性乎？何言乎情之善也？孟子言這惻隱心就是仁，何善如之？仁義禮智，皆生而有之，所謂性也。乃所以爲善也，指情言性，非因情見性也；卽心言性，非離心言善也。後之解者曰：「因所發之情，而見所存之性；因所情之善，而見所性之善。」豈不毫釐而千里乎？

凡所云性，只是心之性，決不得心與性對；所云情，可云性之情，決不得性與情對。

惻隱之心仁也，又曰：「惻隱之心，仁之端也。」說者以爲端緒見外耳，此中仍自不出來，與仁也之意稍傷。不知人皆有不忍人之心，只說得仁的一端，因就仁推義禮智去，故曰四端，如四體判下一般，說得最分明。後人錯看了，又以誣仁也。因以孟子誣中庸未發爲性，已發爲情。雖喙長三尺，向誰說。

口之於味一章，最費解說，今畧爲拈出。蓋曰耳目口鼻之欲，雖生而有之，之性乎？然獨無所以宰制之乎？是卽所謂命也。故君子言命不言性，以致遏欲存理之功。綱常倫物之則，有至有不至，雖生而若限之命乎？然孰非心之所固有乎？是則所謂性也。故君子言性不言命，以致盡人達天之學。蓋性命本無定名，合而言之皆心也，自其權籍而言，則曰命，故嘗能爲耳目口鼻君；自其體蘊而言，則曰性，故可合天人，齊聖凡，而歸於一。總許人在心上用功，就氣中參出理來，故兩下分疏如此。若謂命有不齊，惟聖人全處其豐，豈耳目口鼻之欲，聖人亦處其豐乎？性有不一，惟聖人全出乎理，豈耳目口鼻之性，獨非天道之流行乎？審若此，既有二性，又有二命矣。惟提起心字，則性命各有條理，令人一一推諉不得，此孟子道性善本旨也。後之言性者，離心而言之，離之弗能離，則曰一而二，二而一，愈玄愈遠。離性言命亦然。

義以爲性命之辨，莫明於此。耳目口鼻是氣之流行者，離氣無所爲理，故曰性也。然卽謂是爲性，則理氣渾矣。乃就氣中指出其主宰之命，這方是性。故於耳目口鼻之流行者，不竟謂之爲性也。綱常倫物之則，世人以此爲天地萬物公共之理，用之範圍世教，故曰命也。所以後之儒者，窮理之學，必從公共處窮之，而我之所有者，唯知覺耳。孟子言此理自人所固有，指出性真，不向天地萬物上求，故不謂之命也。宋儒以上段是氣質之性，下段是義理之性，豈不誤哉？

勿忘勿助間，適合其宜，卽義。非以勿忘勿助去集那義也。如此，正是義襲了。

知言之學，只是從未發之中看得透，故早破了偏見。此處差之毫釐，氣便於此而受過。過則暴也。

此孟子得統於子思處。

主一之謂敬，心本有主，主還其主，便是主一。今日乃打破敬字，濂溪以中言性，而本之剛柔善惡。剛柔二字，卽喜怒哀樂之別名，剛善則怒中有喜，惡則卽是偏於剛，一味肅殺之氣矣。柔善則喜中有怒，惡則卽是偏於柔，一味優柔之氣矣。中便是善，言於剛柔之間認個中，非是於善惡之間認個中。又非是於剛善柔善之外，另認個中也。此中字，分明是喜怒哀樂未發之謂中，故卽承之曰：「中也者和也，中節也，天下之達道也，聖人之事也。」圖說言仁義中正，仁義卽剛柔之別名，中正卽中和之別解，皆爲中庸註疏。後人不解中庸，并不解圖說、通書矣。

周子思之功，全向幾處用。幾者動之微，吉之先見者也。知幾故通微，通微故無不通，故可以盡神，可以體誠，故曰思者聖功之本，而吉凶之機也。吉凶之機，言善惡由此而出，非幾中本有善惡也。幾動誠動，言幾中之善惡，方動於彼，而爲善去惡之實功，已先動於思，所以謂之「見幾而作，不俟終日」，所以謂之「知幾其神」。機非幾也，言發動所由也。

善不善之幾，中於感應者，止有過不及之差，而乘於念慮者，則謂之惡。然過而不已，念慮乘之，亦鮮不爲大惡矣。君子知幾，端在感應上控持得力，若念慮之惡，君子早已絶之矣。

程子以水喻性，其初皆清也，而其後漸流而至於濁，則受水之地異也。如此分義理與氣質，似甚明。但易稱「各正性命，乃利貞」，又稱「成之者性也」，亦以誠復言，則古人言性，皆主後天，而至於人生而静以上，所謂不容説者也。即繼之者善，已落一班，畢竟離氣質，無所謂性者。生而濁則濁，生而清則清，非水本清，而受制於質，故濁也。如此則水與受水者，終是兩事，性與心可分兩事乎？余謂水心也，而清者其性也，有時而濁，未離乎清也，相近者也。其終錮於濁，則習之罪也。性本虚位，心有定理。

敬齋云：「敬無間斷，便是誠。」予謂心有間斷，只爲不敬，故若敬，則自無間斷。敬則所以誠之也，此所謂自明而誠也，非敬即是誠。敬齋尚未及和靖，敬齋只持守可觀，而和靖於涵養分上，大是得力。

以上癸未，名存疑雜著。

會語

問：「未發之中，難以摸索？」曰：「中體瑩然，何勞摸索？纔摸索，便不是中。」

爲學莫先於辨誠僞，苟不於誠上立脚，千修、萬修，只做得禽獸路上人。

祁世培問：「人於生死關頭不破，恐於義利，尚有未净處。」曰：「若從生死破生死，如何破得？只從義利辨得清，認得真，有何生死可言？義當生自生，義當死自死，眼前止見一義，不見有生死在。」

問「生死」，陶石梁以臘月三十日言之。先生曰：「臘月三十日，謂一年之事，以此日終；而一年之事，不自此日始，須從正月初一日做起也。」

問：「格物當主何說？」有言：「聖賢道理圓通，門門可入，不必限定一路。」先生曰：「畢竟只有慎獨二字，足以蔽之，别無門路多端，可放步也。」

問：「三教同源否？」曰：「莫懸虚勘三教異同，且當下辨人禽兩路。」

古人成説如琴譜，要合㊀拍須自家彈。

静坐是養氣工夫，可以變化氣質。

陶石梁每提識認二字，果未經識，如何討下手？乃門下便欲識認個甚麽？轉落影響邊事，愈求愈遠，墮入坑塹。中庸言道不遠人，其要歸之子臣弟友，學者乃欲遠人以爲道乎？

㊀ 「合」字據上下文義補。

世人無日不在禽獸中生活，彼不自覺，不堪當道眼觀，并不堪當冷眼觀。今以市井人觀市井人，彼此不覺耳。

問：「先生教某静坐，坐時愈覺妄念紛擾，奈何？」曰：「待他供狀自招也好，不然且無從見矣。此有根株在，如何一一去得？不静坐，他何嘗無？只是不覺耳。」

吾輩心不能静，只爲有根在。假如科舉的人，只着在科舉上，仕途的人，只着在仕途上，卽不專爲此，總是此傍枝生來。所以濂溪教人，只把無欲兩字作丹頭。

先生嘆曰：「人謂爲人不如爲己，故不忠。看來忠於己謀者亦少，如機變，如蠹息，如欺世盗名，日日戕賊此身，誤認是佔便宜事。」有友問：「三代之下，惟恐不好名，名字恐未可抹壞。」王金如云：「這是先儒有激之言，若論一名字，貽禍不是小小。」友謂：「卽如今日之會，來聽者亦爲有好名之心耳，卽此一念，便亦足取。」先生曰：「此語尤有病，這會若爲名而起，是率天下而爲亂臣賊子，皆吾輩倡之也。諸友裹足而不可入斯門矣。」友又謂：「大抵聖賢學問，從自己起見，豪傑建立事業，則從動名起見。無名心，恐事業亦不成。」先生曰：「不要錯看了豪傑，古人一言一動，凡可信之當時，傳之後世者，莫不有一段真至精神在内。此一段精神，所謂誠也。惟誠，故能建立，故足不朽。稍涉名心，便是虚假，便是不誠。不誠，則無物，何從生出事業來？」

問：「無欲而後可言良知否？」曰：「只一致知便了。若言致知，又言無欲，則致知之上，又須添一頭腦。所謂無欲，只是此心之明，所言有欲，只是此心之昧。有欲無欲，止爭明昧，相去不遠，但能常明，不必更言無欲。」

習染日降，而人心萬古如一日。

敬則心中無一事。

舉「飯疏」章，先生曰：「浮雲不礙太虛，聖人之心亦然，直是空洞無一物，今且問如何是太虛之體？」或曰：「一念不起時。」先生曰：「心無時而不起，試看天行健，何嘗一息之停？所謂不起念，只是不起妄念耳。」

性無性，道無道，理無理，何也？蓋有心而後有性，有氣而後有道，有事而後有理。故性者心之性，道者氣之道，理者事之理也。

無形之名，從有形而起，如曰仁義禮智信，皆無形之名也。然必有心而後有性之名，有父子而後有仁之名，有臣而後有義之名，推之禮智信皆然。故曰形色性也，惟聖人然後可以踐形。

先生儆諸生曰：「吾輩習俗既深，平日所爲皆惡也，非過也。學者只有去惡可言，改過工夫且用不著。」又曰：「爲不善，却自恕爲無害，不知宇宙儘寬，萬物可容，容我一人不得。」

吾輩偶呈一過，人以爲無傷。不知從此過而勘之，先尚有幾十層，從此過而究之，後尚有幾十層，故過而不已，必惡。謂其出有源，其流無窮也。

苟志於仁矣，無惡也。然後有改過工夫可言。

寧學聖人而未至，無以一善成名者，士君子立志之説也。寧以一善成名，無學聖人而未至者，士君子返躬之義也。如爲子死孝，爲臣死忠，古今之常理，乃舍見在之當爲，而曰吾不欲以一善成名，是又與於不仁之甚者也！

學者或云於静中見得道理如此，而動時又復忙亂；或云於動時頗近於道，而静中又復紛擾。症雖二見，其實一病也。動静二字，不能打合，如何言學？陽明在軍中，一面講學，一面應酬軍務，纖毫不亂，此時動静是一？是二？

有讀人譜，疑無善二字者，先生曰：「人心止有好惡一幾，好便好善，惡便惡不善，正見人性之善。若説心有個善，吾從而好之，有個不善，吾從而惡之，則千頭萬緒，其爲矯揉也多矣。且謂好惡者心乎？善惡者心乎？識者當辨之。」

人譜謂「無善而至善心之體也」，與陽明先生「無善無惡者心之體」之語不同。陽明但言寂然不動之時，故下卽言「有善有惡意之動」矣。先生此語，卽周子「無極而太極」也，以「至善」換「太極」二字，更覺親切。人本無善，正言至善之不落迹象，無聲無臭也。先生從至善看到無善，善爲主也；周海門言「無善無惡，斯爲至善」，從無强名之善，無爲主也。儒、釋分途於此。

大學所謂格物，孟子所謂集義，一事也不放過，一時也不放鬆，無事時惺惺不寐，有事時一真自如，不動些子。

無事時只居處恭便了。

天理一點微妙處，提醒工夫在有意無意之間。

省察是存養之精明處。

靜中養出端倪，端倪卽意，卽獨，卽天。

佛氏心無其心，不得不以天地萬物爲心；物無其物，不得不以心爲天地萬物。正如鏡中花，用無其用，體非其體。

性卽理也，理無往而不在，則性亦無往而不在。

心中無一事，浩然與天地同流。

觀春夏秋冬，而知天之一元生意，周流而無間；觀喜怒哀樂，而知人之一元，生意周流而無閒。爲學亦養此一元生生之氣而已。或曰：「未免間斷耳。」先生曰：「有三說足以盡之：一、本來原無間斷，二、知間斷卽禪續，三、此間斷又從何來？學者但從第三句做工夫，方有進步。」

學不外日用動靜之間，但辨真與妄耳。或問：「如何爲真？」先生曰：「對妻子如此說，對外人却不如此說；對同輩如此說，對僕隸却不如此說。卽所謂不誠無物，不可以言學。」

世之遠人以爲道者，以道爲一物，必用吾力以求之，故愈求愈遠。其實揖讓進退之間，作止語默之際，無非道體之流行。反之卽是，又多乎哉？

問：「所存自謂不差，而發之不能無過，何也？」曰：「仍是靜存之中差耳。此中先有罅隙，而後發之日用之間，始有過不及之事。事豈離心而造者？故學者不必求之行事之著，而止求之念慮之微。一言以蔽之，曰誠而已矣。」

心只有人心，而道心者，人之所以爲心也；性只有氣質之性，而義理之性者，氣質之所以爲性也。問「萬物皆備之義」。曰：「纔見得有個萬物，便不親切，須知盈天地間，無所謂萬物者。萬物皆因我而名，如父便是我之父，君便是我之君，類之五倫以往，莫不皆然。然必實有孝父之心，而後成其爲我之父，實有忠君之心，而後成其爲我之君，此所謂反身而誠。至此纔見得萬物非萬物，我非我，渾成一體，此身在天地間，無少欠缺，何樂如之？」

羲問：「孔明、敬輿、希文、君實，其立心制行，儒者未必能過之，今一切溝而出之於外，無乃隘乎？」先生曰：「千聖相傳，止此一綫，學者視此一綫爲離合，所謂『道心惟微』也。如諸公，豈非千古豪傑？但於此一綫不能無出入，於此而放一頭地，則雜矣。與其雜也，寧隘。」

先生題魏忠節公主，羲侍先生於舟中。陳幾亭以與紹守書呈先生。先生覽畢付羲。其大意謂：「天下之治亂在六部，六部之胥吏盡紹興。胥吏在京師，其父兄子弟盡在紹興，爲太守者，苟能化其父兄子弟，則胥吏亦從之而化矣。故紹興者，天下治亂之根本也。」羲一笑而置之，曰：「迂腐。」先生久之曰：「天下誰肯爲迂腐者？」羲惕然，無以自容。

心須樂而行惟苦，學問中人無不從苦處打出。

道非有一物可名，只在行處圓滿。

張二無從事主静之學，請正。先生曰：「心無分於動静，故學亦無分於動静。若專求静，便坐喜静惡動之病，非體用一原之學也。」二無曰：「讀先生人譜，而知損、益二卦，學者終身用之不盡。」先生曰：

「不然。要識乾元，不識乾元，則心無主宰，即懲窒遷改，未免以後起爲功，豈能直達本原乎？」二無竦然曰：「此元公以後，久默之旨。」

祝㊀淵苦遊思雜念，先生曰：「學者養心之法，必先養氣，養氣之功，莫如集義。自今以往，只事事求慊於心，凡閒勾當、閒話説，概與截斷，歸併一路，游思雜念，何處可容？」

今人讀書，只爲句句明白，所以無法可處；若有不明白處，好商量也。然徐而叩之，其實字字不明白。

世言上等資質人，宜從陸子之學；下等資質人，宜從朱子之學。吾謂不然。惟上等資質，然後可學朱子，以其胸中已有個本領，去做零碎工夫，條分縷析，亦自無礙。若下等資質，必須識得道在吾心，不假外求，有了本領，方去爲學，不然只是向外馳求，誤却一生矣。

祝淵言立志之難。先生曰：「人之於道，猶魚之於水，魚終日在水，忽然念曰：『吾當入水。』躍起就水，勢必反在水外。賢今何嘗不在道中？更要立志往那處求道？若便如此知得，連『立志』二字也是贅。」

先生語葉敦艮曰：「學者立身，不可自放一毫出路。」

問：「改過先改心過否？」曰：「心安得有過？心有過，便是惡也。」

吾人只率初念去，便是孟子所以言本心也。初念如此，當轉念時，復轉一念，仍與初念合，是非之

㊀「祝」原作「視」，據賈本改。

心，仍在也。若轉轉不已，必至遂其私而後已，便不可救藥。

知行兩字，總是此心中做手名目，學以求此心，更無知行可説。

先生謂祝淵曰：「人生末後一著，極是要緊。儘有平日高談性命，臨岐往往失之。其受病有二：一是僞學，飾名欺世，原無必爲聖賢之志，利害當前，全體盡露。又有一種是禪學，禪家以無善無惡爲宗旨，凡綱常名教，忠孝節義，都屬善一邊，指爲事障、理障，一切掃除，而歸之空。故惑世害道，莫甚于禪。昔人云：能盡飲食之道，即能盡生死之道，驗之日用之間，順逆之來，夢寐之際，此心屹然不動，自然不爲利害所奪矣。惟其平日『無終日之間違仁』，故能『造次必於是，顛沛必於是』，工夫全在平日，不可不兢兢也。」

易簀語

爲學之要，一誠盡之矣，而主敬其功也。敬則誠，誠則天，若良知之説，鮮有不流於禪者。

常將此心放在寬蕩蕩地，則天理自存，人欲自去矣。

日來静坐㊀小菴，胸中渾無一事，浩然與天地同流，不覺精神困憊。蓋本來原無一事，凡有事皆人欲也，若能行所無事，則人而天矣。

王毓芝侍，先生曰：「吾今日自處無錯誤否？」對曰：「雖聖賢處此，不過如是。」先生曰：「吾豈敢望

㊀「坐」原作「生」，據賈本改。

聖賢哉？求不爲亂臣賊子而已矣。」

來學問答

王嗣奭問：「晦菴亦從禪學勘過來，其精處未嘗不採取，而不講，故妙，所謂知者不言也。象山、陽明不出其範圍，晚年定論可見。」先生曰：「宋儒自程門而後，游、楊之徒，浸深禪趣，朱子豈能不惑其說，故其言曰：『佛法煞有高處』，而第謂『可以治心，不可以治天下國家』，遂辭而闢之。將吾道中靜定虛無之說，一併歸之禪門，惟恐一托足焉。因讀大學而有得，謂：『必於天下事物之理，件件格過，以幾一旦豁然貫通之地，而求之誠正。』故一面有存心之說，一面有致知之說。又曰：『非存心無以致知，而存心者不可以不致知。』兩事遞相君臣，迄無一手握定把柄之勢，既以失之支離矣。至於存心之中，分爲兩條，曰『靜而存養，動而省察』，致知之中，又復岐爲兩途，曰『生而知之者義理耳。若夫禮樂名物，亦必待學而後有以驗其是非之實』。安往而不支離也？蓋亦禪學有以誤之也。象山直信本心，謂『一心可以了當天下國家』，庶幾提綱挈領之見，而猶未知心之所以爲心也。故其于窮理一路，姑置第二義。雖嘗議朱子之支離，而亦不非朱子之格致，格致自格致耳。惟其學不本于窮理，而驟言本心，是以知有本心，不知有習心，即古人正心洗心，皆信不過，竊其意旨，委犯朱子心行路絕，語言道斷之譏。文成篤信象山，又於本心中指出良知二字，謂『爲千聖滴骨血』，亦既知心之所以爲心矣。天下無心外之理，故無心外之知，而其教人惓惓於去人欲存天理，以爲致良知之實功，凡以發明象山未盡之意。特其説得良知高妙，有『妄心亦照，無照無妄』等語，頗近于『不思善不思惡』之語，畢竟以自私自利爲彼家斷案，可爲卓見矣。合而觀之，朱子惑于禪而闢禪，故其失也支。陸子出入于禪而避禪，故其失也粗。文成似禪而非禪，故不妨用禪，其失也玄。」嗣爽字右仲，鄞縣人。

又問：「下學而上達自在，聖人不言，是待人自悟否？」先生曰：「形而上者謂之道，形而下者謂之器，上下原不相離，故學卽是學其所達，達卽是達其所學。若不學其所達，幾一朝之達，其道無由。譬之適京師者，起脚便是長安道，不必到長安方是長安，不然，南轅而北轍矣。悟此之謂自悟，言此之謂不言之言。」以上答王嗣爽問。

葉廷秀問：「董子曰『道之大原出于天』，乃天命謂性，説者以孔、孟之後道不明，只是性不明，愚意性本從心，學者不治心，是起念已差路頭，纔欲治心，又墮于虛寂無用之歸。今欲講心學，其何道之從？」先生曰：「學莫先於知性，只爲『天命之謂性』一句，早已看錯了。天人杳不相屬，性命仍是二理。今曰『天命謂性』，而不曰『天命爲性』，斷然是一，不是二。然則天豈外人乎？而命豈外於吾心乎？故曰：『盡其心者，知其性也。知其性，則知天矣。』中庸無聲無臭，正不諱言空寂也。而學者以爲佛氏也者而去之，曰：『吾欲舍是而求心焉。』何異舍京師別求長安，斷無適從之路矣。」廷秀字潤山，濮州人。

又問：「秀嘗謂明體適用，如車二輪，鳥二翼，必不可離者也。然於道理重一分，定於功名輕一分，何况世路齟齬，一甘遁世，大川曷濟，其何道之從？」先生曰：「大學言明德新民，其要歸於止至善，善卽天命之性是也。陽明先生曰：『明德以親民，而親民以明其明德，原來體用只是一個。』一者何也？

卽至善之所在也。學不見性，徒求之一體一用之間，曰車兩輪，鳥雙翼，不問所以轉是輪，鼓是翼者，將身世内外判然兩途，既宜此，又欲宜彼，不亦顧此而失彼乎？所以然者，止因見得學問一事，是義理路頭，用世一事，是功名路頭，觭輕觭重，世無此等性命。僕請更其辭曰：『於明德明一分，自於親民親一分。』所謂至善之止，亦不外此而得之矣。」

又問：「竊以讀書窮理，乃俗學對症之藥，而辨義利尤爲藥中鍼石，不從此處理會，恐脚跟不定，未有不東西易向者。」先生曰：「學者須從闇然處做工夫起，從此浸假而上，倫類聲塵，俱無托足，方與天體相當，此之謂無欲故静。静中自有一團主意，不容已處，卽仁體也。窮此之謂窮理，而書非理也；集此之謂集義，而義非外也。今但以辨晰義理，爲燕、越分途，而又必假讀書以致其知，安知不墮於義外乎？」

問「體用一原」。先生曰：「體用一原之説，乃先儒卓見道體，而後自是言。只今以讀書爲一項事，做官爲一項事，豈得成體用？更復何一何原？須知此理流行，心目之前，無用非體，無體非用。蓋自其可見者而言，則謂之用，自其不可見者而言，則謂之體，非截然有兩事也。日用之間，持而循之，便是下學，反身之地，默而成之，卽是悟機。此所謂卽學卽達，非别有一不可思議之境界也。故知道者，疏水曲肱，與金革百萬，用則同是用，體則同是體也。善乎知止之説，其入道之門乎？艮其止，止其所也，止其所者，心膂之間，天理正當之位也。此位運量無方，一掬不謂小，上天下地，往古來今不爲大，何有於外境乎？知乎此者，謂之知微，惟其無微非顯，是以無體非用，惟其顯微無間，是以體用一原。然則吾儕學道，只從微字討消息可乎？」

又問：「意者心之發，註蓋因『誠意』傳中，有好惡字，而當屬動一邊，若以爲心之所存，豈卽未發之中乎？格物所以致知，此本末一貫學問，先生以爲向末一邊，而必歸之所存，博約互用歟？此不得不再請益也。」先生曰：「意爲心之所存，正從中庸以未發爲天下之大本，不聞以發爲本也。大學之教，只是知本，身既本于心，心安得不本於意？乃先儒既以意爲心之所發矣，而陽明又有正心之說，曰：『知此則知未發之中。』觀此則欲正其未發之心，在先誠其已發之意矣，通乎不通乎？然則好惡者，正指心之所存言也，此心之存主，原有善而無惡，何以見其必有善而無惡也？以好必於善，惡必於惡。好必於善，如好好色，斷斷乎必於此；惡必於惡，如惡惡臭，斷斷乎必不於彼。必於此而必不於彼，正見其存主之誠處，故好惡相反而相成，雖兩用而止一幾。所謂幾者動之微，吉之先見者。蓋此之好惡，原不到作用上看，雖能好能惡，民好民惡，總向此中流出，而但就意言，則只指其必于此，必不于彼者，非七情之好惡也。意字看得清，則幾字纔分曉，幾字看得清，則獨字纔分曉。孟子曰：『其好惡與人相近也者幾希！』正此之謂也。難道平旦之時，未與物接，便是好人惡人，民好民惡之謂乎？大學以好惡解誠意，分明是微幾，以忿懥憂患恐懼好樂解正心，分明是發幾故也。卽以『誠正』二字言之，誠之理微，無思無爲是也；正之理著，有倫有脊之謂也。此可以得誠意正心，先後本末之辨也。陽明先生惟於意錯解，所以只得提出『良知』二字爲主柄，以壓倒前人。至解中庸，亦有『致和以致中』等語，兩相遷就，以晦經旨，而聖學不明於天下矣。數年來，每見朋友聚訟不已，僕反復之，而終不能强從相沿之說，門下姑留此一段話柄，徐而思之，他日有以解我之固見乎！至於本末一貫之説，先儒謂本末只是一物，蓋言物則無所不該。盈天地間惟萬物，而必有一者以爲之主。故格物之始，在萬上用功，而格物之極，在一上得力，所謂卽博卽約者也。博而反約，則知本矣。本者止之地，知本則知至而知止，故授之以意誠，意誠則心之主宰處，止於至善而不遷矣。故意以所存言，非以所發言也。止善之量雖通乎心、身、家、國、天下，而根柢處，只主在意上，知此，則動而省察之説可廢矣。非敢謂學問真可廢省察，正爲省察，只是存養中最得力處，不省不察，安得所爲常惺惺者？存又存個恁？養又養個恁？今專以存養屬之静一邊，安得不流而爲禪？又以省察屬之動一邊，安得不流而爲僞？又于二者之間，方動未動之際，求其所爲幾者而謹之，安得不流而爲雜？二之已不是，况又分爲三乎？率天下之人，而禍仁義者，必此其歸也。」「然則學問之要，只是静而存養乎？」曰：「道著静便不是。」曰：「不睹不聞非乎？」曰：「先儒以不睹不聞爲己所不睹不聞，果如此，除是死時，方有此耳。」「然則幾者動之微，何以有動？有動則必有静矣。」曰：「此之謂動，非以動静之動言也，復其見天地之心是也。心只是一個心，常惺而常覺，不可以動静言。動静者時位也，以時位爲本體，傳註之訛也。惟易有寂然不動之説，然卻與感而遂通，作一句看，非截然兩事也。雖然陰陽動静無處無之，時位有動静，則心體與之俱動静矣。但事心之功，動也是常惺惺，此時不增一些子，增一些子，則物於動矣；静也是常惺惺，此時不減一些子，減一些子，則物於静矣。此心極之妙，所以無方無體，而慎獨之功，必於斯而爲至也。」以上答葉廷秀問。

董標問：「有意之意，與無意之意，同否？」先生曰：「人心之有意也，卽虞廷所謂『道心惟微』也。

惟微云者，有而未始滯于有，無而未始淪于無。蓋妙于有無之間，而不可以有無言者也。以爲無則墮於空寂，以爲有則流於智故，又何以語心體之本然乎？則是同是別之疑，可釋也已。」

又問：「有意之時，與無意之時，礙否？」先生曰：「意既不可以有無言，則併不可以有無之時言矣。有時而有，則有時而無，有無既判爲兩意，有無又分爲兩時，甚矣其支也！時乎？時乎？造物所謂逝者如斯乎！而何獨疑於人心乎？」

又問：「心有無意時否？」先生曰：「意者心之所以爲心也。止言心，則心只是徑寸虛體耳，著個意字，方見下了定盤針，有子午可指。然定盤針與盤子，終是兩物，意之於心，只是虛體中一點精神，仍只是一個心，本非滯於有也，安得云無？」

又問：「意與心分本體流行否？」先生曰：「來教似疑心爲體，意爲流行。愚則以爲意是心之體，而流行其用也。但不可以意爲體，心爲用耳。程子曰：『凡言心者，皆指已發而言。』既而自謂不然。愚謂此說雖非通論，實亦有見。蓋心雖不可以已發言，而大學之言心也，則多從已發。不觀『正心』章專以忿懥好樂恐懼憂患言乎？分明從發見處指點。且正之爲義，如云方方正正，有倫有脊之謂，易所謂效法之謂坤也，與誠意字不同。誠以體言，正以用言，故正心先誠意，由末以之本也。中庸言中和，中卽誠，和卽正，中爲天下之大本，誠爲正本也。凡書之言心也，皆合意知而言者也。獨大學分意知而言之，一節推進一節，故卽謂心爲用，意爲體亦得。」

又問：「意屬已發，心屬未發否？」先生曰：「人心之體，存發一幾也。心無存發，意無存發也。蓋此心中一點虚靈不昧之主宰，常常存，亦常常發。」

又問：「一念不起時，意在何處？」先生曰：「一念不起時，意恰在正當處也。念有起滅，意無起滅也。今人鮮不以念爲意者，道之所以常不明也。」

又問：「事過應寂後，意歸何處？」先生曰：「意淵然在中，動而未嘗動，所以静而未嘗静也。本無來處，亦無歸處。」

又問：「百姓日用不知之意，與聖人不思勉之意，有分别否？」先生曰：「百姓日用而不知，惟其定盤針時時做得主，所以日用得着不知之知，恍然誠體流露。聖人知之，而與百姓同日用，則意于是乎誠矣。誠無爲，纔著思勉，則不誠，不誠則非意之本體矣。觀誠之爲義，益知意爲心之主宰，不屬動念矣。」

又問：「學問思辨行工夫，與從容中道之天道，是一是二？」先生曰：「學問思辨而不本之從容中道，則事事入於人僞，學不是學，問不是問，思不是思，辨不是辨，行不是行。故曰：『思誠者，人之道也。』誠意云者，卽思誠一點歸宿精神，所謂知至而後意誠也。」

又問：「從心不踰，此時屬心用事，還屬意用事？」先生曰：「此個機緣，正是意中真消息，如定盤針在盤子中，隨盤子東西南北，此針子只是向南也。聖人學問到得此，净净地，并將盤子打碎，針子抛棄。所以平日用毋意工夫，方是至誠如神也。無聲無臭至矣哉！此個主宰，要他有，又要他無，惟聖人爲能有，亦惟聖人爲能無。惟從有處無，所以無處有。有而無，無而有，方見人心至妙至妙處。」以上答董標心意十問意十則。

史孝復疑「大學於誠意後，復推先致知一着，而實其功於格物者，誠恐抛却良知，單提誠意，必有誠非所誠者，涑水、元城，只作得九分人物，以此」。先生曰：「格致是誠意工夫，明善是誠身工夫，其旨一也。蓋以誠意爲主意，格致爲工夫，工夫結在主意中，并無先後可言。若不提起主意，而漫言工夫，將必有知非所知之病矣。」

又疑「妙於有無之間，而不可以有無言者，心也，卽道心惟微也。而以意當之，不啻霄壤矣」。先生曰：「心則是個渾然之體，就中指出端倪來，曰意，卽惟微之體也。人心惟危，心也；而道心者，心之所以爲心也。非以人欲爲人心，天理爲道心也。正心之心，人心也；而意者，心之所以爲心也。非以所存爲心，所發爲意也。微之爲言幾也，幾卽意也。」

又疑「怵惕惻隱之心，未起是無意之時，既起是有意之時。納交要譽惡聲之心亦然」。先生曰：「怵惕惻隱之心，隨感而見，非因感始有。當其未感之先，一團生意，原是活潑地，至三者之心初來，原不曾有，亦已見意之有善而無惡矣。不幸而夾帶三者之心，正因此心無主，不免轉念相生，全坐不誠之病耳。今以時起者爲意，又以轉念而起者爲意，豈意有時而怵惕惻隱，有時而納交要譽惡聲？善惡無常，是不恃無納交要譽惡聲之心，并無怵惕惻隱之心，宛轉歸到無善無惡之心體耶？」

又疑「復之所謂意者，蓋言知也，心體渾然，説個知字，方見有定盤針。若以意充之，則適莫信果，無所不至矣」。先生曰：「心體只是一個光明藏，謂之明德，就光明藏中討出個子午，見此一點光明，原不是蕩而無歸者。愚獨以意字當之，子午是活適莫，適莫是死子午。其實活者是意，死者非意，總之一心也。賢以爲知者，卽是意中之知；而僕之以爲意者，卽是知中之意也。」

又疑「說文：『意，志也。』增韻：『心，所向也。』說文於志字下，『志，意也。』又曰：『心之所之也。』未有以意爲心者」。先生曰：「心所向曰意，正是盤針之必向南也。只向南，非起身至南也。凡言向者，皆指定向而言，離定字，便無向字可下，可知意爲心之主宰矣。心所之曰志，如志道，志學，皆言必爲聖賢的心，仍以主宰言也。心所之與心所往異，若以往而行路時訓之字，則抛却脚跟，立定一步矣。然說文之說，尚有可商者。按五臟，心藏神，脾藏意，腎藏志，肝藏魂，肺藏魄，合之皆心之神也。而惟脾腎一直上中下，通心爲一體，故意志字，皆不離心字。意者心之中氣，志者心之根氣，故宅中而有主曰意，靜深而有本曰志。今曰意志也，志意也，豈誠意之說，卽是立志持志之說乎？夫志與意且不可相混，況心與意又相混乎？心自心，意自意，原不可以意爲心，但不可離意求心耳。」

又疑「朱子以未發屬性，已發屬情，亦無甚謬」。先生曰：「古人言情者，曰『利貞者性情也』，卽性言情也；六爻發揮，旁通情也。乃若其情，無情者不得盡其辭。如得其情，皆指情藴情實而言，卽情卽性也，並未嘗以已發爲情，與性字對也。乃若其情者，惻隱羞惡辭讓是非之心是也。孟子言這惻隱心就是仁，非因惻隱之發而見所存之仁也。」

又疑「念無主，意有主，心有主而無主，固不可以念爲意，尤不可以意爲心」。先生曰：「心既有主而無主，正是主宰之妙處，决不是離却意之有主，又有個心之有主而無主，果有二主，是有二心也。」

又疑「大學誠意後，尚有正心工夫」。先生曰：「誠意一關，是學問立命靈符，雖其間工夫有生熟，然到頭只了得誠意本分，故誠意之後，更無正心工夫。」

又疑「毋意解，恐當從朱子説」。先生曰：「聖人毋意，所謂有主而無主也。朱子曰：『私意也，必下個私字，語意方完。』畢竟意中本非有私也，有意而無意，有主而無主也。」

又疑「觀前後宗旨，總不出以意爲心之主宰，然必舍良知而言意者，緣陽明以後諸儒，談良知之妙，而考其至處，全不相掩，因疑良知終無憑據，不如意字確有可依耳」。先生曰：「鄙意則謂良知原有依據處，即是意，故提起誠意而用致知工夫，庶幾所知不至蕩而無歸也。」以上商疑答史孝復。

戰國諸子紛紛言性，人置一喙，而孟子一言斷之，曰「性善」，豈徒曰可以爲善而已乎？又曰：「天下之言性也，則故而已矣。」故者以利爲本，可見此性見見成成，停停當當，不煩一毫安排造作，這便是天命流行、物與无妄之本體，這亦便是無聲無臭、渾然至善之極則，非無善無惡也。告子專在無處立脚，與天命之性，尚隔幾重公案，孟子姑不與之深言，而急急以惻隱羞惡辭讓是非，指出個善字，猶然落在第二義耳。性既落于四端，則義理之外，便有氣質，紛紜雜揉，時與物搆，而善不善之差數覯。故宋儒氣質之説，亦義理之説有以啓之也。要而論之，氣質之性即義理之性，義理之性即天命之性，善則俱善。子思曰：「喜怒哀樂之未發謂之中。」非氣質之粹然者乎？其有不善者，不過只是樂而淫，哀而傷，其間差之毫釐，與差之尋丈，同是一個過不及，則皆自善而流者也。惟是既有過不及之分數，則積此以往，容有十百千萬，倍蓰而無算者，此則習之爲害，而非其性之罪也，故曰：「性相近，習相遠。」先生言高聲一語是罪過，類而推之，顔氏之不遷怒，猶有乖於中體者在。纔一遷怒，與世人睚眦而殺人，何以異？紾兄臂，踰東牆，只是乘於食色之見仁而過者耳。蓋事雖有徑庭之殊，而心之過不及，只争些子。此一些子，説得是偏，説不得是與善對敵之惡。惟其失之於偏，故善反之而即是中也。若是對敵之惡，則不可反矣。故性無不善，而心則可以爲善，可以爲不善，即心亦本無不善，而習則有善有不善。種種對待之相，總從後天而起，諸子不察，而概坐之以性，不已寃乎？爲善爲不善，只爲處，便非性；有善有不善，只有處，便非性。合虚與氣有性之名，氣本是虚，其初誰爲合他來？五行不到處，父母未生前，彼家亦恐人逐在二五形氣上討頭面，故發此論。後人死在言下，又舍已生後，分外求個未生前，不免當面蹉過。總之太極陰陽，只是一個，但不指點頭腦，則來路不清。故中庸亦每言前定、前知、前處，正是無聲無臭一路消息。學者從此做工夫，方是真正爲善去惡，希聖達天，庶幾在此。

盈天地間，只是此理，無我無物，此理只是一個。我立而物備，物立而我備，恁天地間一物爲主，我與天地萬物皆備其中。故言萬物則天地在其中，天亦一物也。西銘之意，就本身推到父母，又就父母以推到兄弟，方見得同體氣象，早已是肝膽楚、越矣。陶先生謂：「我所自有，不受於天。」只恐靈明者亦是一物，而更有不物於物者，以爲之主。物無不壞，而不物於物者，終不壞。鄙意與陶先生不無異同耳。禪家以了生死爲第一義，故自私自利，留住靈明，不還造化。當是其果驗，看來只是弄精魂伎倆。吾儒既云萬物皆備於我，如何自私自利得？生既私不得，死如何私得？「夕死可矣」，分明放下了也。

以上答王嗣奭。

昨言學當求之于静，其説終謬。道無分于動静，心無分于動静，則學亦無分于動静可知。所云造化人事，皆以收斂爲主，發散是不得已事，正指獨體邊事，天向一中分造化，人從心上起經綸是也。非以收斂爲静，發散爲動也。一斂一發，自是造化流行不息之氣機，而必有所以樞紐乎是，運旋乎是，則所謂天樞也，卽所謂獨體也。今若以獨爲至静之體，又將以何者爲動用乎？「藏而後發」，白沙有是言，其始學亦悮也。其後自知其非，又隨動静以施其功，亦誤也。總在二五邊生活故耳，故曰「君子之學，慎獨而已矣」。

無事，此慎獨卽是存養之要，有事，此慎獨卽是省察之功。獨外無理，窮此之謂窮理，而讀書以體驗之；獨外無身，修此之謂修身，而言行以踐履之。其實一事而已。知乎此者，謂復性之學。以上答門人。

獨體，卽天體。

常人之心，其動也衆欲交馳；其止也物而不化，合之曰「昏昧放逸」。

周天三百六十五度四分度之一，而其中爲天樞。天無一息之不運，至其樞紐處，實萬古常止，却無一隙縫子，是其止處。其下一圈，便是小人閒居之象。

静存動察之象。

静存動察之訛。

看未發氣象之説。

仁者以天地萬物爲一體，此一語須看得破，乃是人以天地萬物爲一體，非仁者以天地萬物爲一體也。若人與天地萬物本是二體，却借個仁者意思，打合著天地萬物，與之爲一體，早已成隔膜之見矣。

人合天地萬物以爲人，猶之心合耳目口鼻四肢以爲心。今人以七尺言人，而遺其天地萬物皆備之人者，即不知人者也。今人以一膜言心，而遺其耳目口鼻四肢皆備之心者，不知心者也。證人之意，其在斯乎？學者若於此信得及，見得破，天地萬物本無間隔，即欲容其自私自利之見，以自絶於天，而不可得也。不須推致，不須比擬，自然親親而仁民，仁民而愛物，義理智信一齊俱到，此所以爲性學也。然識破此理，亦不容易。「誠敬存之」一語，直是徹首徹尾工夫。若不用「誠敬存之」之功，又如何能識破？至此，以爲既識破後，又須誠敬工夫，作兩截見者，亦非也。大要只是慎獨，慎獨即是致中和，致中和即是位育，此是仁者一體實落處，不是懸空識相也。

所列廣利濟一格，此意甚害道，百善五十善，書之無消煞處。紀過則無善可稱，無過即是善，若雙行便有不通處。愚意但欲以改過爲善，而坐㊀之焚香静坐下，頗爲有見。今善惡並出，但准多少以爲銷折，則過終無改時，而善之所列，亦與過同歸而已。有過非過也，過而不改，是謂過矣；有善非善也，有意爲善，亦過也。此處頭路不清，未有不入於邪者。至于過之分數，亦屬穿鑿，理無大小多寡故也，今但除入刑者不載，則過端皆可湔除。但有過而不改，轉入於文，直須紀千萬過耳。諸君平日所講，專要無善，至此又設爲善册以勸人，落在功利一路。若爲下下人説法，尤不宜如此。僕以爲論本體，決其有善無惡，論工夫，則先事後得，無善有惡可也。

學者只有工夫可説，其本體處，直是著不得一語。纔著一語，便是工夫邊事。然言工夫，而本體在

㊀「坐」字，賈本、備要本作「置」。

其中矣。大抵學者肯用工夫處，即是本體流露處，其善用工夫處，即是本體正當處。非工夫之外，別有本體，可以兩相湊泊也。若謂兩相湊泊，則亦外物而非道矣。董黄庭言：「爲善去惡，未嘗不是工夫。」陶先生切切以本體救之，謂：「黄庭身上，本是聖人，何善可爲？何惡可去？」然不能無疑於此也。既無善可爲，則亦無所事於爲善矣；無惡可去，則亦無所事於去惡矣。既無本體，并無工夫，將率天下爲猖狂自恣，流於佛、老矣。故某於此，只喝「知善知惡是良知」一語，就良知言本體，則本體絶非虚無；就良知言工夫，則工夫絶非枝葉。庶幾去短取長之意。昔者季路，一日有事鬼神之問，不得於鬼神；又有知死之問，總向無處立脚。若於此進一解，便是無善無惡一路。夫子一則曰：「未能事人，焉能事鬼？」一則曰：「未知生，焉知死？」一一從有處轉之。乃知孔門授受，只在彝倫日用討歸宿，絶不于此外空談本體，滋高明之惑。只此是性學。所云「知生便是知性處」，所云「事人便是盡性處」。孟子言良知，只從知愛知敬處指點，亦是此意。知愛知敬，正是本體流露正當處，從此爲善，方是真爲善；從此去惡，方是真去惡。則無善無惡之體，不必言矣。今人喜言性學，只説得無善無惡心之體，不免犯却季路兩問之意。浸淫不已，遂有四無之説，于「良知」字全没交涉，其爲壞師門教法，當何如者！以上答秦弘祐。

聖，誠而已，學以至乎聖人之道者，思誠而已矣。思之思之，鬼神通之，所以精義也。思慮未起，鬼神莫知，不由乎我，更由乎誰？所以立命也。心之官思也，而曰未起，無起而無不起也。隨用而見，非待用而起也。有用有不用，有起有不起者，非思也，念也。以念爲思，是認賊作子也；又以無念爲思，是認子作賊也。蓋念之有起有滅者，動静所乘之幾；而心官之無起無不起者，太極本然之妙也。此可以觀思誠之説矣。謂思卽誠可，謂誠卽思亦可。故曰「誠之」，又曰「何思」。至哉，元公之學乎！答文德翼。字燈巖，江西人。

學問者，致知之路也。心外無知，故曰「良知」；知外無學，故曰「致知」。又曰「思則得之」，卽致知之别名。元來卽本體卽工夫也。又曰「慎思」，懼其放也；又曰「近思」，懼其放而外也。古人立言，字字鞭入底裹，其要歸于知止耳。知逐于事物，落于想像，則不止，不止卽放。所謂思則得之也。性者心之理也，心以氣言，而性其條理也。離心無性，離氣無理，雖謂氣卽性，性卽氣，猶二之也。惻隱羞惡辭讓是非，皆指一氣流行之機，呈于有知有覺之頃，其理有如此，而非於所知覺之外，另有四端名色也。卽謂知此理，覺此理，猶二知也。良知無知而無乎不知，致知無思而無乎不思，不可以内外言，不可以寂感界。收動歸静，取物證我，猶二之也。告子不得於心，不致知故也，故孟子反之，以知言。不求於氣，不識性故也，故孟子反之，以養氣。養氣卽養其性之别名，總之一心耳。心一知耳，許多名色，皆隨指而異，只一言以蔽之曰：「求其放心而已矣。」答沈中柱。

陽明先生於知止一關，全未勘入，只教人在念起念滅時，用爲善去惡之力，終非究竟一著。所謂「只於根本求生死，莫向支流辨濁清」，不免自相矛盾。故其答門人，有「卽用求體」之説，又有「致和乃以致中」之説，何其與龜山門下一派相背馳乎？然則陽明之學，謂其失之粗淺，不見道則有之，未可病其爲禪也。陽明而禪，何以處豫章、延平乎？只爲後人將無善無惡四字，播弄得天花亂墜，一頓擡入禪乘，於平日所謂良知即天理，良知即至善等處，全然抹殺，安得不起後世之惑乎？陽明不幸而有龍溪，猶之象山不幸而有慈湖，皆斯文之阨也。大抵讀古人書，全在以意逆志，披牝牡驪黃，而直窺其神駿，則其分合異同之際，無不足以備尚論之資，而一脉大中至正，純粹不雜㈠之聖真，必有恍然自得於深造之餘者。若或界限太嚴，拘泥太甚，至於因噎而廢食，則斯道終無可明之日矣。僕願參夫且擴開心胸，高擡眼鏡，上下今古，一齊貫串，直勘到此心此理，吾性吾命，纔無躲閃處，必有進步也。總之，禪之一字，中人日久，以故逃之者，既明以佛氏之説，納之吾儒之中；而攻之者，轉又明以聖人之精微處，推而讓爲佛氏之物，亦安見其有以相勝？古之有朱子，今之有忠憲先生，皆半雜禪門，故其説往往支離，或深奥，又向何處開攻禪之口乎？嗚呼！吾道日晦矣。答韓位。

盈天地間，凡道理皆從形器而立紀，不是理生氣也。於人身何獨不然？大易「形上」「形下」之説，截得理氣最分明，而解者往往失之。後儒專喜言形而上者，作推高一層之見，而於其所謂形而下者，忽即忽離，兩無依據，轉爲釋氏所藉口，真開門而揖盜也。答劉鱗長。

古人學問，全副向靜存處用，無一點在所發處用，并無一點在將發處用。蓋用在將發處，便落後著也。且將發又如何用功？則必爲將爲迎爲憧憧而後可耳。若云慎於所發，依舊是存處工夫。答史孝咸。

㈠「雜」原作「離」，據備要本改。

原

盈天地間皆萬物也，人其生而最靈者也。生氣宅于虛，故靈，而心其統也，生生之主也。其常醒而不昧者，思也，心之官也。致思而得者，慮也。慮之盡，覺也。思而有見焉，識也。注識而流，想也。因感而動，念也。動之微而有主者，意也。心官之真宅也。主而不遷，志也。生機之自然而不容已者，欲也。欲而縱，過也。甚焉，惡也。而其無過不及者，理也。其理則謂之性，謂之命，謂之天也。其著於欲者，謂之情，變而不可窮也。其負情而出，充周而不窮者，才也。或相十百，氣與質也。而其爲虛而靈者，萬古一日也。效靈於氣者，神也。效靈於質者，鬼也。又合言之，來而伸者，神也，往而屈者，鬼也。心主神，其爲是乎？子曰：「鬼神之爲德，其盛矣乎！」此夫子統言心也，而言豈一端已乎？約言之，則曰「心之官則思」也。故善求心者，莫先於識官，官在則理明，氣治而神乃尊。自心學不明，學者往往以想爲思，因以念爲意，及其變也，以欲拒理，以情偶性，以性偶心，以氣質之性分義理之性，而方寸爲之四裂。審如是，則心亦出入諸緣之幻物而已，烏乎神！物以相物，烏乎人！烏乎人！原心。

告子曰：「性無善無不善也。」此言似之而非也。夫性無性也，況可以善惡言？自學術不明，戰國諸人，始紛紛言性，立一說復矯一說，宜有當時三者之論。故孟子不得已而標一善字以明宗，後之人猶或不能無疑焉。於是又導而爲荀、楊、韓，下至宋儒之說，益支。然則性果無性乎？夫性因心而名者也。盈天地間一性也，而在人則專以心言，性者，心之性也。心之所同然者理也，生而有此理之謂性，非性爲心之理也。如謂心但一物而已，得性之理以貯之而後靈，則心之與性，斷然不能爲一物矣。盈天地間一氣而已矣，氣聚而有形，形載而有質，質具而有體，體列而有官，官呈而性著焉，於是有仁義禮智之名。仁非他也，卽惻隱之心是；義非他也，卽羞惡之心是；禮非他也，卽辭讓之心是；智非他也，卽是非之心是也。是孟子明以心言性也。而後之人，必曰心自心，性自性，一之不可，二之不得，又展轉和會之不得，無乃遁已乎！至中庸則直以喜怒哀樂，逗出中和之名，言天命之性，卽此而在也，此非有異指也。惻隱之心，喜之變也；羞惡之心，怒之變也；辭讓之心，樂之變也；是非之心，哀之變也。是子思子又明以心之氣言性也。子曰：「性相近也。」此其所本也。而後之人，必曰理自理，氣自氣，一之不可，二之不得，又展轉和會之不得，無乃遁已乎！嗚呼！此性學之所以晦也。然則尊心而賤性，可乎？夫心囿于形者也，形而上者謂之道，形而下者謂之器也，上與下一體兩分，而性若踞于形骸之表，則已分，有當尊矣。故將自其分者而觀之，燦然四端，物物一太極；又將自其合者而觀之，渾然一理，統體一太極。此性之所以爲上，而心其形之者與？卽形而觀，無不上也；離心而觀，上在何處？懸想而已。我故曰：「告子不知性，以其外心也。」先儒之言曰：「孟子以後道不明，只是性不明。」又曰：「明此性，行此性。」夫性何物也，而可以明之？只恐明得盡時，却已不是性矣。爲此説者，皆外心言性者也。外心言性，非徒病在性，并病在心，心與性兩病，而吾道始爲天下裂。子貢曰：「夫子之言性與天道，不可得而聞也。」則謂之性本無性焉，亦可。雖然，吾固將以存性也。原性。

極天下之尊，而無以尚，享天下之潔浄精微，純粹至善，而一物莫之或攖者，其惟人心乎？向也委其道而去之，歸之曰性。人乃眩騖於性之説，而倀倀以從事焉，至畢世而不可遇，終坐此不解之惑以死，可不謂之大哀乎？自良知之説倡，而人皆知此心此理之可貴，約言之曰：「天下無心外之理。」舉數千年以來晦昧之本心，一朝而恢復之，可謂取日虞淵，洗光咸池，然於性猶未辨也。予請一言以進之曰：「天下無心外之性。」惟天下無心外之性，所以天下無心外之理也。惟天下無心外之理，所以天下無心外之學也。而千古傳心之統，可歸於一，於是天下有還心之人矣。向之妄意以爲性者，元來即此心是，而其認定以爲心者，非心也，血氣之屬也。向也以氣血爲心，幾至仇視其心而不可邇，今也以性爲心，又以非心者分之爲氣血之屬，而心之體乃見其至尊而無以尚，且如是之潔淨精微，純粹至善，而一物莫之或攖也。惟其至尊而無以尚，故天高地下，萬物散殊，惟心之所位置而已矣。惟其潔淨精微，純粹至善，而一物莫之或攖，故大人與天地合德，日月合明，四時合序，鬼神合吉凶，惟心之所統體而已矣。此良知之藴也，然而不能不囿於氣血之中，而其爲幾希之呈露，有時而虧欠焉，是以君子貴學也。學維何？亦曰與心以權而反之知，則氣血不足治也。于是順致之以治情，而其爲感應酬酢之交，可得而順也。于是逆致之以治欲，而其爲天人貞勝之幾，可得而決也。于是精致之以治識，而其爲耳目見聞之地，可得而清也。于是雜致之以治形治器，而其爲吉凶修悖之途，可得而準也。凡此皆氣血之屬，而吾既事事有以治之，則氣血皆化爲性矣。性化而知之良乃致，心愈尊，此學之所以爲至也與？孟子曰：「人之所不學而能者，其良能也；所不慮而知者，其良知也。」古人全舉之，而陽明子專舉之也。原學。

證學雜解

天命流行，物與无妄，此所爲「人生而靜以上不容説」也。此處并難著誠字，或妄焉亦不容説。妄者真之似者也，古人惡似而非，似者，非之微者也。道心惟微，妄卽依焉，依真而立，卽托真而行，官骸性命之地，猶是人也，而生意有弗貫焉者。是人非人之間，不可方物，强名之曰妄。有妄心，斯有妄形，因有妄解識，妄名理，妄言説，妄事功，以此造成妄世界，一切妄也。則亦謂之妄人已矣。妄者亡也，故曰：「罔之生也幸而免。」一生一死，真妄乃見，是故君子欲辨之早也。一念未起之先，生死關頭，最爲喫緊。于此合下清楚，則一真既立，羣妄皆消。卽[一]妄求真，无妄非真。以心還心，以聰明還耳目，以恭重還四體，以道德性命還其固然，以上天下地往古來今還宇宙，而吾乃儼然人還其人，自此一了百當，日用間更有何事？通身仍得個靜氣而已。

人心自妄根受病以來，自微而著，益增洩漏，遂受之以欺。欺與慊對，言虧欠也。大學首嚴自欺，自欺猶云虧心。心體本是圓滿，忽有物以攖之，便覺有虧欠處。自欺之病，如寸隙當堤，江河可決。故君子慎獨之功，只向本心呈露時，隨處體認去，便得全體熒然，真天地合德，何慊如之！慊則誠，閒居之小人，揜不善而著善，亦儘見苦心。雖敗缺盡彰，自供已確，誠則從此便誠，僞則從此滋僞。凜乎，凜乎！復云不遠，何秖于悔。

[一]「卽」原作「既」，據賈本改。

自欺受病，已是出人入獸關頭，更不加慎獨之功，轉入人僞。自此卽見君子亦不復有厭然情狀，一味挾智任術，色取仁而行違。心體至此百碎，進之則爲鄉原，似忠信，似廉潔，欺天罔人，無所不至，猶宴然自以爲是，全不識人間有廉恥事。充其類爲王莽之謙恭，馮道之廉謹，弒父與君，皆由此出。故欺與僞雖相去不遠，而罪狀有淺深，不可一律論。近世士大夫受病，皆坐一僞字，後人呼之曰「假道學」。求其止犯欺者，已是好根器，不可多得。劉器之學立誠，自不妄語始，至七年乃成。然則從前語亦妄，不語亦妄，卽七年以後，猶有不可問者。不觀程伯子喜獵之說乎？自非妄根一路，火盡烟消，安能并却喉子，默默地不動一塵？至於不得已而有言，如洪鐘有叩，大鳴小鳴，適還本分，此中仍是不出來也。如同是一語，多溢一字，輕一字，都是妄，故云戲言出於思。七年之功，談何容易？不妄語，方不妄動，凡口中道不出者，足下自移不去，故君子之學，置力全是躬行，而操心則在謹言上，戒欺求慊之功，于斯爲要。易曰：「君子居其室，出其言善，則千里之外應之，況其邇者乎？居其室，出其言不善，則千里之外違之，況其邇者乎？」嗚呼！善不善之辨微矣哉。

心者，凡聖之合也，而終不能無真妄之殊，則或存或亡之辨耳。存則聖，亡則狂，故曰克念作聖，妄念作狂。後儒喜言心學，每深求一步，遂有識心之說。又曰：「人須自識其真心。」或駁之曰：「心能自識，誰爲識之者？」余謂心自能識，而真處不易識，真妄雜揉處，尤不易識，正須操而存之耳。所云存久自明是也。若存外求識，當其識時，而心已亡矣。故識不待求，反之卽是。孟子曰：「雖存乎人者，豈無仁義之心哉？人自放之耳。」乃夫子則曰：「操則存，舍則亡，出入無時，莫知其鄉。」須知此心原自存，操則存，又何曾加存得些子？存無可存，故曰：「出入無時，莫知其鄉。」至此方見此心之不易存，所以孟子又言「養心」，知存養之説者，可與識心矣。

良心之放也，亦既知所以放之矣。初求之事物之交，而得營搆心，其爲營與搆，日不知凡幾；繼求之應感之際，而得緣著心，其爲緣與著，日不知凡幾；又求之念慮之隱，而得起滅心，其爲起與滅，日不知凡幾；又進求之靈覺之地，而得通塞心，其通與塞，日不知凡幾；又求之虚空之玄漠，而得欣厭心，欣與厭，又日不知凡幾。以是五者徵心，了不可得。吾將縱求之天地萬物，而得心體焉。其惟天理二字乎？天理何理？歸之日用。日用何用？歸之自然。吾安得操功自然者，而與之語心學也哉！

甚矣，事心之難也！間嘗求之一覺之頃，而得湛然之道心焉。然未可爲據也，俄而恍惚焉，俄而紛紜焉，俄而雜揉焉，向之湛然覺者，有時而迷矣。請以覺覺之，於是有喚醒法，朱子所謂「畧綽提撕」是也，然已不勝其勞矣。必也求之本覺乎？本覺之覺，無所緣而覺，無所起而自覺，要之不離獨位者近是，故曰：「闇然而日章。」闇則通微，通微則達性，性則誠，誠則真，真則常，故君子慎獨。由知覺有心之名，心本不諱言覺，但一忌莽蕩，一忌儱侗。儱侗則無體，莽蕩則無用，斯二者皆求覺於覺，而未嘗好學以誠之，容有或失之似者，仍歸之不覺而已。學以明理而去其蔽，則體物不遺，物各付物，物物得所，有何二者之病？故曰：「好智不好學，其蔽也賊。」

古人只言個學字，又與思互言，又與問並言，又兼辨與行，則曰五者廢其一，非學也。學者如此下工夫，儘見精實，徹内徹外，無一毫滲漏。陽明子云：「學便是行，未有學而不行者，如學書必須把筆伸紙，學射必須操弓挾矢，篤行之，只是行之不已耳。」因知五者總是一個工夫。然所謂學書學射，亦不是恁地便了。書云：「學于古訓，乃有獲。」又曰：「學古入官。」故學必以古爲程，以前言往行爲則，而後求之在我，則信諸心者斯篤，乃臻覺地焉。世未有懸空求覺之學，凡言覺者，皆是覺斯理。學焉而不覺，則問；問焉而不覺，則思；思焉而不覺，則辨；辨焉而不覺，則行。凡以求覺斯理而已。

形而下者謂之氣，形而上者謂之性，故曰：「性卽氣，氣卽性。」人性上不可添一物，學者姑就形下處討個主宰，則形上之理卽此而在。孟夫子特鄭重言之，曰「善養浩然之氣」是也。然其工夫實從知言來，知言知之至者也。知至則心有所主，而志常足以帥氣，故道義配焉。今之爲暴氣者，種種蹶趨之狀，還中於心，爲妄念，爲朋思，爲任情，爲多欲，總緣神明無主。如御馬者，失其銜轡，馳驟四出，非馬之罪也，御馬者之罪也。天道卽積氣耳，而樞紐之地，乃在北辰，故其運爲一元之妙，五行順布，無愆陽伏陰以干之。向微天樞不動者以爲之主，則滿虛空只是一團游氣，頃刻而散，豈不人消物盡？今學者動爲暴氣所中，苦無法以治之，幾欲仇視其心，一切歸之斷滅。殊不知暴氣亦浩然之氣所化，只爭有主無主間。今若提起主人翁，一一還他調理，調理處便是義，凡過處是助，不及處是亡。亡助兩捐，一操一縱，適當其宜，義于我出，萬里無不歸根，生氣滿腔流露，何不浩然？云浩然，仍只是澄然湛然，此中元不動些子，是以謂之氣卽性。只此是盡性工夫，更無餘事。

程子曰：「人無所謂惡者，只有過不及。」此知道之言也。中庸言喜怒哀樂之未發謂之中，卽此是天命之性，故謂天下之大本。纔有過不及，則偏至之氣，獨陽不生，獨陰不成，性種遂已斷滅。如喜之過便是淫，又進之以樂而益淫；淫之流爲貪財、爲好色，貪財好色不已，又有無所不至者，而天下之大惡歸焉。怒之過便是傷，又進之以哀而益傷；傷之流爲賊人、爲害物，賊人害物不已，又有無所不至者，而天下之大惡歸焉。周子曰：「性者剛柔善惡，中而已矣。」兼以惡言，始乎善，常卒乎惡也。易其惡而至於善，歸之中焉則已矣。如財色兩關，是學人最峻絶處，于此跌足，更無進步可言。然使一向在財色上止截，反有不勝其扞格者，以其未嘗非性也；卽使斷然止截得住，纔絶得淫心，已中乖戾心，便是傷。學者誠欲拔去病根，只教此心有主，使一元生意，周流而不息，則偏至之氣，自然消融，隨其所感而順應之。凡爲人心之所有，總是天理流行，如此則一病除，百病除。除却貪財心，便除却好色心，除却貪財好色心，便除却賊人害物心，除其心而事自隨之，卽是不頓除，已有日消日減之勢。此是學者入細工夫，非平日戒慎恐懼之極，時時見吾未發之中者，不足以語此。然則爲善去惡之説非乎？孟子曰：「人能充無欲害人之心，而仁不可勝用也；人能充無穿窬之心，而義不可勝用也。」

子思子從喜怒哀樂之中和，指點天命之性，而率性之道，卽在其中，分明天地一元流行氣象。所謂「不識不知，順帝之則」，全不涉人分上。此言性第一義也。至孟子因當時言性紛紛，不得不以善字標宗旨，單向心地覺處，指點出粹然至善之理，曰惻隱、羞惡、辭讓、是非，全是人道邊事，最有切于學者。雖四者之心，未始非喜怒哀樂所化，然已落面目一班，直指之爲仁義禮智名色，去人生而静之體遠矣。學者從孟子之教，盡其心以知性而知天，庶於未發時氣象，少有承當。今乃謂喜怒哀樂爲粗幾，而必求之義禮之性，豈知性者乎？

孟子言養心，又言養性，又言養氣，至程子又言養知，又每謂學者曰：「且更涵養。」養之時義大矣哉！故曰：「苟得其養，無物不長；苟失其養，無物不消。」涵養之功，只在日用動静語默衣食之間。就一動一静，一語一默，一衣一飲理會，則謂之養心；就時動時静，時語時默，時衣時飲理會，則曰養氣；就即動即静，即語即默，即衣即飲理會，則曰養性；就知動知静，知語知默，知衣知飲理會，則曰養知。其實一也。就其中分個真與妄，去其不善而之于善，即是省察之説。

進學有程乎？曰未事于學，茫乎如泛海之舟，不辨南北；已事於學，而涯涘見焉。始學之，汩汩流俗之中，恍若有見焉，得道之大端也。以聖人爲必可學而至也，此立志之説也。語曰：「志立而學半。」君子早已要厥終矣，第慮其鋭而易挫也，乃進而言所守，擇地而蹈，無尺寸或踰也；守經而行，無往來或叛也。即有語之以圓通徑捷之説，可一日而至千里，弗屑也。學至此，有成行也，乃進而程所安，即事而理存，外不膠於應也；即心而理得，内不執于解也。以推之天地萬物，無不凍解於春融，而睫得于指掌也。學至此，有真悟也，乃進而程所至，優焉游焉，弗勞以擾也；厭焉飫焉，弗艱以苦也。瞬存而息養，人盡而天隨，日有孳孳，不知年歲之不足也。庶幾滿吾初志焉，則學之成也。流水之爲物也，盈科而後進，折而愈東，必放之海，有本者如是，立志要已乎！

天地之大德曰生，聖人而仁者曰壽。然有生必有死，仍是天地間生生不已之理。即天地亦在囿，而況於人乎？人將此身放在天地間，果能大小一例看，則一身之成毁，何啻草木之榮枯，昆蟲之起蟄已乎？而人每不勝自私之爲見，將生死二字看作極大，却反其道而言之，曰「無生」。蓋曰以無生爲生，而後能以無死爲死，是謂空體不壞，是謂常住真心。然究竟去住不能自由，成毀依然任運，徒作此可憐想。且死則死耳，却欲預先守住精魂，使死後有知；生則生耳，又追數胞胎前事，向無是公討來歷。豈不擔誤一生？未知生，焉知死？朝聞道，夕死可矣。聖人都教人向生處理會，並未嘗挽攬前後際，而後人曲加附會，以自伸其生死之説，枉矣。嗚呼！豈徒知生而已乎？生生焉可也。

吾學亦何爲也哉？天之生斯民也，使先知覺後知，使先覺覺後覺，彼天民而先覺者，其自任之重，固已如此矣。生斯世也，爲斯民也，請學之爲後覺焉，以覺先覺之所覺。曰堯、舜之道，堯、舜之心爲之也，堯、舜之心，卽吾人之心，同此心，同此覺也。吾亦覺其同者而已矣。凡夫而立地聖域，一時而遠契千秋，同故也。今之言覺者，或異焉，理不必分真妄，而全遁于空；事不必設取舍，而冥求其照。至曰空生大覺，如海發漚，安往而不異？所惡於智者，爲其鑿也。又曰學者之病，莫大乎自私而用智，今之言覺者，鑿焉而已矣。人之生也，飢食而渴飲，夏葛而冬裘，夫人而知之也；而其爲飢渴寒暑之道，又夫人而覺之也。其有不知者，非愚不肖之不及，則賢智之過者也。而過之害道彌甚，彼以爲道不在是也，去飲衣而求口體之正，去口體而求性命之常，則亦豈有覺地乎？嗟乎！人心之晦也，我思先覺其人者，曰孔氏。孔氏之言道也，約其旨曰「中庸」，人乃知隱怪者之非道，而庸德之行，一時弑父與君之禍息，則吾道之一大覺也。歷春秋而戰國，楊、墨橫議，孟子起而言孔子之道以勝之，約其旨曰「性善」，人乃知惡者之非性，而仁昭義立，君父之倫益尊于天壤，則吾道之一大覺也。然自此言性者，人置一喙，而天下皆淫于名理，遂有明心見性之説，夫性可得而見乎？又千餘載，濂溪乃倡無極之説，其大旨見于通書，曰：「誠者聖人之本。」可謂重下註脚，則吾道之一覺也。嗣後辨説日煩，支離轉甚，浸流而爲詞章訓詁，于是陽明子起而救之以「良知」，一時喚醒沉迷，如長夜之旦，則吾道之又一覺也。今天下争言良知矣，及其弊也，猖狂者參之以情識，而一是皆良，超潔者蕩之以玄虚，而夷良于賊，亦用知者之過也。夫陽明之良知，本以救晚近之支離，姑借大學以明之，未必盡大學之旨也。而後人專以言大學，使大學之旨晦；又借以通佛氏之玄覺，使陽明之旨復晦。又何怪其説愈詳，而言愈厖，卒無以救詞章訓詁之錮習，而反之正乎？時節因緣，司世教者又起而言「誠意」之學，直以大學還大學耳。争之者曰：「意稗種也。」余曰：「嘉穀。」又曰：「意枝族也。」余曰：「根荄。」是故知本所以知至也，知至所以知止也，知止之謂致良知，則陽明之本旨也。今之賊道者，非不知之患，而不致之患；不失之情識，則失之玄虚。皆坐不誠之病，而求于意根者疎也。故學以誠意爲極則，而不慮之良于此起照，後覺之任，其在斯乎？孟子云：「我亦欲正人心，辟邪説，距詖行，放淫詞，以承三聖。」又曰：「能言拒楊、墨者，聖人之徒也。」余蓋有志焉而未之逮也。

説

朱夫子答梁文叔書曰：「近看孟子道性善，稱堯、舜，此是第一義。若於此看得透，信得及，直下便是聖賢，更無一毫人欲之私，做得病痛。若信不及，孟子又説過第二節工夫，又只引成覸、顔淵、公明儀三段説話，教人如此發憤，勇猛向前，日用之間，不得存留一毫人欲之私在這裏，此外更無别法。」此朱子晚年見道語也。學者須占定第一義做工夫，方是有本領學問，此後自然歇手不得，如人行路，起脚便是長安道，不患不到京師。然性善、堯、舜，人人具有，學者何故一向看不透，信不及？正爲一點靈光，都放在人欲之私上。直是十分看透，遂將本來面目，盡成埋没。驟而語之以堯、舜，不覺驚天動地，却從何處下手來？學者只是克去人欲之私。欲克去人欲之私，且就靈光初放處討分曉，果認得是人欲之私，便卽時克了。陽明先生「致良知」三字，正要此處用也。孟子他日又説箇道二，仁與不仁，不爲堯、舜，則爲桀、紂，中間更無一髮可容混處。學者上之不敢爲堯、舜，下之不屑爲桀、紂，却于兩下中，擇個中庸自便之途，以爲至當，豈知此身早已落桀、紂一途矣。故曰：「紂之不善，不如是之甚也。」學者惟有中立病難醫。凡一切悠悠忽忽，不激不昂，漫無長進者皆是。看來全是一團人欲之私，自封自固，牢不可破。今既捉住病根在，便合信手下藥。學者從成覸、顔淵、公明儀説話，激發不起，且急推向桀、紂一路上，果能自供自認否？若供認時，便是瞑眩時，若藥不瞑眩，厥疾不瘳，正爲此等人説法。倘下之苟不爲桀、紂，上之又安得不爲堯、舜？第一義説。

程子曰：「心要在腔子歇。」此本孟子求放心而言，然則人心果時放外耶？卽放外，果在何處？因讀孟子上文云：「仁，人心也。」乃知心有不仁時，便是放。所謂「曠安宅而弗居也」。故陽明先生曰：「程子所謂腔子，亦卽是天理。」至哉言乎！程子又曰：「吾學雖有所授，然天理二字，却是自家體認出來。」夫既從自家體認而出，則非由名象湊泊可知。凡仁與義，皆天理之名象，而不可卽以名象爲天理，謂其不屬自家故也。試問學者，何處是自家一路？須切己反觀，推究到至隱至微處，方有着落。此中無一切名象，亦並無聲臭可窺，只是個維玄維默而已。雖維玄維默，而實無一物不體備其中，所謂天也。故理曰天理，纔着人分，便落他家。一屬他家，便無歸宿。仔細檢點，或以思維放，或以卜度放，或以安排放，或以智故放，或以虛空放，只此心動一下，便是放。所放甚微，而人欲從此而橫流，其究甚大。蓋此心既離自家，便有無所不至者。心齋云：「凡有所向，有所見，皆是妄。」既無所向，又無所見，便是無極而太極。無極而太極，卽自家真底蘊處。學者只向自家尋底蘊，常做個體認工夫，放亦只放在這裏，求亦只求在這裏，豈不至易？豈不至簡？故求放心三字，是學人單提口訣，下士得之爲入道之門，上根得之卽達天之路。求放心說。

人生終日擾擾也，一着歸根復命處，乃在向晦時，卽天地萬物，不外此理。于此可悟學問宗旨，只是主静也。此處工夫最難下手，姑爲學者設方便法，且教之静坐。日用之間，除應事接物外，苟有餘刻，且静坐。坐間本無一切事，卽以無事付之，卽無一切事，亦無一切心，無心之心，正是本心。瞥起則放下，沾滯則掃除，只與之常惺惺可也。此時伎倆，不合眼，不掩耳，不趺跏，不數息，不參話頭，只在尋常日用中。有時倦則起，有時感則應，行住坐卧，都在静觀，食息起居，都作静會。昔人所謂勿忘勿助間，未嘗致纖毫之力，此其真消息也。故程子每見人静坐，便嘆其善學，善學云者，只此是求放心親切工夫。從此入門，卽從此究竟，非徒小小方便而已。會得時立地聖域，不會得時終身只是狂馳了，更無別法可入。不會静坐，且學坐而已。學坐不成，更論恁學？坐如尸坐時，習學者且從整齊嚴肅入，漸進于自然。詩云：「相在爾室，尚不愧于屋漏。」又曰：「神之格思，不可度思，矧可射思。」静坐說。

學者靜中既得力，又有一段讀書之功，自然遇事能應。若靜中不得力，所讀之書，又只是章句而已，則且教之就事上磨練去。自尋常衣食以外，感應酬酢，莫非事也。其間千萬變化，不可端倪，而一一取裁于心，如權度之待物然。權度雖在我，而輕重長短之形，仍聽之于物，我無與焉，所以情順萬事而無情也。故事無大小，皆有理存，劈頭判箇是與非。見得是處，斷然如此，雖鬼神不避；見得非處，斷然不如此，雖千駟萬鍾不回。又于其中條分縷析，銖銖兩兩，辨箇是中之非，非中之是，似是之非，似非之是。從此下手，沛然不疑，所行動有成績。又凡事有先着，當圖難于易，爲大于細。有要着，一着勝人千萬着；失此不着，滿盤敗局。又有先後着，如低棋以後着爲先着，多是見小欲速之病。又有了着，恐事至八九分，便放手，終成決裂也。蓋見得是非後，又當計成敗，如此方是有用學問。世有學人，居恒談道理井井，纔與言世務便疎。試之以事，或一籌莫展。這疎與拙，正是此心受病處，非關才具。諺云：「經一跌，長一識。」且須熟察此心受病之原，果在何處，因痛與之克治去，從此再不犯跌，庶有長進。學者遇事不能應，只有練練心法，更無練事法。練心之法，大要只是胸中無一事而已。無一事乃能事事，便是主靜工夫得力處。又曰：「多事不如少事，省事不如無事。」應事說。

應事接物，相爲表裏，學者于天下不能遺一事，便于天下不能遺一人。自落地一聲，此身已屬之父母；及其稍長，便有兄弟與之比肩；長而有室，又有妻子與之室家。至于食毛踐土，君臣之義，無所不在。惟朋友聯合，于稠人廣衆之中，似屬疎濶，而人生實賴以有覺。合之稱五倫。人道之經綸，管于此也。然父子其本也，人能孝于親，未有不忠于事君與友於兄弟、信於朋友、宜於家室者。夫妻一倫，尤屬化原。古來大聖大賢，又多從此處發軔來，故曰：「刑于寡妻，至于兄弟，以御于家邦。」蓋居室之間，其事最微渺而易忽，其惡爲淫僻。學者從此關打破，便是真道德，真性命，真學問文章，不然只是僞也。自有五倫，而舉天下之人，皆經緯聯絡其中。一盡一切盡，一虧一切虧。第一要時時體認出天地萬物一體氣象，卽遇惡人之見，橫逆之來，果能作如是觀否？彼固一體中人耳，纔有絲毫隔絕，便是斷滅性種。至于知之之明與處之之當，皆一體中自作用，非關權術。人第欲以術勝之，未有不墮其彀中者，然此際煞合理會。陸象山先生曰：「除了人情事變，無可做工夫。」要知做工夫處，果是何事？若不知此事，只理會個人情事變，仍不是工夫。學者知之。處人說。

今爲學者下一頂門針，卽「向外馳求」四字，便做成一生病痛。吾儕試以之自反，無不悚然汗浹者。凡人自有生以後，耳濡目染，動與一切外物作緣，以是營營逐逐，將全副精神，都用在外，其來舊矣。學者既有志於道，且將從來一切向外精神，盡與之反復身來，此後方有下手工夫可說。須知道不是外物，反求卽是，故曰：「我欲仁，斯仁至矣。」無奈積習既久，如浪子亡家，失其歸路，卽一面回頭，一面仍住舊時緣，終不知在我爲何物。又自以爲我矣，曰吾求之身矣，不知其爲軀殼也；又自以爲我矣，曰吾求之心矣，不知其爲口耳也；又自以爲我矣，曰吾求之性與命矣，不知其爲名物象數也。求之于軀殼，外矣；求之于耳目，愈外矣；求之于名物象數，外之外矣。所爲一路向外馳求也。所向是外，無往非外，一起居焉外，一飲食焉外，一動静語默焉外，時而存養焉外，時而省察焉外，時而遷善改過焉外，此又與于不學之甚者也。是故讀書則以事科舉，仕宦則以肥身家，勳業則以望公卿，氣節則以邀聲譽，文章則以腴聽聞，何莫而非向外之病乎，學者須發真實爲我心，每日孜孜汲汲，只幹辨在我家當，身是我身，非關軀殼；心是我心，非關口耳；性命是我性命，非關名物象數。正目而視之，不可得而見，傾耳聽之，不可得而聞，非惟人不可得而見聞，雖吾亦不可得而見聞也。於此體認親切，自起居食息以往，無非求在我者，及其求之而得，天地萬物，無非我有，絶不是功名富貴，氣節文章，所謂自得也。總之道體本無内外，而學者自以所向分内外。所向在内，愈尋求愈歸宿，亦愈發皇，故曰：「君子之道，闇然而日章。」所向在外，愈尋求愈决裂，亦愈消亡，故曰：「小人之道，的然而日亡。」學者幸早辨諸！向外馳求説。

朱夫子嘗言：「學者半日静坐，半日讀書，如此三年，必有進步可觀。」今當取以爲法，然除却静坐工夫，亦無以爲讀書地，則其實亦非有兩程候也。學者誠于静坐得力時，徐取古人書讀之，便覺古人真在目前，一切引翼提撕，匡救之法，皆能一一得之于我，而其爲讀書之益，有不可待言者矣。昔賢詩云：「萬徑千蹊吾道害，四書、六籍聖賢心。」學者欲窺聖賢之心，遵吾道之正，舍四書、六籍，無由而入矣。蓋聖賢之心，卽吾心也，善讀書者，第求之吾心而已矣。舍吾心而求聖賢之心，卽千言萬語，無有是處。陽明先生不喜人讀書，令學者直證本心，正爲不善讀書者，舍吾心而求聖賢之心，一似沿門持鉢，無益貧兒，非謂讀書果可廢也。先生又謂「博學只是學此理，審問只是問此理，慎思只是思此理，明辨只是辨此理，篤行只是行此理」，而曰「心卽理也」，若是乎此心此理之難明，而必假途於學問思辨，則又將何以學之、問之、思之、辨之，而且行之乎？曰：「古人詔我矣，讀書一事，非其導師乎？卽世有不善讀書者，舍吾心而求聖賢之心，一似沿門持鉢而有得也，亦何惜不爲貧兒？」昔人云：「士大夫三日不讀書，卽覺面目可憎，語言無味。」彼求之聞見者猶然，況有進于此者乎？惟爲舉業而讀書，不免病道，然有志之士，卒不能舍此以用世，何可廢也？吾更惡夫業舉子而不讀書者！讀書說。

聖賢教人，只指點上一截事，而不及下截。觀中庸一書可見。蓋提起上截，則其下者不勞而自理，纔說下截事，如堂下人斷曲直，莫適爲主，誰其信之？「形而上者謂之道，形而下者謂之器」是也。人生而有此形骸，便有此氣質，就中一點真性命，是形而上者。雖形上不離形下，所以上下易混作一塊。學者開口說變化氣質，却從何處討主腦來？通書曰：「性者剛柔善惡，中而已矣。」中便是變化氣質之方。而中庸曰：「喜怒哀樂未發謂之中。」却又無可着力處。從無可着力處，用得工夫，正是性體流露時，此時剛柔善惡，果立在何處？少間便是個中節之和，這方是變化氣質工夫。若已落在剛柔善惡上，欲自剛而克柔，自柔而克剛，自惡而之於善，已善而終不至于惡，便落堂下人伎倆矣。或問：「孟子說『善養浩然之氣』如何？」曰：「纔提起浩然之氣，便屬性命邊事。若孟施舍、北宮黝、告子之徒，只是養個蠢然之氣，正是氣質用事處，所以與孟子差別。」氣質說。

或有言學問之功，在愼所習者。予曰：「何謂也？」曰：「人生而有習矣。一語言焉習，一嗜欲焉習，一起居焉習，一酬酢焉習。有習境，因有習聞；有習聞，因有習見；有習見，因有習心；有習心，因有習性。故曰『少成若性』，并其性而爲習焉。習可不愼乎？習於善則善，習於惡則惡，猶生長於齊、楚，不能不齊、楚也。習可不愼乎？」曰：「審如是，又誰爲專習之權者而愼之？」其人不能答。予曰：「在復性，不在愼習。」或曰：「何謂也？」予乃告之曰：「人生而靜，天之性也，渾然至善者也；感于物而動，乃遷于習焉，習於善則善，習於惡則惡，斯日遠於性矣。無論習于惡者，非性；即習善者，亦豈性善之善乎？故曰『性相近也，習相遠也』，蓋教人尊性也。然學以復性也，如之何曰性不假復也？復性者，復其權而已矣。請即以習證，習于善則善，未有不知其爲善者；習於惡則惡，未有不知其爲惡者。此知善而知惡者誰乎？此性權也。既已知其爲惡矣，且得不去惡乎？知其爲善而爲之，爲之也必盡，則亦無善可習矣。無善可習，反之吾性之初，本無善可習也。知其爲惡而去之，去之也必盡，則亦無惡可習矣。無惡可習，反之吾性之初，本無惡可習也。此之謂渾然至善，依然人生之初，而復性之能事畢矣。」「然則習亦可廢乎？」曰：「何可廢也！爲之語言以習之，則知其語言以慎之；爲之嗜欲以習之，則知其嗜欲以慎之；爲之起居以習之，則知其起居以慎之；爲之酬酢以習之，則知其酬酢以慎之。如是則即習即性矣。凡境即是性境，凡聞即是性聞，凡見即是性見。無心非性，無性非習。大抵不離獨知者近是。知之爲言也，獨而無偶，先天下而立定一尊，而後起者稟焉，是之爲性權。」或者怳然而解曰：「吾乃知慎習之功，其在必慎其獨乎？」首肯之而去。習說。第一義至此九篇，乃一時所作。

自聖學不明，學者每從形器起見，看得一身生死事極大。將天地萬物都置之膜外，此心生生之機，早已斷滅種子了。故其工夫顓究到無生一路，只留個覺性不壞，再做後來人，依舊只是貪生怕死而已。吾儒之學，直從天地萬物一體處，看出大身子。天地萬物之始，即吾之始，天地萬物之終，即吾之終。終終始始，無有窮盡，只此是生死之說。原來生死只是尋常事。程伯子曰：「人將此身放在天地間，大小一例看，是甚快活。」予謂生死之說，正當放在天地間，大小一例看㊀也。于此有知，方是窮理、盡性、

㊀「是甚快活」下二十二字，底本原無，此據賈本、備要本補。

至命之學。藉令區區執百年以内之生死而知之，則知生之盡，只是知個貪生之生；知死之盡，只是知個怕死之死而已。「然則百年生死，不必知乎？」曰：「奚而不知也？子曰『朝聞道，夕死可矣』是也。如何是聞道？其要只在破除生死心。此正不必遠求百年，卽一念之間，一起一滅，無非生死心造孽。既無起滅，自無生死。」又曰：「盡語默之道，則可以盡去就之道；盡去就之道，則可以盡生死之道。生死非大，語默去就非小，學者時時有生死關頭難過，從此理會透天地萬物，便是這裏，方是聞道。」生死說。

獨之外，別無本體；愼獨之外，別無工夫。此所以爲中庸之道也。乃虞廷言心，則曰「人」，曰「道」，而中庸直指「率性之道」，無乃混人道而一之乎？此言心言性之別也。虞廷言心，非分言之則不精，不精無以爲至一之地；中庸言性，性一而已，何歧之有？然性是一，則心不得獨二。夫天命之所在，卽人心之所在，人心之所在，卽道心之所在，此虞廷未發之旨也。或曰有「氣質之性」，有「義理之性」，則性亦有二與？爲之說者，本之人心道心而誤焉者也。程子曰：「論性不論氣不備，論氣不論性不明，二之則不是。」若既有氣質之性，又有義理之性，將使學者任氣質而遺義理，則「可以爲善，可以爲不善」之說信矣！又或遺氣質而求義理，則「無善無不善」之說信矣！又或衡氣質義理而並重，則「有性善有性不善」之說信矣！三者之說信，而性善之旨復晦，此孟氏之所憂也。須知性只是氣質之性，而義理者氣質之本然，乃所以爲性也。性只是人心，而道者人之所當然，乃所以爲心也。人心道心，只是一心，氣質義理，只是一性。識得心一性一，則工夫亦可一。静存之外，更無動察；主敬之外，更無窮理。

其究也，工夫與本體亦一，此慎獨之説也。而後之解者，往往失之。昔周元公著太極圖説，實本之中庸，至「主静立人極」一語，尤爲「慎獨」二字傳神。其後龜山門下一派，羅、李二先生相傳口訣，專教人看喜怒哀樂未發時作何氣象。朱子親授業于延平，固嘗聞此。而程子則以静字稍偏，不若專主于敬；又以敬字未盡，益之以窮理之説，又曰「涵養須用敬，進學在致知」。朱子從而信之，所學爲之少變。遂以之解大、中，謂慎獨之外，另有窮理工夫，以合于格致誠正之説。仍以慎獨爲動，屬省察邊事，前此另有一項静存工夫。近日陽明先生始目之爲支離，專提「致良知」三字爲教法，而曰「良知只是獨之時」，又曰「惟精是惟一工夫，博聞是約禮工夫，致知是誠意工夫，明善是誠身工夫」，可謂心學獨窺一源。至他日答門人「慎獨是致知工夫，而以中爲本體，無可著力」，此却疑是權教。天下未有大本之不立，而可徒事乎道生者。工夫用到無可著力處，方是真工夫，故曰：「勿忘勿助，未嘗致纖毫之力。」此非真用力于獨體者，固不足以知之也。大抵諸儒之見，或同或異，多係轉相偏矯，因病立方，盡是權教。至于反身力踐之間，未嘗不同歸一路，不謬于慎獨之旨。後之學者，無從向語言文字生葛藤。但反求之吾心，果何處是根本一著？從此得手，方窺進步，有欲罷不能者。學不知本，卽動言本體，終無著落。學者但知卽物窮理爲支離，而不知同一心耳，舍淵淵静深之地，而從事思慮紛起之後，泛應曲當之間，正是尋枝摘葉之大者，其爲支離之病，亦一而已。將恃此爲學，又何成乎？又何成乎？天命章説。

天命流行，物與无妄，人得之以爲心，是謂本心。人心無一妄而已。忽焉有妄，希乎微乎？其不得而端倪乎？是謂微過，獨知主之；有微過，是以有隱過，七情主之；有隱過，是以有顯過，九容主之；有顯過，是以有大過，五倫主之；有大過，是以有叢過，百行主之。總之妄也。譬之木㊀自本而根、而幹、而標，水自源而後及于流，盈科而至於放海，故曰：「涓涓不息，將成江河；綿綿不絕，將尋斧柯。」是以君子貴防之早也。其惟慎獨乎？慎獨則時時知改。俄而授之隱過矣，當念過，便從當念改；又授之顯過矣，當身過，便從當身改；又授之大過矣，當境過，當境改；又授之叢過矣，隨事過，隨事改。改之則復於無過，可喜也；不改成過，且得無改乎？總之皆袪妄還真之學，而工夫次第如此。譬之擒賊者，擒之於室甚善，不於室而於堂，不於堂而於外門，於衢，於境上，必成擒而後已。子絕四：毋意，毋必，毋固，毋我。真能慎獨者也。其次則「克伐怨欲不行焉爾」。宋人之言曰：「獨行不愧影，獨寢不愧衾。」獨而顯矣；司馬温公則云：「某平生無甚過人處，但無一事不可對人言者。」庶幾免於大過乎？若邢恕之一日三檢點，則叢過對治法也。真能慎獨者，無之非獨，卽邢恕學問，孔子亦用得着，故曰「不爲酒困」。不然自原憲而下，總是個閒居小人，爲不善而已。善學者須學孔子之學，只於意根上止截一下，便千了百當。若到必固我，已漸成決裂，幸於我處止截得，猶不失爲顏子克己，過此無可商量矣。落一格，粗一格，工夫轉愈難一格，故曰：「可爲難矣。」學者須是學孔子之學。

人之言曰：「有心爲惡，無心爲過。」則過容有不及知者，因有不及改，是大不然。夫心不愛㊁過者也，纔有一點過，便屬礙膺之物，必一決之而後快。故人未有有過而不自知者，只不肯自認爲知爾。然

㊀「木」原作「本」，據賈本改。

㊁「愛」字賈本、備要本同。朱氏釋誤云：按文義「愛」應作「受」。

則過又安從生？曰只不肯自認爲知處，其受蔽處良多，以此造過遂多，仍做過不知而已。孟子言：「君子之過，如日月之食。」可見人心只是一團靈明，而不能不受暗於過。明處是心，暗處是過。明中有暗，暗中有明。明中之暗，卽是過；暗中之明，卽是改，手勢如此親切。但常人之心，忽明忽暗，展轉出没，終不能還得明明之體，不歸薄蝕何疑？君子則以暗中之明，用箇致曲工夫，漸次與它恢擴去，在論語則曰「訟過」，如兩造當庭，抵死仇對，不至十分明白不已。纔明白，便無事。如一事有過，直勘到事前之心，果是如何？一念有過，直勘到念後之事，更當如何？如此反覆推勘，更無躲閃，雖一塵亦駐足不得，此所謂致曲工夫也。大易則言「補過」，謂此心一經缺陷，便立刻與之圓滿那靈明爾。若只是小小補綴，頭痛救頭，脚痛救脚，敗缺難掩，而彌縫日甚，謂之文過而已。雖然，人猶有有過而不自知者。「子路，人告之以有過則喜。」子曰：「丘也幸，苟有過，人必知之。」然則學者虚心，遜志時務，察言觀色，以輔所不逮，有不容緩者。以上改過說。

陽明子言良知，最有功于後學，然只傳孟子教法，于大學之説，終有未合。古本序曰：「大學之道，誠意而已矣；止至善之則，致良知而已矣。」宛轉説來，頗傷氣脈。至龍溪所傳天泉問答，則曰：「無善無惡者心之體，有善有惡者意之動，知善知惡是良知，爲善去惡是格物。」益增割裂矣。卽所云良知，亦非究竟義也。知善知惡與知愛知敬相似，而實不同。知愛知敬，知在愛敬之中，知善知惡，知在善惡之外。知在愛敬中，更無不愛不敬者以參之，是以謂之良知。知在善惡外，第取分別見，謂之良知所發則可，而已落第二義矣。且所謂知善知惡，蓋從有善有惡而言者也。因有善有惡，而後知善知惡，是知爲意奴也，良在何處？又反無善無惡而言者也。本無善無惡，而又知善知惡，是知爲心祟也，良在何處？且大學所謂致知，亦只是致其知止之知，知止之知，卽知先之知，知先之知，卽知本之知。惟其知止知先知本也，則謂之良知，亦得知在止中，良因止見，故言知止，則不必更言良知。若曰以良知之知知止，又以良知之知知先而知本，豈不架屋叠牀之甚乎？且大學明言止於至善矣，則惡又從何處來？心意知物，總是至善中全副家當，而必事事以善惡兩糾之。若曰去其惡而善乃至，姑爲下根人設法，如此則又不當有無善無惡之説矣。有則一齊俱有，既以惡而疑善，無則一齊俱無，且將以善而疑惡，更從何處討知善知惡之分曉？止因陽明將意字認壞，故不得不進而求良于知，仍將知字認粗，又不得不退而求精于心，種種矛盾，固已不待龍溪駁正，而知其非大學之本旨矣。大學開口言明德，因明起照，良知自不待言。而又曰「良知卽至善」，「卽未發之中」，亦既恍然有見于知之消息，惜轉多此良字耳。然則良知何知乎？知愛知敬而已矣。知皆擴而充之，達之天下而已矣。格此之謂格物，誠此之謂誠意，正此之謂正心，舉而措之謂之平天下。陽明曰：「致知焉盡之矣。」余亦曰：「致知盡之矣。」良知説。

讀易圖説

⊙圖中有一點，變化無窮。子曰「易有太極」，周子曰「無極而太極」，淪于無矣。解無極者曰「無形有理」，益滯于無無矣。今請爲太極起廢而表是圖，其爲象曰有，卽未必周子之旨也，抑亦孔門之説歟？雖然滯于有矣，夫圖其似之者也。佛氏亦有是圖，然其中一點，仍作空解，意實不同。

天有四時，春夏爲陽，秋冬爲陰，中氣行焉；地有四方，南北爲經，東西爲緯，中央建焉；人有四氣，喜怒哀樂，中和出焉。其德則謂之仁義禮智信是也。是故元亨利貞，卽春夏秋冬之表義，非元亨利貞生春夏秋冬也。左右前後，卽東南西北之表義，非左右前後生東西南北也。仁義禮智，卽喜怒哀樂之表義，非仁義禮智生喜怒哀樂也。又非仁義禮智爲性，喜怒哀樂爲情也；又非未發爲性，已發爲情也。後儒之言曰：「理生氣，性生情。」又曰：「心統性情。」其然，豈其然乎？

造化之理，新新故故，相推而不窮，如草木之榮枯，昆蟲之啓蟄，日月之晦明，四時之盛衰，氣運之往來，陵谷之遷徙，莫不皆然。人囿于大化之中，與萬物同體，自一日以往，自少而壯、而老、而死，無不變也。有之其惟積氣、積習乎？油入于麪，不可復出，此其不變者也。孰知去故滋遠，反常滋甚矣乎？

君子仰觀於天，而得先天之易焉。「維天之命，於穆不已」，蓋曰天之所以爲天也。是故君子戒懼于所不睹聞，此愼獨之説也。至哉獨乎？微乎微乎？穆穆乎不已者乎？蓋曰心之所以爲心也，則心一天也。獨體不息之中，而一元常運，喜[一]怒哀樂，四氣周流，存此之謂中，發此之謂和，陰陽之象也。四氣一陰陽也，陰陽一獨也。其爲物不二，則其生物不測也。故其中爲天下之大本，而和爲天下之達道，及其至也，察乎天地，至隱至微至顯至見也，故曰：「體用一原，顯微無間。」君子所以必愼其獨也，此性宗也。

[一]「喜」原作「哀」，據賈本改。

君子俯察于地，而得後天之易焉。夫性本天者也，心本人者也，天非人不盡，性非心不體也。心也者，覺而已矣，覺故能照，照心常寂而常感，感之以可喜而喜，感之以可怒而怒，其大端也。喜之變爲欲，爲愛，怒之變爲惡，爲哀，爲懼，則立於四者之中，喜得之而不至於淫，怒得之而不至於傷者。合而觀之，卽人心之七政也。七者皆照心所發也，發則馳矣，衆人溺焉。惟君子時發而時止，時返其照心，而不逐于感，得易之逆數焉。此之謂「後天而奉天時」，蓋愼獨之實功也。

聖學喫緊三關

學莫先于問途，則人己辨焉，此處不差，後來方有進步可觀。不然，只是終身擾擾而已。

爲己爲人，只聞達之辨，説得大槩已盡。後儒又就聞中指出許多病痛，往往不離功名富貴四字，而蔽之以義利兩言。除却利便是義，除却功名富貴便是道，此中是一是二，辨之最微。學者合下未開眼孔，只爲己不足，故求助於人，豈知愈求助於人，愈不足於己乎？以上人己關。

學以爲己，己以内又有己焉。只此方寸之中，作得主者是，此所謂眞己也。必也㊀敬乎？敬肆關。

由主敬而入，方能覿體承當，其要歸於覺地，故終言迷悟。

工夫却從存養中來，非懸空揣控，索之象罔者也。故宋儒往往不喜頓悟之説。或曰：「格物致知，大學之始事，今以悟爲終事，何也！」曰：「格致工夫，自判斷人己一關時，已用得著矣。然必知止知至

㊀「必也」二字據賈本、備要本補。本句劉子全書作「必也主敬乎」。

以後，體之當身，一一無礙，方謂之了悟。悟豈易言乎？若僅取當下一點靈明，瞥然有見時，便謂之悟，恐少間已不可復恃。」以上迷悟關。

大學雜繹

夫大學之所謂主腦者，止至善而已矣。致知之功，格物而已矣。格物之要，誠正以修身而已矣。盈天地間皆物也，自其分者而觀之，天地萬物各一物也；自其合者而觀之，天地萬物一物也。一物本無物也，無物者理之不物于物，爲至善之體，而統于吾心者也。雖不物于物，而不能不顯于物，耳得之而成聲，目寓之而成色，莫非物也，則莫非心也。耳能辨天下之聲，而不可欺以清濁，吾因而致焉，并不可欺以一切清濁，所以致吾心之聰也。目能辨天下之色，而不可欺以緇素，吾因而致焉，并不可欺以一切緇素，所以致吾心之明也。致吾心之聰明者，致吾之良知也。良知之於物，如鑑之於妍媸，衡之於高下，而規矩之於方圓也。鑑不離物而定妍媸，衡不離物而取高下，規矩不離物而辨是非，一也。故曰致知在格物。然而致吾心之聰，非無不聞之謂也，聞吾至善而已矣。致吾心之明，非無不見之謂也，見吾至善而已矣。聞吾至善，返于無聞矣，見吾至善，返于無見矣，知無知矣。中庸曰：「戒慎乎其所不睹，恐懼乎其所不聞。」不動而敬，不言而信，其要歸于慎獨，此格物真下手處。故格物卽格其反身之物，不離修者是；而致知卽致其所性之知，不離止者是。孔門之學，無往而不以格致爲第一義，博文約禮，其定本也。又曰：「多聞，擇其善者而從之，多見而識之，知之次也。」心非内也，耳目非外也，物非粗也，無物之物非精也。即心即物，非心非物，此謂一以貫之。自格致之旨晦，而聖學淪于多岐。滯耳目而言知者，狥物者也；離耳目而言知者，遺物者也。狥物者弊之于一草一木，亦用工夫；而遺物求心，又逃之無善無惡，均失也。格致。

君子之學，先天下而本之國，先國而本之家與身，亦屬之己矣。又自身而本之心，本之意，本之知，本至此，無可推求，無可揣控，而其爲己也，隱且微矣。隱微之地，是名曰獨。其爲何物乎？本無一物之中而物物具焉，此至善之所統命也。致知在格物，格此而已。獨者物之本，而慎獨者，格物之始事也。君子之爲學也，非能藏身而不動，杜口而不言，絶天下之耳目而不與交也。終日言，而其所以言者，人不得而聞也，自聞而已矣。終日動，而其所以動者，人不得而見也，自見而已矣。自聞自見者，自知者也。吾求之自焉，使此心常止而定、静、安、慮、得，慎之至也。慎獨也者，人以爲誠意之功，而不知即格致之功也。大學之道，一言以蔽之，曰慎獨而已矣。自虞廷執中以來，無非此意，故伊、洛以一爲入道之門。朱子析之曰：「涵養須用敬，進學則在致知。」故于大學分格致誠正爲兩事。至解慎獨，又以爲動而省察邊事，先此更有一段静存工夫，則愈析而愈支矣。陽明子反之，曰：「慎獨即是致良知。」即知即行，即動即静，庶幾心學獨窺一源。總之，獨無動静也，其有時而動静焉，動亦慎，静亦慎也，而静爲主。使非静時做得主張，則動而馳矣，如挽逝波，其可及乎？動而常知，常止焉，則常静矣。周子曰「主静立人極」是也。慎獨。

天圓地方，規矩之至也。人心一天地也，其體動而圓，故資始不窮，有天道焉。其用静而方，故賦形有定，有地道焉。君子之學，圓效天，方法地也。其獨知之地，不可得而睹聞矣，效天者也。由不睹而之于無所不睹，由不聞而之于無所不聞，地道之善承天也。易曰：「君子敬以直內，義以方外」，規矩之至也。絜矩。

人心終日如馬足車輪，奔馳無止，果係何物受累？苟能去所累心者，而於止也幾矣！知此之謂知止，止此之謂至善。

問大學要義。曰：「言本體喫緊得個善字，言工夫喫緊得箇止字，言本體工夫一齊俱到處，喫緊得箇知字，言本體工夫一齊歸管處，喫緊得箇身字。」以上首章。

致知者，致吾知止之知也，收攝到極處，卽是推致到極處，逮止於至善，則知至矣。至善。

格物不妨訓窮理，只是反躬窮理，則知本之意自在其中。只是一箇良知，正須從意根查考，心源體認，身上檢點，家庭印證，國與天下推廣，這便是格物工夫，便是致知工夫。朱子云：「格物須提起第一義，便是極至道理。」如在朝，便須進君子退小人，決無小人可用之理，這便是第一義。若見不破，便謂小人可用。」予㊀謂進君子退小人，根吾好惡來。其能好能惡是第一義，好人惡人是第二義，知進退人，又是第三四義了。知此方是知本。知本。

矩是至善之式，所以安頓此心恰好處，夫子之「不踰矩」是也。釋矩。

大學之道，誠意而已矣。誠意之功，慎獨而已矣。意也者，至善歸宿之地，其爲物不二，故曰獨。

㊀「予」原作「子」，據賈本、備要本改。

其爲物不二，而生物不測，所謂物有本末也。格物致知，總爲誠意而設，亦總爲慎獨而設也。非誠意之先，又有所謂致知之功也。故誠意者大學之專義也，前此不必在格物，後此不必在正心也。亦大學之了義也，後此無正心之功，并無修治平之功也。後之解誠意者，吾惑焉。曰「意者心之所發」，則誰爲所存乎？曰「有善有惡者意之動」，則誰爲好之惡之者乎？

幾者動之微，則前此更有静者，幾乎？曰：「非然也。動之微，則動而無動矣。動而無動，所以静而無静也。此心體主宰之妙也。故名之曰『意』。」

章句云：「實其心之所發。」不知實字代得誠字否？又不知是發前求實，抑是發後求實？若是發前求實，則工夫仍在所存時。然章句又云：「皆務決去而求必得之。」似言凡于意之所發，皆務求所以實之，則誠之之功，已落在意後矣。落在意後，則必就其事而實之，而自欺仍只是自欺其意，是看意字尚精，而看誠字轉粗也。所以轉下慎獨，方打入裏面，有審幾之説，不免就誠意推先一層矣。夫既以獨知爲獨，而以慎獨推先於意誠，明是「欲誠其意，先致其知」之註疏，既有獨知之致知，又有補傳窮理之致知，頭緒何所適從乎？以上誠意。

聖學本心，維心本天，維玄維默，體乎太虛。因所不見，是名曰獨。獨本無知，因物有知，物體于知，好惡立焉。好惡一機，藏於至静，感物而動，七情著焉。自身而家，自家而國，國而天下，慶賞刑威，惟所措焉，是爲心量，其大無外，故名曰天。天命何命？即吾獨知。一氣流行，分陰分陽，運爲四氣，性體乃朕，率爲五常，殊爲萬事。反乎獨知，獨知常止。全體具之，本無明暗，常止則明，紛馳乃暗，故曰

「闇然日章」，「的然日亡」。君子知之，凛乎淵水。於所不睹，於所不聞，日夕兢兢，道念乃凝。萬法歸一，不盈此知，配天塞地，盡性知命。此知無始，是爲原始，此知無終，是爲反終。死生之説，晝夜之常，吾生與生，吾死與死。夷彼萬形，非吾得私。猥云不死，狂馳何異！獨箴。

論語學案

君子學以慎獨，直從聲臭外立根基，一切言動事爲，慶賞刑威，無不日見于天下，而問其所從出之地，凝然不動些子，只有一箇淵然之象，爲天下立皇極而已。衆星晝夜旋轉，天樞不動，其不動處，是天心，這便是「道心惟微」。其運旋處，便是「人心惟危」。其常運而常静處，便是「惟精惟一，允執厥中」。天人之學也。爲政以德。

心之官則思，思曰睿，睿作聖。思本無邪，其卒流于邪者，勿思耳。以爲思無邪，非也。思無邪者，閑邪之學也。詩以理性情，人心之情自正，何邪之有？詩三百。

孟武伯問孝，是人子身上事，父母惟其疾之憂，是父母身上事。問是孝，答是慈，有何關涉？豈知人子于父母，其初只是一人之身，父母的痛癢，便是人子的痛癢，若于此漠不相關，更有何孝可言？若於此認得親切，亦更有何孝可言？惟疾之憂，非徒以慰親之爲孝也，知乎此者，必能以其身爲父母之身，以其心爲父母之心，而終身孺慕之情，有無所不至者矣。孟武伯。

知則全體皆知，不知則全體皆不知，更無半明半暗分數。但私意蔽錮，亦有去來，則有時而知，有時而不知耳。夫既有時而知，有時而不知，則并其知而非，人能知己之不知，正是無所不知的本體呈露時。金針一撥，宿障全消。誨女知之。

信是本之真心，而見之然諾之際者，是身世作合關鍵，猶車之輗軏。然舉世尚狙詐，人而無信，一味心口相違，千蹊萬徑，用得熟時，若以爲非此不可持身，不可御世，豈知其斷斷乎不可者！可不可只衡在是非上，而行不行方格到利害上也。無信。

君子之于仁，惟有貧賤一途，是終身得力地，雖終食之頃，未始無去處交乘之隙，使終食而爲貧賤之終食，則疏食飲水樂也。極貧賤之途，雖造次仁也，顛沛仁也，苟舍此而欲處以非道之富貴，有斷斷乎不可者！君子所以練此心之仁，不容躲閃，不容方便，纔是中心安仁也。

孔子圍匡七日，子路曰：「吾聞仁者必容，知者必用。」如此說，則天下更無非道之貧賤可處。豈知自人分上看貧賤則非道，自君子身上看，未嘗非道也。世人只爲見得有非道之貧賤，所以怨天尤人，無所不至。以上富與貴。

盈天地間，萬事萬物，各有條理，而其條理貫通處，渾無内外人己感應之跡，亦無精粗大小之殊，所謂一以貫之也。一本無體，就至不一，會得無二無雜之體，從此手提線索，一一貫通。纔有壅淤，便與消融；纔有偏枯，便與圓滿。時時澄徹，處處流行，直將天地萬物之理，打合一處，亦更無以我合彼之勞，方是聖學分量。此孔門求仁之旨也。

聖人從自己身上言，心無死地，則曰貫。無所不貫，則曰一以貫之，非以一貫萬也。一以貫之，還他天地自然本色。以上一貫。

仁者渾然全體而無息，就全體中露出個治賦，爲宰，爲儐相才具，便是大海中一漚發現。且有待而然，有時竪起，有時放下，非不息之體。故卽三子之才，而其未仁亦自可見。可使治賦。

鄧定宇曰：「此非閔、憲以下學問，顏子心常止，故不遷；心常一，故不貳。」予謂心本常止，而不能不動以怒，故就怒時求止法，曰不遷。心本常一，而不能不二於過，故就過時求一法，曰不二。此正復性之功。若先得此心之止與一者以立本，而後遇怒能不遷，遇過能不二，則是止者一心，而不遷者又一心也。一者一心，而不貳者又一心也。將孔門一切懲忿窒欲，遷善改過之學，都無用處，所謂復性之功者，不幾求之虛無寂滅之歸乎？不遷怒。

此道身有之，則不言而信，以歸於慥慥之地，所謂躬行君子也，故云默識。識如字，謂信諸心也。默識之學，精神毫不滲漏，徹首徹尾，以此學，卽以此教，何厭倦之有？自默字訛解，而學者遂以語言道斷當之，謂聖學入手，只在妙悟，學都從悟中來。不知聖學自下學，則自反躬體驗，豈有墮于杳冥玄默之見乎？默而識之。

世謂聞見之知，與德性之知有二。予謂聰明睿知，非恃乎睿知之體，不能不竅于聰明，而聞見啓焉。性亦聞見也，效性而動者學也。今必以聞見爲外，而欲墮體黜聰，以求睿知，并其睿知而槁矣，是墮性于空，而禪學之談柄也。張子曰：「非天聰明，不成其爲人，聖則天聰明之盡者耳。」天聰天明，耳辨聞，目辨見，是天聰明之盡，則夫子「多聞擇其善者而從之，多見而識之」是也。曰「知次」者，人次於天以見天，非人不盡也！知之次。

常人之過，人知處得九分，已知處得一分；聖人之過，人知處得一分，已知處得九分。説聖人有過，已是駭人，今説聖人猶有不知之過，至爲人所知，益奇。此意最宜理會，學者便當長一格。陳司敗。

曾子學問，都是軀殼上討得，最有持循，一則一，二則二。有疾。

古人濟大事，全靠脚定，只是不從身家名位起念，便是。凡可奪處，皆是此等作祟也。誠極則精，精極則變，一切作用，皆從此出。誠中之識見，是大識見，誠中之擔當，是大擔當，故君子非有才之難，而誠之難。可以托六尺。

人之氣質，不失之高明，則失之卑暗。而氣質之性，終不錮其理義之性，狂者必直，侗者必愿，悾悾者必信，自習染勝而三者并漓，人心之變，可勝窮乎？狂而不直。

天下一物也，聖人視外物，無大小都作等閒看，打過得簞食豆羹關，便打得天下關。舜禹之有天下。

子絶四，聖人之心，置在何處？曰：「絶四之外，更無心。」問：「意必固我，與聲色貨利，有淺深否？」曰：「看他四者之心，從何處起。」子絶四。

顔子之學，纔動輒便可到頭，爲從文禮處得力來。後人欲一齊放過，謂文既足以溺心，禮亦不免于執著，絶意去智，專用力于末由之境。微者墮于空寂，放者入於猖狂，佛、老之教行，而聖道裂矣。顔淵喟然。

權者道之體也，道體千變萬化，而不離于中，非權而何？易曰「巽以行權」，言入道之微也。權居無事，因物付物，而輕重準焉，言天下之至靜而不可測也，言天下之至動而不可離也。權之理主常，而準諸事主變，理卽事，事卽理，其常也，乃所以爲變也。漢儒反經合道之説，誠非；朱子謂權之與經，亦須有辨，亦非也。天下有二道乎？嫂溺援之以手者，權也。正是道理合當如此，乃所爲經也。故權非反經而爲言也。然則經何辨乎？曰經者權之體，權者經之用，合而言之道也。禮儀三百，威儀三千，皆經也。神而明之，妙用出焉，權也。二而一者也。未可與權。

吴康齋夜半思處貧㊀之策，至日中始決。如此計較，便是貨殖。故魯齋治生之言，亦病。如拼一餓死，更有甚計較？然則聖學有死地乎？曰義不食粟，則亦有死而已，古今處君臣之義皆然。其嗟也可去，其謝也可食，倘終不謝，便當一死。聖人于辭受取與，一斷以義，無纖毫擬議方便法門。貨殖。

道體大段易見得，只是微處難窺，才着小心，便有湊泊處。聞斯行之。

視聽言動一心也，這點心不存，則視聽言動到處受病，皆妄矣。若言「視思明，聽思聰，言思忠，動思敬」，猶近支離。

問：「仁是如何名狀？」曰：「先儒言公、言覺、言生、言愛，亦僅舉其動機言，尚遺却靜中體段，故不若孟子曰：『仁者，人也。』試觀人目何以能視？耳何以能聽？口何以能言？四肢何以能動？非仁而何？易曰乾元統天，蓋曰天之所以爲天也。『仁者，人也』，蓋曰人之所以爲人也。」

天地以生物爲心，仁也，萬物資生。人與萬物皆生于仁，本是一體，故人合下生來，便能愛，便是親

㊀「處貧」原作「貧處」，據備要本乙。

親。由親親而推之，便能仁民，便能愛物。天地以生物爲心，人亦以生物爲心，本來之心，便是仁；本來的人，便是仁，故曰：「仁，人心也。」又曰：「仁者，人也。」

問：「己如何克去？」曰：「只是不從己起見，便是克。」

問：「克，勝也，是以仁勝不仁否？」曰「非先有個仁去勝不仁，只勝不仁處，便是仁也。」曰：「畢竟有主人翁，方勝盜賊。」曰：「頭上安頭之見也。仁體湛然，不容一物，纔有物，不論善惡是非，都是不仁。爲仁者，正就此處銷鎔，還他個湛然本體，此克己正當時也。若先據個主人在，便是物欲，所謂認賊作主也。若主人常在，則亦無盜賊可逐，能逐盜賊，便是主人，不必另尋主人。」以上克復。

道體渾然無可持循，故聖人就分見處，示人以入德之地。延平曰：「理一而分殊，理不患不一，所難者分之殊也。」聖人之言四勿，言居處，三者皆就分殊以見理一也。居處恭。

顏子有不善未嘗不知，知之未嘗復行也，亦不行也。然顏子不善，只是一念絶續之間，就仁中揀出不仁來，故爲不遠之復。原憲不行，則已成此四等症候，旋潰旋制，終不能奏廓如之效。則不行之心，猶然人僞而已，於人體何當？

予始與陸以建論學，謂克伐怨欲不行，正是克己工夫。子曰「可以爲難」者，欲其先難而後獲也。以建甚不然之。看來不行之心，早是個己也。然學者根器淺，不恁地不得，由此進之，扶得個不行心常做主，便是克己力量也。克伐怨欲。

鄧定宇晚年學問有得，其兄問之，曰：「弟近日只查己過。」病革，謂弟子曰：「萬事萬念皆善，都不算；只一事一念不善，便算。」寡過。

問「出位之思」。曰：「孟子言：『思則得之，不思則不得也。』出位非思也，念也。烱然有覺者，思之體；倏然無根者，念之動。」思不出位。

問：「不億逆矣，容有不先覺者否？」曰：「先覺非用察識之謂，只良知不蔽而已。如子產受欺于校人，舜受欺于象，正不失爲先覺。」逆詐。

古來無偷惰放逸的學問，故下一敬字，攝入諸義。就中大題目，是克己復禮，忠恕一貫，擇善固執，慎獨，求放心，便是。後儒將敬死看，轉入註脚去，便是矜持把捉，反爲道病。修己以敬。

春秋去先王之世未遠，始生老氏，爲惑世誣民之祖。當時一種好異之民起而應之，如原壤者不少，轉相祖述，愈流愈遠。一變而爲楊、墨，再變而爲申、韓，三變而爲蘇、張，終變而爲佛氏之學，以返老氏清淨易簡之初旨。嗣後士夫往往以佛氏之說，文老氏之奸。精者竊道德之唾餘以學佛，粗者拾翕張之機鋒以學禪，而楊、墨、申、韓、蘇、張之學，時時出没其間，終宇宙世界，學道人只是此局。原壤。

後儒之學，多教人理會個一，便未必多學。聖門不如此，以子貢之穎悟，猶不輕示，必俟其學有得，方道破。若先道破，便無持循處，不若且從多學而識，自尋來路。久之，須有水窮山盡時，所見無非一者，是一乃從多處來，故曰：「博我以文，約我以禮。」聖門授受如印板，顏、曾、賜皆一樣多學。多學而識。

說者謂孔子言性，只言近，孟子方言善、言一。只爲氣質之性、義理之性分析後，便令性學不明，故說孔子言性，是氣質之性；孟子言性，是義理之性。愚謂氣質還他是氣質，如何扯着性？性是就氣質之中，指點義理，非氣質卽爲性也。清濁厚薄不同也，是氣質一定之分，爲習所從出者。氣質就習上看，不就性上看，以氣質言性，是以習言性也。性相近。

鄙夫，正後世所謂好人便是。鄙夫。

心一也，形而下者謂之人，形而上者謂之道。人心易溺，故惟危；道心難著，故惟微。道器原不相離，危者合于微而危，微者合于危而微，兩物一體。合人與道言心，而心之妙始見，其蘊始盡，所以聖賢千言萬語，闡發無盡，事心之功亦無盡。乃其要只在精與一，精以析人心道心之幾，而一則以致其精也。兩心揉雜處，止患不精，不精便不一，精而一之，則人心道心妙合無間，而心性流行之妙，無往而非中矣！堯曰。

附案

尚寶司丞應天彝先生典

應典字天彝，號石門，永康人。正德甲戌進士。由職方司主事，仕至尚寶司丞。初謁章懋於蘭江，奮然有擔負斯道之志。後介黄崇明見王守仁於稽山，授以致良知之學。歸而講學五峰書院。典之論學曰：「聖賢之學，在反求諸己，而無自欺。人心本體，至虚至明，纖毫私意容受不得，如鼻之於臭，纔觸便覺，纔覺便速除去，更無一毫容忍。古之聖賢，當生而死，當富貴而寧貧賤，以至處内外、遠近、常變、得失、毁譽之間，不肯稍有所徇者，以能自見其心之本體，而勿以自欺而已。人心無聲無臭，渾然天理，不能不爲物欲所蔽，而本體之明，終不可泯。一念覺，若鬼神之尸其兆，上帝之宰其衷，此卽是不可欺之本心，充而達之，卽是盡心。孟子曰：『人能充無欲害人之心，而仁不可勝用也；人能充無穿窬之心，而義不可勝用也。』充其不欺之心，至於纖悉隱微，無所不盡，事之巨細大小，俱以一心處之，而本然之體，原是不動。此聖賢學問緊關切要處，學者知此，工夫方有着落。若徒務外近名，竊取口耳聞見之似，以誇於人，又或知有身心之學，模擬想像，不實踐下手，自欺之罪，終恐不免。」此其論學之大概也。

典爲人誠慤和粹，孝友兼篤，謹言慎行，廉隅修遊。黄宗明稱其「篤實謙虛，刻苦好學，浙中罕儷」云。

周德純先生瑩

周瑩字德純，號寶峰，永康人。嘗學於應元忠，往見陽明子。陽明子曰：「子從應子之所來乎？」曰：「然。」曰：「應子云何？」曰：「應子曰：『希聖希賢，毋溺流俗。』且曰：『吾聞諸陽明子云。』瑩是以不遠千里而來謁。」曰：「子之來，猶有未信乎？」曰：「信。」曰：「信而又來，何也？」曰：「未得其方。」陽明子曰：「子既得其方矣。」對曰：「瑩惟不得其方，是以來見，願卒賜之教。」陽明子曰：「子既得之矣。」周子悚然起，茫然有間。陽明子曰：「子之自永康來也，幾何程？」曰：「數百里而遥。」曰：「遠矣。」曰：「從舟乎？」曰：「舟而又登陸也。」曰：「勞矣。當兹六月暑乎？」曰：「途之暑特甚。」曰：「難矣。具資糧，從童僕乎？」曰：「携一僕，中途而病，舍貸而行。」曰：「兹益難矣。」曰：「子之來既遠且勞，其難若此也，何不遂返乎？將毋有强子者乎？」曰：「瑩至夫子之門，勞苦艱難誠樂也，寧以是而遂返，又奚俟人之强也？」曰：「如是，則子固已得其方矣。子之志，欲至於吾門，則至於吾門，無假於人。子而志於聖賢之學，則亦卽至於聖賢，而又假於人乎？子之舍舟從陸，捐僕貸糧，冒毒暑而來也，又安受其方也？」周子躍然而拜，曰：「兹乃命之方也矣。微先生言，瑩何以得之？」陽明子曰：「子不見夫爇石以求灰乎？火力足也，乃得水而化。子歸就應子，而足其火力焉。吾將儲擔石之水以俟子之再見。」瑩學於姚江，既有所得，乃講其學於五峰。

盧德卿先生可久

盧可久字德卿，永康人。從陽明子於越，三月，既得良知之學，辭歸。處一松山房，端默静坐，恍覺浮翳盡掃，皎月中天之象。再見陽明，商證益密，同門王畿、錢德洪，皆相許可。陽明子殁，歸而聚徒講學於五峰。曰：「本體工夫，不落階級，不涉有無。悟者超於凡俗，不悟卽落迷途。」又曰：「原無所存，更有何亡？原無所得，更有何失？默而識之，神而明之。」又曰：「省愆改過，是真實下工夫處，見得己過日密，則用工益精。」或問學之實功，曰：「非禮勿視聽言動，充之而手舞足蹈，充之而動容周旋中禮。」其論學如此。可久負荷斯道，篤實精進，汲引提撕，至老不倦。孝事二親，居喪盡禮。室人早喪，鰥居四十年，守嚴一介，芥視千乘，襟懷灑落，畧無攖滯。享年七十有七，卒。所著有光餘或問、望洋日録、草牕巷語、文録等書。

杜子光先生惟熙

杜惟熙字子光，號見山，東陽人。年十七，卽北面一松之門。凡四歲，恍若有得，一松曰：「爲學須經事變，方可自信所得。」復十年，家難遞作，乃悵憶一松之言，作悔言録以自勵。復至五峰，盡其道。嘗言：「學者一息不寐，則萬古皆通，一刻自寬，卽終身欠缺。」蓋得程子識仁之旨。又詩曰：「古今方寸裏，天地範圍中。有事還無事，如空不落空。」所造深矣。惟熙之學，以復性爲宗，克欲爲實際。審察克治，無間晝夜；持己接物，真率簡易，不修邊幅。其教人，迎機片語，即可證悟。自奉粗糲淡泊，脱粟杯羹，與來學者共之。分守張鳳梧建崇正書院，聘與徐用檢遞主教席。海門周汝登見悔言集，以爲非大悟後不能。道由姚江而直溯洙、泗。年八十餘，小疾，語諸友曰：「明晨當來作别。」及期焚香端坐，曰：「諸君看我如是而來，如是而去，可用得意見安排否？」門人請益，曰：「極深研幾。」遂瞑。

副使顔冲宇先生鯨

顔鯨字應雷，號冲宇，寧之慈谿人。嘉靖丙辰進士。授行人。選爲御史，巡按河南。華亭以伊庶人事囑之，先生不動聲色，卒定其亂。海忠介下獄，特疏救之。沈青霞寃死，拔其子襄於太學。出提學政，先風化而後文藝。在楚則忤江陵，在中州則忤新鄭，其守正如此。鄒南皐曰：「予讀先生所論孔、孟、顔、曾，及『原人』『原性』諸語，其學以求仁爲宗，以默坐澄心爲入門，以踐履操修爲見性，而妙於愼獨，極於默識，既殫厥心矣，而總於悟格物之旨盡之。世儒以一事一物爲物，而先生以通天下國家爲物，爲格，其力久，故其悟深。其悟深，故其用周。真從困衡中入，而非以意識承當之者。」先師蕺山曰：「先生於學問頭腦，已窺見其大意，故所至樹立磊落。」先生與許敬菴皆談格物之學，敬菴有見於一物不容之體，先生有見於萬物皆備之體。蓋相反而相成者，總之不落訓詁窠臼者也。

按五峯書院建自永康程養之先生粹。先生弱冠爲諸生，往姚江受業陽明之門。歸即建之。有詆其建淫祠、倡僞學於御史臺者，被黜，且毀院。越數年，而邑紳士諸㊀御史言狀，復之。仍建祠祀文成，講學，年八十八。其講學於兹者，應、周、盧、杜四先生而外，尚有禮部尚書程舜敷先生文德，大理寺李侯璧先生珙，陳仲新先生時芳。性從王崇炳金華徵獻録中得之。又黄子親筆原本載有顔冲宇先生鯨傳，謹附見於後。

㊀朱氏釋誤云：依文義「諸」應作「詣」。

人名索引

説　　明

一、本索引以姓名爲主目，别名、字、號、封號、謚號等，附註於後。例如：

鹿善繼（伯順、乾岳、忠節）

高攀龍（存之、景逸、忠憲）

這裏鹿善繼、高攀龍是主目，括號中是異稱。

二、爲便於讀者查閱，異稱作爲参見條目，也一一列出。例如：

伯順（見鹿善繼）

忠憲（見高攀龍）

三、人名之後列卷數和頁碼。“師説”、“附案”不在正文卷數之内，因此，頁碼前直接標“師説”或“附案”。例如：

洪垣（峻之、覺山）

39/927

應典（天彜、石門）

附案/1602

四、本索引按四角號碼檢字編排，爲便於查閲，另附筆畫和拼音檢字。

1021_4 霍

1022_7 兩

1022_7 雨

1022_7 爾

1023_2 震

1024_7 夏

1024_7 霞

1040_9 平

1043_0 天

1060_0 石

1060_0 西

1060_1 晉

1062_0 可

1073_1 雲

1080_6 貢

1090_4 粟

1111_0 北

1123_2 張

2121_7 盧

2122_0 何

2128_6 潁

2172_7 師

2180_6 貞

2190_4 柴

2200_0 川

2221_4 崔

2224_7 後

2245_3 幾

2277_0 山

2277_2 巒

2290_0 剩

2290_1 崇

2290_4 樂

2291_3 繼

2320_2 參

2321_0 允

2323_4 獻

2343_0 矣

2355_0 我

2374_7 峻

3772_0 朗

3814_7 游

3815_7 海

3830_4 遵

3830_6 道

3860_4 啓

4003_0 大

4003_0 太

4010_0 士

4010_6 查

4016_7 塘

4020_0 才

4021_4 在

4021_6 克

4022_7 巾

4022_7 布

4022_7 希

4022_7 南

4024_7 存

4033_1 志

4040_7 李

4060_0 古

4060_1 吉

4073_1 去

4080_1 真

4090_8 來

4094_1 梓

4196_2 栢

4212_2 彭

4240_0 荆

4241_3 姚

4301_0 尤

4410_4 董

4411_2 范

4415_3 蕺

4420_7 夢

4420_7 考

4421_2 苑

4421_4 莊

4422_7 蕭

4423_2 蒙

7421_4 陸

7529_6 陳

7622_7 陽

7721_0 鳳

7721_4 隆

7721_6 覺

7722_0 月

7722_0 用

7722_0 周

7722_0 陶

筆畫檢字

抱	5701_2
明	6702_0
林	4499_0
松	4893_2
東	5090_6
河	3112_0
波	3414_7
秉	2090_7
范	4411_2
苑	4421_2
金	8010_9
雨	1022_7

九畫

冠	3721_4
勉	2441_2
南	4022_7
叙	8794_0
段	7744_7
姚	4241_3
姜	8040_4
侯	2723_4
後	2224_7
思	6033_0
查	4010_6
柳	4792_0
柴	2190_4
洪	3418_1
浄	3715_7
洛	3716_4
畏	6073_2
秋	2998_0
胡	4762_0
荆	4240_0
貞	2180_6

十畫

卿	7772_7
原	7129_6
唐	0026_7
夏	1024_7
孫	1249_3
容	3060_8
峻	2374_7
師	2172_7
庭	0024_1
弱	1712_7
徐	2829_4
恭	4433_8
晉	1060_1
時	6404_1
朗	3772_0
栗	1090_4
栢	4196_2
殷	2724_7
涇	3111_1
浮	3214_7
浚	3314_7
海	3815_7
泰	5013_2
益	8010_7
真	4080_1
祝	3621_0
秦	5090_4
純	2591_7
耿	1918_0
致	1814_0
莊	4421_4
華	4450_4
訒	0762_2
貢	1080_6
起	4780_1
郝	4732_7
馬	7132_7
高	0022_7

十一畫

乾	4841_7
参	2320_2
啓	3860_4
國	6015_3
婁	5040_4
崔	2221_4
崇	2290_1
常	9022_7
康	0023_2
張	1123_2
從	2828_1
惟	9001_4
惕	9602_7
戚	5320_0
斛	2420_0
曹	5560_6
晦	6805_7
望	0710_4
梁	3390_4
梓	4094_1
梅	4895_7
欲	8768_2
淇	3418_1
清	3512_7
焕	9783_4
章	0040_6
虚	2121_2
訥	0462_7
許	0864_0
郭	0742_7
陸	7421_4
陳	7529_6
陶	7722_0
雪	1017_7
鹿	0021_1
黄	4480_6

十二畫

剩	2290_0
善	8060_5
幾	2245_3
彭	4212_2
復	2824_7
惺	9601_4
搗	5402_7
敦	0844_0
敬	4864_0
景	6090_6
晴	6502_7
朝	4742_0
湛	3411_1
渭	3612_7
游	3814_7
焦	2033_1
無	8033_1
登	1210_8
程	2691_4
舒	8762_2
舜	2025_2
董	4410_4
萬	4442_7
葉	4490_4
賀	4680_6
達	3430_4
道	3830_6
陽	7622_7
隆	7721_4
雲	1073_1
順	2108_6
馮	3112_7

十三畫

園	6023_2
塘	4016_7
夢	4420_7
愧	9601_3
新	0292_1
楚	4480_1
楊	4692_7
楓	4791_0
瑞	1212_7
肅	5022_7
蒙	4423_2
補	3322_7
誠	0365_0
遜	3230_9
鄒	2742_7

十四畫

寬	3021_3
慕	4433_3
漢	3413_4
漳	3014_6

爾 1022_7
碧 1660_1
端 0212_7
管 8877_7
箬 8860_4
粹 9094_8
維 2091_4
緒 2496_0
翠 1740_8
聞 7740_1
聚 1723_2
蔣 4424_7
趙 4980_2
銀 8713_2
際 7729_1
静 5725_7
養 8073_2
鳳 7721_0

十五畫

劉 7210_0
德 2423_1
樂 2290_4
横 4498_6
歐 7778_2
毅 0724_7
潘 3216_9
潁 2128_6
潛 3116_1
練 2599_6
緝 2694_1
蔡 4490_1
調 0762_0
豫 1723_2
遵 3830_4
鄧 1712_7
鄭 8742_7
震 1023_2
魯 2760_3

十六畫

冀 1180_1
凝 3718_1
整 5810_1
澹 3716_1
盧 2121_7
穆 2692_2
薛 4474_1
蕺 4415_3
蕭 4422_7
螭 5012_7
錢 8315_3
錫 8612_7
閻 7777_7
霍 1021_4
默 6333_4
龍 0121_1

十七畫

應 0023_1
懋 4433_9
曙 6606_4
襄 0073_2
謝 0460_0
謙 0863_7
谿 2846_8
鍾 8211_4
闇 7760_1
霞 1024_7
韓 4445_6

十八畫

彝 2744_9
瞿 6621_4
聶 1014_1
藥 4490_4
覲 4611_0
醫 7760_1
雙 2040_7
顔 0128_6
魏 2641_3

十九畫

寶 3080_6
廬 0021_7
懷 9003_2
瀘 3111_7
羅 6091_4

二十畫

獻 2323_4
繼 2291_3
覺 7721_6

廿一畫

顧 3128_6
鶴 4722_7

廿二畫

巒 2277_2
蘿 4491_4

廿三畫

顯 6138_6

拼音檢字

luán
巒 2277_{2}
luó
羅 6091_{4}
蘿 4491_{4}
luò
洛 3716_{4}
lǚ
呂 6060_{0}

M

mǎ
馬 7132_{7}
mào
懋 4433_{9}
méi
梅 4895_{7}
méng
蒙 4423_{2}
mèng
孟 1710_{7}
夢 4420_{7}
miǎn
勉 2441_{2}
mín
民 7774_{7}
míng
名 2760_{0}
明 6702_{0}
mò
默 6333_{4}
mù
慕 4433_{3}
穆 2692_{2}

N

nán
南 4022_{7}
nè
訥 0462_{7}
niàn
念 8033_{2}
niè
聶 1014_{1}
níng
凝 3718_{1}

O

ōu
歐 7778_{2}

P

pān
潘 3216_{9}
péng
彭 4212_{2}
píng
平 1040_{9}

Q

qī
戚 5320_{0}
緝 2694_{1}
qí
淇 3418_{1}
qǐ
起 4780_{1}
啓 3860_{4}
qiān
謙 0863_{7}
qián
乾 4841_{7}
錢 8315_{3}
潛 3116_{1}
qín
秦 5090_{4}
qīng
卿 7772_{7}
清 3512_{7}
qíng
晴 6502_{7}
qiū
秋 2998_{0}
qú
瞿 6621_{4}
qù
去 4073_{1}

R

rén
仁 2121_{0}
rèn
訒 0762_{2}
rì
日 6010_{0}
róng
容 3060_{8}
rǔ
汝 3414_{0}
ruì
瑞 1212_{7}
ruò
箬 8860_{4}
弱 1712_{7}

S

sān
三 1010_{1}
shān
山 2277_{0}
shàn
善 8060_{5}
shàng
尚 9022_{7}
shào
少 9020_{0}
shé
折 5202_{1}
shěn
沈 3411_{2}
shēng
升 2440_{0}
shèng
剩 2290_{0}
shī
師 2172_{7}
shí
時 6404_{1}
石 1060_{0}
shǐ
史 5000_{6}
shì
世 4471_{7}
士 4010_{0}
仕 2421_{0}
shǒu
守 3034_{2}
shòu
受 2040_{7}
shū
舒 8762_{2}
叔 2794_{0}
shǔ
曙 6606_{4}
shuāng
雙 2040_{7}
shuǐ
水 1223_{0}
shùn
舜 2025_{2}
順 2108_{6}
sī
司 1762_{0}
思 6033_{0}
sì
四 6021_{0}
sōng
松 4893_{2}
sòng
宋 3090_{4}
sù
肅 5022_{7}
sūn
孫 1249_{3}

T

tài
太 4003_{0}
泰 5013_{2}
táng

湛 3411_{1}

zhāng

章 0040_{6}

漳 3014_{6}

張 1123_{2}

zhāo

朝 4742_{0}

zhào

趙 4980_{2}

zhé

折 5202_{1}

zhēn

貞 2180_{6}

真 4080_{1}

zhèn

震 1023_{2}

zhěng

整 5810_{1}

zhèng

正 1010_{1}

鄭 8742_{7}

zhǐ

止 2110_{0}

zhì

致 1814_{0}

志 4033_{1}

zhōng

中 5000_{6}

忠 5033_{6}

鍾 8211_{4}

zhòng

仲 2520_{6}

zhōu

周 7722_{0}

zhū

朱 2590_{0}

zhú

竹 8822_{0}

zhù

宁 3020_{1}

祝 3621_{0}

zhuāng

莊 4421_{4}

zhuō

拙 5207_{2}

zǐ

子 1740_{7}

梓 4094_{1}

zì

自 2600_{0}

zōng

宗 3090_{1}

zōu

鄒 2742_{7}

zūn

遵 3830_{4}

中華書局

初版責編　梁運華

再版責編　張繼海